W9-ABN-013

de Gruyter Lehrbuch

Horst Stephan – Martin Schmidt

Geschichte
der evangelischen Theologie
in Deutschland
seit dem Idealismus

Dritte, neubearbeitete Auflage

Walter de Gruyter · Berlin · New York
1973

Die wissenschaftliche Leitung der theologischen Lehrbücher im Rahmen der „de Gruyter Lehrbuch"-Reihe liegt in den Händen des ord. Prof. der Theologie D. Kurt A l a n d , D. D., D. Litt. Diese Bände sind aus der ehemaligen „Sammlung Töpelmann" hervorgegangen.

ISBN 3 11 003752 1

Library of Congress Catalog Card Number: 72-77425

© 1973 by Walter de Gruyter & Co., Berlin 30

Printed in Yugoslavia

Satz und Druck: Časopisno in grafično podjetje Delo, Ljubljana

Wir vermögen nichts wider die Wahrheit
sondern nur für die Wahrheit

(2. Kor. 13,8)

VORWORT

Die dritte Auflage der bewährten problemgeschichtlich gehaltenen Darstellung der evangelischen Theologiegeschichte von Horst Stephan ist durch den Neubearbeiter in der gleichen Haltung auf den Weg gebracht worden wie die zweite vor zwölf Jahren. An einigen Stellen hat er stärker eingegriffen, vor allem in dem Abschnitt über die Dialektische Theologie, die er im Kern und von der Wurzel her anders beurteilt als sein verehrter Lehrer, ohne daß er sich selbst zu ihren Schülern zählt. Sodann ist das Schlußkapitel über die Nachkriegstheologie jetzt, wie es sich angesichts der weiter fortgeschrittenen Zeit gehört, ebenso wie durch die inzwischen teils geförderte, teils veränderte Problemlage, aufgeteilt worden in die Theologie zwischen den beiden Weltkriegen und diejenige seit 1945. Daß hier nur eine Umrißzeichnung geboten werden konnte, ist dem Neubearbeiter das schmerzlichste Stück an dem ganzen Buche. Es wäre ihm lieber gewesen, eine angemessene Erörterung von etwa dem dreifachen Umfang zu geben und die bedeutenden Fortschritte, die vor allem in der Bibelwissenschaft forschungsgeschichtlich erreicht worden sind, gebührend zu würdigen, auch die enge Verschwisterung zwischen systematischer und praktischer Theologie noch mehr im einzelnen aufzuweisen, schließlich in der systematischen Diskussion die Fortbildung und Gegenbewegung, die die Theologie Karl Barths gefunden hat, genauer zu schildern. Aber das hätte die Seitenzahl ungebührlich vermehrt und wäre der praktischen Verwendbarkeit hinderlich gewesen. Der Bearbeiter hofft, daß es auch so möglich ist, die augenblickliche Gesprächslage zu erkennen und an ihr selbständig teilzunehmen. Darin liegt das ideale Ziel eines derartigen Buchs. Er hofft ferner, daß die ungeheure Bewegtheit der Theologie, die die Begegnung ihres einzigartigen Inhalts mit dem Zeitbewußtsein hervorgebracht hat — und zwar nahezu in allen Epochen — sich dem Leser mitteilt und ihn zum Theologen eigner Prägung macht.

Ein besonderer Dank gilt den Korrektoren, den beiden Assistenten Klaus Breuer und Eckehart Stöve sowie der studentischen Helferin des Neubearbeiters, Beate Prechtl. Sie haben mit größter Sorgfalt ein schlecht gesetztes Manuskript, dessen Mängel auf ungenügende Vertrautheit der Setzer mit der deutschen Sprache, Rechtschreibung und

Zeichensetzung zurückgehen, in Ordnung gebracht und sich dabei keine Mühe verdrießen lassen.

Schriesheim (Bergstraße), den 27. August 1972

Martin Schmidt

INHALTSVERZEICHNIS

LITERATURÜBERSICHT

1. *Nachschlagewerke:* Realenzyklopädie f. prot. Theologie u. Kirche, [3] hrsg.
   v. A. Hauck, 24 Bde 1896–1913 (= RE); Die Religion in Geschichte u.
   Gegenwart, [2] hrsg. v. H. Gunkel u. L. Zscharnack, 6 Bde 1927–32
   (= RGG) dasselbe [3]1957 ff. Evangelisches Kirchenlexikon (EKL) 1956
   bis 59, Überblick über die *Zeitschriften* bei O. Kippenberg, Theol.
   Zeitschriften, RE 24, 662–91.
2. *Darstellungen der Geschichte der Theologie:*
   a) Bis zur Gegenwart:
   Ferd. Kattenbusch, Die deutsche evang. Theologie seit Schleiermacher,
   1934.
   > 1. T.: Das Jahrh. von Schlm. bis nach d. Weltkrieg. (6. Aufl. des
   > Heftes „Von Schlm. zu Ritschl", 1892), 2. T.: Zeitenwende auch
   > in d. Theologie.
   H. R. Mackintosh, Types of modern theology (Schleiermacher to
   Barth), 37.
   Karl Barth, Die protestantische Theologie im 19. Jahrhundert. Ihre
   Vorgeschichte und ihre Geschichte 1947, 1960[3], dazu Martin
   Schmidt ThLZ 75 (1950), 653–664.
   Emanuel Hirsch, Geschichte der neueren evangelischen Theologie im
   Zusammenhang mit den allgemeinen Bewegungen des euröpäi-
   schen Denkens I–V. 1949–1954, 1968[4].
   Louis Perriraz, Histoire de la théologie protestante au XIX me siècle
   I: Les Doctrines. 1949; II: La Critique et l'Histoire. 1951; III: Le
   Problème christologique. 1956.
   b) Von den älteren Darstellungen führen am weitesten an die Gegen-
   wart heran:
   Fch. Nippold, Handbuch d. neuesten Kirchengeschichte, 3. B., 1. T.,
   1890, [3]1901: Geschichte der deutschen Theologie.
   Otto Pfleiderer, Die Entwicklung der prot. Theologie in Deutschl. seit
   Kant u. in Großbrit. seit 1825, 1891.
   Franz Reinhold v. Frank, Geschichte u. Kritik d. neueren Theologie,
   insbesondere d. syst., seit Schleiermacher, 1894; [4] bearb. u. bis z.
   Gegenwart fortgeführt v. R. Grützmacher 1908.
   c) Vor Ritschl bleiben stehen:
   Carl Schwarz, Zur Gesch. d. neuesten Theologie, 1856, [4]69.
   Wilh. Gaß, Gesch. d. prot. Dogmatik in ihrem Zusammenhang mit d.
   Theol. überhaupt, 4 Bde, 54–67; Gesch. d. chr. Ethik 3 Bde 81–87.
   I. A. Dorner, Gesch. d. prot. Theologie, besonders in Deutschl., nach
   ihrer prinzipiellen Bewegung u. im Zusammenhang mit d. rel.,
   sittl. u. intellekt. Leben betrachtet, 1867.

A. Mücke, Die Dogmatik d. 19. Jahrh. in ihrem inneren Flusse u. im Zusammenhang mit d. allg. theol., phil. u. liter. Entwicklung desselben, 1867.

Gustav Frank, Gesch. d. prot. Theologie, 4 Bde 1862–1905.

Max. Alb. Landerer, Neueste Dogmengeschichte, 1881.

3. *Allgemeinere Beleuchtungen der theol. Entwicklung dieser Zeit* (chronologisch nach den Erscheinungsjahren der jeweils ersten Veröffentlichungen): *Reinhold Seeberg:* Die Kirche Deutschlands im 19. Jahrh., 1903, [3]10.

Ernst Troeltsch: Prot. Christentum u. Kirche in d. Neuzeit (Die Kultur d. Gegenwart I 4) 1906, [2]09; die geistesgeschichtlichen Artikel in RE³, seit 1897 (Schriften IV), zahlreiche Aufsätze in Zeitschriften (Schriften II u. IV), besonders „Rückblick auf ein halbes Jahrh. d. theol. Wissenschaft", 1908 (Schriften II); vgl. auch unten IV 5 c.

Horst Stephan: Die Neuzeit (Krüger, Handb. d. Kirchengeschichte, 4. Bd.) 1909, [2] in Verbindung mit H. Leube 31; Die heutigen Auffassungen v. Neuprotestantismus, 11.

Emanuel Hirsch: Deutschlands Schicksal, 20, [3]25; Die gegenwärtige geist. Lage, 34; Der Weg d. Theologie, 37.

Werner Elert: Der Kampf um d. Christentum, Gesch. d. Beziehungen zwischen d. evang. Christentum in Deutschl. u. d. allgemeinen Denken seit Schleiermacher u. Hegel, 21; Morphologie d. Luthertums, 2 Bde, 31 f., [2]52 (Neudruck).

Wilhelm Lütgert: Die Religion d. deutschen Idealismus u. ihr Ende, 3 Bde (mit Beilage z. 1. u. 2. B.), 23–25, [2] 23–26, 4. B. 30; Die theol. Krisis d. Gegenwart u. ihr geistesgesch. Ursprung, 36.

Emil Weber: Das Geisteserbe d. Gegenwart u. d. Theologie, 25.

Kurt Leese: Die Krisis u. Wende d. chr. Geistes, 32; Die Rel. des prot. Menschen, 38.

Walter Nigg: Geschichte des rel. Liberalismus, 37.

Fz. Schnabel (kath.): Deutsche Gesch. im 19. Jahrh., 4. B.: Die rel. Kräfte, 37. I [4] 1948 II–IV² 1949–51, dazu Martin Schmidt ELKZ (Ev.-luth. Kirchenzeitung) 6 (1952), 273–275.

Hm. Sauer: Abendländische Entscheidung, 38.

K. S. Latourette: Christianity in a Revolutionary Age. A History of Christianity in the Nineteenth and Twentieth Centuries I 1958, II 1959.

W. Philipp: Der Protestantismus im 19. und 20. Jahrhundert (Klassiker des Protestantismus Bd. VIII; Samml. Dietrich Bd. 273), 65.

K. M. Beckmann: Unitas ecclesiae. Eine systematische Studie zur Theologiegeschichte des 19. Jahrhunderts, 67.

Fr.-W. Kantzenbach: Der Weg der evangelischen Kirche vom 19. zum 20. Jahrhundert (Ev. Enzyklopädie, Bd. 19/20), 68.

4. *Einzellinien.*

a) Die wichtigsten *Universitäts- und Fakultätsgeschichten:* vgl. in RGG die einzelnen Universitäten, besonders Berlin, Halle, Leipzig, Erlangen, Tübingen, Göttigen, Marburg.

b) Von den *landesgeschichtlichen* Darstellungen am lehrreichsten:

Wm. Maurer, Aufklärung, Idealismus u. Restauration, Studien z. Kirchen- u. Geistesgeschichte in besonderer Beziehung auf Kurhessen 1780 bis 1850. 2 Bde 1930; Bekenntnis u. Recht in d. kurhess. Kirche d. 19. Jahrh., ZThK 1937.

c) Entchristlichung: Martin Schmidt, Die Entchristlichung in der neuzeitlichen Kirchengeschichte im deutschsprachigen Gebiet, ZKG 79 (1968), 342–357. Heiner Grote, Sozialdemokratie und Religion 1863–1875. 1968.

d) Konfessionskundliche Untersuchungen: H. Weigelt, Erweckungsbewegung und konfessionelles Luthertum im 19. Jahrhundert, 68.

5. *Die Einzelgebiete der Theologie:*
   Altes Testament: L. Diestel, Geschichte d. A. Testaments in d. chr. Kirche, 1869.

Hans-Joachim Kraus, Geschichte der historisch-kritischen Erforschung des Alten Testaments, 1956.

Neues Testament: A. Schweitzer, Gesch. d. Leben-Jesu-Forschung, [5] 1933 (ursprüngl. „Von Reimarus zu Wrede", 1906); Gesch. d. paulinischen Forschung v. d. Reformation bis auf d. Gegenwart, 11, [2] 33; *J. Wach,* Das Verstehen, Grundzüge einer Gesch. d. hermeneutischen Theorie im 19. Jahrh., B. 1 f. 1926. 29. *Werner Georg Kümmel,* Das Neue Testament. Geschichte der Erforschung seiner Probleme, 1958. (Sammlung Orbis academicus. Problemgeschichten der Wissenschaft in Dokumenten und Darstellungen.)

Kirchengeschichte: Ferd. Chr. Baur, Die Epochen d. kchl. Geschichtsschreibung, 1852; *W. Nigg,* Die Kirchengeschichtsschreibung, 1934. *F. W. Kantzenbach,* Evangelium und Dogma. Die Bewältigung des theol. Problems d. Dogmengeschichte im Protestantismus 1959. *Peter Meinhold,* Geschichte der kirchlichen Historiographie 1967 (Orbis academicus III 5).

Systematische Theologie: B. Pünjer, Geschichte d. chr. Religionsphilosophie seit d. Reformation, 2 Bde, 1880. 83; *O. Pfleiderer,* Geschichte d. Religionsphil. v. Spinoza bis auf d. Gegenwart, 83, [3] 93; *K. Löwith,* Die phil. Kritik d. chr. Rel. im 19. Jahrh., Th. Rundschau 1933, H. 3 f.; *Fch. Nitzsch,* Evang. Dogmatik, [3] hrsg. v. *H. Stephan* 1911 f.; *H. Stephan,* Die syst. Theologie, 28 (in Die evang. Theol., ihr jetziger Stand u. ihre Aufgaben); *K. Barth,* Aufsätze in „Die Theologie u. d. Kirche", 2. B. 28; *G. Aulén,* Das chr. Gottesbild in Vergangenheit u. Gegenwart, 30; *E. Günther,* Die Entwicklung d. Lehre v. d. Person Christi im 19. Jahrh., 11; *G. Weth,* Die Heilsgeschichte, 31; *Gg. Hoffmann,* Die Lehre v. d. fides implicita, 3 Bde 03–08; *W. Ölsner,* Die Entwicklung d. Eschatologie v. Schleiermacher bis z. Gegenwart, 29; *Gg. Hoffmann,* Das Problem d. letzten Dinge in d. neueren evang. Theologie, 29; *Folke Holmström,* Das eschat. Denken d. Gegenwart, 36; *Kt. Frör,* Evang. Denken u. Katholizismus seit Schleiermacher, 32; *Hfr. Krüger,* Verständnis u. Wertung d. Mystik im neueren Prot., 38. *Chr. Senft,* Wahrhaftigkeit und Wahrheit. Die Theologie d. 19. Jh.s zwischen Orthodoxie und Aufklärung 56 (Schleier-

macher, Baur, Hofmann, Ritschl). – Apologetik s. Nr. 3 (Elert).
Textbuch z. syst. Theologie des 17.–20. Jahrh., hrsg. v. R. Grütz-
macher 19, [3] v. Kt. Frör 35, [4] v. G. Muras 56.
Praktische Theologie: Günther Holstein, Die Grundlagen d. evang.
Kirchenrechts, 1928; *P. Schütz,* Eschatologie u. Mission in d. Predigt d. 19. Jahrh., 30; *O. Kübler,* Mission u. Theologie, Untersuchung über d. Missionsgedanken in d. syst. Theologie seit
Schleiermacher, 29 (Missionswiss. Forschungen, H. 7); *W. Kunze,*
Der Missionsgedanke bei Schleiermacher u. seinen Schülern, 27
(Allg. Missions-Studien). *C. Damour,* Die Epochen des Protestantismus. Studien zum Kirchenbegriff, 35. *W. Birnbaum,* Theologische Wandlungen von Schleiermacher bis Karl Barth. Eine
enzyklopädische Studie zur praktischen Theologie, 63.

SIGLA

KG: Stephan-Leube, Krügers Handbuch der Kirchengesch., IV[2] 1931
LÜ: Literaturübersicht, s. S. XIII–XVI
RE: Realenzyklopädie für prot. Theol. und Kirche, s. S. 299
RGG: Die Religion in Geschichte u. Gegenwart, s. S. 381 f, 414 A. 16,
464
Z: Zeitschrift
ZThK: Zeitschrift für Theologie und Kirche, s. S. 308, 414 A. 16

EINLEITUNG

1. Die Doppelbestimmtheit der Theologie

Evangelische Theologie steht als wissenschaftliche Selbstbesinnung und als Vertretung des christlichen Glaubens unter zwei verschiedenen Sternen. Sie ist Funktion der christlichen *Gemeinde* und ermöglicht durch ihre Arbeit die sachgemäße Führung der Kirche durch die wechselvollen Zeiten hindurch. Sofern sie aber die Besinnung und Vertretung des Glaubens *wissenschaftlich* vollzieht, steht sie seinen geschichtlichen Bezeugungen und Formungen trotz wesenhafter Gebundenheit an ihn forschend, untersuchend, vergleichend gegenüber; sie bildet Methoden aus, die ihre Sätze vor dem Verdacht der Zufälligkeit oder Willkür bewahren; sie schließt kritische Stellungnahme und Entscheidung ein; sie nimmt dabei an dem allgemein-wissenschaftlichen Ringen um die rechten Wege, Mittel und Ziele des Erkennens teil. Damit ist ebenso der Adel wie die Gefahr der Theologie bezeichnet. Sie ist rechte Theologie nur solange, als sie wirklich beiden Sternen folgt. Sie verleugnet ihr Wesen und verscherzt ihren Anspruch auf Führung, ebenso wenn sie ihren Glaubens-, wie wenn sie ihren Wissenschafts-Charakter dahingibt. So steht sie in beständigem Zweifrontenkampf um die Verwirklichung ihres Wesens und empfängt daraus den leitenden Maßstab für die Würdigung ihrer einzelnen Bewegungen, Träger und Leistungen.

Der Kampf wird desto schwerer, weil weder der christliche Glaube noch die Wissenschaft eine in sich geschlossene, fertige Größe ist. Beide sind *lebendige,* in immer neuen Lebensbeziehungen immer neu werdende Mächte. Dem christlichen Glauben begegnet Gottes Offenbarung, wie sie auch zu ihm rede, auf geschichtlichen Wegen; gerade die entscheidende Offenbarung Gottes in Jesus Christus verbindet sich erschütternd wie begnadend jeweils mit der geschichtlichen Stunde. Darum kennen wir die Theologie, trotz einer letzten Übergeschichtlichkeit ihres Inhalts, nicht anders denn in geschichtlicher Bewegung. Aber auch die Wissenschaft hat den naiven Anspruch auf Voraussetzungslosigkeit und Übergeschichtlichkeit, d. h. auf zeitlose Rationalität, aufgeben müssen. Sie schwingt nicht aus und in sich selbst, sondern ist standort-gebundenes, in die Geschichte verschlungenes Leben; daher wandelt sie beständig sich selbst, ihren Begriff und ihre Methodik, ihre Wert- und Sinngebung; selbst Wörter wie Vernunft und Objektivität gewinnen – unbeschadet alles durchlaufenden Zusammenhanges – in jeder neuen Zeit neue Bedeutung. So wird die Theologie durch ihre Wissenschaftlichkeit erst recht in eine Fülle geschichtlicher Wandlungen verstrickt. Sie kann sich noch weniger als der Glaube von dem Gesamtgang des geistigen Lebens lösen. Sie schreitet selbständig und doch zwiefach gebunden durch die Geschichte. Sie muß sich auch Wegen anvertrauen, die sie nicht allein gebaut, Wörter und Begriffe brauchen, die sie nicht selbst geschaffen hat. Sie wagt es in vollem Bewußtsein der Irrtümer und Gefahren, denen sie sich dabei aussetzt; denn sie vertraut, daß ihr die Kraft geschenkt werden wird, sie immer aufs neue zu überwinden. Auch theologisches Denken ist Tat, ist Wagnis eines von tiefer Gottgebundenheit zu neuer Schöpfung emporgetragenen Glaubens, voll von Gefahr und Entscheidung.

Von den wesensverschiedenen Bewegungen des Glaubens und der Wissenschaft bald mehr hierhin bald mehr dorthin gezogen, ist die Geschichte der Theologie niemals nur die „Evolution" eines logisch oder biologisch einheitlichen Wesenskernes. Weder das Gleichnis vom Sauerteig noch die dialektische Selbstentfaltung der Idee noch der Modebegriff der Morphologie gibt ihr, so wertvoll sie heuristisch sind, ein selbständiges Rückgrat. Wir werden vielmehr die widerspruchsvollen Lebensverbindungen der Theologie bis in ihre letzte Tragweite hinein verfolgen, die Gegensätze in aller Schärfe sehen und uns immer wieder mit einer Einheit begnügen müssen, die nicht der Anschauung, sondern allein dem Glauben zugänglich ist – dem Glauben an den Gott, in dem die beiden regierenden Sterne, wenn schon in sehr verschiedener Weise, ihren Ursprung haben, und der auch auf theologischem Gebiete der Herr der Geschichte ist.

Für solchen Glauben greift „Theologie" weit über alle fachmäßigen Grenzen hinaus. Sie wird zu dem Sammelbecken, in dem die welt- und lebensanschaulichen Bewegungen einander am innerlichsten begegnen und die Seelen am tiefsten ergreifen, zu dem Schlachtfeld, auf dem „Objektivität" und „Subjektivität", Natur und Geschichte, Gemeinschaft und Persönlichkeit, Vergangenheit und Zukunft am härtesten kämpfen. Unsere Darstellung muß sich zwar aus Raumgründen in den fachmäßigen Grenzen halten, aber sie versucht diese Weite des Blicks wenigstens dadurch zu bewähren, daß sie für jeden Zeitabschnitt auch die allgemeinen, vor allem die philosophie- und frömmigkeitsgeschichtlichen Zusammenhänge mit kurzen Strichen skizziert. Innerhalb der eigentlichen Theologie aber zieht sie grundsätzlich – praktisch ist es nur an wenigen Punkten möglich – alle Arbeitsgebiete heran. Gerade wenn wir die wissenschaftliche Selbstbesinnung des Glaubens in der Weite betrachten, in der sie sich als systematische, historische, praktische Theologie gleichmäßig auf sein Wesen und seinen Inhalt, auf seinen Ursprung und seine empirische Entwicklung, auf die jeweils besten Mittel seiner Verwirklichung richtet, verstehen wir auch am ehesten sowohl die innere Einheit als auch die allseitige Lebensverbundenheit der theologischen Arbeit. Damit ergeben sich zugleich weitere Maßstäbe, um die wechselvollen Beiträge der verschiedenen Arbeitsgebiete, Gruppen und Einzelgestalten für den Gesamtdienst der Theologie sachgerecht zu beurteilen.

2. Extensive und intensive Bewegung des Glaubens

Unter den Grundspannungen, die das Leben der christlichen Frömmigkeit tragen, beeinflußt eine den Gang der Theologie am vielseitigsten: die zwischen der Bezogenheit auf die Offenbarung Gottes in Jesus Christus und der Bezogenheit auf Gottes Wirken in der Breite der Welt, d. h. die zwischen *Christusglauben und natürlicher Religion*. Denn nicht die Welt selbst ist der eigentliche Gegenpol des Christusglaubens, sondern die religiöse Verselbständigung der Welt. Ihre Eigenberufung auf Gott oder auf metaphysische Letztwirklichkeit gibt ihr die Kraft, religiöse Ansprüche zu erheben, und den Mut, den christlichen Glauben ergänzen, korrigieren oder bekämpfen zu wollen. Der christliche Glaube ist ihr von jeher in sehr verschiedener Weise begegnet. Aber niemals hat er sie völlig verbannt. Denn in der Bibel las er Schöpfungsbericht und Psalmen, auch die paulinischen Worte über Gottes Offenbarung in Natur und Gewissen, und schon die Kinder lehrte er in der Natur, in der menschlichen Gemeinschaft, in Ereignissen und Gestalten der Geschichte die Stimme Gottes hören; Volkskirche und Totalität der Lebensdurchdringung wären unmöglich, wenn der christliche Glaube nicht irgendwie positive Stellung zu dem stets neuen Aufblühen natürlicher Religion gewonnen hätte. Durch die natürliche Religion kommt dem Christusglauben der Reichtum und der Ernst seiner eigenen Weltbeziehung ganz zum Bewußtsein, erreicht

er die konkrete Wirklichkeit seiner Weltdurchdringung. Sie macht es
unmöglich, an der Welt vorbei durch Christus die Gemeinschaft mit
Gott zu gewinnen. So hat denn die natürliche Religion auch für den
Christusglauben eine wichtige Funktion. Und doch stehen die beiden
Mächte in scharfer Spannung zueinander. Sogar in der Art der Weltbeziehung werden sie Gegner; denn in der Weltkritik streitet die
Mystik mit der christlichen Sündenlehre und Eschatologie, in der Weltbejahung die naive Welt- und Selbstvergötzung mit dem Schöpfungsglauben und der dienenden Liebe des Christentums. Ihr Verhältnis ist
trotz engster Wechselbeziehung sowohl in den Einzelnen als auch in
den Kirchen und Völkern das eines tiefen geschichtlichen Ringens. Hier
die immer wieder junge natürliche Religion, dort der notwendige
Herrschaftsanspruch der geschichtlichen Offenbarung – überall kämpft
„was wird und war, ein keuchend hart verschlungen Ringerpaar“. Es
ist das ewige Thema des Christen- wie des Kirchenlebens. Immer aufs
neue gilt es, die Inhalte der natürlichen Religion, die beständig aus
dem Geheimnis, den Bindungen, den Gütern und Schrecken der Welt
entspringen, in die Bezogenheit unsers Glaubens auf den Vater Jesu
Christi aufzunehmen, in dieser Bezogenheit aber, wie es schon Paulus
versuchte, ihren tiefsten Sinn zu verstehen und sie kritisch umzu-
bilden – d. h. sie nicht aufzulösen, sondern von Christus her zu erfüllen.

Freilich zeigt die Geschichte des Christentums immer von neuem,
daß die Ringer sich aus der Umschlingung lösen möchten. Aber was
Gott zusammenfügt, das soll, das kann auch hier der Mensch nicht
scheiden. Christusglaube und natürliche Religion sterben dahin, wo
sie sich voneinander lösen. Tatsächlich ist, was „Diastase“ genannt
wird, in der Regel nur gesteigerte Vorsicht und kritische Zurückhaltung gegenüber der natürlichen Religion, nicht Isolierung[1]. Die
Geschichte berichtet von dem Grenzfall der Lösung so selten wie
von dem der vollen Durchdringung. Desto beredter berichtet sie von
dem beständigen Auf und Ab, von dem Wechsel der Anziehung und
Abstoßung im Verhältnis der beiden Spannungsglieder, von Verein-
seitigungen des Glaubens, die durch Schuld und Schicksal bald nach
der einen, bald nach der anderen Richtung entstehen – und vergehen.

Der an sich gemeinsame Kampf des christlichen Glaubens mit der
natürlichen Religion wird von den einen mehr daheim im Dienst am

---

[1] „Diastase“ und „Synthese“ sind unzulängliche Bilder für die Art wie
für die Vielseitigkeit des Verhältnisses von Christusglaube und natürlicher Religion.

Herdfeuer, von den andern mehr draußen in der Bestellung der Äcker geführt; von den einen im Festungs-, von den anderen im Bewegungskrieg; von den einen mit der auf Sicherung bedachten Sorge um die anvertraute Gabe, von den andern mit dem wagemutigen frohen Blick auf die zu durchwirkende Totalität der Welt und des Lebens. So treten eine *intensiv* und eine *extensiv* gerichtete Bewegung des Glaubens auseinander, ja leidenschaftlich wider einander. Die eine kämpft für Reinheit, Ernst und Vollständigkeit des überlieferten Glaubens, die andere für die Totalität seiner Lebensbezogenheit und seine weltmissionarische Kraft. Und beide wollen die Theologie in ihren Bann ziehen, statt sich von ihr führen zu lassen. Sie erzeugen dadurch eine innerchristliche Spannung, die bald scharfe Kämpfe, bald fruchtbare Einheitsgebilde hervorruft. Historisch-systematische Besinnung des christlichen Glaubens kann sich der Einsicht nicht entziehen, daß beide Bewegungen von innerer Notwendigkeit getragen sind; sie bedingen, bereichern, ergänzen, vereinseitigen – und richten sich wechselseitig; so gehen sie als Einheit miteinander durch die Geschichte und nehmen alle anderen Spannungen des Glaubens (wie die von Gesetz und Evangelium, von Wort und Geist, von Einmaligkeit und immer neuer Gegenwärtigkeit) in sich auf. Höhepunkte der Theologie werden überall da sich finden, wo ihre Einheit verstanden und ihre Spannung in Tragkraft verwandelt wird. Vorbildlich dafür ist der Ansatz der Reformatoren. Zumal der rechtverstandene Rechtfertigungsglaube Luthers, der von der iustificatio als vivificatio weiß, trägt die Einheit all dieser Spannungen in sich – nur daß zugleich sein trauriges theologisches Schicksal zum lebendigen Beweis dafür wird, wie schwer auch das empirische evangelische Christentum ihn versteht. Deshalb wird gerade an diesem Punkt die Theologie ihre Führungskraft bewähren müssen. Der Grad, in dem eine Gestalt der Theologie das vermag, bestimmt in besonderem Maße ihre kirchliche Bedeutung[2].

[2] Zu Nr. 1 der Einleitung vgl. H. Stephans Artikel „Evang. Theologie" RGG² 5, 1116–24, 1931, zu Nr. 2 außer den LÜ 3 genannten Büchern den 3. Teil seiner Glaubenslehre, sowie den Aufsatz „Weltanschauung, natürliche Religion und Christentum" ZThK 1934. – Dazu *Hch. Hoffmann,* Der neuere Prot. u. d. Reformation, S. 54 f.: Es wäre gewiß eine falsche Vereinfachung, die Entwicklung des evangelischen Christentums lediglich aus seiner inneren Dialektik zu erklären (ähnlich der Ideendialektik Baurs). Selbstverständlich ist die Entwicklung des empirischen Christentums – für die Theologie wurde es bereits oben betont – auch von außen her, durch den Gang der Geschichte und die Auseinandersetzung mit

3. Die zwiefache Ausprägung des Neuprotestantismus

Die Spannungen brechen desto leichter auseinander, je verwickelter das Leben selbst, damit die Auswirkung des Glaubens und der Gang der Wissenschaft wird. Darum erhielten sie erst in der *Neuzeit* bedrohlichen Charakter. Erst die Neuzeit hat durch die „Aufklärung"[3] das Leben der Welt von der kirchlichen Herrschaft, die Gegenwart von dem Bann altehrwürdiger, aber als veraltet empfundener Einrichtungen, die Dämonien des natürlichen Lebens von den überlieferten Schranken befreit, der „Natur", dem Weltbild, der Kunst, den praktischen Mächten (Staat, Wirtschaft, Technik) eine unerhörte Suggestivkraft verliehen, in ihren radikalen Vertretern das seelische Leben weithin von aller Religion gelöst oder mit einer natürlichen Religion erfüllt, die der Umbildung durch den christlichen Glauben widerstrebte. Sie hat die Wirklichkeit des materiellen, seelischen und geistigen Lebens so grundstürzend verwandelt, daß die Selbstbesinnung des Glaubens und die Verkündigung des Evangeliums vor völlig neuen Aufgaben stand. Wie einst der Übergang des Christentums vom Boden des Judentums auf den der Spätantike, so forderte der Übergang vom Boden des Mittelalters auf den der Neuzeit eine Übersetzung, die alle Vorstellungen und Gedanken des Glaubens ergreifen mußte. An sich eine Aufgabe von unübersehbarem Ausmaß, wurde sie noch dadurch

fremder Religion und Weltanschauung bedingt. Aber es wäre wiederum eine falsche Vereinfachung, sie wesentlich von da aus zu verstehen. Wahrhaft wichtig für den christlichen Glauben werden die äußeren Vorgänge erst da, wo sie die innere Dialektik – fördernd oder hemmend – in Bewegung setzen. Und das geschieht am stärksten auf dem Weg über die natürliche Religion, bzw. ihr Verhältnis zur extensiven Bewegung des christlichen Glaubens selbst.

[3] Sie gab dem Abendland weit mehr, als der Name und die eigene Einsicht der Aufklärer in das Wesen ihrer Bewegung sagen, war vor allem in ihrem Kern eine sehr positive Bewegung. – Zuerst in England und Frankreich entwickelt, war sie teils mehr rationalistisch, teils mehr empiristisch, gewann aber in Männern wie Shaftesbury und Rousseau auch neue seelische Tiefe; in Deutschland, wo sie nur langsam aufblühte, stand sie unter dem Einfluß des Westens und brachte so dem deutschen Leben neben wirklichem Fortschritt zugleich schädliche Überfremdung, behielt aber starke Selbständigkeit, während des 18. Jahrh. auch feste Verbindung mit Christentum und Kirche. Ihr genialer Anfänger war hier Leibniz, der freilich mit seinen wertvollsten Gedanken schon weit über ihre Schranken hinaus wies. Vor allem sein Schüler Chr. Wolff gab der deutschen Aufklärung die einseitig rationale Haltung.

erschwert, daß die neue Lebenswirklichkeit sich in wachsender Stärke völkisch und persönlich differenzierte. Welche Erschütterung all das für geschichtsbezogene Religion bedeutete, kam freilich dem christlichen Glauben zunächst nicht zum Bewußtsein. Seine Umwandlung zum *Neuprotestantismus* geschah naiv, ohne Klarheit über die Tragweite des Vorgangs. Wohl erwachte im Kampfe einerseits gegen bloße Beharrung, anderseits gegen bloße Verneinung in allen lebendigen Kreisen die selbstkritische Frage nach dem Wesentlichen im überlieferten Glauben, das festgehalten und erst recht fruchtbar gemacht werden sollte. Aber man versuchte nicht die gemeinsame Frage auch gemeinsam zu beantworten. Daher weckte die Verstärkung der Gefahr den Neuprotestantismus nicht zu gesammeltem Widerstand und neuem Angriff, sondern führte neue innere Kämpfe herauf. Er verschärfte die Gegensätze, die innerhalb des christlichen Glaubens notwendig erwachsen, immer unheilvoller und machte es immer schwerer, die in ihnen waltende Einheit zu sehen oder doch sie theologisch-kirchlich darzustellen. So bildeten sich getrennt voneinander die beiden Bewegungen, die noch jetzt, obwohl in mannigfachen Abwandlungen, durch ihr Mit- und Widereinander den kirchlichen Hintergrund der evangelisch-theologischen Entwicklung bestimmen: die extensive Bewegung verdichtete sich zum Aufklärungschristentum, die intensive zum Pietismus.

Ein besonderes Gepräge erhielt ihr Wechselverhältnis durch eine Spannung, die, obschon bereits im Urchristentum vorhanden, nun ebenfalls durch die Fülle und Dynamik des neuzeitlichen Lebens ins Bewußtsein und damit zu geschichtlicher Bedeutung erhoben wurde: durch die Spannung zwischen der *Einmaligkeit* (Jesus, „spezielle" biblische Offenbarung, Bekenntnisschriften) und der immer neuen *Gegenwärtigkeit* (erhöhter Christus, hlg. Geist, „allgemeine" Offenbarung) des göttlichen Wirkens. Ihre Pole verselbständigten sich jetzt und traten wider einander. Mit jener beherrschenden Spannung verbanden sie sich am liebsten so, daß Einmaligkeit und Intensität, Gegenwärtigkeit und Extensität sich suchten. Doch deutet schon der Begriff des hlg. Geistes an, wie leicht hier wechselnde Gruppierungen und Übergänge entstanden. In alledem wurzeln theologische Fragen, die den gesamten Neuprotestantismus bis heute in Unruhe halten; so vor allem die Fragen nach dem Verhältnis des Glaubens oder des „Übergeschichtlichen" zur Geschichte und die nach dem Verhältnis der Neubildung zur geschichtlichen Gebundenheit, d. h. nach dem Sinn der „Re-formation". Doch wurden diese Fragen zunächst, solange die Geschichtlichkeit wie des Menschenlebens überhaupt so des christlichen Glaubens im besonderen nicht ins Bewußtsein trat, mehr dunkel empfunden als klar gestellt; daher folgten die beiden Bewegungen mehr psychologischen Antrieben oder zufälligen Reizen als theologischer Besinnung.

Das *Aufklärungschristentum* empfand die Erweiterung des Blickfelds und die Bereicherung der Lebensbeziehungen als neue Möglichkeiten für den Christenglauben. Konnte die Gottbezogenheit nicht, wie schon Gellerts Lieder zeigten, durch sie noch farbenreicher und lebendiger, noch handgreiflicher und weltumspannender werden? Wenn es dem Glauben gelang, vom 1. Artikel aus Jesus als Lehrer und Vorbild zu vergegenwärtigen und mit diesem Gehalt die neue Kultur zu durchdringen, mußte er da nicht freudiger und gegenwartsmächtiger werden, den weltmissionarischen Auftrag Jesu und das Testament Luthers endgültig an der Totalität des Lebens erfüllen? Die Betonung von Gott und Vorsehung, von Tugend und Unsterblichkeit erschien nicht als Schwäche, sondern als Fortschritt. War es nicht schon etwas Großes, daß sie Erstarrtes erweichte, Verwickeltes wieder vereinfachte, allerhand Ballast über Bord warf, die konfessionellen Gegensätze milderte und durch moralische Anspannung eine Hebung der persönlichen wie der öffentlichen Sittlichkeit verhieß? Man spürte nicht, daß man im Eifer der Vereinfachung, Entlastung und Tonverschiebung auch Wesentliches preisgab: die von Jesus ausgehende Erschütterung, das Verständnis für die Weltkritik, für das Sünden-Gnaden- und das eschatologische Motiv, das Wissen darum, daß der Glaube nur in der Umsinnung neues Leben und wahre Weltfreudigkeit erzeugt.

So setzte man in Wirklichkeit mehr den Humanismus und den individualistischen Spiritualismus als die reformatorische Bewegung fort.

Desto leidenschaftlicher sammelte der *Pietismus* den Glauben um seine biblische Mitte. Ihm waren Sünde und Gebrochenheit der Schöpfung, Versöhnungslehre, Tod und Auferstehung Jesu, Wiedergeburt und Eschatologie das Ein und Alles. Damit aber verfiel er der entgegengesetzten Verzerrung. Vergegenwärtigung der geschichtlichen Offenbarung erstrebte man wohl, aber ohne Übersetzung und deshalb gewaltsam; gern erlebte man sie in mystischer oder schwärmerischer Verzerrung. Den Rechtfertigungsglauben und die positive Wertung der natürlichen Lebensformen drängte man zurück, suchte daher den Glauben lieber in selbsterwählten als in geschichtlich gegebenen Zusammenhängen zu verwirklichen. Schwere Versäumnisse auf den Gebieten der Welt- und Lebensanschauung, Ohnmacht gegenüber dem durch hohe Leistungen begründeten Einfluß der neuen Kultur waren die verhängnisvolle Folge. Einer solchen Bewegung konnte es nicht gelingen, die am Anfang des 18. Jahrh.s rasch gewonnenen Erfolge zu behaupten; daher wirkte sie – von Württemberg abgesehen – im wesentlichen nur mittelbar auf die allgemeine Entwicklung: die pietistische Vertiefung des Seelenlebens half den jungen Geschlechtern, innerhalb der Aufklärung die Christlichkeit zu bewahren und die irrationalistischen Zeitströmungen für eine kommende umfassendere Bekämpfung des Aufklärungsgeistes zu stärken.

Der Gegensatz zwischen Aufklärungschristentum und Pietismus wurde so stark, daß er den älteren lutherisch-reformierten, ja weithin den protestantisch-katholischen, oft bis an den Rand des Bewußtseins zurücktreten ließ. Und je stärker er wurde, desto leichter entartete das extensive Christentum zum „Kulturprotestantismus", das intensive zum Verzicht auf die Weltsendung und Lebenstotalität des evangelischen Glaubens[4].

Das theologische Ringen, das in dem vorliegenden Buch beschrieben werden soll, gilt der Überwindung dieser unheilvollen Lage. Wenn es jetzt zur Schicksalsfrage für die evangelische Kirche wurde, ob sie die neue Lage zu meistern vermöchte, so kam alles darauf an, in welchem Maße zunächst die theologische Arbeit sich dazu erheben würde, Einheitswalterin und Trägerin der Gesamtverantwortung des christlichen Glaubens zu werden. Daher beginnt unsere Darstellung mit der neuen Geistesbewegung, die, von Aufklärung und Pietismus genährt, doch beide überwinden und aus christlich-deutschem Geist heraus einen neuen einheitlichen Grund legen möchte, mit dem *Deutschen Idealismus* (s. unten I 2). Er hob nicht nur mit christlichen Vollklängen an, sondern wußte sich – von gewissen romantischen Stimmungen abgesehen – dauernd als Testamentsvollstrecker der Reformation. Denn die Entbindung des Gewissens und der Kultur von kirchlicher Herrschaft bedeutete ihm nicht die Selbstherrlichkeit des auf seine Ratio vertrauenden Menschentums, sondern desto festere Bindung. Um den Sinn von Welt und Mensch zu verstehen, setzte er entschlossen oberhalb des Irdischen ein[5]. Er gab seinen Lieblingsbegriffen wie dem Unendlichen und Absoluten, dem Leben und der Geschichte, dem Organi-

---

[4] Oder mit jenen anderen Begriffen: die Synthese zum Synkretismus, die Diastase zur Isolierung, d. h. zur Verleugnung der Totalität des weltmissionarischen Auftrags.

[5] Daß es sich dabei um eine qualitativ höhere Wirklichkeit handelt, kommt in den Symbolbegriffen „Idee" und „Idealismus" zum Ausdruck.

schen und der Entwicklung, der Vernunft und dem Geist, der Freiheit, Persönlichkeit und Bildung einen tiefen religiösen Klang. Die Autonomie, die er für den Menschen und sein kulturelles Schaffen in Anspruch nahm, schloß die innere persönliche Gebundenheit des ganzen Menschen an das Unendliche und Unbedingte, d. h. an das Letztwirkliche ein und empfing daraus ihre schöpferische Kraft. Sie war im letzten Grunde theonom gemeint, durfte sich also wirklich – trotz stärkster Umprägung der Formen und des Inhalts – auf reformatorische Grundgedanken berufen. Darum trug der Deutsche Idealismus den Drang in sich, die Theologie zu durchwirken, und mußte umgekehrt die Theologie versuchen, von ihm zu lernen. Das Wechselverhältnis zum Deutschen Idealismus gab ihr den Mut, durch neue Ansätze gleichzeitig Aufklärungschristentum und Pietismus zu überbieten, natürliche Religion und christlichen Glauben, das Erbe der außer- und das der innerkirchlichen Bewegungen der Reformationszeit, die extensiven und die intensiven Glaubensmotive, Geschichtsgebundenheit und Gegenwartsmächtigkeit des Glaubens zur Einheit zusammenzufassen und so von neuem die Führung des evangelischen Christentums zu erstreben. Das war schon als Aufgabenstellung eine Tat von geschichtsbildender Bedeutung – ganz abgesehen von der Frage, ob der Bewegung und der Zeit die Kräfte geschenkt werden würden, die für die Erfüllung der Aufgabe notwendig waren.

I. VORBEREITUNG UND VORFRÜHLING NEUER THEOLOGIE IM ZUSAMMENHANG DES DEUTSCHEN IDEALISMUS

1. Die Lage der Theologie um 1770

Die Kräfte, die berufen waren, ein tieferes Verständnis des christlichen Glaubens vorzubereiten, mußten angesichts der Aufklärungsherrschaft abseits von den gebahnten Wegen keimen und reifen. Es geschah im Zusammenhang der großen deutsch-idealistischen Bewegung, die seit der Mitte des 18. Jahrh.s mit beständig wachsender Gewalt die Aufklärung zu überwinden strebte und in religiöser Selbstbesinnung auch neue Theologie erzeugte. Allein diese neue Theologie trat schon während ihrer Geburt in eine längst bestehende, eifrig gepflegte und weithin wirksame Überlieferung hinein; sie konnte nirgends ganz von neuem beginnen, sondern mußte ein bereits gestaltetes Erbe antreten, mußte vorbehauene Steine und fremdbürtige Werkzeuge brauchen, wurde durch anziehende und abstoßende Züge des Erbes nach bestimmten Richtungen gedrängt; sie war also in der Verwirklichung ihres neuen Geistes allseits durch die gegebene Lage bedingt. Daher gilt es zunächst, diese Lage zu skizzieren; und zwar bringt die Spaltung der neuprotestantischen Entwicklung in zwei zumeist nur unterirdisch verbundene Bewegungen es mit sich, daß die Skizze in zwei Bilder auseinanderfällt.

a) *Die Theologie der deutschen Aufklärung*[1]. – Ihre Seele war ein kirchliches Wollen. Wenigstens in ihrem Hauptstrom hielt sie sich von den Radikalismen fern, die gelegentlich abstoßend genug auftauchten. Sie verstand sich selbst als endliche Durchführung der „Religion Jesu" und der reformatorischen Grundabsichten Luthers. Ihre Kritik an der orthodoxen Überlieferung entsprang daraus, daß die Orthodoxie die innere Verbindung mit dem Leben verloren hatte, wurde daher als Befreiung lebendiger Frömmigkeit von lähmendem Ballast empfunden. Die Theologie hatte schon unter dem ersten Anhauch des Auf-

---

[1] Vgl. vor allem *Karl Aner*, Die Theologie der Lessingzeit 1929, *Wolfgang Philipp*, Das Werden der Aufklärung in theologiegeschichtlicher Sicht (Physikotheologie) 1957.

klärungsgeistes in der „vernünftigen Orthodoxie" Erscheinungen hervorgebracht, die das Gepräge des *Übergangs* trugen. Sie hatte einerseits in einer Reihe hervorragender Gelehrter dem empiristisch-realistischen Zug der Aufklärung entsprechend den Ton von der Dogmatik auf die Geschichte gelegt (Mosheim; Ernesti, Michaelis; die beiden Walch), anderseits die streng rationale Philosophie Chr. Wolffs übernommen und dadurch dem Verständnis, vor allem der Verteidigung des christlichen Glaubens neue Antriebe gegeben (Canz, Carpov, Reinbeck, S. J. Baumgarten u. a.). Auf dem durch diese Bestrebungen veränderten Boden erhob sich dann, ohne die konservative Übergangstheologie jemals völlig zu verdrängen, die eigentliche *„Neologie"*, die in wachsendem Maße den Anspruch erhob, Orthodoxie und Pietismus zu überwinden, die Einheit des Christentums mit der Zeitbewegung herzustellen. In der Mitte des Jahrhunderts beginnend, erreichte sie seit etwa 1770 ihre Höhe. Sie gab der natürlichen Vernunft breiteren Raum und öffnete so die Bahn für die rationale, auch die historische Kritik. Anderseits sprengte sie durch ihre wachsende innere Fülle die Enge der Wolffischen Vernünftigkeit und verband sich sogar mit manchen irrationalistischen Strömungen der Zeit. Es ist für den Charakter der Neologie bezeichnend, daß sie weniger von einem theoretischen Programm, als von dem Fortgang der geschichtlichen Forschung und den Bedürfnissen der kirchlichen Praxis geleitet war. Beide zusammen weckten allmählich in ganz anderem Maße als bei den Übergangstheologen das Bewußtsein des Abstands von der kirchlichen – nicht der biblischen – Vergangenheit und gaben zahlreichen Vorkämpfern den Mut, neue Wege für Theologie und kirchliche Arbeit zu suchen.

Am eindrucksvollsten war die Leistung der *historischen* Theologie. Sie trieb von den festen Punkten aus, die schon Männer wie Ernesti (1707–81) und J. D. Michaelis (1717–91) gewonnen hatten, auf allen Gebieten ihre Laufgräben vorwärts. Vor allem *Joh. Sal. Semler* (1725 bis 91) bezeichnet den allmählichen Fortschritt von der Übergangstheologie zur Neologie. In seiner persönlichen Frömmigkeit, erst recht in der Stellung zur „öffentlichen Religion" überaus konservativ und ohne Neigung, die entstehenden Widersprüche durchzukämpfen, blieb er trotz seiner wissenschaftlichen Entdeckerfreude auch in der Forschung und der Veröffentlichung ihrer Ergebnisse vorsichtig; aber indem er mit kleinen Schritten unbeirrbar vorwärts strebte, führte gerade er trotz der Schwerfälligkeit und Geschmacklosigkeit seiner Darstellungsweise zu einer vollen Umwälzung des Bildes, das die Christenheit sich

von ihrer Geschichte gemacht hatte. Der Durchbruch erfolgte beim
Neuen Testament: hatte Semler zunächst Einzelheiten wie die natürliche Erklärung der Besessenheit durchgesetzt, so wurde die „Abhandlung von der freien Untersuchung des Kanons" (71–75) bezeichnend für die Ausdehnung der Forschungsfreiheit auf die gesamte
Bibel. Aber darüber hinaus half er allenthalben die Mannigfaltigkeit,
die Relativität, den genetischen Zusammenhang der geschichtlichen
Erscheinungen aufdecken, d. h. eine Entdogmatisierung des Geschichtsbildes anbahnen. Neben ihm stehen zahlreiche andere[2]. Durch ihre
Arbeit gewannen die einzelnen Disziplinen der historischen Theologie
allmählich bestimmtere Existenz und festes Gepräge. *Gabler*[3] suchte
diesen Fortschritt sogar am schwierigsten Punkte zu vollenden: er
forderte grundsätzlich die Trennung der biblischen Theologie von der
Dogmatik. Freilich über die radikalen Möglichkeiten, die in der ent-
dogmatisierten Geschichtsbetrachtung schlummerten und gelegentlich,
z. B. in dem „Thersites" der Neologie *K. Fr. Bahrdt,* bereits jetzt zum

---

[2] So zwei Kirchenmänner, die zugleich Gelehrte und kühne Theologen
waren, der Abt *Jerusalem* (1709–89) und *Abr. Teller* (1734–1804), dessen
„Wörterbuch z. Neuen Testament" (1772, [6]1805) die biblische Sprache in
die der Gegenwart zu übersetzen versuchte; ferner *Zachariä,* der die
Biblische Theologie historischer gestaltete (71–75; der Titel selbst z. B.
schon bei Haymann, Bibl. Theol., 1708, [4]68), *Schroeckh,* der 1768–1808
in seiner 43bändigen Kirchengeschichte den Erwerb der ausländischen
und der deutschen Forschung am Leitfaden der pragmatischen Methode
zusammenfaßte, *Töllner, Nösselt, Gruner, Döderlein* u. a. Jüngere Gelehrte, die erst in der nächsten Periode zu voller Auswirkung kamen,
traten rüstig in die Arbeit ein und versuchten schon jetzt die neue
Betrachtungsweise in zusammenfassenden Werken zu gestalten. Am
wichtigsten darunter waren *Griesbachs* kritische Ausgaben des Neuen
Testaments, 74 f. (Hauptausgabe 96. 1806), des Schweizers *J. J. Heß,*
„Geschichte d. drei letzten Lebensjahre Jesu" (68–73, [8]1822; s. unten
S. 20), deren Vollgehalt freilich nicht im neologischen Zusammenhang
verstanden werden kann, *Reinhards* „Versuch über d. Plan, welchen
d. Stifter d. chr. Religion zum Besten d. Menschheit entwarf" (18, [4]98),
Eichhorns Einleitung in das Alte Testament, die Astrucs quellenkritische
Entdeckung in die protestantische Wissenschaft übernahm, auch bereits
von Herder befruchtet war (80–82. [4]1823 f.), *Spittlers* knapper „Grundriß
d. Geschichte d. chr. Kirche" (82, [5]1812), *Plancks* „Geschichte d. Entstehung, d. Veränderungen u. d. Bildung unseres prot. Lehrbegriffs bis
z. Konkordienformel" (6 Bde 81–1800).

[3] De justo discrimine theologiae biblicae et dogmaticae, 1787, vgl. vor
allem *Christian Hartlich* und *Wolfgang Sachs,* Der Ursprung des My-
thosbegriffs in der modernen Bibelwissenschaft 1952.

Leben erwachten, gewann man keine Klarheit; daher ließ man sich
nicht einmal durch das schwere Geschütz der von Lessing veröffentlichten „Wolfenbüttler Fragmente" des *Reimarus* (74–78) aus der
selbstbewußten Ruhe bringen.

Hatten die neologischen Historiker ihre Hochburg in Halle und
Göttingen, so gingen wenigstens am Anfang die *praktisch-religiösen*
und *systematischen* Vorstöße vor allem von Berlin aus. Sie waren
wesentlich in dem Bedürfnis nach apologetischer Auseinandersetzung
mit Deismus und Naturalismus sowie nach einer für die neue Bildungs-
welt verständlichen Verkündigung begründet und konnten sich vor
allem auf die reiche antideistische Literatur Englands stützen[4]. Überwiegend blieb bei ihnen trotz Sprengung des Wolffianismus die rationale Art des aufgeklärten Denkens erhalten; die Gottes- und Unsterb-
lichkeitsbeweise feierten neue Triumphe. Fast bezeichnender aber
war, daß die Rationalität sich hier gern mit dem Rückgang auf innere
Erfahrung verband. Das hätte vorwärts führen können, wenn es zur
scharfen Besinnung auf Ziel und Methode der Apologetik veranlaßte.
Allein man blieb in hilfloser Unklarheit stecken; es rächte sich, daß
man mehr vom praktischen Bedürfnis als von wissenschaftlich-theo-
logischem Denken ausgegangen war.

Auch die eigentliche *systematische* Theologie leistete der Entwicklung geringe Hilfe. Sie hielt zwar die Gewißheit der Offenbarung
Gottes, vor allem in Jesus Christus, mit bestem Willen aufrecht. Aber

---

[4] Fast gleichzeitig (1748) setzten, obschon in sehr verschiedener Weise, der
Reformierte *Au. Wm. Sack* mit seinem „Verteidigten Glauben d. Chri-
sten" und der Lutheraner *J. J. Spalding* mit seiner „Bestimmung des Menschen" ([13]94) ein. Spalding übersetzte u. a. 1756 das bedeutendste antideistische Werk Englands, das zum Grundbuch der anglikanischen
Theologie für zwei Jahrhunderte wurde, ins Deutsche: Joseph Butlers
The Analogy of Religion according to the Course and Constitution of
Nature, 1736 („Bestätigung der natürlichen und geoffenbarten Religion
aus ihrer Gleichförmigkeit mit der Einrichtung und dem Laufe der
Natur"). Bald häuften sich die apologetischen Werke. Am eindrucks-
vollsten wurden *Jerusalems* „Betrachtungen über d. vornehmsten Wahr-
heiten d. Religion" (1. B. 68, [5]76; Fortsetzung 72. 79), Spaldings weiteres
Schrifttum (Über d. Gefühle im Christentum, 61; Die Nutzbarkeit d.
Predigtamtes u. ihre Beförderung, 72; Religion eine Angelegenheit des
Menschen, 97), *Crügotts* „Christ in d. Einsamkeit" (61, [4]74), *Nösselts*
„Verteidigung d. Wahrheit u. Göttlichkeit d. chr. Religion" (66. [5]83),
Leß' „Beweis d. Wahrheit d. chr. Religion" (68, [5]85), vgl. *Hans Nord-
mann*, Die Theologie Johann Joachim Spaldings, 1929; *Joseph Scholl-
meier*, J. J. Spalding, 1967.

der Inhalt der Offenbarung zerfloß ihr unter der Hand. Die historische Theologie gab ihr weder von der biblischen noch von der reformatorischen Verkündigung ein das Wesentliche treffendes Bild, brach daher den Bann nicht, der von dem neuen Glanze der natürlichen Religion im Zeitbewußtsein ausging. So wurde die Offenbarung als Belehrung über Gott, Tugend, Unsterblichkeit verstanden, d. h. der Maßstab für die Wertung der dogmatischen Überlieferung wurde völlig verzerrt. Daher war die Dogmatik der Neologen, wo sie die weithin verbleibende konservative Zurückhaltung aufgab, mehr Abbau als wirklicher Neubau. Abbau ohne Neubau war z. B. die allgemeine Abneigung gegen die Erbsündenlehre, die das sittliche Leben zu lähmen schien, der Streit über die Teufels- und Dämonenlehre, der in den 70er Jahren noch einmal aufflammte, der über die Geltung der symbolischen Bücher, den *Lüdke* 69 und der Berliner Oberkonsistorialrat *Büsching* 74 entfachten, der über die Seligkeit tugendhafter Heiden, die in Deutschland vor allem *Joh. Aug. Eberhard* (Neue Apologie des Sokrates, 72) vertrat, der über die Satisfaktionslehre, die teilweise *Töllner* (Der tätige Gehorsam Jesu Christi, 60), radikal *Eberhard, Teller* u. a. bestritten. Wo der Weg zum Neubau verborgen bleibt, da kann die Entwicklung nur in wachsender Radikalisierung bestehen. Wir sehen sie am deutlichsten bei *W. A. Teller,* erst Professor in Helmstedt, seit 67 Propst und Oberkonsistorialrat in Berlin. Noch 64 hatte er ein maßvoll kritisches, nach einer mild biblischen Haltung strebendes „Lehrbuch d. chr. Glaubens" geschrieben; schon das „Wörterbuch d. Neuen Testaments" (72), vollends die „Religion der Vollkommneren" (92), die den Fortschrittsgedanken auf das Christentum anwandte, stellte den Gehalt des Neuen Testaments unter den Gesichtspunkt der zeitgeschichtlichen Bedingtheit und sah das Ziel in einer schlichten vernünftig-praktischen Wendung des christlichen Glaubens. Am reinsten brachte *Steinbart,* Prof. in Frankfurt a. O., die Seele der Neologie zum Ausdruck in dem „System d. reinen Philosophie oder Glückseligkeitslehre d. Christentums, für d. Bedürfnisse seiner aufgeklärten Landsleute u. anderer, die nach Weisheit fragen, eingerichtet", 78, ⁴ 94. Alles ist hier bezeichnend: das apologetische Ziel, die popularphilosophische Haltung, die Reduktion des Glaubensinhalts auf eine Glückseligkeitslehre, die unter Verzicht auf radikale Weltkritik und Eschatologie alles an dem – edel und innerlich verstandenen – Glücksgefühl des Menschen maß und Christus nur die Rolle des Wegweisers zur Glückseligkeit ließ.

Nach alledem hat die Neologie trotz ihrer eifrigen, wohlgemeinten und im einzelnen nützlichen Arbeit die theologische Aufgabe nicht erfüllt. Weder ihre konservativen noch ihre radikalen Vertreter fühlten den Stachel der Fragen, die der Gang der Kultur- und Geistesentwicklung dem Christentum stellte. Indem sie es vor allem nicht vermochten, der großen Schicksalsfrage, der nach dem Verhältnis des christlichen Glaubens zur natürlichen Religion, ernsthaft ins Auge zu sehen, nahmen sie die natürliche Religion als absolute Größe hin, täuschten sich über den Zustand des Menschen und der Welt, teilten sogar auf dem beliebten moralischen Gebiet den weichlich-sentimentalen Eudämonismus der Zeit, verloren die Möglichkeit, die existentielle Bedeutung der geschichtlichen Offenbarung zu verstehen. Auch in ihren höchsten Leistungen kam ihre Theologie nicht über die kritische Vorbereitung zukünftiger Möglichkeiten hinaus.

b) *Gegenbewegungen.* – Die Neologie beherrschte das Bild des öffentlichen Lebens in Deutschland. Allein dies öffentliche Bild zeigte nicht das Ganze der kirchlich-theologischen Lage. Zwar die *staatlichen* Gegenmaßregeln, die seit den 70er Jahren in den meisten deutschen Ländern, 88–97 auch in Preußen, die Orthodoxie durch politische Gewalt zu retten suchten, brachten, obwohl oft durch konservative Vertreter der Aufklärung unterstützt (Semler!), mehr Aufregung als Erfolge. Auch die von ihnen begünstigte Fortführung der orthodoxen Überlieferung durch Theologen wie *J. B. Carpzov,* und den stets kampfbereiten *Joh. M. Goeze,* sowie durch Neuauflagen alter Dogmatiker (z. B. der Loci Joh. Gerhards 62–81) hatte nicht die Gewalt einer lebendigen Gegenbewegung. Und die Verzerrung der starken, teils von pietistischem Erbe, teils von den Nachwirkungen J. Böhmes u. a. genährten irrationalistischen Zeitströmungen zu dunklen Mystizismen, die der frommen Phantasie, ja dem Schwindlertum die Türen öffnete (moderne Rosenkreuzer) und bis in degenerierte höfische Kreise (Friedrich Wilhelm II von Preußen) drang, war zu lebensfremd, um ernste Wirkungen hervorzubringen. Aber auch *lebendige* Gegenbewegungen waren am Werk. Sie entsprangen aus den breiten Schichten des Volkslebens, die, durch den Pietismus verstärkt, der Frömmigkeit der Väter treu geblieben waren. Vor allem württembergische und niederrheinische Kreise, die Diasporapflege der Brüdergemeinde und die Arbeit der Deutschen Christentumsgesellschaft, Einzelgestalten wie Jung-Stilling und Joh. Jänicke, zeigten sehr deutlich ihr wirksames Dasein. Sei es, daß der Geist der Aufklärung sie noch nicht erreichte oder sie zur Abwehr weckte oder sich in seinen konservativ gestimmten Trägern mit ihnen verband –

sie lebten in der Bibel, den Liedern und den Erbauungsschriften der Vergangenheit und empfingen von da aus immer neue Widerstandskräfte. Abseits von der öffentlichen Bildungsentwicklung schlummerten bei diesen „Stillen im Lande" frische Reserven der Zukunft entgegen. Gegenüber dem ursprünglichen Pietismus zeigte diese Spätform eine starke Wandlung. Hatte jener im Kampfe wider das orthodoxe Kirchentum der Aufklärung den Weg bereiten helfen und ihr durch sein aktives, dem sittlichen Leben zugewandtes Gegenwartsinteresse auch weiterhin zahlreiche Jünger zugeführt, so änderte sich seit der Mitte des 18. Jahrh.s das Verhältnis. Je offenkundiger die Aufklärungstheologie die zentralen Inhalte des christlichen Glaubens entwertete, desto entschlossener trat der Pietismus in die Front der bewahrenden Mächte; der Gegensatz zur Orthodoxie wurde kaum noch empfunden. Im Mittelpunkt des Glaubens standen die persönliche Bibel- und Christusbezogenheit, der Kampf um Sünde und Gnade, die eschatologische Betrachtung des irdischen Lebens, aber auch etwa die Verteidigung und Neubegründung der klassischen Trinitätslehre, die sich Johann August Urlsperger (1728–1806) zum Lebensinhalt machte (7 Schriften in den Jahren 1769–1777)[5]. In allen diesen Punkten konnte man sich mit der Orthodoxie gegen die Aufklärungstheologie zusammenfinden; sie gaben auch *den* Gedanken, in deren Betonung man mit der konservativen Aufklärung einig war (Vorsehung, Unsterblichkeit, Moral) eine besondere Farbe.

Die innere Kraft dieser spätpietistischen Bewegung offenbarte sich darin, daß sie trotz ihrer intensiv gerichteten Frömmigkeit den Versuch wagte, in umfassenderen theologischen und weltanschaulichen Gedanken den Wettbewerb mit dem extensiven Denken der Neologen aufzunehmen. Wenigstens die wichtigsten Vertreter dieses Versuches seien genannt.

Schon *Zinzendorf*[6] hatte neue Wege gewiesen. Vom pietistischen

---

[5] Auch die deutsche Christentumsgesellschaft, die er 1770 in Basel ins Leben rief, sollte sich diesem Ziele widmen.

[6] Vgl. vor allem *Wilhelm Bettermann,* Theologie und Sprache bei Zinzendorf 1935, *Samuel Eberhard,* Kreuzestheologie. Das reformatorische Anliegen in Zinzendorfs Verkündigung 1937, *Otto Uttendörfer,* Zinzendorfs Weltbetrachtung 1929, Zinzendorfs religiöse Grundgedanken 1935, Zinzendorfs christliches Lebensideal 1940, Zinzendorf und die Mystik 1950. Überblick bei *Martin Schmidt,* Das Bild Zinzendorfs in der neueren Forschung. Ev.-luth. Kirchenzeitung 7 (1953), 340–43, 365–69. *E. Beyreuther,* Zinzendorf-Biographie 3 Teile, 57, 59, 61.

Boden, insbesondere von seiner Heilandsreligion aus hatte er sich
fähig gezeigt, einerseits den Rechtfertigungsglauben und die positive
Einstellung des Luthertums zur Welt, anderseits wichtige neuzeitliche
Gedanken zu übernehmen; ihm stand die Menschlichkeit Jesu und der
Hlg. Schrift nicht mehr im Widerspruch zu der seine ganze Theologie
bestimmenden Rolle der Offenbarung; sein antirationalistischer, die
Bildlichkeit der Offenbarungssprache erkennender Realismus, seine
Anwendung des Individualitäts- und des Fortschrittsgedankens auf die
Bibel und seine glaubensmäßige Dynamisierung des Wahrheitsbegriffs
griffen weit über die Gegensätze seiner Zeit hinaus. Allerdings hatte
er die Fülle seiner Gedanken nur persönlich zu einigen, aber die
persönliche Einheit nicht sachlich-theologisch auszuprägen vermocht.
Und nach seinem Tode (1760) war die Brüdergemeinde von dem
Höhenflug ihres genialen Begründers auf die ihr besser entsprechende
Ebene eines schlichten Biblizismus zurückgekehrt (Spangenbergs Idea
fidei fratrum, 78). Aber es hatten sich doch in Zinzendorf Möglichkeiten gezeigt, die der Verwirklichung warteten; und wenigstens an
zwei Stellen brach bereits ein Ansatz der Verwirklichung auf.

Die eine Stelle war Württemberg, das am stärksten von einem
wissenschaftsverbundenen Pietismus befruchtete Land. Hier wagte
es *Fch. Chr. Oetinger*[7] (1702–82), der Schüler Bengels, in aller Treue
zum biblisch-lutherischen Glauben doch die Schranken der orthodox-
pietistischen Haltung zu sprengen und von Gott als dem gesichertsten
Datum der Erkenntnis aus kraft der als organische Begriffsganzheit
gedeuteten Bibel eine philosophia sacra, ein umfassendes Verständnis
der Welt zu erstreben. So trat er in Wettbewerb mit der neueren
philosophischen Entwicklung, vor allem mit der ihn mannigfach anregenden Leibnizschen Gedankenwelt. Die beste Hilfe für sein kühnes
Unternehmen fand er in dem mystisch-naturphilosophischen Ge-
dankenstrom, der, von Jak. Böhme zum letztenmal genial vertreten,
seitdem in kleinen Rinnsalen unter der Oberfläche des allgemeinen
Bewußtseins dahingeflossen war. So würdigte er die wirkliche Natur,
vor allem die Leiblichkeit, wieder religiös und sah umgekehrt in
Christus auch das Heil der Natur, den Beginn einer geistleiblichen

---

[7] Vgl. *Otto Herpel,* Friedrich Christoph Oetinger. Die heilige Philosophie
1923 (Auswahl mit bedeutungsvollem Nachwort), *Robert Schneider,*
Schellings und Hegels schwäbische Geistesahnen 1938, *Wilhelm Albert
Hauck,* Oetingers Naturphilosophie 1943, Das Geheimnis des Lebens
1947, *Wolfgang Philipp,* Das Werden der Aufklärung in theologiegeschichtlicher Sicht 1957, 78 ff.

Neuschöpfung. Durch Wiederaufnahme einer dem Geist der Aufklärung entgegengesetzten Entwicklungslinie, durch das ganze Wagnis einer von der biblischen Gottesoffenbarung ausgehenden Deutung der Welt, durch Einzelheiten wie seinen geistlich-realistischen Lebensbegriff gewann Oetinger Bedeutung für die Zukunft, während sein eigentliches apokalyptisch-theosophisches System der Vergessenheit anheimfiel. – Der andere schöpferische Ausgangspunkt wurde das niederrheinische Land. Hier unternahm der Arzt *Sam. Collenbusch*[8] (1724–1803), ebenfalls von der philosophischen Zeitbewegung und überdies von den Württembergern angeregt, einen Vorstoß vom Boden eines labadistisch-reformierten Pietismus her. Ihm war das Wichtigste das streng biblisch-geschichtliche Verständnis der Offenbarung; es wurde durch die Parallele Adam-Christus und eine radikal kenotische Christologie bestimmt und wirkte sich aus in einer nach kirchlichem Maßstab heterodoxen Lehre von der Gerecht*machung,* d. h. Neubelebung der Menschen zum Wandel in der Gerechtigkeit durch das „Geheimnis Christi in uns". Durch seinen geschichtlichen Zug sowie durch seine realistische Auffassung der in Christus wirksamen und von ihm ausstrahlenden göttlichen Lebenskräfte gab Collenbusch der Heilsverkündigung einen festen Rückhalt. So wurden er und sein Kreis für zahlreiche Menschen wichtig, die von der intellektualistisch-moralistisch-sentimentalen Frömmigkeit der Aufklärung unbefriedigt waren.

Die Gedanken Zinzendorfs, Oetingers und Collenbuschs bewiesen trotz ihrer unkritischen Eigenwilligkeiten eine Originalität des religiösen Denkens, die bei den Neologen nicht in gleicher Höhe begegnete. Daher gewannen sie immerhin erheblichen Einfluß. Vor allem fanden sie in dem schwäbischen Theologen und Philosophen *Thomas Wizenmann* (1759–87) einen Fortsetzer, der weiter zu führen vermochte. Er faßte noch ernster das Ziel eines heilsgeschichtlichen Denkens ins Auge, rang noch ernster mit der philosophischen Zeitbewegung[9] und stellte eine verheißungsvolle Verbindung mit dem Frühidealismus, vor allem mit Hamann her. Allein gerade diese Verbindung fand durch den frühen Tod Wizenmanns ein rasches Ende.

---

[8] Vgl. Hermann Cremer, Aus dem Nachlaß eines Gottesgelehrten, 1902, F. Augé, S. Collenbusch und sein Freundeskreis, 2 Bde. 1905, Gottlob Schrenk, Gottes Reich und Bund im älteren Protestantismus, vornehmlich bei Johannes Coccejus 1923, 318 ff.

[9] Wenigstens hingewiesen sei in diesem Zusammenhang auf den Leipziger Philosophen Chr. Aug. *Crusius* (1715–75). Er vertrat im Gegensatz zur

Auch der Züricher *Joh. Jakob Heß* (1741–1828) läßt sich am ehesten hier nennen. Sein bekanntestes Werk, das Leben Jesu (s. oben S. 13 A. 2), ist zwar in der Betonung der geschichtlichen Gestalt Jesu und der Aufnahme pragmatisch-moralistischer Gesichtspunkte mit der Neologie verbunden, bezeugt aber dabei einen ungebrochen supranaturalen Wunder- und Offenbarungsglauben. Vollends sein zweites Hauptwerk „Von d. Reiche Gottes, ein Versuch über d. Plan d. göttl. Offenbarungen u. Anstalten" (74) suchte die Bibel offenbarungsgeschichtlich, d. h. von einem nicht an sie herangetragenen, sondern in ihr selbst liegenden Leitgedanken aus zu verstehen und deckte damit das theokratische Rückgrat der Offenbarungsgeschichte vollends auf[10]. So wies Heß, der nahe Freund Lavaters, über die herrschenden Gegensätze hinaus; tatsächlich fand er, obwohl wegen Heterodoxie mannigfach bekämpft, in allen Lagern Freunde. Doch reichte seine Kraft nicht aus, um die streitenden Richtungen zusammenzuzwingen; auch in seinem Denken wie in seinem Wirken wurde mehr Personalunion als sachliche Einung erreicht. Erst recht blieben die zahlreichen Linien, die durch Männer wie *Matthias Claudius* (1740–1815) und *Lavater* (1741–1801) die Kreise der Frommen mit den großen Frühidealisten verbanden, auf das Persönliche beschränkt. Zumal die spätpietistischen Führer gingen auf diese Verbindungen so wenig ein wie auf die historisch-theologische Arbeit ihrer Tage. Dieser Mangel ließ es zu einer Überwindung der theologischen Gegensätze auch von der heils- und offenbarungsgeschichtlichen Wendung der intensiven Glaubensbewegung aus nicht kommen. Die gegenseitige Verständnislosigkeit der Richtungen, die das schwerste Hemmnis für die theologisch-kirchliche Entwicklung des 19. Jahrh.s werden sollte, deutete sich keimhaft an. Noch wichtiger aber war zunächst die Tatsache, daß hier Kräfte bereit standen, von denen die breite Öffentlichkeit nichts ahnte. Wenn der Zeitgeist durch unvorhergesehene Ereignisse seine suggestive Macht verlor oder eine Wandlung erlebte, konnten sie allgemeine Bedeutung gewinnen. Eine Drehung am Kaleidoskop der Zeit, eine andere Mischung der Elemente – und von den Grundkräften des Volkslebens her mußte ein völlig verändertes Bild entstehen.

Philosophie Wolffs und zur historisch-kritischen Exegese eine Philosophie, die Bengelsche Gedanken nach der Seite eines biblizistisch-theosophischen Realismus ausbaute.
[10] Zu Heß vgl. außer Weth besonders Wernle, Der schweiz. Protestantismus, III 317 ff. – Noch schärfer arbeitete Heß in dem „Kern d. Lehre vom Reiche Gottes" (1819) seine Gedanken heraus.

2. Religion und Theologie des Frühidealismus

Heraufgeführt wurde der Deutsche Idealismus[11] im Zusammenhang mit der Vorarbeit Winckelmanns (geb. 1717) durch die besten Vertreter der seit etwa 1724 geborenen Geschlechter. Vor allem Klopstock, Lessing und Hamann (geb. 1724. 29. 30), Jacobi und Herder (geb. 1743. 44) waren die wegbereitenden Gestalten. Sie weckten gegenüber der Verstandesseligkeit, dem Eudämonismus und Moralismus der Aufklärung Jugendbewegungen großen Stils, Wellen von „Sturm und Drang", in die auch Männer wie M. Claudius, Lavater, Pestalozzi

[11] Der *Begriff* bezeichnet hier (s. oben S. 9 f.) das Ganze der Bewegung, die um 1750 einsetzte und um 1830 mit dem Tode der großen Führer endete. Sie ist weit mehr als nur die deutsche Spielart des philosophischen Idealismus, wird daher auch allgemeiner als „Deutsche Bewegung" bezeichnet (Dilthey, Nohl). Ihr Wesen ist nur von ihrer geschichtlichen Aufgabe aus zu verstehen: sie erstrebte – zunächst unsicher tastend, dann mit wachsender Bewußtheit – an Stelle der zerfallenen kirchlichen Einheitskultur, die der Frage nach dem Sinn der Welt nicht mehr gerecht werden konnte, ein neues allumfassendes Lebens-, Kultur- und Weltverständnis; aber nicht wie die Aufklärung als das „natürliche System" der Ratio, sondern von der „Geist"-Wirklichkeit, von der „Idee" aus, kraft der inneren Mächte, die durch Berührung der deutschen Seele mit Antike und Christentum erwachsen und durch die Reformation zu fruchtbarster Spannung erhoben waren. Unendlich verschieden hervorbrechend, gaben sie doch überall dem Fühlen und Gestalten, dem Dichten und Denken ganzheitliche metaphysische Tiefe. Das Verhältnis zur Aufklärung war doppelseitig: der Deutsche Idealismus nahm auf, was sie in der Verselbständigung der weltlichen Kultur, in der Ausweitung des Blicks, in Wissenschaft und Technik geleistet hatte; aber er bekämpfte ihren Geist auf allen Lebensgebieten, vom religiösen und ästhetischen bis zum politischen, mit den schärfsten Waffen. Von seiner Verbundenheit mit dem Letztwirklichen aus die Höhen und Tiefen der Welt ergreifend, bedeutete er den spezifisch deutschen Versuch, die Aufklärung zu überwinden. Für seinen *Verlauf* ist die Folge der Generationen wichtig (vgl. z. B. Eduard Wechßler, Die Generation als Jugendreihe u. ihr Kampf um d. Denkform, 1930; auch Blätter f. dtsche Phil., B. 7, S. 405 ff.). Wir unterscheiden, mit fließenden Übergängen, Früh-, Hoch- und Spätidealismus. Der *Früh*idealismus wurde durch die ersten Gesänge der Messiade klangvoll eingeläutet, ergriff in „Sturm und Drang" das ganze Leben und blieb in Gestalten wie Herder und Jacobi bis zum 19. Jahrh. lebendig. Inzwischen aber war er von zwei Seiten her überboten: Goethes klassische Dichtung und Kants Kritizismus führten zum *Hoch*idealismus empor, der in der Klassik, in der Frühromantik, in der spekulativen Philosophie seine siegreichen Ausprägungen fand. Der *Spät*idealismus setzte bald nach der Jahrhundertwende mit dem Abfall der Romantik von ihren ursprüng-

(geb. 1740. 41. 46) hineingezogen wurden[12]; noch Spätere wie Goethe (geb. 1749) gingen durch sie hindurch, Schiller, Jean Paul und Baader (geb. 1759. 63. 66) wenigstens mit einem Teil ihres Wesens. Sie schufen einen Frühidealismus, der das Feld des deutschen Geistes nach allen Seiten aufgelockert und mit einer unvergleichlichen Fülle neuer Lebenskeime gesättigt hat. Da es sich um erste Ahnungen eines Neuen handelte, traten hier die zartesten Grundelemente des Seelischen, die religiösen und die ästhetischen, besonders deutlich zutage.

Ihre verbundene Kraft wurde schon im ersten Herold der Bewegung offenkundig: in *Klopstock*. Der „Messias", zu dem er sich durch göttlichen Auftrag berufen wußte, erhob den Dichter gegenüber dem

lichen Zielen ein, trat auch in Schellings und Goethes Alterswerken deutlich zutage; in ihm verzichtete der Deutsche Idealismus ermüdet auf sein eigentliches Ziel und verband sich mit andersartigen Entwicklungen; auch seine philosophische Vertretung brach auseinander. Daher kommt er für unsere Darstellung nicht als einheitliche Größe in Betracht. Seit dem 2. Drittel des 19. Jahrh.s gewann der Deutsche Idealismus nur noch epigonenhafte Vertreter, vermochte daher die großen Fragen der Zeit nicht mehr zu beantworten. Damit zerbröckelten die Dämme, die Deutschland vor den Wogen der westlichen Aufklärung ein halbes Jahrhundert lang geschützt hatten.

Nach alledem ist der Deutsche Idealismus keine in sich gleiche Größe, sondern eine von starken Gegensätzen auf sehr verschiedenen Wegen rastlos vorwärts getragene geschichtliche Bewegung. Nur wer sie als Ganzes überblickt, versteht ihr Wesen und vermag ihren Einzelerscheinungen, z. B. der Klassik oder der spekulativen Philosophie, den wahren Sinn zu geben. Doppelt nötig ist der Blick auf das Ganze da, wo die religiöse Seele der Bewegung aufgesucht wird. Er zeigt die Unmöglichkeit naiv-christlicher wie antichristlicher Deutung (vgl. dazu RGG² 3, 58 und KG § 14; von deutschgläubiger Seite *H. Heyse,* Idee u. Existenz, 1935; vermittelnd *E. Franz,* Deutsche Klassik u. Reformation. Die Weiterbildung prot. Motive in d. Philosophie u. Weltanschauungsdichtung d. deutschen Idealismus, 37, auch *Hch. Hoffmann,* Der Idealismus u. d. Christentum 34). – Zusammenstellung wichtiger idealistischer Sätze: *Em. Hirsch,* Die Umformung d. chr. Denkens in d. Neuzeit (Lesebuch), 38.

[12] Was abseits von den Hauptlinien z. B. *Pestalozzi* teils unmittelbar, teils mittelbar (durch die Lehrer hindurch) für die religiöse Entwicklung bedeutete, ist nicht leicht hoch genug zu bewerten. Überall auf das Wesen des Menschen gerichtet, den Menschen von seiner Bezogenheit auf Gott als den Vater und auf die Mitmenschen, die Brüder in der Gotteskindschaft, her betrachtend, knüpfte er zwar überall an die Gedankenwelt der Aufklärung an, führte aber weit über sie hinaus. Seine Hauptbegriffe, Anschauung und Liebe, waren – in aller Einseitigkeit – durchaus christlich verwurzelt.

parallelen Ansatz Rousseaus zum Gestalter christlich-deutschen Geistes. Auch sein Schaffen war stürmisch vorwärts gewandt. Wohl wurde im „Messias", in den biblischen Dramen und zahlreichen Oden das christliche Erbe der Vergangenheit lebendig, aber er schaltete frei mit den überlieferten Formen und Inhalten. Was ihm diese Freiheit gab, war nicht wie in der Aufklärung die Selbständigkeit der Vernunft, sondern die innere Ausweitung und Neubeseelung des christlichen, den ganzen Menschen erfüllenden Gotterlebens. Freilich vollzog sich in dieser Neubeseelung eine durch die Wandlungen des Weltbildes und des Welterlebens mitbestimmte Umprägung. Gott selbst war ihm der Unendliche, die Welt als „Ozean der Welten", als Inbegriff myriadenhaften Lebens der Spiegel seiner Unendlichkeit. Das waren alte Gedanken; aber sie griffen bei ihm tiefer als in der natürlichen Theologie der kirchlichen Vergangenheit und der Aufklärung: er wußte sich selbst von der Unendlichkeit ergriffen, sprach und dichtete gleichsam aus ihr heraus; bis in die musikalische, bald zarte bald überschwengliche Bewegtheit seiner Rhythmen und seiner Sprache hinein suchte er alles mit Unendlichkeit zu füllen. Oft scheint moderne Mystik sich anzukündigen; aber Klopstock selbst wurde durch das Eintauchen in die Unendlichkeit so wenig Mystiker wie durch seine Bibelbezogenheit Pietist; nirgend ist etwas von Weltabgeschiedenheit in seliger Einheit mit Gott, nirgend etwas von Zerfließen in das Meer der Gottheit zu spüren. „Das Unendliche" ist doch der lebendige Gott, der zürnen und segnen kann, voll Majestät und unbedingten Willens. Gott bleibt in der Fülle der überschwenglichen Bilder das „Du", zu dem man betet, vor dem es Verantwortung, Sünde und Schuld gibt; das Verhältnis der Welt und des Menschen zu Gott geht durch Abfall und Erlösung hindurch. Darum wird das Dichten, das die Unendlichkeit in sich hineinnehmen möchte, zugleich ein priesterliches Tun; es hat Vollmacht von Gott her; es offenbart eine Gespanntheit des Lebens- und Weltgefühls, für die alles – gerade auch das wertgefüllte Irdische – Hinweis auf das Überirdische wurde, und die ganze Geschlechter ebenso zu beseligen wie zu erschüttern vermochte.

Freilich was dem dichterischen Schaffen des frühesten Herolds sich mühelos einte, das drohte beim Durchdenken der Lage auseinanderzubrechen. So gewann in Hamann das biblische Christentum, in Lessing die natürliche Religion die Oberhand. *Hamann*[13] stellte sich seit

---

[13] *Lit.: Jos. Nadler*, Die Hamann-Ausgabe, 1930, und Hamann, Kant, Goethe, 32; *K. Leese*, Krisis u. Wende d. chr. Geistes, 32, S. 140 ff.;

der „Bekehrung" (1758), die den leidenschaftlichen Mann mit unbedingter Gewalt zum Diener der Wahrheit berief[14], im Gegensatz zu der rational-moralistischen Vernunft der Aufklärung inbrünstig auf die theozentrisch verstandene Bibel und den Rechtfertigungsglauben Luthers. Die Bibel wurde sein „Element und Aliment" (Briefw. II, 443); er wollte gegenüber Aufklärung, Pietismus und Orthodoxie den „Propheten" Luther (Briefw. I, 294) wieder lebendig machen. Sein ganzes Schrifttum ist ein einziges großes Zeugnis für den lebendigen Gott und Jesus Christus als Erlöser[15]. Aber all das wurde ihm nun zur gedankenschwangeren Triebkraft schöpferischer Dynamik. Nicht nur daß er, obwohl ohne Interesse für rationale oder historische Kritik, gegenüber jeder kirchlichen Überlieferung die „Freiheit in Christo", die „evangelische Freiheit" betonte und über alle „gläubigen oder ungläubigen -oxen, -aner, -isten" (Wke. III, 97) seinen Spott ausgoß: vor allem

---

E. Metzke, H.s Stellung in d. Phil. d. 18. Jahrh.s, 34; *Fr. Thoms,* H.s Bekehrung, 33; *P. Ernst,* H. u. Bengel, 35 (Königsb. Deutsche Forschungen, H. 13). – Überblick: *Käte Nadler,* Die deutsche H.-Forschung im 1. Drittel d. 20. Jahrh., Deutsche Vierteljahrsschr. 1937. Seitdem vor allem Fritz Blanke, Hamann-Studien 1956, Karlfried Gründer, Figur und Geschichte. Johann Georg Hamanns biblische Betrachtungen als Ansatz einer Geschichtsphilosophie 1958. H. A. Salmony, J. G. Hamanns metakritische Philosophie 1958. Walter Leibrecht, Gott und Mensch bei J. G. Hamann 1958. Martin Seils, Theologische Aspekte zur gegenwärtigen Hamanndeutung 1958. H. Sievers, J. G. Hs Bekehrung, 69. – Kritische Ausgabe: Sämtliche Werke von Josef Nadler 6 Bde. 1949–57. Kommentierte Auswahl-Ausgabe: J. G. Hamanns Hauptschriften erklärt, hsgg. v. Fritz Blanke und Lothar Schreiner I. 1956 Einführung, Geschichte der Deutungen (Karlfried Gründer) Bibliographie (Lothar Schreiner) II. 59 Sokratische Denkwürdigkeiten (F. Blanke). IV. 63 Über den Ursprung d. Sprache (E. Büchsel) V. 62 Mysterienschriften (M. Seils) VII. 1956: Golgatha und Scheblimini (Lothar Schreiner). Briefwechsel hsgg. v. Walther Ziesemer und Arthur Henkel I. 1955 II. 1956 III. 1957 IV. 1959 V. 1965. – Biographie von Josef Nadler, J. G. Hamann. Der Zeuge des Corpus mysticum 1949.

[14] „Wer nicht von Brosamen und Almosen noch vom Raube zu leben und für ein Schwert alles zu entbehren weiß, ist nicht geschickt zum Dienst der Wahrheit" (Sokrat. Denkwürdigkeiten, 1759, Schluß (Wke. II, 82).

[15] Am eindrücklichsten ist dies Zeugnis in der Schrift „Golgatha u. Scheblimini", die er gegen Mendelssohns „Jerusalem" richtete (1784). Darin: „Nicht in Diensten und Gelübden, die Gott von den Menschen fordert, besteht das Geheimnis der christlichen Gottseligkeit, sondern vielmehr in Verheißungen, Erfüllungen und Aufopferungen, die Gott zum Besten der Menschen getan und geleistet; ... in Ausführung göttlicher Taten, Werke und Anstalten zum Heil der ganzen Welt" (Wke. II, 312).

öffnete er die Fenster des Glaubens, die er durch die Dogmen der Aufklärer und der Orthodoxen verriegelt fand, so weit als möglich für
den starken Atem der Wirklichkeit und die Ganzheit des Lebens. Hier
entdeckte er die Sphäre, in der Gott sich offenbart. Offenbarung,
Wirklichkeit, Ganzheit aber wußte er allein dem Glauben, keinesfalls
dem abstrahierenden, zerstückelnden Denken zugänglich, und so
wurde sein Denken ein der Offenbarung geöffnetes Denken des
Glaubens. Überall ging es dabei um Erfahrung der Wirklichkeit – bei
dem Leben in Gott wie bei der „Höllenfahrt der Selbsterkenntnis" wie
bei der Begegnung mit der Welt in Natur und Geschichte. Hamann
spürte sie in den Konkretheiten des Lebens, den Sinnen und Leiden-
schaften, den Gegensätzen und Kämpfen, er haßte die Flucht der Aufklärung in abstrakte Geistigkeit. Deshalb war ihm Geschichte „die
beste und einzige Philosophie" (Jacobi, Werke IV 3, S. 211); Natur
und Geschichte sind Stätten der Offenbarung, Weissagung eines Höheren, „Zifferblatt und Zeiger"; nur wer sie in ihrer Realität mit aller
Schärfe sieht, kann wirklich etwas erleben von den „Winden und
Feuerflammen" Gottes, die ihr Räderwerk treiben. In diesem Sinne
nahm er das πάντα θεῖα καὶ ἀνθρώπινα πάντα (Wke. III, 27) auf,
erblickte er in der coincidentia oppositorum des Cusaners den Gipfel
philosophischer Weisheit. Er konnte an die mystische Naturphilosophie ebenso anknüpfen wie an den Empirismus Humes; sein unmittelbares enthusiastisches Tiefengefühl schien bald einen dionysischen Naturalismus, bald eine prophetische Glaubensphilosophie zu
gebären – was ihm Wirklichkeit enthüllte, das griff er aus den Zusammenhängen heraus, in denen es rationalerweise stand, und gab ihm
von dem Erlebnis der Wirklichkeit des lebendigen Gottes aus eine
neue Seele[16].

So wurden weiteste Extensität und innigste Intensität seinem Glauben zur Einheit. Freilich zeigten Sprache und Ziel des „Magus aus
Norden", wie schwer sein Inneres um diese Einheit rang. Die heterogenen Gedankenwelten, die er mit der Glut seiner Seele zusammen-
zwang, sträubten sich gegen die Umwandlung von der persönlichen
zur sachlichen Einheit. Die Einung gelang nur der heißen Inbrunst

---

[16] Jacobi berichtete – bewundernd und doch anders verstehend –: „Die
verschiedensten, heterogensten Dinge, was nur in seiner Art schön, wahr
und ganz ist, eigenes Leben hat, Fülle und Virtuosität verrät, genießt er
mit gleichem Entzücken; omnia divina, et humana omnia" (Hegel, Werke,
Alte Ausgabe, B. 17, S. 37).

seines Erlebens; aber seine Formkraft war zu gering, um die feuer-
flüssige Masse gedanklich zu gestalten und so den Erwerb seines
Ringens der Zeit zu vermitteln; er blieb „Prediger in der Wüste".
Immerhin gab er in dem aphoristischen Dunkel inhaltschwerer Rätsel-
worte den führenden Geistern, dem Sturm und Drang und der Romantik eine Fülle fruchtbarer Anregungen und half so verhindern,
daß der Deutsche Idealismus seine wurzelhafte Verbindung mit dem
biblischen Glauben vergaß.

Umgekehrt Lessing[17]. Durch kritischen Verstand und Klarheit des
Denkens ausgezeichnet, schien er notwendig der radikalen Aufklärung
verfallen zu müssen. Er sah am schärfsten die kritische Lage, in der
das Christentum sich befand. Daher bekämpfte er nicht nur die Reste
der Orthodoxie (Goeze), sondern ebenso heftig die Neologie, die durch
ihre unklare Harmonisierung der Offenbarung mit der Vernunft über
die Schwierigkeiten hinwegtäuschte. Soweit seinem rastlosen, zu immer
neuer Problematik ausgreifenden Wahrheitsstreben feste weltanschauliche Linien möglich wurden, weisen sie vom modernen Weltbild aus
in die Richtung immanentistischen Einheitsdenkens; unbewußt nahm
er dabei mystisches Gedankenerbe auf, scheute sich auch nicht, an
den von Kirche und Aufklärung gleichmäßig gehaßten Spinoza anzu-
knüpfen. Damit schien er sich ganz der natürlichen Religion zu ergeben und sogar von der aufklärerisch-christlichen Überlieferung zu
lösen. Er fand keine wirklich positive Stellung zur Bibel und zur
Offenbarung (die ihm stets intellektualistisch belastet blieb); auch der
evangelische Glaubensbegriff war ihm verschlossen und der Weg von
den „notwendigen Vernunftwahrheiten" zu den „zufälligen Ge-

---

[17] Die religiösen und weltanschaulichen Fragen bewegten ihn jederzeit
stark; von den „Gedanken über die Herrnhuter" (1750) an hatte er
ihnen mit immer neuen Ansätzen nachgedacht. Aber erst durch Veröffentlichung der „Fragmente eines Ungenannten" (Reimarus) 1774–78 und
die anschließenden Streitschriften griff er in die öffentliche Erörterung
ein. Danach wurden am wichtigsten: Nathan (79), Die Erziehung des
Menschengeschlechts (80), die trotz nicht ganz sicherer Verfasserschaft
des 1. Teils inhaltlich für ihn in Anspruch zu nehmen ist, der Bericht
Jacobis über das Spinoza-Gespräch von 80 (erschienen 85). – *Neuere
Literatur: Martha Waller*, L.s Erziehung d. Menschengeschlechts, 1935
(Germanische Studien); *Helm. Thielicke,* Vernunft u. Offenbarung. Studie
über d. Religionsphilosophie L.s, 36 ³57 u. d. T.: Vernunft, Offenbarung
u. Existenz; *Gg. Eichholz,* Die Geschichte als theol. Problem bei L., Stud.
u. Krit. 36; *K. Schröder,* Das Freiheitsproblem in d. 2. Hälfte d. deutschen
Aufklärung, 36.

schichtswahrheiten" versperrt. Und doch ist das nur das oberfläch-
liche Bild. Seine natürliche Religion erhielt durch das Erlebnis der
Unbedingtheit ein Rückgrat, das zuletzt dem christlichen Glauben
entstammt und zu ihm zurückführen kann; sein Kampf wider äußeren
Autoritätsglauben, für die innere Autorität der Überzeugung, war
evangelisch. Das Grundmotiv all seines Zweifelns und Fragens, Su-
chens und Tastens war: die Wahrheit um der Wahrheit, das Gute um
des Guten willen! Dazu stimmt der Inhalt, der, wie sein Nathan zeigt,
am ehesten seine Frömmigkeit charakterisiert: Ergebung in den unbedingten Willen Gottes und ein Leben der unbedingten Liebe. Der
Gegensatz dieser Haltung zu jenem immanentistischen Zuge hielt seine
Geschichts- und Offenbarungsproblematik lebendig. Die weltanschauliche Möglichkeit dafür gab das monadologisch-teleologische Ge-
dankengut, das Lessing wie die ganze deutsche Bildung jener Zeit von
Leibniz übernommen hatte. Es rettete die Einzelseele und die Ge-
schichte vor der Aufsaugung durch das Unendliche, wahrte dem
Gottesgedanken einen transzendent-personhaften Zug, nahm seinen
Sinn für das konkrete, werterfüllte Leben auf und ermöglichte einen
Entwicklungsgedanken, der – mindestens im exoterischen Bilde – der
göttlichen Erziehung durch Offenbarung Raum ließ, freilich auch den
Offenbarungsbegriff seiner konstitutiven Funktion beraubte, indem er
ihn durch die Kategorie der Erziehung ersetzte. So wurde auch hier der
Bruch der natürlichen Religion mit dem Christentum vermieden, und
neue Möglichkeiten der Verbindung (z. B. wie bei Leibniz durch
spekulative Deutung des Dogmas, oder durch Rückgriff auf die religiöse Erfahrung und sogar auf das vorliterarische Urchristentum)
tauchten auf. Wie bei Hamann, so bezeugte auch bei Lessing die Darstellungsweise die Schwere des Ringens; vieles Wichtige blieb Fragment, gerade die kühnsten Vorstöße waren mehr als Frage denn als
Entscheidung gemeint. Exoterisches und Esoterisches, wirklicher Ausdruck der Überzeugung und bloßer Denkversuch oder Fechterstreich
liegen so dicht ineinander, daß es im einzelnen oft kaum möglich
erscheint, die eigentliche Meinung Lessings zu ergründen. Seine innere
Stellung blieb oft sogar seinen Freunden ein Rätsel.

Der Theologe des Frühidealismus wurde *Herder* (1744–1803)[18]. Per-

---

[18] *Neure Literatur: Fch. Knorr,* Das Problem d. menschl. Philosophie bei
H., 1933, sowie J. G. Herder, Neue Jahrbücher f. Wiss. u. Jugendbildung,
35; *M. Redeker,* Humanität, Volkstum, Christentum in d. Erziehung. Ihr
Wesen u. Verhältnis an d. Gedankenwelt des jungen H. für d. Gegenwart
dargestellt, 34; *E. J. Schaede,* H.s Schrift „Gott" u. ihre Aufnahme bei

sönlicher Schüler Hamanns und des vorkritischen Kant, hatte er
zugleich an Klopstock und an Lessing, ja an allen Großen der Menschheit und an den gewaltigen Leistungen der Aufklärung seinen Geist
genährt. In dem bibelverbundenen, auf lebendiges Wirken gestellten
Theologen bewegte die unübersehbare Vielfalt der Anregungen den
ganzen Menschen am tiefsten; hier geschah der Durchbruch der Seele
durch die verwirrende Fülle des Stoffes am vielseitigsten und eindrucksvollsten. Alles von innen her schauend, konnte er die von der mystischen Naturphilosophie vorbereitete organische Betrachtung neu aufnehmen und das lebendig-einheitliche Verständnis der Menschheitsgeschichte anbahnen.

  Besondere Erlebnisse brachten es mit sich, daß die in der neuen
Bewegung waltenden Elemente der natürlichen Religion sich während
der *Bückeburger* Wirksamkeit (1771–76) am innigsten mit seinem
christlichen Glauben verbanden. Daher griff die Verbindung hier auch
am stärksten auf das theologische Gebiet über. Gott und Offenbarung
wurden ihm in einer für die damalige Bildung unerhörten Gewalt
lebendig. Mit immer neuen Bildern tastete er vorwärts, um die Religion
als eigenständiges Leben verständlich zu machen; vor allem stellte die
Verbindung von „Gefühl" und „Anschauung" Gottes sich schon ihm
dafür ein. Das eigentliche Rückgrat seines Strebens aber gewann er
durch die Beziehung seines Denkens auf die Bibel; ihren Gehalt wollte er
von den Fesseln sowohl der orthodoxen wie der neologischen Dogmatik befreien, durch religionsgeschichtliche Erläuterung konkreter prägen und lebendig zur wirklichen Gegenwart sprechen lassen. Die neologischen Theologen, zu denen er bisher aufgeschaut hatte, bekämpfte
er jetzt, doch nicht, um in Orthodoxie oder Pietismus zurückzufallen,
sondern um Bibel und Religion zu entrationalisieren, von der Ver-
wechslung mit Metaphysik und Moral zu erlösen. Er deutete ein
Verständnis von Natur und Geschichte an, das unbeschadet seines
theozentrischen Charakters Jesus in den Mittelpunkt stellte, am liebsten als das Urbild, die Urkraft, den Urkeim der höheren Schöpfung
Gottes. Leitbegriffe wie Offenbarung und Glaube, Mittlertum und
Erlösung, Schöpfung und Eschatologie erstrahlten wieder von innerem
Feuer. Biblisch-reformatorische Konzentration und expansives Interesse an der Weite des Wirklichen, auch der Religionsgeschichte, durch-

Goethe, 34; Sammelwerk: *D. Berger,* Im Geiste Herders 1953, darin
Herder-Schrifttum 1916–1953. *W. Rasch,* Herder. Sein Leben und Werk
im Umriß. 1938. *B. v. Wiese,* Herder. Grundzüge seines Weltbildes 1939.

drangen sich gegenseitig; sowohl der flache Fortschrittsoptimismus der Aufklärung wie Rousseaus Kulturpessimismus waren vom Glauben her überboten. So begann eine Umwälzung des theologischen Denkens, die große Verheißung für den Neubau der Welt- und Lebensanschauung in sich trug. Und ein Strom von neuen Gedanken ergoß sich, meist von der Bibel getragen, über das religiöse Leben der Zeit[19]. Angefangen vom Schöpfungsbericht[20] als der „ältesten Urkunde des Menschengeschlechts" sollte alles Biblische wieder Gegenwart werden. Aber nicht als System, als Inbegriff von Lehren und Sprüchen, oder als Erbauungsbuch von einheitlichem Klang. Sondern alles sollte sein ursprüngliches geschichtliches Gepräge zurückempfangen. Das Alte Testament wird wieder selbständige Macht, die Fülle der biblischen Individualitäten sondert sich voneinander, und jede spricht in ihrer Art zu den Menschen, bis hin zum Jacobusbrief[21] und zur Apokalypse. Überall in den Worten, Begriffen und Bildern spürt Herder das schlagende Herz; er hört Gott reden „durch Natur, Geschichte, Tat, lebende Handlung" (8, 628). So vollzog er die geschichtliche Betrachtung der Bibel nicht als Entmächtigung, als Relativierung, sondern als Hilfe zu innerer Begegnung und damit zu wahrer, auf die Vollmacht des Inhalts gegründeter Autorität. Sie atmete bei ihm eine Dynamik und eine Positivität, die neues Leben zeugen und Träger neuer Schöpfung Gottes werden konnte[22].

[19] In der „Ältesten Urkunde d. Menschengeschlechts" (74) suchte er die Tiefen des Alten Testaments, in den „Neutestamentlichen Erläuterungen" (75) die des Neuen Testaments aufzugraben. In dem genialen geschichtsphilosophischen Aufsatz „Auch eine Philosophie d. Geschichte zur Bildung d. Menschheit" (75) spannte er seine Gedanken auf die Gesamtgeschichte aus, und in den „Provinzialblättern an Prediger" (74) predigte er eine innere Reform der kirchlichen Amtsauffassung.

[20] „Komm hinaus, Jüngling, aufs freie Feld und merke. Die urälteste herrlichste Offenbarung Gottes erscheint dir jeden Morgen als Tatsache, großes Werk Gottes in der Natur ..." (6, 258 ff.).

[21] Trotz aller Verehrung Luthers; denn „die Sphäre des Geistes Gottes ist größer als der Gesichtskreis Luthers" (7, 500).

[22] Goethes Übersetzung des johanneischen Logos als Tat geht auf Herder zurück (7, 356). – Wie positiv Herders Predigt bei alledem anmutete, zeigt ein Brief Wielands von 1776: „Herder predigt, wie noch nie jemand gepredigt hat ... Und was das Wunderbarste ist, so reinen Menschensinn, so lautre Wahrheit und doch alles so orthodox, so himmelweit von dem Begriffe und der Lehrart unsrer Modetheologen verschieden". Er möchte ihn zum Statthalter Christi und Oberhaupt der ganzen ecclesia catholica machen können. – Vgl. zu all den genannten (der kritischen Ausgabe

Allerdings wecken schon die Bückeburger Schriften Zweifel an der Siegkraft dieses Ansatzes. Es kam alles darauf an, wie Herder seine theologische Einsicht mit seiner neuen Natur- und Geschichtsanschauung verbinden würde. Er spürte den inneren Zusammenhang des biblischen Offenbarungs- und Gottesgedankens mit dem Geschichtsdynamismus, der vor seinem inneren Auge emporstieg; sein Schöpfungs- und Vorsehungsgedanke brachte beides mit Hilfe des organisch-vitalistischen Empfindens in engste Berührung. Zweifellos lagen hier fruchtbare Möglichkeiten. Aber hat er selbst sie herausarbeiten, geschweige verwirklichen können? Es gibt zu denken, daß schon der Bückeburger Herder – ähnlich wie Lessing – Spinoza feiern konnte. Gewiß hatte auch er dabei einen leibnizisch verstandenen, d. h. der geschichtlichen Wirklichkeit geöffneten Spinoza vor Augen. Aber es zeigt doch eine peinliche Unklarheit, wenn der Monismus Spinozas vermischt mit dem Theozentrismus der Bibel Raum zu gewinnen vermochte. Herder sah trotz seines Kampfes für die Selbständigkeit der Religion und trotz seines tiefen geschichtlichen Blickes die weltanschaulichen Gegensätze nicht in ihrer Schärfe. Auch in anderer Richtung täuschte die Sehnsucht nach Einheit ihn über die Schwere der Gegensätze hinweg: in der Betrachtung des Menschen. So ernst er die biblisch-reformatorische Verkündigung nahm, er schaute doch den empirischen Menschen voreilig im Lichte der Gotteskindschaft, verwechselte die Empirie mit der Forderung und Verheißung. Damit verlor das Motiv der Schuld und entsprechend das der Gnade seinen festen Grund; wenn Herder in der Bückeburger Zeit dennoch die entsprechenden paulinisch-lutherischen Gedanken betonte, so beruhte das weithin auf genialer Fähigkeit des Nacherlebens, überstieg aber die inneren Möglichkeiten seines Eigen-Erlebens und -Denkens.

Möglich wurde diese Täuschung – abgesehen von der unbewußten Nachwirkung des neologischen Geistes – durch den engen Bund, den die frühidealistische Frömmigkeit auch bei Herder mit der ästhetischen Empfindung schloß. Gemeinsam wider den Intellektualismus und Moralismus der Aufklärung kämpfend, gleichstark irrationalistisch gestimmt, flossen beide Mächte so eng ineinander, daß der christliche Theozentrismus durch ästhetisch-monistische Einheitsschau getrübt und die Hilfe der ästhetischen Empfindung durch Preisgabe existentiellen Gehalts bezahlt werden mußte.

Suphans etnommenen) Stellen *H. Stephan,* Herder in Bückeburg, 1905, S. 127 ff. 169. 171. 224. 233 ff. 240 f.

Wenn demnach der Theologie im Ringen des Frühidealismus keine wirkliche Klärung beschieden war, dann werden wir sie erst recht nicht von der Philosophie erwarten dürfen. Hier war der „Glaubensphilosoph" *Fch. Hch. Jacobi* (1743–1819) der Vorkämpfer[23]. Er suchte zuerst durch weltanschauliche Romane zu wirken (Allwill, Woldemar); aber auch als er seit den 80er Jahren in der Auseinandersetzung mit Kant, Schelling u. a. zu rein philosophischen Schriften überging, blieb er dem Geiste des Frühidealismus treu. In höchster Achtung strenger Wissenschaft überwand er doch die weltanschauliche Selbstüberschätzung des rationalistischen Denkens, die Freiheit und wirkliches Leben vernichte, und zeigte – parallel zu Kant, aber auf ganz anderen Wegen – die im Wesen des Verstandes begründete Grenze. Voraussetzung alles wirklichen Wissens ist der Glaube als höheres Wahrnehmungsvermögen, als Organ der unmittelbaren Erfahrung. Haben wir schon ein positives Verhältnis zur natürlichen Wirklichkeit nur im Glauben (hier knüpfte Jacobi an Hume an), so begründet der Glaube als Erfahrung des Unbedingten und als Tat der sittlich-religiösen Persönlichkeit alles höhere Leben; im Laufe der Entwicklung Jacobis gewann er ein immer engeres Verhältnis zur Vernunft als dem Vernehmen des Übersinnlichen. Er wurde zur Totalität der Persönlichkeit: „Man kann ein Held keiner Art werden, wenn man nicht zuerst ein Held im Glauben ist" (Werke VI 157). Freilich weil dieser Glaube freie Tat ist, darum trennen sich hier die Geister. Eine wesentlich auf den wissenschaftlichen Verstand aufbauende Haltung führt nach Jacobis Meinung unweigerlich zum Pantheismus Spinozas, d. h. in Gegensatz zu wirklicher Religion, während ihm selbst von der Gewißheit der Gemütserfahrung her der christlich-theistische Glaube notwendig war. So wußte er sich dualistisch als „mit dem Verstande ein Heide, mit dem Gemüte ein Christ". Erwies er sich durch die Begründung des weltanschaulichen Denkens auf das Herz als Nachfahre des Pietismus, so unterschied ihn doch der Inhalt seines Glaubens von diesem. Denn das Wunder, aus dem nach Jacobi der Glaube lebt, wird doch immer nur auf einige allgemeine Grundmotive bezogen, auf Gott und Offenbarung, Freiheit und ewigen Wert der Menschenseele; mit ihnen meinte er das reine Christentum zu erfassen.

[23] *Neure Literatur:* O. F. *Bollnow,* Die Lebensphilosophie F. H. Jacobis, 1933 (vgl. Blätter für deutsche Philosophie 8, 245 ff.); E. *Kinder,* Natürlicher Glaube u. Offenbarungsglaube, 35. M. M. *Cottier,* Foi et surnaturel chez F. H. Jacobi (Revue Thomiste 54 (1954), 337–373).

Auch ihn täuschte der Enthusiasmus seines ebenso beweglichen wie
starken Gefühlslebens über die herbe Sprödigkeit und damit über
die eigentlichen Tiefen des konkreten geschichtlichen Christentums
hinweg. Die enge Verbindung mit Hamann und Herder, mit Lavater
und Wizenmann überzeugte ihn doch nicht von der Bedeutung der
Geschichte für den christlichen Glauben, etwa von der Unzulänglichkeit der Vorbild-Kategorie für Jesus Christus. So blieb er trotz seines
Kampfes gegen die Aufklärung im Bann einer edlen natürlichen Religion. Er legte wie Kant, aber mit anderen Mitteln, den Grund zu
einer neuen Religionsphilosophie, die nicht mehr von der Metaphysik,
überhaupt dem Wissen, sondern vom Praktischen ausgeht, erreichte
aber keine Klarheit darüber, wo der letzte Halt der Gewißheit und
der Maßstab der Wahrheit gefunden werden kann.

Nach alledem treten im Bilde des Frühidealismus – soweit die ausgeprägte Eigenwüchsigkeit seiner Vertreter eine Gesamtschau erlaubt –
gewisse religiöse Züge deutlich hervor. Und zwar ebenso auf der Seite
der natürlichen Religion wie auf der des christlichen Glaubens. In der
natürlichen Religion gewann jetzt das Motiv der *Unendlichkeit* eine
Bedeutung wie nie zuvor. Es gab, wo nicht wie bei Hamann beständiges Bibel- und Lutherstudium widerstand, den Aufklärungs-
gedanken von der *Mystik* her, die sich auch hier als höchste Möglichkeit der natürlichen Religion erwies, eine neue Tiefe. Dabei wandelte
sich zugleich die Mystik. Man knüpfte zwar an die Überlieferung an,
die vom Altertum und von Christen wie Fénelon und Poiret her lebendig geblieben war, befreite sie aber nach dem Vorgang des holländischen Philosophen Hemsterhuis (1722–90) endgültig von ihren welt-
flüchtigen, asketischen Urelementen. Die Welt rückte hier, vor allem
durch Vermittlung der Seele, eng mit Gott zusammen. Sie ist voll von
numinosem Sinn und Wert, von Göttlichem; zwar der dinglich ein-
gestellte Verstand vermag es nicht zu erfassen, die Seele aber besitzt
ein Organ, das sich ihm öffnet wie das Auge dem Licht. Diese weltoffene, weltverklärende Umformung der Mystik war fähig, der natürlichen Religion auf protestantischem Boden ungeahnte Schwungkraft
zu verleihen. Indem sie neue, dem Göttlichen zugeordnete Tiefen der
Seele enthüllte, half sie das Motiv der Unendlichkeit aus dem Quanti-
tativen der räumlich-zeitlichen Unermeßlichkeit in das Qualitative der
Inhaltsfülle zu erheben. Hier aber gewann es die Möglichkeit der inneren Verbindung mit allem Höchsten, das die Seele bewegt, vor allem
mit der inneren Dynamik, die das Empfinden und Denken des „Stur-
mes und Dranges" kennzeichnet. Es gab schon den Frühidealisten

„den Mut, sich in die Welt zu wagen, der Erde Weh, der Erde Glück zu tragen". Von der Dichtung Klopstocks bis zu Lessings und Herders Verschmelzung Leibnizscher und Spinozistischer Gedanken sehen wir dies neue Verständnis der Unendlichkeit. Es führte mit innerer Notwendigkeit zu dem anderen Hauptmotiv der natürlichen Religion hinüber, zu dem Erlebnis der *unbedingten Verpflichtung*. In der Aufklärung vom Eudämonismus und der Herrschaft der Zwecke überwuchert, begann dieses im Frühidealismus mannigfach hervorzutreten. Es lebte in dem Berufungs- und Sendungsbewußtsein, das diese Jugendbewegung erfüllte. Es trug den christlichen Glauben Hamanns wie die natürliche Religion, die bei Lessing zu dem unbedingten Streben nach der Wahrheit als solcher und dem Guten als solchem erwachte.

Gerade das Ineinander des vertieften Unendlichkeits- und des Unbedingtheits-Motivs erleichterte der natürlichen Religion die Verbindung mit dem *christlichen Glauben*. Es hinderte nicht nur die Erneuerung des Deismus, sondern auch die Ausbildung eines weltvergottenden Pantheismus. Denn es hielt den Gottesgedanken lebendig und ließ das Wirken Gottes, so mächtig man es auch in der Natur erlebte, doch mehr von der Geschichte, d. h. von der Bibel und der Reformation her verstehen. So erhielt trotz allen Schwankens und Fließens der Gedanken die allgemeine Gottbezogenheit eine Gewalt und Innigkeit, die es nahelegte, auch über den biblischen Bereich hinaus von Offenbarung und Gnade zu reden. Eine Verchristlichung der natürlichen Religion bahnte sich an, die tiefer drang als die der Scholastik, der Mystik und der Aufklärung. Sie ist nicht nur bei Klopstock, Hamann, Herder und Jacobi zu erkennen, mit denen der Spätpietismus sich verbunden wußte, sondern in gewissem Grad auch bei Lessing. Darum war der religiöse Lieblingsheld der Frühidealisten nicht irgendwelcher Mystiker, sondern Luther, und zwar Luther nicht nur wie in der Aufklärung als Befreier, sondern weithin auch in der Gewalt seiner Glaubensbewegtheit. Es handelte sich mitten in der umfassenden welt- und lebensanschaulichen Wandlung zugleich um eine Bewegung des christlichen Glaubens. Diese aber hatte ihre Kraft darin, daß sie nicht nur extensiv, sondern wenigstens in Vertretern wie Hamann und dem Bückeburger Herder ebenso stark intensiv gerichtet war und von der Bibel her neues Leben erweckte. So war der Frühidealismus auch auf dem Gebiet der Religion ein neuer hoffnungsreicher Frühling.

Freilich auch die Schranken des Frühidealismus waren deutlich.

Selbst Herder und Jacobi, die am stärksten zur Besinnung riefen, überwanden sie nicht. Man trug den Kampf gegen die Aufklärung in alle Gebiete hinein und mobilisierte alle inneren Mächte. Aber die positive Aufgabe fühlte und ahnte man mehr, als daß man sie klar zu sehen und planvoll zu lösen vermochte. Noch fehlte die volle Einsicht in die Problematik der Lage, fehlten sichere Ansatzpunkte und geeignete Begriffe für die siegreiche Formung des Neuen. Als Kants kritische Philosophie hervortrat, verstand man nicht, welche Hilfe sie bedeuten konnte. Das Neue wuchs gerade auch bei Herder noch nicht nach eigenem Gesetz organisch empor, sondern wurde von Kampfeszorn heraufgetrieben und erleuchtete nur blitzhaft auf Augenblicke das Dunkel. Zufälliges und Notwendiges, Peripherisches und Zentrales, Aufgeregtheit und Tiefe, echtes sachliches und falsches rhetorisches Pathos klangen in diesen gärenden Schriften bunt durcheinander. Der Frühidealismus führte als Rauch- und Feuersäule die suchenden Geister durch die Wüste der Zeit, aber das gelobte Land selbst erschloß er noch nicht.

Würden dem Deutschen Idealismus Männer geschenkt werden, die von der Vorbereitung zur Erfüllung, von der Revolution zum positiven Neubau emporzuwachsen, den reichen Samen zum Wachsen und Reifen zu bringen vermochten? Das war die Schicksalsfrage für den Hochidealismus.

3. Die Entwicklung der Frömmigkeit im Hochidealismus

a) *Der Aufstieg*[24]. – Die Erziehung zur Höhe der Aufgabe wurde vor allem von zwei Männern geleistet, denen die Kräfte der Klärung und Formung in genialem Ausmaß geschenkt waren: von Kant und von Goethe. *Kant* (1724–1804) gewann, obwohl Altersgenosse von Klopstock, erst langsam in der Auseinandersetzung sowohl mit dem rationalistischen als auch mit dem empiristischen Zweige der Aufklärung die Selbständigkeit seines Denkens. Dann aber zwang er zu neuer Gesamtbesinnung des Denkens und Wollens; er schuf

---

[24] *Horst Stephan,* Kant u. d. Religion. Kant-Studien XXIX (1924), S. 207 bis 232.
–, Die religiöse Frage – die Schicksalsfrage des Dt. Idealism. ZThK NF. 7 (1926), S. 243–267.

Begriffe und Methoden, die eine scharfe gedankliche Klärung und Herausarbeitung der idealistischen Sinngehalte ermöglichten. *Goethe* (1749–1832) hatte, vor allem durch die Vermittlung Herders, den Frühidealismus durstig in sich aufgenommen und seine ersten großen Gestaltungsversuche in seinem Geiste gewagt. Aber sein künstlerisches Wesen führte ihn bald darüber hinaus. In Weimar ließen ihn der staatliche Dienst und die Erziehung des jungen Fürsten zu bewußter Formung, erst des eigenen Lebens, dann auch des dichterischen Schaffens reifen. So trat er als Erzieher zur Form neben den Philosophen; beide zusammen weckten den Sinn für die Objektivität der Geltung und der Form und ermöglichten Leistungen von so strahlendem Glanze, daß die der Frühidealisten – allzu rasch – daneben erbleichten. In der Klassik, der frühen Romantik und der spekulativen Philosophie von Fichte bis Hegel erstanden die Gipfel dieser staunenswerten Entwicklung.

Religiös war es von ausschlaggebender Bedeutung, daß zu den ersten Führern kein spezifischer Vertreter des christlichen Glaubens gehörte. Zwar gewann Herder in der Weimarer Zeit (seit 1776) ebenfalls formal eine höhere Reife. Alle seine Formkraft war zu gering, um wirklich den Vollgehalt des Glaubens zu erfassen und mit Kant oder Goethe erfolgreich zu wetteifern (s. unter 4 a). Versagte aber der berufene Theologe, so fiel die religiöse Führung desto leichter an die natürliche Religion.

Im Kampfe wider die Aufklärung hatte die Religion vor allem das *Ästhetische* an sich gezogen. Es war eine Verbindung eingetreten, die bald mehr eine Religiosierung des Ästhetischen, bald mehr eine Ästhetisierung des Religiösen herbeizuführen schien. Wenn nun im Hochidealismus zunächst der Dichter einseitig zum Deuter des Lebens wurde, so mußte das letztere in gefährlichem Maße geschehen. Gefährlich war es auch deshalb, weil das Ästhetische, wo es die Herrschaft gewinnt, seinen Inhalt formalisiert und dafür in der deutschen Überlieferung keine Anknüpfungspunkte findet. So suchte der Hochidealismus im Gegensatz zu dem seiner Deutschheit stark bewußten Frühidealismus bei den *Griechen* als den Vertretern „edler Einfalt und stiller Größe" Hilfe und führte in der Klassik zu einer Überfremdung des deutschen Geisteslebens. Nur in der Musik gelang ihm auf dem Wege von Bach und Händel zu Beethoven eine eigenwüchsigdeutsche Entwicklung. Überall sonst verstärkte das Gewicht des Ästhetischen den – schon durch den Gang der Theologie und der Bildung gegebenen – Einfluß der Antike zu einer Gewalt, der die

Religion sich nicht entziehen konnte. Trotz der Vertiefung, die Herder dem Verständnis des Alten Testaments gegeben hatte, trat an dessen Stelle als Untergründung des Christentums das Griechentum; griechisches Lebens- und Weltgefühl, griechisches Verständnis Gottes und des Menschen wurden – einseitig gedeutet – auf dem Wege der klassischen Dichtung ein wichtiger Einschlag deutscher Frömmigkeit.

Die Ästhetisierung der Religion wäre noch gefährlicher geworden, wenn sie nicht in der logischen und der sittlichen Formkraft Gegengewichte erhalten hätte. Hier war *Kant* der bestimmende Führer. Seine „Kritik d. reinen Vernunft" (81) diente wenigstens insofern der religiösen Entwicklung, als sie mit dem autonomen Gesetz der theoretischen Vernunft zugleich ihre Grenze bestimmte und durch Überwindung des philosophischen Dogmatismus dem Glauben die Atemfreiheit zurückgab. Die letzte Wirklichkeit erschließt sich dem Menschen nicht in der theoretischen Vernunft, die allein im Bunde mit der sinnlichen Wahrnehmung Erkenntnis, darüber hinaus nur „regulative" Ideen erzeugt, sondern in der praktischen Vernunft, die aus eigenem Gesetze lebt und im Erlebnis der unbedingten Forderung ihr Rückgrat hat (Kritik d. prakt. Vernunft, 88). Darum besitzt sie den Primat für die Weltanschauung. Solche Philosophie ging nicht den Weg des Griechentums; sie war deutsch und im letzten Grunde protestantisch-christlich. Kant selbst bejahte das Christentum wie Lessing nicht in seiner „statutarisch"-kirchlichen Gestalt, aber als geschichtlichen Träger der Wahrheit; zu dieser gehörte ihm nicht nur der Gottesgedanke, den er durch seine brüchige Postulatenlehre aufs Neue sichern wollte, und der Freiheitsgedanke, dem er wenigstens in der Schicht des Intelligiblen gegenüber dem empirischen Determinismus Raum verschaffte, sondern auch das Verständnis des kategorischen Imperativs als Ausdruck des göttlichen Willens, der Religionsbegriff (Erkenntnis unserer Pflichten als göttlicher Gebote), die Anerkennung des „radikalen Bösen" und seiner Überwindung durch das gute Prinzip, das im Reiche Gottes die Menschen nach Tugendgesetzen verbindet (Religion innerhalb d. Grenzen d. bloßen Vernunft, 93). Die „moralische Auslegung" sollte in Bibel und Dogma die philosophisch gefundene Wahrheit enthüllen. Die Religionsphilosophie Kants hat demnach ein doppeltes Gesicht. Was sie ausdrücklich vortrug, war mehr natürliche Religion als christlicher Glaube, daher ohne Verständnis für Gnade und geschichtliche Offenbarung; aber eine natürliche Religion, die im Lichte der Bibel um die letzte Tiefe des Selbst kämpfte und wie das paulinisch-lutherische „Gesetz" als

Erzieher zu Christus wirken konnte. – Rein philosophisch zeigte Kant in der „Kritik d. Urteilskraft" (90) einen Weg zu neuer Einheit des Gegensatzes von theoretischer und praktischer Vernunft. Stärker aber beeinflußte die philosophische Jugend sein im ersten kritischen Hauptwerk gegebener Aufweis der apriorischen synthetischen Vernunftkraft, die in allem Erkennen lebendig ist. Denn diese Jugend hatte vom Frühidealismus gelernt, daß in der Geistigkeit des Menschen, die so viel tiefer und weiter greift als die Kraft des Verstandes, Gott selbst uns nahe ist, und nutzte nun das synthetische Moment der Vernunft als Einfallstor für metaphysische Deutung des denkenden Geistes. Hier war der Ansatzpunkt für eine spekulative Weiterbildung der kritischen Philosophie, die zu einer ganz andern Religionsphilosophie führen mußte.

Wie durch die Gewalt des religiös begründeten Ethos Kant über das bloße Denkertum hinausgehoben wurde, so *Goethe* über das bloße Dichtertum. Die Sicherheit, mit der er mitten in dem genialisch-wilden Treiben der ersten Weimarer Jahre die pädagogisch-sittlichen Ziele ergriff, beweist den religiösen Nerv der Wandlung. Aber auch in seiner Dichtung spiegelt er sich – von der Iphigenie, die das Griechentum aus deutschem und christlichem Geiste heraus überbietet, bis zu Faust und Wilhelm Meister, die erst im dienenden Handeln die Höhe ihrer Entwicklung erreichen. Mit seinem Besten wußte er sich in Gott verwurzelt und so zur Verleugnung seines empirischen Selbst befähigt. Obwohl dem Griechentum weit mehr zugeneigt als der Ethik Kants, half er doch mit dieser zusammen durch seine Persönlichkeit und seine Leistung die Gefahr des Ästhetischen überhaupt, des Griechentums im besonderen bekämpfen. Von Kant und Goethe empfing der Hochidealismus die Wendung zu einer aktiven Sittlichkeit, die tiefer als die Aufklärungsmoral verankert war. Sie drängte zur Gemeinschaft, zum geschichtlichen Leben und zur Mitarbeit am Staat; sie gab der von den Aufklärern überkommenen pädagogischen Neigung in der Liebe zum „Bilden", speziell im Humanitätsideal, eine Zielrichtung, die der Individualität in der Öffnung für die Totalität und in religiös-sittlicher Hingabe zur Entfaltung helfen sollte. Kein Zweifel, daß in alledem reformatorische Motive sich auswirkten und den Hochidealismus trotz seiner Pflege der natürlichen Religion weithin im Bannkreis des christlichen Glaubens erhielten.

Doch ist die Verflechtung mit der theologischen Entwicklung so eng, daß wir die drei überaus verschiedenen Verwirklichungen des hochidealistischen Gemeinguts kurz für sich betrachten müssen.

b) *Die Klassik.* – Bezeichnend ist zunächst die Vieldeutigkeit ihres religiösen Gehalts. Sie entsprang aus der Verschlungenheit und Schwierigkeit der Spannungen, in denen hier Sollen und Sein, Unbedingtheit und Unendlichkeit, natürliche Religion und christlicher Glaube einander gegenüberstanden. Man kann die Klassik, wie es schon im Kreise Herders geschah, als Ausdruck der Dämonie des Ästhetischen, als Sieg der Form über den Lebensgehalt, als Lähmung der stets erschütternden unbedingten Forderung durch verklärende Schau des Gegebenen, zuletzt als antikisierendes Neuheidentum deuten. Goethe hat gerade in seiner klassischen Zeit sein „dezidiertes" Nichtchristentum genugsam betont, und so wenig wie er gewann Schiller ein positives Verhältnis zur geschichtlichen Gottesoffenbarung oder zu der in dem bekannten Johanniterverse gepriesenen „Religion des Kreuzes". Wenigstens Rosen möchte Goethe dem Kreuze beigesellt sehen, um „das schroffe Holz mit Weichheit zu begleiten" („Die Geheimnisse"). Es ist durchaus kein Zufall, sondern Ausdruck für die andersartige Frömmigkeit, daß die Klassik das Verständnis der Frühidealisten für Luther nicht übernahm und in ihrer Dichtung niemals direkt biblische oder reformatorische Gehalte gestaltete. Wenn ihr Jünger Wm. v. Humboldt ein „Leben in der Idee", rein der Selbstbildung gewidmet, völlig abseits vom Christentum zu führen versuchte, so war das die folgerechte Verwirklichung einer unleugbaren Wesensseite der Klassik.

Und doch bleibt es Tatsache, daß die Klassik mit wichtigen Wesenszügen im protestantischen *Christentum* wurzelte und das eindrucksvoll bezeugte. Sie richtete in ihrem Streben nach Klarheit und Formung weit stärker als der Frühidealismus und die Romantik das Augenmerk auf die Gegensätze und Kämpfe des Lebens; die Einheit ist nicht gegeben, sondern das geheimnisumwobene, immer neue Ziel unseres menschlichen Ringens. Der Abstand der Empirie vom Wesen schließt nicht nur Leid und Not, sondern in Goethes Faust wie bei Schiller das Erlebnis der *Schuld* ein, über deren „grauenvollen Schlund" kein Nachen, keiner Brücke Bogen trägt. Der den Menschen treffende Anspruch und das eigene Sehnen stoßen mit unerhörter Wucht aufeinander, und so bewahrt der Einbruch der unbedingten Forderung vor dem bloßen Schwelgen in der Unendlichkeit. Darum wird *Gehorsam, Entsagung, Opfer* in das Schicksal aufgenommen, die mit der ästhetischen Einstellung verbundene Gefahr der „Zuschauerhaltung" grundsätzlich überwunden. Von da aus empfängt die natürliche Religion der Klassik zwei weitere wichtige Züge. Zunächst das klare Wissen um die *Grenzen der Menschheit.* Weder denkend noch sittlich strebend erreichen wir Gott; bei Goethe ist „das Höchste, wozu der Mensch gelangen kann, das Erstaunen", die dreifache Ehrfurcht, die dankbare Hingabe an das „Höhere, Reinere, Unbekannte"; bei Schiller ist es das Wagnis des Glaubens. Hingabe und Wagnis führen zum Zweiten: das tiefere Wissen ist nicht Lähmung sondern Tragkraft jenes Lebens der *Selbstüberwindung* und der *Tat,* durch das wir die Sittlichkeit des Hochidealismus gekennzeichnet fanden. Und zwar nicht nur für den Aristokraten des tragischen Heroismus, sondern wie die „Glocke" am deutlichsten zeigt, für den Alltagsmenschen inmitten seiner kleinen Pflichten. – Da überall berührt die natürliche Religion der Klassik sich mit dem christlichen Glauben. Allerdings vermochte sie nur eine Seite an ihm gegenwärtig zu machen: das Gesetz, und zwar als entwaffnende Instanz, als schonungsloses Gericht. Daher konnte Goethe allmählich zur positiven Würdigung dessen zurückfinden, was er als „Christustendenz", als „Christentum in seiner Reinheit" verstand, und Schiller im Christentum, weil die „Aufhebung des Gesetzes" und die „Menschwerdung des Heiligen", darum die „virtuelle Anlage zum Höchsten und Edelsten" erkennen.

Freilich gerade angesichts dieser inneren Nähe fällt die Fremdheit gegenüber der reformatorischen Verkündigung doppelt ins Auge. Je ernster die Klassik die wirkliche Lage des Menschen und die Aufgabe eines neuen Lebens sah, desto offener hätte sie für das sein müssen, was die Bibel über Sünde und Erlösung, über Rechtfertigung und Heiligung des Lebens sagt. Allein sie öffnete sich der Botschaft von der geschichtlichen Offenbarung Gottes nicht, sondern suchte die aus der Gebrochenheit der menschlichen Lage erwachsenden Fragen nun doch kraft natürlicher Religion zu beantworten.

Goethe flüchtete aus den Gegensätzen und Kämpfen des Lebens zu dem unmittelbaren Bewußtsein der Einheit mit dem Ganzen. Es wird ihm am gegenwärtigsten in der Natur, der Gottheit lebendigem Kleid. Alles Irdische wird ihm Gleichnis dessen, der sich selbst erschuf von Ewigkeit in schaffendem Beruf. Das Gleichnis genügt; „es zieht dich an, es reißt dich heiter fort; und wo du wandelst, schmückt sich Weg und Ort." Zurücktauchen von der schuldvollen Absonderung in die Einheit der Gott-Natur, das ist die Erlösung. Freilich sah Goethe die Einseitigkeit bloßer Naturmystik. Aber dann half er sich mit der Mannigfaltigkeit des menschlichen Bezogenseins auf die Gottheit: „Als Dichter und Künstler bin ich Polytheist, Pantheist als Naturforscher und eines so entschieden wie das andere. Bedarf es eines Gottes für meine Persönlichkeit als sittlicher Mensch, so ist dafür schon gesorgt.

Die himmlischen und die irdischen Dinge sind ein so weites Reich,
daß nur die Organe aller Wesen zusammen sie erfassen mögen" (an
Jacobi 1813). Das Bewußtsein der Grenzen des Menschen wird hier
wiederum deutlich, aber zugleich der Verzicht darauf, sich darüber
emporheben zu lassen; Ausweichen vor der Unbedingtheit des Anspruchs an den Menschen in die Unendlichkeit der Lebensbeziehungen,
d. h. edle fromme Resignation war das Ende. Daß die Gott-Natur
Goethe auch als „allmächt'ge Liebe" begegnete, wurde nicht tief
genug verstanden und nicht stark genug verwertet, um darüber hinauszuführen.

Ganz anders *Schiller*. Er rang als philosophischer Dichter mit
Inbrunst um Gesetz und Freiheit, um Schuld und Sühne, um Überwindung der Gegensätze in neuer Einheit. Aber die Schuld erweichte
sich ihm durch den Gedanken des tragischen Schicksals; und so
erschien es ihm möglich, die Lösung des Knotens auf ästhetischem
Wege zu erreichen. Dem durch die Gegensätze zerrissenen Menschen
zeigt die Kunst die Einheit, zwar im Reich des „Scheins" und des
„Spiels", aber doch als lebendige Konkretisierung höchster Wirklichkeit; was sonst nur dem Glauben zugänglich ist und daher allzu leicht
ohnmächtig bleibt, das gewinnt im Kunstwerk ein Leben höherer
Ordnung und verwandelt die unbedingte Forderung in lebendige Wirklichkeit. Das bedeutet nicht Flucht vor dem Kampfe, der uns beschieden ist, sondern gerade Erziehung und Stählung zum Kampf, zum
Leben wahrer Freiheit mitten in den Aufgaben des Alltags. So suchte
Schiller, indem er das Ästhetische als dienendes Glied in die Ganzheit
des Lebens hineinstellte, einen Ersatz für den evangelischen Glauben
an den Gott, der die Sünder aus Gnaden rechtfertigt und ihnen im
heiligen Geist ein neues Leben der Liebe schenkt. Er fühlt nicht, daß
seine Theorie, so fruchtbar sie auch der Vertiefung der deutschen
Kunstauffassung und Geistesbildung diente, doch viel zu lebensfremd
war, um die inneren Tiefen des Menschen entscheidend erfassen und
ursprüngliche Wahrheit geben zu können. Auch Schiller führte also,
obwohl er mit seiner Grundhaltung ganz nahe an den Mittelpunkt
des christlichen Glaubens herankam, im weiteren Fortgang auf eine
andere Bahn. Wir wundern uns nicht, daß er plante, seine Religiosierung des Ästhetischen dichterisch durch eine Szene im Olymp zu
bewähren.

So blieb die Klassik trotz ihrer inneren Verbindung mit dem
christlichen Glauben in unbefriedigender Zwiespältigkeit stehen. Die
Religion schrumpfte ihr allzu gern zur Innenseite der höheren Geistes-

bildung zusammen: „Wer Wissenschaft und Kunst besitzt, hat auch Religion." Aber gerade weil die Klassik nicht befriedigte, reizte sie die neue, von ihr selbst erzogene Jugend, das Geschlecht der Romantik und der spekulativen Philosophie, zu neuem Ringen um die religiöse Seele der deutschen Bildung.

c) Die *Frühromantik* (etwa 1795–1805). Ihre Führer – vor allem die beiden Schlegel, Tieck, Novalis, Schleiermacher – nahmen neben dem Einfluß der Klassik auch den des Frühidealismus in sich auf. Daher stellten sie das religiöse Moment der idealistischen Gesamtbewegung weit stärker als die Klassik in die Mitte ihres Lebens; es ist bezeichnend, daß zu ihren Trägern wieder ein großer Theologe zählt.

Ihr Lebensgefühl entfernte sich trotz aller Bewunderung Goethes weit von der klassischen Haltung. Der Drang zur Form blieb erhalten, aber er löste sich von der strengen Bindung; die unbedingte Forderung wurde, zutiefst unverstanden, in das unendliche Fließen des Erlebens selbst hineingezogen; alles empfing unerhörte Beweglichkeit. Der plastischen Klarheit der Klassik überdrüssig, verzichtete die Romantik wieder auf die „edle Einfalt und stille Größe" der Antike; sie wollte das Geheimnis nicht nur verehren, sondern in ihm schwelgen und es wenigstens für Augenblicke gegenwärtig machen. Logik und Naturgesetz verloren ihren Zauber; die Erfahrung wurde von der Herrschaft des methodischen Verstandes befreit. Stolz auf die Kantische Entdeckung der apriorisch-synthetischen Kraft des Geistes, übertrug man sie vom Denken auf die Phantasie und schuf so einen „magischen Idealismus" (Novalis), der eine subjektivistische Übersteigerung des Hochidealismus bedeutete. Er lebte inhaltlich von der unmittelbaren Objektbeziehung des Gemüts und stellte die auch ihm eigene Kraft des dialektischen Denkens in den Dienst des phantasiebeschwingten ahnenden Schauens. Mit alledem wurde der Irrationalismus, den die Klassik in strenge Zucht genommen hatte, wieder frei, sättigte sich mit dem Unbewußten und lebte sich bis zur Selbsterschöpfung aus. Daher wurde neben dem Lyrischen das Musikalische führend; statt des Dramas trat der Roman in den Vordergrund; das Gedankliche schoß am liebsten im Aphorismus zu phosphoreszierender, rasch vorüberrauschender Einheit zusammen; das Märchen eroberte der Dichtung neue Welten.

Auf diesem Boden wurde die Weltbeziehung nach allen Richtungen hin erweitert und vertieft. Alles Empfinden und Denken erhielt ein kosmisches Gepräge. Es wurde ein unmittelbares Verhältnis zur Natur gewonnen, dessen poetische Gestaltung zuweilen den schönsten Perlen Goethescher Lyrik ebenbürtig ist. Es näherte sich durch seine Innigkeit der Naturmystik, durch seinen poetisch-metaphysischen Einschlag der Theosophie. Gerade die geheimnisvollen Kräfte der Natur wurden (im Zeitalter der Galvani und Volta) in erster Linie wichtig; Paracelsus und Jakob Böhme erwachten zu neuem Leben. Mindestens ebenso stark aber wandte die Kraft des unmittelbaren Erlebens sich der Geschichte zu; der Blick öffnete sich für die Wunderwelt des deutschen Mittelalters und des Orients, ja für die dionysischen Züge des Griechentums; man bereicherte das deutsche Geistesleben durch meisterhafte Übersetzungen fremder Literatur. Und doch bedeutete dieser Universalismus nicht wie in der Aufklärung die Verachtung des Besonderen. Das Feingefühl der Romantik richtete sich vielmehr gerade auf die Erfassung des Ursprünglichen, des Individuellen, des Eigentümlichen, wie in dem Verhältnis von Mensch zu Mensch, so vor allem in der Geschichte. Darum erwachte in ihr, wiederum anknüpfend an den Frühidealismus, der Sinn für das Volkstum. Aber was man auch von den Geheimnissen der Natur und der Geschichte durch den Schlüssel einfühlender Phantasie zu erschließen vermochte, es hatte nicht die Richtung auf objektive Bedeutsamkeit. Es wurde nur durch den Zusammenklang mit der Innenwelt wichtig. Denn „nach innen geht der geheimnisvolle Weg. In uns oder nirgends ist die Ewigkeit mit ihren Welten, die Vergangenheit und Zukunft" (Novalis). Die romantische Innenwelt aber war, weil sie immer tiefere Tiefen und immer weitere Weiten ahnte, niemals befriedigt; ihre Grundklänge waren Wehmut und Sehnsucht. Ja, die romantische Subjektivierung des Gegebenen und der eigenen Geistigkeit stellte den Idealismus auf eine Spitze, auf der kein wirklicher Standort war; hier mußte das Leid der Vereinzelung und das Gefühl der Haltlosigkeit quälend aufbrechen: es entstand die Sehnsucht nach bergender, haltender Heimat.

So ist die Romantik mit innerer Notwendigkeit *religiös*. Religiös in einem anderen Sinne als die Klassik. Wenn diese der Religion nur in den Tiefen des sonstigen Geisteslebens eine möglichst unsichtbare Stelle wahrte, so möchte die Romantik sie auf den Thron des geistigen Lebens erheben. Sie ersehnt eine Kultur, die wieder so fromm ist wie die des Mittelalters oder die des Orients. Die Entgottung der Welt durch den rechnenden, alle Einheit spaltenden Verstand ist ihr die eigentliche Sünde der Neuzeit. Wo der Romantiker auch wandelt – überall ist sein Inneres auf die tragende geheimnisvolle Einheit des Unendlichen gerichtet; am stärksten in den dunklen Rätseln des Uner-

forschten, des Unbewußten, des Irrationalen, der Nacht. Die Gottverbundenheit aber ist ihm nicht die Ruhe seligen Besitzes, sondern das
unruhige Sehnen aus der Welt der Empirie heraus; soweit er in der
Empirie lebt, ist sein eigentliches Leben begründet auf Offenbarung
und Wunder, empfängt sein Gottverlangen die Farbe des Heimwehs.
Auch der Mittlergedanke taucht am Horizonte auf: so kann Novalis
im Gegensatz zu Schillers „Göttern Griechenlands" seine Jesuslieder
dichten und in der fünften „Hymne an die Nacht" das Bild des im
Tode siegreichen Jünglings beschwören. Wie anders als in der Aufklärung und der Klassik muß auf diesem Boden die Frage nach dem
Verhältnis von Vernunft und Offenbarung empfunden werden! Nicht
nur die Religion scheint hier in ihre alten Rechte eingesetzt zu werden,
sondern der christliche Glaube selbst scheint die natürliche Religion zu
durchdringen.

Allein die angedeuteten Züge sind nicht das Gesamtbild. Auch wenn
wir Fch. Schlegels unernstes Spielen mit neuer Religionsstiftung und
neuem Mythus nicht in die Waagschale werfen, sehen wir bald, daß
es sich zunächst – jedenfalls vor dem Eingreifen der „Reden" Schleiermachers – doch mehr um das Aufblühen einer natürlichen Religion
handelt, die wohl die der Aufklärung und die der Klassik durch
Innigkeit und durch Einfühlung in Christliches übertrifft, aber doch
auch über das historische Christentum als bloße „symbolische Vor-
zeichnung einer allgemeinen, jeder Gestalt fähigen Weltreligion" (Novalis an Just 26. 12. 1798) hinausstrebt; sie will sich nur an der Fülle
des Christentums bereichern, mit Hilfe seiner Motive und Symbole das
eigentliche Evangelium der Zukunft gestalten. Ja, genau betrachtet,
steht die Religion der Frühromantik an wichtigen Punkten unter der
so viel kühleren Religion der Klassik. Die romantische Ironie, ja auch
das Schwelgen im Geheimnis erstickt die Goethesche Ehrfurcht. Die
religiosierte Phantasie saugt der geschichtlichen Offenbarung das Blut
aus den Adern. Die empirische Wirklichkeit verliert den Ernst, den
die Schöpfung Gottes für den christlichen Glauben hat, und ohne
den der gehorsame Dienst an den von Gott gestellten Aufgaben nicht
möglich ist. Die Gegensätze und Kämpfe des Lebens, die vor allem
Schiller deutlich sieht, lösen sich in bunte, ästhetisch zu genießende
Mannigfaltigkeit auf. Weil in ihr Gewebe keine unbedingte Forderung
spaltend einbricht, werden auch die Momente des Wagnisses und der
Schuld erweicht; sie werden von dem Verhältnis des Endlichen zum
Unendlichen, von dem Heimweh nach der Überwelt und nach der
Einheit verschlungen. So entsteht keine wahre Besinnung auf die

Grenzen der Menschheit. Daher ist die Frühromantik, soweit sie überhaupt die Höhen des Christlichen erreicht, doch keineswegs vom reformatorischen Denken berührt. Sie versteht gerade das evangelische Christentum nicht; man kann sie als den Höhepunkt der Luther-Ferne in der religiösen Entwicklung Deutschlands bezeichnen. Die Christianisierung der natürlichen Religion ist wiederum nur angebahnt, nicht wirklich vollzogen; nach der ethischen Seite hin bleibt sie sogar unterhalb der von der Klassik erreichten Höhe.

Die innere Schwäche rächt sich am stärksten bei den beiden tragisch endenden Vertretern des frühromantischen Geschlechts, bei Hölderlin und Heinrich v. Kleist. *Hölderlin,* dem sein Dichtertum heiliges Amt war, fühlte den Gegensatz zwischen den Griechengöttern, in denen die religiös erlebten Naturgewalten für ihn mythische Gestaltung fanden, und Christus bis in die Tiefe; seine überwiegend ästhetische Schau wäre, auch wenn er den Wahnsinn überwunden hätte, an der Größe der Aufgabe gescheitert[25]. *Kleist,* ein wirklich Großer, zerbrach an der Unmöglichkeit, vom Boden der Klassik oder der Romantik aus die Einheit des Lebens und die Kraft dichterischen Gestaltens zu gewinnen.

So wundern wir uns nicht, daß die Romantik nach kurzer blütenreicher Frühlingspracht eine Wendung nahm, die von dem Drang in unerhörte neue Weiten und Tiefen zurücklenkte zu dem längst Gegebenen, um hier die ersehnte Heimat zu finden (s. unten S. 89 f). Damit führte sie vom Hoch- zum Spätidealismus hinüber. Die geistige Leitung aber hatten inzwischen die Vertreter des jungen Geschlechts übernommen, die auf philosophischem Wege die Fragen des Deutschen Idealismus zu beantworten suchten.

d) *Der spekulative Idealismus*[26]. – Philosophische Führer wurden Fichte, Schelling, Hegel. Jeder für sich eine auch religiös scharf aus-

---

[25] Vgl. dazu vor allem *Paul Böckmann,* Hölderlin u. seine Götter, 1935. Der Schlußabschnitt (Der Mythus und das Christentum) analysiert und deutet die 3 Christusgedichte: „Versöhnender, der Du nimmer geglaubt", „Der Einzige", „Patmos". Hier ist zwar kein neues Schöpfen aus dem Born der Bibel oder der Reformation, aber doch die Besinnung darauf, daß Tiefstes im Gehalt des Deutschen Idealismus nur im Zusammenhang mit Christus lebendig ist, und darum echte Sehnsucht nach der Gegenwart Christi.

[26] Die fruchtbarste Behandlung gibt *E. Hirsch,* Die ideal. Philosophie u. d. Christentum, 1926, sowie Fichtes, Schleiermachers u. Hegels Verhältnis z. Reformation, 30 (doch sieht auch er die Philosophie zu wenig im Rahmen der deutsch-idealistischen Gesamtbewegung und vermag im

geprägte Gestalt von ursprünglicher Kraft, bilden sie doch eine zusammenhängende Entwicklungsreihe. Mit der Romantik waren sie durch zahlreiche sachliche und persönliche Beziehungen verbunden, standen aber dank ihrer Hingabe an das strenge Denken von vornherein auf anderem, eher der Klassik zugewandtem Boden. Sie spürten die Erschütterung aller Lebensgebiete durch die Aufklärung bis in die Tiefe und sahen zugleich, wie die romantische Subjektivierung des Idealismus die Sehnsucht nach Einheit, Halt und Heimat zwar wecken,

besonderen die Romantik, daher auch Schelling, nicht recht zu würdigen). – Neuer Literatur: *A. Gehlen,* Deutschtum u. Christentum bei Fichte, 35; *W. Schulz,* J. G. Fichte. Vernunft u. Freiheit, 62; *E. Köhler,* Schellings Wandlung z. Theismus, 32; *K. Schilling,* Natur u. Wahrheit. Untersuchung über Entstehung u. Entwicklung d. Schellingschen Systems bis 1800, 34; *J. Schwarz,* Der alte Schelling u. d. Vermächtnis d. deutschen ideal. Philosophie, 35; *Chr. Mth. Schröder,* Das Verhältnis v. Heidentum u. Christentum in Schellings Philosophie d. Mythologie u. Offenbarung, 36; *W. Schulz,* Die Vollendung d. Dt. Idealismus in d. Spätphil. Schellings, 55; *K. Hemmerle,* Gott u. d. Denken nach Schellings Spätphil., 68; *E. Lämmerzahl,* Der Sündenfall in d. Phil. d. Dt. Idealismus, 34; *K. Nadler,* Der dialektische Widerspruch in Hegels Phil. u. die Paradoxie d. Christentums, 31; *G. Lasson,* Einführung in Hegels Religionsphil., 30, und Hegels Religionsphilos., in d. Verhandlungen z. 2. Hegelkongreß, 32; *O. Kühler,* Sinn, Bedeutung u. Auslegung d. Hlg. Schrift in Hegels Philosophie, 34; *G. Krüger,* Die Aufgabe der Hegelforschung, Theol. Rundschau, 35. *G. Wehrung,* Christentum u. Deutschtum 38. – Zur neueren theol. Auseinandersetzung mit Hegel: *G. Rohrmoser,* Subjektivität u. Verdinglichung. Theol. u. Gesellschaft im Denken des jungen Hegel, 61; ders., Die theol. Bedeutung v. Hegels Auseinandersetzung mit d. Phil. Kants u. d. Prinzip der Subjektivität (NZsystTh, 4, 1962, 89 ff.); *C. G. Schweitzer,* Zur Meth. d. Hegelinterpr. Eine Entgegnung auf *K. Löwiths* „Hegels Aufhebung d. chr. Rel." (NZsystTh, 5, 1963, 248 ff.); ders., Geist b. Hegel u. Heiliger Geist (NZsystTh, 6, 1964, 318 ff.); *W. Schultz,* Die Transformierung der theologia crucis b. Hegel u. Schleiermacher (NZsystTh, 6, 64, 290 ff.); *W. D. Marsch,* Gegenwart Christi i. d. Gesellschaft. Eine Studie zu Hegels Dialektik, 65; *J. Splett,* Die Trinitätslehre Hegels, 65; *H. Noack,* Zur Problematik d. phil. u. theol. Hegelinterpr. (NZsystTh, 7, 1965, 161 ff.); *T. Koch,* Differenz u. Versöhnung. Eine Interpr. d. Theol. G. F. W. Hegels nach seiner „Wiss. d. Logik", 67; *G. Müller,* Die Welt als „Sohn Gottes". Grundstrukturen d. Christologie des dt. Idealismus (NZsystTh, 10, 1968, 89 ff.); *H. Küng* (kath.), Menschwerdung Gottes. Eine Einf. in Hegels theol. Denken als Prolegomena zu einer künftigen Christologie, 70; *M. Theunissen,* Hegels Lehre vom absoluten Geist als theologisch-politischer Traktat, 70; *F. Wagner,* Der Gedanke d. Persönlichkeit Gottes b. Fichte u. Hegel, 71. – Die voranstehende allgemeine Skizze geht nicht den Besonderheiten der großen Führer nach, sondern hat die Entwicklung auf Hegel hin im Auge.

aber nicht erfüllen konnte. Sie übernahmen die gemein-idealistische Kritik der aufklärungsbedingten Zeit und suchten durch philosophische Vertiefung eine *objektive Haltung* zu gewinnen, die eine umfassende Erneuerung der Gesamtkultur heraufführen könnte. Dabei knüpften sie einerseits an die Erkenntnistheorie Kants, anderseits an die Seins- und Einheitslehre Spinozas an. Die Verbindung vollzog sich, indem man unter dem Eindruck von Kants Entdeckung der apriorisch-synthetischen Vernunftsstruktur im subjektiven *schöpferischen Bewußtsein* den Weg zur Ganzheit finden lernte. Freilich stellte man im Banne solcher metaphysischer Deutung des Bewußtseins die Ethik Kants beiseite. Was bedurfte man noch des Primats der praktischen Vernunft? Wenn es jetzt gelang „anstatt des Verstandes... die Vernunft und den *Geist* zur *Seele des Erkennens* zu machen, es aus Vernunft und Geist wieder zu gebären" (Hegel, Werke, alte Ausgabe, B. 17 S. 31), dann schien der Weg zu neuer tragfähiger Metaphysik, zum einheitlichen Verständnis der Welt und der Kultur von oben her endgültig geöffnet, der Mensch über seine selbstsüchtige Subjektivität hinausgehoben und die ersehnte objektive Haltung erreicht. Das metaphysik-geladene spekulative Denken war das eherne Rückgrat, das der Dynamik des Lebens wie des Erkennens festen Halt und Richtung zu geben versprach.

Solche Philosophie wußte sich notwendig *religiös*, ja theozentrisch. Denn da „das gemeinschaftliche Bedürfnis der Religion und der Philosophie auf einen substantiellen, objektiven Inhalt der Wahrheit geht" (Hegel, a. a. O. S. 299), waren wiedergeborenes Erkennen[27] und rechte Religion hier von vornherein einander zugeordnet: sie kämpften gegen denselben Feind, die Herrschaft des Verstandes und Zwecks, des bloß Gegebenen, des Eudämonismus, und erstrebten dasselbe Ziel, die innere Erhebung zum Ewigen und Allgemeingültigen; sie waren beide Gottesdienst. Gerade weil es hier nicht um den empirischen Menschen ging, konnte der persönliche Einsatz, die Tat der Freiheit in der Entscheidung für den Geist, mit in die objektive Haltung aufgenommen werden. Denn der Menschengeist weiß sich auch da vom absoluten

---

[27] Dieser Begriff (s. die Stelle aus Hegel B. 17, S. 31) wurde nicht terminus technicus, bezeichnet aber gut das Anliegen der idealistisch-spekulativen Philosophie. – Die Hegelstellen sind großenteils auch im 20. B. der „Jubiläumsausgabe" (1930) zu finden, der die „Vermischten Schriften aus d. Berliner Zeit" obschon in andrer Anordnung, so doch mit Angabe der Seitenzahlen des 17. Bs der alten Ausgabe sammelt. – Die Stelle B. 17, S. 31 steht Jubiläumsausgabe B. 6, S. 341.

Geist getragen, mit ihm versöhnt; der – durchaus anerkannte – Gegensatz von Subjekt und Objekt wird im Bewußtsein letzter Einheit mit dem Absoluten „aufgehoben", zur empirischen Vorläufigkeit herabgesetzt. Das Absolute wird, ohne seine überempirische objektive Hoheit zu verlieren, das eigentliche Subjekt des großen Weltprozesses: denkend und handelnd von ihm getragen überwindet der Mensch den Geist der Aufklärung, das Gefangensein in bloßer Reflexionskultur, in Empirie, Willkür und Zufall. Die Religion, die hier eindrucksvoll waltete, erhob den Anspruch, mehr als natürliche Religion zu sein. Weil sie im Begriff des Absoluten uralte theologische Überlieferung aufnahm, glaubte sie sich wesenhaft *christlich*. Ohne sich an das zu binden, was ihr innerhalb des Christentums (auch des Neuen Testaments) bloß geschichtlich zu sein schien, übernahm sie christliche Sonderbegriffe wie Sohn Gottes und Heiliger Geist, Versöhnung und Wiedergeburt, empfand sie eine innere Nähe zum altkirchlichen, ebenfalls philosophisch beeinflußten Dogma, das sie wie teilweise schon Leibniz und Lessing spekulativ umdeutete; sie war vor allem überzeugt, sich auf das johanneische Evangelium als das eigentliche, überall von der bloßen Geschichte zum metaphysischen Wesen durchstoßende Hauptevangelium stützen zu können. Ja im Gegensatz zu den meisten Romantikern wollte sie protestantisch sein und suchte Luthers Erbe zu pflegen.

J. G. Fichte (1762–1814) erkannte, obwohl des pantheisierenden Atheismus verdächtig (Atheismusstreit 1798), in einem tiefen philosophischen Gottesglauben die einzige Möglichkeit der inneren Erneuerung, zunächst des deutschen Volkes, aber in ihm der Menschheit[28]. Dabei hielt er mehr als die Mitstrebenden auch von dem Kantischen Pathos der unbedingten Forderung, überhaupt der Willensmacht fest und gewann von da aus einerseits eine unvergleichliche Schärfe der Kritik an der eudämonistisch erschlafften Zeit, anderseits das Drängen auf neue, auch an Pestalozzi genährte Volkserziehung. Er predigte eine das niedere Selbst entwurzelnde Hingabe an „ein höheres uns unbekanntes Gesetz", d. h. an den göttlichen Willen, der das schöpferische, überschwenglich-selige, todfreie Leben ist, „das demütige Verstummen vor Gott, die innige Liebe zu seinem in uns ausgebrochenen

---

[28] Bestimmung d. Menschen, 1800; Grundzüge d. gegenwärtigen Zeitalters, 1804; Anweisung zum seligen Leben, 06; Reden an die deutsche Nation, 08; Staatslehre von 13. Die Skizze geht nicht der in diesen Schriften vorliegende Entwicklung nach, sondern gründet sich allein auf die „Anweisung" und die „Reden".

Leben, welches allein und um sein selbst willen gerettet werden soll"
(3. Rede). Diese Predigt ist ihm das Werk selbständigen religiös-philo-
sophischen Erkennens, auf evidenter Einsicht beruhend; und doch
stellt er sie in engste Verbindung mit dem Christentum. Sie will den
johanneischen Hinweis auf den Geist, der in alle Wahrheit leitet, und
auf die Liebe, die als „Affekt des Seins" der Quell aller Gewißheit,
aller Wahrheit, aller Realität ist, verwirklichen. Allerdings befreit
sie die von Jesus erlebte Erkenntnis, daß Gott Geist und Liebe, und
daß der zum Leben erweckte Mensch Gotteskind ist, von allen historischen Vermittlungen; mit rücksichtsloser Schärfe führt sie den Satz
durch, daß nicht das Historische, sondern das Metaphysische selig
macht. Fichte lebt der stolzen Gewißheit, durch solche selbständige
Erkenntnis des Wesentlichen nicht nur Christianer, sondern Christ zu
sein. Dabei klingen wahrhaft christliche Gedanken, religiös-prophe-
tische Selbstgewißheit des Denkens, spiritualistisch-mystische Motive,
völkische Begeisterung für das deutsche als das Urvolk innig zusammen. So entstand eine kirchenlose, antipaulinische Christlichkeit, die
sich einerseits auf Jesus, Johannes und Luther berief, anderseits aber
spekulativ-mystische Gedanken in weltoffene, tatfreudige Dynamik
übersetzte. Aus Fichtes wuchtiger Persönlichkeit empfing sie hinrei-
ßende erzieherische Kraft[29].

Von den großen spekulativen Idealisten stand *Schelling* (1775–1854)
in all den starken Wandlungen seines philosophischen Denkens der
Romantik am nächsten. Daher öffnete er sich weit stärker als Fichte
den Eindrücken der Natur und der Geschichte. Die lebendige Natur
hatte ihn anfangs bis zur Gefahr des Naturalismus in ihren Bann gezogen und bewahrte ihn dauernd vor jedem exklusiven Idealismus.
So machte er die Herder-Goethesche Linie innerhalb der Spekulation
fruchtbar. Entsprechend schuf er eine Naturphilosophie, die der Romantik wichtige Anregungen gab, und um die Natur in das Gesamtsystem einzugliedern, eine überaus einflußreiche „Identitätsphilo-
sophie", für die das Sein und das Denken, das Subjektive und das
Objektive, das Reale und das Ideale zwar entgegengesetzt, aber stets
im Absoluten Eines sind, für die darum das organische Leben der
Natur und das des Geistes in metaphysisch begründeter Entsprechung
stehen. In diese Philosophie nahm er nun auch, mitbeeinflußt von

---

[29] Schon von Martensen wurde Fichte mit Meister Eckehart, neuerdings
von R. Otto (West-östliche Mystik, [2]1929) mit ihm und der indischen
Mystik verglichen.

Schleiermachers „Reden", das *Christentum* und die *Theologie* entscheidend auf (Vorlesungen über d. Methode d. akad. Studiums, 1803). Das Absolute als das „Urwissen", als die wesentliche Einheit des Wissens mit dem Sein, des Unbedingt-Idealen mit dem Unbedingt-Realen, erhält seine ideale Darstellung kraft intellektualer Anschauung in der Philosophie, die reale in der Totalität der Wissenschaft. In dieser stellt die Theologie den absoluten Indifferenzpunkt objektiv dar, sie ist also die Wissenschaft des absoluten göttlichen Wesens, während die Naturwissenschaft die reelle, die Geschichtswissenschaft die ideelle Seite der Weltentwicklung ausdrückt. Zugleich schlägt die Theologie die Brücke zur Geschichte: sie ist die höchste Synthese des historischen und des philosophischen Wissens. Denn da für das Christentum jeder Moment der Zeit Offenbarung einer besonderen Seite der Gottheit werden kann, und der Mensch-gewordene Gott die höchste Idee ist, ist es seinem Geiste nach historisch und läßt sich aus dem dynamisch gedachten Absoluten heraus konstruieren. Was damit gemeint ist, zeigt die Aufnahme des Dogmas von der Dreieinigkeit: Schelling findet die „Vollendung seiner ganzen Ansicht des Universum und der Geschichte desselben in der Idee der Dreieinigkeit, welche eben deswegen in ihm schlechthin notwendig ist" (Werke I, 5, S. 294). Nur müsse der Rhythmus des Dogmas spekulativ auf die Geschichte der Welt bezogen werden: Sohn Gottes ist das Endliche, wie es in der ewigen Anschauung Gottes besteht und in Christus den Gipfel seiner Erscheinung findet. Im Sinn dieser Ideen wird das Christentum als die Religion der Versöhnung zur absoluten Größe. Allerdings zwingt die spekulative Notwendigkeit seiner Idee zur Sprengung seines geschichtlichen Rahmens: es hat vor und außer ihm selbst existiert, vor allem in Platon und bei den Indern, die sogar die immer neue Fleischwerdung Gottes erahnen. War dieser Aufbau noch allzu einfach, so übernahm Schelling in „Philosophie u. Religion" (1804) die Idee des Abfalls vom Absoluten; und wachsende Aufmerksamkeit auf die Tatsache des Bösen (Untersuchungen über d. Wesen d. menschlichen Freiheit, 09) öffnete ihm immer stärker das Auge für Inhalte des Christentums, die in Aufklärung und Idealismus wenig genug beachtet waren, sowie für den Versuch, Freiheit und Böses bis in Gott hinein zu verfolgen und so innerhalb der idealistischen Philosophie für den christlichen Sündengedanken Raum zu schaffen. Dabei knüpfte er an J. Böhme und Oetinger an und verband das Christliche mit einem starken theosophischen Einschlag. Freilich ist die so entstehende „positive Philosophie" oder „Philosophie der My-

thologie und der Offenbarung" niemals zur abschließenden Reife
gelangt. Sie wirkte auf zahlreiche Einzelne, gewann in Bayern ähnliche Bedeutung wie die Hegelsche Philosophie in Preußen, fand aber
in den großen Hauptströmungen der Zeit keinen empfänglichen Boden. Immerhin deutete sie Linien einer christlichen Philosophie an,
die besonders im Zusammenhang mit Erweckung und Restauration
fruchtbar wurden und darüber hinaus bis heute immer wieder ihre
belebende Kraft erweisen. Sie gab wertvollen Gedanken, die im
strengen Idealismus nicht zur Geltung kamen, philosophischen Halt;
so der Unmittelbarkeit der Naturbeziehung, der starken Empfindung
und religiös-metaphysischen Untergründung des Widerspruchs, auch
des Bösen, innerhalb des Wirklichen, der Anerkennung des Über-
vernünftigen in der Wirklichkeit und der Verbindung der religionsgeschichtlichen Entwicklung mit dem freien Offenbarungshandeln
Gottes, die zugleich das Christentum von Isolierung und Starrheit
befreie.

Als letzter trat *Hegel* auf den Plan (1770–1831). Sein System war in
hohem Grade die Ernte der Zeit[30]. Es verband klassischen und romantischen Geist, Ruhe und Bewegung; es nahm die Wissenschaft der Zeit
ebenso in sich auf wie ihre Sehnsucht nach ruhegebenden, geltungs-
mächtigen Kräften; es verwirklichte Ansätze Fichtes und Schellings; es
war logizistisch und doch trächtig von irrationaler Tatsächlichkeit,
spekulativ und doch eminent geschichtlich. In jeder Einzelheit zeigte
sich das Besondere seiner Philosophie. Dem gemein-idealistischen Satz
„Wenn irgend etwas Wahrheit hat, so hat es sie durch seine Idee"
(Logik V 236) gab er die strenge logische Wendung[31]. An die Stelle der
intellektualen Anschauung, mit der Schelling sofort die schöpferische
Spitze des Wissens erflog, trat das methodische Denken, die wirkliche
„Anstrengung des Begriffs". Die Waffe dieses Denkens war die strenge
Dialektik, die überall die Gegensätze der gegebenen Welt erkennt und
begreift, aber auf höherem Standpunkt „aufhebt" und so dem Denken
selbst durch den immer neuen Dreitakt von These, Antithese, Synthese

---

[30] Es war nicht mehr aus einer Jugendbewegung geboren, sondern von
einem Mann geschaffen, der schon in seiner Jugend den Tübinger Stift-
lern als der „alte Mann" erschienen war.
[31] Der Begriff des Panlogismus bezeichnet Hegels Philosophie doch nur einseitig. Wenn N. Hartmann (Die Phil. d. deutschen Idealismus, II 38 f.) H.
den großen Lästerer nennt, weil er den Anspruch erhebt, Gottes Wesen
und Walten dem Logos des eigenen Wissens einzufügen, so vergißt er
den religiösen Hintergrund dieses Denkens.

lebendige Bewegung gibt, die Philosophie gleichzeitig zur Geschichte macht und der Geschichte öffnet. Daher rückt Hegels System das Absolute vom Anfang an das Ende; hier, in der Philosophie des Geistes, ist der absolute Geist, der in Kunst, Religion und Philosophie die absolute Wahrheit alles Seins erkennt, der das Ganze krönende Gipfel. Da nun aber das Absolute gleich Gott ist, wird für den rückschauenden Blick die in Kunst, Religion, Philosophie sich vollendende Weltentwicklung zur Selbstverwirklichung Gottes; das ganze System erscheint als wahrhaft universale *Religionsphilosophie.* Es weiß sich in gewissem Sinn als höhere Stufe der Scholastik, „welche die Religion nach der Seite des Denkens und der Vernunft ausgebildet und sich bemüht hat, die tiefsten Lehren der geoffenbarten Religion denkend zu erfassen" (Werke, B. 17 S. 301). Dem Christentum war Hegel, der mit theologischen Arbeiten sein wissenschaftliches Denken begonnen hatte, von vornherein zugewandt. Daß seine Philosophie so ernsthaft wie keine andere die in sich wahre Idee mit der konkreten geschichtlichen Gestaltung in eins zu denken versuchte, bedeutete die Aufnahme wie aller großen geschichtlichen Mächte, so auch des Christentums in das philosophische Denken. Tatsächlich bezog er sich oft sehr positiv auf die Bibel; vor allem aber glaubte auch er im Dreieinigkeitsdogma die zusammenfassende Vorstellung, den dialektischen Gang der Selbstverwirklichung Gottes zu erkennen, den die Philosophie spekulativ herausarbeiten müsse. Eben dadurch wurde ihm das Christentum als die Religion des Geistes zur vollendeten Verwirklichung des Religionsbegriffs, d. h. zur absoluten Religion; nur daß diese Absolutheit nicht der empirischen Gestaltung des Christentums gilt und nicht exklusiv gemeint ist, sondern allem religiösen Ringen und Kämpfen die Erfüllung bringt[32]. In alldem setzte die Entwicklung sich durch, die bei Fichte und Schelling aufgebrochen war; aber sie schritt jetzt mit festeren philosophischen Tritten und offener für die geschichtliche Wirklichkeit einher. Daher suchte sie auch das unklare Ineinander von Philosophie und religiösem Glauben durch – relative – Scheidung der Gebiete zu überwinden: die Philosophie ist „die Wissenschaft der denkenden Vernunft, wie der religiöse Glauben das Bewußt-

---

[32] „Es blieb Hegel vorbehalten, die Religion als solche in allen ihren besonderen Gestaltungen als eine einheitliche Sphäre der Objektivität zu begreifen." Im Christentum vollendet „der seiner selbst innewerdende Geist" sich „zu der Einheit, in der die begriffliche Wahrheit der Religion mit dem persönlichen Glaubensleben des Subjektes identisch geworden ist" (G. Lasson, Einführung in Hegels Religionsphilosophie, 1930, S. 17).

sein und absolute Fürwahrhalten der für die Vorstellung gegebenen Vernunft" (ebenda 288).

So wußte der spekulative Idealismus sich gegenüber der Aufklärung wie gegenüber aller bisherigen Theologie als der eigentliche Vertreter lebendigen zukunftsmächtigen Christentums. In seinem Gottes- und Geistbegriff, in seinem sinngebenden Verständnis von Welt und Geschichte glaubte er die gegenseitige Durchdringung von Vernunft und Offenbarung zu vollziehen, die das Stufensystem der Scholastik nur tastend erstrebt hatte. Tatsächlich war hier Großes geleistet. Vor allem war mit dem theozentrischen Charakter des christlichen Glaubens Ernst gemacht, nicht nur theoretisch, sondern auch praktisch, für das Leben und für die Geschichte der Menscheit; Freiheit und Notwendigkeit waren wieder so tief verstanden, daß ihr Gegensatz überboten werden konnte. Man erreichte das, indem man den Gottesgedanken der falschen Gegenständlichkeit des mythologischen und kausalen Denkens entnahm und seiner Transzendenz lebendige Welt-, zumal Geschichtsbeziehung gab; dabei gewann man gedankliche Ausdrucksmittel, die dem biblischen Gottesgedanken leichter zugänglich waren als die vorschriftlich verwurzelten der theologischen Überlieferung. Dem Gottesgedanken entsprechend war die neue geistige Haltung von vornherein zweilinig angesetzt. Niemand konnte über das empirische Menschentum schärfer urteilen als der spekulative Idealismus; das Motiv der Unendlichkeit, die Objektivität der Geltung, der Form und des wiedergeborenen Erkennens – all das strömte in dieser Kritik zusammen; auch Hegel wußte in seiner Bejahung des Wirklichen um die Notwendigkeit des Schmerzes, der Überwindung und der Zucht. „Die Entwicklung, die in der Natur ein ruhiges Hervorgehen ist, ist im Geist ein harter unendlicher Kampf gegen sich selbst" (Einleitung zur Phil. der Geschichte); nicht einfache Kontinuität, sondern Umkehr führt zum neuen Menschen. Gerade an diesem Punkte ist die Überlegenheit über Klassik und Romantik augenscheinlich. Darum ist das neue Menschentum, das mit Jesus einsetzt, nun wirklich als Menschentum der persönlichen Gottverbundenheit gemeint. Alles Hohe, was die Bibel und Luther über die Gotteskindschaft, über Geistgetragenheit, über wahres Leben in Freiheit und Liebe sagen, wird aufgenommen; kein protestantischer Philosoph hatte bisher in so mächtigen Tönen darüber geredet wie diese Idealisten. Wenn sie die Einmaligkeit der Offenbarung Gottes in Christus verwarfen, so waren sie nicht vom Hochmut der Vernunft getrieben, sondern von der Gewißheit der gegenwärtigen Gottesoffenbarung und Geisteswirkung;

an der Objektivität und Wirklichkeit Gottes im gegenwärtigen Leben des Menschen lag ihnen alles, darum waren sie für das altkirchliche Dogma zugänglicher als für die Bezogenheit auf den geschichtlichen Christus.

Dennoch kann der christliche Glaube diesen Idealismus nicht als rechten Dolmetsch seines Wesens anerkennen. Der Glaube an die Freiheit der Offenbarung und der Gnade sprengt jedes geschlossene System und sieht in der Objektivität des Denkens eine falsche Objektivierung des Geschichtlich-Religiösen. Auch gegenüber dem „wiedergeborenen" Erkennen selbst meldet der Glaube seine Zweifel an. Verwandelt es nicht, obwohl religiös ganz anders zu werten als die von dem Zorn des Paulus und Luthers getroffene Vernunft, das, was in immer neuer „Umsinnung" erbeten werden muß, in verfügbaren Besitz? Eben damit überschreitet es die Grenzen der Menschheit, von denen Kant und die Klassik ehrfurchtsvoll zu reden wußten, und sinkt zu neuem Dogmatismus herab. Es wird vergessen, daß der empirische Glaube ein tägliches Sterben des alten und Auferstehen des neuen Menschen ist; die Dämonie des Weltgeschehens und die Tragik des Menschentums wird trotz tiefer Blicke in die Bedeutung des Bösen und der Schuld meist unrealistisch verharmlost und so das reformatorische Verständnis sowohl der Gottbezogenheit des Menschen wie der Weltbejahung verschüttet. Die Wahrheit des Rechtfertigungsglaubens und des eschatologischen Grundtons der neutestamentlichen Botschaft kam daher nirgends voll zur Geltung. Der Grund zu alledem lag darin, daß der Glaube im spekulativen Idealismus seine zentrale Bedeutung, ja seine Selbständigkeit verlor; der Versuch Hegels, wenigstens diese dadurch zu retten, daß er der religiösen Vorstellung eine eigene Art des Wahrheitsbesitzes zugestand, war allzu künstlich – er vermochte sie gegenüber dem absoluten Geltungsanspruch der philosophisch-begrifflichen Wahrheit nicht zu behaupten. Gott wurde daher so tief in die Welt und in den „objektiven Geist" hineingezogen, daß sich auch eine Apotheose edlen Menschentums entwickeln und die ersehnte Objektivität gerade ihren religiösen Halt verlieren konnte. Der Gottesgedanke drohte sich in den des Weltgrunds und Weltprinzips umzusetzen; so ernsthaft die führenden Idealisten den Pantheismus ablehnten (man könnte schon sie eher Panentheisten nennen), sie neigten doch in demselben Maße dazu, in dem sie den Schöpfungsgedanken und den, auch das wiedergeborene Erkennen immer neu erschütternden unbedingten Anspruch Gottes an den Menschen preisgaben. Damit gefährdeten sie nicht nur die persönliche Art der Gottbezogenheit, sondern auch die christliche Wertung der Geschichte; denn ihre Systeme konnten nicht in immer neuem Lauschen auf Gottes freie Offenbarung sich immer neu in Frage stellen und zur Wandlung ihres Wesens führen lassen. Eine wirkliche Verchristlichung der natürlichen Religion wurde demnach auch in der spekulativen Philosophie trotz Anerkennung des Dogmas nicht erreicht.

e) *Philosophische Nebenwege.* – Die Schwächen der großen Systeme, nicht zum wenigsten die religiösen, erklären es, daß sie selbst auf der Höhe ihrer Erfolge nicht alle Glieder der idealistischen Gesamtbewegung befriedigten. Vor allem versagten – um hier von der katholisch-theosophischen Linie Baaders, von Krause[33] und „realistischen" Strömungen (s. III 1) abzusehen – bezeichnenderweise zwei Zöglinge des Herrnhutertums die Gefolgschaft: *Schleiermacher* und *Fries.* Sie erkannten die Schwierigkeit, die jede Verbindung der Philosophie mit der Theologie belastet, und verzichteten darum auf wirkliche Verschmelzung; Fries gab nur der natürlichen Religion eine organische Stellung in seinem System, Schleiermacher strebte nach einer Abgrenzung der Gebiete, die doch Verknüpfungsmöglichkeiten offen ließ.

Fachphilosophisch trat zuerst der jüngere, *Jak. Fch. Fries* (1773–1843) hervor[34]. Er fühlte sich im Gegensatz zur spekulativen Philosophie als Nachfolger Kants, dessen Einfluß allerdings durch Anregungen Jacobis abgewandelt wurde. Er bildete Kants Kritizismus „anthropologisch" fort, indem er dem psychologischen Moment starken Einfluß gab. So bewahrte er seine Philosophie vor einer vom Absoluten ausgehenden Metaphysik, verzichtete freilich dabei auf die Erfüllung des Sehnens nach einem objektiv-metaphysischen Halt für Leben und Denken. Das mächtige Einheitsstreben der Zeit suchte er dadurch zu befriedigen, daß er, den Dualismus der theoretischen und der praktischen Vernunft überwindend, die auf apriorischen Anlagen begründeten Tätigkeiten

---

[33] *K. Chr. Krause* (1781–1832) suchte alle identitätsphilosophische Spekulation durch einen lebendigeren Gottesgedanken zu überwinden; so gestaltete er den „Panentheismus", der in der übrigen spekulativen Philosophie mit Pantheismus unklar verbunden war, eigenständig aus.

[34] Seine Religionsphilosophie ist am zugänglichsten in „Wissen, Glauben und Ahndung", 1805; neu hrsg. von L. Nelson 1905. Bezeichnend für seinen Zusammenhang mit den ästhetischen Neigungen der Zeit war der Versuch, seine Philosophie in einem Lehrroman darzustellen: Julius u. Evagoras, 1813, neu hrsg. von W. Bousset 1910.

der menschlichen Vernunft eben in dieser als organische Einheit begreiflich machte. Die Religion trennte er scharf vom „Wissen" ab, gab ihr aber in „Glauben" und „Ahndung" zwiefach Raum: zu dem unmittelbaren Erkenntnisgehalt des „Glaubens" gehören die spekulativen Ideen Gott, Seele, Freiheit; hier infolge der Schranken unserer Vernunft zunächst abstrakt und negativ erfaßt, erhalten sie ihre konkrete Bestimmtheit dadurch, daß sich der „Ahndung" das Ewige im Endlichen offenbart. Die Verbindung mit der lebendigen Religion stellte er nicht durch philosophische Deutung des kirchlichen Dogmas her, sondern durch philosophische Ableitung der religiösen Haltung (Begeisterung, Ergebung, Andacht) und durch den Symbolbegriff. Doch war er auf Schritt und Tritt in Gefahr, unter Verzicht auf die Wahrheitsfrage ins Ästhetische und in psychologische Analyse abzuleiten; er brachte den vernunftkritischen Ernst nicht auf, sich – über unbewußte Entlehnungen hinaus – der geschichtlichen Offenbarung zu öffnen. So blieb seine Religionsphilosophie weit einseitiger als die spekulative auf dem Boden der natürlichen Religion. Doch gab er dieser – im Gegensatz zur Absolutheitsspekulation seiner Tage – eine antipantheistische Wendung und mit Hilfe seiner Lehre vom Wahrheitsgefühl, d. h. von der auf Wert-Erkenntnis gerichteten Urteilskraft des Gefühls, ungewohnte Tiefe; so empfing schon bei ihm der Begriff des Heiligen starkes Gewicht.

Einen völlig anderen Weg ging *Schleiermacher*. Er war originaler Denker, fand aber niemals die Muße, seine Gedanken allseitig und endgültig auszugestalten; sie setzten immer neu an und blieben in lebendiger Bewegung. Abgesehen von der meisterhaften Plato-Übersetzung ist er lediglich auf dem Gebiete der Geschichts- und Kulturphilosophie, das er mit Ethik bezeichnete, literarisch hervorgetreten[35].

---

[35] Monologen, 1800 (krit. Ausgabe von Fch. M. Schiele, ²1914 von Mulert); Vertraute Briefe über Fr. Schlegels Lucinde, 1800 (neu hrsg. von Fränkel 1907); Grundlinien einer Kritik d. bisherigen Sittenlehre 1803 (mit genauer Inhaltsanalyse im 1. B. von Brauns Auswahl der Werke); zahlreiche Abhandlungen der Preuß. Akademie der Wissenschaften. Die Plato-Übersetzung erschien in 5 Bdn 1804–10, ² in 6 Bdn 17–27, ³55–62. Von seinen philosophischen Vorlesungen sind hrsg. die über Dialektik (krit. Ausgabe von Halpern 1903), über die philos. Sittenlehre (krit. Ausg. im 2. B. von Brauns Auswahl), über die Lehre vom Staat, über Psychologie, über Ästhetik (neu v. Odebrecht 1931), Erziehungslehre, Geschichte der Philosophie. – Im übrigen vgl. unten I 4 b, II 4 sowie Überweg-Österreich, Grundriß der Geschichte der Philosophie, IV ¹²1923, S. 114 ff. 682 ff. Neueres: *A. Reble*, Schl.s Kulturphilosophie, 35, Schl.s Denkstruktur,

In den „Monologen" sang er das Hohelied der Selbstbildung zu individueller Gestaltung der Menschheit im Menschen, die Lucindenbriefe
durchdachten das Verhältnis von Natur und Geist in der Liebe, die
„Grundlinien" brachten eine strenge wissenschaftliche Auseinandersetzung mit den bisherigen geschichtlichen Gestaltungen der Ethik.
Hier – und in der beständigen Auseinandersetzung mit Platon – lag
also zweifellos das Schwergewicht seines philosophischen Denkens.
Doch wußte seine Ethik sich stets als Glied einer Gesamtdurchdenkung
von Leben und Welt, die, nach tiefem Ringen mit Kant und Spinoza,
sich als Auseinandersetzung vor allem mit Fichte und Schelling vollzog.
Fast alle Gebiete der Philosophie hat er in Vorlesungen behandelt. Er
teilte den Drang der spekulativen Philosophie zur Konstruktion. Aber
das spekulative Denken war für ihn nicht wie für Fichte und Hegel
der Träger der göttlichen Immanenz, sondern es stand ihm innerhalb
des Endlichen, Relativen. Er bekämpfte die absolute Philosophie. Auch
das philosophische Denken erkannte er als national bedingt, „die"
Philosophie war ihm nur wirklich als Kosmos aller nationalen Philo-
sophien, das Denken als Funktion im Ganzen des Lebens, und zwar
in unlöslicher polarer Spannung mit dem „Realen". Die innere Einheit
der ehrfurchtsvollen Achtung des Gegebenen mit dem zusammen-
schauenden spekulativen Denken suchte er philosophisch durch ein
beständiges Wechselverhältnis von scharfer Trennung und polarer
Wiedervereinigung, von idealer, im Formalen bleibender Konstruktion
und sachlichen, durch Empirie vermittelten Inhalten aufzuweisen. So
handhabe er einerseits die abstrakteste Dialektik mit Meisterschaft,
pflegte aber anderseits den Zusammenhang mit der Praxis des Lebens
und mit den Erfahrungswissenschaften stärker als der spekulative
Idealismus. Sein Denken war überaus lebendig, aber zugleich nüchtern,
ohne den Anspruch auf schöpferische Macht. Wie zurückhaltend ist
schon seine Auffassung der philosophischen Grunddisziplin, der „Dialektik", wenn er sie als die kritische Lehre von den Prinzipien der
Kunst des Philosophierens bestimmt! Er untersucht das Denken in
seinem beständigen „Oszillieren" zwischen entgegengesetzten und
doch spannungshaft verbundenen Polen, verfolgt es bis in seine letzten
Voraussetzungen hinein und stellt die geometrischen Örter für die

ZThK 36, und der Volksbegriff bei Schl., Deutsche Vierteljahrsschr.
f. Litwiss. 36; *H. Stephan*, Schl. als Denker, Neue Jahrb. f. Wiss. u. Ju-
genbildung, 34; *Rd. Heinze*, Die Kulturauffassung Schl.s 35. *P. Seifert*,
Die Theologie des jungen Schleiermacher. Ein Kommentar zu den „Reden" 1960.

einzelnen Sachgebiete fest. Aber er hält es tatsächlich im Reich des
Formalen. Die Wechseldurchdringung mit dem Realen vollzieht sich
in der Anwendung des Denkens einerseits auf die Naturwissenschaften
(„Physik" = spekulative Naturphilosophie), anderseits auf die Ge-
schichts- oder Kulturwissenschaften (Ethik = spekulative Geschichts-
oder Kulturphilosophie). Freilich letzten Ernst machte Schleiermacher
nicht mit der Sachbedingtheit des Denkens; er sah das Verhältnis von
Natur und Geist vor Untersuchung ihres Wesens als harmonisch an,
blieb also in den Schranken romantischen Denkens. Daher gewann sein
Denken nicht die scharfe Gespanntheit, den strengen Schritt, die vorwärts treibende Kraft der Hegelschen Dialektik. Die Gegensätze sind
bei ihm, weil nicht metaphysisch verankert, sehr viel weicher, mehr
Spielarten der Mannigfaltigkeit und ästhetisch anmutende Polaritäten;
sie entspringen in der Endlichkeit und streben über diese durch immer
neue Selbstaufhebung zur gegensatzlosen Einheit des Unendlichen
empor; so erzeugen sie einen unendlichen Prozeß der Annäherung an
das Ziel.

Gerade auf dem von Schleiermacher gepflegten Gebiet, in der
„Ethik", wird diese Schwäche gefährlich: sie bettet die Kämpfe der
Geschichte und das Verhältnis der Geistesfunktionen zu rasch in harm-
losen Zusammenklang ein und stumpft, das Motiv des Organischen
vereinseitigend, das geschichtliche Werden zur naturähnlichen Entfaltung der dem Menschen einwohnenden Anlagen ab. Davon abgesehen aber ist eine „Ethik" als kulturphilosophische Formenlehre eine
glänzende Leistung. Indem er über die ganze Breite der Geschichte
hin die gegenseitige Durchdringung der beiden sich überall kreuzenden
Spannungen des Organisierens und Symbolisierens (d. h. der Aneignung der Natur durch den Geist und des Gebrauchs der vernunft-
gebildeten Organe für den Geist), des Identischen und Individuellen
(d. h. des Übertragbaren des Unübertragbaren) aufweist, konstruiert
er ein umfassendes Bild des kulturellen Lebens. Dabei gewinnt er
vier große Hauptgebiete: Staat, Gesellschaft, Wissenschaft, Religion.
Jedes läßt er zwar in sich selbständig sein, aber nur in der Verflechtung
mit den anderen lebendig werden; und überall weist er die Verantwortung des Menschen auf. Die genauere Durchführung betont anfangs mehr die inneren Lebenszusammenhänge, dann in wachsender
Überwindung der Romantik mehr die objektiven Sinngefüge.

Schleiermachers Verbindung der Spekulation mit der Empirie wird
gern als „Idealrealismus" bezeichnet. Allein sie ist überhaupt nicht
rein philosophisch zu verstehen. Denn sie ist im letzten Grunde, trotz

ihrer philosophischen Zusammenhänge z. B. mit Kants Erkenntnistheorie, religiös bedingt. Schon in den „Reden" (¹S. 54) hielt er Fichte
entgegen: wie wird es den „feinen, luftigen Gedanken" des Idealismus
ergehen, wenn Religion „ihm nicht das Gegengewicht hält und ihn
einen höheren Realismus ahnden läßt" als den naiven, den er mit
Recht verwirft! Der „höhere Realismus" legte ihm die Schaffung einer
religiösen Philosophie nahe, und die Vorlesungsentwürfe der Hallischen und der ersten Berliner Jahre zeigen ihn zuweilen auf dieser
Bahn. Aber die Versuchung wurde kraft religiöser und erkenntnistheoretischer Kritik überwunden. Denn der Gottesgedanke (vgl. die
Dialektik) war für seine Philosophie nur das, was „immer vorausgesetzt
werden muß": nämlich als Hinweis auf die Identität von Denken und
Sein, von Wollen und Sein die transzendentale Voraussetzung fruchtbaren Denkens und Wollens; d. h. er war unentbehrlicher Grenzge-
danke, nicht Ansatzpunkt metaphysischer Spekulation. Je reifer
Schleiermachers Denken wurde, desto bewußter lehnte er jede Vermischung der theoretischen mit religiöser Erkenntnis ab. Die unbewußten Wechseleinflüsse blieben freilich bedeutsam genug. Tatsächlich
lebte seine Philosophie von Vorentscheidungen, die in das Religiöse
übergreifen. Dahin gehört die Zurückführung aller letzten Fragen auf
das Verhältnis von Endlichkeit und Unendlichkeit, die Verdrängung
der unbedingten Forderung Kants und daher die bedenkenlose Um-
setzung der Ethik in Kulturphilosophie, die Polarität von Natur und
Geist, die Erweichung der Gegensätze in Menschenbrust und Menschengemeinschaft, die wenigstens formale Einordnung von Religion
und Kirche in die „Ethik". Welche Fülle von Fragen ist damit angedeutet! Und wie wenig lassen sie sich rein philosophisch lösen! Wahrlich, nicht nur der Hochidealismus überhaupt, sondern auch Schleiermachers Philosophie stellte, soviel Bewunderungswertes sie enthielt,
der Theologie die denkbar schwierigsten Aufgaben.

4. Theologische Ansätze des alten Herder und des jungen Schleiermacher

Als Gesamttat deutschen Geistes schloß der Deutsche Idealismus
auch theologische Selbstbesinnung ein. Zwar die Theologie als
wesentlich von der Aufklärung beherrschte Fachwissenschaft kam
dabei wenig genug in Betracht. Aber dort, wo Theologen an der Bewegung teilnahmen, entstand eine Reihe von Ansätzen, die, bei den

Zunftgenossen wenig beachtet, innerhalb des Deutschen Idealismus selbst lebendig wirkten. So war schon der Frühidealismus voll von gedankenschwangerer Theologie gewesen, und in dem Bückeburger Herder hatte er auch schulmäßige Stoffe neu beleuchtet. Dann hatte Kant dem religionsphilosophischen Einschlag starke Antriebe gegeben, und nach der Zurückhaltung der Klassik kehrte sowohl die Frühromantik als auch die spekulative Philosophie desto bewußter zur Behandlung der religiösen Fragen zurück. Allein gerade die hochidealistischen Weisen der Religion mit ihrer Einseitigkeit nötigten die beiden Theologen der Bewegung, Herder und Schleiermacher, ihre genauere Verbundenheit mit dem geschichtlichen Christentum zur Geltung zu bringen. Ihre Aufgrabung verschütteter Tiefen des christlichen Glaubens gab ihnen erheblichen Einfluß: dem Älteren wesentlich in den von der Klassik und Frühromantik abgestoßenen Bildungsschichten, dem Jüngeren auch in den führenden Kreisen. Die Alterswerke Herders und die Frühschriften Schleiermachers waren die letzten theologischen Schriften, die unmittelbar auf den Gang der allgemeinen Geistesentwicklung wirkten, ihre Verfasser die letzten Theologen, die mitschaffend in der Spitzenführung der allgemeinen Bildungsentwicklung standen. Daß sie einerseits an dem deutsch-idealistischen Kampfe gegen die Aufklärung teilnahmen, anderseits die nichtchristlichen Strömungen und sogar die theologisierende Hauptlinie des Idealismus bekämpfen mußten, brachte sie freilich in die Gefahr, zwischen die Fronten zu geraten – ein schmerzliches Vorzeichen kommender noch schwererer Gegensätze.

a) *Herder* blieb auch in seiner Weimarer Zeit Theologe. Mochten seine „Ideen zur Philosophie der Geschichte der Menschheit" (1784 bis 1791) in unendliche geschichtliche und kulturphilosophische Weiten führen: andere Werke[36], um von den Arbeiten zur kirchlichen Praxis zu schweigen, bewiesen unwiderleglich, daß er sogar das Bewußtsein einer theologischen Sendung behielt. Natürlich haben diese neuen Schriften Anteil an der Entwicklung zur Reife der inneren und äußeren Form, die den Jahrzehnten der Klassik eigen war; sie wenden sich

---

[36] So die „Briefe d. Studium d. Theologie betreffend" (80), die 2 Bände „Vom Geist d. hebr. Poesie" (82 f.), dann vor allem die 5 Sammlungen „Chr. Schriften" (94–98). In den „Chr. Schriften" versuchte er eine Art Gesamtdarstellung seiner Theologie. Die ersten drei sind überwiegend geschichtlicher Art; sie behandeln die Gabe der Sprachen (Pfingsten) und die Auferstehung Jesu, die ersten drei Evangelien („Vom Erlöser der Menschen"), das Johannes-Evangelium, („Von Gottes Sohn, der Welt

vom Geniekult der Sturmzeit ab, tasten nach Systematik und suchen
den leidenschaftlichen Strom der Rede zuweilen durch Einpressung
in Paragraphen zu meistern. Sie stehen also formal weit über den
Jugendwerken und sind daher auch mehr als diese in das Gemeingut
der deutschen Bildung eingegangen.

Für uns aber ist die Frage nach dem *Inhalt* wichtiger. Bedeutet die
Theologie des Weimarer Herder die Erfüllung der Bückeburger Verheißungen? Er scheint insofern auf seiner alten Bahn zu bleiben, als er
gegen die neuen Feinde dieselbe Waffe wie einst gegenüber den Neologen schwingt: die *Bibel.* Er will sich jetzt nicht auf allgemeine Gedanken, sondern auf die geschichtlichen Urkunden des Christentums
gründen, will eine Begegnung des gegenwärtigen Menschen mit der
biblischen Verkündigung herbeiführen helfen. Wie in der ganzen Breite
seines Schaffens, so lebt und lehrt er auf religiösem Gebiet immer
wieder am liebsten aus der *Geschichte* heraus, schätzt daher im Gegensatz zu den meisten idealistischen Religionsphilosophen auch die
historische Theologie hoch. Wo irgend möglich, geht er sogar in den
letzten „Chr. Schriften" von geschichtlichen Tatbeständen aus: von
den Berichten über die Reden und Taten Jesu, von der Geschichte der
Kirche, vom Taufsymbol, von Luther. Darin sieht er den Weg, gegenüber subjektivistischen Entgleisungen die Objektivität des Glaubens
zu wahren, während die „Lehrmeinungen" der kritischen Philosophie
(des nichtgenannten Kant und seiner „Lehrlingsenthusiasten"), zumal
ihre die eigenen Ideen eindeutige „transmoralisierende" Behandlung
der Bibel, ihm als Willkür erscheinen – d. h. als ebenso gefährlich wie
das klassisch-ästhetische „Opium unverstandener Ideen und Gefühle".

Christliche Religion ist ihm ein inneres Bezwungenwerden, ein Empfangen, das den ganzen Menschen, den Menschen in seiner konkreten
Bezogenheit auf Natur und Gemeinschaft, mit Gott verbindet. Der
Reinheit dieses Motivs zuliebe werden die Grenzen gegenüber allen
theologischen und philosophischen Systemen, gegenüber äußerlichen
Auffassungen von Offenbarung, Wunder, Gnadenwirkung, gegenüber dem Menschlichen am historischen Lokalkolorit der Bibel, gegen-

---

Heiland"). Die beiden letzten („Vom Geist d. Christentums" und „Von
Religion, Lehrmeinungen u. Gebräuchen") wollten als eine Art theologisches Testament mehr grundsätzlich das Wesen des Christentums
erläutern. Mehr von religionsphilosophischer Art sind die Gespräche
über „Gott" (87), sowie Abschnitte der „Zerstreuten Blätter" u. a. – Zitiert nach Suphans Ausgabe. Literatur s. oben I 2.

über bloßen „Gebräuchen" so scharf als möglich gezogen. Was Herder damit pflegen möchte, ist nicht Individualismus oder beziehungslose Innerlichkeit, sondern persönliche Lebendigkeit und Gegenwärtigkeit des evangelischen Glaubens, der in Geschichte und Gemeinschaft erwächst, darum auch Geschichte und Gemeinschaft baut. Das bedeutet die Preisgabe der Bundesgenossenschaft mit dem Ästhetischen, die seine Bückeburger Auffassung der Religion kennzeichnete. Nicht das Ästhetische, sondern das Sittliche, dessen Unentbehrlichkeit für die Religion ihm in Weimar und vollends auf seiner Italienreise (1788 f.) drastisch deutlich wurde, macht in der christlichen Religion die Konkretheit des Lebens aus; und so scheut Herder sich nicht, Begriffen wie Moral oder Gewissen eine wichtige Stellung zu geben. Der innige Gottvaterglaube, der ihm die Menschen zu Brüdern macht, und eine tiefe Sehnsucht nach dem Kommen des Gottesreiches legen ihm wertvolle ethisch-soziale Gedanken nahe. Auch für das Alte Testament behält er nach wie vor – im Gegensatz zu seiner Zeit – hohe religiöse Schätzung. Zumal die hebräische Poesie möchte er umfassender als ehedem für das allgemeine Verständnis erschließen. Der ganze Reichtum seiner ästhetischen und historischen Schau soll helfen, „sich unberauscht von Glossen und geheimer Bedeutung dem simplen Ursinn jener Dichter zu nähern und die Göttersprüche derselben im Gesichtskreise der ältesten Zeit zu hören". Doch zeigt auch der Schluß dieses Werkes den Glauben Herders wesenhaft nur in Jesus selbst verankert.

Dennoch weckt die Theologie seiner Weimarer Zeit erhöhte *Bedenken*. Das Verständnis der Religion und des Christentums, für das er streitet, bleibt überaus unbestimmt, mehr allgemeiner Eindruck als klare Sicht; wo es aber klar zu werden versucht, da gerät es unversehens in das flache Fahrwasser der einst so scharf bekämpften Neologie hinein. Nirgends arbeitet Herder die Vertiefung der neologischen Gedanken, die er vollzieht, mit der notwendigen Schärfe heraus. Ja der ganze Kampf gegen die Aufklärung tritt zurück, der Zweifrontenkrieg wird nirgend ernsthaft durchgeführt. Offenbar haben Bibel und Reformation nicht mehr eine so drängende Gewalt über ihn wie einst in Bückeburg. Die Schriften der Weimarer Zeit sind daher theologisch ärmer als die früheren. Sie modernisieren, obwohl sie grundsätzlich das historische Verständnis vertreten, im Streben nach Vergegenwärtigung zuweilen fast unerträglich den Gehalt der geschichtlichen Urkunden; vor allem aber verzichten sie auf die Geltendmachung des Offenbarungsbegriffs, dessen Zentralstellung den Bückeburger Schriften ihren hohen theologischen Rang verliehen hatte. So berauben sie sich des theologischen Rückgrats und damit sowohl des besten Schlüssels für das Verständnis der Bibel und der Reformation als auch der Widerstandskraft gegenüber den Gefahren, die aus der Aufklärungskritik an der Bibel notwendig folgen. Er glaubt sich mit der Unterscheidung von zwei Betrachtungsweisen helfen zu können: einerseits der historisch-kritischen, die den Tatbestand in seiner geschichtlichen Bedingtheit aufweist und die sich nicht scheut, sogar im Neuen Testament von Mythen und Legenden zu sprechen, anderseits der praktisch-religiösen, die überall die Frage stellt: „Was sagen die Berichte meinem Geist und Herzen?" So viel Richtiges an dieser Unterscheidung war, sie ließ sich doch weder ohne weiteres durchführen, noch löste sie die Aufgabe, die gerade ihm, dem Geschichtsphilosophen, gestellt war.

Der deutlichste Ausdruck der Unklarheit war der *Humanitätsbegriff*. Zwar bedeutet er weder „Selbstvergottung des Menschen" noch „abstrakten Individualismus". Sondern er empfing seine Tiefe und Weite aus dem Schöpfungsglauben; er stellte den Menschen als organisches Glied (als oberstes der Erdorganisation, als unterstes der höheren Welten) in unendliche Zusammenhänge und nahm zugleich alle Strahlen der neuen organisch-genetisch-dynamistischen Weltansicht auf; er verband das Individuum mit der Gemeinschaft von Volkstum und Menschheit, verschlang die natürlichen Anlagen und den Reichtum der Geschichte ineinander, gab allen Einzelmomenten, der „Glückseligkeit" wie der Verantwortung, den Zug zum Ganzheitlichen, zum Universalen und Sozialen, begründete auf die im Erdenleben mögliche Palingenesie, die in Reinigung des Herzens und Veredelung der Seele besteht, die Hoffnung auf ein zu reiner Vollendung erhobenes zukünftiges Leben. Er atmete also wahrlich, auch religiös betrachtet, Adel und innere Größe. Aber im strengen Sinne christlich war er nicht. Indem er aufnehmen wollte, was die Bibel vom Heiligen Geist, von der Gotteskindschaft, von der Wiedergeburt, Rechtfertigung und Heiligung sagt, eignete er dem empirischen Menschen, seiner Erziehung und Entwicklung etwas zu, was jeweils charismatisch vom Wirken Gottes her begründet werden muß. Wenn er vollends in die Mitte der Religion rückte, wurde deren Schwerpunkt von Gott auf den Menschen verlegt und der Anthropozentrismus, der schon in der orthodox-lutherischen Alleinbetonung des Heils lag, mächtig gesteigert; der kraftvolle Theozentrismus der Weltschau, den Herder in Bückeburg hatte, ging verloren, mit ihm die bestimmende Bedeutung Jesu. Die

Ideen zur Philosophie der Geschichte der Menschheit ließen seine Gestalt mehr am Horizont aufleuchten (Buch 17), als daß sie ihr den Sinn der Geschichte und den Maßstab der Humanität entnahmen. Der Gottesbegriff hatte nicht mehr die Kraft, dem Glauben die kritische Selbständigkeit gegenüber den allgemeinen Möglichkeiten edlen Menschentums und gegenüber dem wissenschaftlichen Weltbild zu wahren.

So rundeten sich jetzt Gedanken, die schon früher in Herders Naturlyrik und seiner Würdigung Spinozas aufgebrochen waren, zum Gesamtbild; die Weltanschauung saugte gleichsam Gott in sich hinein, so daß die Welt als „ein Ausdruck, eine Erscheinung seiner ewig-lebenden, ewig-wirkenden Kräfte" (B. 16, 542), „als ein System lebendiger Kräfte, die nach ewigen Regeln der Weisheit, Güte und Schönheit einer Hauptkraft dienen" (B. 16, 569) in die Mitte des Glaubens trat. Da ist weder Tod noch Ruhe, überall ein mächtig vorwärtsstrebendes Leben, in dem auch das Entgegengesetzte einander trägt und fördert. Und da es das Reich Gottes ist, kennt es „kein Böses, das Wirklichkeit wäre"; auch die Fehler des Menschen helfen ihm, da sie sich als Fehler zeigen müssen, „wie Kontraste zu mehrerem Licht, zu reinerer Güte und Wahrheit" (16, 571). Der „innere Sinn" vernimmt die Harmonie, die von Gott her das All durchwaltet (29, 157). Ja der Mensch vermag in seinem Selbst das Gesetz zu finden, das die Welten bewegt; „in deinem innersten Bewußtsein lebt ein sprechender Beweis vom höchsten Allbewußtsein" (29, 140). Das sind Motive und Gedanken, die mehr an die *natürliche Religion* der Philosophen – die „Gott"-Gespräche versuchten das Erbe von Spinoza, Shaftesbury und Leibniz ineinander zu weben – als an die Bibel oder an die Reformation anknüpften. Sie nahmen nicht einmal die ganze Fülle der natürlichen Religion in sich auf. Vor allem verschlossen sie sich auch der Vertiefung, die Kants Wissen um die Unbedingtheit der sittlichen Forderung gebracht hatte, und die am ehesten an das rechte Verständnis der reformatorischen Verkündigung heranführen konnte. Organische Verbindung mit der Theologie gab Herder dieser natürlichen Religion nur dadurch, daß er Bibel und Glauben, vor allem den „Menschensohn" Jesus und sein Werk („die Regel zum Heil der Menschheit", B. 20, 165 ff.), unter dem Gesichtspunkte der Humanität betrachtete, d. h. selbst in das Licht der natürlichen Religion stellte. Damit aber siegte die Humanitätsreligion über den christlichen Glauben. Die Seligkeit der Harmonie, die im ästhetisch verklärten Weltbild und im Humanitätsideal begründet war, beherrscht die Deutung des Glaubens. Zwischen dem, was Herder wirklich der Bibel und der Reformation

entnahm, und dieser natürlichen Religion blieb trotz Verwendung des
Schöpfungsgedankens eine unüberwundene Fremdheit.

So liegt eine tragische Zweideutigkeit über dem Lebenswerk des
großen Frühidealisten. Sein theologisch-weltanschauliches Wirken
sammelte sich nirgend zu einer einheitlichen, sieghaften Leistung. Es
vermittelte der Bildung seiner Zeit eine Fülle von christlichem Gehalt;
aber größeren Einfluß gewann die edle, nur christlich mitbeeinflußte
natürliche Religion der „Gott"-Gespräche, die ihn mit Goethe verband, bevor dessen „dezidiertes Nichtchristentum" einsetzte, und die
gerade als Ergänzung der von ihm befehdeten Klassik Verbreitung
fand. Das was am notwendigsten war, die Klärung des Verhältnisses
der christlichen zur natürlichen Religion, geschweige die innere Durchchristlichung der natürlichen Religion, konnte er nicht geben[37]. Die
Verheißung seiner Jugend blieb insofern unerfüllt.

b) Bald nach dem theologischen Testament Herders erschien Fch.
Schleiermachers Buch „Über d. Religion. Reden an d. Gebildeten unter
ihren Verächtern", 1799.[38] Damit trat ein noch unbekanntes Glied des
frühromantischen Kreises[39] auf den Kampfplatz. Wie Herder so war
auch Schleiermacher durch Pietismus und Aufklärung hindurchgegangen; aber da er seinen Geist bereits am Frühidealismus, an den kritischen Werken Kants und an der Klassik nähren konnte, stand er von
vornherein auf einer neuen Stufe der Entwicklung. Er lebte wie selbstverständlich in dem Reichtum, den Herder erst in schwerem Ringen
geholfen hatte zu schaffen. Darum schreiten die Reden, besonders im
Vergleich mit den Bückeburger Schriften Herders, so viel freier und

---

[37] Auch das Buch „J. G. Herders Dogmatik, aus dessen Schriften dargestellt
u. mit lit. u. krit. Anmerkungen versehen v. einem Freunde d. Herderi-
schen Gnosis", Jena 1805, zeigte durch seine unbedenkliche Verbindung
von Bückeburger und Weimarer, von biblischen und modern-weltan-
schaulichen Aussagen drastisch, wie wenig Herder seine Jünger zur Klarheit geführt hatte.

[38] Zitiert nach der Urausgabe (neu gedruckt v. R. Otto 1899, ⁵1926); ihre
Seitenzahlen auch in der krit. Ausgabe von B. Pünjer, 1879, die den
ursprünglichen Text fortlaufend mit dem der Auflagen von 1806 und 21
vergleicht. – Literatur zu Schlm. s. oben I 3 e und unten II 4.

[39] Allerdings kann er diesem trotz seiner Freundschaft mit Fch. Schlegel
nur mit größter Vorsicht zugerechnet werden. Die gleichzeitigen Predigten
(Sammlung von 1801) und die „Briefe bei Gelegenheit d. politisch-theol.
Aufgabe u. d. Sendschreibens jüdischer Hausväter" (1799) zeigten, daß
Schleiermacher nicht schlechthin Romantiker war. Auch die zu den
romantischen Kreisen sprechenden „Reden" sind inhaltlich längst nicht
so romantisch wie in ihrem Klang.

sicherer, reifer und klarer einher. Schleiermacher hatte bereits jetzt, vor aller schulmäßigen Durchdenkung der philosophischen und theologischen Gebiete, sowohl religiös wie weltanschaulich eine eigene Linie. Er behandelt nicht wie Herder die Bibel oder den christlichen Glauben, sondern die Religion als Gesamterscheinung. Darum erörtert er das Wesen der Religion (2. Rede) vor dem des Christentums (5. Rede). Was ihn dazu führt, ist die formale Methodik sowie der praktisch-missionarische Ansatz eines ganz bestimmten Sendungsbewußtseins. Um die Auseinandersetzung mit den Gegnern auf einer ihnen zugänglichen Ebene zu führen, verzichtet er auf unmittelbare Anknüpfung an Bibel und Kirche; er stellt sich ganz auf die Geisteswelt der Höchstgebildeten ein, die unter dem Eindruck der kritischen Philosophie abstrakten Ableitungen zugänglicher waren als den spröden Tatsachen der Geschichte.

Wie Herder so kämpft auch er gegen alles, was die persönliche Gegenwartsbezogenheit des Glaubens hindern könnte, vor allem gegen die orthodoxen und aufklärerischen Systeme. Allein er gibt diesem Kampf durch methodische Besinnung tiefere Kraft. Dem dient die Frage nach dem „Wesen", der Struktur und dem Maßstab der Religion. Geahnt hatte man längst die Bedeutung der Frage, aber Schleiermacher war der erste, der sie mit bewußter Klarheit stellte. Ihm genügten dafür weder die Hinweise der Aufklärung auf Gott, Tugend, Unsterblichkeit noch die ungeklärten Vorstöße Lessings, Kants und Herders, sondern er ging hier wie überall planmäßig zu Werke: er fragte zugleich vom Mittelpunkt und von den Grenzen, von innen und von außen her (S. 22 ff.), und er blickte nicht auf die flache Breite, sondern auf die ragenden Gipfel des religiösen Lebens, die Heroen und Märtyrer des Glaubens.

Sein Ergebnis führte das des jungen Herder weiter: *Religion* ist *Anschauung und Gefühl des Unendlichen* (des Universums). Voran steht ausdrücklich die Anschauung, „die Angel" der 2. Rede. Sie ist auf konkrete Vorgänge gerichtet, und zwar nicht so sehr auf die der Natur als auf die im „Innern des Gemüts" (S. 87), die sich innerhalb der Gemeinschaft erschließen; „um die Welt anzuschauen und um Religion zu haben, muß der Mensch erst die Menschheit gefunden haben, und er findet sie nur in Liebe und durch Liebe" (S. 89 f.). Darum: „Geschichte im eigentlichsten Sinn ist der höchste Gegenstand der Religion", „religiöse Menschen sind durchaus historisch" (S. 100, 282); und die Gemeinschaft gehört zu den Grundbedingungen religiösen Lebens. Zu solcher Anschauung des Universums tritt dann das Gefühl, das „Selbsttätige" in der Religion, das wiederum sehr konkret in bestimmten Gefühlen aufgewiesen wird, vor allem in Ehrfurcht, Demut, Liebe, Dankbarkeit, Mitleid, Reue. Schon die Beispiele zeigen, wie fest für Schleiermacher das Gefühl in der Ganzheit des Lebens steht, und wie wenig seine Bedeutung durch den berüchtigten Satz erschöpft wird, daß die religiösen Gefühle das Tun des Menschen wie eine heilige Musik begleiten (S. 68).

Aber Schleiermacher fragt weiter nach der *gemeinsamen Wurzel* von Anschauung und Gefühl des Unendlichen, d. h. nach der „Geburtsstunde alles Lebendigen in der Religion" (75). Sie muß im Reiche des Geheimnisses liegen, kann also allein durch Bilder aufgehellt werden. Schleiermacher entnimmt diese, wie es die Mystik längst getan hatte, vor allem dem Gebiet der bräutlichen Liebe – dem Urgebiet für die Erfahrung geheimnisvoller übermächtiger Einheit. Übergang zu eigentlicher Mystik bedeutet das nicht; es wirft nur einen hellen Schein auf die unmittelbare, psychologisch nicht mehr kontrollierbare Dynamik des Er-Lebens und hat sein beständiges Gegengewicht in jenem Aufweis der inhaltlich von außen her bestimmten Anschauungen und Gefühle. Religion ist weder Selbsterlebnis noch ästhetische Verklärung der Welt, sondern das Ergriffenwerden des Menschen durch die Ganzheit des Universums, das in solchen Zusammenhängen fast personhaft handelnd gedacht wird. Dem entspricht es, daß Schleiermacher die religiösen Kategorien zu neuer Geltung bringt, die von der Aufklärung, aber auch von Lessing, Kant und der Klassik verdrängt, von den meisten Frühidealisten und Romantikern nur unklar tastend wieder aufgenommen worden waren: die der Offenbarung, des Wunders, der Eingebung, der Gnadenwirkung, des Mittlers.

Schon diese Skizze beweist, daß die 2. Rede weder Schleiermachers eigene noch die ideale Frömmigkeit, sondern die abstrakte formale Struktur aller echten Religion beschreibt. Auch die berühmte *Unterscheidung der Religion von Metaphysik und Moral* empfängt in diesem Zusammenhang ihren Sinn: daß sie als „eigene Provinz im Gemüt" dargestellt wird, ist nur methodisches Hilfsmittel für die Entdeckung und Reinhaltung des „Wesens" (S. 50), will nur einen Maßstab für die Echtheit der Religion aufweisen helfen. Tatsächlich umspannt die Religion vielmehr das ganze Leben: „Spekulation und Praxis" (d. h. Welterkennen und Sittlichkeit) „haben zu wollen ohne Religion, ist verwegener Übermut, es ist freche Feindschaft gegen die Götter" (S. 52); Religion entsteht im Erfaßtwerden des Menschen durch das Universum, gibt dem Leben Ganzheit und Universalität, befreit es von Einseitigkeit und Verarmung, von subjektivistischer Verzerrung des Denkens und Schematisierung des Handelns; indem sie letzte Wirklichkeit erleben läßt, gibt sie dem Leben tragenden Sinn[40].

Das eigentliche Ziel Schleiermachers aber ist es, seine Hörer von der abstrakten Idee zur empirischen Wirklichkeit der Religion zu führen, d. h. zu den geschichtlichen Religionen, zunächst zum Verständnis des *Christentums*. So preist die 5. Rede, die das Ganze krönt, die positiven Religionen als die Verwirklichungen des abstrakten Wesens, während die natürliche Religion als „Negation alles Positiven und Charakteristischen in der Religion" das „würdige Produkt des Zeitalters" ist, „dessen Steckenpferd eine erbärmliche Allgemeinheit und eine leere Nüchternheit war" (S. 277). Wirklichkeitssinn, romantische Freude am Individuellen, Charakteristischen und Außerordentlichen, dazu die christliche Erkenntnis, „daß die Religion des Menschen eine eigene Geschichte haben und mit einer Denkwürdigkeit anfangen soll" (S. 273), – all das empört sich bei Schleiermacher – wie einst bei dem Bückeburger Herder – wider die in der natürlichen Religion der Aufklärung waltende Herrschaft der bloßen „natürlichen Empfindsamkeit", des Eudämonismus und Moralismus. Allerdings weckt die Mischung christlicher und romantischer Züge die ernste Frage: ist der Christenglaube hier eine positive Religion neben andern, eine zwar der natürlichen Religion überlegene, aber den übrigen positiven Religionen grundsätzlich gleichgeordnete Erscheinung, oder ist er eine Größe für sich, im Gegensatz wie zur natürlichen so auch zu jeder anderen positiven Religion? Schleiermacher kommt über ein *Schwanken* nicht hinaus. Die Sicherheit seiner Maßstäbe versagt; denn sie beziehen sich nur auf die formale Struktur, d. h. auf die Echtheit der Religion, schweigen aber zur Frage nach der inhaltlichen Wahrheit. Die Weite seiner Interessen, die romantische Genialität der Einfühlung in fremde Religion, der Ansatz in der sich individualisierenden Idee verführen ihn, sich weithin mit der Vertretung der positiven Religion überhaupt zu begnügen und das Verhältnis der Religionen zueinander ästhetisch-relativistisch zu verstehen: sie sind die Töne einer gewaltigen Melodie, sind besondere Linien in dem großen Kunstwerk der Religions-

---

[40] Die gleichzeitigen Predigten und die mit den „Reden" unterirdisch verbundenen „Monologen" zeigen den Zusammenhang mit der Sittlichkeit deutlich.

geschichte, in dem das Universum durch unendlich mannigfaltige Offenbarungen seine schöpferische Fülle zur Darstellung bringt. Neben diesen Gedankengang aber tritt auf der Gipfelhöhe der Reden verbindungslos der andere, der das Wesen des Christentums aufzuweisen versucht (S. 291 ff.). Die ursprüngliche Anschauung, in der das Universum sich dem Träger des Christentums offenbart, ist hier das „allgemeine Entgegenstreben alles Endlichen gegen die Einheit des Ganzen" und die Art, „wie die Gottheit dieses Entgegenstreben behandelt, wie sie die Feindschaft gegen sich vermittelt und der größer werdenden Entfernung Grenzen setzt durch einzelne Punkte...., welche zugleich Endliches und Unendliches, zugleich Menschliches und Göttliches sind". Das Thema des Christentums ist also „das Verderben und die Erlösung, die Feindschaft und die Vermittlung". Damit berührt Schleiermacher wirklich den Mittelpunkt des christlichen Glaubens. Und er entwickelt daraus eine neue Stellungnahme des Christentums zu den Religionen. Indem es in der gesamten Religionsgeschichte – einschl. der christlichen – den Kampf der erlösenden Offenbarung mit dem Abfall schaut, wird es zur Kritik und zur Erfüllung aller Religionsgeschichte und ordnet zugleich seine empirischen Gestaltungen der Religionsgeschichte ein. So erhebt es sich zur Religion der Religionen, zu einer „höheren Potenz derselben". Damit wäre eine grundsätzliche, qualitative Unterscheidung des christlichen Glaubens von aller menschlichen Religion erreicht. Den vollen Sieg aber gewinnt dieser Gedanke nicht. Er kann es nicht, weil Jesus eine zu unsichere Stellung in seiner Darstellung des Christentums hat.

Diese Zwiespältigkeit führt zur *Kritik* an der Gesamthaltung der Reden: ihr staunenswerter Reichtum ist trotz meisterhafter Formkraft nicht zu voller Einheit gebändigt. In genialem Ansatz versucht Schleiermacher den gesamten Erwerb des vergangenen und gegenwärtigen Denkens dem Selbst-Verständnis des Christentums dienstbar zu machen, es dadurch von überwundenen Bindungen zu befreien und auf die Höhe zu heben, auf der er es wagen darf, seine Verkündigung auch an die geistigen Führer der Gegenwart zu richten. Allein die enge Verbundenheit der Reden mit einem glänzenden und doch rasch vorübereilenden Augenblick der deutschen Geistesgeschichte bedeutet zugleich ihre Grenze. Schleiermacher durfte sich nur deshalb an seine Aufgabe wagen, weil er die Zeitentwicklung und ihre Spitzenführung bis ins Tiefste erlebte. Dies Miterleben aber konnte nicht ohne Einfluß auf seine Frömmigkeit und ihre theologische Durchdenkung bleiben. Was ihm die Kraft des Wirkens gab, vereinseitigte daher zugleich die Selbstbesinnung des christlichen Glaubens, die sich in ihm vollzog. Schon daß die Gefühlsseite der christlichen Religion in der „Wehmut" zusammengefaßt wird, zeigt die Verzerrung. Vor allem aber: die Kategorien des Endlichen und Unendlichen, der Einheit und Absonderung erschließen weder den biblischen Gottes- noch den biblischen Welt- und Menschengedanken, daher auch nicht die biblisch-reformatorische Auffassung des Mittlertums Christi. Wie in der Philosophie Schleiermachers, so rächte es sich in den Reden, daß er *die* Linie des Deutschen Idealismus ablehnte, die dem evangelischen Christentum am nächsten kam, die Kantische Ethik der unbedingten Forderung. Die Folge war Hilflosigkeit gegenüber dem Drang der Zeit zu voreiliger harmonischer Einheit; auch er verfiel der Verharmlosung der Gegensätze in Menschenbrust und Menschengemeinschaft, im Verhältnis der Geistesfunktionen zu einander, zutiefst in der Gott-Welt-Mensch-Beziehung. Das Mißverstehen des Christentums aber schädigte notwendig auch die Wesensbestimmung der *Religion:* es gab die innere Möglichkeit für die *ästhetische* Trübung der Religion. Wir beobachten sie in der Beschreibung jener „Geburtsstunde alles Lebendigen in der Religion", darüber hinaus in der ganzen Breite der Reden, vor allem in der 3. und 4. Rede, die vom „Wesen" aus die „Bildung zur Religion" und das „Gesellige in der Religion" (d. h. Gottesdienst und Kirche) behandeln. Überall drängt sie die Wahrheits- hinter die Echtheitsfrage zurück, verstärkt sie den Eindruck des Mangels an Stahl und Herbigkeit, der doch im Widerspruch zu Schleiermachers ganzer Persönlichkeit steht. Sie hinderte ihn auch, mit seiner Einsicht in den geschichtlichen Charakter der Religion den rechten Ernst zu machen, so daß er hier sogar hinter den Weimarer Herder zurücktrat. Indem er allem Religiösen eine ästhetische Wendung gab, brachte er trotz aller Hochwertung der Individualität das persönliche Leben und die Gemeinschaft um die Bedeutung, die ihnen nach seinem eigenen Ansatz gebührt. Endlich begünstigte der ästhetische Zug die Neigung zu spekulativen Einheitskonstruktionen und stumpfte die Waffen ab, die seine Ehrfurcht vor den gegebenen Tatsachen und sein der Empirie geöffneter Wissenschaftsbegriff gegen diese gefährliche Neigung gab; er täuschte über die Gefahren hinweg, die mit der Zurückdrängung des sittlichen und des Erkenntnis-Moments in der Religion verbunden sind.

Das alles hat wichtige Folgen für die Auseinandersetzung von *christlicher* und *natürlicher Religion*. Was Schleiermacher mit seinem Spotte traf, war nur die natürliche Theologie und Religion der Aufklärung.

Die natürliche Religion aber, die im Deutschen Idealismus lebte, hatte eine neue Tiefe, Ursprünglichkeit und Fülle. Wo sie auf eine entschlossene Verbundenheit mit Jesus Christus stieß, da entbrannte ein religiöses und theologisches Ringen beider Mächte, damit auch der extensiven und der intensiven Glaubensbewegung, wie kein Aufklärer es erlebt hatte. Das Ergebnis war zunächst im Vergleich mit der früheren, der scholastischen Hoch-Zeit dieses Ringens eine entscheidende Vertiefung, die Herder mehr durch Auswertung der Bibel, überhaupt der Geschichte, Schleiermacher durch grundsätzliche Untersuchung erreichte. Es handelte sich nicht mehr um einen architektonischen Stufenbau der auf natürlichem Wege und der durch geschichtliche Offenbarung gewonnenen Erkenntnisse, sondern um eine gegenseitige Durchdringung der religiösen Lebenslinien selbst. Deutlich aber ist auch, daß der Versuch, die Leuchtkraft des von Jesus ausstrahlenden Lichtes an aller natürlichen Religion, aller Welt- und Lebensanschauung zu bewähren, nicht restlos gelang; die eigene Leuchtkraft der idealistisch-natürlichen Religion färbte die Strahlen des christlichen Glaubens und warf sie gefärbt auf den Quellpunkt zurück, so daß die biblische Botschaft selbst tiefgehende Fehlbeleuchtung erlitt. Der Sieg des Unendlichkeitsmotivs über das der unbedingten Forderung, damit des modernen Weltbilds und des Ästhetischen über das Sittliche, erschwerte es aufs äußerste, die Maßstäbe zur Anwendung zu bringen, mit denen das Neue Testament die natürliche Religion gleichzeitig einer radikalen Kritik und einer christlichen Umprägung unterwarf.

Die Schwierigkeit der Aufgabe wird am besten deutlich, wenn wir uns des Zweifrontenkriegs erinnern. Herder und Schleiermacher führten ihn auf verschiedene Weise. Während der alternde Herder einen Waffenstillstand mit der Aufklärung schloß und sich einseitig gegen den Hochidealismus wandte, stellte der junge Schleiermacher sich, wie einst der junge Herder, ganz in die idealistische Front, verband sich mit der vorwärtsstürmenden hochidealistischen Jugend und suchte so zunächst die Kräfte zur Vernichtungsschlacht gegen die Aufklärung zu sammeln. Aber weder der eine noch der andere Kriegsplan führte völlig zum Siege. Beide Theologen sahen die Aufgabe und erwarben sich das unvergeßliche Verdienst, sie eindrucksvoll vor das Bewußtsein der Zeit zu stellen. Allein für die Lösung der Aufgabe fehlte vorläufig die Kraft.

Übergang

In raschem Aufstieg hatte der Deutsche Idealismus Gewaltiges geleistet. Religiös-weltanschaulich hatte er die natürliche Religion vertieft und aufs neue mit dem christlichen Glauben verbunden, daher den Gegensatz von extensiver Glaubensbewegung, von Aufklärung und Pietismus zu überwinden begonnen, auch zwei seiner Führer zu dem Wagnis eines neuen theologischen Anfangs emporgetragen. Aber keiner von ihnen hatte, so wertvoll und überreich an Tiefblicken jeder einzelne war, das Ziel wirklich erreicht. Schon das Schaffen Herders und die „Reden" Schleiermachers zeigten, was die Vorbedingung wirklicher Lösung war: die sachliche Besinnung auf Ursprung, Wesen und Geschichte des evangelischen Christentums, eine Besinnung, die nur strenge theologische Facharbeit leisten kann. Darum führte in der Theologie so wenig wie auf anderen Gebieten ein glatter, einfacher Weg vom Deutschen Idealismus in die Wissenschaft hinein. Es war ein Sprung auf eine andere Ebene nötig, ein Sprung voll Wagnis und Gefahr.

Der Übergang war desto schwerer, weil schon die unerhörte Geistigkeit des Deutschen Idealismus eine gefährliche Einseitigkeit bedeutete. Seine ganze Entwicklung hatte sich auf Höhen abgespielt, die mit den ebenso gewaltigen äußeren, politischen und wirtschaftlichen Geschehnissen dieser Zeit nur durch wenige Linien verbunden waren. Sie beherrschte nicht einmal die akademische Bildung, geschweige das Durchschnittsbewußtsein der Zeit. Das war für den Idealismus selbst eine tragische Schwäche, für das deutsche Volk eine Verschärfung des Dualismus, der seit der Renaissance das Verhältnis von Bildung und Lebenswirklichkeit mit gefährlichen Hemmungen belastete. Lag darin für das gesamte deutsche Leben ein schweres Schicksal, so konnte es für das theologisch-kirchliche Gebiet doppelt verhängnisvoll werden. Denn hier wurde es durch den vorhandenen Gegensatz von Aufklärung und Spätpietismus, von extensiver und intensiver Glaubensbewegung vollends verwirrt.

II. DIE ERSTEN FACHTHEOLOGISCHEN NEUBILDUNGEN

Wir haben zu Anfang die theologische Lage kennen gelernt, auf die der Deutsche Idealismus stieß. Ihre fachliche Gestaltung war wesentlich durch die Aufklärung bestimmt. Neben ihr aber standen starke Reserven einer biblischen, konservativen, meist spätpietistisch gefärbten Frömmigkeit, die in einzelnen Führern ohne Zusammenhang mit der Fachtheologie nach wissenschaftlicher Auswirkung strebte. Was beiderseits fehlte, war das Bewußtsein der gemeinsamen theologischen Aufgabe, war die strenge Arbeit an der grundsätzlichen Klärung der Lage und des christlichen Glaubens, war darum die Fähigkeit zu ebenbürtiger Auseinandersetzung mit der neuen Geistesbewegung und zur Beantwortung der unerhört ernsten Fragen, die sie dem christlichen Glauben stellte.

Der Deutsche Idealismus wirkte auf diese Lage nicht in erster Linie durch die theologischen Ansätze, die er in Herder und dem jungen Schleiermacher hervortrieb. Weit wichtiger war der Gesamteindruck, den er auslöste: das neue Lebens- und Weltgefühl, das neue Bildungsideal der Humanität. Noch war die Theologie nicht so zunftmäßig abgeschlossen, daß ihre Jugend sich den gewaltigen Leistungen verschlossen hätte, die in der Umwälzung der ganzen Welt- und Lebensanschauung, in den ragenden Leistungen des Dichtens und Denkens zutage traten. Was bedeutet neben Klassik und Kant die theologische Arbeit Herders, die trotz ihrer bedeutsamen Einzelleistungen nirgend zu eindrucksvoller Ganzheit zusammenwuchs? Was die „Reden" des unbekannten Berliner Krankenhauspredigers, die der offiziellen Kirche und Theologie eingenwillig genug den Fehdehandschuh hinwarfen? Überdies drängte die Zeit über Sturm und Drang und Frühromantik rasch hinaus. Als die spekulative Philosophie in Schelling und Hegel das Gottesthema, ja das altkirchliche Dogma sich anzueignen begann, als die Romantik seit etwa 1805 (s. S. 44. 89 f. 159 f.) unter Preisgabe ihrer ursprünglich so revolutionären Problematik die Wiederaufnahme der vor-aufklärerischen Vergangenheit zu ihrem Lieblingsgegenstand machte und dabei der Religionsgeschichte wie der historischen Theologie eine Fülle neuer Gesichtspunkte schenkte, traten sie in den Vordergrund des theologischen Bewußtseins. Daß Herders und

Schleiermachers Reden Wichtiges zu dieser Entwicklung beigetragen hatten, beachtete man wenig.

Der idealistische Einfluß ergriff die Theologie allmählich seit den 90er Jahren. Kant war es, der sich zuerst – auch in den Kreisen der Aufklärung – starke Beachtung erzwang. In Thüringen flossen seine Wirkungen mit denen der Klassik zusammen; Jena wurde Pflanzstätte idealistischen Geistes überhaupt, der Frühromantik im besonderen; der Anfang des 19. Jahrh.s brachte die Entstehung idealistischer Zellen an den Universitäten Halle, Heidelberg, Marburg und zeigte hier die befruchtende Einwirkung der Romantik auf die Wissenschaft; von Herder, noch stärker von Schelling beeinflußt, blühten Naturphilosophie (Steffens, Oken), Mythenforschung (Creuzer, Görres) und historische Schule der Geschichtswissenschaft (Savigny, die beiden Grimm) verheißungsvoll empor; als Hegels Wirken einsetzte, die Universität Berlin aus idealistischem Geiste heraus geschaffen wurde und Schelling in Bayern Einfluß gewann, mußte vollends das Wechselverhältnis von spekulativer Philosophie, Romantik und Wissenschaft auch die beste theologische Jugend zur Mitarbeit reizen. Hinter dieser geistigen Entwicklung aber flutete, teils unmittelbar vorwärtstreibend, teils doch die Empfänglichkeit für Neubildung steigernd, der Strom der politischen Ereignisse; hatte die französische Revolution zunächst in Aufklärung und Frühromantik das Denken revolutionieren helfen, so weckte nun die nationale Not, die nationale Erhebung und der Wiederaufbau den Sinn für das eigene, in sich spannungsreiche Erbe, damit auch für die vergessenen Schätze der kirchlichen Vergangenheit. So entstand eine unendliche Fülle verschiedener, oft entgegengesetzter Anregungen. Gerade dieser Reichtum gab dem religiösen Verständnis, erst recht der theologischen Anwendung des idealistischen Geistes eine schier unübersehbare Mannigfaltigkeit. – Wir betrachten zunächst seine Rückwirkung in der Aufklärungstheologie, sodann die vier bedeutendsten theologischen Neubildungen – es sind die, die sich in der Berliner Fakultät des ersten Jahrzehnts zusammenfanden[1] –, und zwar diese in der Reihenfolge des Hervortretens ihrer Hauptwerke.

---

[1] Zu dem Eindruck dieser Fakultät vgl. den Brief Lückes vom 3. 11. 1816 (Nippold, R. Rothe, I 150 ff.).

1. Wandlungen der Aufklärungstheologie

a) *Allgemeines*. – Was wir oben als Neologie kennenlernten, blieb
in mannigfachen Schattierungen und Graden der Folgerichtigkeit der
Hintergrund der theologischen Bewegung; ja es breitete sich weiter
aus und beherrschte bis ins 4. Jahrzehnt des 19. Jahrh.s, teilweise noch
weit länger, die Frömmigkeit vor allem des Bürgertums. Aber mitten
in der Ausbreitung änderte sich der Charakter[2].

Die Änderung bestand formal in einem – durch den Übergang der
besten Jugend zum Deutschen Idealismus bedingten – geistigen Niedergang, inhaltlich in der Scheidung der überaus verschiedenen Elemente,
die, in der Neologie unklar verbunden, teils durch ihre eigene folgerechte Entwicklung, teils durch das Herüberwirken der verschiedenen Momente des Idealismus in offenen Gegensatz gerieten. Zunächst *radikalisierte* sich die aktivistische Linie der Neologie[3]. Zwar
schärfste Radikalismen blieben in Deutschland vorerst noch immer
vereinzelt. Aber es entstand doch durch das vorläufige Gelingen der
französischen Revolution und durch den alles erfassenden Eindruck
der kritischen Philosophie eine Siegesgewißheit, die immer weiter trieb,
und eine Selbstsicherheit, die zu wachsender Oberflächlichkeit führen
mußte. Man engte den Vernunftbegriff wieder mehr auf Ratio und
Moral ein und verlor dadurch die besseren Möglichkeiten, die in der
Unklarheit der Neologie gelegen hatten. Dem Deutschen Idealismus
öffnete man sich nur soweit, als er die Aufklärung in sich trug, d. h. –
abgesehen von Lessing und dem alternden Herder – vor allem Kant.
Statt sich aber mit dem Ganzen der kritischen Philosophie ausein-
anderzusetzen, übernahm man lediglich solche Lehren Kants, von de-

---

[2] Eine genauere Untersuchung dieses Vorgangs fehlt. Material – abgesehen
von den theologie- und universitätsgeschichtlichen Darstellungen – vor
allem bei *Flügge*, Übersicht einer hist.-krit. Darstellung d. bisherigen
Einflusses d. kantischen Philosophie auf alle Zweige d. wissenschaftl. u.
prakt. Theologie, 2 Tle 1796. 98, bei *Bretschneider* (s. unten 1 d) und
Maurer (LÜ 4). Rasche Überblicke in den Artikeln RE[3] (*Kirn*; 16, 447–63)
und RGG[2] (*Hch. Hoffmann*; 4, 1712–23) über „Rationalismus u. Supranaturalismus". Als bezeichnenden Ausschnitt vgl. *H. Stephan*, Die theol.
Fakultät in Leipzig um 1832, in „Leipzig um 1832", hrsg. v. O. Lerche,
1932.

[3] *K. Venturinis* „Natürl. Geschichte d. großen Profeten v. Nazareth"
(1800–1802, [2]06) oder *A. Riems* „Fortgesetzte Betrachtungen über d.
eigentl. Wahrheiten d. Religion oder Fortgang da, wo Herr Abt Jerusalem
stillstand" (1789).

nen man sich – unter Preisgabe der theoretischen Gottesbeweise – in der eigenen Haltung bestärkt fühlte, und die man apologetisch brauchen konnte: die metaphysische Ohnmacht der theoretischen Vernunft, die starke Betonung des Moralischen, den moralischen Gottesbeweis. Man übertrug die Aussagen Kants über die Vernunft bedenkenlos auf den gesunden Menschenverstand und deutete von da aus seine Religionsphilosophie. So trivialisierte man Kant, um ihm folgen zu können. Je radikaler aber die Theologie wurde, desto stärker fühlten ihre *konservativen* Elemente sich zu selbständiger Entwicklung gedrängt. Der ursprüngliche Zusammenhang der deutschen Aufklärung mit dem Pietismus wurde wieder lebendig und legte die Verbindung mit spätpietistischen Kreisen nahe. Theologisch erfolgte die Scheidung vor allem im Zusammenhang des Strebens, das Verhältnis von Vernunft und Offenbarung zu klären. Freilich bestand die Klärung, da sie sich nicht zu einer Wesensuntersuchung der beiden Größen vertiefte, lediglich darin, daß einerseits die Vernunft, anderseits die Offenbarung die ausschlaggebende Stellung gewann. Wo die Vernunft siegte, begann man seit den neunziger Jahren in parteimäßiger Zuspitzung eines älteren Sprachgebrauchs[4] von *Rationalismus,* wo die Offenbarung siegte, von Super- oder *Supranaturalismus* zu sprechen. Tatsächlich kreuzten die beiden Tendenzen sich überall und erzeugten eine Fülle von individuellen Gestaltungen. Daher standen Rationalisten und Supranaturalisten tatsächlich auf der gleichen flachen Ebene und durchaus nicht so fern voneinander, wie die Polemik behauptete; Zwischenbildungen wie der *„rationale Supranaturalismus"* oder der *„supranaturale Rationalismus"* beherrschten weiterhin das Feld. Es handelte sich im Supranaturalismus mehr um eine kräftigere, biblischere Betonung der Inhalte des christlichen Glaubens, die überall in der Aufklärungstheologie lebendig geblieben waren, als um eine grundsätzliche Überwindung der Aufklärung und um eine Wegbereitung für evangelische Erneuerung der Theologie; beide dachten stark rational und blieben doch historisch orientiert, nur in sehr verschiedener Abstimmung dieser Züge.

b) Der *Rationalismus* (vulgaris). – Da er nicht aus neuen schöpferischen Leistungen, sondern aus der Radikalisierung der Neologie entsprang, äußerte seine Art und Herrschaft sich vor allem in dem verstärkten Zug zur Popularisierung und Anwendung. Populartheologisch sind die überaus bezeichnenden „Briefe über d. Rationalismus",

---

[4] Vgl. G. Frank (s. oben LÜ 2 c) III 329.

die 1813 *Joh. Fch. Röhr* (1777–1848; seit 1820 Generalsuperintendent von Weimar) verfaßte. Sie erkennen nur solche Religionslehren an, die sich als allgemeingültig und angemessen für sittliche Zwecke ausweisen[5]. Für die spätere Anwendung wurden am wichtigsten *G. Dinters* Schullehrerbibel (9 Bde 26–30) und *H. Zschokkes* Stunden der Andacht[6]. Werke solcher Art durchdrangen das gesamte Volksleben und verwirklichten daher – obwohl auch bereits offener Abfall eintrat – zum letzten Male in der bisherigen Entwicklung des deutschen Protestantismus einen volkskirchlichen Zustand. Aber auch in dem beginnenden Sinn für kirchliche Aktivität äußerte sich die praktische Richtung dieser Frömmigkeit[7].

Hier aber müssen wir nach der eigentlichen theologischen Leistung fragen. Der Weg zum grundsätzlichen Rationalismus, auf den schon Neologen wie Steinbart und Teller gewiesen hatten, wurde zuerst mit Kraft beschritten von dem universal gebildeten Helmstedter Professor *Hch. Phil. Konr. Henke*[8]. Er sah im Aberglauben und in der äußeren Autorität den eigentlichen Feind, in der Orthodoxie das Absinken sogar zu einer „Religion gegen Christus", und wollte seinerseits zur „Religion Christi" zurückführen helfen (S. 14). In den wirklichen Lehren Christi bezieht sich alles darauf, „daß wir lernen, wie wir Menschen unter der Bedingung und in der Absicht unser Dasein erhalten haben, um uns zu immer größerer Ähnlichkeit mit Gott zu erheben"

---

[5] Wie viel Röhr immerhin an christlichem Gehalt aufnehmen konnte, zeigt das RE³ 17, 68 f. abgedruckte Bekenntnis. – Der beständige Kampf, den er gegen supranaturalistische, neuorthodoxe und idealistische Theologie in besonderen Schriften und in seiner Zeitschrift (Predigerlitteratur 1810–14, Neue u. Neueste Predigerlitteratur 15–19, Krit. Predigerbibliothek 20–48) unablässig führte, ging inhaltlich nirgends in die Tiefe. Das Christentum war ihm „die an die Geschichte seines Stifters innigst geknüpfte Vernunftreligion".

[6] Seit 08 im „Sonntagsblatt", seit 16 gesammelt, das verbreitetste prot. Erbauungsbuch nächst Joh. Arndt. – *Wm. Hartmann,* Z. Stunden d. Andacht, 32.

[7] Sie war den theologisch entgegengesetzten Strömungen gemeinsam. In Leipzig z. B. gründete der Supranaturalist Tittmann 1820 zusammen mit den Erweckten den Verein für äußere Mission, war der Rationalist Goldhorn seit 1813 Vertrauensmann der Britischen und seit 26 Leiter der Leipziger Bibelgesellschaft, schuf der zwischen allen Strömungen vermittelnde Großmann 32 den Gustav-Adolf-Verein.

[8] 1752–1809; Lineamenta institutionum fidei chr. historicocriticarum (1793, ²95; = „Grundriß einer hist.-krit. Unterweisung in der chr. Glaubenslehre" 1802).

(S. 52); er entnahm die Lehre der Bibel, begründete ihre Geltung aber
nicht auf Wunder, Weissagung oder äußere geschichtliche Beweise,
sondern auf die „innere und eigentümliche Beschaffenheit der christlichen Lehre selbst" (S. 37). Lag darin ein guter Fingerzeig, so wurde er
doch nicht benutzt; denn es kam alles darauf hinaus, „daß wir 1. die
Lehrsätze der Religion aus ihren Quellen kennen zu lernen, 2. mit den
Vorschriften der gesunden Vernunft und mit sich selbst zu vergleichen,
3. ihre Wahrheit und Vortrefflichkeit einzusehen, ihre Kraft und
Wirksamkeit lebhaft zu empfinden, und so durch eigenen Gebrauch
zu erfahren suchen, ob sie in der Tat das Lob verdienen, das ihr erster
Stifter ihnen beilegte, Joh. 7, 16. 17" (ebd.). Auf diesem Weg mußte
freilich der christliche Glaube, den Henke als praktische Gottbezogenheit verstehen wollte, seine Besonderheit verlieren; Jesus blieb wesentlich der Lehrer; die Gegensätze und Spannungen des Menschentums selbst und seiner Beziehung zu Gott wurden voreilig ausgegli-
chen, die Höhen und Tiefen des Glaubens eingeebnet. Wenn sich
der positive Gehalt des Glaubens doch weithin erhielt, so wurde das
nur dadurch möglich, daß Henke die Tragweite seiner Methode nicht
völlig durchschaute und daher nicht radikalen Ernst mit ihr machte;
die Möglichkeit eines tieferen Offenbarungsgedankens wurde nicht
gesehen – mit der Lehroffenbarung schien alle Offenbarung dahin-
zufallen.

Dieser erste Durchbruch des bewußten Rationalismus wurde durch
Theologen wie den vorsichtigen *J. Chr. R. Eckermann*[9] und den persönlich eindrucksvollen *David Schulz*[10] unterstützt. Die eigentliche
„Normaldogmatik des Rationalismus" aber gab erst *J. Aug. Ldw.
Wegscheider* (1771–1849; seit 1810 Prof. in Halle). Seine Institutiones
theologiae chr. dogmaticae beherrschten ([1]1815, [8]44!) die letzte Generation des Rationalismus, und seine langdauernde Lehrtätigkeit in
Halle gab ihm, auch über den denunziatorischen Angriff der Hengsten-
bergischen Kirchenzeitung (1830) hinaus, persönlichen Einfluß. Erheblich jünger als die vorgenannten, bewährte er die von der philosophischen Entwicklung ausgehende strengere systematische Schulung
und glaubte sich auch in der Gewinnung der wissenschaftlichen Maßstäbe an Kant anschließen zu können. Bei den dogmatischen Haupt-

[9] 1754–1837; Prof. in Kiel; Compendium theologiae chr. theoreticae
biblico-historicae, 1791; Handbuch der chr. Glaubenslehre, 1801 ff.

[10] 1779–1854; Prof. in Breslau; Was heißt Glaube u. wer sind die Ungläubigen? 1830, [2]34 = Die chr. Lehre v. Glauben.

punkten gibt er jeweils am liebsten zunächst den biblischen, kirchlichen, dogmengeschichtlichen Stoff und entscheidet dann mit knappen autoritativen Sätzen („Epikrisis"), welches die richtige Lösung sei. Dabei verzichtet auch er noch trotz eines Riesenballastes gelehrter Anmerkungen darauf, das Wesen der Ratio und ihr Verhältnis zur Religion oder gar zum christlichen Glauben genauer zu untersuchen. Auch sein Maßstab ist trotz aller naturalistischen und idealistischen Kritik der mit naivem Sicherheitsgefühl gehandhabte gesunde Menschenverstand oder das flache Gemeingut der bürgerlichen Bildung. Von der Erschütterung, die dieser Maßstab inzwischen in Gemüt und Denken der Menschen erfahren hatte, spürt er nichts. Dabei meint er der Bibel, oder doch jeweils ihrem gesundesten Lehrtypus, treu bleiben zu können; Jesus ist ihm zwar weder Gott noch übernatürliche unmittelbare Offenbarung Gottes, aber plenus numine und daher, von Gott selbst mirifice adiutus vere divinae voluntatis interpres regnique vere divini conditor; auch wenn man die vanae opiniones de Christo eiusque persona bei Seite lasse, bleibe er der vorzüglichste Urheber des menschlichen Heils ([8]S. 484). Die Rechtfertigung besteht darin, daß die Menschen nicht durch gute Einzeltaten oder opera operata oder meritum quoddam ipsis attribuendum, sondern animo ad Christi exemplum eiusdemque praecepta composito et ad Deum sanctissimum ac benignissimum converso Gott angenehm werden[11]; aber das nennt Wegscheider sola fide und bietet Lutherstellen dafür auf (ebd. 565 f.). Diese Dogmatik offenbarte nur allzu deutlich, daß sie am Ende einer schon überwundenen Entwicklung stand[12].

[11] Wie verbreitet solche Deutungen der Rechtfertigung waren, zeigt z. B. L. *Wachlers* „Versuch einer Würdigung der Lehre v. d. Rechtfertigung" (1801, Rintelner Universitätsprogramm); er läuft, auch unter Berufung auf Luther, darauf hinaus, daß Gott dem Tugendhaften Glückseligkeit verheißt. Vgl. Maurer (LÜ 4 b) II 3.

[12] Auch die vom Kant ausgehende *Religionsphilosophie* der letzten Aufklärungswellen führte keine Verjüngung herbei. Vor allem *Joh. Hch. Tieftrunk* (1759–1837; seit 1792 Prof. der Philosophie in Halle) bemühte sich, Kant für das Verständnis des Christentums fruchtbar zu machen. Seine „Zensur d. chr. prot. Lehrbegriffs nach den Prinzipien d. Religionskritik", 3 Bde 1791–95, gründete die Religion mit Kant auf die praktische Vernunft; schon in ihr sind die obersten Grundsätze der Religion auch abgesehen von der Bibel enthalten; die Religion Jesu stimmt mit ihnen völlig überein. Den Begriff der Offenbarung behielt Tieftrunk bei, beschränkte ihre Funktion aber auf die Entdeckung dessen, was schon die Vernunftkritik „als den unendlichen und unbedingten Zweck der geistigen Existenz aufstellt" (B. 1[2], S. 33). Der Sinn seiner Religionsphilosophie ist

c) Desto stärker fühlten die *Supranaturalisten* sich als die Retter des Christentums vor der rationalistischen Auflösung des biblischen Gehalts. An einer laientheologischen Gestalt wie *Jung-Stilling* wird vielleicht am besten deutlich, wie verschieden die religiösen Mächte waren, die hier zusammenströmten[13]. Vom Spätpietismus her mit tiefer Frömmigkeit erfüllt, übte er durch menschliche Beziehungen und religiöses Schrifttum starke Wirkungen aus; durch Pflege des Vorsehungsglaubens war er zugleich mit der Aufklärung, durch fromme Naturphilosophie mit Jak. Böhme und Herder verbunden. Darüber hinaus verstand er als erster Kants Erkenntniskritik ("die einzig mögliche Philosophie") als echte Befreiung des Glaubens von der Philosophie, als legitime Widerlegung des (leibniz-wolffischen) Determinismus, mit dem er ursprünglich auf Grund seines strengen Vorsehungsglaubens Verwandtschaft empfunden und einen 20jährigen Kampf geführt hatte. Mit der schroffen Scheidung von Glauben und Erkenntnis wiederholte er Zinzendorf, der gegen Oetinger an den Skeptizismus Pierre Bayles angeknüpft hatte, und nahm Kierkegaards Selbstbefreiungskampf

demnach, überall den praktischen Vernunftgehalt der kirchlichen Lehre aufzuzeigen; sogar die Sündenvergebung suchte er als praktische Vernunftwahrheit zu erweisen. Zweifellos ging er ernster auf Kant ein als etwa Wegscheider. Aber eine selbständige Auseinandersetzung mit Kant gab er schon deshalb nicht, weil Kants Auffassung der Religion ihm allzu sicher schien und er nirgend nach dem eigentlichen Sinn der biblischen Verkündigung fragte. Daher wurde sein Denken immer radikaler. "Die Religion der Mündigen", 2 Bde 1800, zielt auf eine reine Vernunftreligion, für die alles Statutarische und Historische, auch die Autorität Jesu, hinfalle. Damit brach Tieftrunk seine religionsphilosophische Arbeit ab. Noch unfruchtbarer war der Kantische Religionsphilosoph des nächsten Geschlechts: *Wm. Traugott Krug* (1770–1842, 1805 Nachfolger Kants in Königsberg, seit 1809 Prof. in Leipzig). Er ebnete der kritische Philosophie vielfach ins Popularphilosophische ein und stand religionsphilosophisch nicht höher als die rationalistischen Theologen. Seine "Briefe über d. Perfektibilität d. geoffenbarten Religion", 1794–96, sowie "Der Widerstreit d. Vernunft mit sich selbst in d. Versöhnungslehre dargestellt u. aufgelöset, nebst einem kurzen Entwurf zu einer philos. Theorie d. Glaubens", 1802, zeigen durch ihre Titel die Richtung ihres Inhalts. Wir stehen hier auf demselben Boden wie bei Tieftrunk; der historische Gehalt des Christentums verfällt noch radikaler als im theologischen Rationalismus der Auflösung.

[13] Maurer I S. 54 ff. 111 ff. *Ernst Benz,* Jung-Stilling in Marburg 1949. *Hans R. Günther,* Jung-Stilling, ein Beitrag zur Psychologie des deutschen Pietismus ²1948. *Max Geiger,* Aufklärung und Erweckung. Beiträge zur Erforschung J. H. Stillings u. der Erweckungstheologie 1963.

gegen Hegel vorweg, nahm auch darüber hinaus aufklärerische und idealistische Einflüsse auf, ließ sich aber durch den Gegensatz zur Aufklärung in theosophische Phantastik treiben. In der Theologie erwies er gut supranaturalistisch durch Zirkelschlüsse der biblisch verstandenen Vernunft die Bibel als göttliche Offenbarungsurkunde. Er und ebenso die Theologen des Supranaturalismus setzten tatsächlich alle Kraft daran, den Offenbarungscharakter der christlichen Verkündigung und die Treue zur Bibel in hartem Kampf gegen den Zeitgeist aufrecht zu erhalten. Dabei schloß man sich vielfach an Lehrbücher von konservativen Neologen an[14]. Aber man besaß auch eigene neue Führer. Am einflußreichsten war der Württemberger *G. Chr. Storr* (1746–1805), der das Erbe Bengels ins Supranaturalistische übersetzte. Auf Oetingers Ziel einer philosophia sacra völlig verzichtend, suchte er das Heil der Theologie in scharfer Trennung von der Philosophie. Er begrüßte Kants Lehre von der Unfähigkeit der theoretischen Vernunft zu übersinnlichem Erkennen (auch sein Postulat notwendiger Harmonie von Tugend und Glückseligkeit) mit Freude, aber nur um dadurch freien Raum für die Autorität der biblischen Lehren zu schaffen[15]. Doch ist seine Vertretung der biblischen Wahrheit unter der Nachwirkung der Orthodoxie und der Aufklärung stark intellektualistisch. Es kommt ihm alles darauf an, die formale Autorität der hlg. Schrift zu erweisen. „Vorausgesetzt, daß es einen Gott gebe, daß dieser Gott wahrhaftig, daß von diesem wahrhaftigen Gott der göttliche Ursprung und die Wahrheit der Lehre Jesu und der Apostel durch Wunder bestätigt worden sei, ... so haben die Aussprüche Jesu und seiner Apostel für sich selbst Autorität und Glaubwürdigkeit" (Vorrede). Damit scheint ihm schon alles gewonnen. Auf dem Boden dieses intellektualistischen Formalismus verwertet er nun die einzelnen

---

[14] Z. B. an *Döderleins* Institutio theologiae chr. nostris temporibus accomodata (1780, 6 97) oder an die Epitome theologiae chr. von *Morus* (1789, 5 1820), die Wöllner als offizielles Vorlesungsbuch eingeführt wünschte.

[15] Hauptwerk: Doctrinae chr. pars theoretica e sacris literis repetita, 1793, (deutsch 1803 = „Lehrbuch d. chr. Dogmatik", von K. Chr. Flatt). Es ist eine „biblische Glaubenslehre, abgesondert von der Kunstprache und den näheren Bestimmungen des kirchlichen Systems" (Vorrede). Zwar las Storr auch über das letztere; allein seine Einsicht in dessen Relativität und Umstrittenheit führten ihn zur Verselbständigung der biblischen Dogmatik, sie verhüte „die zu große und einseitige Anhänglichkeit an eine bestimmte Lehrform", verbinde stärker mit der heiligen Schrift, mache die Vertretung der christlichen Wahrheit elastischer und vielseitiger.

Bibelstellen atomistisch, ohne Rücksicht auf die historischen Zusammenhänge und die religiöse Vollmacht der Inhalte, führt also nirgends wirklich weiter. Und der methodische Anschluß an die Orthodoxie vermag nicht zu hindern, daß Storr gerade an zentralen Punkten die biblische Verkündigung (Gottesbegriff, Sünde und Gnade, Person und Werk Christi) zugunsten nüchterner Verständigkeit verflacht, die Schärfen abstumpft, die Spannungen harmonisiert. Dennoch übte er durch seine Persönlichkeit und seine wissenschaftliche Tüchtigkeit großen Einfluß; sogar eine kleine Schule schloß sich ihm an. Zu dieser „älteren Tübinger Schule" gehörten vor allem die beiden Flatt († 1821. 43) und Fch. Gottl. Süßkind (1767–1829). Allein sie blieben in der Aufgrabung der biblischen Tiefen eher hinter dem Meister zurück, als daß sie ihn überboten[16].

Hauptvertreter des norddeutschen Supranaturalismus war der hochangesehene Fz. V. Reinhard[17]. In der Auseinandersetzung zwischen Vernunft und Offenbarung, Philosophie und Bibel, zu der ihn seine ausgebreiteten philosophischen Studien nötigten, hielt er zwei Grundsätze unerschütterlich fest: „Mich in der Philosophie für nichts zu erklären, was meinem sittlichen Gefühl widersprach, und in der Theologie nichts zu behaupten, was mit den klaren Aussagen der Bibel streitet". Innerhalb der dadurch gezogenen Grenzen aber gab er dem Selbstdenken, d. h. auch dem Einfluß des Zeitgeistes, in From und Inhalt weiten Spielraum. Besonderes Aufsehen erregte seine Reformationsfestpredigt von 1800, die in scharfem Gegensatz zu der Herrschaft pelagianischer und semipelagianischer Gedanken die paulinisch-reformatorische Lehre von der Alleingeltung der freien Gnade Gottes in Jesus Christus ins Bewußtsein rief. Sie überraschte durch ihren Inhalt, weil sie der mild-aufklärerischen Gesamthaltung Reinhards zu widersprechen schien; bei den Rationalisten erregte sie einen Sturm der

---

[16] Vgl. Tübinger Schule, RE³ 20, 1908.

[17] 1753–1812 Prof. in Wittenberg, seit 1792 Oberhofprediger in Dresden, s. oben I 1 a. Seine sehr verbreiteten systematischen Bücher (Dogmatik, System der chr. Moral) zeigen, daß seine eigentliche Bedeutung nicht auf wissenschaftlichem Gebiete lag. Sie erlangten ihren Einfluß vor allem durch seine Persönlichkeit, seine kirchliche Leistung, seine Predigten (50 Bände gedruckt!); vgl. L. v. Ranke, Weltgeschichte 4 (1910), S. 670 (Lebenserinnerungen): „Doch erschien Theologie noch immer als die größte aller Wissenschaften, wie denn bei unsern Lehrern der Oberhofprediger Reinhard in Dresden als der größte Mann in der gelehrten Welt und als ein höchst nachahmenswertes Muster glücklichen Emporstrebens betrachtet wurde" (bezieht sich auf das Jahr 1808).

Entrüstung, weil die Regierung sie für reaktionäre Zwecke auszunutzen versuchte. Ihre wirkliche Bedeutung bestand darin, daß hier einmal das unterirdische Leben der biblisch-reformatorischen Überlieferung die Decke der aufklärerischen Denkart durchbrach. Freilich für Reinhard war dieses Leben nur Einschlag; seine Theologie blieb eine konservative Entwicklungsform der Aufklärungstheologie.

Auch sonst traten in Norddeutschland zahlreiche Supranaturalisten hervor. Der Hallische Professor und Leiter der Franckeschen Stiftungen *G. Chr. Knapp* (1753–1825) beseelte und milderte den Supranaturalismus durch praktisch-pietistisches Erbe, der Apologet *Joh. Fch. Kleuker* (1749–1827; 1798 Prof. in Kiel) verband ihn unter dem Einfluß Hamanns und Herders mit verdienstvoller religionsgeschichtlicher Arbeit, überdies mit einem starken mystisch-theosophischen Einschlag. *Joh. Aug. Hch. Tittmann* (1773–1831; Prof. in Leipzig)[18] war eine eindrucksvolle Gestalt und wissenschaftlich, meist nach der historischen und praktischen Seite, sehr produktiv. Daß er die symbolischen Bücher neu herausgab (1817. 30) und die Union bekämpfte, kommt in seiner eigenen Theologie nicht zu maßgebendem Ausdruck. *Aug. Hahn*[19] bestritt zwar das Daseinsrecht des Rationalismus in der Kirche, aber sein „Lehrbuch des chr. Glaubens" (1828) war weder streng biblisch noch gar lutherisch, noch fand es eine rechte Stellung zu Schleiermacher; erst die 2. Aufl. 57 machte der alten kirchlichen Lehrform entscheidende Zugeständnisse. Der schärfste Vertreter des Supranaturalismus wurde *Ernst Sartorius*.[20] Er verband natürliche und geschichtliche Offenbarung, stellte aber die wunderhafte, biblisch-geschichtliche entscheidend voran; die Übernatürlichkeit der Person Jesu war ihm das „Eigentümliche" des Christentums. Doch gerade sie begründete er rational; „denn ist die Offenbarung selbst ein historisches Faktum, so muß auch ihre Echtheit und Wahrheit auf historischem Wege bewiesen werden, und enthält sie Lehren, die nicht aus

[18] S. oben S. 76 A. 7.
[19] 1792–1863. 1819 Prof. in Königsberg, 27 in Leipzig, 33 Prof. und Konsistorialrat in Breslau. Seine Leipziger Disputation (1827) erregte durch die Schärfe seines Angriffs auf den Rationalismus lebhaften Streit. Vgl. K. Hase, Die Leipziger Disputation. Eine theol. Denkschrift, 1827.
[20] 1797–1859. Prof. in Marburg 21, Dorpat 24, seit 35 Generalsuperintendent der Provinz Ostpreußen in Königsberg; Beiträge z. Verteidigung d. evang. Rechtgläubigkeit, I 1825. Die luth. Lehre v. Unvermögen d. freien Willens z. höheren Sittlichkeit, 21; Lehre v. Christi Person u. Werk, 1831, [7]60. – Vgl. Maurer II 197 ff.

unserem Innern geflossen sind, so muß auch ihre Gewißheit durch äußere Gründe erhärtet werden" (Beiträge S. 37). So lenkte er trotz seines Strebens nach reformatorischer Haltung als erster zu einer handfesten, dem vernünftigen Denken einleuchtenden Orthodoxie zurück; er wurde, mitgetragen von dem geschichtlichen Sinn der Spätromantik, Bahnbrecher der theologischen Repristination.

d) *Zwischenbildungen.* – Von den Vertretern des „rationalen Supranaturalismus" und „supranaturalen Rationalismus" seien zunächst genannt die beiden Schwaben *K. Fch. Stäudlin* (1764–1826; 1790 Prof. in Göttingen) und *E. G. Bengel* (1769–1826; 1805 Prof. in Tübingen), der Enkel Joh. Albrechts. Ferner der Franke *Chr. Fch. v. Ammon* (1766–1850; Prof. in Erlangen und Göttingen, seit 1813 Oberhofprediger in Dresden), dessen anpassungsfähiger und wandlungsreicher „Offenbarungsrationalismus" mancherlei Angriffe, auch von Schleiermacher, hervorrief. *Karl Ludwig Nitzsch* (1751–1831; Professor, 1817 Direktor des Predigerseminars in Wittenberg) verband bei der Offenbarung die Übernatürlichkeit der Form mit der Vernünftigkeit des Inhalts. Großen Einfluß besaß trotz des frühen Todes der Sachse *Hch. Gotth. Tzschirner* (1778–1828; Prof. in Wittenberg, seit 1809 in Leipzig). Er öffnete sich auch andersartigen Bewegungen, gewann z. B. ein gewisses Verständnis für Schleiermacher; seine posthumen Vorlesungen über d. chr. Glaubenslehre (29) aber zeigen ihn doch ganz in den Fragestellungen befangen, die durch das Verhältnis von Rationalismus und Supranaturalismus gegeben waren. Besonders vielseitig produktiv war *K. Gottl. Bretschneider,* ebenfalls Sachse[21]. Aber schon bei dem alles bestimmenden Begriff der Offenbarung kam er nirgends über den orthodox-aufklärerischen Intellektualismus hinaus: Offenbarung ist – so formuliert er zustimmend die Meinung der Symbolischen Bücher – „ein der menschlichen Seele von Gott unmittelbar

---

[21] 1776–1848; 1816 Generalsuperintendent in Gotha. Verdienstlicher als sein „Handbuch d. Dogmatik d. evang.-luth. Kirche" (1814, [4]38), das „überall zuerst die kirchlichen Lehren aus den Bekenntnisschriften der Kirche aufstellt, dann aber sie nach ihrem biblischen, dogmatischen und philosophischen Grunde prüft" (I[2], S. 56), war seine „Systemat. Entwicklung aller in d. Dogmatik vorkommenden Begriffe" (1804, [4]41); denn sie gab einen die Bekenntnisschriften und die wichtigsten Lehrbücher aller Richtungen erfassenden Überblick über die Dogmatik des deutschen Protestantismus, der noch heute für den historischen Rückblick unentbehrlich ist. Freilich kann die Berücksichtigung von Theologen wie Herder, Schleiermacher, de Wette, Daub usw. nicht darüber täuschen, daß er deren Anliegen im Grunde nicht verstand.

mitgeteilter Unterricht in Religionswahrheiten" (Syst. Entw., ³S. 164). Eine Lehre wie die von der gänzlichen Unfähigkeit des Menschen zur Bekehrung scheint ihm biblisch nicht genug begründet und, wenn sie nicht zur absoluten Prädestination führen soll, in sich widerspruchsvoll (ebd. S. 650). Gute Einsichten wie die, daß notitia, assensus, fiducia „nicht schicklich als Teile des Glaubens" zu betrachten seien, „da die notitia eigentlich etwas ist, was dem Glauben vorhergeht, und assensus und fiducia in Eins zusammenfallen" (S. 643), vermögen den Bann des Intellektualismus nicht zu sprengen.

Nach alledem haben auch die letzten Entwicklungsformen der Aufklärungstheologie nur geringe systematische Leistungen aufzuweisen; sie erzeugten nirgends einen Ansatz, der methodisch oder inhaltlich über den Geist des 18. Jahrh. hinausführen konnte. Der wissenschaftliche Grundmangel blieb bestehen, nämlich daß man Wesen, Gesetz und Grenze des eigenen rationalen Prinzips sowie sein Verhältnis zur Religion kritisch zu durchdenken versäumte und daher die Fähigkeit vertiefender Weiterbildung verlor. Er war so groß, daß die lange Herrschaft dieser Strömungen kaum erklärlich wäre, wenn sie nicht auf anderen Gebieten wirkliche Leistungen aufzuweisen gehabt hätten.

e) Diese Leistungen liegen abgesehen vom Praktischen auf dem Gebiete der *Geschichte*. Allerdings was man seit Herder, der Romantik und Hegel unter „historischem Sinn" verstand, das fehlte auch dem letzten Geschlecht der Aufklärungstheologie. Aber sie setzte doch die von der Neologie so eifrig betriebene Arbeit rüstig fort; auch die strengen Rationalisten, deren Prinzip das geringste Interesse für die Geschichte einschloß, arbeiteten lebendig mit. Ja es knüpften sich hier Verbindungsfäden zur idealistischen Theologie; man nahm zuweilen Herdersche Einflüsse auf und trat allenthalben in Wechselwirkung mit Männern wie de Wette, die erst in andern Zusammenhängen behandelt werden können. Es zeigte sich auch hier, daß in der historischen Theologie der konkrete Dienst am gegebenen Stoff die eigene Einseitigkeit zurücktreten läßt. Zumal auf den archäologisch-philologischen Gebieten der biblischen Wissenschaften und in der Breite der Kirchengeschichte waltet daher eine weit stärkere Arbeitsgemeinschaft und Kontinuität der Generationen als in der Systematik. Und so nebensächlich ihre Arbeit oft für die Hauptfragen der Theologie zu sein scheint, sie gewinnt doch umfassende Bedeutung für die Theologie, indem sie die Sachbezogenheit und die Pflege wissenschaftlicher Methodik in besonderem Maße begünstigt.

Am wichtigsten war der Ausbau der *biblischen* Disziplinen. Ihm diente zunächst die weitere Arbeit der Neologen und ihrer Schüler, und neue traten zahlreich hinzu. Die Klärung, die man im Endabschnitt der Aufklärungstheologie überall wenigstens suchte, kam vor allem der Hermeneutik zugute. Der Leipziger Professor *K. Aug. Gottl. Keil* (1754–1818) arbeitete[22] das dem Geiste der Aufklärung entsprechende Streben heraus, das Neue Testament nach den allgemeinen Regeln der Literaturbehandlung zu erklären. Er fand Unterstützung bei *Bretschneider, Fritzsche, Wilke, Leop. Im. Rückert,* während *Griesbach* und kräftiger *Stäudlin* der besonderen Bedeutung des Neuen Testaments und so der supernaturalistischen Seite der Theologie auch hermeneutisch gerecht werden wollten. Für die alttestamentliche Wissenschaft legte der einflußreiche Rationalist *Wm. Gesenius* (1786–1842; Prof. in Halle seit 1810) einen neuen philologischen Grund; sein Hebräisch-deutsches Handwörterbuch (seit 1810) und seine Hebräische Grammatik (seit 1813) wurden zu festen Ansatzpunkten für die gesamte alttestamentliche Arbeit des folgenden Jahrhunderts. Für die neutestamentliche Wissenschaft leisteten Ähnliches der theologisch vermittelnde *J. Gg. Benedikt Winer* (1789–1858, Prof. in Erlangen u. Leipzig; Grammatik d. neutest. Zeitidioms, seit 1822) und *Chr. Gottl. Wilke* (Clavis N. Testamenti philologica, 40, verbessert von W. Grimm 67). Neben der alttestamentlichen Einleitungswissenschaft[23] wurde jetzt die neutestamentliche häufiger behandelt; so von *Hänlein* (1794 ff.). *Bertholdt* (1812 ff.), *Schott* (1830), vor allem ebenfalls von *Eichhorn* (5 Bde 1804–1827). Das biblisch-theologische Programm Gablers (1787) führte der Rationalist *Lorenz Bauer* (1755–1806; Prof. in Altdorf u. Heidelberg) durch, indem er unter voller Loslösung von der Dogmatik 1796 eine Theologie d. Alten, 1800 ff. eine solche des Neuen Testaments schrieb. Damit war der Organismus der biblischen Wissenschaften im wesentlichen fertig.

Im einzelnen sind freilich all diese Werke stark durch die aufklärerische Betrachtungsweise gelähmt. Was über die Maßstäbe der gesunden Vernunft und Moral hinausgeht, blieb unverstanden; der reine Rationalismus hörte im Alten Testament nur noch die Stimme der Dichtung und der Priesterklugheit; im NT überging oder bekämpfte

---

[22] Schon 1793 programmatisch, dann in seinem „Lehrbuch d. Hermeneutik d. Neuen Testaments nach Grundsätzen d. grammatisch-hist. Interpretation" 1810 genauer.

[23] S. oben I 1 a Eichhorn; sie wurde z. B. in der Pentateuch-Kritik durch Männer wie *K. D. Ilgen* († 1834) und *J. S. Vater* († 26) straffer ausgebildet.

er den Paulinismus. Positiver konnte man sich zu den synoptischen
Evangelien, wenigstens zu ihrer Darstellung der Lehre Jesu, verhalten;
Johannes trat in den Hintergrund, auch lenkte *Bretschneider* bereits
1820 das Augenmerk auf die Frage nach der Authentie des 4. Evangeliums. Der Geist der Aufklärung offenbarte sich am deutlichsten in
der Exegese, die überall zeigen wollte, daß die eigene Auffassung von
Religion und Christentum mit dem Neuen Testament, zumal der
Lehre Jesu, übereinstimme. Da man an der Geschichtlichkeit der berichteten Tatsachen im allgemeinen festhielt, geriet wenigstens der
folgerechte Rationalismus dabei in eine schwierige Lage. Er mußte
alles, was im Neuen Testament übergeschichtlich erschien und dem
eigenen Religionsideal oder der modernen Naturgesetzlichkeit widersprach, psychologisch-pragmatisch, etwa als Mißverständnis des Er-
zählers, erklären. So entstand die berüchtigte Verharmlosung der
Berichte, die das neutestamentliche Geschehen in Alltagsgeschichte
verwandelte. Typisch dafür war der Schwabe *Hch. Eberh. Gottl.
Paulus*[24].

Auch in der *Kirchen-* und *Dogmengeschichte* wurde das Erbe der
Neologen kräftig weitergeführt. Die schon seit Mosheim gepflegte
pragmatische Methode, die alles Geschehen auf nächstliegende Ursachen und individuelle Triebfedern untersuchte, und die historische
Kritik, die durch Semler auf alle Gebiete ausgedehnt worden war, auch
Schroeckhs Bruch mit der zenturialen Einteilung der Geschichte – all
diese Fortschritte wurden übernommen. Freilich blieb man zugleich
den Einseitigkeiten treu, mit denen die Aufklärung diese Fortschritte
belastete: der dogmatischen Messung aller Geschehnisse und Gestalten
an der natürlichen Religion, der Verzerrung des Pragmatismus ins
Psychologische, Subjektiv-Persönliche und Kleinliche, dem Mangel an
lauschender Einfühlung in vergangene Zeiten und andersartige Menschen, dem rein soziologisch-empirischen Verständnis der Kirche.
Innerhalb der durch diese Schwächen angedeuteten Grenzen wurde
Erhebliches geleistet. Vier Beispiele mögen genügen[25]. Der bedeutend-

---

[24] 1761–1851. Prof. in Jena, Würzburg, seit 1811 Heidelberg. Sein Philol.-
krit. Kommentar über d. N. Testament, 1800–04, später sein Leben Jesu,
28, unterbaut durch das Exeg. Handbuch über d. 3 ersten Evangelien,
30–33, wirkten, obwohl sofort stark bekämpft, auf weite Kreise.

[25] *Tzschirner* (1778–1828), der Schroeckhs Kirchengeschichte 1810–12 fortsetzte (s. oben I 1 a), sei wenigstens genannt; sein „Fall des Heiden-
tums" (1. T.) wurde nach seinem frühen Tode 1829 von Niedner herausgegeben.

ste Forscher blieb der milde Supranaturalist *Gottl. Jak. Planck*[26]. *Hch. Ph. Kd. Henke* war vor seiner Dogmatik bereits als Kirchenhistoriker auf den Plan getreten[27]; er gab dem Pragmatismus eine objektive Haltung, maß aber alles verständnislos an seiner sittlichen Vernünftigkeit. Erst *Joh. K. Lg. Gieseler*[28] vermochte, obzwar selbst von den Zeitgenossen als Rationalist empfunden, in seiner großen Liebe zur Kirchengeschichte, die ihm „Mut und Sicherheit für unser Wirken in der Kirche und für die Kirche zu geben schien", vieles von der Einseitigkeit des Rationalismus zu überwinden und erzog durch geschickte, verständnisvolle Gründung auf die Quellen zum Hören auf die wirklichen Stimmen der Geschichte. *Bretschneider* bewies seinen historischen Sinn nicht nur in der dogmatischen und neutestamentlichen Arbeit (s. oben Nr. 1 d), sondern förderte die Kirchengeschichte unmittelbar auf dem Gebiet der Quellendarbietung durch die Gründung des Corpus Reformatorum (darin zunächst Melanchthons Werke, seit 1834).

Die *Dogmengeschichte* verselbständigte endgültig der Rationalist *Wm. Münscher*[29]; freilich den einheitlichen inneren Zusammenhang herauszuarbeiten, gelang ihm noch nicht. Wie reif die Zeit für diese Disziplin war, zeigt die Zahl der Bearbeitungen, die sie rasch fand[30]. Die *Symbolik,* für die es bisher nur Vorbereitungen durch die Polemik, die Geschichte der Symbolik und der Religionsstreitigkeiten, Kirchliche Geographie und Statistik (so *K. F. Stäudlin* 1804) gab, wurde jetzt zu einer Wissenschaft, die das Verhältnis der Konfessionen vergleichend

---

[26] 1751–1833; seit 84 Prof. in Göttingen; sein dogmengeschichtliches Hauptwerk (s. oben I 1 a) ergänzte er durch eine Geschichte der prot. Theologie v. d. Konkordienformel bis in d. Mitte des 18. Jahrh.s, 1831, und schrieb eine Geschichte d. chr.-kirchl. Gesellschaftsverfassung, 5 Bde, 1803–09.

[27] „Allg. Geschichte d. chr. Kirche", 6 Bde, 1788–1804; B. 7 ff. von J. S. Vater, 1817–20.

[28] 1792–1854; 1819 Prof. in Bonn, 31 Plancks Nachfolger in Göttingen. Lehrbuch d. Kirchengeschichte, 5 Bde, 1824 ff.; auf dem Boden Schroeckhs.

[29] 1766–1814; seit 92 Prof. in Marburg; Handbuch d. chr. Dogmengeschichte, 4 Bde, 1797–1808 (teilweise mehrfach aufgelegt); Lehrbuch, 2 Bde 1811, ³32–38.

[30] Beispiele: *S. Gottl. Lange* (1767–1823; Prof. in Rostock; Ausführliche Geschichte d. Dogmen oder d. Glaubenslehren d. chr. Kirche I 1796); *Lg. Fch. O. Baumgarten-Crusius* (1788–1843; Prof. in Jena; Lehrbuch d. Dogmengeschichte, 1832; Kompendium d. D., 2 Bde 1840–46), der durch Einflüsse der neuen religiösen und philosophischen Bewegungen teilweise über den Geist der Aufklärungstheologie hinausgeführt wurde.

darzustellen suchte. Den Anfang machte G. J. *Planck*[31]; zum weiteren
Ausbau trug vor allem G. B. *Winer*[32] bei. – Abschließend sei als Beweis
für die starke kirchenhistorische Interessiertheit dieser letzten theologischen Aufklärungswelle erwähnt, daß einer von ihren Trägern,
der Leipziger *Chr. Fch. Illgen* (1786–1844), 1832 eine eigene Fachzeit-
schrift gründete (Zeitschrift für hist. Theologie; später v. Niedner,
zuletzt Kahnis geleitet).

So brachte der letzte Abschnitt der Aufklärungstheologie zwar nur
in einigen Ausläufern das Streben nach neuer Grundlegung der historischen Theologie, aber überall Festigung und Rundung der Arbeit
sowie mächtige Verbreiterung des Interesses. Es handelte sich dabei
meist nicht um bloße Gelehrsamkeit, sondern die historische Arbeit
geschah in innerer Verbindung mit dem eigenen Ideal der Religion
oder des Christentums, im Willen zum Dienst an der Wahrheit, ja
meist an der Kirche – so wie man sie verstand. Besonders deutlich
wurde diese Haltung in der Stellung zu *Luther*. Zwar waren die Theologen dieser Zeit eher mit Melanchthon, Zwingli und Erasmus ver-
wandt, aber sie fühlten sich doch auch ihm auf engste verbunden. Das
Jubelfest von 1817 z. B. stand nicht hinter denen von 1617 und 1717
zurück[33]; die Zahl der Feiern, der Jubellieder und Jubelschriften stieg
ins Unendliche, auch die der Stiftungen zu Ehren Luthers war trotz der
schweren Zeiten groß. Wegscheider widmete ihm von 1817 an seine
Institutiones! Die Theologen, die rationalistischen wie die supprana-
turalistischen, erkannten im besonderen, daß wichtiger als alles Feiern
die Aufgabe war, mit Luther selbst bekannt zu machen; durch Lebens-
beschreibungen, Neudrucke und Auszüge suchte man zu helfen. Dar-

[31] Abriß einer hist. u. vergleichenden Darstellung d. dogmat. Systeme
unserer verschiedenen chr. Hauptparteien nach ihren Grundbegriffen,
ihren daraus abgeleiteten Unterscheidungslehren u. ihren prakt. Folgen,
1796, ³1822.
[32] Vgl. seine tabellarisch gestaltete Comparative Darstellung d. Lehrbegriffes
d. verschiedenen chr. Kirchenparteien, 1824, ⁴82.
[33] Vgl. *Schreiber–Veilledter–Hennings*, Chronik d. 3. Jubelfeier d. deutschen
evg. Kirche, 3 Bde 1819; *H. Stephan,* Luther in d. Wandlungen seiner
Kirche, 1907, S. 44–68 ²1951, S. 35–49; *Lp. Zscharnack,* Reformation
u. Humanismus im Urteile d. deutschen Aufklärung, Prot. Monatshefte
1908, H. 3 f.; *Fch. Loofs,* Die Jahrhundertfeiern d. Reformation an d.
Universitäten Wittenberg u. Halle 1617, 1717, 1817 (Zeitschr. d. Vereins
f. d. Kirchengesch. d. Provinz Sachsen 1917); *Wtr. Wendland,* Die Re-
formationsjubelfeiern in Berlin u. Brandenburg, Jahrbuch f. brandenburg. Kirchengeschichte 1917.

über hinaus war die Arbeit der Aufklärungstheologie am Lutherbilde verdienstvoll, sofern sie die allgemeinen Fortschritte der historischen Methodik auf Luther anwandte, ihn unter Rückgang von Äußerlichkeiten und Einzelheiten auf seinen „Geist" und Charakter einheitlich zu verstehen suchte. Was man inhaltlich betonte, war allerdings – abgesehen von Einzelerscheinungen – nicht das innerste Zentrum: weder das Gefangensein im Worte Gottes, noch der Rechtfertigungsglaube, noch die theologia crucis, sondern sein Kampf gegen das Papsttum für die geistige Freiheit, seine Bibelverdeutschung, seine neue Stellung zu Staat und Welt; man verstand ihn als Vorläufer des eigenen aufgeklärten Christentums. Kein Zweifel: man verzerrte damit sein Bild. Aber indem man kraft dieser Verzerrung Luther zum lebendigen Zeitgenossen machte und seine Schriften verbreitete, tat man hier dasselbe wie bei der Bemühung um die Bibel: Rationalismus und Supranaturalismus pflegten mit Eifer und Liebe ein Feuer, das allmählich all ihre Mißverständnisse verbrennen mußte. Auch sie bereiteten durch ihre ernste Arbeit ein Neues vor, das sie selbst nicht fähig waren heraufzuführen.

2. Die spekulative Theologie [34]

a) *Allgemeines.* – Während die Aufklärungstheologie in flacher Breite zerflatterte, führten der Deutsche Idealismus und die politischwirtschaftliche Erschütterung des allgemeinen Bewußtseins eine neue seelische Lage herauf (s. oben S. 72). Das Gefühl der Ohnmacht und Haltlosigkeit, die Ahnung einer die Grenzen der Ratio überschreitenden Zeitenwende nahm dem Verstande und dem Erfahrungswissen die Selbstverständlichkeit der Geltung und ließ sein Herrschaftsstreben als subjektivistische Willkür erscheinen. Die Einheit der Sitte, der Welt- und Lebensanschauung war zerbrochen, die überlieferte Bindung zerrissen, der Einzelne hilflos auf sich selbst gestellt: was Wunder, daß die Augen sich für überempirische Zusammenhänge öffneten und die Frage, die schon Lessing vorschauend aufgeworfen hatte, ob man nicht manches Weggeworfene werde wieder holen müssen, weithin

---

[34] Eine zusammenfassende Monographie fehlt. Außer der überall genannten Literatur vgl. *Hch. Holtzmann,* Die Entwicklung d. Religionsbegriffs in d. Schule Hegels, Zeitschr. f. wiss. Theologie 1878; *K. Frör,* s. oben LÜ 5, sowie Die Wesensbestimmung d. Katholizismus unter d. Einwirkung d. Hegelschen Idealismus, Neue kchl. Zeitschr. 1932, 6. u. 7. Heft.

lebendig wurde? Was die Aufklärungstheologie an religiös-morali-
schem Gehalt bewahrt hatte, besaß zu wenig Existenzialität für den
durch Politik und Deutschen Idealismus wieder mächtig verstärkten
Pulsschlag des seelischen Lebens. Die Frömmigkeit begann sich mit
Furcht vor dem Chaos, mit Ekel an allen Subjektivismen und Histori-
zismen zu sättigen. Man streckte sich nach etwas aus, das die Seele in
der letzten Tiefe bewegen und doch zugleich der aufgewühlten Seele
objektiven Halt verleihen könnte, objektiven Halt zunächst in der
Menschengemeinschaft, zuletzt in einer umfassenden, die irdische
Geschichtlichkeit tragenden Gottbezogenheit. Der Deutsche Idealismus
hatte diese Lage herbeiführen helfen; er zeigte nun auch Wege, auf
denen die Theologie – ganz abgesehen von Herder und den Reden
Schleiermachers – versuchen konnte, Rationalismus und Supranatura-
lismus zu überwinden, ohne aufs neue der alten Orthodoxie oder dem
Pietismus zu verfallen. Schon die Klassik hatte eine objektive Haltung
gepflegt, die auf die theologische Entwicklung herüberwirken konnte,
und das erste Jahrzehnt des neuen Jahrhunderts brachte sowohl in der
Romantik als auch in der spekulativen Philosophie die Wendung zum
Objektiven in einem viel direkteren Sinn: hier trug das wiedergeborene
Erkennen (s. oben I 3 d), dort der Anschluß an die Vergangenheit die
Verheißung in sich, vom Gottesgedanken her dem Glauben neue
Selbstgewißheit, der Welt- und Lebensanschauung, vor allem auch
der Geschichtsbetrachtung und dem eigenen Handeln ein festes Rück-
grat gegenüber dem Wirrwar der Zufälligkeiten und subjektivistischen
Willkür überwindende Kraft zu geben. Sollte die aufklärungsmüde
theologische Jugend sich solcher Verheißung versagen?

Erster Ausgangspunkt wurde die am Anfang des Jahrhunderts neu
belebte Universität Heidelberg[35]. Hier, an der Wirkungsstätte des
Rationalisten Paulus, lehrte seit 1795 der Hesse *Karl Daub*[36]. Er
befreundete sich eng mit *Gg. Fch. Creuzer,* der 1804 nach Heidelberg
berufen wurde; die spekulative Philosophie Schellings gewann maß-

---

[35] Der hallische Ansatz (Schleiermacher, Steffens) wurde durch die Katastrophe von 1806, der Würzburgische (Schelling 1803–6) durch die
Rekatholisierung zerstört. In Jena blieb die Theologie trotz Fichte, Schelling, Hegel meist im Banne Kants und der Aufklärung.

[36] 1765–1836. Ursprünglich strenger Kantianer, hatte er in seinen „Predigten nach Kantischen Grundsätzen" 1794 und noch in seinem „Lehrbuch
d. Katechetik" 1801 die Religion auf die Moral begründet, nur den
praktischen Gehalt der Bibel und der Kirchenlehre betont und das
Wunder als „Hindernis des Selbstdenkens" abgelehnt.

gebenden Einfluß auf ihn. Als 1804 Jung-Stillings Schwiegersohn, der neologisch-kantisch gestimmte Hesse *Christian Schwarz* (1766–1837), Professor in Heidelberg wurde, ließ auch er sich nach manchen Seiten hin von den neuen Geist ergreifen[37], und *Philipp Konrad Marheineke* (1780–1846) verstärkte in seiner kurzen Heidelberger Wirksamkeit (1806–1811) den Einfluß dieses Kreises, um ihn dann nach Berlin als einem neuen Mittelpunkt zu übertragen. Damit war der Boden für eine neue Auffassung der Theologie bereitet. In Reinkultur wurde sie nur durch Daub und Marheineke bedeutend vertreten[38], wirkte sich aber als wichtiger Einschlag in der theologischen Gesamtentwicklung weithin aus. Geschichtlich fruchtbar wurde z. B., daß der Ansbacher Pfarrer *G. Lehmus* (1777–1837) die Gedanken von Schellings „Methode d. akad. Studiums", ganz ins Orthodoxe übersetzt, nach Bayern übertrug und hier mit Einflüssen Hegels sowie der spekulativen Theologen verwob; er bereitete dadurch die neue kirchliche Entwicklung Bayerns vor[39]. Auch Männer wie der theologisierende Jurist *K. Fch. Göschel* (1784–1861) und die bereits einer neuen Generation angehörenden theologischen Philosophen *K. Rosenkranz* (1805–1879) und *Joh. Ed. Erdmann* (1805–1892) schlossen sich an. Fast alle theologischen Richtungen der Jahrhundert-Mitte standen im Banne solcher Spekulation.

b) *Die Theologie Daubs.* – Am deutlichsten wirkte sich diese Entwicklung bei *Daub* aus, der sie kraft der priesterlichen Hoheit seines Wesens und der Energie seines Denkens besonders eindrucksvoll vertrat[40]. Er sammelte nur einen kleinen Kreis, genoß in ihm aber

---

[37] Der eigentlichen spekulativen Theologie hat er sich nicht angeschlossen. Seine Haupttätigkeit lag auf dem Gebiet der Pädagogik. Theologisch hielt er sich nach allen Seiten offen. Sein „Grundriß d. kirchlich-prot. Dogmatik" (1816, Umarbeitung der Sciagraphia dogmatices chr. von 1808) wollte als erstes dogmatisches Lehrbuch ausdrücklich der Union dienen.

[38] Doch vgl. auch die von G. Frank (s. oben LÜ 2 c) 4, 34 ff. und von H. Holtzmann genannten Bücher und Namen.

[39] Vgl. K. Müller, Aus d. akad. Arbeit 1930, S. 314 ff.; Kattenbusch, S. 53 f.

[40] *D. Fch. Strauß*, Charakteristiken u. Kritiken, 1839; *E. Hirsch*, Kierkegaard-Studien, 3. Heft 31; *Maurer* (s. LÜ 4) I 15 ff.; *G. Müller*, Identität u. Immanenz. Zur Genese der Theol. v. D. F. Strauß, 68; *K. Krüger*, Der Gottesbegriff in d. spek. Theol. (zu Daub u. Marheineke), 70. – Da Daub früh vergessen wurde, sei an die Tatsache erinnert, daß er in der Höhezeit seines Wirkens von Männern wie Rosenkranz sogar über Schleiermacher gestellt wurde. Vgl. *E. Pfeiffer*, Zur Erinnerung an K. Daub, ZThK 1936; K. D. u. die Krisis der spekulat. Theol. (Diss. Lpz.), 43 (Lit.); demnächst: U. Schott (s unten S. 149 A. 6).

desto höhere Verehrung. Hatte er schon als Kantianer das naive Halten an der äußeren Geschichtlichkeit der Offenbarung abgestreift, das die Neologen kennzeichnete, auch die Humanitätsidee der Klasik in sich aufgenommen, so wurde nun Schelling sein philosophischer Führer[41]. Er kämpfte, wie der Titel des genannten Aufsatzes von 1806 und ein etwas späterer „Über d. theol. Element in d. Wissenschaften, besonders in d. Theologie selbst" (Heidelb. Jahrbücher 1808) zeigen, um eine neue theologische Gesamthaltung, um die Erhebung des Glaubens aus den Niederungen des rein empirischen Denkens, des Subjektivismus und Historismus in die Sonnenhöhe spekulativer Betrachtungsweise.

Überblickt man die trotz starker Wandlungen einheitliche Theologie Daubs, so findet man eine Anknüpfung an Herder und Schleiermacher nur in den anti-aufklärerischen Motiven[42]. Die Waffen werden einer ganz anderen Sphäre entnommen. Nicht innere Glaubensbezogenheit, Erfahrung und Erlebnis sind das Wichtige, sondern die objektive

[41] Die Wendung trat erstmals in den Aufsätzen der mit Creuzer zusammen herausgegebenen Heidelberger „Studien" zutage: „Orthodoxie u. Heterodoxie, ein Beitrag zur Lehre v. d. symb. Büchern" 1805, „Die Theologie u. ihre Encyclopädie im Verhältnisse zum akad. Studium beider", 06. Sie verstehen die Religion von vornherein nicht nur als subjektive Frömmigkeit, sondern darüber hinaus wieder als objektive Macht. Das Christentum – freilich ein Christentum, das jeden „göttlich gesinnten Menschen", auch die frommen Juden und Heiden umfaßt, die an die Erlösung von der Endlichkeit glauben – ist die absolute Religion. Das Besondere des ersten Aufsatzes ist, daß sich mit der idealistischen Objektivität eine geschichtliche verbindet; das Christentum wird in der mannigfaltigsten Weise zum Nationalgut, indem es mit den verschiedenen Volkscharakteren auf jeweils besondere Art verwächst und ihnen so zum Bewußtsein ihres übersinnlichen Wesens verhilft; seine Antastung durch Heterodoxie ist darum egoistische Schädigung des Volksbestandes. Hier stehen wir offensichtlich bereits auf dem Boden einer Romantik, die in einer nicht glaubensmäßig, sondern politisch-geschichtsphilosophisch begründeten Restauration das kirchliche Heil sieht – eine Weiterführung von Gedanken konservativer Aufklärer (vgl. etwa Semlers Unterscheidung von privater und öffentlicher Religion) und zugleich verschärfter Gegensatz zur radikalen Aufklärungstheologie. Für Daub aber trat diese Linie der romantischen Restauration noch nicht in den Vordergrund.

[42] Da Daub selten Namen nennt, ist es nicht möglich zu sagen, wie weit er Herder und Schleiermacher kennt. Gegenüber Schleiermachers theologischem System hat das seinige die zeitliche Priorität. Aber auch in der „Dogmatischen Theologie jetziger Zeit" zieht er die „Glaubenslehre" nur im Vorübergehen heran; ihre Behandlung der Trinitätslehre und ihre Verwertung des Abhängigkeitsgefühls stoßen ihn aufs schärfste ab.

Wahrheit. Wahrheiten, die absolute Geltung beanspruchen, lassen sich nicht subjektiv, historisch und empirisch begründen. Was wahr ist, ist nicht deshalb wahr, weil es in der Bibel steht oder von uns erfahren wird, sondern umgekehrt: weil es wahr ist, steht es in der Bibel und bestätigt es sich in der Erfahrung. Wo aber liegt die Gewißheit der Wahrheit? Daub hat nur die eine Antwort: in der das spekulative Denken tragenden Notwendigkeit. Die Vernunftkritik Kants erkennt er auch jetzt an; sie hat bewiesen, „daß kein *subjektives* und *endliches* Schauen des Absolutunendlichen und Ewigen als *eines solchen* möglich sei ... aber hat sie hiermit auch bewiesen, daß es kein absolutes (weder subjektives noch objektives) Schauen des Ewigen, daß es, weil es keine Erkenntnis der *menschlichen* Vernunft von Gott gibt, auch keine Erkenntnis der Vernunft als solcher von ihm gebe"? (Studien II S. 32 f.).

Daß sich diese Wendung durch Gedanken Schellings vermittelt, zeigen die *beiden ersten Hauptschriften* (Theologumena, 1806; Einleitung in d. Studium d. Dogmatik, 10, schon 09 in den Heid. „Studien" gedruckt). In ihnen sind zwar Vernunft, Erkennen, Denken die leitenden Begriffe, aber sie haben Sinn und Kraft unmittelbar von Gott: Gott offenbart sich „durch sich selber in der Vernunft" (Einleitung S. 363). Die Vernunft auch dieser Theologen ist also durch einen Abgrund von der als subjektiv empfundenen Vernunft der Aufklärung geschieden; sie ist theozentrisch erfüllte Vernunft, sofern sie von vornherein negativ durch das Gefühl der Wesenlosigkeit alles raumzeitlichen Daseins, positiv durch das Gefühl der Wesenhaftigkeit des im spekulativen Denken gegenwärtigen unvergänglichen Seins getragen ist. Vernunft und Glaube durchdringen sich gegenseitig; ohne Gott irgendwie zu erkennen, kann der Mensch nicht an ihn glauben, und ohne an Gott zu glauben, kann er ihn nicht erkennen; erst in der Anerkennung und demütigen Anbetung erweist die Gotteserkenntnis sich als wirkliche Erkenntnis. Auch die Theologie empfängt von da aus ihr Gepräge. Wie die Religion ihre Gottbezogenheit in symbolischen Begriffen hat, so hat die Theologie sie in der spekulativen Methode des Denkens; aus der Verbindung des eigenständigen Inhalts mit ihr gewinnt sie die wissenschaftliche Kraft, mit der sie gegen Unglauben und Aberglauben kämpft. Durch diese Selbständigkeit weiß sie sich auch wie über allen Historismus, so über die empirischen „Religionsparteien", d. h. über die Konfessionen, zur Objektivität emporgehoben: „dem Theologen sollte man es gar nicht ansehen ..., zu welcher christlichen Partikular-Kirche er gehöre, ohne daß ihm deswegen *seine* Kirche gleichgültig oder er nur mit geteiltem Herzen ihr ergeben sein dürfe" (ebd. S. 176).

Von solchen Voraussetzungen her ist es klar, welche *Inhalte* des Glaubens in den Mittelpunkt treten. Daubs Dogmatik ist – abgesehen von der genau behandelten Prinzipienlehre – im wesentlichen Lehre von *Gott*. Und zwar nicht unmittelbar auf Grund der Bibel oder der Bekenntnisschriften, sondern auf Grund spekulativen Durchdenkens von Wesen und Idee Gottes. Da die Idee Gottes von Ihm selbst in uns gelegt ist, kann man in ihr wie in einem Spiegel Gott schauen. Die forschend in sie eindringende Vernunft erkennt Gott als das von sich selbst seiende Prinzip alles Seins (Aseität), als den in sich selbst seienden Urquell, der nur sein Abbild der endlichen Welt einprägt (Ewigkeit), als den, der keines Dinges bedarf (Selbstgenugsamkeit). Durch die Hinwendung zu der wesenhaften Identität dieser drei Seiten oder zu der in den drei Strahlen wirksamen Einen Sonne gewinnt die Vernunft die Idee Gottes als des Vaters; durch Reflexion auf die sich selbst beständig erschaffende und erneuernde und sich selbst genugtuende Welt als das Abbild des Wesens Gottes die Idee Gottes als des Sohnes; durch die Erkenntnis, daß Prinzip und Urquell der menschlichen Vernunft Gott selbst ist (die Idee der Heiligkeit, Wahrhaftigkeit, intuitiven Intelligenz), das Bewußtsein Gottes als des Geistes, der vom Vater und dem Sohne ausgeht. Die innere Beziehung dieser drei Ideen wird durch die Unterscheidung des Sohnes vom Vater und durch neue Identisch-Setzung beider gewonnen. Damit scheint das trinitarische Dogma auf spekulativem Wege als wissenschaftlich notwendig begründet und eine neue Orthodoxie geschaffen. Die Lehre vom Dasein Gottes und von den Eigenschaften Gottes geht auf ähnlichen Bahnen. Die Beweise für das Dasein Gottes z. B. werden als solche verworfen, aber in ihren Stoffen aufgenommen, sofern sie darstellen, daß Gott der Grund der Welt ist und in ihr seine Existenz offenbart. Die *Schwierigkeit* wird beispielhaft an der Lehre vom Sohne Gottes deutlich. Wie soll ihre Beziehung auf die Welt mit der neutestamentlichen Verkündigung von Jesus Christus in Einklang gebracht werden? Daub unterscheidet zu diesem Zwecke zweierlei: einerseits die Welt, sofern sie Zeit und Raum unterworfen ist und in unzähligen veränderlichen Teilen besteht, daher den Keim der Vernichtung und den Widerstreit mit Gott in sich trägt, anderseits das von Gott selbst in sie gelegte göttliche Prinzip, das eben Eins mit Gott dem Sohne ist. Die Welt selbst vermag den Widerstreit alles einzelnen gegen Gott nicht aufzuheben; aber der in sie eingegangene Sohn Gottes führt alles

Für-sich-sein-Wollende zur Vernichtung und versöhnt so die Welt mit Gott. Damit wird eine Brücke zur Versöhnungslehre geschlagen. Aber ob die Brücke Tragkraft besitzt? Es handelt sich um die Überwindung der empirischen Geteiltheit und Endlichkeit, nicht um die der Sünde im biblischen Sinn; es handelt sich um die abstrakt gewonnene Idee des Sohnes, nicht um Person und Wirken des biblischen Christus Jesus. Es handelt sich, auf das Ganze gesehen, überhaupt mehr um Gottesspekulation als um den biblischen Gottesgedanken. Das altkirchliche Dogma muß Daub dazu dienen, sich über den unbiblischen Inhalt seiner Theologie hinwegzutäuschen; es erweist sich infolge seines eigenen philosophischen Einschlags als Einfallspforte für eine neue Philosophie.

Allerdings bemühte Daub selbst sich um volle Christianisierung seines Denkens. Unter dem Eindruck von Schellings Abhandlung über die Freiheit (s. oben I 3 d) öffnete er sich für die rätselvolle Tatsächlichkeit des *Bösen* und versuchte damit zugleich eine Erklärung für das ideell so schwer erklärbare Ausgehen des Endlichen aus dem Unendlichen zu finden. In „Judas Ischarioth oder Betrachtungen über d. Gute im Verhältnis z. Bösen" (1816. 18) wird es als positive Störung, als eine selbständige Macht begriffen; es wird auf den Abfall eines Lichtengels zurückgeführt, der sich ausschließlich auf sich selbst bezog und durch Verwirklichung des Wesenlosen (der Zeit und des Raumes) die Vernichtung in die Schöpfung hineintrug. Sofern der Satan das Böse aus sich selbst nahm, ist er sein eigener Schöpfer, eine Gegengestalt zu Gott, eine Absolutierung des Bösen im Gegensatz zu Gott, dem absolut Guten und Wahren. In Judas wird er Mensch und gewinnt eine vollendete Erscheinung; es entsteht eine Gegengestalt auch zu Christus als der Mensch gewordenen Liebe. In diesem Zusammenhang empfängt dann die Christologie bestimmtere geschichtliche Züge als vorher. Allein so wenig hier die Vertiefung verkannt werden darf – beherrschend war nach wie vor die Spekulation. Sie verband sich jetzt außer mit abstrakter Begrifflichkeit auch mit Phantastik und geriet so, unter verschärftem Bruch mit der historisch-kritischen Theologie, in die Nähe gnostisch-dualistischen Denkens. Die Annäherung an die Bibel blieb äußerlich und führte nicht zu der notwendigen wurzelechten Umprägung. Kein Wunder, daß Daub keine Waffe gegenüber dem Begriffsmonismus Hegels besaß, und daher das Werk nicht zu Ende drucken ließ; es steht als Torso und Episode im Gang seines Wirkens.

Dieser Verzicht bedeutete den endgültigen Übergang von Schelling zu dem vor allem auf sein Betreiben 1816 nach Heidelberg berufenen *Hegel*. Daub hatte längst mit ihm gerungen; der Fortschritt des spekulativen Denkens schien notwendig zu ihm zu führen. Daub dachte seine ganze Theologie in seinem Geiste um, allerdings unter Festhaltung des stärkeren ethischen Pathos. Das wichtigste literarische Zeugnis dafür ist „Die dogmat. Theologie jetziger Zeit oder d. Selbstsucht in d. Wissenschaft d. Glaubens u. seiner Artikel" 1833[43]. Das Streben, die überlieferte Kirchenlehre denkend zu durchdringen, feiert nunmehr die höchsten Triumphe; freilich so, daß dabei die Selbstkritik durch ein ungeheuerliches Überlegenheitsgefühl völlig erstickt wird; wirkliche Tiefe und unfruchtbarer Formalismus stehen dicht beieinander. Wieder ist alles beherrscht durch ein Priestertum des Denkens, das sich in Gott selbst begründet weiß und im Gottesgedanken, der in der Offenbarung Gottes entspringt, die Einheit mit Gott selbst zu haben gewiß ist. Daher sind Bibel, Kirchenlehre, Wunder, Weissagungen auch jetzt nicht Quellen oder Stützen für den Glauben, werden aber in ihrer lebendigen Beziehung zum Glauben noch positiver als vorher gewürdigt. Der Wille zur Orthodoxie ist weiter verstärkt. Das Verhältnis von Wissen und Glauben wird denkbar innig gefaßt; es geht in beiden um dieselbe Wahrheit: als geglaubt ist sie unbegriffen, als gewußt begriffen; und Aufgabe der Dogmatik ist, sie durch Deduktion der Notwendigkeit zu begreifen. Immerhin behält der Glaube bei Daub mehr selbständige Würde als bei Hegel. Entsprechend wird das Verhältnis von Gott und Bewußtsein scharf durchdacht, um den innigsten Zusammenhang herzustellen, aber die Identität zu vermeiden. Dabei ringt Daub ernsthaft mit der Gefahr des Pantheismus. In feinster Analyse des Bewußtseins und des Gott-Welt-Verhältnisses möchte er hier über Hegel hinauskommen: Gott ist in der Welt, aber er ist nicht die Welt; Gott ist ewig gegenwärtig nicht im subjektiven, sondern im objektiven Geiste, im Geiste der Menschheit. Ja Daub hält trotz aller Schwierigkeiten die Vorstellung von der Persönlichkeit Gottes fest. Das Wesen Gottes als des Heiligen und Allmächtigen, als dessen, der in Christus offenbar wird, ist für ihn Personalität.

Die eigentliche Liebe Daubs gehört nach wie vor der *Dreieinigkeits-*

---

[43] Ergänzung und Deutung findet dies überaus schwer verständliche Werk in den philosophischen und theologischen Vorlesungen (posthum von Marheineke und Dittenberger hrsg. 1838–44): 1. Anthropologie, 2. Prolegomena u. Beweise f. d. Dasein Gottes, 3–5. Moral, 6 f. Dogmatik.

lehre und ihrer Erhebung vom Glauben zum Wissen durch Deduktion ihrer Notwendigkeit; denn im Wissen hört nur das Mysterium der Dreieinigkeit auf, nicht die Dreieinigkeit selbst. Das Verhältnis von Vater, Sohn und Geist ist dabei vorwiegend durch das von unmittelbarer Einheit, Unterscheidung und vermittelter Einheit bestimmt. Der Einfluß Hegels zeigt sich wiederum darin, daß in der „sonst sogenannten Christologie" der Blick jetzt stärker für die geschichtlichen Tatsachen geöffnet ist als vorher: die Weltgeschichte lehrt einen Menschen kennen, dessen Gedanke von Gott der Gottes und der Menschheit würdigste war. So fließt das neutestamentliche Zeugnis von *Christus* bis zu einem gewissen Grade in die Dogmatik ein. Daub betont auch, daß Christus, indem er die Zwietracht besiegend die Welt zur Eintracht und Versöhnung mit sich selbst bringt, ein Held ist wie kein anderer, und daß er der Gesetzgeber ist, der das allgemeine Weltgesetz der Liebe so enthüllt, daß es Gesetz wird für jeden Einzelnen, jede Familie, jedes Volk. Allerdings ist für Daub eine unmittelbare Verbindung des Dogmatischen mit dem Historischen nicht möglich; denn das Göttliche ist immer das Übernatürliche und Übermenschliche, entgegengesetzt dem Physischen und Geschichtlichen. Aber es wird wenigstens eine mittelbare Verbindung behauptet und zwar durch das Wunder, das ihm eben dadurch ebenfalls als notwendig erwiesen, über Willkür und Zufall hinausgehoben scheint. Daher kommt Christus für die Dogmatik im Grunde nur nach seiner Gottheit in Betracht. Soweit seine Menschheit wichtig scheint, wird sie möglichst der geschichtlichen Konkretheit enthoben; für den christlichen Glauben ist er der Mensch als solcher; von Gott kommend, hat er die Menschheit zur reinen Geistigkeit emporgehoben. Ebenso ist er der Mittelpunkt der Weltgeschichte, die ewig gegenwärtige Offenbarung Gottes und zugleich das Offenbarwerden der Tatsache, daß der Mensch als Geist, der Ichheit sich entäußernd und zu Gott kommend, erst wahrhaft zu sich selbst kommt. So bringt die Hegelsche Wendung Daubs zahlreiche Fortbildungen. Aber sie verzichtet darauf, den im Judas gezeigten Einblick in den positiven Charakter des Bösen weiterzuführen und damit die spannungsreiche Dramatik der menschlichen Gottbezogenheit zu erschließen. Sie macht mit der spröden Tatsächlichkeit der Welt so wenig Ernst wie mit der Lebendigkeit Gottes und läßt daher den Schöpfungsgedanken außer Spiel. Ja Daub läßt sich auch durch die Aufmerksamkeit Hegels auf die konkreten Tatsachen der Geschichte nicht zu dem theologisch so nahe liegenden Versuche führen, der wirklichen Geschichte ein unmittelbares, lebendiges

Glaubensinteresse zuzuwenden. Die Spekulation saugt der Geschichte trotz der romantischen Einflüsse das lebendige Blut aus den Adern[44].

c) *Die Theologie Marheinekes.* – An die Seite Daubs trat früh *Marheineke* – nicht in demselben Maße ringender Bahnbrecher wie jener, dafür aber verständlicher, vielseitiger und produktiver[45]. Von Schleiermachers Reden tief berührt, knüpfte er doch theologisch nicht an ihn an. Zunächst wirkte er als *Historiker.* Seine geschichtlichen Werke (Universalkirchenhistorie, I 1806; Gesch. d. teutschen Reformation, 17, ²31–34) zeigen die Wendung vom subjektivistischen Pragmatismus der Aufklärung zum objektiveren Rückgrat der Idee, die freilich noch sehr allgemein und daher unfruchtbar blieb. Besonders wichtig für die Arbeit der Theologie wurden seine Schriften zur *Symbolik,* die das Programm Plancks von 1796 zu verwirklichen und zu ergänzen versuchten[46]. Vom Geist des Deutschen Idealismus befruchtet, erfaßte

[44] Erst die revolutionäre Wendung der Spekulation im „Leben Jesu" von Strauß zeigte ihm den Ernst der Frage nach dem Verhältnis von Glaube und Geschichte. Dann aber packte er, der Greis, sie tiefer an als irgend ein Theologe dieser Zeit (Die Form der chr. Dogmen- und Kirchen-Historie, Zeitschr. f. spekul. Theologie, 1836 f.). In der Auseinandersetzung mit dem neuen Problem wurde sein Gottesgedanke lebendiger, der „historische Glaube" an den biblischen Jesus Christus trotz Überordnung des „jenseits-geschichtlichen" positiver, sein Hegelianismus noch freier. Zu einer umfassenden Klärung kam es freilich nicht mehr. Über diesen Aufsatz, der stark auf Kierkegaard gewirkt hat, s. Hirsch a. a. O. S. 93 ff.

[45] Auch zu den kirchlichen Fragen nahm er gern Stellung. Schon seine „Aphorismen z. Erneuerung d. kirchl. Lebens im prot. Deutschland" (1814), die dem (in lebendiger Entwicklung stehend gedachten) Glaubensbekenntnis und dem Zusammenhang mit dem Rationalen, also den objektiven Momenten, eine ungewohnt starke Bedeutung beilegten, zeigten ihn auf diesem Wege. Weitere Beispiele: Über die wahre Stelle d. liturg. Rechts im evang. Kirchenregiment, 25; Beleuchtung d. Görresschen Athanasius, 38; Die Reform d. Kirche durch d. Staat, 44; Die Reformation in Deutschland, 46. – Seine theologischen Vorlesungen wurden nach seinem Tode 1847–49 von St. Matthies u. W. Vatke hrsg. (1. Moral, 2. Dogmatik, 3. Symbolik, 4. Dogmengeschichte). Über M.: F. *Wagner,* Der Gedanke d. Persönlichkeit Gottes bei Ph. M. Repristination eines vorkritischen Theismus (NZsystTh 10, 68, 44–88).

[46] Über d. wahre Verhältnis d. Katholizismus u. Protestantismus u. d. projektierte Kirchenvereinigung, Heidelb. Studien, 1809 (1810 auch gesondert); Chr. Symbolik oder hist.-krit. u. dogmat.-komparative Darstellung d. kath., luth., ref. und socin. Lehrbegriffs, 1. B. 10. 13 (nur Katholizismus) und Institutiones symbolicae 12, ³30; dazu die posthumen Vorlesungen über Chr. Symbolik 48 (Theol. Klassikerbibliothek 97).

er den Stoff tiefer und voller, sah auch bereits die Aufgabe einer die Grenzen bloßer „Symbolik" überschreitenden Konfessionskunde; allein der „Idee" verschworen, blieb er dennoch bei den Lehrbegriffen stehen, und auch innerhalb dieser Schranke konnte er dem geschichtlichen Kampf der Konfessionen nicht gerecht werden; denn indem er ihre Unterschiede wesentlich von außerreligiösen Ursachen (Volkstum, Geschlecht, Gesetz der polaren Differenzierung, der Spannung und Ergänzung) ableitete, löste er sie aus dem Ringen um die Wahrheit und meinte, ihnen vom „Wesen" her objektiv gegenübertreten zu können. So lähmte er zugleich die Wissenschaft, um deren Ausbau er sich so ernsthaft bemühte; er bewies überall, daß auch sein Sinn für das Objektive mindestens ebenso stark in den politisch-geschichtsphilosophischen Bestrebungen der Spätromantik wie in der biblisch-reformatorischen Verkündigung begründet war.

In das theologische Zeitbewußtsein griff am tiefsten seine *Dogmatik* ein. Denn durch verständlichere und umfassendere Darstellung machte er einem breiteren Kreise lesbar, was bei Daub nur Eingeweihten zugänglich war. Die erste Auflage seiner „Grundlehren d. chr. Dogmatik" (1819) war noch von Schellingschen Gedanken beeinflußt. Aber bald wurde Hegel nach jeder Richtung hin auch sein Meister[47]. Eine weitere Wandlung ist nur insofern zu bemerken, als in der noch aufklärungsbestimmten Zeit der Wille zur Orthodoxie, später in der Reaktionszeit die Sorge um die Freiheit der Wissenschaft stärker hervortrat. Inhaltlich ist Marheinekes Dogmatik der Daubs ungemein ähnlich. Wir finden dieselbe Gewißheit des Objektiven in der eigenen Haltung gegenüber den pietistisch-rationalistischen Subjektivismen, der supranaturalistischen Scheinobjektivität, dem Jacobischen Dualismus von Gefühl und Verstand. Sie ist begründet auf die Gewißheit des Geistes, daß einerseits in seiner Idee das göttliche Sein selbst gegenwärtig wird, daß andererseits er „sich als den seiner selbst bewußten in dem Gegebenen" wiederfindet (Grundlehren², S. XXXII). Auch das Göttliche der Schrift kann nicht durch Grammatik und Historie, sondern „nur durch dasselbe selbst erkannt und darin gefunden werden" (S. 61). Die Aufgabe der Dogmatik ist, über die in Bibel und Kirchenlehre

---

[47] Vgl. die 2. Auflage der Grundlehren (27), das knappe „Lehrbuch d. chr. Glaubens u. Lebens" (23, ²36; für die oberen Klassen der Gymnasien), das nach seinen Vorlesungen herausgegebene „System d. chr. Dogmatik" (47), auch die „Einleitung in d. öffentlichen Vorlesungen über d. Bedeutung d. Hegelschen Philosophie in d. chr. Theologie" 42.

enthaltenen Vorstellungen hinauszugehen und auf spekulativem Wege „die Quellen zu entdecken, aus denen die Wahrheit in jener Vorstellung und diese somit die Vorstellung der Wahrheit, und hierdurch selbst erst die wahre Vorstellung ist" (S. 60). Dabei weitet sich unwillkürlich der Blick vom Christentum auf die Religion überhaupt. Ihr Wesen ist die Idee Gottes, die Gedanke und Sein – oder Wirklichkeit – zugleich ist und das Leben beherrscht (S. 5). Wesenhaft betrachtet, ist sie also eins und ewig, ihre Mannigfaltigkeit liegt nur in ihrer Geschichte. Das Christentum ist als durch den Gottmenschen gestiftete Religion die reinste und vollkommenste Erscheinung ihres Wesens; es ist „die Wahrheit aller vorchristlichen Religion, und diese nur in allen Gestalten das noch ihr selbst verborgene Christentum" (S. 221). Die Anlage der Dogmatik ist natürlich trinitarisch. Freilich die eigentliche Dreieinigkeits-Lehre wird erst bei der von Gott dem Geist entwickelt; sie ist überaus formalistisch: das Insichsein Gottes (Vater), das Aussichsein Gottes (Sohn), das Fürsichsein dessen, was Gott an sich ist. Aber die Bedeutung dieser Dogmatik liegt nicht in solchen Begriffsspaltereien selbst, sondern darin, daß sie Rückhalt für die Überwindung der bloß empirisch-historischen Betrachtung Jesu und des Christentums geben wollen; von der trinitarisch verankerten Idee der Gottmenschheit, der Offenbarung und des Geistes empfängt das Christentum seine Absolutheit, empfängt Jesus Christus und die Gotteskindschaft gegenwärtige Wirklichkeit. An wichtigen Punkten geht Marheineke auch über die bloße Spekulation hinaus. Er sucht z. B. die positive Realität des Bösen als des Widerspruchs und Widerstrebens gegen Gott aufrecht zu erhalten (S. 152 f.). Von der Bibel her wird die religöse Vorstellung stärker betont, wird vor allem der Gottesgedanke oft lebendiger und persönlicher als bei Hegel. Man wird weiter sagen dürfen, daß bei Marheineke, der ursprünglich als historischer Theologe gearbeitet hatte, Hegels gegenseitige Durchdringung von Idee und geschichtlicher Tatsächlichkeit stärker zur Geltung kam als bei Daub, und daß auch darauf ein gut Teil seines Einflusses beruhte. Aber ein wirkliches Ineinander von Idee und Tatsache erreichte er weit weniger als der Meister. Die Gedanken blieben in der Dornenhecke der Begriffe, der Identitäten, Differenzen und Aufhebungen, der Positionen und Negationen hängen, statt die lebendigen Wurzeln der geschichtlichen Gebilde aufzugraben – und dabei die Schwierigkeiten des Übergangs von der Idee zur konkreten Geschichte, z. B. Jesus, zu finden. Daher gelang es ihm nicht, die Schranken der spekulativen Theologie zu durchbrechen und freies Feld für eine glaubensbestimmte Theologie zu gewinnen. Wir spüren nirgends – trotz der „Geschichte der teutschen Reformation" – ein Verständnis für Luther.

d) *Rückblick.* – So war, bevor Schleiermacher Muße fand, seine Gedanken theologisch zu entwickeln, eine anders geartete Bewegung auf den Plan getreten. Sie stand wie er auf dem Boden des Deutschen Idealismus und suchte hier die weltdurchdringende Kraft des Christentums zu bewähren; sie kämpfte dabei wie er in erster Linie gegen die Aufklärung und ihre Theologie; sie sah wie er im Christentum die Erfüllung aller Religion; sie war wie er von Sendungsbewußtsein und kirchlichem Pathos erfüllt und suchte über alles bloß Historisch-Statutarische hinaus gegenwärtige Gottbezogenheit zu verwirklichen. Aber der Unterschied war stärker als die Einheit. Während Schleiermacher sich 1802 wieder als „Herrnhuter von einer höheren Ordnung" wußte, schwebte den spekulativen Theologen eine Orthodoxie höherer Ordnung vor. Sie meinten, mit Hilfe der spekulativen Philosophie, durch organische Eingliederung des Christentums in die neue philosophische Bewältigung von Welt und Leben, ebenso die objektive Wahrheit wie die Universalität des Christentums erweisen zu können, und nahmen so kraft neuer Denkmittel die Entwicklung wieder auf, die einst in der alexandrinischen Theologie und in der Scholastik Triumphe gefeiert hatte; der Glanz des Unternehmens täuschte sie über die Frage hinweg, warum jene älteren Versuche gescheitert waren. Die Antwort lag im Grunde bereits bei Herder und Schleiermacher vor: das Ringen um Weltdurchdringung hat nur dann Verheißung, wenn es wirklich ein Ringen des christlichen Glaubens ist und die Neubesinnung auf den eigenen gottgeschenkten Reichtum vollzogen wird: die Geschichte ist nicht Stoff und Verwirklichungsgebiet für spekulative Ideen, sondern die Stätte, da, wenn Gott will, die alte Weltsendung des Glaubens für eine neue Welt neue Vollmacht empfängt. Die spekulative Theologie verschmähte diesen Weg zu Gunsten eines weltumspannenden Denksystems, indem sie ihre Geltungskraft von einem fremden König zu Lehen nahm. Darum war die gestaltende Macht hier zuletzt doch die neue natürliche Religion, die schon durch Lieblingsbegriffe wie Vernunft und Spekulation, Vereinzelung und Identität, Differenzierung und Aufhebung, Unendlichkeit und Unbedingtheit, Möglichkeit, Wirklichkeit und Notwendigkeit ihre Abkunft bezeugte. Die natürliche Religion des spekulativen Hochidealismus feierte hier neue Triumphe. Sie wurde trotz verstärkter Verbindung mit Dogma und Theologie nicht wirklich christianisiert. So erwies es sich gerade hier, daß die spekulative Restauration des Dogmas innerlich unecht war; sie war mehr von dem Erbe der konservativen Aufklärung und von gewissen Ansätzen des Idealismus getragen als von der Gewalt des evangelischen Glaubens selbst. Nirgends drangen diese Theologen zu der Erneuerung des evangelischen Glaubens- und Offenbarungsbegriffs durch, nirgends wiesen sie wirkliche Wege zu der Botschaft der Evangelien und zu der reformatorischen Rechtfertigungslehre. Trotz des hoben christlichen Selbstbewußtseins, das ihre Träger kennzeichnet, und trotz aller guten Einzelerkenntnisse unterstehen sie also wie der Würdigung so auch der Kritik, die an der spekulativen Philosophie geübt werden mußte. Eine wirkliche Reformation der Theologie konnte von ihnen nicht ausgehen[48].

3. Die Neubildung auf dem Boden der Friesischen Philosophie

Auch der philosophische Nebenweg des Hochidealismus, den wir bei Fries kennen gelernt haben, wurde theologisch erprobt. Unter den bedeutenden Theologen der Zeit war es allerdings nur einer, der sich ihm anvertraute: M. *Wilhelm Leberecht de Wette* (1780–1849). Die Frage nach dem Verhältnis von Religion und Kunst war ihm in der Thüringer Heimat früh lebendig geworden. Auf den Weimarer Gymnasiasten hatte Herder gewirkt, auf den Jenaer Studenten zunächst

[48] Es kennzeichnet diesen theologischen Weg, daß zu gleicher Zeit *Juden* ihn im Interesse ihrer Religion zu gehen versuchen konnten. (Vgl. *H. J. Schoeps*, Gesch. d. jüd. Religionsphil. in d. Neuzeit, 1. B. 1935). Weil die spekulative Philosophie und Theologie das Judentum als eine Religion, in der Gott nur als individuelles Subjekt angeschaut wird, oder als Religion der bloßen historischen Erinnerung auf eine niedere Stufe gestellt hatte, schien es ihnen geboten, zu beweisen, daß das Judentum „eine absolut notwendige Erscheinung in der Menschheit" sei, und „daß es in seiner wesentlichen Fortbildung sich zur universellen Religion der zivilisierten Menschheit erhebe". Auch das war möglich, wenn man nur die apriorische Deduktion recht handhabe. Sal. Formstecher (Die Religion d. Geistes, 1841) schloß sich dabei vor allem an Schelling, Sam. Hirsch (Die Religionsphilosophie d. Juden, 41) an Hegel an. Und wenn es überhaupt möglich sein soll, die absolute Notwendigkeit einer bestimmten Religion zu deduzieren, wird es dann nicht am ehesten bei einer Religion gelingen, die, weil weniger an die spröde Tatsächlichkeit der Geschichte gebunden, der natürlichen Religion verwandter ist als die christliche? So erweist sich auch von dieser Seite her die gewaltige Arbeit Daubs, Marheinekes und ihrer Geistesverwandten als Irrweg.

die historisch-kritische Aufklärung (Paulus), dann aber auch Schelling und Fries, die damals in Jena lehrten, sowie manche Anregung von Schleiermachers Reden[49]. Die Schwierigkeiten, die sich aus der Mannigfaltigkeit dieser Einflüsse und ihrem Verhältnis zum christlichen Glauben ergaben, begannen sich ihm mehr und mehr von Fries her zu lösen, zumal als er dessen Religionsphilosophie näher kennen lernte und in Heidelberg von 1807 an mit ihm gemeinsam wirkte. In der Verbindung der Friesischen Religionsphilosophie mit strenger historisch-kritischer Arbeit an den Quellen und mit warmem persönlichem Christentum schuf er eine Gestalt der Theologie, die sowohl der spekulativen wie der Schleiermachers selbständig gegenüber stand. Sie stellte sich von vornherein auf den Boden der neuen Zeit: „Große wunderbare Ereignisse und Erschütterungen haben nun die Welt zur Andacht und Begeisterung gestimmt. Man fühlt das Leere des vorigen Lebens und die ewige Gültigkeit und die stärkende und erhebende Kraft des frommen Glaubens" (Über Religion u. Theologie, 1815, S. 123). Darum billigte de Wette auch das Hinausschreiten über Kant zu neuer positiver Wertung der Idee in Religion und Theologie. Aber er wandte sich wider Fichtes und Schellings „mystisch-mythologische Dunkelheit, welche sich gegen die kritische Klarheit als wissenschaftliche Tiefe brüstete" (ebd.), und noch schärfer wider die von ihnen inspirierten Theologen, „welche die alte Orthodoxie mit den bunten Lappen einer mystischen Zeitphilosophie ausschmücken und einem neuen Pfaffentum in die Hände arbeiten" (S. XI). „Die Kantischen Theologen finden (im Christentum) fast nichts als Moral; die andern tragen pantheistische mystische Ideen hinein. Jene ... übersehen den eigentlichen religiösen Geist desselben; diese aber verkehren und verunstalten diesen selbst" (ebd. 138). Gegenüber allem inhaltlichen Einfluß der Philosophie auf die Theologie wollte de Wette von der Selbständigkeit der Religion und des Christentums her auch der Theologie die Selbständigkeit zurückerobern. Nur einer kritisch-anthropologischen Philosophie gab er Raum; denn sie helfe der Theologie, die rechte Besinnung auf den eigentlichen Gehalt von Religion und christli-

---

[49] Wertvollen Einblick in die innere Bewegtheit bester um 1800 studierender Theologen gibt sein kleiner, 1801 geschriebener Aufsatz: Eine Idee über d. Studium d. Theologie, hrsg. v. A. Stieren 1850. Seine spätere Theologie ist in diesem jugendlich-schwärmerischen Erguß deutlich vorgebildet. Der begeisterte christliche Glaube, zu dem er sich nach einer Zeit der bloßen historischen Kritik emporgehoben fühlt, steht schon hier mit dem edel und tief verstandenen Ästhetischen in engster Verbindung.

chem Glauben zu gewinnen – und eben diese kritisch-anthropologische
Philosophie schenkte ihm Fries. Zu der allmählich hervortretenden
Theologie des Fakultätsführers Schleiermacher fehlte zunächst noch
jede unmittelbare Beziehung[50]; erst seit etwa 1818 spürt man ihren
Einfluß stärker. Auf allen Gebieten überwindet er in wachsendem
Maße das rationalistische Erbe und gewinnt eine konservativere
Stellung.

Seine wissenschaftliche Leistung ist trotz schwerer familiärer und
amtlicher[51] Schicksale erstaunlich reich. Sie umfaßt alle Gebiete der
Theologie[52]. Seine *historische* Arbeit[53] hat sich in den biblischen
Wissenschaften am fruchtbarsten entfaltet und außerordentliche Wirkung erreicht. Sie verdankte das nicht nur einer ungewöhnlichen
Kunst der Darstellung, sondern auch der Bedeutsamkeit ihres Inhalts.
Gewiß zeugte sie überall von der Tatsache, daß Schöpferin der neuen
historischen Theologie die Aufklärung gewesen war. Aber man spürt
in aller Kontinuität der Arbeit die methodische und sachliche Ver-
tiefung, die vom Deutschen Idealismus, zumal von Herder und der
Romantik, fortgesetzt ausging. De Wette wußte wieder von dem un-

---

[50] Vgl. den Brief an Fries bei Gaß (LÜ 2 c), IV 521 f. – Das Verhältnis
seiner Theologie zu dem Ringen der Zeit beschreibt auch de Wette in
einem Lehrroman: Theodor oder d. Zweiflers Weihe, Bildungsgeschichte
eines evang. Geistlichen, 2 Bde 1822, ²28.

[51] 1810 nach Berlin berufen, wurde er 1819 wegen seines Trostbriefes an die
Mutter des Attentäters Sand entlassen und erhielt erst 1822 in Basel eine
neue Wirkungsstätte. Dort bestimmte er die theologische Jugendentwicklung des Kulturhistorikers Jakob Burckhardt.

[52] Wie lebendig zugleich sein *praktisches* Interesse war, bewies er durch
Anleitungen zum rechten Gebrauch der Bibel (Die Hlg. Schrift d. neuen
Bundes ausgelegt, erläutert u. entwickelt, 2 Tle 1825–28; Über d. erbau-
liche Erklärung d. Psalmen, 36; Bibl. Geschichte, I. T. 46) und durch
5 Sammlungen von Predigten (25–49). – Nur eben erwähnt sei auch die
Förderung, die er der *Reformationsgeschichte* durch seine Ausgabe der
Briefe Luthers (5 Bde 25–28) geschenkt hat, und der Plan (1819), mit
Lücke zusammen, eine wissenschaftliche Ausgabe von Luthers Werken
zu schaffen; vgl. Kattenbusch, Theol. Studien u. Kritiken 1927, S. XIV.

[53] Beiträge z. Einleitung in d. Alte Test. (1860 f.), Übersetzung des A. Testaments (1809) und des N. Testaments (14), Psalmenkommentar (11, ⁵hrsg.
v. G. Baur 56), Lehrbuch d. hebräisch-jüd. Archäologie (14, ⁴hrsg. v. Räbiger 64), Lehrbuch d. hist.-krit. Einleitung in d. kanon. u. apokryph.
Bücher d. A. Testaments (17, ⁸hrsg. v. E. Schrader 69), Einleitung in d. N.
Testament (26, ⁶hrsg. v. Meßner u. Lünemann 60), Kurz gefaßtes exeget.
Handbuch z. N. Testament (3 Bde 36–48, mehrfach aufgelegt und bearbeitet).

mittelbaren Erlebnis Gottes in Natur und Geschichte, von geistiger Schöpfung, von dem Ineinander der Einheit und Mannigfaltigkeit auf den verschiedenen Gebieten des Lebens, von Individualität und Totalität. Er besaß kraft liebevoller Hingabe an die Geschichte wirklich historischen Sinn. Er konnte daher Leben aufgraben und aus vergangenem neues Leben anregen helfen, wo die Aufklärungskritik durch Analyse und empirisch-rationale Betrachtung nur toten Stoff zu türmen vermochte. Er gab den Motiven der Legende, des Mythos, des Symbols fruchtbare, positive Anwendung und suchte bei allem Einblick in die subjektiven Begründungen des geschichtlichen Handelns doch einen objektiven teleologischen Zusammenhang aufzuweisen, d. h. das Wehen des von Christus ausgegangenen Geistes, den Gang Gottes durch die Geschichte. Dabei entdeckte er z. B. in dem von Aufklärung und Spekulation gleich verachteten Alten Testament wieder positiven religiösen Gehalt und sah vorauseilend so manches, was erst viel später genauere Aufhellung finden sollte.

Zugleich aber bearbeitete de Wette das *systematische* Gebiet[54]. In der grundsätzlichen Betrachtung der Religion behielt er mit geringen Abwandlungen das Friesische Schema bei, auch dann noch, als Schleiermachers Einfluß und eine konservativere Gesamtstimmung ihm die innere Freiheit stärkten. Das wird sogar in dem historisch angelegten dogmatischen Hauptwerk deutlich. Die knappe „anthropologische Vorbereitung" übernimmt die Dreiteilung der zur Vernunft gehörenden „Überzeugungsarten": *Wissen, Glauben, Ahndung.* Das Wissen vollzieht sich als „Naturansicht der Dinge" in Anschauung und Verstand, ist aber eben durch diese auf die Erscheinungswelt beschränkt. Daher wird die Vernunft genötigt, die Schranken der Naturansicht aufzuheben, d. h. „das in ihr liegende Gesetz der Einheit und Notwendigkeit rein für sich selbst aufzufassen" ([3] S. 7). „So ordnen sich

---

[54] Lehrbuch d. chr. Dogmatik, in ihrer hist. Entwicklung dargestellt (I. Biblische Dogmatik A. u. N. Testaments, 1813; II. Dogmatik d. evang.-luth. Kirche nach d. symbol. Büchern u. älteren Dogmatikern, 16; [3] 31. 40). Wichtige Erläuterungen dazu bot die Schrift „Über Religion u. Theologie" (15, [2] 21), die auch einen einheitlichen Aufriß der theologischen Arbeitsgebiete enthält. Weiteren Kreisen sollten dienen: „Über d. Religion, ihr Wesen, ihre Erscheinungsformen u. ihren Einfluß auf d. Leben" 27, und „Das Wesen d. chr. Glaubens vom Standpunkt d. Glaubens dargestellt", 46. Ebenso eifrig wandte er sich der Ethik zu: der grundlegenden „Chr. Sittenlehre" (19–23) folgten, wiederum für weitere Kreise, die „Vorlesungen über d. Sittenlehre", 23 f., sowie das „Lehrbuch d. chr. Sittenlehre" 33.

der gemeinen Überzeugungsweise des Wissens ... zwei höhere Überzeugungsweisen über: 1. der reine Vernunftglaube, ... die ideale Überzeugung von einem Sein der Dinge an sich, zu welcher der Verstand, seine eigene Beschränkung verwerfend, aufsteigt; 2. Die Ahnung des ewigen Seins der Dinge in der Erscheinungswelt, welche Überzeugung dem Gefühle angehört" (S. 8 f.). Alle drei sind, weil auf die Gesetze der Vernunft gegründet, von gleicher Zuverlässigkeit. Der spekulative Vernunftglaube denkt notwendig die Ideen der Seele, der Gemeinschaft, der Freiheit, „der Gottheit als der höchsten Ursache im Sein der Dinge, durch welche Sein und Ordnung der übersinnlichen Welt ewig notwendig besteht" und die einerseits in der Weltbezogenheit geoffenbart, anderseits in ihrer Überschwenglichkeit verhüllt ist (S. 11 f.). Damit sind die Gegenstände der Religion bezeichnet. Ihren vollen Gehalt aber empfängt sie erst durch die Beziehung auf die „sittliche Wert- und Zweckgesetzgebung", die zu den leitenden Ideen der Bestimmung des Menschen, des Guten und Bösen, der Weltregierung führt. Das Wichtige ist nun die Unterordnung aller konkreten Einzelheiten des Lebens unter die religiösen Ideen. Sie geschieht in der „ästhetischen Ansicht" der Einheit und des Zwecks der Dinge, in der das religiöse Gefühl die Natur, den Menschen und die Geschichte als Symbol und Zeugnis des schaffenden, alles tragenden Gottes erfährt. Damit erhalten jene drei leitenden Ideen ihre praktische Bedeutung: die Idee der Bestimmung des Menschen gibt das Gefühl der Begeisterung oder der frommen Heiterkeit, eines Reiches Gottes auf Erden; vom Bösen und Zweckwidrigen her entsteht das Gefühl der Demut, der Ergebung, der heiligen Traurigkeit; die Spuren der göttlichen Weltregierung werden uns offenbar im Gefühl der Andacht und Anbetung, das die Spannung der beiden anderen überwindet. „In dem Dreiklange dieser Gefühlsstimmungen lösen sich alle Widersprüche der Wissenschaft und des Lebens in Harmonie auf" (18 f.).

Man spürt an diesem Aufriß, was de Wette mit Fries verbindet: die Möglichkeit, Welt und Leben in schrankenloser Universalität, sowohl in der Ganzheit wie in allem einzelnen, religiös zu verstehen und damit die lebendige Gegenwärtigkeit der Religion zu bewähren. Alle Einseitigkeiten scheinen überwunden; der ganze Mensch und die ganze Vernunft kommen zur Geltung, indem die vollendete Religion die Wahrheit mit der Schönheit verbindet. Hier wirkt die ästhetische Linie des Deutschen Idealismus sich besonders deutlich aus, gewinnen Herder und Schiller, Schleiermachers Reden und die Romantik Einfluß auf die Theologie. Die Begriffe „Gefühl" und „Ahndung" sind bei de Wette so wenig wie bei Fries schwelgerisch oder beziehungslos; im Gegenteil, sie heben zwar die Unmittelbarkeit in der religiösen Erkenntnis, damit das Moment der Gewißheit kräftig heraus, zeigen aber zugleich den Weg, auf dem die Ideen des Glaubens Geltungskraft, individuelle und persönliche Verwirklichung gewinnen.

Da es sich bei alledem zunächst nur um das abstrakte Wesen der Religion handelt, so erhebt sich nun die Frage: wie kommt de Wette vom Wesen zur geschichtlichen Wirklichkeit der Religion, besonders zum *Christentum?* Hier ist der Punkt, an dem er grundsätzlich von Anfang an über Fries hinausgehen muß. Denn er ist als Christ und historischer Theologe viel zu tief in der Geschichte verankert, als daß er sie mit Fries vergleichgültigen könnte. Er weiß, daß unser religiöses Leben, selbst in seiner freiesten Entwicklung, „auf die Geschichte gegründet und mit ihr innig verwachsen" ist, daher ohne sie unfehlbar verkümmern oder auf Abwege geraten muß (Rel. u. Theol. 132. 144). Es ist vor allem der Offenbarungsbegriff, der für die Klärung dieser Einsicht eine gewisse Hilfe bietet. De Wette braucht ihn gelegentlich so allgemein, daß die Religion als Einheit von Glaube und Gefühl, von Wahrheit und Schönheit selbst Offenbarung heißen kann. Allein er weiß, daß sie zunächst nur als Anlage, als Möglichkeit besteht, und daß sie der Weckung von außen her in der geschichtlichen Gemeinschaft bedarf, um wirklich zu werden. Diese Weckung geschieht durch den geschichtlichen Selbsterweis des Göttlichen, den wir im besonderen Sinne Offenbarung nennen: nämlich dann, wenn wir in einer religiösen Erscheinung von der darin liegenden Kraft der religiösen Wahrheit und Schönheit dergestalt ergriffen und bewegt werden, „daß wir uns über uns selbst und unser geistiges Vermögen emporgehoben fühlen", oder wenn wir „in dieser Erscheinung eine unendlich überlegene Gewalt anerkennen, vor der wir unwillkürlich anbetend die Knie beugen" (203). So hat der Begriff der Offenbarung bei ihm eine innere und eine äußere Seite (Lehrbuch I³, 25 f.): die eigentliche Offenbarung tritt von außen an uns heran und setzt ein Neues, aber dies Neue ist uns nicht innerlich fremd, sondern die Verwirklichung unseres eigenen tiefsten Ahnens und Glaubens. Natürlich ist auch diese Offenbarung nicht exklusiv auf Bibel und Christus beschränkt, aber die Offenbarung in Christus hat doch „dem religiösen Geist der Welt eine ganz neue Richtung gegeben" (Rel. u. Theol. 204); oder in der späteren, dogmatisch konservativeren Wendung: er ist das Urbild der Menschheit, er spiegelt „dem Menschen das in ihm liegende Göttliche im vollkommenen Bilde" ab und gibt

ihm „das reinste Bewußtsein seiner selbst"; seine Gestalt, sein Leben
und Tod (ganz überwiegend johanneisch betrachtet) sind das Symbol
der Wahrheit, in dem Idee und Erscheinung sich gegenseitig vollkommen durchdringen; die Offenbarung Gottes in ihm darf uns
daher „für die letzte und abschließende gelten", die nur immer
wieder durch den göttlichen Geist dem Menschen gedeutet und mit
der inneren Offenbarung vermählt werden muß (Lehrb. I³, 27). Von
Herder und den Reden Schleiermachers hatte de Wette gelernt: wenn
die Geschichte überhaupt das Gebiet ist, das die Ahnung des Ewigen
am lebendigsten entzündet, so hat die geschichtliche Gestalt Jesu
dabei eine ganz besondere, eine unvergleichliche, obschon rational
ohne weiteres begreifbare Stellung.

Die Verbindung der Offenbarung mit geschichtlichen Urkunden
führte mitten in die theologischen Kämpfe hinein. Die rein rationale
Kritik der Aufklärung hatte die überlieferte Vergöttlichung der Bibel
zerstört, und der Supranaturalismus besaß keine echt theologischen
Mittel, ihr den Offenbarungscharakter zu wahren. Die spekulative
Theologie aber verachtete die kritische Forschung und legte will-
kürlich ihre – halb orthodoxe halb philosophische – Dogmatik in
die christliche Geschichte hinein. Gegenüber all diesen Irrgängen
entwickelte de Wette die Lehre von der *natürlichen und der ideal-
ästhetischen Betrachtungsweise*. Beide liegen im Menschen und müssen mit der gleichen Notwendigkeit von der Theologie angewandt
werden. Jene weist an der Hand der Kritik die natürlichen Zusammenhänge des Geschehens auf, diese macht Ernst damit, daß im
Natürlichen das Ideale erscheint. Dem Subjektivismus soll dadurch
nicht die Tür geöffnet werden. Denn – so formuliert de Wette bei
dem zentralen Beispiel – „wir wollen, daß die Geschichte Jesu in
idealer Bedeutung aufgefaßt werde, aber nach den Ideen, welche
objektiv darin liegen, und von allen auf die gleiche Weise anerkannt
werden" (Rel. u. Theol. 157). Die theologische Untersuchung zeigt,
daß in dem, was die christliche Religion als Offenbarung erlebt, „die
ewigen Vernunftideen in ihrer größten Reinheit und Fülle erschienen
sind" (204). Es kommt alles darauf an, daß der ideale Gehalt aus
den Banden der Verstandesbegriffe erlöst und mit Hilfe der objektiven Wendung des Symbolgedankens der ästhetischen Anschauung
zugänglich gemacht werde (S. 200). Vor allem bei der Gottheit Christi
kämpft de Wette scharf gegen den Intellektualismus der Naturen-
lehre u. ä.; der Christ „*glaubt* und *schaut* in ihm die leibhafte Gottheit, aber er grübelt nicht darüber" (216); oder am nächst wichtigen

Beispiel: wir wollen „die Art, wie wir versöhnt werden, nicht *denkbar* zu machen suchen, sondern wir wollen die Versöhnung glauben" (222). Die Rechtfertigungslehre erkennt er wieder als „die Grundfeste der ganzen christlichen Glaubenslehre"; von seiner „Idee der Resignation" aus meint er die Erkenntnis, daß der Mensch nicht durch eigenes Verdienst, sondern allein durch Gottes Gnade selig werde, so vollkommen billigen zu können, „daß wir fast nichts hinzuzusetzen haben" (ebd.). Gestützt auf die positive Macht der idealen Betrachtungsweise kann de Wette zugleich die kritisch-historische Arbeit der Theologie mit allem Ernste treiben und ihr einen neuen Aufschwung geben helfen. Er ist der Zuversicht, daß die kritisch-historische und die ideale Betrachtungsweise einander trotz ihrer grundsätzlichen Verschiedenheit wechselseitig fördern. Die stark historische Haltung der Dogmatik steht daher bei ihm unter einem anderen Nenner als in Rationalismus und Supranaturalismus: sie hat weder nur zu kritisieren noch einfach zu behaupten, sondern in Kritik und Bejahung an dem geschichtlichen Stoff die religiöse Anschauung für unser Zeitalter durchzuführen.

So trat eine zweite Form der idealistischen Theologie neben die spekulative. Sie war ihr weit überlegen, sofern sie innerhalb der Religion nicht nur das Denken, sondern die Ganzheit des Menschentums zur Geltung kommen ließ, sofern sie nicht eindeutig, sondern lauschend und untersuchend auf die tragenden geschichtlichen Urkunden des Christentums zurückgriff, sofern sie kraft eigentümlicher Verbindung erkenntniskritischer, psychologischer und historischer Betrachtungsweise der Religion und Theologie eine gewisse Selbständigkeit gab. De Wette erörterte auf dem von Herder und Schleiermachers Reden bereiteten Boden erstmals mit einiger Deutlichkeit die großen Fragen, die sich der Theologie jetzt stellten: die Fragen nach dem Verhältnis von Religion und allgemeinem Geistesleben, von Christentum und Geschichte, von Theologie und allgemeiner Religionswissenschaft. Damit grub er einen für jene Zeit unvergleichlichen Reichtum auf und gab ihm zugleich durch den psychologisch-ästhetischen Einschlag seines Denkens unendliche Möglichkeiten der Anpassung und Abwandlung. Nach alledem darf er eine weit höhere Würdigung beanspruchen, als ihm in der Regel zuteil wird[55]. Dennoch entfaltete auch seine Theologie sich noch nicht zu einer reinen

[55] Vgl. *R. Otto*, Kantisch-Friessche Religionsphilosophie, [2]1921, S. 129–87; *Kattenbusch*, RE[3] 24, 1913, S. 646–51; *P. Seifert*, Die Religionsphil. bei

Herrschaft des evangelischen Glaubens, sondern blieb an ausschlag-
gebenden Punkten im Banne der natürlichen Religion des Deutschen
Idealismus. Gewiß bekämpfte er den unmittelbaren – sei es rationalistischen sei es spekulativen – Aufbau der Theologie auf die
Philosophie. Die Philosophie sollte nur das religiöse Gebiet abstecken
und die tragenden Ideen herausarbeiten helfen, also nur vorbereitende
und helfende Dienste leisten. Aber indem sie die Ideen und die
Rolle des Ästhetischen bestimmte, flutete sie im Bunde mit dem
ästhetischen Gefühl doch mächtig in die theologische Arbeit hinein.
Hier liegt die Ursache dafür, daß de Wette nicht zur klaren Unterscheidung des christlichen Glaubens von der natürlichen Religion,
darum erst recht nicht zu einer sach- d. h. glaubensgemäßen Wieder-
verbindung durchstieß. Er ahnte sie und bereitete sie vor; er sah, daß
in der Verbindung von Offenbarung und Geschichte ein fruchtbares
Mittel dafür liegen würde. Aber seine „ideal-ästhetische" Betrachtung
vermochte weder die geschichtliche Individualität der einzelnen Religionen noch die geschichtliche Bedeutung des Einmaligen recht zu
würdigen, geschweige die Offenbarungsbestimmtheit des christlichen
Glaubens scharf zu erfassen. Gerade de Wettes Wertung Jesu Christi
zeigt ein ungeklärtes Ineinander des Offenbarungsgedankens und der
Apotheose des humanistischen Menschheitsideals. Die Verbindung
natürlicher und ideal-ästhetischer Betrachtung gab zwar zweifellos
bessere Möglichkeiten für die Theologie als das Hegelsche Nebeneinander von Vorstellung und Begriff; aber sie überwand doch den
Grundfehler nicht, daß hier ein glaubensfremdes Schema die innersten Fragen des Glaubens lösen sollte, und bot daher auch nicht
den rechten Ansatz für die theologische Durchdenkung der Lage.
Ja, an zwei Punkten sank de Wette hinter die spekulative Theologie
zurück. Die psychologisch-ästhetische Haltung erschwerte die Erhebung zu der theozentrischen und damit zu der „objektiven" Kraft,
die der Spekulation aus ihrem Ansatz im Absoluten zuströmte; und
sie nahm der Wahrheitsfrage, die in der spekulativen Betonung des
Denkens überall hervortrat, ihre Bedeutung. De Wette meinte durch
Verankerung der Religion in den Ideen dasselbe zu leisten. Aber
erstens entspricht gerade sie nicht dem christlichen Glauben, und
zweitens tritt für die lebendige Religion bei ihm nicht sie, sondern
Gefühl und Ahnung voran; und die Beziehung dieser Funktionen

R. Otto, 36. *E. Staehelin,* Dewettiana 1956; *P. Handschin,* W. M. L. de
Wette als Prediger und Schriftsteller 1958.

zum Theozentrischen, zum Objektiven, zur Wahrheitsfrage zu zeigen, gelang ihm nicht. Die wertvollen Aussagen über den Symbolbegriff z. B. verschärfte er nirgend zu genauer Untersuchung der symbolischen Art des religiösen Erkennens oder der Beziehung zwischen Offenbarung und Symbol.

4. Die Theologie Schleiermachers[56]

a) *Aufstieg und Werke.* – Inzwischen war der Mann, dessen „Reden" den stürmischen Weckruf des jungen Herder wenigstens teilweise zum Programm entwickelt hatten, in langsamer Entwicklung zum Fachtheologen gereift. Die Einsamkeit der Stolper Jahre (1802–1804) gab ihm die Muße zu weiterer philosophischer Vertiefung; mit den *„Grundlinien einer Kritik d. bisherigen Sittenlehre"* und dem 1. B. der *Plato*-Übersetzung trat er in die vorderste Reihe der Gelehrten, die das philosophische Erbe der Vergangenheit kritisch zu durchdenken und der Gegenwart neu zu erschließen strebten. Zugleich vertiefte sich in der amtlichen Erfahrung sein kirchlicher Sinn. Die scharfe Kritik an den kirchlichen Zuständen, die sich ihm aufdrängte, führte in den *„Zwei unvorgreiflichen Gutachten in Sachen d. prot. Kirchenwesens"* (1804) zu Reformvorschlägen, die vor allem kirchliche Union und Hebung des Pfarrerstandes empfahlen. Nach diesen Vorbereitungen brachte die Berufung an die Universität Halle

[56] *Quellen und Literatur. Überblick* über alles Ältere s. RE ³17, S. 587 ff. (1906), 24, 454 f. (1913); *Terrence N. Tice,* Schl. Bibliography, 1966.
  1. *Quellen.* Von der unvollständigen und kritisch unzureichenden *Gesamtausgabe* (30 Bde, 1835–64) enthält der I. Teil die Werke zur Theologie (außer den Schriften Schl.s die Vorlesungen über Hermeneutik, Leben Jesu, Einleitung in d. Neue Testament, Kirchengeschichte, Chr. Sitte, Prakt. Theologie), der II. Teil die Predigten, der III. die Werke zur Philosophie (s. oben I 3 e). Die *Auswahl* von *O. Braun* und *Joh. Bauer* (4 Bde 1910–13) enthält von Theologica nur die Reden, die Weihnachtsfeier, die Predigten über den Hausstand, Teile der Hermeneutik, des Chr. Glaubens, der Chr. Sitte. Die kritischen Sonderausgaben einzelner Schriften s. im Text. – Auch eine vollständige und kritisch zureichende Ausgabe der *Briefe* fehlt. Für die Theologie noch immer grundlegend: Aus Schleiermachers Leben in Briefen, hrsg. von *Jonas* u. *Dilthey,* 4 Bde 1858–63; von Sondersammlungen am wichtigsten: Schl. Briefwechsel mit J. Chr. Gaß, hrsg. von *W. Gaß,* 52 (dazu Joh. Bauer, Zeitschr. f. Kirchengesch. 47, 1928); *Heinrici,* Au. Twesten, 1889.
  2. *Lit. Jubiläumsliteratur* (zum 12. 2. 34): ZThK 1933 f.; *Kattenbusch,* Schl.s Größe u. Schranke; W. *Lütgert,* Schleiermacher; *R. Hermann,* Die

den Zwang zu der fachtheologischen Arbeit, die ihn bisher nur wenig
gefesselt hatte; in alle Gebiete der Theologie mit Ausnahme des Alten
Testaments arbeitete er sich ein; neben der christlichen Glaubens-
und Sittenlehre wurde vor allem das Neue Testament Lieblingsgegenstand sowohl seiner Forschung als auch seiner Vorlesungen. So
wurde er, zunächst in Halle, dann in Berlin, zum theologischen Führer.
Allerdings nahm die theologische Wissenschaft niemals die ganze
Fülle seiner Kraft in Anspruch. Das philosophische Denken und die
Predigt, die bisher im Vordergrund seiner Tätigkeit gestanden hatten,
blieben, mit der hingebenden Tätigkeit in Universität, Akademie der
Wissenschaften und Pfarramt verbunden, notwendige Ausstrahlungen
seines Wirkens; dazu trat die reiche Mitarbeit an der nationalen Be-
wegung, an der kirchlichen Entwicklung und ihren Kämpfen, zeit-
weise auch an der staatlichen Unterrichtsverwaltung. So rundete sich
sein Wirken zu einer Universalität, die Wissenschaft und Praxis,
Glauben und Forschen, Theologie und Philosophie in einer auch für
jene Zeit einzigartigen Weise umspannte. Er wahrte den universalen
Zug der Frühromantik, überwand aber das Nur-Romantische in der
Einung strengen Denkens und Forschens mit der Offenheit für die
Realitäten des Lebens.

In Halle bezeichneten – abgesehen von der zweiten, stark veränderten Auflage der Reden – zwei Veröffentlichungen seinen theologischen Weg. Zunächst die „*Weihnachtsfeier*", 1806[57]. Sie verknüpft die

---

Bedeutung d. Kirche bei Schl.; *G. Heinzelmann,* Schl.s Lehre von d. Kirche;
C. Stange, Die geschichtl. Bedeutung Schl.s (Z. f. syst. Theologie 11,
1934). – Zur Philosophie s. I 3 e, zu den Reden I 4 b; *Martin Schmidt,*
Grundlinien von Schleiermachers Geschichtsanschauung. Das Ringen
theologischer und anthropologischer Motive. Theologische Habilitations-
schrift Leipzig (Maschinenschriftl.) 1942; *Y. Spiegel,* Theologie d. bürgerl.
Gesellschaft. Sozialphil. u. Glaubenslehre bei F. Schl., 68; *E. Hirsch,* Schl.s
Christusglaube, 68; *D. Offermann,* Schl.s Einl. in d. Glaubenslehre. Eine
Unters. d. „Lehrsätze", 69; *R. Stadler,* Grundlinien d. Theol. Schl.s I. Zur
Fundamentaltheol., 69; *W. Brandt,* Der hlge. Geist u. d. Kirche b. Schl.,
69; *F. Beißer,* Schl.s Lehre von Gott dargestellt an seinen Reden u. seiner
Glaubensl., 70; *E. Miller,* Schl.s Theol. des Reiches Gottes im Zus. seines
Gesamtsystems, 70. Eine eingehende Beschäftigung mit Schl. in: NZsystTh,
10, 1968: T. Rendtorff (Protestantismus), F. Kaulbach (Dialektik),
W. Schultz (Reden u. Monol.), W. Trillhaas (Glaubenslehre), E. Lichten-
stein (Pädagogik), S. Keil (Sittenlehre), M. Doerne (Kirchenregiment),
W. Schütte (Schl.-Ritschl).

[57] ²27; krit. Ausgabe von H. *Mulert* 1908, von *Sattler* 23 mit Erklärung
aus Goethe. Sie zeigt die theologische Bewegung dieser Jahre eng ver-

Bestrebungen, die in der Geschichte jener Zeit hart widereinander streiten, in festem Rahmen miteinander und begreift sie als Momente einer großen Gesamtbewegung. Gerade das Weihnachtsfest macht die Verschiedenheit der Geschlechter, Lebensalter, Charakter- und Anschauungsweisen lebendig und fügt sie zugleich als Glieder eines Ganzen in wechselseitiger Bereicherung zur Einheit zusammen. Darum hat jede Spielart des theologischen Denkens hier ihre Stätte: der kritische Rationalist Leonhard, der vom Bewußtsein der Erlösung aus mit dem Erlöser verbundene Ernst, der spekulative Denker Eduard, der in Christo „den Erdgeist zum Selbstbewußtsein in dem Einzelnen sich ursprünglich gestalten" sieht, sie alle finden Raum. Sie alle aber erhalten dann auch ihr Urteil durch den vierten Redner Joseph, der für den sprachlosen Gegenstand sprachlose, d. h. reflexionslose Freude fordert, damit die Grenzen alles theologischen Redens zeigt und wieder zur Sache selbst, d. h. zur Feier zurückruft. Jeder von ihnen vertritt eine Linie der alles umspannenden Theologie Schleiermachers. Zwar spricht Ernst ihren methodischen Leitgedanken am deutlichsten aus, aber auch die kritische Nüchternheit Leonhards und die Freude Eduards an der Kühnheit des spekulativen Denkens sind überaus lebendig in ihm; und daß er von Josephs Haltung ein gut Teil in sich trägt, ermöglicht ihm vorläufig die Einheit mitten in den Gegensätzen. Die „Weihnachtsfeier" ist noch stark ästhetisch gefärbt, aber eine wertvolle Urkunde der Entwicklung, die ihn durch alle einseitigen Bewegungen hindurch zu neuer Grundlegung führte.

Das zweite theologische Denkmal dieser Jahre ist das „Kritische Sendschreiben" „über d. sog. ersten Brief des Paulos an d. *Timotheos*", 1807. Es wollte in scharfsinniger Untersuchung des Textes nachweisen, daß dieser Brief nicht von Paulus stamme, sondern aus Teilen der beiden anderen Pastoralbriefe zusammengesetzt sei. So undurchführbar die Hypothese war, sie hatte doch das Verdienst, die kritische Durcharbeitung der Pastoralbriefe zu eröffnen. Das kleine Buch erwies seinen Verfasser erstmals als ernsthaften, sofort an einer Stelle weiterführenden Mitarbeiter auf dem Gebiete der neutestamentlichen Wissenschaften. Seine Theologie sättigte sich mit Geschichte und

---

bunden mit der von reicher Gemüts- und Geisteskultur getragenen romantischen Geselligkeit, in die freilich aus der Ferne bereits die Donner der Weltgeschichte hallen. Wir erleben die Weihnachtsfeier eines solchen Kreises, die in ihren Gesprächen gut platonisch vom Äußerlichen auf das Innerste, auf den gegenwartsmächtigen Gehalt führt.

machte für das Neue Testament fruchtbar, was ihm in der Arbeit an den platonischen Schriften geläufig geworden war.

Inzwischen hatte der Krieg begonnen, den Schleiermacher dank seinem schon in den „Reden" lebendigen völkischen Bewußtsein längst als notwendig erkannt hatte. Daß er sich zunächst als Zusammenbruch auswirkte, stellte nationale Aufgaben, die der lebensverbundene Theologe als ein Stück seines Kampfes gegen die Aufklärung mit leidenschaftlicher Hingabe aufnahm. Weil ihn „das deutsche Blut in seinen Adern sticht" (Werke I 2, S. 320), steht einige Jahre die vaterländische Tätigkeit im Vordergrund seines Wirkens. Predigten sind ihre wichtigsten Denkmale; durch sie wurde er nach dem Weggang von Halle „vor allen anderen der politische Lehrer der gebildeten Berliner Gesellschaft" (v. Treitschke, Deutsche Geschichte, I 305). Sie waren das lebendigste Beispiel dafür, daß sein theologisches Denken sich weder im luftleeren Raume theoretischer Spekulation noch im heiligen Sonderbereich des religiösen Gefühls vollzog, sondern in der konkreten, von Gott gegebenen Wirklichkeit selbst. Er wußte sich gerade als Christ in den natürlichen Lebensformen, ihren Anforderungen und Gütern auf Gott bezogen. Das blieb auch, als das äußere Ziel der vaterländischen Erhebung erreicht war. Er konnte „nur im öffentlichen Leben sich ganz genug tun, seine Staatsgesinnung blieb in den Tagen der politischen Ermattung ebenso lebendig wie einst in den Zeiten des patriotischen Zornes. Die Unkundigen und die Gegner schalten, er schillere in allen Farben, und doch stand er mit seinem besonnenen Freimut immer ruhig auf dem Plane, sobald er ein heiliges Gut seines Volkes bedroht sah, ein stahlharter, ganz mit sich einiger Charakter" (v. Treitschke, ebd. II 89). Dieselbe christliche Tapferkeit, die er als Prediger in den von Franzosen besetzten Halle und Berlin bewiesen hatte, bewährte er später gegenüber der politischen Reaktion und den kirchlichen Eingriffen seines Königs[58]. In solcher Tätigkeit empfing die Betonung des Spekulativen, des Innerlichen und Individuellen von vornherein das notwendige Gegengewicht. Sie gehört zu der Ganzheit seines Glaubens und Lebens, die erst die einzelnen Linien seines Wirkens, die der Predigt wie die der Wissenschaft, recht verständlich macht.

Als die Berliner Tätigkeit in regelmäßigen Gang gekommen war, schrieb Schleiermacher das zusammenhängende Programm der theologischen Arbeit, das ihm seit den Hallischen Anfängen vorgeschwebt

---

[58] Vgl. „Über d. liturgische Recht evang. Landesfürsten" (Werke I 5) u. a.

hatte: *Kurze Darstellung* d. theol. Studiums z. Behuf einleitender Vorlesungen, 1811[59]. War die Theologie von Pietisten und Aufklärern teils ins „Praktische" (Erbauliche und Moralische), teils ins Historische aufgelöst worden, so mußte sie sich nun auf der idealistisch bestimmten Höhe des geistigen Lebens wieder auf ihr einheitliches Wesen besinnen und die unendlich erweiterte Fülle der Stoffe zu organischer Ganzheit zu sammeln versuchen. Die Ansätze der spekulativen Theologie und de Wettes wurden dabei von Schleiermacher formal und inhaltlich weit überboten. Er gab jedem Gebiet, das sich in alter oder neuer Zeit als fruchtbar für die Ausbildung zum kirchlichen Dienst erwiesen hatte, sein Recht und zugleich durch die Eingliederung in das Ganze tieferen Sinn. Für das Verständnis Schleiermachers hat diese Schrift grundlegende Bedeutung.

Daß die *historische* Theologie nicht sein eigentliches Arbeitsgebiet werden konnte, folgte – im Unterschied von Herder – aus der Art seiner Geistigkeit. So hoch er die Geschichtswissenschaft würdigte, mit dem Pulsschlag seines Lebens war nur ihre spekulative, d. h. systematische Durcharbeitung verknüpft. Darum hat er zwar auch weiterhin an der historischen Forschung teilgenommen[60]. Allein der Ernst dieser Arbeiten entstammte mehr der persönlichen Anteilnahme an ihrem Stoff oder dem Bedürfnis nach universaler Ausspannung seines Denkens oder dem Streben nach Gegengewichten gegenüber jeder nur spekulativen Wissenschaftlichkeit als der Begeisterung für die historische Tätigkeit selbst. Ganz anders auf *systematischem* Gebiet. Hier wurde, wie schon in den Anfängen seines Wirkens, alle Kraft und alle Liebe seines Geistes lebendig. Literarisch bearbeitet und daher bis ins letzte durchdacht hat er allerdings nur die Dogmatik[61]. In ihr erkannte er das Feld, auf dem die Entscheidungs-

---

[59] ²1830. Die 1. Auflage war so knapp gefaßt, daß sie fast unbeachtet blieb; erst die stark erweiterte 2. Auflage gewann Einfluß.

[60] Vgl. den „kritischen Versuch" über die Schriften des *Lucas* (erschienen ist nur der 1. T., 1817) und die Abhandlungen, die er den Theol. Studien u. Kritiken 1832 (Über *Kolosser* 1, 15–20; Über d. Zeugnisse d. *Papias* von d. ersten beiden Evangelien) beisteuerte, sowie seine neutestamentlichen und kirchengeschichtlichen Vorlesungen.

[61] Sein Hauptwerk: *Der chr. Glaube* nach d. Grundsätzen d. evang. Kirche im Zusammenhang dargestellt, 1821 f. (²30 f.; krit. Ausgabe der Einleitung hrsg. v. C. Stange 1910; M. Rade, Die Leitsätze d. 1. u. 2. A. von Schl. Glaubenslehre, 1904). Dazu einige Abhandlungen (Über d. Lehre v. d. Erwählung, 1819; Über d. Gegensatz zwischen d. sabell. u. d. athan. Vorstellung v. d. Trinität, 22) und die für das Verständnis der Glaubenslehre

schlacht über das Schicksal der Theologie geschlagen werden mußte. Hier setzte er deshalb seine stärksten Kräfte ein. So kam hier formal die Höhe seiner systematischen Kunst, inhaltlich die Polarität des Intensiven und des Extensiven, die seiner Frömmigkeit ihre Spannkraft gab, am meisterhaftesten zum Ausdruck.

b) *Das Programm.* – Die religiösen Elemente seiner Philosophie, die philosophischen Elemente seiner „Reden", dazu das verführerische Beispiel der neuen christlich-spekulativen Philosophie machten die Selbständigkeit der Theologie für Schleiermacher zu einer ebenso schwierigen wie drängenden Frage. Folgte sie notwendig aus der Selbständigkeit der Religion, für die er in den „Reden" gekämpft hatte? Die Weihnachtsfeier und die frühesten Vorlesungsentwürfe zeigen ein gewisses Schwanken. Zwar Erlösung und Jesus Christus standen ihm als die bestimmenden Inhalte des Christentums fest. Aber konnte nicht die *Idee* der Erlösung alles Gewicht erhalten und ihre spekulativ-philosophische Ableitung als die eigentliche Aufgabe erscheinen? Wäre Schleiermacher dieser starken, vom Geist der Zeit begünstigten Lockung erlegen, dann hätte er nur eine besondere Spielart philosophierender Theologie geschaffen. Aber theologische Klarheit und realistisches Denken überwanden die Gefahr[62]: die „Kurze Darstellung" stellte die Theologie als selbständige Wissenschaft mit eigener Aufgabe und eigener Methode dar. Sie gliedert die Theologie den „positiven Wissenschaften" ein, die überall da entstehen, wo wissenschaftliche Elemente „zur Lösung einer praktischen Aufgabe erforderlich sind" (²§ 1; vgl. Werke I 13, S. 7 ff.). Der Begriff ist doppelseitig: er gewinnt einerseits der Theologie die Selbständigkeit zurück, indem er sie auf die positive Aufgabe der Kirchenleitung bezieht, d. h. darauf, extensiv wie intensiv „dem Christentum sein zugehöriges Gebiet zu sichern und immer vollständiger anzueignen, und innerhalb dieses Gebiets die Idee des Christentums

unentbehrlichen „Sendschreiben an Lücke" (in den Theol. Studien u. Kritiken 29; krit. Ausgabe von H. Mulert, 1908).

[62] Den Kampf der Motive um die Herrschaft hat am genauesten *J. Wendland* untersucht: Die rel. Entwicklung Schl. 1915. Über das Verhältnis von Philosophie und christlichem Glauben bei Schleiermacher vgl. vor allem den Brief an Jacobi vom 30. 3. 1818 (Briefe 2, 349 ff., vollständiger bei Hch. Meisner, Schl. als Mensch. Sein Wirken, 1923, S. 272 ff.): „Meine Philosophie und meine Dogmatik sind sehr entschlossen, sich nicht zu widersprechen, aber eben deshalb sollen auch beide niemals fertig sein, und so lange ich denken kann, haben sie immer gegenseitig an einander gestimmt und sich auch immer mehr angenähert".

immer reiner darzustellen" ([1] § 28, [2] § 25. 313); er verknüpft sie anderseits mit dem Ganzen der Wissenschaft, zunächst mit der Ethik als
der Lehre von den grundlegenden Begriffen und Zusammenhängen
alles geschichtlichen Lebens. So nimmt die theologische Aufgabe
beide ursprüngliche Arbeitsrichtungen, die philosophische und die
kirchliche, organisch in sich auf. Die Schwierigkeiten der Verhältnisbestimmung suchte Schleiermacher zu überwinden, indem er Form
und Inhalt scharf unterschied[63]. Er meinte die wissenschaftliche Form
der Theologie ganz aus der begrifflichen Arbeit der „Ethik", den
Inhalt ganz aus der Geschichte gewinnen zu können, und verwandte
alle Genialität seines dialektischen Denkens darauf, sie ohne wechselseitige Lähmung in einander zu flechten[64]. Wenn dabei das philosophische Element nur dienend sein, niemals den Inhalt bestimmen
oder begründen sollte, so war das Selbsttäuschung; denn die allgemeinen Begriffe bestimmen, obschon unbewußt, die Maßstäbe des
Verständnisses. Form und Inhalt bedingen sich gegenseitig, lassen
sich daher niemals nach heterogenen Gesetzen behandeln – es sei
denn, daß eine restlose Harmonie dieser Gesetze weltanschaulich
vorausgesetzt und damit eine Einstellung übernommen wird, die erst
theologisch geprüft werden müßte. So schwebte schon von der Anlage her die Gefahr einer voreiligen Harmonistik über Schleiermachers Theologie.

Desto bewundernswerter ist es, daß er dennoch, indem er die geschichtlich gebundenen Inhalte des Christentums und die ideell abgeleiteten Möglichkeiten beständig auf einander bezog, die Theologie
selbständiger als jeder Mitstrebende gestaltete. Schon der Dreiklang
von philosophischer, historischer, praktischer Theologie, der von
Anfang an auf das Ziel des Dienstes an der „Kirchenleitung" hin
geordnet ist, begründet die Selbständigkeit. Auch die *philosophische
Theologie*" hat trotz des verdächtigen Namens ihren Anteil daran.
Sie zerfällt in Apologetik und Polemik, gibt aber beiden einen völlig

---

[63] Form und Inhalt sind hier im üblichen Sinne gemeint. Schleiermacher
selbst versteht unter Form (z. B. Kurze Darstellung [2] § 38) gerade auch die
Beziehung auf die Kirchenleitung.

[64] Wie viel er dabei dem Formalen zubilligte, zeigt der umstrittene Satz
über die „philosophische Theologie": Sie nimmt ihren Ausgangspunkt
„über dem Christentum in dem logischen Sinne des Wortes", d. h. in
dem allgemeinen Begriff der religiösen Gemeinschaft. – Ähnlich Dialektik,
ed. Jonas 533, auch 436. – Vgl. zu der Stelle: *Horst Stephan,* Schleiermacher als Denker (s. oben I 3 e), S. 204 f.

neuen Inhalt. Die „Apologetik" will das eigentümliche Wesen des Christentums und des Protestantismus untersuchen und arbeitet dazu die Leitbegriffe heraus, unter denen der Inhalt des christlichen Glaubens sich am besten erfassen läßt: das Natürliche und das Positive, Offenbarung, Wunder und Eingebung, Weissagung und Vorbild, Kanon und Sakrament, Hierarchie und Kirchengewalt, Konfession und Ritus[65]. Die „Polemik" wendet sich nicht wie ehedem nach außen, sondern nach innen. Sie will die Erkrankungen aufdecken, die in dem geschichtlichen Organismus der Kirche durch Abweichung von der Idee des Christentums entstanden sind und entstehen; Leitbegriff sind hier Indifferentismus und Separatismus, Häresie und Schisma. So wird die philosophische Theologie eine Art Kategorienlehre der christlichen Religion, begründet auf die wechselseitige Durchdringung der in der Ethik aufgestellten, dann durch Religionsvergleichung genauer bestimmten Grundbegriffe und einer vorausgeahnten Phänomenologie des Christentums – ein programmatischer Ausbau von Andeutungen, die schon in den Reden aufgetaucht waren. Freilich hat Schleiermacher niemals die Muße gefunden, dieses Programm zu verwirklichen. Die „Lehnsätze aus der Apologetik", die er in der Einleitung der Glaubenslehre beibringt, heben nur die hier notwendigen Gedankengruppen heraus.

Auch das Programm der *historischen* Theologie ist ganz auf das Grundsätzliche gerichtet. Es bemüht sich zumeist um Methode und Leitbegriffe: was plötzliches Entstehen, allmähliche Entwicklungen und Fortbildungen, was Periode, Epoche und Entwicklungsknoten, was Einheit und Besonderheit bedeuten, wie Kenntnis des gegenwärtigen Moments, Gesamtverlauf und Ursprung, wie die Geschichte des Lehrbegriffs und die der Gemeinschaftsverfassung sich zueinander verhalten, welche Rolle der individuellen Eigentümlichkeit des Darstellenden und welche der historischen Kritik zukommt – all diese Fragen beschäftigen Schleiermacher weit mehr als jeden historischen Theologen seiner Tage. Auch was er im einzelnen, etwa über exegetische Theologie und Kirchengeschichte, sagt, ist wiederum mehr Formen- und Methodenlehre für diese Gebiete als Einführung in die Inhalte. Genauer ausgearbeitet hat Schleiermacher selbst – wenigstens in Vorlesungen und Akademie-Abhandlungen – die *Hermeneutik*. Darum hat auch nur sie erheblichen Einfuß gewonnen. Sie soll die

---

[65] Vgl. *Martin Honecker*, Schleiermacher u. das Kirchenrecht 1968 Theol. Existenz heute 148.

Regeln entwickeln, die das geschichtliche und divinatorische, objektive und subjektive Nachkonstruieren der gegebenen Rede ermöglichen, und erweist sich damit als allgemein-wissenschaftliche Disziplin. Für die Theologie gewinnt sie schon dadurch Bedeutung, daß sie mit dem sprachlichen Ausdruck des Religiösen auch das religiöse Wesen des Menschen zu verstehen anleitet und – namentlich in den handschriftlichen Partien – Sprachtheologie und Sprachphilosophie entwirft. Die Frage, ob die „Kunst" der Auslegung bei „Heiliger Schrift" nicht noch andere Ansprüche als bei sonstigem Schrifttum stellt, wird von Schleiermacher allzu rasch bei Seite geschoben.

Wenn er dann der historischen Theologie als letzten Teil „die geschichtliche Kenntnis von dem *gegenwärtigen Zustand* des Christentums" eingliederte, so stellte er auch damit wichtige Aufgaben. Zwar die Hinzurechnung der „*dogmatischen* Theologie" war ein Fehlgriff. Er begreift sich daraus, daß diese einen Teil ihrer Aufgaben an die „philosophische" Theologie abgetreten hatte, sowie daraus, daß Schleiermacher die Dogmatik durch ihre historische Charakterisierung vor den Gefahren der philosophischen Begriffsableitung und der bewußtseinstheologischen Methode zu retten glaubte; aber streng durchgeführt müßte er die – auch von Schleiermacher behauptete – normative Funktion der Dogmatik zerstören. Der richtige Ansatz dieses Teils liegt vielmehr in der „kirchlichen *Statistik*", die nicht nur die äußerlich meßbaren Tatsachen, sondern Gehalt und Form des kirchlichen Lebens in den verschiedenen Kirchengemeinschaften erfassen soll. Diese Zielsetzung bedeutete eine so starke Vertiefung des Stäudlinschen Versuchs, daß sie neben den Leistungen von Planck und Marheineke zu den Grundlegungen der Konfessionskunde gehört.

Endlich die *praktische* Theologie. Sie findet in der umfassenden Neubesinnung der Theologie auf die kirchliche Funktion zwanglos ihre organische Stellung und das einheitliche Verständnis, das sie erstmals von der Stufe pastoral-theologischer Erfahrungsweisheit auf die der wissenschaftlichen Durchdenkung erhob. Die praktischen Aufgaben erwachsen aus der Beziehung der in der philosophischen Theologie gegebenen Wesensbestimmungen auf die in der historischen Theologie geschilderte Lage, und es gilt nun die jeweils richtige Verfahrensweise für die jeweils geforderte Verwirklichung des Wesens zu finden. Dabei sondern sich innerhalb der „Kirchenleitung" der auf die Einzelgemeinde gerichtete „Kirchen*dienst*" und das dem Ganzen geltende "Kirchen*regiment*". Beiderseits durchdenkt Schleiermacher nicht nur die überlieferten kirchlichen Tätigkeiten und zeigt sie in ihren innerkirchlichen wie in ihren kulturellen Zusammenhängen, sondern er richtet sein Augenmerk auch auf solche, die bisher der rechten Eingliederung entbehrten: so auf die Mission und auf die „ungebundenen" Elemente der Kirchenleitung, d. h. auf die akademische Theologie und das freie kirchliche Schriftstellertum. Auch hier gießt er ein Füllhorn neuer Gesichtspunkte und neuer Verantwortung über das geschichtlich Gewordene aus.

So nahm Schleiermachers Programm alle ältere Arbeit in sich auf, legte aber zugleich neuen Grund und stellte neue Aufgaben. Es wurde dem Inneren und dem Äußeren, der kritischen und der positiven Betrachtung der Geschichte gleich gerecht, war durch scharfes Denken ebenso ausgezeichnet wie durch klare Sicht des Wirklichen, durch Strenge der Wissenschaft ebenso wie durch Sinn für die Praxis. Es sammelte die ganze unendliche Mannigfaltigkeit der Stoffe und Gesichtspunkte zur inneren Einheit; und es machte dabei Ernst mit dem evangelischen Glauben, der auf die Offenbarung Gottes in der Geschichte gegründet ist, aber jede bloße fides historica überwindet, der also objektive und persönliche Haltung als Einheit weiß und mitten in der kirchlichen Treue doch der „divinatorischen Heterodoxie" die Bahn offen hält (Kurze Darstellung[2], § 202 ff.). So viele Bedenken auch die formalistische Haltung, die unorganische Verbindung philosophisch abgeleiteter Begriffe mit geschichtlich gewonnenen Inhalten, die Zerreißung der systematischen Theologie und so manche Einzelheit weckten – hier bahnte eine wirkliche „Reformation der Theologie" sich an.

Von all den Gebieten, die sie umfaßte und auf denen noch heute eine Auseinandersetzung mit ihr nötig ist, sei wenigstens das herausgehoben, dem das Hauptwerk galt.

c) *Die „Glaubenslehre".* – Ihre „Einleitung" bot Gelegenheit, die nach Schleiermachers Gesamtaufriß den logisch vorgeordneten Gebieten, nämlich der „Ethik", Religionsphilosophie und philosophischen Theologie zustehenden allgemeinen Begriffe der Dogmatik zuzuleiten; denn sie soll, obschon nur in „Lehnsätzen", das Wesen der Frömmigkeit, der frommen Gemeinschaft, im besonderen des Christentums entwickeln. Dabei tritt zunächst als grundlegend für die wissenschaftliche Konstruktion des Werkes der Begriff der *Frömmigkeit* hervor (§ 3 f.): sie ist „rein für sich betrachtet weder ein Wissen noch ein Tun, sondern eine Bestimmtheit des Gefühls oder des unmittelbaren Selbstbewußtseins". Unter „frommem" Gefühl ist dabei „weder etwas Verworrenes noch etwas Unwirksames" verstanden, sondern die „ursprüngliche Aussage über ein unmittelbares Existenzialverhältnis" (1. Sendschreiben an Lücke, ed. Mulert, S. 15), „die unmittelbare Gegenwart des ganzen, ungeteilten Daseins" (im Anschluß an Steffens, s. § 3, 2 Anm.). Es ist eine Größe, die jenseits aller vermögenspsychologischen Einleitungen steht und dem gesamten empirischen Leben, nach der Seite des Erkennens wie des Wollens, letzten Sinn verleiht; sie will einerseits die Ursprünglichkeit, anderseits die Universalität betonen. Die „Bestimmtheit des Gefühls" besteht darin, „daß wir uns unser selbst als schlechthin abhängig, oder... als in Beziehung mit Gott bewußt sind". Das Wesentliche ist danach eine persönliche Gottbezogenheit, die Welt und Leben einschließt, alle irdischen Kausalitäten, Gegensätze, Freiheiten und Abhängigkeiten unter eine letzte radikale Abhängigkeit stellt und das Leben in seiner Ganzheit von Gott her verstehen möchte. Man wird fragen müssen, ob die Formel wirklich „alle noch so verschiedenen Äußerungen der Frömmigkeit" zusammenfaßt, ob sie nicht mit fremdbürtigen rationalen Konstruktionen belastet ist, ob sie die Objektbezogenheit genügend stark zur Geltung bringt, das Verhältnis des schlechthinnigen Abhängigkeitsgefühls zum natürlichen, z. B. kausalen Bewußtsein klärt, der drohenden Einmischung identitätsphilosophischer Züge vorbeugt, u. ä. Aber man wird zugeben müssen, daß die Religionsauffassung der Glaubenslehre weit fruchtbarer als die der Aufklärung, des spekulativen Idealismus und de Wettes ist. Im Verhältnis zu den „Reden" überwand sie manche Einseitigkeiten, ließ aber auch manche Errungenschaften, z. B. beim Offenbarungs- und Anschauungsbegriff, dahinten.

Aber mag die Lehre von der Frömmigkeit für Schleiermacher noch so wichtig sein, – im Mittelpunkt der Glaubenslehre steht sie nicht. Sie bleibt im Rahmen abstrakt-formaler Wesensbestimmung und weist selbst darauf hin, daß wirkliche Religion erst in der konkreten, inhaltgebenden Geschichte entsteht. In den Mittelpunkt führt darum erst die Bestimmung des *Christentums*. Unbewußt wirkt sie schon in der Formel des schlechthinnigen Abhängigkeitsgefühls mit; bewußt herausgearbeitet wird sie in § 11: Das Christentum ist eine teleologisch-monotheistische Glaubensweise, in der alles „bezogen wird auf die durch Jesum von Nazareth vollbrachte Erlösung". Hier finden die Andeutungen der „Reden" über den historischen Charakter der Religion, über die Bedeutung des Gnaden-, Erlösungs- und Mittlerbegriffs ihre entschlossene Durchführung; und so erhält die Glaubenslehre unter weitgreifender Entmächtigung des spekulativen Dranges christozentrischen Charakter. Schleiermacher will grundsätzlich „den Glaubensinhalt des Christentums immer nur auf die Grundtatsache desselben und auf die innere Erfahrung von dieser Tatsache" zurückführen (Werke I 5, 676). Die innere Verschmelzung der in diesen Satz aufgenommenen „Erfahrungs"-Momente mit dem objektiv-geschichtlichen Zuge sucht er durch seine eigentümliche dogmatische *Methode* zu erreichen. Die christlichen Glaubenssätze sind nach § 15 „Auffassungen der christlich-frommen Gemütszustände"; d. h. ihr Inhalt ist im Bewußtsein gegeben, bedarf daher nicht rationaler oder spekulativer Ableitung, sondern nur der genauen wissenschaftlichen Bestimmung seiner Begriffe und ihrer Verknüpfung. Gegeben ist er allerdings zunächst nur in der persönlichen Frömmigkeit des Christus-verbundenen Menschen. Da dieser aber für die Theologie nicht als Einzelner, sondern als Glied seiner Kirche in Betracht kommt, tragen die dogmatischen Sätze kirchliches Gepräge; sie vertreten die „in einer christlichen Kirchengesellschaft zu einer gegebenen Zeit geltende Lehre" (§ 19) und müssen ihr Recht darauf bewähren „teils durch Berufung auf evangelische Bekenntnisschriften und in Ermangelung derer auf die neutestamentischen Schriften, teils durch Darlegung ihrer Zusammengehörigkeit mit andern schon anerkannten Lehrsätzen" (§ 27). So ensteht die Möglichkeit objektiver Maßstäbe mitten in der Welt der persönlichen „Gemütszustände". Zugleich aber liegt in der Verbindung so verschiedener Faktoren die Möglichkeit, den Gegensatz von Orthodoxie und Heterodoxie zu relativieren (§ 25) oder die „divinatorische Heterodoxie" zu erproben, auf die schon die „Kurze Darstellung" verwiesen hatte[66].

[66] Schleiermachers Stellung zu den *Bekenntnisschriften* wird deutlich in dem Aufsatz „Über d. eigentümlichen Wert u. d. bindende Ansehen symbolischer Bücher" (Reformationsalmanach 1819; Werke I 5), in den (Predigten in bezug auf d. Feier d. Übergabe d. Augsb. Konfession", 1831 (Werke II 2), sowie in den unten Nr. d erwähnten Sendschreiben (vgl. Hs. Hartmann, Schl.s Stellung z. Bekenntnis, ZThK 1914; G. A. Benrath, Schl.s Bekenntnispredigten v. 1830, Diss. Königsberg 1917). – Die Stellung zur *Bibel* zeigt gut der oben Nr. a genannte Brief an Jacobi: „Die Bibel ist die ursprüngliche Dolmetschung des christlichen Gefühls und eben deshalb so feststehend, daß sie nur immer besser verstanden und entwickelt werden darf. Dieses Entwicklungsrecht will ich mir als protestantischer Theologe von niemand schmälern lassen. Allerdings aber bin ich dabei der Meinung, die dogmatische Sprache, wie sie sich seit Augustinus

Daß die „Gemütszustände" nicht als Gefühl im gewöhnlichen Sinne des Wortes verstanden werden, zeigt der *Inhalt*. Schleiermacher arbeitet ihre Christlichkeit scharf heraus, indem er das Verhältnis von Sünde und Gnade zugrunde legt. Allerdings unterscheidet er dabei wieder Allgemeines und konkrete Bestimmtheit: das christlich-fromme Selbstbewußtsein kennt Elemente, die überall sowohl in der Sünden- als auch in der Gnadenbestimmtheit vorausgesetzt sind, gewinnt aber nur innerhalb des Gegensatzes Sünde-Gnade Wirklichkeit (§ 29). Jene (Schöpfung, Erhaltung) nimmt der erste Hauptteil voraus; als zweiter, weit umfangreicherer Hauptteil folgt dann die Lehre vom Sünden- und Gnadenbewußtsein. Das ist die eigentliche, die Sacheinteilung. Mit ihr kreuzt sich eine andere, die ebenfalls die Vollständigkeit des Inhalt erschließen hilft. Die Gemütszustände nämlich treten zwar im Subjekt hervor; aber da sie auf einer Bestimmtheit des Selbstbewußtseins beruhen, ist in ihnen das Bestimmende „mitgesetzt", d. h. Gott und Welt. Daher lassen sich aus der Beschreibung der frommen Gemütszustände, die stets die „Grundform" der dogmatischen Sätze bleibt, jeweils Reihen von Aussagen über Gott und über die Welt entwickeln, und so ergeben sich drei Formen der Glaubenssätze nebeneinander (§ 30). Die Verflechtung der beiden Einteilungen[67] ermöglicht es, alle großen Themata der christlichen Dogmatik in strengen systematischen Zusammenhang zu bringen. Dabei fällt der Ton tatsächlich ganz auf die Entfaltung des Sünden-Gnaden-Bewußtseins: wir stehen vor einer Theologie des christlichen Glaubens, nicht der natürlichen Religion. Und die Schärfe der systematischen Durchdenkung hält das Ganze auf der geistigen Höhe, auf die der Deutsche Idealismus seine Träger geführt hatte. – Freilich ist eben damit auch die zeitgeschichtliche Bedingtheit ausgesprochen; und so erhebt sich die Frage, ob der christliche Gehalt und die Formung einander wirklich restlos durchdringen. Wir versuchen die Frage zu beantworten, indem wir von den beiden wich-

---

gebildet hat, sei so tief und reichhaltig, daß sie jeder möglichen Annäherung der Philosophie und Dogmatik gewachsen sein wird, wenn man sie verständig handhabt".

[67] Die Durchführung wird in tabellarischer Übersicht am eindrücklichsten – der beste Beweis für die kunstvolle Systematik des Aufbaus. Die Sacheinteilung wird dabei durch I und II, die Unterscheidung der Formen der Glaubenssätze durch a. b. c bezeichnet; a ist überall die Grundform und steht voran (hier fett gedruckt), b und c sind die abgeleiteten Formen und wechseln bei Schl. ihre Reihenfolge.

tigsten Punkten der Systematik, von der Anordnung und von der Methode, ausgehen.

Bedenken hat von jeher der I. Teil geweckt, d. h. die *Voranstellung des abstrakten Gott-Welt-Verhältnisses.* Sie ist nach Schleiermachers bestimmter Aussage nicht als Betonung, sondern 1. als Ausdruck des vorbereitenden Charakters und des bloß abstrakten Gemeinguts, 2. als Anknüpfung an das allgemeine Bewußtsein gemeint; und die selbständige Behandlung des Themas – außerhalb des Rahmens der Sünden-Gnaden-Lehre – erweist sich nach manchen Seiten wirklich als fruchtbar. Allein die Glaubenslehre zeigt doch auch die Gefährlichkeit der Voranstellung. So verständnislos die Auffassung ist, Schleiermacher benutze sie, um den christlichen Glauben in philosophisch-pantheistische Weltanschauung aufzulösen[68] – tatsächlich entzieht die Voranstellung des weltanschaulichen Fragenkreises diesen der radikalen Verchristlichung, ja sie öffnet den philosophisch-weltanschaulichen Elementen der Einleitung ein breites Einfallstor in das Innere der Glaubenslehre. Schleiermacher sieht die Gefahr nicht, weil er in der Glaubenslehre so wenig wie in den Reden dem christlichen Gottesgedanken genauere Aufmerksamkeit widmet. Zwar macht die Verbreitung der göttlichen „Eigenschaften" über die ganze Glaubenslehre und der Schlußabschnitt über die göttliche Dreiheit es anschaulich, daß wie schon sein Frömmigkeitsbegriff so auch seine Theologie theozentrisch sein will. Aber sein Theozentrismus führt weder zur Entdeckung des „Heiligen", noch zur Klärung des Verhältnisses zwischen dem Natürlichen und dem Übernatürlichen, dem Geschichtlichen und dem Übergeschichtlichen; es fehlt die Besinnung auf den lebendig-geschichtlichen Charakter des biblischen Gottesgedankens, von dem Schleiermacher durch seine Fremdheit gegenüber dem Alten Testament, durch seine romantische Auffassung des Universums und den Überschwang seines Einheitsstrebens ferngehalten wird. Die Kritik wird also stets vom I. Teil der Glaubenslehre und vom Gottesgedanken ausgehen müssen – auch wenn man den Vorwurf des Pantheismus als abwegig erkennt. Schleiermacher findet

---

[68] Sie liegt vor allem denen nahe, die selbst das Christentum stark unter dem Gesichtspunkt des Gott-Welt-Verhältnisses betrachten, sei es, wie D. Fch. Strauß, im Sinn der Immanenz, sei es wie Brunner im Sinne der Transzendenz. Sie verstehen auch Schleiermacher zu einseitig in diesem Schema – trotz seiner Proteste. Zu seiner Stellung vgl. Glaubenslehre § 8 sowie den Brief an Jacobi, s. oben Nr. a.

	I. Die in *jeder* chr.-frommen Gemütsbewegung *vorausgesetzten* und enthaltenen Momente	II. Die Tatsachen des frommen *Selbstbewußtseins,* wie sie durch den *Gegensatz* bestimmt sind.		Schluß
		1. Entwicklung d. Bew. d. *Sünde*	2. Entwicklung d. Bew. d. *Gnade*	
Begriffe von *göttlichen* Eigenschaften u. Handlungsweisen	b D. *göttl.* Eigenschaften, die sich auf das Selbstbew. beziehen: *Ewigkeit, Allgegenwart, Allmacht, Allwissenheit.*	c D. *göttl.* Eigenschaften, die sich auf d. Bew. d. Sünde beziehen: *Heiligkeit, Gerechtigkeit* (Barmherzigkeit).	c D. *göttl.* Eigenschaften, die sich auf d. Erlösung beziehen: *Liebe, Weisheit.*	Schluß: Von d. göttlichen *Dreiheit*
a Beschreibung menschlicher Lebenszustände	D. fromme Selbstbew., sofern sich darin d. Verhältnis zwischen Welt u. Gott ausdrückt: Schöpfung, Erhaltung.	D. Sünde als Zustand des Menschen: Erbsünde, wirkliche Sünde.	Zustand d. Christen, sofern er sich d. göttl. Gnade bew. ist: Von Christo: Person, Geschäft. D. Art, wie sich d. Gemeinschaft mit d. Erlöser in der einzelnen Seele ausdrückt: Wiedergeburt (Bekehrung, Rechtfertigung), Heiligung.	
Aussagen von Beschaffenheit d. Welt	c D. in diesem Selbstbew. angedeutete Beschaffenheit d. *Welt:* ursprüngliche Vollkommenheit d. *Welt, d. Menschen.*	b Beschaffenheit d. *Welt* in Beziehung auf d. Sünde: *Übel.*	b Beschaffenheit d. *Welt* bezüglich auf d. Erlösung: *Entstehen* d. *Kirche* (Erwählung, hlg. Geist); *Bestehen* d. Kirche in d. Welt (unveränderliche Grundzüge: hlg. Schrift, Dienst am Wort, Sakramente, Amt d. Schlüssel; Wandelbares: sichtb. u. unsichtb. K., Mehrheit u. Irrtumsfähigkeit); *Vollendung d. Kirche* (Wiederkunft Christi; Auferstehung; jüngstes Gericht, ewige Seligkeit).	

die Mittel nicht, die nötig wären, um die Schwierigkeiten zu überwinden.

Auch gegenüber der *Methode* Schleiermachers erheben sich Zweifel. Zunächst: mit welchem Rechte kann er unter den christlichen „Lebenszuständen" von Person und „Geschäft" Christi handeln? Woher weiß das christliche Bewußtsein davon, für das doch Bibel und Bekenntnis nur als Korrektiv gedacht sind? Tatsächlich gibt das bewußtseinstheologische Schema trotz des Christozentrismus für den *verkündigten* Christus nur unter Schwierigkeiten Raum. Das Objektive, das an sich in seinem ganzen Denken leitende Bedeutung besitzt, bleibt in seiner Methode ohne festen Ansatzpunkt, wirkt sich daher auch nicht genug im „Gegenüber" aus. Er würde diese Schwierigkeit stärker empfinden, wenn nicht sein Christusbild trotz seiner neutestamentlichen Arbeiten unwillkürlich Züge annähme, die seiner Auffassung des menschlichen Bewußtseins entsprechen. Sein Jesus ist eine Konstruktion, die einerseits von Johannes, dem noch durch keine Kritik ernsthaft angegriffenen Lieblingsevangelium des Idealismus, anderseits von dem Menschheitsideal der Idealisten ausgeht; er ist, obwohl Schleiermacher die historische Kritik bejaht, gerade nach Ausweis der Vorlesungen über das Leben Jesu doch nicht radikal genug durch das Fegefeuer der historischen Betrachtungsweise hindurchgegangen. Damit aber bleibt Schleiermachers Christozentrismus abstrakt und tot, mehr Schema als Ausdruck einer uns beanspruchenden und tragenden Wirklichkeit; der Offenbarungsgedanke sinkt, statt an ihm zu erstarken, wieder unter die Linie der Reden zurück. Für die Kontingenz der göttlichen Mitteilung als Botschaft, Ereignis, Geschichte, für den Glauben, der sich nur dem Kerygma gegenübersieht, und die Verheißung wider alle Vernunft, wider allen „Augenschein" im vordergründigen und im höheren Sinne bleibt kein Raum. Die harmonistische Tendenz bringt zuletzt den christlichen Glauben um seinen Charakter und seinen Sinn.

Indem aber die bewußtseinstheologische Methode am Hauptpunkt scheitert, erweist sie sich überhaupt als unzureichend. Ihre Aufstellung war an sich ein Fortschritt. Abgesehen von ihrer Bedeutung für das Verständnis natürlicher Religion, menschlicher Sündigkeit und empirischer Christlichkeit half sie gegenüber allem Intellektualismus, Moralismus und Dogmatismus die persönliche Art des Glaubens, gegenüber allem Historismus und allem bloß endzeitlichen Eschatologismus die Gegenwartsbezogenheit zur Geltung bringen. Aber ihre Gefahren überwogen. Schleiermacher bemerkte sie wohl. Er bemühte sich ernsthaft um Abwehr der überall drohenden Psychologisierung, indem er hinter und über dem Bewußtsein die objektiven Mächte des Lebens aufleuchten ließ; die Abzweckung der Theologie auf die Kirchenleitung, die Betonung der Gemeinschaft, die Einordnung der Dogmatik in die historische Theologie, die Normierung der dogmatischen Sätze an Bekenntnisschriften und Neuem Testament gaben eine Fülle von Möglichkeiten dafür. Aber es kam zu keinem wirklichen Ausgleich; wir sehen in der Glaubenslehre überall den stillen Kampf zwischen den aus der geschichtlichen Offenbarung Gottes entspringenden Inhalten und den durch die Bewußtseins-Methode begünstigten Zügen der natürlichen Religion.

Die Betrachtung der Methode hat unwillkürlich zum *Inhalt* geführt. Er läßt sich hier nicht im einzelnen kennzeichnen. Aber nächst dem *Gottesgedanken,* der überall durch die enge Verbindung mit dem kausalen Weltbild belastet ist, dadurch formal bleibt und den entscheidenden Inhalt von Zorn und Liebe, von Gericht und Gnade nicht aufzunehmen vermag, seien einige Punkte angedeutet, an denen der Kampf zwischen Zeitbedingtheit und biblisch-reformatorischer Verkündigung besonders anschaulich wird. Lehrreich ist die Behandlung der *Sünde.* Einerseits tritt die „nur durch den Einfluß der Erlösung aufzuhebende vollkommene Unfähigkeit zum Guten" (§ 70) scharf hervor, indem die Vorstellung der Erbsünde durch die der „Gesamttat und Gesamtschuld des menschlichen Geschlechts" (§ 71) überboten wird; anderseits aber wird sie aus der Ungleichheit der Entwicklung von Fleisch und Geist, d. h. natürlich erklärt und so ihres tiefsten Stachels beraubt. Die *Erlösungslehre* wird schon dadurch neu befruchtet, daß überall Person und Werk Jesu verbunden, als „im Selbstbewußtsein der Gläubigen unzertrennlich eins" erwiesen werden (§ 92). Speziell die *Christologie* hat ihren Mittelpunkt darin, daß Christus immer zugleich als geschichtlich, d. h. von Zeit und Volkstum bedingt, und doch als urbildlich, d. h. „durch einen schöpferischen göttlichen Akt, in welchem sich als einem absolut größten der Begriff des Menschen als Subjekt des Gottesbewußtseins vollendet" (§ 93, 3), durch einen neuen Anfang, aus den letzten Tiefen der gottgeschaffenen menschlichen Natur hervorgehend und darum als Organ für die Einwohnung Gottes in der Menschheit betrachtet wird; kraft dieser Betrachtungsweise füllt Schleiermacher die alten dogmatischen Formeln mit neuem Inhalt – wobei er freilich zuweilen in die Nähe der spekulativen Umdeutung des Dogmas gerät, wie überhaupt die Verwendung der Kategorie des Urbilds notwendig platonisierende, im idealistischen Sinne präjudizierende Wirkungen hat. An der Erlösungslehre ist wertvoll, daß sie Christi Tätigkeit einem einheitlichen Gedanken („Geschäft Christi"; mitteilende Selbstdarstellung der Kräftigkeit und Seligkeit seines Gottesbewußtseins) unterordnet, den Einzelnen stets in den Zusammenhang der Gemeinschaft, des „neuen Gesamtlebens", stellt, das Heil auf die Umgestaltung des menschlichen Lebens durch die Herrschaft des Gottesbewußtseins bezieht und die Erlösung nicht nur negativ, sondern zutiefst positiv (als „die nun erst vollendete Schöpfung der menschlichen Natur", § 89) versteht. Allein auch hier bleibt der Fortschritt nicht rein. Vor allem kommt die Bedeutung der richtenden und begnadenden Verkündigung für das Werden des Glaubens wenig zur Geltung; Erlösung und Versöhnung erscheinen zu einseitig als Entfaltung des in der Person Christi gesetzten göttlichen Urkeims – d. h. auch hier bleibt der paulinisch-reformatorische Rechtfertigungsglaube unverstanden. So liegen überall reformatorische Fortschritte und eigentümliche Lähmungen eng ineinander.

Endlich eine Beleuchtung von der „Christlichen *Sitte*" aus! Hatte schon die Glaubenslehre das Christentum „teleologisch" als eine Glaubensweise bestimmt, in der „die vorherrschende Beziehung auf die sittliche Aufgabe den Grundtypus der frommen Gemützzustände bildet" (§ 11), so weiß die Sittenlehre sich grundsätzlich als eine Seite der Glaubenslehre selbst, die nur aus äußeren Gründen selbständig hervortritt. Sie untersucht die Aktivität, die in dem christlich-frommen Selbstbewußtsein notwendig entsteht, während die spezifische Glaubenslehre seinen Gedankengehalt entfaltet. Damit ist der evangelische Charakter der Sittlichkeit als einer alle Lebenswirklichkeit umspannenden Frucht des Glaubens verbürgt; der Moralismus der Aufklärung ist ebenso abgewehrt wie katholischer Werkdienst und pietistische Gesetzlichkeit. Die christliche Ethik erhält eine Weite, vielfach auch eine Tiefe wie niemals zuvor; Schleiermachers tätige Teilnahme an der ganzen Fülle des Lebens, von Ehe und Politik bis zu Kunst und Wissenschaft, gibt ihr trotz der allzu formalistischen Scheidung des „reinigenden", „verbreitenden" und „darstellenden" Handelns einen bewundernswerten Reichtum. Allein die bewußtseinstheologische Methode zeigt auch hier die Schwäche, daß sie den Einbruch neuer Wirklichkeit in das empirische Bewußtsein nicht in seiner vollen Bedeutung herauszuarbeiten vermag. So zunächst den Einbruch der Forderung. Dieselbe Abneigung, die Schleiermacher in der Philosophie dem kategorischen Imperativ Kants (I 3 e) entgegenbringt, wendet er in der Theologie auf die biblisch-reformatorische Lehre vom Gesetz an. Er spricht allzu rasch von dem „Naturwerden des Übernatürlichen", zieht damit eine eschatologische Größe in die Empirie herab und entmächtigt die Kritik an dem gegebenen Zustand des eigenen Selbst und der Welt. Das beste Kennzeichen der Lage ist es, daß er das Verhältnis der christlichen zur philosophischen Sittenlehre nicht restlos aufklären kann. Zwar der Ansatz scheint klar: die philosophische Ethik führt das Handeln auf die Vernunft die christliche auf den Geist zurück. Aber wie verhalten sich diese zueinander? Das Pneuma wird als die höhere Potenz der Vernunft, die Vernunft als niedere Potenz des Pneuma bezeichnet. Dabei soll dieses keineswegs eine höhere Entwicklungsform jener, sondern an den Sendungscharakter und die Christusgemeinschaft geknüpft sein; es soll die ganze Schicht der allgemeinen Vernunft durchdringen und so eine neue Einheit des Lebens verbürgen. In alledem gibt Schleiermacher eine Fülle fruchtbarer Hinweise und sieht z. B. nach der sozialen Seite Aufgaben, die damals außer Baader niemand sah, – und doch schafft er keine Klarheit über das Verhältnis der Grundbegriffe zueinander. Soll die christliche Sittenlehre nur „sanktionieren", d. h. religiös unterbauen und stärken, was die philosophische sagt, oder soll sie es auch „umbilden", d. h. neue Ziele und Maßstäbe aufstellen? Schleiermacher kommt über ein unklares Schwanken nicht hinaus[69]. Die Hauptsache bleibt eine feine und tiefe „Sanktionierung" der Vernunftbetätigung; die Kultur- und Vernunftkritik, die im Gedanken des hlg. Geistes und in dem des Gesetzes angelegt ist, wird nicht durchgeführt. Die Ursache liegt wiederum darin, daß die Inhalte von Bibel und Reformation nicht streng herausgearbeitet, das Pneuma nicht radikal genug an dem biblischen Jesusbild orientiert, die Wirklichkeit des Menschen nicht scharf genug gesehen wird. Die Folge ist der Sieg der Neigung, das neue und das natürliche Leben, hlg. Geist und Vernunft voreilig zu harmonisieren.

d) *Rückblick*. – Die Theologie Schleiermachers hat äußerlich geringe Ähnlichkeit mit den „Reden". Das romantische Sprachgewand ist dahin gefallen, das Ästhetische zurückgedrängt, die Verbindung mit dem Ethischen hergestellt. Überall spricht der reife Mann, der den Strom des Enthusiasmus durch überschauend-kritisches Denken bändigt, der Lehr- und „Lebemeister" zugleich ist. Sachlich aber

---

[69] Vgl. *Horst Stephan*, „Schleiermacher als Denker" (s. oben I 3 e), S. 205.

handelt es sich um dasselbe hohe Ziel, das dem Redner vorgeschwebt hatte: innerchristlich gesehen, die Überwindung der überlieferten Gegensätze durch tiefere Besinnung auf das Wesen der Religion und des Christentums; universal gesehen, um die Darstellung des Christentums auf der durch den Deutschen Idealismus errungenen Höhe des geistigen, zumal des wissenschaftlichen Lebens. Für dieses Ziel kämpft er weiter gegen die Aufklärung, ohne ihre Errungenschaften zu verleugnen[70], setzt er alle geistigen Mittel der Zeit ein, ermäßigt er in der Auseinandersetzung mit dem Denken der Zeit die idealistische Spekulation bis zu dem Grade, der ihm für das Verständnis des Christentums nicht mehr gefährlich erscheint. Im Vordergrund aber steht ihm jetzt die innertheologische Aufgabe. Er redet als Reformator der Theologie im Sinn universaler Geisteseinheit und doch kirchlichen Dienstes. Das ist der grundlegende Fortschritt gegenüber den Reden; auf ihm beruht das Verständnis der Theologie als eines mächtigen lebendigen Ganzen und das der Glaubenslehre als der einheitlichen Darstellung des Erkenntnisgehalts der christlichen Frömmigkeit, sowie die Klarheit und Tiefe, mit der die persönliche und die kirchliche Art, die Gegenwartsbezogenheit und die geschichtliche Verankerung des Glaubens miteinander zur Geltung kommen. In alledem wird es deutlich, daß Schleiermacher nicht nur als Denker, sondern auch als Christ zu einer höheren Stufe emporgereift war[71]. Die Rückkehr zum Herrnhutertum, obschon einer „höheren Ordnung", die hingebende kirchliche Tätigkeit und die wissenschaftliche Arbeit am Neuen Testament hatten die intensive Wendung seines Glaubens zu derselben Stärke entwickelt, die in den Reden nur der extensiven Wendung eigen war; darum ist seine Theologie jetzt

---

[70] Bezeichnend ist seine Stellung zum *Rationalismus:* er bestreitet ihn theologisch, wendet sich aber ebenso scharf gegen den Versuch, ihn aus der Kirche herauszudrängen, überhaupt gegen die wachsende religiös-kirchliche Reaktion. Vgl. in Reden³ das Vorwort und die 26. Anm. zur 4. Rede, sowie das Sendschreiben an v. Cölln und Schulz, Theol. Studien und Kritiken 1831 (Werke I 5), und die Sendschreiben an Lücke (ed. Mulert, S. 37. 44).

[71] Vgl. das Zeugnis seines dogmatisch ganz anders denkenden Stiefsohns E. v. Willich: „Nie wieder in meinem langen Leben, so vielen vortrefflichen und frommen Menschen ich auch nahe getreten bin, habe ich jemand gesehen, der... ein so vollkommener Christ war wie mein Vater,... bei dem Erkenntnis und Leben so im Einklang gestanden hätten wie bei ihm..." (Aus Schleiermachers Hause, 1909, S. 26).

christozentrisch gestählt, ist die Gewißheit des Glaubens zu der Höhe gesteigert, die das Christentum ohne Schwanken als die eigentliche Weltreligion, als die Erfüllung der Religionsgeschichte und die Vollendung des Menschenwesens erkennt. – Hier ist die gegenseitige Durchdringung des Extensiven und Intensiven erreicht, der Gegensatz zwischen der auf die Welt und der auf das innere Leben des Glaubens gerichteten Bewegung in eine fruchtbare Spannung verwandelt; der Ansatz des Bückeburger Herder ist weitergeführt, der voreilige Friede des Weimarer Herder mit der Aufklärung vermieden. So läßt Schleiermachers Werk sich als Selbstbehauptung des Christentums im Deutschen Idealismus, weithin sogar als eine mit Hilfe des Deutschen Idealismus gewonnene tiefere Selbsterfassung des Christentums verstehen. Es bedeutete einen Fortschritt, der formal und inhaltlich alle gleichzeitigen Neuansätze der Theologie weit übertraf. Und doch blieb es dem Satze untertan, daß die Geschichte keine reinen Siege kennt. Denn es zahlte für seine Siege einen hohen Preis. Es überwand nicht in jeder Beziehung die Schwächen der „Reden". Vor allem huldigte es da, wo das Verhältnis zur Welt in Frage steht, noch allzu sehr dem Geist des Idealismus. Es stellte Religion und Christentum so unmittelbar in Verbindung mit dem allgemeinen Geistesleben und der Kultur, daß ihre kritische Funktion und damit ihre Spannung zur „Welt" gelähmt wurde. Ja, die Theologie Schleiermachers blieb an wichtigen Punkten hinter den Ansätzen der „Reden" zurück. Sie machte die religiösen Kategorien der Offenbarung und des Wunders wieder unfruchtbar, indem sie ihre Bedeutung auf die Entstehung neuen Lebens beschränkte. Sie ließ den weitschauenden Hinweis auf das Christentum als die Religion der Religionen, als die Potenz der Religion unverwertet. Sie schöpfte die Tiefen der Erkenntnis nicht aus, daß die Geschichte im eigentlichen Sinn der höchste Gegenstand der Religion ist (s. oben I 4 b), sank an diesem Punkte hinter Herder zurück und vermochte das Verhältnis des Glaubens zur Geschichte nicht eindringend zu klären. Sie brachte den christlichen Glauben trotz entgegengesetzten Bemühens im Ergebnis in so weitgehende Abhängigkeit von der Philosophie, daß es schwer, wenn nicht unmöglich wurde, die eigene Hoheit und Vollmacht seiner Aussagen zu behaupten. Sie ordnete sich damit dem Grundzug der neuzeitlichen Geistesentwicklung ein, der die Theologie nicht nur in Umkehrung des Mittelalters zur Magd, sondern zum Jagdgelände der Philosophie machte. Darüber hinaus legte sie den verhängnisvollen Eindruck fest, daß der christliche Glaube eine Form des Idealismus sei. Insofern ist sie von der eindringenden Kritik Kierkegaards an Hegel und dem theologischen Hegelianismus mitbetroffen. In alledem blieb Schleiermacher ein Glied des Geschlechts, das den durch die radikalen Strömungen der Aufklärung und durch die Klassik bis zur Wurzel gelockerten Zusammenhang mit dem Christentum mühsam zurückgewinnen mußte. Was ihn hinderte, den Bann der Zeitbedingtheit vollends zu brechen, war weithin die ungenügende Vertrautheit mit der Reformation. Es gab im damaligen Protestantismus niemanden, der ihm ein wirkliches Verständnis Luthers hätte aufschließen können. Da der alternde Herder hier die Verheißungen seiner Jugend nicht erfüllte, blieb eine tragische innere Fremdheit zwischen Luther und dem auf lutherischem Boden erwachsenen Deutschen Idealismus. Die dogmatische Arbeit selbst und die Mitfeier der Reformationsjubiläen von 1817. 1830 haben Schleiermacher nur veranlaßt, nach den Bekenntnisschriften, nicht aber ernsthaft nach Luther zu fragen; und daß er sein Hauptwerk „Glaubenslehre" nannte, hat ihn nicht dazu geführt, den biblisch-reformatorischen Sinn des Glaubensbegriffs aufzugraben.

5. Die Erweckungstheologie

Man kann den Deutschen Idealismus als Erweckungsbewegung großen Stils betrachten. Denn in ihm erwachten immer neue Geschlechter der Jugend aus dem eudämonistisch-moralistischen Schlummer, in den der Geist der selbstzufriedenen Aufklärung vor allem das deutsche Bürgertum wiegte. Christliche Elemente hatten im Frühidealismus die Führung gehabt; und als die Klassik sie verblassen ließ, war in der romantischen und philosophischen Jugend eine desto stärkere Hinwendung die Antwort gewesen. Inhaltlich fanden wir allerdings diese „Erweckung" denkbar verschieden; alle Spielarten der Christlichkeit, am häufigsten unklare Mischungen, waren vertreten. In einer von diesen Spielarten nun weckte die (II 2 a) angedeutete Erschütterung in besonderer Stärke das christliche Wissen um Sünde und Gnade; sie gab damit dem in den unliterarischen Schichten und in den konservativen Zweigen der Aufklärung bewahrten Erbe der Väter neue missionarische Kraft und entzündete die eigentliche Erweckungsbewegung. Die Drehung am Kaleidoskop der Zeit geschah — und so gestaltete sich, zumal seit den Freiheitskriegen, ein

Bild der religiösen Lage, das ein Menschenalter früher niemand für möglich gehalten hätte.

In dieser eigentlichen Erweckungsbewegung flammte etwas vom besten Pietismus wieder auf; die württembergischen und niederrheinischen Arten des Spätpietismus, Jung-Stilling u. a. wirkten in ihr[72], angelsächsische Einflüsse spielten herein, und zugleich bewies sie überall, daß sie, zumal im Kampfe gegen den Rationalismus, auf dem Boden des allgemeinen seelischen Umschwungs stand, der seit den 90er Jahren allmählich immer breitere Kreise ergriff. Sie hielt nicht nur mit dem Pietismus, sondern auch mit den positiven Inhalten der Aufklärung, mit der supranaturalistischen Theologie und – vor allem durch Vermittlung von Männern wie Hamann, Lavater, Herder, Claudius, Schleiermacher, dann der Spätromantik – mit dem Deutschen Idealismus mannigfache Verbindung. Daher war, theologisch betrachtet, unklare Mannigfaltigkeit ihr auffälligstes Merkmal. Sie begeisterte sich, besonders seit 1817, für Luther, vergleichgültigte aber nicht nur die Unterschiede zwischen lutherischem und reformiertem Protestantismus, sondern nährte sich gern auch an katholischem Gut, vor allem an der Mystik, ja an dem romantischen, oft sogar theosophisch gewendeten Irrationalismus der Zeit (Brentano, J. Kerner, G. v. Schubert u. a.). Auch ihre soziologische Struktur war überaus bunt. Im Süden und Westen ergriff sie vorzüglich das Bauern- und Bürgertum, in Norddeutschland den Adel; einerseits stand sie in Verbindung mit dem westeuropäischen Réveil, besonders

---

[72] Die bedeutendste Gestalt, die von da aus in die Erweckung herüberragt, ist der bremische Prediger *Gottfried Menken* (1768–1831). In seinen zahlreichen Homilien und Schrifterklärungen, besonders auch in der „Anleitung z. eignen Unterricht in d. Wahrheiten d. hlg. Schrift" (1805), kommt, obschon nicht wissenschaftlich geklärt, eine bestimmte Theologie zum Ausdruck, die weithin, auch auf Männer wie Hofmann und Ritschl, wirkte. Die Bibel ist hier das Zeugnis von einer Heilsgeschichte, deren Mitte Jesus Christus ist, und die das Königreich Gottes verwirklicht. Der reformierte Pietismus Bremens, Gedanken Collenbuschs und der Württemberger werden dabei mit Hamann-Herderschen Einflüssen verbunden (vgl. *G. Schrenk,* Gottesreich und Bund im älteren Protestantismus, vornehmlich bei Johannes Coccejus 1923, 321 f.; *Weth* a. a. O. S. 30 f.; *Achelis,* Chr. Welt 1902, Sp. 345 ff.). Menken sah dabei vorahnend die Gefahren der heraufziehenden Restauration: „Wenn Wahrheit und Freiheit zugleich bedroht ... sind, so soll man zuerst die Freiheit retten; der Wahrheit wird immer Rat, sie steht und fällt mit keinem Menschen" (1828; s. Gildemeister, Leben u. Wirken des Dr. G. Menken, II 1861, S. 164. 199).

mit den von Basel und England kommenden internationalen Bewegungen, anderseits mit der vaterländischen Romantik. Sie war nur stimmungsmäßige, nicht sachliche Einheit, war ein beständiges Verfließen nach allen Seiten, weniger eine selbständige, als vielmehr eine mitschaffende Kraft.

Auch in der Theologie hat diese spezifische Erweckung mehr allgemeine Anstöße und Triebkräfte als bestimmte Ziele, Methoden und selbständige Leistungen hervorgebracht. Immerhin kam sie nicht erst in ihren später zu betrachtenden allgemeinen Einwirkungen auf die Entwicklung der Theologie zur Geltung, sondern gewann einzelne Vertreter, die ihr schon in dem Wettbewerb der grundlegenden theologischen Neubildungen Gehör verschaffen.

In erster Linie ist hier *August Neander* zu nennen[73]. Er habilitierte sich 1811 in Heidelberg; seine Monographie „Über d. Kaiser Julianus u. sein Zeitalter", 1812 (²67), machte so starken Eindruck, daß er bereits 13 an die neue Universität Berlin berufen wurde, wo er – neben Schleiermacher, Marheineke, de Wette – tiefe und weitreichende Wirkung gewann. Obwohl er auch über das Neue Testament, Symbolik, Dogmatik und Ethik[74] las, widmete er doch seine Hauptarbeit nach wie vor der Kirchengeschichte. Seine Theologie war von

[73] 1789–1850; gebürtiger Jude (David Mendel), wurde er doch nicht durch Moses, sondern durch Plato und Plutarch, dann vollends durch die Bewegung der Zeit, die ihm in christlichen Freunden und in Schleiermachers „Reden" nahe trat, 1806 zum Christen. Er wechselte von der Rechtswissenschaft zur Theologie und begann sein Studium bei Schleiermacher in Halle, vertauschte aber im Herbst 1806 das in die kriegerischen Wirren gezogene Halle mit seiner Vaterstadt Göttingen, der Hochburg der Geschichtsforschung. Hier führte seine religiöse Entwicklung von der Philosophie zum Neuen Testament, und Planck erfüllte ihn mit kirchengeschichtlichem Interesse.

[74] Nach seinem Tode wurden viele von seinen Vorlesungen veröffentlicht, die Gesamtausgabe seiner Werke (14 Bde) erschien 1862–75. – Seine zweite große Monographie war „Der hlg. Bernhard u. sein Zeitalter", 13 (neu hrsg. von Deutsch 89 f.); ihr folgte außer einigen Schriften über den Gnostizismus vor allem „Der hlg. Chrysostomus u. die Kirche besonders d. Orients in dessen Zeitalter", 22 (³48), endlich das eigentliche Hauptwerk die „Allg. Geschichte d. chr. Rel. u. Kirche", die bis zu Bonifatius VIII. führte (5 Bde in 10 Abteilungen, 26–45; die 2. Aufl. seit 42, vielfach umgearbeitet; eine 11. Abt. bis zum Basler Konzil reichend, 52 aus dem Nachlaß durch Th. Schneider hrsg.; ⁴1863–65). Von seinen weiteren Veröffentlichungen fand nur das gegen Strauß gerichtete „Leben Jesu" (37, ⁷73) größere Verbreitung.

einer Frömmigkeit getragen, die den Zusammenhang von Erweckung, romantischem Idealismus und supranaturalistischer Aufklärung nirgends verleugnete. Sie war mild pietistisch, bibelgläubig und von tiefer Liebe zu Jesus Christus erfüllt, blieb dabei der Christlichkeit Schleiermachers nahe und lehnte den gerade in Berlin nur allzu rasch vollzogenen Übergang zur Enge wie zur Gewaltsamkeit der kirchlichen Restauration entschlossen ab[75]. Es ist für die vermittelnde Haltung, die daraus entsprang, bezeichnend, daß Neander auf systematischem Gebiet keinerlei Selbständigkeit gewann, ja sie kaum erstrebte; die Pektoraltheologie („pectus facit theologum") zeigte die Kehrseite, daß sie den Sinn für Problematik, für strenge Methode, für Klarheit des Denkens erweichte. Desto leichter schmiegte sein Wesen sich der Kirchengeschichte an; durch ihren Tatsachengehalt, vor allem ihre großen Gestalten, erhielt es konkrete Bestimmtheit und Rückgrat, konnte der Reichtum seiner wissenschaftlichen Begabung sich rankend entfalten. Hier fand seine romantisch-pietistische Haltung leichter die notwendigen Gegengewichte als in Dogmatik und Ethik und konnte deshalb auch wissenschaftlich fruchtbar werden.

Neander hat kraft seiner Verbindung der neuen Geisteshaltung mit dem historischen Interesse der Aufklärung die *Kirchengeschichte* auf eine höhere Ebene gehoben. Vor allem nach vier Seiten hin erwarb er sich unbestreitbare Verdienste. 1. Durch selbständige unermüdliche Quellenforschung gewann er ein Wissen, das ihn zur Erfassung aller Gebiete, auch der so gern vernachlässigten christlichen Praxis befähigte. 2. Er hauchte seiner Darstellung die innere persönliche Verbundenheit ein, die er selbst seinem Stoff gegenüber empfand, und machte so die kirchliche Vergangenheit wieder zu einem lebendigen Reichtum der Gegenwart, die Kirchengeschichte zur Theologie. 3. Er brachte der Kirchengeschichte die Freude an der Mannigfaltigkeit des geschichtlichen Lebens und die Kunst der Einfühlung in die verschiedensten Erscheinungen entgegen, die seit Herder und der Romantik in Deutschland emporblühte, und wußte

---

[75] Vgl. seine Absage an Hengstenberg (s. unten Nr. 5 a). Er bekämpfte jede Einmischung der äußeren Gewalt in den Kampf um die Wahrheit, überhaupt jeden Versuch, „von dem Standpunkt einer alleinseligmachenden Dogmatik" allen theologischen Richtungen Maß und Ziel zu setzen, und jedes Papsttum, „das die Geister, die Gott geschaffen hat in unendlicher Mannigfaltigkeit zu seiner Verherrlichung, und deren Leitung Er sich vorbehält, am Gängelbande führen zu können meint" (zitiert bei Harnack, Reden u. Aufsätze I 215 f.).

dem Leser etwas davon mitzuteilen. 4. Er gab der unendlichen Vielheit der Stoffe ein zusammenhängendes Verständnis und damit die Seele, indem er – das Gleichnis vom Sauerteig mit dem organischen Geschichtsgedanken der Romantik verbindend – die Geschichte des Christentums als einheitliche Lebensentfaltung beschrieb, die immer aufs neue die entgegengesetzten Einseitigkeiten überwindet; da für ihn das Christentum die übernatürliche Kraft war, „welche aufzunehmen und sich anzueignen die Natur und die Geschichte des Menschengeschlechts angelegt sind", wurde ihm die Kirchengeschichte zur Entwicklung des Wechselverhältnisses, das sich zwischen dem Eindringen des Sauerteigs in die Welt und den Reaktionen der Welt dagegen verwirklicht. Wie hoch stand solche Kirchengeschichte über dem äußerlichen Historismus und dem moralistischen Pragmatismus der Aufklärungstheologie!

Freilich rächte sich doch auch an dieser wirklichen theologischen Leistung die Unklarheit der Erweckungsbewegung. Jedes der genannten Verdienste zeigt eine peinliche Kehrseite. 1. Die überaus fleißige Quellenforschung Neanders wurde in ihrem Werte durch den Mangel an eindringender Quellenkritik weithin zweifelhaft. 2. Die persönliche Verbundenheit mit den Stoffen entgleiste in vorschnelle pietistische Erbaulichkeit; blieb sie auch dabei sachgemäßer als die moralistische Geschichtsbetrachtung der Aufklärung, so erhob sie sich doch nirgends zu der Höhe, die schon der Bückeburger Herder erreicht hatte; das Erschütternde, Dramatische, Dämonische, das der Kirchengeschichte in hohem Maße eignet, wurde nicht empfunden. 3. Die Einfühlungskunst und Freude an der Mannigfaltigkeit des geschichtlichen Lebens hat deutliche Schranken; sie blieb meist bei der Innerlichkeit des Lebens stehen, hob große Einzelgestalten heraus und stilisierte doch auch ihr Bild nach der Art Neanderscher Frömmigkeit; sie versagte gegenüber den realen Ausprägungen und Bedingungen der religiösen Innerlichkeit, überhaupt den spröden Realitäten des Lebens, und gegenüber der engen Verflechtung des christlichen Lebens mit dem „profanen", der Kirchen- mit der Weltgeschichte. 4. Das einheitliche Verständnis, das Neander der Kirchengeschichte zu geben versuchte, wurde ihrem Inhalt nicht gerecht. Weder das Gleichnis vom Sauerteig noch der organische Geschichtsgedanke genügte, um die Fülle, die Dynamik und die Gespanntheit der Kirchengeschichte zu erfassen. Es fehlte die Herausarbeitung des Bewegungsprinzips aus dem Wesen des Glaubens oder der Kirche; es fehlte die klare Bestimmung des Verhältnisses der „sichtbaren"

Kirche, die allein geschichtlich dargestellt werden kann, zu der „unsichtbaren", die nach Neander „jeder echten Behandlung der Kirchengeschichte ihre Richtung geben" soll, und so entstand das unmögliche Ziel, „eine Geschichte des Reiches Christi in der Kirchengeschichte" zu schreiben. Neanders Neubegründung der Kirchengeschichte als theologischer Disziplin war also nur ein Anfang, und zwar ein Anfang, der mit seiner großen anregenden Kraft gefährliche Irreführungen verband.

Auch Jüngere müssen bereits hier genannt werden. Vor allem *August Tholuck* (1799–1877), dessen Erstlingsschrift „Lehre v. d. Sünde u. vom Versöhner, oder d. wahre Weihe d. Zweiflers" (1823, ⁹71) in hohem Maße auf die weitere Entwicklung gewirkt hat. Er wäre durch seine vielseitige Begabung, seine wissenschaftliche Regsamkeit, seinen eisernen Fleiß vielleicht berufen gewesen, eine wirkliche Theologie der Erweckung zu schaffen. Da man viel von ihm erwartete, wurde er (seit 1820 Privatdozent, 23 außerord. Professor in Berlin) 26 nach Halle geschickt, um den dortigen Rationalismus zu überwinden. Tatsächlich gewann er allmählich tiefen und weitreichenden Einfluß. Doch er verdankte ihn mehr seiner mächtig andringenden Predigt und seiner hingebenden Studentenseelsorge als seiner wissenschaftlichen Leistung. Denn schon jene Erstlingsschrift bewies, daß gerade die Züge, die ihn zum glänzenden Vertreter der Erweckung machten, der Entwicklung einer Theologie nicht günstig waren. Sie ist der schnell dahingeschriebene „flüchtige Erguß einer Jünglingsseele", getragen einerseits von der reichen Gemütskultur der idealistischen Zeit, anderseits von der starken Bewegtheit eines durch schroffe Gegensätze erschütterten Gefühlslebens, ausgezeichnet durch den ergreifenden Ausdruck aller Schwingungen der Seele; ihr Ziel ist, das Herz des Lesers zu überwältigen, so daß „es ruft: Du bist mir zu stark geworden, ich ergebe mich!" Allein das Drängen auf Sündenerkenntnis und volle Hingabe an Gott ist nicht nur durch die Sprache Kanaans oft geschmacklos überschattet, sondern auch in seinem Wesen durch neupietistische Weichlichkeit getrübt[76]. Die herbe

---

[76] So wenn jene Stelle fortfährt: „Weinend stürzt es (das Herz) sich an die Brust des großen liebenden Propheten"; und da hier Liebe der Gebieter ist, sind seine Gebote nicht schwer: „Der Hirtenstab meines Nazareners reicht doch noch weiter als der Königsberger Korporalstock des kategorischen Imperativs, und wärs auch das nicht, so ist man doch lieber ein Lamm auf grünen Auen und an stillen Wassern als ein Soldat in Reih' und Glied" (⁵S. 89).

Strenge Jesu und der Predigt des Gottesreichs wird ebenso beiseite gelassen wie im Eudämonismus der Aufklärung; auch in der Verständnislosigkeit gegenüber der Ethik Kants berührt Tholuck sich ebenso eng mit der Aufklärung wie mit der Romantik. Darunter leidet der sachliche Gehalt schwer. Tholuck erfaßte wieder etwas vom Zentrum der paulinischen Lehre und wollte Luther aufs neue lebendig machen; er betonte, im Zusammenhang seiner Einsicht in die Grundverderbtheit des menschlichen Willens, auch die Rechtfertigung und sagte von Luther-Paulus her manch gutes Wort dazu, aber ihren eigentlichen Sinn wußte er so wenig aufzugraben wie irgend ein anderer Theologe dieser Zeit. So blieb er theologisch im Schema eines pietistisch und idealistisch vertieften Supranaturalismus. Darum fand er auch den Übergang zur evangelischen Wertung der Welt und ihrer Aufgaben nur mühsam; anfangs pietistischängstlich, gewann er zwar später – vor allem durch das Wirken in Rom 1828 f. – mehr innere Freiheit gegenüber der Welt, wußte sie aber nicht theologisch zu begründen. Daß die Versöhnungslehre seiner Erstlingsschrift ungenügend sei, hat er später selbst anerkannt; aber wurzelhaft überwunden hat er diese Schwäche nie. Dafür war seine Frömmigkeit zu einseitig, sein Bedürfnis nach wahrhaft theologischer Klärung zu gering.

Es ist bezeichnend für die „Erweckungstheologie", daß sie in Tholuck so wenig wie in Neander zu einer systematischen Besinnung auf das Wesen ihrer enthusiastischen Gläubigkeit oder gar des Christentums kam. Es fehlte ihr mit der Herbigkeit des Glaubens die Selbstkritik und der offene Blick für die Wirklichkeit des Lebens, vor allem auch für die Schwierigkeiten, die das Verhältnis lebendigen Glaubens zur Bibel belasten. Sie lebte in der Systematik völlig von dem, was Supranaturalismus und Idealismus leisteten, und konnte diese eben deshalb nicht überwinden. Die zweifellose Wissenschaftlichkeit ihrer Träger wirkte sich nach anderen Seiten aus: auf den Gebieten der Geschichtsforschung und der Praxis. Wir finden den regen wissenschaftlichen Eifer Tholucks – wenn wir an dieser Stelle von seinen orientalistischen Leistungen und mannigfachen Anregungen praktisch-theologischer Art[77] absehen – ganz auf *historische* Theologie

---

[77] Dahin gehören seine apologetischen Schriften, z. B. die gegen D. Fch. Strauß gerichtete „Glaubwürdigkeit d. evang. Geschichte" (1837, ²38), und seine weit verbreiteten zahlreichen Predigt- und Andachtsammlungen (z. B. „Stunden chr. Andacht" 1839, ⁸70).

gerichtet. Naturgemäß war es die Schriftforschung, die ihn in erster
Linie beständig beschäftigte. Seine einflußreichsten theologischen Arbeiten waren die zur Exegese[78]. Allein auch hier war ihm das Wichtige
nicht die streng historische Arbeit, die er zwar schätzte, aber nicht
immer mit der notwendigen philologisch-grammatischen Selbstverleugnung übte, sondern das Streben, die Stimme der Bibel dem
gegenwärtigen Menschen wieder hörbar und fruchtbar werden zu
lassen; er setzte die geistliche Erfahrung, den eigenen Glauben und
den der großen Kirchenmänner als Auslegungsmittel ein, um neue
geistliche Erfahrung zu erzeugen. Das war wertvoll, sofern es die
historische Einseitigkeit der nur gelehrten Exegese ergänzte, konnte
aber auch von dem ehrfürchtigen Lauschen auf den eigentlichen
Schriftinhalt ablenken. Und für eine grundsätzliche Klärung der Aus-
legungsmethode, die solche Gefahren hätte bannen können, war
wiederum das systematische Interesse Tholucks zu gering. Was ihm
in späteren Jahren an Kräften blieb, das widmete er vielmehr einer
anderen historischen Aufgabe, die ihm aus der veränderten kirchlich-
theologischen Lage entgegenwuchs. Denn noch einmal fühlte er sich
als Erweckungstheologe herausgefordert, jetzt aber nicht mehr durch
den Rationalismus, sondern durch die falsche Verherrlichung des
17. Jahrh., die durch die Bekämpfung der Aufklärung und die repristinatorische Zuspitzung des neuen Glaubenslebens inzwischen zur
Herrschaft gekommen war. Auf Grund umfassender Quellenfor-
schungen begann er eine Geschichte des Rationalismus zu schreiben,
die diesen trotz seiner schweren Verirrungen als historisch notwendige
Erscheinung, nämlich als heilsame Krisis einer schon in der Orthodoxie vorhandenen kirchlichen Erkrankung aufweisen wollte. Leider
kam seine Arbeit nicht über die Vorgeschichte hinaus[79]. – So blieb
Tholuck dem Gesetze treu, nach dem er angetreten – ein Erweckungstheologe, der zwar den Gehalt seiner Frömmigkeit nicht
theologisch herauszuarbeiten vermochte, aber ihn fest genug im
Herzen trug, um sich nicht durch eine neue Zeit auf eine der
Erweckung wesensfremde Bahn hinüberziehen zu lassen.

Nur an *dem* Punkte hat die Erweckungstheologie auch syste-

---

[78] Auslegung des Römerbriefes 1824 f. (^{5}56), Kommentar zum Johannes-
evangelium 1827 (^{7}57), Bergrede 1833 (^{5}72) u. a.

[79] Der Geist d. luth. Theologen Wittenbergs im 17. Jahrh., 1852; Das akad.
Leben des 17. Jahrh., 1853 f.; Lebenszeugen d. luth. Kirche vor u. wäh-
rend d. 30jährigen Krieges, 1859; Das kirchl. Leben d. 17. Jahrh., 1861 f.;
Geschichte d. Rationalismus, I 1865.

matische Klärung erstrebt, der ihr innerlich am wichtigsten war: in der *Hermeneutik*. Zwar die Grundfrage nach dem Verhältnis des Glaubens zur Geschichte blieb ihr noch unerschlossen, aber man ahnte doch in den Gegensätzen der Schriftauslegung etwas von ihr. Die methodische Ausbildung der philologisch-historischen Schriftbehandlung, die man der Aufklärung verdankte, empfand man als Knechtung durch profanhistorische, d. h. Vernunft-Maßstäbe und tastete nach einer Methode, die dem besonderen Verhältnis des Gläubigen zur hlg. Schrift entspräche. Bei den Rationalisten, Supranaturalisten und Spekulativen fand man nur mannigfache Spielarten naiver Eindeutung eigener Gedanken in die Bibel, bei Schleiermacher nur eine obschon überaus wertvolle Vertiefung der allgemeinen Hermeneutik, bei de Wette nur eine Durchhauung des Knotens durch den Dualismus zwischen historischer und ideal-ästhetischer Betrachtung der Schrift[80]. So mußte man versuchen eine wissenschaftliche Synthese der Methoden zu finden. Vor allem *Hermann Olshausen*[81] schritt voran. Er wollte einerseits die grammatisch-historische, anderseits die allegorische Auslegung durch „biblische Interpretation" überwinden, d. h. durch eine Interpretation, wie sie die biblischen Schriftsteller selbst angewandt haben. Die alten Lehren vom mehrfachen Schriftsinn ablehnend, glaubte er durch eine Ergänzung des rein historischen Verfahrens, die dem durch Anlage und Erfahrung (d. h. durch den hlg. Geist) Berufenen zusteht, die rechte Einheit des Sinnes herausarbeiten zu können. Er knüpfte dabei an die allegorische Methode an, stellte sie aber grundsätzlich nicht in den Dienst einer spielerischen tieferen Gnosis, sondern in den der lebendigen praktischen Frömmigkeit, „zur Lehre, Strafe, Besserung, Züchtigung in der Gerechtigkeit". Was er wollte, war also eine in aller Wissenschaftlichkeit doch erbauliche Auslegung – ganz im Sinne der Erweckungstheologie. Freilich war die Ausübung seiner Methode unhistorisch

---

[80] Auch die neuen Ansätze *Stäudlins* (De interpretatione librorum N. T. i historica non unice vera, 1807) und *Fch. Lückes* (Grundriß d. neutest. Hermeneutik u. ihrer Geschichte, 1816) befriedigten noch nicht. Das Ineinander von Romantik und Erweckung, das *A. Kanne* (Christus im Alten Test., 1818) und auch der verdienstvolle hochgebildete Jurist *J. F. v. Meyer* zeigten, war wissenschaftlich unfruchtbar.

[81] 1796–1839; Ein Wort über tieferen Schriftsinn, 1824; Die bibl. Schriftauslegung, 25. Am eingehendsten behandelt von *J. Wach*, Das Verstehen, II 173 f. – Olshausen hat in seinem „Kommentar über sämtl. Schriften d. N. Testaments" seine Hermeneutik angewandt (30 ff., mehrfach aufgelegt; von ihm selbst nur B. 1–4).

genug; statt z. B. auf die wirkliche Stimme des Alten Testaments zu lauschen, las er es unter der Voraussetzung, daß es „*eine* große Weissagung" sei, ein „ewiges Vorbild, eine im Geiste vorschauende Anempfindung des Werdenden, des sich Gebärenden, in einer höheren Potenz die allgemeinen Lebensgesetze Wiederholenden". So wurde auch an ihm die Schwäche der Erweckungstheologie offenbar: durch pietistischen Biblizismus, vielleicht auch durch einseitigen Gegensatz zu der religiös unsachlichen Schriftbehandlung des Rationalismus gebunden, erreichte er keine wirkliche Klärung der Probleme. Und was ihm nicht gelang, vermochte die „pneumatisch-symbolische" Auslegung R. *Stiers,* des überaus produktiven Gesinnungsverwandten, erst recht nicht zu meistern[82].

Die Entwicklung der Theologie war in den ersten drei Jahrzehnten des 19. Jahrh. nach alledem ebenso reich wie bunt. Der Deutsche Idealismus und der politische Umsturz setzten Frömmigkeit und Theologie in schöpferische Bewegung. Sie gaben der Theologie den Mut des frischen Wagens, der auch im Irren wertvoll ist. Zwar blieb die Breite der Entwicklung noch im Banne der Aufklärungstheologie, aber diese selbst wurde durch die geistigen und politischen Erschütterungen gespalten und gewandelt. Im Kampfe gegen sie sahen wir vier neue Ansätze sich erheben, die auf die verschiedenste Weise das Erbe der Vergangenheit und die Antriebe des Deutschen Idealismus miteinander verbanden. Der Aufklärung blieb de Wette am nächsten, dem Spätpietismus und dem Supranaturalismus die Erweckungstheologie; die spekulative Theologie wollte durch den vollen Anschluß an die philosophische Aufgipfelung des Deutschen Idealismus den Zusammenhang des Christentums mit der höchsten Zeitbildung verwirklichen; Schleiermacher gestaltete in überragender Größe eine Theologie, die alles Lebendige im Glauben und Leben, im Denken und Dichten der Zeit fruchtbar zu verbinden suchte, freilich gerade in ihrer Einheit von Universalität und Tiefe nur wenigen verständlich. Im Verhältnis zur Welt vertrat einseitig die extensive Bewegung des Glaubens der Rationalismus, die intensive die Erweckungstheologie; doch so, daß unwillkürlich der Rationalismus durch seine Pflege der

---

[82] Andeutungen f. gläubiges Schriftverständnis im Ganzen u. Einzelnen, 24–29; Die Stufen u. d. Ziel d. Bibelauslegung, in Tholucks Literar. Anzeiger f. chr. Theologie u. Wissenschaft überhaupt, 1836. Auch zahlreiche Arbeiten zur Homiletik, Liturgik, Hymnologie, Katechetik hat er geschrieben.

Geschichte, die Erweckungstheologie durch ihre Anleihen beim Idealismus auch je das andere Moment umschloß. Um die Einheit beider Momente kämpften spekulative Theologie, de Wette und Schleiermacher je in besonderer Weise, am stärksten bewußt und am weitesten umfassend Schleiermacher, und doch auch er nicht mit endgültigem Erfolg. Zu einer wirklichen Klärung der Lage war es danach am Ende der hochidealistischen Epoche noch nicht gekommen. Durfte die nun anbrechende Zeit der Epigonen Führer erwarten, die das Nebeneinander wertvoller Ansätze durch Rückgriff auf noch tiefere Schichten des Glaubens überbieten und das drohende theologische Chaos meistern konnten?

III. DIE ENTWICKLUNG DER THEOLOGISCHEN RICHTUNGEN ZWISCHEN SCHLEIERMACHER UND RITSCHL

1. Der geschichtliche Hintergrund

a) *Die neue Gesamtlage.* – War in den Zeiten der Aufklärung und des Deutschen Idealismus die theologische Entwicklung mehr von den allgemeinen Mächten der Kultur als von der eigenen Triebkraft vorwärts getragen worden, so änderte sich jetzt das Verhältnis. Der Fortschritt der Kultur war seit dem dritten Jahrzehnt des 19. Jahrh.s weder einheitlich noch sieghaft noch problemverwandt genug, um die Führung gegenüber der Theologie beanspruchen zu können; und das Selbstbewußtsein der Theologie war dank ihren neuen Ansätzen so hoch gestiegen, daß ihre Vertreter weit weniger als bisher geneigt waren, den Wandlungen des kulturellen Lebens unmittelbar zu folgen. Der Einfluß der allgemeinen Entwicklung war deshalb mehr von mittelbarer, oft auch gegensätzlicher Art, – da allerdings so vielseitig wie je in der Geschichte der Theologie.

Die deutsche Welt erlebte seit dem Ende der Napoleonischen Wirren langsam aber stetig eine bis an die Wurzeln des Daseins dringende Umprägung. Sie mußte nicht nur die schweren Wunden heilen, die ihr durch die lange Kette von Kriegen und politischen Umwälzungen geschlagen waren, sondern zugleich die gewaltigen Erschütterungen verarbeiten, die der allgemeine Gang der wirtschaftlichen und sozialen Entwicklung allmählich auch für Deutschland mit sich brachte. Die wachsenden Fortschritte der Naturwissenschaft und der Technik machten dem Menschen immer neue Naturkräfte dienstbar; die Produktion vervielfachte sich; die Bevölkerung wuchs mit raschen Schritten; Arbeitsintensität, Beweglichkeit, Tempo begannen den Wettbewerb der Steigerung und Übersteigerung, der noch heute die abendländische Welt beherrscht; der Hochkapitalismus eroberte langsam die deutsche Wirtschaft. So setzte die neue Leistungskultur ein, die den Menschen mit wachsendem Kraftbewußtsein erfüllte, aber zugleich weithin zum bloßen Arbeitsträger erniedrigte. Sie brachte Umschichtungen von steigendem Ausmaß mit sich. Die Städte wuchsen auf Kosten des Landes und füllten sich mit entwurzelten, der heimischen Sitte entfremdeten Menschen; neben dem Bürgertum entfalteten sich einerseits Großunternehmertum und Hochfinanz, anderseits das Proletariat als selbständige Mächte. Die starken Wandlungen erhöhten die Bewußtheit des Lebens; immer breitere Schichten nahmen an der höheren Bildung und am öffentlichen Leben teil und weiteten so das Feld der Geschichte; da zugleich die Verschiedenheiten der Menschen ins Bewußtsein traten, verstärkte sich in unerhörtem Maße die Differenzierung des Lebens nach Anlage und Schicksal, nach Besitz und Beruf, nach Bildung und seelischer Haltung, nach Weltbild und Weltanschauung. So trat allmählich ein Zustand der Unübersehbarkeit ein; neue Fragen und Aufgaben erwachten – aber das Leben wurde zu eilig, um auf Antwort und Lösung zu warten. Die Folge war, wo keine Gegenkräfte aufbrachen, mitten in der gewaltigen Steigerung der Leistung der Beginn der Zersetzung; das Leben wurde unorganisch; alte Formen zerfielen, ohne daß zureichende neue sich bildeten.

Auf diesem Boden kämpfte die *Politik* um neue Formen. Wie sollten die Kräfte, die im Zusammenhang der Aufklärung und des Idealismus, der sozialen und wirtschaftlichen Umwälzungen erwuchsen, in das Ganze der politischen Entwicklung eingeordnet, wie die neuen Ideen und Bedürfnisse fruchtbar gemacht werden? Die von den radikalen Strömungen der Aufklärung beeinflußten bürgerlichen Kreise suchten auf den Wegen vorwärts zu kommen, auf denen die westeuropäischen Staaten machtvoll vorangeschritten waren. Anderseits sammelten sich die großen von der modernen Entwicklung bedrohten Schichten zur Abwehr; sie fanden ideelle Hilfe in den konservativen Resten der ursprünglichen deutschen Aufklärung und in der Romantik – überall da, wo man die Bedeutung der Überlieferung, der Bodenständigkeit, der gegebenen Tatsachen und Institutionen erkannte und durch ihre organische Entwicklung die neuen Aufgaben lösen zu können hoffte. Die Entscheidung lag vorläufig bei den Regierenden. Sie aber stellten zumeist die neuen sachlichen Fragen hinter das eine große Ziel der Restauration zurück. Wiederherstellung und Auswirkung der Legitimität war das Interesse, dem zu Liebe man auch Früchte der verhaßten Aufklärung (Zentralisierung, Säkularisation u. a.) aufnahm, so daß eine Weiterführung des aufgeklärten Absolutismus in Deutschland die Herrschaft zu gewinnen schien und die aus Frankreich herüberfliegenden Funken der Juli- und der Februar-Revolution (1830. 48) reichen Zündstoff fanden. Die mit dem Deutschen Idealismus verbundene nationale Bewegung war nicht klar und einheitlich genug, um die weltanschaulichen Gegensätze, die partikularistischen, restaurativen, dynastischen Gegenströmungen zu bezwingen[1]. Die in aller Gärung doch verheißungsvolle Jugend wurde aus dem öffentlichen Leben verdrängt und von neuem auf eine rein wirtschaftliche, intellektuelle oder ästhetische Betätigung verwiesen. Da der deutsche Liberalismus seinen Ursprung teils in der Philosophie, teils in ausländischen Vorbildern hatte, blieb er abstrakt doktrinär und entbehrte des inneren Zusammenhangs sowohl mit der lebendigen Religion als auch mit den politischen Überlieferungen der Heimat. Er hatte weder Trieb noch Gelegenheit, sich wachstümlich im deutschen Leben zu verwurzeln. Das Parlament der Paulskirche wurde zur Besiegelung statt zur Überwindung dieser Ohnmacht. So behielt die Entwicklung Deutschlands zur Einheit ihren unorganischen Charakter. Weder der Liberalismus noch die Restauration vermochte sie durchzuführen, und das allmähliche Eingreifen neuer weltanschaulicher Bestrebungen, der katholischen und sozialistischen, in die Politik verstärkte noch die Verwirrung. Als dann Bismarck seit 1864 die Macht Preußens für die Lösung der nationalen Aufgaben einsetzte und im Deutschen Reich eine neue Form des deutschen Lebens schuf, blieb diese Einung in engen räumlichen und sachlichen Grenzen. Sie war zu wenig das organische Ergebnis eines zielstrebigen Einheitswillens, zu einseitig Tat eines durch einen genialen Heerführer unterstützten genialen Staatsmanns, als daß sie alle Schichten und die reiche Geistigkeit des deutschen Volkes hätte schöpferisch zusammenfassen können; sie wirkte sich darum mehr in wirtschaftlicher und militärischer als in geistig-sittlicher Stärke aus. Eine befreiende, emporhebende, die unerhörte Mannigfaltigkeit der auf tausend Linien vorwärtsstrebenden Entwicklung einheitlich formende Macht wurde daher das politische Leben nicht. Es führte vielmehr seit 1848 in einen Pessimismus hinein, der die schöpferischen Kräfte vollends lähmen mußte.

Was sich in alledem vollzog, war, geistesgeschichtlich betrachtet, ein neuer Abschnitt in der *Auseinandersetzung Deutschlands mit der Aufklärung*. In stolzem Aufstieg hatte der Deutsche Idealismus die

---

[1] Das Verbot der Burschenschaften (1819) und der Fichteschen Reden an die deutsche Nation (1824), die Absetzung Arndts (1820) und die Bedrohung Schleiermachers zeigten die Tragik der Lage.

Aufklärung überboten und eine seelisch-geistige Erneuerung der deutschen Bildung geschaffen. Nun aber setzte, wie einst in der Überbietung der Renaissance durch die Reformation, die Tragik der deutschen Entwicklung ein. Der geistige Vorstoß entbehrte des Zusammenhangs mit den realen Mächten des Lebens. Daß weder Wien noch Berlin, sondern das kleine Weimar seine wichtigste Pflegstätte wurde, war Symbol. Und daß auch der Zusammenhang von Weimar und Wittenberg trotz seiner theologischen Anbahnung schmerzlich lose blieb, hinderte das Einströmen der Kräfte, die gerade im lutherischen Glauben und in breiten evangelischen Schichten des deutschen Volkes lebten. Der alternde, mehr auf Betrachten und Begreifen als auf neugestaltendes Handeln gerichtete Deutsche Idealismus trug nicht so viel schöpferische, nicht so viel kampfbereite Gewalt in sich, wie die Schwierigkeiten der Zeit erforderten. Die Dichter und Denker, die ihm noch erwuchsen (s. unten b), wurden mehr Kritiker und Seismographen der Zeit als Bahnbrecher zu neuer Formung der Kultur. Die verschiedenen Faktoren seines Wesens trennten sich, verbanden sich mit wahlverwandten Linien der weithin lebendig gebliebenen Aufklärung oder anderen Mächten und gaben diesen neue Triebkraft. Restauration und Liberalismus, katholische, evangelische und atheistische Gruppen, zuletzt der werdende Sozialismus – sie alle stellten idealistische Gedanken in ihren Dienst und bekämpften sich[2] wechselseitig mit den vom Idealismus geschliffenen Waffen. Selbständige Weiterführung idealistischer Linien gelang nur in beschränktem Maße; etwa im Klassizismus, in der spätidealistischen Philosophie, in der wahrhaft bedeutenden Geschichtswissenschaft, die jetzt nach dem Vorgang von Niebuhr in Ranke u. a. emporblühte und sich bis zu Treitschke hin als dankbare Schülerin des Deutschen Idealismus wußte, in der humanistischen Bildung. Die Wirklichkeit des Geistes, die das idealistische Denken getragen hatte, war verblaßt, und damit verlor die idealistische Bildung ihre bindende Kraft.

Desto eindrucksvoller war der neue Typ des deutschen Menschen, den das 19. Jahrh. gebar: der „realistische". Es hatte auch in Deutschland niemals an Menschen gefehlt, die mit beiden Füßen auf der Erde standen und diese Haltung mit grundsätzlicher Bewußtheit vertraten. Aber sie waren im 18. Jahrh. durch die rationalistische

---

[2] Oft unter Führung der aus dem emanzipierten Judentum emporstrebenden Geister (Stahl–Marx–Heine).

Linie der Aufklärung, dann durch Romantik und Spekulation in den Hintergrund gedrängt. Nun führte die Wandlung der Zeit sie zum Siege. Die Natur- und die Geschichtswissenschaft, der Zug zur Leistungskultur, das beginnende Gewicht der wirtschaftlichen, sozialen, partei- und machtpolitischen Interessen gaben dem „realistischen" Empfinden und Denken einen Ton, der es als Heimkehr auf den festen Boden der Wirklichkeit, den Idealismus aber als Traumgespinst, als Ideologie erscheinen ließ. Man sah nicht, wie „realistisch" der Deutsche Idealismus in Herder, Goethe, Hegel, Schleiermacher gewesen war, und wie sehr man selbst auf seinen Schultern stand. Man knüpfte gern an die vorzüglich in England gepflegte empiristische Linie der Aufklärung an, zerriß aber die Verbindungsfäden, die vor allem Hamann, Herder, Jacobi von ihr zum Deutschen Idealismus hin gezogen hatten. So entstand ein Realismus, der Begriffen wie Realität und Wirklichkeit einen in Deutschland ungewohnten aber in dieser Zeit der Enttäuschungen verführerischen, rein innerweltlichen Klang verlieh. Man überspitzte die Einseitigkeit des westeuropäischen Positivismus. Das Ergebnis war in Wirklichkeit nicht Realismus, sondern Naturalismus; und weil diesem Naturalismus das ganzheitliche Denken des Deutschen Idealismus nicht mehr möglich war, entartete er weithin zum praktischen Materialismus, der im metaphysischen und ökonomischen Materialismus seine theoretische Verfestigung fand. So stand man wieder in der Aufklärung, aber in einer weit flacheren, französischeren Aufklärung als das 18. Jahrh. Die volle Herrschaft hatte freilich auch dieser neue Typ des deutschen Meschen nicht; am verbreitetsten war vielmehr eine bunte Mischung von Zügen des „Realismus" und des epigonischen Idealismus. Sie schuf den „Geist des 19. Jahrh.s", der das beste Erbe der Väter zersetzte.

So prägte die Verwirrung sich weltanschaulich nicht weniger deutlich aus als politisch. Es fehlte der einheitliche Stil des Lebens – bis in das Kunsthandwerk und die Wohnungskultur hinein. Dem Mangel an innerer Einheit entsprach auch die Wendung des allgemeinen Interesses von der Philosophie zur Einzelwissenschaft; ihre staunenswerte Entfaltung auf tausend neuen Wegen konnte das Hochgefühl bleibender Geistigkeit erzeugen, das im Zusammenhang mit dem Hochgefühl der praktischen Leistung über das weltanschauliche Versagen der Zeit hinweghalf. So wuchs die Wissenschaft selbst sich zur Weltanschauung aus. In erster Linie die Naturwissenschaft,

die durch ihre Forschungen[3] dem vom Deutschen Idealismus verbreiteten Entwicklungsgedanken eine realistische Wendung gab und
das Weltbild umgestaltete. Verstärkte sie den Zug zum Naturalismus,
so brachte die noch idealistisch beeinflußte Geschichtswissenschaft
weltanschauliche Gegengewichte. Ob sie zur historischen Dichtung
führte[4], oder durch meisterhafte eigene Darstellung ihrer Arbeitsergebnisse größere Vergangenheit für die Gegenwart lebendig machte,
sie hob durch ihre Betonung von Freiheit, Verantwortung, Persönlichkeit trotz ihrer Pflege des Erfolgsrealismus (Treitschke) über den
Naturalismus und das Elend der Zeit empor und bereitete in der
Pflege der nationalen Werte eine bessere Zukunft vor. Auch die
Gestalt Bismarcks wurde am Ende dieses Abschnitts für viele ein
Halt gegenüber der allgemeinen Verwirrung; sie führte zur Geschichte und lehrte Geschichte erlebend verstehen.

b) *Die philosophische Entwicklung.* – Obwohl die Philosophie
jetzt ihre führende Stellung verlor, wirkte sie doch, weil in ihren
meisten Vertretern von religiösem Gehalt getragen, kräftig und vielseitig auf die Theologie. Zunächst kam der *Spätidealismus* zur
Geltung (s. oben S. 145 f.). – Auf dem philosophischen Gebiet
versuchte er, vorerst noch von dem Geiste der großen Führer getragen, sich am kräftigsten als selbständige Größe zu behaupten.
Schelling, Hegel, Fries, Schleiermacher – um von bedeutenden Seitengängern wie Baader und Krause zu schweigen –, jeder besaß treue
Schüler und streute durch sie weitere Anregungen aus[5]. *Hegels Philosophie* schien, auch weiter durch die preußische Regierung begünstigt,
die Oberhand zu behalten. Allein sie verfiel nach dem Tode des
Führers dem Krieg der Diadochen; und zwar ging ihre Selbstzer-

---

[3] Darwins Entstehung d. Arten durch natürl. Zuchtwahl, engl. 1859 dt.
1863; Haeckels Natürl. Schöpfungsgeschichte, 68.

[4] Etwa in V. v. Scheffel, der freilich zugleich das Weltbild in Feuchtfröhlichkeit (Gaudeamus 1868) vergessen lehrte.

[5] Unter den Schülern *Schleiermachers* sei *H. Ritter* genannt, unter denen
von Fries vor allem *E. F. Apelt* (Metaphysik, 1857, neu hrsg. v. R. Otto,
Religionsphil., aus d. Nachlaß hrsg. v. G. Frank 60) sowie *H. Schmid*
(Vorlesungen über d. Wesen d. Phil. u. ihre Bedeutung für Wissenschaft
u. Leben, 35; Kritik v. Schleiermachers Glaubenslehre, 35). – Natur-, auch
geschichtsphilosophische Anregungen *Schellings* wirkten in starken Abwandlungen weithin. Für die Theologie kommen vor allem in Betracht:
H. Steffens (1773–1845; in Halle, Breslau, Berlin), *G. Hch. v. Schubert*
(1780–1860; in Erlangen und München), *E. A. v. Schaden* (1814–52; in
Erlangen).

setzung gerade von ihrer religiös-weltanschaulichen Zweideutigkeit aus. Auf der einen Seite prägten Theologen und theologisch interessierte Vertreter (s. oben II 2 a) den christlichen Charakter des Systems noch schärfer aus und fanden immer neue Anhänger, wandelten freilich dabei unter dem Einfluß der modernen Wissenschaft auch seine innere Struktur (Rosenkranz). Auf der anderen Seite setzte man die dialektische Methode selbst absolut, nahm dem Geist das transzendente Moment, verzichtete auf den wiedergeborenen Charakter des Erkennens, immanentisierte die Idee restlos in der nun immer stärker nach dem Schema der modernen Naturwissenschaft gedachten Welt, und kam so zur Leugnung sowohl des personalen Gottesgedankens als auch der persönlichen Unsterblichkeit. Die Glut des idealistischen Denkens hatte sich im Hegelschen System erschöpft; als sie erkaltete, blieb überall da, wo die tragende Glaubenskraft fehlte, nur die starke Weltbezogenheit übrig, und sie ließ sich durch die geniale naturwissenschaftliche Forschung der Zeit vom Pantheismus zum Naturalismus, bei radikalen Geistern zum Materialismus führen. Bei der Idee der *Unsterblichkeit,* die noch für Lessing zum Mittelpunkt des Glaubens gehörte, hatte schon 1829 Kritik an Hegel selbst eingesetzt; es folgten L. Feuerbachs „Anonyme Gedanken über Tod u. Unsterblichkeit" 31, dann vor allem die Angriffe von Fch. Richter 33, die lebhaften Streit hervorriefen. Die theologischen Arbeiten von D. Fch. Strauß verschärften die Lage. Die eigentliche Sammlung der Hegelschen Linken geschah durch die Gründung der Hallischen Jahrbücher (A. Ruge) 38. Der führende Philosoph dieses vereinseitigten und radikalisierten Hegeltums wurde *L. Feuerbach*[6]. Zwar verleugnete er seine Hegelschen Anfänge niemals ganz und behielt in seinem Denken einen idealistischen Zug. Aber er stellte doch im Gegenschlag zum Idealismus den Menschen auf sich

---

[6] 1804–72; Kritik d. Hegelschen Philosophie, 39; Grundsätze d. Philosophie d. Zukunft, 43. Er zog auch sofort die religionsphilosophischen Folgerungen: Wesen d. Christentums, 41; Wesen d. Religion, 45. Lit.: *K. Leese,* Die Prinzipienlehre der neuen systematischen Theologie im Lichte der Kritik Freuerbachs 1912; *S. Rawidowicz,* L. Feuerbachs Philosophie, Ursprung und Schicksal 1931; *R. Lorenz,* Zum Ursprung der Religionstheorie Ludwig Feuerbachs Ev. Theol. 17 (1957). Als Antwort des 20. Jh. auf Feuerbach vgl. *Fch. Schneider,* Erkenntnistheorie u. Theologie. Zum Kampf um den Idealismus (Beitr. z. Förd. chr. Th.) 1950. *W. Schuffenhauer,* F. u. der junge Marx, 67; *J. Wallmann,* L. Feuerbach u. die theol. Tradition, ZThK 67 (1970) S. 56–86; demn.; *U. Schott,* Die Jugendentwicklung L. Feuerbachs bis 1825 (Diss. Heidelberg).

selbst und seine konkret-naturhafte Wirklichkeit – bis zu dem gelegentlichen Satze: „Der Mensch ist, was er ißt". Darum nahm er dem
Geiste nicht nur die Herrschaft, sondern jede Wirklichkeit. Die
Religion entwirklichte er, indem er sie mit der religiösen Vorstellung
gleichsetzte und diese dann als ideologisches Produkt, als mytho-
logische Spiegelung menschlicher Ideale und Wünsche in ein postu-
liertes Jenseits verstand. Er lehrte als Ergebnis der deutsch-idealistischen Entwicklung etwa dasselbe, was gleichzeitig Aug. Comte von
ganz anderen Voraussetzungen her in Frankreich verkündigte: die
Religion ist Volksmetaphysik und wie alle Metaphysik grundsätzlich
durch den Fortschritt der Erkenntnis überwunden. So verriet der
Schüler Hegels den Deutschen Idealismus an die radikale Aufklärung.
Er begann den Ideologie-Verdacht, der seit Hume und seit Kants
Lehre vom transzendentalen Schein in der Luft lag, zu einem Element
der deutschen Bildung zu machen. Es war nur eine Fortsetzung seines
Gedankengangs, wenn *K. Marx,* von der Einsicht in die Gesetze des
wirtschaftlichen Lebens und in die Bedeutung der Wirtschaft für die
Geschichte getragen, dazu durch den Anblick der sozialen Gegen-
sätze mit revolutionärer Aktivität erfüllt, die Entwirklichung alles
Geistigen sozial-ideologisch ausweitete und so zur weltanschaulichen
Waffe der deutschen Arbeiterbewegung umschmiedete. Aber auch
abgesehen davon war der Eindruck dieser radikalen Synthese von
Junghegeltum und Aufklärung so stark, daß der naturwissenschaft-
liche Radikalismus freie Bahn erhielt; Czolbe, Moleschott, Vogt,
Büchner (Kraft u. Stoff, 1854) konnten den nackten *theoretischen
Materialismus,* den die deutsche Bildung des 18. Jahrh.s als Erzeugnis
französischen Niedergangs entrüstet abgelehnt hatte, als das Ergebnis
der deutschen philosophischen Entwicklung anpreisen[7] – ein voller
Sieg der westlichen Aufklärung über den Deutschen Idealismus.

Glücklicherweise war das Trauerspiel des Hegel-Epigonentums
nicht der einzige idealistische Beitrag zur weiteren Entwicklung der
Philosophie. Fruchtbarer wurden die Bestrebungen des *spekulativen
Theismus,* der heute im engeren Sinn als Spätidealismus bezeichnet
wird. Ihre Führer traten, von der Spätphilosophie Schellings mannigfach angeregt, (s. oben I 3 d) bereits in den 20er Jahren hervor,
sammelten aber erst 1837 durch die Gründung der „Zeitschrift für

---

[7] Der Anarchismus *Stirners* (Der Einzelne u. sein Eigentum, 1845) ist in
diesem Zusammenhang nur als weiteres Zeichen der Auflösung bemerkenswert.

Philosophie u. spekul. Theologie" (seit 47 „Z. f. Phil. u. philos. Kritik") eine erhebliche Gruppe von Denkern. Bezeichnend für diese war es, daß ihre Widerstandskraft gegenüber der philosophischen Zersetzung von einer für Offenbarung und Geheimnis offenen Christlichkeit ausging, daß sie daher mit der Theologie Verbindung hielt, und zwar nicht wie in der Regel die Romantik mit der restaurativen oder das Jung-Hegeltum mit der radikal-kritischen, sondern am liebsten mit der vielseitigen „Vermittlungstheologie". Theologisch am wichtigsten wurde *Chr. Hm. Weiße* (1801–1866). Er betonte, ohne mit Hegel zu brechen, gegenüber den logischen Notwendigkeiten des Hegelschen Systems die Freiheit Gottes und des Menschen; so wird der Gottesgedanke personalistisch, das Böse kommt zur Geltung, die Erkenntnis ruft die Erfahrung zur Hilfe; freilich bedarf er auch eines theosophischen Zuges, um sein Ziel zu erreichen[8]. *Imman. Hm. Fichte* (1796–1879) wandte sich noch mehr von Hegel ab, knüpfte noch stärker an die – nicht mechanistisch, sondern organisch gedeutete – Erfahrung an und bemühte sich noch strenger, die idealistische Weltanschauung vom persönlichen Gottesgedanken aus zu vertiefen[9]. – Auch *Ad. Trendelenburg* läßt sich am besten hier angliedern (1802–1872). Wie das von Herder, Goethe und der Romantik ausgehende Denken erstrebte er eine „organische Weltanschauung"; doch ging er dabei von Aristoteles aus, stellte daher die Metaphysik unter den Gedanken des Zweckes. Er trug in Berlin zur Überwindung des Hegelianismus mehr als (der 1840 dazu hinberufene) Schelling bei und gab der neuen Jugend vor allem wertvolle methodologische Anregungen.

Eindrucksvoll vertreten wurde auch die Linie des Deutschen Idealismus, die sich vor allem an Goethe hielt und in Herder, Schelling, der Romantik Hilfe fand. Sie kam in dem Dresdner Arzt, Philosophen und Maler *C. Gustav Carus* (1789–1869) zum bedeutendsten

---

[8] Sein theologisches Interesse war so stark, daß er nicht nur eine „Philosophische Dogmatik oder Phil. d. Christentums" schrieb (3 Bde 1855–62), sondern auch an der Evangelien- und der Lutherforschung verdienstvoll mitarbeitete.

[9] Unter seinen Schriften vgl. besonders: Sätze z. Vorschule d. Theologie, 26; Über Gegensatz, Wendepunkt u. Ziel heutiger Philosophie, 32–36; Die Idee d. Persönlichkeit u. d. individuellen Fortdauer, 34; Über Spekulation u. Offenbarung, Z f. Phil. u. spek. Theol. I 37; Die spek. Theologie, 1846. – Neuere Lit.: *Hirsch,* Kierkegaardstudien, 3. H. 1931.

Ausdruck[10]. Wechselseitige Durchdringung von Natur- und Gottes-
bezogenheit war der Pulsschlag seines Denkens. Die Natur wurde
ihm das erste, das unmittelbarste Symbol, die lebendige Offenbarung
von Gottes Herrlichkeit und Gnade; das Unbewußte gewann als
Mittelglied zwischen der Natur und dem bewußten Suchen der Seele
nach Gott eine ungewohnte Bedeutung. Tieferes Verständnis der
Natur aber fand Carus erst in der lebendigen Religion und ihrem
Mittelpunkt, der Offenbarung Gottes als Liebe in Christus; unter
den Offenbarungsstufen Gottes hat die Liebe den unbedingten
Primat, und so ist auch die Liebe die eigentliche Seele des Lebens.
Sofern Gott hier zur Voraussetzung der Philosophie wird, prägt die
Philosophie sich als Theosophie aus. – Auch in dem eigenartigen
Idealismus *G. Th. Fechners* (1801–1887; Begründer der modernen
Psychophysik) begegneten sich Naturwissenschaft, tiefe Frömmigkeit
und phantasievolle Poesie. Er veröffentlichte seit 36 Schriften, die
eine vom Gottesgedanken und der Allbeseelung getragene „Tages-
ansicht" der Welt verkündigten und so den, an sich in anderen
Zusammenhängen gefundenen Glauben in lebendige weltanschauliche
Beziehungen zu stellen versuchten; schon das Büchlein „Vom Leben
nach d. Tode" (36) war ein seltsames Gegenbild zu dem durch die
Junghegelianer entfachten Streit dieser Jahre um die Unsterblichkeit
der Seele. So half Fechner eine idealistisch-christliche Weltbetrachtung
durchwintern bis zum Aufbrechen neuer Empfänglichkeit.

Den Idealismus auf dem neuen Boden neu zu formen, unternahm
der einzige Philosoph größeren Stils, der dem jüngeren Geschlecht
dieses Zeitabschnitts erwuchs: *Hermann Lotze* (1817–1881), Schüler
Weißes. Er war von der Naturwissenschaft ausgegangen und erkannte
ihre modern-mechanistische Betrachtungsweise auf ihrem Boden an;
aber er überwand ihre Schranken, indem er den ganzen Naturprozeß
nur als Erscheinung wertete und der eigentlichen, rein geistig gedachten Wirklichkeit unterstellte. Wie einst Leibniz, so ordnete er die
Kausalität einem teleologischen Gesamtwirken ein, das er rein
geistig deutete und im Gottesgedanken verankerte. Weil hier die
Wirklichkeit nicht als Substanz, sondern als Wirken gedacht war,

---

[10] Er wurde neuerdings durch L. Klages u. a. wieder lebendig; manche seiner
Werke (z. B. „Psyche", „Goethe") wurden neu hrsg.; zum Kampf um
das Verständnis vgl. *Käte Nadler,* Die rel. Grundlagen d. Lebensphilosophie des C. G. Carus, ZThK 1936, *Leese* s. oben Lü 3, *G. F. W. Müller.*
Die Anthropologie des C. G. Carus, 37.

ergab sich die Möglichkeit, Natur und Geschichte trotz reinlicher Scheidung ihrer wissenschaftlichen Bearbeitung einheitlich zusammenzufassen. So konnte Lotze es wagen, in seinem „Mikrokosmos" (3 Bde 56–64, ⁶1923) das Ziel der Herderschen „Ideen" mit neuen Mitteln zu erstreben und wie Krause (S. 54) eine panentheistische Gesamtweltanschauung zu gestalten, die zugleich die durch Al. v. Humboldts „Kosmos" (45–62) entwickelte Naturanschauung überbot. Damit befruchtete er auch die Religionsphilosophie dieser Zeit; überdies bereitete er in den Begriffen „Wert" und „Geltung" bahnbrechend spätere Gedankenbildungen vor.[11]

Neben all diesen Fortführungen, Verzerrungen und Neuprägungen des Deutschen Idealismus standen Denker, die zurückgriffen bis auf *Kant*. Von ihm war die idealistische Philosophie ausgegangen – vielleicht konnte eine bessere, treuere Anwendung seiner Gedanken die philosophische Verwirrung überwinden! Schon Fries und Schleiermacher waren der Kantischen Erkenntnistheorie, soweit sie an der exakten Wissenschaft gebildet war, nahe geblieben; und im Spätidealismus setzte Imm. Hm. Fichte wieder mit erkenntnistheoretischer Selbstbesinnung ein. Von anderer Seite her hatte *Joh. Fch. Herbart* (1776–1841) gegenüber aller Spekulation und Romantik eine „exakte Philosophie" von realistischem Grundgepräge ausgebildet. Er gab der Psychologie eine bedeutende Stellung und der Pädagogik eine streng philosophische Durchdenkung, schuf aber auch eine eigenartige Metaphysik und griff auf die Religionsphilosophie über. Seine seit 1834 auftretende Schule betonte die Religionsphilosophie stärker als er selbst. Da ein selbständiger religiöser Ausgangspunkt fehlte, blieb sie freilich stark in supranaturalistischen Einstellungen hängen, die sich bald mehr kritisch (Drobisch), bald mehr konservativ (Taube) auswirkten, und gewann, trotz einer großen Zahl begeisterter Schüler unter Pfarrern und Lehrern, keinen Einfluß auf den Gang der Theo-

[11] Wenigstens genannt seien zwei Männer, die am Rande des deutschen Kulturgebiets wirkten: *K. Steffensen* (1816–88, Prof. in Basel) vertrat im Gegensatz zu allem Positivismus und Materialismus mit prophetischer Wucht eine Metaphysik, die mit dem idealistischen Grundcharakter eine ungewöhnlich starke Weltkritik verband und so ein dualistisches Gepräge erhielt; *G. Teichmüller* (1832–88, in Basel und Dorpat) ging von der scheinbaren Welt auf das Ich als die wirkliche Welt zurück und erkannte zugleich die Bedeutung des Unbewußten; er arbeitete eine Metaphysik heraus, die das Christentum von den hellenischen Fesseln befreien und selbständig philosophisch begründen sollte. – *H. Posselt,* Vernunft u. Offenbarung b. Teichmüller (NZsystTh 6, 64, 108–114).

logie; immerhin war sie apologetisch gegenüber dem pantheistischen Monismus wertvoll. Auch *Fch. Ed. Beneke* (1798–1854) ging, an Kant anknüpfend und die spekulative Philosophie bekämpfend, von der Erfahrung aus; seine theistische Religionsphilosophie begründete sich auf das Gefühlserlebnis.

Auf den kritisch-idealistischen Kern von Kants Erkenntnistheorie wies erst *Schopenhauer* (1788–1860) wieder kräftig hin. Vom Erbe des Deutschen Idealismus übernahm er freilich außer ihr nur den ästhetischen Erwerb. Sein Hauptwerk „Die Welt als Wille u. Vorstellung", 1819 erschienen, gewann seit der Mitte des Jahrhunderts allmählich Verbreitung und Einfluß (s. oben Nr. 1 a). Er benutzte den transzendentalen Idealismus Kants, um die gegebene natürliche und geschichtliche Welt als Schein und Traum zu entmächtigen. Die für das rationale Erkennen unzugängliche Wirklichkeit wird uns in der unmittelbaren Selbstanschauung als Wille offenbar, aber – im Gegensatz zu Kants Voluntarismus – als dunkler, unvernüftiger Wille, der, immer qualvoll unbefriedigt, doch immer leben will. Erlösung von der Unvernunft des Lebenswillens verhieß Schopenhauer in der Pflege der begierdelosen Betrachtung, die im reinen wissenschaftlichen Denken und in der reinen künstlerischen Anschauung möglich wird. So kam er zu einer Erlösungs-Philosophie, die unter Führung des Ästhetischen auch religiöse Elemente zu vertreten vermochte. Diese religiösen Elemente sind, weil vom Pessimismus getragen, antijüdisch und antihellenisch; sie lehnen sich an das Christentum an, sofern es nach Ausschaltung des Jüdischen als asketische Religion erscheinen kann, noch stärker aber an die Mystik, zumal die buddhistische, die nicht nur wie das Christentum die Sünde und die Unfreiheit des Menschen zum Guten betont, sondern den Willen zum Leben selbst bekämpft. So schuf Schopenhauer eine Philosophie, die in dem Höhenflug ihres Denkens, in der Schönheit ihrer Sprache und ihrer ästhetischen Haltung überall vom Deutschen Idealismus zehrte und ihn doch in der Wurzel zerstörte.

Da dieser Rückgang auf Kant zu eigenwillig und zu sehr auf unmittelbare religiös-weltanschauliche Wirkung gerichtet war, so fand er in der eigentlichen Fachphilosophie wenig Anklang. Vielmehr entstand da, wo man aus wissenschaftlichen Gründen jede spekulative Philosophie, aber ebenso die materialistische Hochflut ablehnen mußte, die Sehnsucht nach einer wirklichen Erneuerung des kritischen Transzendentalismus. Auch hier war die Erkenntnistheorie das Leitende, aber mit ihr verband sich zumeist der ethische Geist des

Kantischen Denkens[12]. Den Durchbruch des *Neukantianismus* bedeutete *Fch. Alb. Langes* „Geschichte d. Materialismus u. Kritik seiner Bedeutung f. d. Gegenwart" (66, oft gedruckt). Er überwand den Materialismus, indem er ihn als Metaphysik und damit als wissenschaftlich entlarvte; das Verfahren der modernen Naturwissenschaft erkannte er wie Lotze als Forschungsmethode restlos an, wies es aber in die Schranken des Weltbilds zurück und gab so der Weltanschauung, vor allem der Lebensanschauung, wieder Atemfreiheit. Er suchte dabei den ethisch-religiösen Gehalt des Deutschen Idealismus aufrecht zu halten, indem er die höchsten Ideen, vor allem die der Religion, als Bild der Wahrheit gelten ließ: sie schenken die notwendige „Erhebung der Gemüter über das Wirkliche" und eine „Heimat der Geister". Damit begründete er eine Verteidigungsstellung für die Gehalte des Deutschen Idealismus, die noch in breiten Bildungskreisen lebendig waren – zweifellos nach Lage der Dinge ein hohes Verdienst. Aber war Verteidigung schon Sieg? War eine Verteidigungsstellung auch nur dauernd zu halten, die ebenso das „Wirkliche" wie das Ideal seines metaphysischen Kerns beraubte? Konnte sie im besondern dem Positivismus widerstehen, der am Ausgang dieser Zeit von Frankreich (Comte) und England (Mill, Spencer, Buckle) aus Deutschland zu überfluten, die Geisteswissenschaften psychologisch, biologisch, soziologisch aufzulösen begann? Und wie konnte sie das eigentliche Wesen des Christentums oder auch nur der Religion in sich aufnehmen, etwa den jetzt überall auftauchenden Ideologieverdacht abwehren? Endlich: wurde dieser Neukantianismus mit seiner Alleinbetonung der schaffenden, erzeugenden Bewußtseinskraft dem Gesamtstreben Kants wirklich gerecht? Schon diese Fragen zeigen, daß eine endgültige Überwindung des philosophischen Wirrwarrs auch hier nicht geschah.

2. Die Wandlungen der protestantischen Frömmigkeit

Noch waren zu Beginn dieser Zeit die breiten Schichten des deutschen Volkes christlich und kirchlich. In den verschiedensten Spiel-

---

[12] *Kuno Fischer* gab die Anregung durch seine eindrucksvolle Darstellung Kants (seit 1860), *Ed. Zeller* durch seine Heidelberger Antrittsrede (62), *O. Liebmann* durch sein „Kant u. d. Epigonen" (65); *Helmholtz* bezeugte die Sympathie der strengen Naturwissenschaft für Kants Vernunftkritik.

arten der Mischung war das Vätererbe mit den Einflüssen der
Aufklärung, zuweilen auch mit denen des Deutschen Idealismus
verbunden. Wo diese in aller Unklarheit doch fruchtbare Volkskirchlichkeit romantische Stimmungen an sich zog und sich mit deutschem Wesen so eng wie in L. Richters Kunst verband, da gewann
sie immer neuen Einfluß. Allein es wurde seit etwa 1830 immer
offenkundiger, daß sie die Herrschaft verlor[13]. Die Krisenstimmung,
die schon um die Jahrhundertwende, z. B. in Schleiermachers Reden,
wetterleuchtete, ergriff jetzt weitere Kreise. Der Wiederausbruch der
Revolution (1830), der Niedergang des aus christlich-protestanti-
schem Geist geborenen Deutschen Idealismus, der als Niederlage des
Christentums selbst erlebt wurde, und die weltanschaulichen Wandlungen erzeugten das Gefühl einer Gesamtwende; sie riefen eine
seelische Erschütterung hervor, der jene Volkskirchlichkeit nicht gewachsen war; Bengel schien mit seiner eschatologischen Wertung des
Jahres 1836 recht zu behalten.

Eine Hauptbedingung der Volkskirchlichkeit war der Bund zwischen *natürlicher Religion und christlichem Glauben* gewesen. Er
blieb überall da wirksam, wo man wie im Bauerntum unter dem Einfluß der natürlichen Lebensbedingungen stand, in den von diesen
losgerissenen Schichten wenigstens da, wo die Überlieferung der konservativen Aufklärungselemente und des echten Idealismus erhalten
blieb, zumal im Bereich der Romantik, der humanistischen Bildung,
der spätidealistischen Philosophie und der Geschichtswissenschaft. So
begegnen wir – abgesehen von den eigentlichen Vertretern dieser
Gebiete – unter den Dichtern christlichen Gestalten von so verschiedener Art wie L. Uhland, Fch. Rückert, Em. Geibel, C. F. Meyer,
unter den Juristen außer konservativen Romantikern wie Stahl und
Lg. v. Gerlach auch andersartigen Christen wie Puchta, L. Ä. Richter,
J. K. Bluntschli und E. Herrmann. Wo dagegen solche Überlieferungen
in dem Gegensatz von Restauration und Revolution auseinander-
brachen, da mußte auch der Bund des christlichen Glaubens mit der
natürlichen Religion zerfallen. Daß die deutschen Kirchen es nicht

---

[13] Ein Beispiel: F. Stolle, Sachsens Hauptstädte, 1834, 1. T. S. 369, erwähnt
wie selbstverständlich, daß jetzt (eben in großen Städten) „nur das
dumme Volk noch mit Ehrfurcht an der Heiligkeit der Kirchen hält"; –
vgl. auch die bei Martin Schmidt, Kirche und öffentliches Leben im Urteil
der sächsischen Erweckungsbewegung des 19. Jahrhunderts, Theologia
Viatorum II (1950) 56 ff. gegebenen Zeugnisse aus dem sächsischen und
niedersächsischen Raum.

vermochten, das Wirken der großen idealistischen Theologen für die religiöse Erziehung des deutschen Volkes auszumünzen, wurde gleich verhängnisvoll für die Entwicklung der Kirche wie für die des Geisteslebens; es hatte beiderseits den Sieg der Radikalen, d. h. das Drängen auf Scheidung der natürlichen Religion vom christlichen Glauben zur Folge.

Die Bedeutung des Vorgangs zeigt am besten der Blick auf die Folgen. Die Auflösung der überlieferten Synthese konnte vorwärts führen, wenn sie die Lage klärte, wenn sie im besondern dem evangelischen Christentum half, sich selbst tiefer zu verstehen und seinen weltmissionarischen Auftrag besser zu erfüllen. Wirkte die Auflösung der Synthese sich in diesem Sinne aus?

Die *natürliche Religion* war seit der Zeit der Apologeten gewöhnt, sich christlich zu deuten, und das Christentum selbst hatte sie in Theologie wie Kirche als Vorbereitung und Anknüpfung für seine Botschaft sorgsam gepflegt. Wenn sie nun die Verbindung sprengte oder vom Christentum ausgestoßen wurde, was würde da ihr Schicksal sein? Die Geschichte antwortete eindeutig: erschütternd schnell schwanden Kraft und Tiefe der natürlichen Religion dahin. Der Gottesgedanke verlor seine Lebendigkeit; damit erstarb das Ineinander von Soll und Sein, das Bezogensein auf letzte Wirklichkeit und die Fähigkeit normierender Lebensgestaltung. Die Religion verflachte in rascher Entwicklung zu diesseitsseligem Pantheismus, Naturalismus, Materialismus (s. oben III 1 a). Sogar die Pflege der sittlichen Ideale verlor Kraft und Schwung; die Sittlichkeit sank in den vorkantischen Eudämonismus zurück und zerstörte die Bindungen des Lebens, statt sie zu tragen. Von den beiden mächtigen Motiven der natürlichen Religion wurde das eine, das der unbedingten Forderung, nicht mehr verstanden, das andere, das des Unendlichen, verlor das Beste seines religiösen Einschlags. Wenn aber die naturwissenschaftliche Weltanschauung die Religion des Entwicklungsglaubens und der Demut gegenüber dem Gegebenen predigte, so schuf sie damit eine Haltung, die keine Kraft des Einsatzes und der Entscheidung entfalten konnte. Alle diese Spielarten des Naturalismus, mochten sie in der Entartung des Idealismus oder dem neuen Realismus oder der Selbstüberhebung der Naturwissenschaft wurzeln, retteten den Schein des Religiösen lediglich durch ästhetische Anleihen. Ästhetisches Genießen wurde zum Ersatz der Religion, zum Gegengewicht gegenüber der lebenbedrohenden Herrschaft der Arbeit und der materiellen Mächte. Weil aber das Ästhetische wirkliches Leben erst recht nicht

tragen kann, entstand ein bloßer Ästhetizismus, der das praktische
Leben bald hochmütig verachtete, bald als Schauspiel genoß, statt
es formend zu durchdringen; oder es wurde zur bloßen Verklärung
der beiden Lebensstimmungen, die seit der Mitte des Jahrhunderts
miteinander kämpften: der von dem neuen Realismus erzeugten
optimistischen Lebensbejahung und der anhebenden pessimistischen
Lebensverneinung. Gerade auch das letztere wurde wichtig. Denn als
die Freiheitskriege keine Freiheit brachten, als vollends das Mißlingen
der national-freiheitlichen Bewegung von 1848 die Reaktion von
neuem auf den Thron setzte, und als allmählich die Einsicht erwachte, daß man all die wissenschaftlichen, technischen und wirtschaftlichen Fortschritte der Zeit mit dem Niedergang des Seelisch-
Geistigen bezahlte, da rächte sich offenkundig die Entmächtigung
des Glaubens und des Idealismus: die seelischen Widerstandskräfte
waren versiegt, der ästhetisch verklärte Pessimismus wurde die heimliche Religion weiter gebildeter Kreise, Schopenhauers Zeit brach an.

So fand sich in den Entwicklungs- und Ersatzformen der natürlichen Religion nirgends eine Vollmacht, die hätte zum Halt werden
können. Im Gegenteil: halbbewußt erkannten ihre Vertreter das Christentum als den Halt zum mindesten des bestehenden Lebens an.
Daher bekämpften sie je nach ihrer politischen Stellung entweder
das Christentum als die Stütze der überlieferten Ordnung[14], oder sie
begünstigten es, um so den Boden zu sichern, auf dem sie ungestört
ihr Arbeits- und Genußleben fortsetzen konnten – bis die Göttin
Entwicklung auch das „Volk" auf die Höhe ihrer religionslosen
Geistigkeit geführt haben würde. Mit alledem war die Fähigkeit der
natürlichen Religion, auf die christliche Botschaft vorzubereiten, fast
restlos zerstört.

Wie aber wirkte die Lösung jener volkskirchlichen Synthese auf die
evangelische Frömmigkeit? Notwendig wäre in erster Linie wirkliche
Besinnung auf die zunehmende Erschütterung der Lage und auf das
Wesen des Glaubens, von da aus neue tiefere Verchristlichung der
natürlichen Religion gewesen. Tatsächlich tasteten mancherlei Führer
in dieser Richtung. So zeigte der Däne *Kierkegaard*, wie jene Besinnung durch Einsicht in die Entfernung der Kirchen vom Neuen
Testament und durch Verzicht auf die falsche Objektivität des spe-

---

[14] Daran mußte auch der religiöse Frühsozialismus Weitlings u. a. scheitern;
vgl. zu dieser Bewegung Barnikol, Christentum und Sozialismus 1929;
auch R. Seeger, Fr. Engels, 35.

kulativen Denkens, der Schwabe *Joh. Chr. Blumhardt*, wie sie durch Ernstnehmen des gegenwärtigen Gottesreiches in seinem Kampf mit dem satanischen gewonnen werden könnte. Am meisten wäre die *Erweckungsbewegung* berufen gewesen, hier mit ihren reichen Kräften und ihren zahlreichen begeisterten Vertreten vorwärts zu führen. Sie suchte sich gegenüber allen Synthesen des Glaubens mit der Vernunft ganz auf die Bibel zu stellen und hätte hier tatsächlich, zumal wenn sie ernsthaft auf Luther zurückgegangen wäre, das Beste für den notwendigen Neubau gefunden. In der Tat wiesen bedeutsame Zeichen in diese Richtung. Der am meisten gefeierte Prediger der Zeit, Franz Volkmar Reinhard, hatte schon in einer aufsehenerregenden Reformationspredigt des Jahres 1800 den Gegensatz zwischen der Rechtfertigungslehre Luthers und dem Moralismus der Aufklärung scharf herausgearbeitet. Claus Harms hatte das 300-jährige Jubiläum des Thesenanschlags dazu benutzt, unter Berufung auf den Reformator seinen Ablaßthesen 95 moderne, in volkstümlicher Sprache gegen Vernunft und Gewissen als die Götzen der Zeit gerichtete an die Seite zu stellen. Aber im ganzen zeigten die Theologen der Erweckung (s. oben II 5) eine starke Einseitigkeit, und die Praxis war noch deutlicher von ihr beherrscht. Statt die endgültige Erledigung des Rationalismus der doch ebenfalls durch die neu geweckte Glaubenskraft getragenen Theologie zu überlassen, glaubte man sie durch erbauliche – und unerbaulich-äußerliche – Mittel vorwärts treiben zu müssen. Was man dabei erreichte, war die Herrschaft einer „Gläubigkeit", die trotz aller Einzelerfolge doch das kirchliche Leben mehr zersetzte als baute.

Das Verhängnisvollste war, daß gerade takräftige Männer durch ihre Kritik an den pietistischen Schwächen der Erweckungsbewegung leicht dazu geführt wurden, für ihren Kampf mit Zeitgeist und Rationalismus eine neue Synthese zu suchen, nämlich den Bund mit dem *restaurativen Konservatismus* (A. Müller, v. Haller, H. Leo u. a.). Hier hatte nicht das vorwärts weisende Sollen, sondern das ruhende Sein den Ton. Weil man in den Reformbewegungen nur selbstsüchtige Empörung wider Gott zu sehen wagte, setzte man die Mitarbeit des Christentums an der Gesundung des irdischen Lebens nur in reaktionärem Sinne ein. Man vergaß der bergeversetzenden Macht des Glaubens und der Liebe, begnügte sich daher mit Wiederherstellung dessen, was man für das Ursprünglich-Natürliche, daher für die Gott-gewollte Grundlage auch des völlig veränderten Lebens hielt, und tröstete sich über das wachsende Elend mit voreilig-eschatologischem Ausblick. So erschien je länger je mehr alles Konservative von vornherein als Gott-gewollt, alles Vorwärtsstrebende (Nationale, Liberale, Soziale) als Sünde. Vor allem in den kirchlichen Kreisen Norddeutschlands gewann diese Haltung suggestive Gewalt. Sie verführte ihre Träger zur Gleichsetzung ihrer Sache[15] mit der Sache Gottes und damit zu skrupelloser, gern auf alttestamentliche Sätze gestützter Vertretung.

Das puristische Streben richtete sich demnach nur gegen bestimmte Synthesen. Erstens gegen die Synthese mit jeder Wissenschaft und Philosophie, die in der widerchristlichen Wendung der neuen Bildung mitzuwirken schien. Da die ganze moderne Wissenschaft im Verdacht der Mitschuld stand, forderte man ihre „Umkehr", ja gelegentlich auf Grund von Josua 10, 12 f. den Rückschritt vom kopernikanischen zum biblischen Weltbild (G. Knak). Zweitens richtete sich der Purismus gegen die Teilnahme an nationalen und politisch-fortschrittlichen Bewegungen. Vor allem die fromme Jugend der Befreiungskriege war mächtig von diesen ergriffen. Im öffentlichen Leben „sich zu betätigen und seine Kräfte zu versuchen, drängte es den jungen christlichen Geist. In seiner frischen, gesunden Luft würde er sich zu einem tapfern, männlichen Charakter erkräftigt, sich zu einer rüstigen, tatkräftigen, ins wirkliche Leben, es versittlichend, eingreifenden, zu einer nicht auf müßige Grübeleien und leere Formen, sondern auf praktische Ziele gerichteten Art gestählt haben"[16]. Diese Gesundung und Stählung wurde durch den Gang der Entwicklung verhindert: „Statt eines christlichen nationalen Lebens, das wir im ersten Morgenrot des neuen Tages aufsteigen gesehen, fanden wir die von oben her in uns erweckte religiöse Kraft in die Enge der rein privatlichen Lebenskreise konfiniert". Das war gewiß zunächst Schuld der die Kirche beherrschenden Staatsbehörden, die in jeder Bemühung nationaler, liberaler und sozialer Art eine revolutionäre Bewegung witterten. Aber die maßgebenden religiösen Strö-

---

[15] Z. B. der Evangelischen Kirchenzeitung Hengstenbergs, s. Bachmann-Schmalenbach, Hengstenberg, III 480.

[16] So aus eigenem Erleben R. *Rothe,* Zur Orientierung über d. gegenwärtigen Aufgaben d. deutsch-evang. Kirche, Allgem. kirchl. Zeitschr. 1862 (auch in „Gesammelte Vorträge u. Abhandlungen Rothes", 1886). Ähnlich K. B. *Hundeshagen* in seinem trotz großer Breite noch jetzt eindrucksvollen Buche: Der deutsche Protestantismus, seine Vergangenheit u. seine heutigen Lebensfragen, 1846, ²47 (anonym). Vgl. dazu M. *Schmidt* Heidelbg. Jahrbücher XV 1971).

mungen bestärkten sie darin; und andere kirchliche Kreise, vor allem die Kirchenbehörden selbst, fügten sich stumm. So vollzog sich die für alle Beteiligten verhängnisvolle Verdrängung weitester Kreise des gebildeten Bürgertums und wichtigster Wirkungsmotive aus dem kirchlichen Leben fast ohne Widerstand. Das Ringen um die gegenseitige Durchdringung von Christentum und nationalem Leben blieb trotz der Romantik, Schleiermacher und der Burschenschaft fast überall – der Erlanger Hofmann ist seltene Ausnahme – den Christen überlassen, die man selbst als ganz oder halb draußen stehend betrachtete. Zwar geisterte das Ziel einer deutschen National- oder doch einer evangelischen Reichskirche weiter durch viele Herzen[17], und der Geist von 1848 ergriff auch kirchlich-konservative Prediger. Aber gerade die eine besondere Kirchlichkeit beanspruchenden Kreise nahmen solche Anregungen nicht auf[18]. Die Verbindung des Nationalen und des Christlichen, die sich in den meisten außerdeutschen protestantischen Ländern unwillkürlich vollzogen hatte und damals in besonderer Weise dem dänischen Volke durch Grundtvig geschenkt wurde, blieb den Deutschen versagt.

Die Hauptursache dieser schmerzlichen Entwicklung war die Unklarheit über den weltmissionarischen Auftrag des Christentums. Während auf englischem Boden durch die missionarische Bewegung des Methodismus dies dem 18. und 19. Jahrhundert unverlierbar eingeprägt und ihr Begründer, John Wesley, es durch eine seltene Vielseitigkeit auch in laientheologischer Weise auszudrücken vermocht hatte, fehlte in Deutschland eine entsprechende Erfahrung. Hier rächte es sich, daß die Erneuerung des Glaubens am stärksten durch pietistische und romantische Bestrebungen getragen war. Ihr Bund erstickte, was in der Kirche des rechtfertigenden Glaubens bereits an tieferem Verständnis aufgewachsen war. Im Eifer des Kampfes gegen Rationalismus und Hegelianismus verschloß man sich auch ihren berechtigten Anliegen. Religiöser Individualismus und Vergleichgültigung der Welt feierten neue Triumphe und erleichterten den Mißbrauch des christlichen Glaubens durch die restaurative Politik. Die starke Aktivität, die auch der neue Pietismus entzündete,

---

[17] Vgl. Is. A. Dorner, K. Hase, D. Schenkel; auch den „Deutschen Christus" von K. Candidus.

[18] Der ihnen angehörende General Lp. v. Gerlach konnte sogar von dem „Laster des Patriotismus" sprechen. Die Zusammenhänge s. bei Lütgert III 412.

erschöpfte sich in der Heidenmission und Diasporafürsorge; dem eigenen Volke wandte sie sich in der Regel nur auf den schmalen Pfaden der Bibelverbreitung, Kranken- oder Armenpflege zu. Daß es auch eine Welt des Geistes und des Volkslebens zu missionieren galt, daß gerade die Wandlungen der Gegenwart hier dem Glauben unerhörte Aufgaben stellten, daß auf diesen Gebieten bereits eine schwere Schuld zu sühnen war, erkannte man nicht[19]. Erst die Katastrophe von 1848 gab wenigstens *Wichern* vollmächtigere Worte und breiteres Echo. Er rief die Christenheit auf, mit den Kräften der aus dem Glauben geborenen Liebe einen umfassenden Kampf gegen die Entchristlichung unseres Volkes zu eröffnen und die Kirchen zu einer Kirche der Liebe Christi umzuprägen. Erhebliche Kreise lauschten ihm jetzt. Freilich die ganze Größe der von Wichern gestellten Aufgabe wurde nicht verstanden und daher die Führung in der inneren Entwicklung Deutschlands nicht gewonnen. Welche Möglichkeiten hätten sich eröffnet, wenn die evangelische Christenheit Deutschlands ihm (oder Gustav Werner und Victor Aimé Huber) nach der sozialen Seite wenigstens soweit gefolgt wäre wie die katholische dem Rufe Kettelers! Immerhin hat Wichern Großes erreicht: in der „Inneren Mission" entstand das größte Aktivum, das der deutsche Protestantismus außer seiner Theologie in weltmissionarischer Beziehung aufzuweisen hat.

Die Fehler des religiösen Ansatzes werden sogar in den edelsten Zeugnissen der Erweckung sichtbar. *Tholuck* suchte sie ernsthaft zu überwinden. Aber er hielt es für nötig, besonders zu betonen, daß man auch ohne Hoffahrt und Weltsinn, aus Liebe zu Gott, den Brüdern und dem gemeinen Wesen seine weltliche Arbeit treiben könne (Stunden der Andacht, S. 370). Und solche Sätze blieben vereinzelt, ohne praktische Anleitung, obwohl sein Buch ausdrücklich den ganzen Kreislauf des Menschenlebens in christliche Beleuchtung stellen wollte. Daher nötigte das Sturmjahr 1848 ihm ein Bußbe-

---

[19] Die kleinen Ansätze, die schon bestanden (Joh. Falk, v. Kottwitz, v. d. Recke, Amalie Sieveking u. a.), vor allem die Erneuerung der urchristlichen Diakonie durch *Wichern* (1833 Begründung des Rauhen Hauses, 42 des Gehilfeninstituts) und *Th. Fliedner* (1833 Beginn der weiblichen Rettungsarbeit in Kaiserswerth, 36 Gründung des ersten Diakonissenhauses) fanden trotz der begeisterten Zustimmung von Männern wie dem Erlanger Hofmann nicht die großzügige Unterstützung, die für eine Tiefenwirkung notwendig gewesen wäre.

kenntnis ab[20]. Aber auch jetzt durchdrang die Buße weder die christliche Verkündigung noch das christliche Handeln. Zwar viele überwanden den Individualismus, die Gefühligkeit und die Weltflucht der bloßen Erweckung; sie dachten mit A. Vilmar: „Wenn das Christentum nicht das Leben durchdringt und mit tausend Saugarmen Kräfte aus dem wirklichen Leben zieht, so ist es eben kein Christentum, sondern wohlgemeinte, aber unnütze Privataskese ... Christentum ist Tat, seinem Anfang und Bestehen nach, und muß bei allen zunächst als Tat erscheinen" (5. 8. 33 an seinen Bruder). Allein die tätige Teilnahme am allgemeinen Wohl und Wehe, die Mannhaftigkeit und Geduld, die man aufbrachte, reichten in der Regel nur so weit, als die restaurative Gesamtüberzeugung und der Anspruch auf Alleinbesitz des christlichen Geistes es gestatteten. Ja, der Neukonfessionalismus, in den die Erweckung zumeist mündete, brachte seine „Entschiedenheit" noch einseitiger zur Geltung als die Erweckung.

Angelegt war die politische Synthese bereits in der Praxis des Pietismus. Auch viele Erweckte fanden es praktischer, die Christianisierung des Volkslebens von außen durch Regierungsgewalt als von innen durch Umprägung der natürlichen Religion zu verwirklichen. Sie spürten nicht, daß sie damit in Widerspruch zu ihrem eigenen, auf das persönliche Erlebnis der Sünde und der Versöhnung gegründeten Christentum gerieten, daher den Eindruck der Unwahrhaftigkeit wecken mußten. Was für die Erweckung Inkonsequenz gewesen war, das wurde dann für den Konfessionalismus Grundsatz. Er sah die bindenden Kräfte, auch die des Deutschen Idealismus, zerfallen; sollte nun der „Subjektivismus", den man für die schlimmste Wurzel der neuzeitlichen Mißentwicklungen hielt, wirklich überwunden werden, so meinte man das Christentum nicht nur auf die Objektivität des göttlichen Redens und Wirkens, sondern auch auf

---

[20]„Es ist wahr, daß Christen zu oft in ihren eignen engeren Kreisen abgeschlossen am allgemeinen Wohl und Wehe zu wenig teilgenommen haben ... Wir haben uns damit getröstet, daß, was wir nicht täten, die Regierung des christlichen Staates an unserer Statt tun würde. Dieser Trost der Faulen und der Spröden ist nun weggefallen". Noch kräftiger sprach *Harleß:* „Wäre das herrschende Christentum im deutschen Volke lebendiger und wahrer, mannhafter und entschiedener, geduldiger und barmherziger gewesen, ... es wäre auch mit der Lästerung Christi ... noch nicht so weit gekommen". Beide Zitate aus: E. Schubert, Die evang. Predigt im Revolutionjahr 1848, 1913, S. 136.

die eindeutigeren irdischen Objektivitäten gründen zu müssen: auf die der Geschichte, der Kirche und des Staates. Der patriarchalische Absolutismus der Aufklärung, das Vorbild des katholischen Kirchentums, die romantische Verherrlichung vergangener kirchlich geleiteter Einheitskultur – die Mischung dieser Motive führte zu dem Ziel entweder des „christlichen Staates" oder der selbständigen staatsähnlichen Kirche. Daß man sich dabei dem Katholizismus näherte, störte ein Geschlecht nicht, dem ein unevangelischer Objektivitätsbegriff wirklich ein starkes Einheitsgefühl mit dem Katholizismus gegeben hatte[21] und das in seinem Neuluthertum wenigstens mit dem jungen Luther keine innere Fühlung besaß.

Nach alledem brachte die „Scheidung der Geister" nicht eine Klärung der religiösen Lage sondern weitere Verwirrung. Tholuck bekannte 1867: „Wir haben eine gläubige Pastorenkirche, doch ohne Gemeinde hinter sich . . . blicken wir auf die dreißiger Jahre zurück, so stand es in allen diesen Hinsichten besser" (Nippold, III 298). Das Zerreißen der überlieferten volkskirchlichen Synthese bedrohte die natürliche Religion mit dem Tode, den christlichen Glauben mit neuen gefährlichen Synthesen. Indem die restaurative Frömmigkeit – ohne eine Ahnung ihrer geschichtlichen Bedingtheit und ihrer außerchristlichen Züge – sich selbst kanonisierte, raubte sie sich die für die weltmissionarische Aufgabe notwendige Weite des Blicks. Ja, indem sie ihre politisch-kirchliche Gesamtauffassung durch Zwang zu verwirklichen suchte, schuf sie mit all ihrem hingebenden, opfervollen, nach vielen Seiten auch fruchtbaren Eifer eine Lage, die alles kirchliche Wirken über die Zeit ihrer Herrschaft hinaus bis in die Gegenwart belastet: sie verwandelte die kirchliche Gleichgültigkeit des gebildeten Mittelstandes, des neuen „realistischen" Menschentyps und der heranwachsenden Arbeitermassen, die ein Ergebnis der geistigen, wirtschaftlichen, sozialen, politischen Umwälzungen war, in Verachtung und Haß; sie vergiftete so die Wunden der Kirche und verschärfte die Gegensätze im deutschen Volksleben bis zur Unmöglichkeit des gegenseitigen Verstehens. Statt alle verfügbaren Kräfte gegen den wirklichen Feind zu sammeln, verstieß sie ungezählte Menschen, die bereit waren, die Kirche Christi bauen zu helfen, aber auf ihre neuzeitliche Wissenschaft und ihre neuzeitlichen politischen Ideale nicht verzichten konnten, und verstrickte die Kirche

---

[21] Vgl. den Historiker H. Leo und den Juristen Lg. v. Gerlach, aber auch die Theologen Löhe und Vilmar; s. unten III 5 b.

in zerrüttende innere Kämpfe[22]. So stand das evangelische Christentum gelähmt den riesengroßen Aufgaben der neuen Zeit gegenüber. Ein reiches Erbe an Frömmigkeit und bei Führern wie Schleiermacher auch an Verständnis für die Nöte der Zeit war der Kirche geschenkt; und neue Bewegungen voll christlichen Ernstes, persönlichen Einsatzes, gespannter Kraft brachen in ihr auf – aber diese Mächte wüteten gegeneinander, statt sich zu gemeinsamer Arbeit zu sammeln. Das evangelische Christentum konnte in diesem Zustand unmöglich die Führung zur Entwirrung der allgemeinen Lage ergreifen; es wurde vielmehr zu dem Schlachtfeld, auf dem die Fronten sich am schmerzlichsten verwirrten.

Bezeichnend für die Lage war die Stellungnahme eines so echten Christen wie R. *Rothe*. In fromm-aufklärerischem Hause aufgewachsen, hatte er sich der Romantik und der Erweckung mit jugendlicher Inbrunst hingegeben, aber als römischer Gesandschaftsprediger einen klareren Blick für die Wirklichkeit des Lebens und für religiöse Mannigfaltigkeit gewonnen. So konnte er am 6. 12. 1828 an Bunsen schreiben: „Ich sehe überall Partei, und wo etwas Partei geworden, da ist gewiß die reine, d. h. die ganze Wahrheit nicht". Darum war auch sein Urteil über die Zeitereignisse völlig anders als das seiner pietistischen Freunde. In den Erschütterungen von 1848 wagte er „die Wehen der Geburt eines neuen Lebens" zu sehen und erstrebte eine freie Aussicht über das sich selbst ausschließend so nennende Christentum hinweg auf das wirkliche Christentum, das zum großen Teil noch im Schoße der Zukunft liege.

3. Allgemeine Züge der theologischen Entwicklung

Die Theologie, durch die Leistungen des vorhergehenden Menschenalters auf eine überragende Höhe gehoben, konnte diese Höhe nicht einhalten. Sie verdünnte und zersplitterte ihr großes Erbe. Ihre

---

[22] Man braucht nicht die Literatur der radikalen Gegner oder der hinausgedrängten „Lichtfreunde" zu lesen, um die Stimmungsreaktion auf die Einseitigkeit und das Gewaltverfahren der restaurativen Bestrebungen zu erkennen; bezeichnender ist die sorgenvolle Schärfe, mit der Schleiermacher, der den Pietismus wahrhaftig zu würdigen wußte und kirchlich in gewissem Sinn selbst „Restaurator" war, diese Bestrebungen schon in ihren Anfängen vorahnend kennzeichnete (s. oben II 4 d).

Schritte schwankten; sie unterwarf sich den kirchlichen Gegensätzen, statt sie zu überwinden. Wir betrachten zunächst die daraus erwachsende neue theologische Gruppenbildung, dann die Entwicklung der theologischen Arbeit auf *den* historischen Linien, die von dieser Gruppenbildung wenig berührt wurden.

a) *Die Entstehung neuer Richtungen.* – An einem Punkte waren alle grundlegenden theologischen Neubildungen einig gewesen: in der Ablehnung des eigentlichen Rationalismus. Sie wurde nun allmählich für die heranwachsende theologische Jugend zur Selbstverständlichkeit. Auch wo man die historischen und praktischen Leistungen des Rationalismus übernahm, suchte man sie mit neuem Geiste zu erfüllen. Für die theologische Öffentlichkeit wurde K. Hase durch seine Streitschriften, vor allem durch den „Anti-Röhr" (1837), der „wissenschaftliche Totengräber des Rationalismus". Aber auch der Supranaturalismus verschwand als selbständige Größe, er wurde wie die Erweckungstheologie teils durch die repristinatorischen, teils durch die vermittelnden Richtungen aufgesogen.

Von den besprochenen Ansätzen war der *Schleiermachers* der weitaus bedeutendste. Daher wirkte er stark auf die gesamte theologische Jugend; unter den führenden Theologen konnte sich keiner ganz seinem Einfluß entziehen. Insofern begann der Satz Neanders sich sofort zu erfüllen, daß man von ihm „künftig eine neue Epoche in der Theologie datieren werde" (Th. Stud. u. Kritiken 1834, S. 50). Mindestens mußte, wer theologisch mitreden wollte, in formaler Beziehung von der geistigen Höhe des großen Mannes lernen. Ebenso wurden seine Vereinheitlichung und Verinnerlichung der theologischen Arbeit, sein beständiger Rückgriff vom Äußeren auf das Innere, seine Abneigung gegen allen Intellektualismus und alle Gesetzlichkeit bis zu einem gewissen Grade Gemeingut. Und doch schloß sich auch an seine reife Theologie keine eigentliche Schule an. Jeder zehrte von seinem Reichtum, keiner folgte ihm nach. Die Ursache war zunächst die Größe seines Werkes selbst; niemand in dem jüngeren Geschlecht war fähig, es in voller Weite und Tiefe zu überschauen, geschweige denn weiterzuführen. Dazu trat seine Verwobenheit mit dem Deutschen Idealismus, der jetzt die Herrschaft verlor; die schicksalhafte Wendung des deutschen Geistes, die seit Mitte der 30er Jahre offenkundig wurde, machte die organische Fortbildung von Schleiermachers Theologie so schwer wie die der klassischen Dichtung und der spekulativen Philosophie. Nun traten auch die individuellen und die zeitbedingten Mängel seines Denkens deutlicher zutage und zerstörten den Gesamteindruck seiner Leistung. In weiten Kreisen empfand man zwar noch die innere Größe seiner Theologie, verstand sie aber nicht mehr. Statt auf ihre bewegenden Motive zurückzugehen und von da aus für die neue Zeit einen neuen Aufriß zu schaffen, arbeitete man äußerlich an ihr herum, nahm bald diesen, bald jenen Zug auf und suchte sie bald an diesem, bald an jenem Punkte zu verbessern. So entfernte man sich von ihrem Geiste, auch wo man sich auf sie berief. Die Radikalen jeder Art aber empfanden ihn als falschen Vermittler zwischen unvereinbaren Gegensätzen. Die repristinatorischen Theologen sprachen zunächst resigniert mit Claus Harms: „Der mich erzeugte, hatte kein Brot für mich", gingen aber auch bald (Hengstenbergs Evangel. Kirchenzeitung schon 1829) zum offenen Angriff über. Von einer Herrschaft Schleiermachers über die Theologie der neuen Zeit zu reden, ist also schlechterdings unmöglich.

Stärkeren unmittelbaren Einfluß übte die *spekulative* Theologie und Philosophie aus. Ihr kam die fortgehende Wirksamkeit Marheinekes zugute; und die Angriffe des radikalen Hegelianismus zwangen ebenso zur Stellungnahme wie die neu auftauchenden christentumsfreundlichen Systeme. Führende Bedeutung aber gewann auch die spekulative Theologie nicht. Wir finden ihre Spuren allenthalben, in den radikalen wie in den restaurativen wie in den vermittelnden Kreisen, aber fast stets nur dienend, nur in der Verbindung mit anderen Bewegungen gestaltungsmächtig. Sie half Begriffe klären, stählte das methodische Rückgrat, lieferte durch den Anspruch objektiver Wahrheitsgeltung apologetische Stützen und hielt die Verbindung mit dem Dogma aufrecht, sei es in denkender Bejahung, sei es in moderner Umdeutung. Die innere Leitung des Denkens aber hatte dabei bald die selbstsichere Kirchlichkeit, bald der ebenso selbstsichere Anspruch der modernen „Wissenschaft". Ähnlich steht es mit dem – an sich weit geringeren – Einfluß von *Fries* und *de Wette:* man stößt an den verschiedensten Punkten auf ihn, aber nirgend so, daß von einer Schule gesprochen werden könnte.

So vollzog sich eine bunte Mischung der Anregungen[23], die von den Neuansätzen ausgegangen waren. Sie deutet an, daß der neue

---

[23] Lehrreich dafür ist die „Enzyklopädie d. theol. Wissenschaft" des „Rechtshegelianers" K. *Rosenkranz* (1831, [2]43; s. oben III 1 b). Er wollte wie Schleiermacher die Theologie als Ganzes einheitlich begreifen, fand die Ganzheit der Theologie freilich nur, indem er sie als „integrierendes Moment" dem Hegelschen System einfügte, das die vollkommenste

Abschnitt der Theologie einerseits durch einen großen Reichtum ver
schiedenartiger Gestaltungen, anderseits durch das Fehlen eine
beherrschenden, die Fülle inhaltlich gruppierender Theologie gekenn
zeichnet ist. Nicht eine streng theologische Selbstbesinnung de
Glaubens, die nur ein einsamer und trotz aller Augenblickswirkun
einsam bleibender Denker, Sören Kierkegaard, vollzog, bestimmt
die Neuordnung der Arbeit, sondern der weltanschaulich-kirchlich
Kampf.

Auf der einen Seite stand das theologische Erbe des Deutsche
Idealismus, in erster Linie das der spekulativen Philosophie[24], zuma

Organisation der Wissenschaften begründet habe. Die Durchführun
lehnt sich in ihrer Unterscheidung von spekulativer, historischer un
praktischer Theologie an Schleiermacher an, zeigt aber die andersartig
Haltung seiner Gruppe. 1. Die spekulative Theologie entwickelt die Ide
der christlichen als der absoluten Religion, „wie deren Erkenntnis, unab
hängig von der Erscheinung des Wesens, an und für sich von der Ide
selbst ausgeht, und ist insofern die absolute Selbsterkenntnis der Re
ligion"; 2. „die historische Theologie ist die Erkenntnis der an Raum un
Zeit in die Endlichkeit entäußerten Idee der absoluten Religion; si
begreift das Wesen in der Erscheinung als empirisch gegebenes mit den
Zufall verwickeltes Faktum"; 3. „die praktische Theologie ist die Er
kenntnis der Formen, in welchen die absolute Religion unmittelba
existiert und in deren dialektischer Explikation sie ihre individuell
Lebendigkeit hat"; sie ist vermittelt durch die historische, aber ebens
sehr durch die spekulative Theologie, weil sie nach der Zukunft hin ein
unumschränkte Seite für die Bildung der Religion an sich hat, dere
letzte Gewißheit nicht in der geschichtlichen Erscheinung sondern in Got
liegt". – Der linkshegelische Gegner von Rosenkranz, *D. F. Strauß,* ver
gleicht die unklare Mischung der hier verbundenen Elemente drastisch
mit einer „Wurstmasse, in der etwa die orthodoxe Kirchenlehre da
Fleisch, Schleiermachersche Theologie den Speck, und Hegelsche Philo
sopheme das Gewürz vorstellen" (Glaubenslehre, I S. 70).

[24] *Schellings* Einfluß war stark, aber selten ganz rein, oft in Verbindung mi
Hegel, häufiger gegenüber Hegel in Verbindung mit Oetinger, Jak
Boehme, Baader, v. Schaden, als Führer zu moderner christlicher Philo
sophie und theosophischer Spekulation. Die zunftmäßige Theologie ha
er wenigstens indirekt, z. B. bei Hofmann, befruchtet (s. auch obe
II 2 a). Aber abgesehen davon wirkte er auf erhebliche Kreise, die außer
halb der theologischen Fachentwicklung blieben und doch den auch fü
diese wichtigen religiösen Hintergrund prägen halfen. Die beiden bedeu
tendsten Vertreter sind Jul. Hamberger und Ph. Th. Culmann. *Ham
berger* (1801–85) war literarisch sehr fruchtbar (Gott u. seine Offen
barungen in Natur u. Geschichte, 1836, [2]82; Lehrbuch d. chr. Religion
39, [3]77 unter d. Titel „Die bibl. Wahrheit in ihrer Harmonie mit Natu
u. Geschichte"; Christentum u. moderne Kultur, 3 Bde 65–75; Ausgabe

Hegels, im Vordergrund. Hier drängte die Stoßkraft, die das Absolutheitsbewußtsein und die methodische Strenge dem Deutschen Idealismus gegeben hatte, über die Linie eines Daub und Marheineke hinaus. Man versuchte zwar, dem Dogma treu zu bleiben, stellte es aber schärfer unter das kritische Urteil der Philosophie als der eigentlichen objektiven Deutungsinstanz, neigte also mehr zum Junghegelianismus. Die Kritik am kirchlichen Besitz strömte nun in breiten Wellen ein. So die Kritik an den anthropomorphen und anthropopathischen Zügen des Gottesgedankens, an der Lehre von der stellvertretenden Genugtuung u. ä., vor allem aber die an der historischen Gebundenheit. Die von Hegel scheinbar gebändigte Problematik der Verbindung von Idee und Geschichte brach wieder auf, zum mindesten dadurch, daß man die Überlieferung von den Gesetzen der Ideenentwicklung aus zu prüfen und richtig zu stellen versuchte. Hier konnte man reiche Vorarbeiten benutzen. Was der Rationalismus, Schleiermacher, de Wette geleistet hatten, das fand Aufnahme und empfing aus der Strenge und dem Absolutheitsbewußtsein des spekulativen Denkens stärkere Kraft. So entstand die *Freie Theologie*[25]. Frei wußte sie sich nicht von Bindungen überhaupt – sie fühlte sich gerade besonders fest an das Absolute und an das Gesetz der Logik gebunden –, wohl aber von der an die äußerliche Autorität der kirchlichen Überlieferung, der man sich religiös überlegen glaubte. So gefährdete man durch einen auf philosophisches Denken gestützten Absolutheitsanspruch die Geltung der Theologie als kirchlicher Funktion und vermischte wieder den christlichen Glauben mit natürlicher Religion. Da diese Bewegung aber gegenüber dem irregehenden Bindungsstreben der herrschenden kirchlichen Kreise die Wahrhaftigkeit und Echtheit des religiösen Lebens und das Moment der kritisch-theologischen Selbstbesinnung betonte, vertrat sie ein wirkliches theologisch-kirchliches Anliegen und durfte sich als notwendiges Glied sogar der kirchlichen Gesamtentwicklung fühlen.

und Anthologien von Jakob Boehme, Baader, Oetinger, christlichen Mystikern, Predigten Taulers, Jacobi). *Culmann* (1824–63), Schüler des Philosophen v. Schaden, starb zu früh für größere Wirksamkeit; seine Ethik (63, [3]89, [4]1926, [5]27!) verband biblische mit philosophischen und theosophischen Zügen.

[25] Der Name stammt von ihrem systematischen Hauptträger Biedermann (s. unten Nr. 4 b). Er ist besser als das von politischen Stellungnahmen verzerrte Wort „Liberalismus".

Auf der anderen Seite mündeten die konservativen Elemente der theologischen Neuansätze in die *restaurativen* Strömungen der Zeit und verliehen diesen wissenschaftliche Kraft. Hier wuchs eine Theologie empor, die sich zwar unbewußt ebenfalls von natürlicher Religion tragen ließ (s. oben Nr. 2), aber doch rein christlich-kirchlich sein wollte, ja die Vollgewalt göttlichen Auftrags über sich fühlte, daher ein noch stärkeres Absolutheitsbewußtsein als die freie Theologie besaß. Für sie war das Motiv der freien Forschung nicht nur religiös belanglos, sondern ein Zeichen von Aufklärung, Auflehnung gegen Gottes Ordnung, wenn nicht Einbruch des Satanischen in die Theologie. So übertrug sie den Haß gegen die Revolution auf den theologischen Gegner. Sie vertrat die Normierung aller vergangenen und gegenwärtigen Wissenschaft durch die fertigen Maßstäbe, die sie der Bibel oder dem Bekenntnis entnehmen zu können meinte. Dabei drängte das Bedürfnis handlicher Maßstäbe in Verbindung mit der Hochschätzung fester konfessioneller Haltung sie immer mehr von der Bibel zu den Bekenntnisschriften. In ihnen schien das entscheidende Wort bereits gesprochen zu sein; der Gegenwart fiel nur die Aufgabe zu, es auf solche Fragen anzuwenden, die in den reformatorischen Kirchen noch nicht aktuell gewesen waren. In diesem Rahmen war immerhin noch die Betätigung wissenschaftlichen Scharfsinns und Formtalents, auf hilfswissenschaftlichen Gebieten auch des Forschungsdrangs möglich. Da überdies die Bekenntnisschriften mancherlei Widersprüche oder doch verschiedene Deutungsmöglichkeiten enthielten, konnten Gegensätze und Kämpfe entstehen, die der restaurativen Gesamtbewegung theologische Lebendigkeit gaben und das kirchliche Erbe an manchen Punkten klären halfen.

Wo aber die Gegensätze so unversöhnlich aufeinanderprallten, mußte das dennoch vorhandene kirchlich-theologische Einheitsbewußtsein zur Gegenwehr schreiten. Da es keinen theologischen Führer fand, der fähig gewesen wäre, die Gegensätze wirklich zu bezwingen, konnte es nur in der Form der *Vermittlung* wirken. So entstand eine theologische Richtung, die den Anregungen aller Großen der kirchlichen Vergangenheit und Gegenwart, ebenso denen Hegels und Schellings wie denen Schleiermachers und de Wettes, Neanders und Tholucks, ja denen der Supranaturalisten und Rationalisten, zugänglich bleiben und mit aller Kraft das Auseinanderbrechen von Glauben und Bildung, von Theologie und Kirche bekämpfen wollte. Die Mischung der Motive war freilich hier weit bunter als in den beiden inhaltlich stärker geschlossenen Richtungen.

Wir finden nirgends auch nur den Ansatz einer Schule, dafür aber eine außerordentliche Fülle von umfassend gebildeten, religiös und wissenschaftlich hochstehenden Einzelgestalten.

Die Entmächtigung der strengen Theologie betraf alle *Fachgebiete,* aber nicht mit gleich verderblicher Wirkung. Je näher eines dem Mittelpunkt der Kämpfe stand, desto stärker wurde es ergriffen. So in erster Linie die Dogmatik. Hier brach die Arbeitsgemeinschaft, ja die Verständnismöglichkeit ab; eine in gemeinsamer Selbstbesinnung zu gewinnende theologische Selbstkritik wurde unmöglich. Aber auch die historische Selbstbesinnung des Glaubens wurde stark in die Zerrissenheit verstrickt. Die historischen Disziplinen verloren weithin ihre Freiheit gegenüber der Selbstgewißheit der „Richtungen"; sie lauschten der Geschichte nicht mit reiner Hingabe. Dieser Zustand wirkte um so verhängnisvoller, als die glänzende Entwicklung der allgemein-geschichtlichen Wissenschaften auch der historischen Theologie einen mächtigen Auftrieb gab. So wurde die verschiedenartige Auseinandersetzung zwischen der historisch-kritischen Bearbeitung der grundlegenden geschichtlichen Urkunden und ihrer kirchlichen Wertung neben dem dogmatisch-weltanschaulichen Gegensatz das wichtigste Leitmotiv der theologischen Entwicklung. Die Art des Richtungskampfes aber machte, wie schon das Sturmsignal der neuen Periode, das Leben Jesu von Strauß (1835) und der Kampf darum erschütternd zeigte, den Ausgleich beinahe unmöglich. Vor allem die neutestamentliche Wissenschaft wurde, wo sie den Umkreis des Philologischen und rein Historischen überschritt[26], so unmittelbar in den Richtungskampf hineingezogen, daß ihre Entwicklung sich nur innerhalb der Richtungen darstellen läßt. Betroffen wurden auch die alttestamentliche Wissenschaft, sofern ja ihr Gegenstand zum Kanon gehörte, und die Kirchengeschichte, sofern Kirchenbegriff, Verständnis der Bekenntnisschriften, Beurteilung der eigenen Vergangenheit, unter dem Einfluß der Dogmatik standen. Aber sie schlossen ihrer Art nach breite Gebiete ein, die relative Selbständigkeit besaßen, von der Auseinandersetzung zwischen Kritik und religiöser Wertung wenig berührt wurden, oder durch die Schwierigkeit ihrer Stoffe vor frem-

---

[26] Als Beispiel verdienstvoller rein philologischer Arbeit sei *Konst. Tischendorf* genannt (1815–74, Prof. in Leipzig): Ausgaben des N. Testaments seit 1841; Entdeckung des Codex Sinaiticus 1844 u. 59. Abgesehen von ihm hat die deutsche Theologie sich in dieser Zeit wenig an der textkritischen Arbeit beteiligt. Die „höhere Kritik" und das Theologische standen ganz im Vordergrund.

den Einsprüchen bewahrt blieben. Daher empfingen gerade diese beiden Fächer wieder besondere Bedeutung für die theologische Entwicklung der Zeit (s. II 1 e): sie wirkten als Gegengewicht und Korrektiv
für die Verwirrung der Lage, halfen die freie methodische Forschung
durchwintern, erzogen Geschlechter, die fähig waren, den toten Punkt
zu überwinden. Daher tut die geschichtliche Betrachtung gut, sich
vor dem Eintauchen in die Entfaltung der Richtungen ihre Entwicklung zu vergegenwärtigen.

b) *Die beiden relativ selbständigen Fachgebiete.* – In der *alttestamentlichen* Wissenschaft setzt überall eine positivere Betrachtung ein.
Die Verständnislosigkeit der Aufklärung, Schleiermachers und der
spekulativen Theologie wurde überwunden; Herder, de Wette, die
Romantik, das Aufblühen der orientalischen Wissenschaften wurden
wirksam, der niemals erstorbene kirchliche Gebrauch des Alten Testaments fand in der Restaurationszeit wieder allgemeine Anerkennung
und theologische Unterbauung. Dabei machte sich die starke Verschiedenheit der Stoffe deutlich bemerkbar. Ihre formalen Teile (das
Sprachliche und Archäologische) wurden in Weiterführung der großen
Verdienste, die hier das vorige Geschlecht erworben hatte, und in
Verwertung der neuen orientalistischen Anregungen von Vertretern
aller Richtungen gemeinsam weiter entwickelt[27]. Auch die Exegese
wurde von den verschiedensten Seiten her neu befruchtet und erhielt
einen festeren Untergrund[28]. Allein schon in ihre Entwicklung griffen
die Richtungsgegensätze verwirrend ein[29]; vollends in der literar-
geschichtlichen und theologischen Erforschung des Alten Testaments
wirkten sie sich kräftig aus. Noch herrschte weithin der Gesichtspunkt der Lehre, und mit ihm auf der einen Seite die aus der mechanischen Inspirationstheorie entsprungene Gleichsetzung des Alten mit
dem Neuen Testament, auf der andern die schroffe Unterscheidung;
dort wurde es wesentlich als Offenbarung, hier als Erzeugnis einer

---

[27] Neben den noch wirkenden Rationalisten Gesenius traten so andersartige
und unter sich verschiedene Gelehrte wie *Ewald* (s. unten), *Justus Olshausen* (1800–82; Neubegründer der philologischen Kritik des A. Testaments; Lehrb. d. hebr. Sprache, 61), *Franz Delitzsch* (1813–90; vielseitig
poetisch; Kenner des Rabbinischen) u. a.

[28] Sogar der dem Rationalismus entstammende *Ferd. Hitzig* (1807–75;
Prof. in Zürich und Heidelberg), wohl ihr schärfster kritischer Vertreter,
wollte von bloßer Kritik zu positiven Ergebnissen führen.

[29] Vgl. das Verhältnis der großen Kommentarwerke, die einerseits Keil,
der Schüler Hengstenbergs, und Delitzsch, anderseits Hitzig, Knobel,
Hupfeld, Bertheau u. a. herausgaben.

religiösen Entwicklung betrachtet. Im blinden Eifer des Kampfes gegen den Rationalismus feierte die Gleichsetzung bei *Hengstenberg* und seinen Anhängern neue Triumphe[30]. Aber auch die soviel tiefere „heilsgeschichtliche" Betrachtung arbeitete naiv mit dem Offenbarungscharakter des Alten Testaments (s. unten III 5 c). Immerhin berührte sie sich mit dem allgemeinen Fortschritt der alttestamentlichen Wissenschaft darin, daß sie die Aufmerksamkeit von der einseitigen Betonung der Lehre auf das lebendige religiöse Geschehen lenkte, von dem das Alte Testament zeugt. So erst wurde eine wirkliche Offenbarungs- und Religionsgeschichte des Alten Testaments möglich. Von einer Mitwirkung der inspirationalistisch gebundenen Theologen konnte freilich dabei nicht die Rede sein; ihr Eifer und Scharfsinn leistete über das Formale und Archäologische hinaus der alttestamentlichen Wissenschaft keine erheblichen Dienste. Im übrigen aber begann jetzt ein zusammenhängendes Ringen um das wissenschaftliche Verständnis der israelitischen und jüdischen Geschichte, sowohl in ihrem äußeren wie vor allem in ihrem inneren Verlauf. Hier muß es genügen, Beispiele der angestrengten Arbeit zu nennen. In der Untersuchung des Pentateuchs wurde vor allem *Hm. Hupfeld* (1796–1866; 25 Professor in Marburg, 43 in Halle) zum Führer (neuere Urkundenhypothese, d. h. Erkenntnis von dem in sich geschlossenen, grundsätzlich vollständigen Charakter jeder einzelnen Quellenschrift („Urkunde") des Pentateuchs). Doch hatten schon 1833 *Ed. Reuß* (1804–91; seit 34 Prof. in Straßburg) mündlich, unabhängig von ihm 1835 der Hegelianer *Vatke*[31] eine wichtige Wendung angebahnt; sie gewannen Einblick in den Stufengang der israelitischen Religion und versuchten von da aus eine neue Ordnung der Quellen; aufgenommen und weitergeführt wurde freilich ihre Auffassung erst am Ende dieser Zeit, durch *Graf,* einen Schüler von Reuß, und den Holländer *Kuenen*[32]. Graf begann mit einer eindringenden und tiefgehenden geschichtlichen Forschung und zeitgeschichtlichen Würdigung des „Vaters der historisch-kritischen Forschung" im Alten Testament, des französischen Oratorianers Richard Simon (1638–1712) und erkannte in der Nachzeichnung und Beurteilung

---

[30] Hengstenberg s. unten Nr. 5 a; Haevernicks Handbuch (1836–94) und Keils Lehrbuch d. Einleitung in d. A. Testament (53, [3]73); C. P. Caspari.

[31] *Wilhelm Vatke,* 1806–82; 37 (außerord.) Prof. in Berlin. Die Religion d. A. Testaments, I 35; s. auch unten Nr. 5 b.

[32] *Karl Heinrich Graf,* Die gesch. Bücher d. A. Testaments, 1866; *Abraham Kuenen,* De Godsdienst van Israel, 69 f.

von dessen Ergebnissen den literarischen Aufbau des Pentateuch, aber auch der Bücher Samuelis und der Könige, im wesentlichen zutreffend, so daß die gegenwärtige alttestamentliche Wissenschaft seine Auffassung teilt und bestätigt. Vor allem wurde durch ihn der nachexilische Charakter der meisten gesetzlichen Stücke im Pentateuch endgültig klar. Kuenen durchdachte mit vorbildlicher Sorgfalt die historisch-kritische Methode überhaupt. Den Fortschritt hat an dieser Stelle der Mann gehemmt, der sonst die alttestamentliche Wissenschaft durch das Gewicht seiner eindrucksvollen Persönlichkeit sowie durch seine Verbindung philologischer Meisterschaft mit poetischem und religiösem Verständnis wohl am stärksten förderte: *Hch. Ewald*[33]. Hebt man aus der reichen Arbeit der alttestamentlichen Wissenschaft etwa noch die Pflege des Herderschen Erbes durch *Umbreit* (s. unten Nr. 6) heraus, so wird der Fortschritt deutlich, der sich in dieser Periode vollzog. Man begann das Alte Testament wieder geschichtlich zu verstehen und stellte doch, ja gerade dadurch, die alttestamentliche Wissenschaft wieder fest in den Zusammenhang der Theologie[34]. *Diestels* Geschichte d. A. Testaments in der chr. Kirche (1869) schloß mit einem Hinweis auf die notwendige und bereits begonnene Vereinigung der verschiedenen Arbeitsrichtungen (S. 671. 777 ff.) die Periode würdig ab. Freilich allgemein fruchtbar für Theologie und Kirche konnten die Fortschritte nur insoweit werden, als ihre Verketzerung durch die herrschende Restauration nicht die Herrschaft gewann.

Erst recht war in der *Kirchengeschichte* weithin die einfache Fortführung der bisherigen Arbeit möglich. An Leistungen wie denen von Planck, Gieseler, Neander, die bis in die neue Zeit hineinragten, konnte keine Richtung vorübergehen. Dazu kam nun als fördernde Kraft der Eindruck der mächtig aufstrebenden profanen Geschichtswissenschaft, und auch innertheologisch steigerte sich durch die

[33] 1803–75; Prof. in Göttingen; der bedeutendste und fruchtbarste Alttestamentler dieser Zeit. Von seinen zahlreichen Werken sind am wichtigsten: Krit. Grammatik d. hebr. Sprache, 27, [8]70; Die Dichter d. Alten Bundes erklärt, 1835–39, [3]66 f.; Die Propheten d. A. Bundes erklärt (40 f., [2]67 f.); Geschichte d. Volkes Israel bis auf Christus, 5 Bde 43–45, [2]51–59; dazu auch neutestamentliche Arbeiten.

[34] Sogar der im schwäbischen Pietismus wurzelnde, mit Beck und Hofmann verbundene *G. Fch. Oehler* (1812–72; Prof. in Breslau u. Tübingen; posthume Theologie des A. Testaments 73 f., [3]91) machte der historischen Kritik Zugeständnisse. Über Vatke vgl. *H. Benecke,* W. V. in s. Leben u. s. Schriften, Bonn 1883.

Mischung der Anregungen noch das Interesse. Zu den rein gelehrten und kritischen Motiven war schon durch Neander die erhöhte religiöse Teilnahme an den Stoffen getreten. Jetzt aber griff – in Verbindung damit – die Verstärkung des geschichtlichen Sinnes immer fruchtbarer ein, die wir in der Romantik, bei Hegel, auf allen Linien der idealistisch beeinflußten Theologie beobachten konnten. Gerade bei den großen Trägern der kirchengeschichtlichen Arbeit erwies die Nachwirkung des Deutschen Idealismus sich als mächtigster Hebel der Forschung; vor allem bei Baur, Hase, Rothe. Darum waren sie sämtlich mehr als nur Kirchenhistoriker; zumal für Baur und Rothe war die Kirchengeschichte nur eine, und nicht die am stärksten hervortretende Linie innerhalb ihres Gesamtwerkes.

Als erster war *Karl Hase* auf den Plan getreten (1800–90; Prof. in Jena seit 1830). Er hatte sich zuerst dem systematischen Gebiete zugewandt[35] und durch sein Leben Jesu (1829, [5]65) Ruhm erworben, das gegenüber der Herrschaft rationalistischer Plattheit und unkritischer Erbaulichkeit eine wissenschaftliche Tat war, aber sehr bald durch verschärfte Fragestellungen (D. Fr. Strauß) überholt wurde. Ferner war er als glänzender Publizist und Streitschriftsteller früh bekannt geworden[36]. Seine eigentliche Wirksamkeit aber fand er erst in der Kirchengeschichte[37]. Die Einwirkung des Idealismus war bei ihm von allgemeiner humanistisch-ästhetischer Art; durch seine poetisch-künstlerische Anlage geleitet, hielt er sich stärker an die Klassik und Romantik als an die Philosophie und suchte eher klare

---

[35] Evang. Dogmatik, 1826, [6]70; Gnosis oder prot.-evang. Glaubenslehre für d. Gebildeten, 3 Bde 27–29, [2]69 f.; Hutterus s. unten Nr. 5 a, u. a.

[36] Gegenüber Hahn s. oben S. 166 gegenüber dem Rationalismus S. 82; Die beiden Erzbischöfe, 1839; Das Kaisertum d. deutschen Volkes, 48; Die evang.-prot. Kirche d. deutschen Reiches, 49, u. a. – Zeugnisse seiner schriftstellerischen Kunst sind auch seine autobiographischen Veröffentlichungen, vor allem die Erinnerungen aus Italien (29 hrsg. 90) und „Ideale u. Irrtümer" (71), vgl. a. H. Jursch, Karl v. Hases Romerlebnis Wiss. Ztschr. Jena 1952/53, S. 91–105; *G. Fuss*, Die Auffassung des Lebens Jesu bei K. v. Hase Diss Jena 1955 (masch).

[37] Sein Lehrbuch d. Kirchengeschichte (1834) reifte in seinen vielen Auflagen allmählich zu einem vorbildlichen Werk. Es wurde durch kleinere Monographien sowie im Alter durch den Druck der kirchengeschichtlichen Vorlesungen (seit 85) ergänzt. Wesentlich kirchenhistorisch ist auch sein „Handbuch d. *Polemik* gegen d. Röm.-Kath. Kirche", 62, [7]1900, das mit dem Streben nach innerem Verständnis die entschiedene protestantische Stellungnahme verband und so das falsche Objektivitätsstreben vor allem der spekulativen Symbolik (s. oben S. 98 f.) überwinden half; ausge-

Rationalität als spekulativen Tiefsinn. Was ihn reizte, war weder das Wissen selbst noch die Problematik noch die einheitliche Durchdenkung der Stoffe, sondern die künstlerische Gestaltung der unendlichen Fülle. Er ist ein Meister des Stils, Meister der Gruppierung und Pointierung, Meister der Charakteristik und der Schilderung; das Allgemeine und das Besondere, das Abstrakte und das Konkrete webt er eindrucksvoll ineinander; den gelehrten Stoff beherrscht er so völlig, daß er überall das bezeichnende Wort, die bezeichnende Gestalt, den bezeichnenden Vorgang als Beleuchtung einzusetzen vermag; er urteilt und richtet nicht über die Menschen und ihre Taten, sondern läßt sie, oft mit Hilfe wundervoller Bilder, vor dem Leser lebendig werden, hilft zu liebevoller Betrachtung und deutet die eigene Stellung nur eben bildhaft an[38]. So wird seine Kirchengeschichte zur künstlerischen Leistung. Dem entspricht es, daß er auch der Auswirkung des Glaubens in der Kunst grundsätzlich nachspürt; er gibt als erster – trotz seines Drängens auf Alleinbetonung des Wichtigen und Vereinfachung des Stoffes – der Baukunst, Malerei und Plastik, der Dichtung und Musik das Heimatrecht in der Kirchengeschichte; er weiß oft gerade von da aus das Verständnis für fremde Zeiten zu erschließen. Aber auch abgesehen davon ist die universale Ausweitung des Interesses ein Hauptzug seiner Kirchengeschichte. Wie überhaupt seine humanistische Art die Verbindung des Christlichen mit dem Antiken, der Liebe zum Ewigen mit der zu Natur und Kultur erstrebte, so zog er alles in den Kreis der Kirchengeschichte hinein, worin ihm christlicher Geist entgegenzutreten schien. In dieser Universalität freute er sich der jedes Schemas spottenden reichen Mannigfaltigkeit der Kirchengeschichte, trat er auch – ohne Parteimann zu werden – für die Freiheit des Glaubens und der Theologie in die Schranken.

Freilich das Vorwiegen des künstlerischen Sinnes lenkte ihn selbst da von dem Ringen um die Probleme ab, wo er ihm gerade als einfühlender Historiker hätte fruchtbar dienen können. Er begnügte sich mit der Überwindung einseitiger Schemata, wie des beständigen

---

zeichnet ist es auch dadurch, daß es endlich mit der Ausdehnung der konfessionskundlichen Untersuchung auf das Ethische und Politische, auf Kultus, Kunst und Wissenschaft Ernst machte.

[38] Ein Beispiel: Luther ist „wie ein Gebirg, dessen Haupt bald in Himmelsklarheit getaucht ist, bald mit Nebel und Sturmwolken verhüllt, ein Gebirg, von dessen schroffen steilen Felswänden lebendige Quellen herabströmen" (Vorlesungen III 178).

Verfalls oder beständigen Fortschritts, des Sauerteig-Gleichnisses oder der Heilsgeschichte oder des Kampfes zwischen Glauben und Unglauben, durch den Einblick in Reichtum und Bewegtheit der Geschichte, ging aber den Schwierigkeiten der geschichtsphilosophischen Betrachtung nicht nach. Ebenso vernachlässigte er die Geschichte der dogmatischen Auseinandersetzung; auch die Trennung von natürlicher Religion und christlichem Glauben, von intensiver und extensiver Glaubensbewegung, die seine Zeit kennzeichnete, führte ihn nicht zur Durcharbeitung der damit verbundenen Fragen. Aber gerade indem er lehrte, sich an der Blütenfülle der Kirchengeschichte zu freuen, ohne in die Dornen der Problematik zu geraten, half er das christliche Bewußtsein wieder vielseitig mit der Geschichte des Christentums verbinden. Er vertrat den Protestantismus in einer historisch gerichteten Zeit so glänzend, daß er zu den verdienstvollsten Theologen dieser Periode gerechnet werden muß.

Für die bei Hase fehlende theologische Durchdenkung der Kirchengeschichte gingen die stärksten Anregungen von der spekulativen Philosophie aus. Das zeigte schon der nächste bedeutende Vorstoß, der von R. *Rothe:* Die Anfänge d. chr. Kirche u. ihrer Verfassung, 1837. Er stellte neben die in sich selbst unklare Überlieferung und neben den Aufriß, der sich bei Baur ankündigte, eine völlig selbständige Auffassung vom Werden der alten Kirche. Doch steht sie mit seiner Gesamtauffassung der kirchengeschichtlichen Entwicklung, diese wiederum mit seiner Wesensbestimmung des Christentums in so engem Zusammenhang, daß sie erst bei deren Darstellung gezeigt werden kann (s. Nr. 6 c). Immerhin muß schon jetzt auf die heuristische, auf- und anregende Bedeutung hingewiesen werden, die ihr zukam. Und schon jetzt läßt sich das Verhältnis zu Hase andeuten: obwohl strenger vom Theologischen ausgehend und nicht mit ästhetischen, sondern mit spekulativen Kräften arbeitend, ist Rothes Entwurf durch ähnliche Universalität ausgezeichnet; auch er suchte die Ausprägung des christlichen Glaubens im Leben und grub mit Vorliebe die Spuren des göttlichen Waltens in scheinbar profanen Zusammenhängen auf, so daß seine Kirchengeschichte eine „Kulturgeschichte der christlichen Menschheit" wurde.

Ist Rothes Geschichtsbetrachtung die Anwendung einer spekulativ-theologischen Gesamtanschauung, so wollte *Ferd. Chr. Baur*[39] nur

---

[39] Außer seinen neutestamentlichen und dogmengeschichtlichen Werken (s. unten Nr. 4 a) vgl. die „Geschichte d. chr. Kirche", 1853–63, 5 Bde, von

Historiker sein, d. h. „das geschichtlich Gegebene, so weit es überhaupt möglich ist, in seiner reinen Objektivität auffassen" (Vorrede
zu Kirchengesch. I, S. VII). Anderseits bekannte er früh, daß die Geschichte ihm ohne Philosophie ewig tot und stumm sei. Und in den
„Epochen" (S. 248 f.) berief er sich auf Schellings Wort, daß die
Geschichte für die Vernunft erst dann ihre Vollendung erhalte, „wenn
die empirischen Ursachen, indem sie den Verstand befriedigen, als
Werkzeuge und Mittel der Erscheinung einer höheren Notwendigkeit gebraucht werden". Die wichtigsten Stützen gewann sowohl
seine Liebe zur geschichtlichen Vergangenheit selbst als auch sein
Streben nach Objektivität in der Philosophie Hegels; und wenn
zugleich Semlers kritischer Forschungstrieb in ihm wieder lebendig
wurde, so stand er doch von vornherein dank idealistischer Schulung
auf der neuen Höhe streng methodischen Denkens. Gut hegelisch erkannte er als seine Aufgabe „die Zusammenfassung des unendlich
Geteilten und Mannigfaltigen unter die Idee seiner Einheit, die Zurückführung der äußeren Erscheinungen auf das innerlich bewegende, den
ganzen Zusammenhang bedingende Prinzip, die Entwicklung des
Gangs, in welchem die verschiedenen Epochen und Perioden der Geschichte als die Momente einer bestimmten Begriffseinheit ihren zeitlichen Verlauf genommen haben" (Vorrede z. 2. B., S. VI). Es ist die Idee
der Kirche, die ihm zum lebendigen Prinzip wird. Vor allem in den beiden Hauptformen, denen des Dogmas und der Verfassung, sucht sie
sich zu entfalten und zu verwirklichen; sie trägt also, wie die „Idee"
des Deutschen Idealismus überhaupt, bewegende Kraft in sich. Bis
zur Reformation strebt sie, in die geschichtliche Erscheinung ein-
zugehen, von der Reformation ab, sich wieder aus der Erscheinung
zurückzuziehen. Die Durchführung dieses Aufrisses ist, zumal in der
gegenseitigen Durchdringung des Allgemeinen und des Besonderen,
der Idee und des Stoffes, so fruchtbar, daß seine Kirchengeschichte
als die bedeutendste Leistung in der deutschen Kirchengeschichtsschreibung des 19. Jahrh.s anerkannt werden muß.

Allerdings verkannte Baur, daß die Hegelsche Wendung zur Ideengeschichte zwar Kraft und Mittel zur Durchführung der allgemeinen
Aufgabenstellung schenkte, aber zugleich als Prokrustesbett wirkte.
Daher wurde seine Überwindung der pragmatischen, überhaupt jeder
im aufklärerischen, pietistischen oder romantischen Sinn subjektivisti-

denen er freilich nur die ersten zwei selbst herausgeben konnte; außerdem LÜ 5.

schen Geschichtsbetrachtung kein reiner Fortschritt. Die Fülle des
konkreten geschichtlichen Lebens überhaupt, die Bedeutung des persönlichen Lebens und der großen Persönlichkeit im besonderen, vor
allem aber das übergeschichtliche, nicht einfach in der Idee auf-
gehende Moment der Kirchengeschichte kam nicht zur Geltung. Wenn
wirklich (so Baur in den „Epochen") die Geschichte einem Drama
gleicht, „das nur in einem unendlichen Geiste gedichtet sein kann",
dann stehen ihre Leitmotive so hoch über den Möglichkeiten auch
der tiefsinnigsten Ideengeschichte, daß sie vielleicht zuweilen vom
Glauben geahnt, aber nicht spekulativ deduziert und konstruiert
werden können. Die Kategorien der Objektivität und Subjektivität,
der Identität und Differenz u. ä. täuschen über den Reichtum der
Geschichte hinweg, ermöglichen den Schein, daß die Kirchengeschichte wirklich ein notwendiger, dialektisch fortschreitender Prozeß
sei, und nehmen ihr die Lebendigkeit, die ihr vom christlichen Gottesglauben aus zukommt. Zuweilen spürt Baur es selbst, daß die Hegelsche Ideendialektik mit ihrem Dreitakt von Thesis, Antithesis, Syn-
thesis den Stoff nicht zu meistern vermag; es ist ein Beweis seiner
Größe, daß er – vor allem in den letzten Bänden – dann nicht der
vorgefaßten Methode, sondern der Weisung des Stoffes folgt.

Neben dem großen, sich gegenseitig ergänzenden Dreigestirn Hase-
Rothe-Baur verbleichen alle anderen kirchengeschichtlichen Sterne.
Immerhin leuchteten auch sie einst hell und zeigen noch heute dem
genauer beobachtenden Blick die Stärke des kirchenhistorischen Interesses jener Zeit. Wenn wir zunächst bei den allgemeinen Aufrissen
bleiben, so sind vor allem drei Männer zu nennen, *Niedner, Hagenbach* und *Jacobi*[40]. Niedner bot zugleich eine universale und einheitliche, von strenger Forschung und philosophischem Geiste getragene Durchdenkung aller Einzelgebiete; Hagenbach suchte weniger
der Forschung als Studenten und weiteren Kreisen zu dienen; er hatte
auf dem Boden eines humanitätsverbundenen Christentums ein besonderes Verständnis für das Wechselverhältnis zwischen Christentum und Geisteskultur; Jacobi setzte als Hauptschüler Neanders

---

[40] *Chr. W. Niedner*, 1797–1865; Prof. erst in Leipzig, dann in Berlin; Geschichte d. chr. Kirche, 46, ²66, mehr Skelett als lebendige Formung; vgl.
auch seine Einleitung in d. Gesch. d. Phil. u. Theol. chr. Zeit, 46. –*K. R.
Hagenbach*, 1801–74; Prof. in Basel; Kirchengeschichte, 7 Bde 69–72. –
J. Jacobi, 1815–88, Prof. in Berlin, Königsberg, Halle; Die kirchl. Lehre
v. d. Tradition u. d. hlg. Schrift in ihrer Entwicklung, I 47; Lehrb. d.
Kirchengesch., I 50.

dessen Forschungs- und Darstellungsweise fort. Aber auch zahlreiche *Überblicke,* deren Verdienst wesentlich in der Übermittlung und Sichtung des mächtig anwachsenden Stoffes bestand, bewiesen und pflegten schon durch ihre Zahl, teilweise durch ihre große Verbreitung ebenfalls den kirchengeschichtlichen Eifer der Zeit[41]. Wissenschaftlich wertvoller als sie waren allerdings die vielen *Monographien,* die an den verschiedensten Punkten die Einzelforschung vorwärts führten und teilweise noch heute nicht völlig überboten sind[42].

[41] Genannt seien folgende: *J. G. V. Engelhardt,* Handbuch d. Kirchengesch., 4 Bde, 1833 f.; *H. E. F. Guericke,* Handb. d. Kirchengesch., 33, ([9]66); *G. Fch. Böhringer,* Die Kirche Christi u. ihre Zeugen, 24 Bde, 42–58 ([2]60–79, enthält Biographien und Auszüge großer „Zeugen" der alten Kirche und des Mittelalters); *J. Hch. Kurtz,* Lehrb. d. Kirchengesch., 2 Bde 49 ([14]1906); *G. Ad. Fricke,* Lehrb. d. Kirchengesch., I. B. 50 (bis 8. Jahrh.); *Hch. Schmid,* Lehrb. d. Kirchengesch., 51 ([2]56; stark erweitert als „Handbuch" in 2 Bdn 80 f.), sowie Lehrb. d. Dogmengesch., 60, [3]77; *K. Fch. Au. Kahnis,* Der innere Gang d. deutschen Protestantismus, 54 ([3]74); *Fch. R. Hasse,* Kirchengeschichte, 3 Bde, 64 ([2]72); *J. Hch. Aug. Ebrard,* Handb. d. chr. Kirchen- u. Dogmengesch., 4 Bde, 65 f. (reformiert).

[42] Wenigstens eine Anzahl sei genannt, um die Beteiligung der verschiedensten Kreise zu bezeugen (mit Weglassung der bereits genannten Kirchenhistoriker; Tholuck s. oben II 5), und zwar chronologisch, jeweils nach der ersten Monographie des betreffenden Verfassers: *Ullmann* über Gregor v. Nazianz (1825, [2]67) und d. Reformatoren vor d. Reformation (42, [2]66); *G. Thomasius* über Origenes (37); *K. V. Lechler* über d. engl. Deismus (41), Die Geschichte d. Presbyterial- u. Synodalverfassung seit d. Reformation (54), Wiclif u. d. Vorgesch. d. Reformation (73); *J. J. Herzog* über Ökolampad u. d. Reformation d. Kirche zu Basel (3 Bde 43), über die romanischen Waldenser (53); *Fch. R. Hasse* über Anselm v. Canterbury (2 Bde 43. 52); *Reuter,* Alexander III. u. d. Kirche s. Zeit (1. B. 45, [2]60; 2. u. 3. B. 60. 64), Die rel. Aufklärung im Mittelalter (75. 77) und Augustin (87); *Rettberg,* Kirchengesch. Deutschlands (46. 48); *Heppe,* Hess. Kirchengesch. (seit 47), Die Gesch. d. deutschen Protestantismus 1555–81 (52 ff., [2]65 f.) u. a.; *Dieckhoff,* D. Waldenser (51) und Die evang. Abendmahlslehre (I 54); *E. Henke,* G. Calixt u. s. Zeit (53–60, posthume Vorlesungen über d. neuere Kirchengesch. 74–80); *M. Schneckenburger,* Vergleichende Darstellung d. luth. u. ref. Lehrbegriffs (56); *J. W. Preger,* Die Geschichte d. Lehre v. geistl. Amt auf Grund d. Gesch. d. Rechtfertigungslehre (57), M. Flacius Illyricus u. s. Zeit (58. 61), Gesch. d. deutschen Mystik im Mittelalter (74. 81. 93); *Hm. v. d. Goltz,* Die ref. Kirche Genfs im 19. Jahrh. oder d. Individualismus d. Erweckung in s. Verhältnis z. chr. Staat d. Reformation (61); *G. Uhlhorn,* Urbanus Rhegius (61), Der Kampf d. Christentums mit d. Heidentum (74, [6]99), Die chr. Liebestätigkeit, 3 Bde (82 ff., [2]96); *Jul. Köstlin,* Luthers Lehre v. d. Kirche (53), Luthers Theologie (62, [2]1902) und Martin Luther (75, [5]1903);

Faßt man all die Höhen- und Breitenleistungen zusammen, und erwägt man, daß auch die Werke Neanders sowie der pragmatistischen und der idealistischen Kirchenhistoriker noch weite Verbreitung genossen, zieht man überdies die dogmengeschichtliche Arbeit heran, so ergibt sich der Eindruck, daß die Theologie an der Wendung dieser Zeit zur Geschichte starken Anteil hatte. Sie ergriff bewußter und umfassender als jedes frühere Geschlecht die Aufgabe der historischen Selbstbesinnung des Christentums. Sie trat Neander zur Seite, sofern sie nicht mehr nur Einzelheiten und psychologisch-pragmatische Verursachungen feststellte, sondern den großen Zusammenhängen nachging. Aber sie überbot ihn, sofern sie die großen Zusammenhänge nicht nur unter den allgemeinen Gesichtspunkten der Lebensentfaltung zu verstehen suchte, sondern den Entwicklungsgedanken straffer anspannte und mit Bewegungsprinzipien verband, die man den Stoffen selbst entnahm. Dabei vollzog sich innerhalb des Abschnitts eine wichtige Wandlung: gingen unter den bahnbrechenden Führern Baur und Rothe aufs stärkste von der Idee, Hase wenigstens von der idealistischen Gesamthaltung aus, so begann in den letzten Jahrzehnten der große Zusammenhang gleichsam in den Stoff selbst hineinzutreten und damit die Einzelforschung auf eine neue Höhe zu heben. Daher wurde die Monographie und die in ihr erprobte Strenge der historischen Methode immer wichtiger; der bedeutendste Vertreter des jüngeren Geschlechtes, *Hermann Reuter* (1817–89, Prof. in Breslau, Greifswald, Göttingen) hat nur ihr seine Kraft gewidmet; und er wurde gegen Ende der Periode der einflußreichste Lehrer einer neuen Generation von Kirchengeschichtlern.

Durch all das erhielt die Kirchengeschichte wachsende Bedeutung innerhalb der Theologie, noch weit über die früher (s. II 1 e III 3 a)

W. *Gaß,* Gesch. der Dogmatik und der Ethik, seit 54, s. oben LÜ 2 c; *Theod. Harnack,* Luthers Theologie (62. 86, Neudruck 1927); *Fr. R. Frank,* Die Theologie d. Konkordienformel, 4 Bde 58 ff.; *Hundeshagen,* Beiträge zur Kirchenverfassungsgesch. u. Kirchenpolitik insbes. des Prot. (1. B. 64); *C. P. Caspari,* Quellen z. Gesch. d. Taufsymbols u. d. Glaubensregel (66 f.); *G. L. Plitt,* Zur Conf. Augustana (seit 67); *Hch. Schmid,* D. luth. Abendmahlslehre im Reformationszeitalter (68), und Gesch. d. kath. Kirche Deutschlands v. d. Mitte d. 18. Jahrh. bis z. Gegenwart, 74; *Weingarten,* Revolutionskirchen Englands (68). – Auch *Editionen* wie die Erlanger der Werke Luthers (seit 26) und die Calvins (schon Tholuck hatte sich 33 ff. um die Verbreitung seiner Kommentare und der Institutio bemüht; seit 63 Druck der Werke im Corpus Reformatorum) gehören in diesen Zusammenhang.

angedeutete hinaus. Sie begann ihre theologische Funktion zu entdecken und damit Herders Programm zu verwirklichen. Denn erst indem sie ihre selbständige, obschon in der Auseinandersetzung mit der allgemein-historischen noch sehr schwankende, Methode herausarbeitete, lernte sie allmählich die geschichtliche Wirklichkeit als solche verstehen, erhielt sie die Fähigkeit, Vergangenes wieder lebendig zur Gegenwart reden zu lassen, gewann sie das innere Recht auf den Anspruch, von der systematischen und praktischen Theologie gehört zu werden. Umgekehrt aber öffnete auch jetzt erst die seelische Wandlung der Zeit allmählich das Ohr für die Stimme der Geschichte und für das Reden Gottes in ihr. So stieg von beiden Seiten her gegen Ende der Periode, obschon mit zögernden und vielfach noch gebundenen Schritten, die Möglichkeit empor, den Offenbarungsbegriff wieder mit der wirklichen, nicht nur mit der dogmatisch schematisierten Geschichte zu verbinden – eine Möglichkeit, die sowohl für das theologische Verständnis der Geschichte als auch für das der Offenbarung bedeutsam werden mußte. Wirkliche historische Selbstbesinnung des evangelischen Christentums trat wenigstens in das Blickfeld.

4. Die theologische Absage an Hegel: Sören Kierkegaard (1813–55)[43]

Daß die in der idealistischen Philosophie und Theologie vollzogene Synthese des christlichen Glaubens mit edler natürlicher Religion durch die Wandlung der Frömmigkeit dem Untergang geweiht war,

---

[43] Gesamtausg. (dänisch): Samlede Värker hrsg. v. A. B. Drachmann, J. L. Heiberg u. H. O. Lange 15 Bde. København 1901–06 ²1920–36 Papirer hrsgg. v. P. A. Heiberg, V. Kuhr, u. S. Torsting 20 Bde. 1909–48; Efterladte Papirer hrsgg. v. H. P. Barford u. H. Gottsched 9 Bde. 1869–81; Breve og Aktstykker vedrørende S. K. hrsgg. v. N. Thulstrup 2 Bde. 1953/54. Deutsche Übersetzungen: Ges. Wke. übs. v. H. Gottsched u. Chr. Schrempf 12 Bde. 1909–12 ²1922–25; Ges. Wke. (mit Komm.) übs. v. E. Hirsch (zus. m. H. Gerdes) 1950–69; Jubiläumsausg. hrsgg. v. H. Diem und W. Rest 1950 ff. (einschl. Briefe und Tagebücher); Existenz im Glauben (Aus Dokumenten, Briefen und Tagebüchern S. K.s) hrsgg. v. L. Richter 1956.

Aus der überreichen Lit. seien hervorgehoben: E. Geismar, S. K. 1928; T. Bohlin, K. s dogmatische Anschauung 1927 M. Thust, S. K., der Dichter des Religiösen 1931 E. Hirsch, K.-Studien 3 Bde. 1930/31 H. Diem, Philo-

begann seit den 30er Jahren deutlich zu werden. Die Identität der begrifflich gedachten und der vorstellungsmäßig geglaubten Wahrheit wurde zweifelhaft, folgerechte Denker begannen die Schwierigkeit zu empfinden. Unter ihnen war der im Kampf um die Erneuerung des echten Christentums sich verzehrende Däne Sören Kierkegaard (1813 bis 55) allen andern sowohl durch Bibelnähe, sachliche Tiefe und prophetische Kraft als durch dialektische Denkschärfe und journalistische Gewandtheit weit überlegen. Bewußt am Rande stehend, durch den Verzicht auf Ehe und Amt der Kontinuität des Lebens entnommen, entwickelte er unter sehr selbständiger, vielfach willkürlicher Verwertung von Motiven aus der Aufklärung, der Romantik und dem Spätidealismus eine denkerische Wiedergeburt der neutestamentlichen Botschaft. Dies geschah in leidenschaftlichem, schmerzvollem, selbstquälerischem Widerspruch zu der größten geistigen Potenz der

sophie und Christentum bei S. K. 1930; Die Existenzdialektik S. K.s 1950; S. K., Spion im Dienste Gottes 1957; A. Paulsen, S. K., Deuter unserer Existenz 1955; W. Lowrie, Das Leben S. K.s dt. 1955, J. Sløk, Die Anthropologie S. K.s 1954, K. Löwith, K. und Nietzsche, theologische oder philosophische Überwindung des Nihilismus? 1933, Von Hegel zu Nietzsche 1941 ³1953; Hs. Schmid, Dynamismus und Ontologie (Ekklesiologie K.s u. Vilmars) Diss. Göttingen 1956; W. Anz, K. und der deutsche Idealismus 1956; Bibliogr. und Überblicke über die K.-Forschung: E. Haenchen, Das neue Bild K.s (eingehende Beurteilg. bes. Hirschs) Dtsch. Theol. 3 (1936), 273–287; 298–329; 376–394: R. Jolivet, K. (Bibliogr. Einführungen in das Studium der Philosophie 4) 1948; W. Anz in ThRdsch. N. F. 20 (1952), S. 26–72; M. Theunissen in Dt. Vjschr. f. Litwiss. und Geistesgesch. 32 (1958), S. 576–612; von der neueren Lit. über K. seien genannt: M. Theunissen, Der Begriff Ernst b. S. K., 58; E. Pivčević, Ironie als Daseinsform bei S. K., 60; H. Schröer, Die Denkform des Paradoxalität als theol. Problem. Eine Unters. zu K. u. d. neueren Theol. als Beitrag zur theol. Logik, 60; H. Gerdes, Das Christusbild S. K.s vergl. mit d. Christol. Hegels u. Schleiermachers, 60; ders., S. K. Leben und Werk, 66; G. G. Grau, Die Selbstaufh. d. christl. Glaubens. Eine relphil. Studie zu K., 63; Th. Buske, Die Dialektik der Geschichte. Zur Theol. S. K. s (NZsystTH 5, 1963, 235 ff.); H. Fischer, Subjektivität u. Sünde. K.s Begriff der Sünde mit ständiger Rücksicht auf Schleiermachers Lehre von der Sünde, 63; G. Schüepp, (kath.) Das Paradox d. Glaubens. K.s Anstöße f. d. christl. Verkündigung, 64; E. Tielsch, K.s Glaube, 64; H. Schmid, Kritik d. Existenz. Analysen zum Existenzdenken S. K.s, 66; H. G. Fritzsche, K.s Kritik an der Christenheit, 66; F. C. Fischer, Existenz u. Innerlichkeit. Eine Einf. i. d. Gedankenwelt S. K.s, 69; Kontroversen um K. u. Grundtvig (hrsg. v. K. E. Løgstrup u. G. Harbsmeier) Bd. I: Das Menschliche u. d. Christliche, 66; Bd. II: (Løgstrup) Auseinandersetzung mit K., 68; H. Buss, K.s Angriff auf die bestehende Christenheit, 70.

Zeit, die ihn selbst gebildet hatte, zu Hegel. Zugleich aber riß sie alle
Brückenschläge zwischen Christentum und modernem Geist als un-
echte Vermittlungen, ja als Raub an der Wahrheit wie an der Ehre
Gottes, unbarmherzig nieder, so vor allem den rationalen Supranaturalismus, den Rechtshegelianismus, die orthodox-romantische
Synthese Grundtvigs und den Neupietismus. Kierkegaards gesamtes
literarisches Werk, das den Charakter der Anklage trug, seine Gedankenbildung und ihr dichterisch-philosophisch-theologischer Ausdruck war wie bei einem echten Romantiker biographisch verwurzelt.
Es ging aber darin nicht auf. Drei Ereignisse gewannen entscheidende
Bedeutung für ihn: die Auflösung seiner Verlobung, die ihm die un-
vergebene „entsetzliche" Sünde vor Augen stellte, seine Verspottung
in einem zeitgenössischen Witzblatt, die ihm die Notwendigkeit des
Martyriums für den Christen zeigte, der Zweifel an der vollen Christlichkeit des gefeierten Bischofs seiner Kirche, J. P. Mynster, der ihn
zum unerbittlichen Kritiker des kirchlichen Christentums machte. In
alledem war ein krampfhafter Zug unverkennbar, der sich in der
Angst als Flucht vor sich selbst, literarisch als Flucht in die Pseudo-
nymität spiegelte. Sein Grundthema wurde der Widerspruch gegen
Hegels Synthese von Philosophie und Christentum. Die Polemik
bildete daher nicht nur den Ausgangspunkt für ihn, sondern drückte
das Wesen aus. Schleiermachers Wort aus den „Reden" (R[1] 294):
„Das Christentum ist durch und durch polemisch" hätte er sich zu
eigen machen können. Sein Antihegelianismus war erst durch die
deutsche Romantik, dann vor allem durch Immanuel Hermann Fichte
bestimmt, später durch den Rechtshegelianer Daub, der den dogmatischen Glauben dem historischen überordnete. Jedoch löste sich
Kierkegaard von allen diesen Einflüssen, die nur Stadien auf seinem
Lebenswege waren. Er kam zu seinen eignen Positionen: Nicht die
Objektivität, sondern die Subjektivität ist die Wahrheit. Gott hat es
immer mit dem einzelnen zu tun. Die Isolierung des Menschen ist
für ihn wesensnotwendig, ja heilsnotwendig. Darum geht die eigentliche Bewegung der Geschichte nicht von den irdischen Schöpfungen
des Menschen in Staat, Kirche und Kultur aus. Das Entscheidende ist
vielmehr die Freiheit des einzelnen von allen diesen Größen und
Gegebenheiten. Daraus folgte ein asketisches, weltflüchtiges Christentum, das nach 1. Kor. 7 unter dem Leitmotiv stand, zu haben als
hätte man nicht. Kierkegaard sprach ein energisches Nein zu jeder
institutionellen Verfestigung der Kirche. Ausschlaggebend war ihm
das Glaubenswagnis des einzelnen. So kam er zu der Entdeckung

der Tiefen, die im innern Wesen des Menschen beschlossen sind, in seiner „Existenz", und stellte den Existenzbegriff ins Zentrum der Anthropologie. Der Mensch war in seiner nackten Existenz vor Gott gestellt oder ins Nichts geworfen – so lehrte er in einem Radikalismus, der nicht überboten werden konnte. Als letzte Tiefe der menschlichen Existenz tat sich ihm die Verlorenheit, die Schuld, die Sünde auf. Zu retten vermag nur die unbegreifliche Gnade, die den Menschen im Glauben zerbricht; dafür wurde ihm Isaaks Opferung zum Paradigma. Die unbegreifliche Gnade Gottes ist in Jesus Christus Wirklichkeit geworden, darum geht die Aufgabe dahin, ihm „gleichzeitig" zu werden unter radikalem Abbruch aller Traditionen. Daher verneinte Kierkegaard die Geschichte im landläufigen, herkömmlichen Sinne, um zu einer tieferen, streng personalen Neufassung des Geschichtsbegriffs vorzustoßen. Geschichte war ihm beschlossen im Stehen vor Gott oder vor dem Nichts, sie fiel zusammen mit der Entscheidungsqualität der Existenz, die sich in der Entscheidungsfreiheit des Menschen ausdrückte. Einer seiner Hauptvorwürfe gegen Hegel ging dahin, daß er diese Freiheit verkürzte; darum fand Kierkegaard auch kein Verhältnis zu dem „Deterministen" Schleiermacher. Seine Polemik gegen das „Allgemeine" bei Hegel hatte auch die Ablehnung von dessen Wissenschaftsbegriff zur Folge, der den Zusammenhang eines geschlossenen Systems erreichen wollte. Kierkegaard erteilte dem Systemgedanken eine Absage zugunsten des „Sprunges", der ihm zum Einfallstor für das Wirken des transzendenten Gottes wurde. Jesus Christus selbst, den Erniedrigten, verstand er als den großen Angriff auf die Christenheit. Das Wesen des Evangeliums, der Botschaft, fand er darum im Ärgernis, das sie wirkte. Glauben bedeutete ihm ein Jasagen zum Ärgernis. Der wahre Glaube in der Gleichzeitigkeit mit dem Erniedrigten forderte von ihm den Kampf mit dem Bestehenden. Die wahre Kirche war ihm die gefährdete, streitende, verfolgte Kirche, die aber nicht als Gemeinde aufgefaßt, sondern in den streitenden, leidenden einzelnen angeschaut wurde. Jeder für sich hatte gegen das Bestehende zu kämpfen. Kierkegaards Bedeutung lag nicht nur biographisch in der bei allen führenden Männern der Kirchengeschichte zu beobachtenden Einheit von Theologie und Lebensschicksal. Sie ging sachlich weit darüber hinaus. Auf der Höhe der Kulturseligkeit der Welt und des Kulturwillens der Kirche brach der weltfremde, asketische Zug des frühen Christentums mit Macht wieder durch. Kierkegaard war asketisch bis zur Verwerfung der Gemeinschaft, der Ehe, des Berufs und bis

zur mönchischen Verklärung des einzelnen. Gegenüber der großartigen Synthese von Christentum und Philosophie bei Hegel trat
hier die radikale Diastase hervor. Seine Betonung des „Augenblicks"
führte zu einer Punktualisierung des Gottesverhältnisses und war
damit der schärfste sachliche Angriff auf den Systemwillen des Idealismus. Es erfolgte ein Angriff auf die Philosophie von seiten der
Theologie. Dies war ein unerhörter Vorgang in einem Zeitalter, dem
die Versklavung der Theologie an die Philosophie das Gepräge gab.
Mitten in der Ausprägung und beginnenden Reife des Historismus
wurde ein Nein zur Entwicklung, zur Tradition gesprochen und die
„Gleichzeitigkeit" mit Jesus Christus als Bruch mit der geschichtlichen Kette proklamiert, in der der gegenwärtige Mensch stand. Das
weithin erreichte Ziel Kierkegaards war die radikale Gegenwärtigkeit
des Urchristentums, das ausschließlich revolutionär gedeutet wurde.
Die Fernwirkung dieses Denkers war größer als sein unmittelbarer
Einfluß. Die dialektische Theologie nach dem ersten Weltkrieg, die
Existenzphilosophie, besonders in der ihr von Heidegger gegebenen
Gestalt, und die Psychanalyse sind ihre stärksten Exponenten.

Von besonderer Bedeutung war es dabei, daß mit der Ablehnung
des Hegelianismus die wissenschaftliche Theologie als solche relativiert und der Verkündigung der Botschaft der Primat zuerkannt
wurde. Gegenüber der herrschenden Tendenz zur Ethik erklärte
sich Kierkegaard für die Dogmatik, gegenüber den sich bei der
Dogmatik beruhigenden Kräften für die Predigt[44]. Damit waren nicht
in geistig impotenter Erbaulichkeit, wie weithin in der Erweckungsbewegung, sondern in souveräner, strenger Auseinandersetzung Mitte
und Ursprung der christlichen Wirklichkeit wiedergewonnen. Der
dialektische Panlogismus Hegels war mit logischer Dialektik bekämpft. Freilich führte von diesem Radikalismus kein Weg zu der
übrigen theologischen Arbeit der Zeit. Der Geschichtsbegriff war
zerbrochen. So konnte dieser Denker folgerichtig erst nach dem
Abbruch aller Kontinuität im ersten Weltkrieg zur Wirkung gelangen.

5. Die freie Theologie

Kierkegaard fiel aus dem Rahmen und bildete keine Schule. Die
fortschreitende theologische Selbstbesinnung des Glaubens hatte so-

---

[44] Nicht umsonst verfaßte er erbauliche Reden.

wohl auf ihrer historischen als auch auf ihrer systematischen Seite beständig nach zwei Seiten zu kämpfen: gegen die negative Wendung
der Hegelischen Philosophie und gegen die Restauration der vorauf-
klärerischen oder voridealistischen Theologie.

a) *Die methodische Ausbildung der historischen Kritik.* – Schon
schmiedeten Gelehrte wie Baur und Vatke in grundgrabender Forschung die Werkzeuge für diese Leistung. Da überholte sie ein
Schüler, dem die Gaben raschen Zugriffs, kühnen Denkens und
eindrucksvoller Darstellung in besonderem Maße geschenkt waren.

David Friedrich Strauß (1808–74) war durch seinen Lehrer Baur,
durch Romantik und Philosophie, durch Schleiermacher und Hegel
über seinen ursprünglichen schwäbischen Supranaturalismus hinausgeführt worden; in Berlin hatte er sich 1831/32 eng an den Privatdozenten Vatke angeschlossen. Er sah nun, daß die spekulative Theologie bisher „über dem positiven Moment im Verhältnisse des
spekulativen Begriffs zur biblischen und kirchlichen Vorstellung das
ebenso wahre negative Moment" zurücksetzte[45], und fühlte sich berufen, diesem sein Recht zu verschaffen. So wurde die kritische
Herausarbeitung des Wahrheitsgehalts der christlichen Religion sein
Ziel. Er griff die Aufgabe sofort in ihrem Mittelpunkt an: *Leben
Jesu*, 2 Bde 1835 f. Dabei wurden zwei Gedanken leitend. Erstens:
die Wahrheit liegt in der Idee; und es ist nicht die Art der Idee, bei
ihrer Selbstrealisierung „in ein Exemplar ihre ganze Fülle auszu-
schütten"; sie realisiert sich vielmehr geschichtlich in der ganzen
Breite der Menschheit, im Kollektivgeist der Gattung. Daher ist nicht
ein Individuum, sondern die Menschheit selbst der Träger der Aussagen, die der Glaube über Christus macht; sie ist „die Vereinigung
der beiden Naturen, ..., der zur Endlichkeit entäußerte
unendliche und der seiner Unendlichkeit sich erinnernde endliche
Geist, das Kind der sichtbaren Mutter und des unsichtbaren Vaters:
des Geistes und der Natur"; die Knüpfung an einen einzelnen hat
nur den subjektiven Grund, daß dieses Individuum durch seine
Persönlichkeit und seine Schicksale Anlaß wurde, jenen Inhalt in das
allgemeine Bewußtsein zu heben, und daß die Geistesstufe der alten
Welt und des Volkes zu jeder Zeit die Idee der Menschheit nur in
der konkreten Figur des Individuums anzuschauen vermag (II 734 ff.).
Zweitens: wenn danach die neutestamentlichen Berichte nicht im

---

[45] So über Marheineke 11. 3. 1832; vgl. Briefe von D. Fr. Strauß an Georgii,
hrsg. von Heinr. Maier 1912, S. 6

geschichtlichen, sondern nur im idealen Sinne wahr sein können, so müssen sie als Mythos verstanden werden. Strauß gab damit einem Motiv, das seit Herder und der Romantik bereit lag, das überdies schon die Aufklärungstheologie auf alttestamentliche Erzählungen, de Wette auch auf die Geburtsgeschichte Jesu angewandt hatte[46], großzügige und umfassende Anwendung. Das war zweifellos ein methodischer Fortschritt. Hier zum ersten Male verdichtete sich alle Einzelkritik an dem überlieferten Jesusbild zu einer einheitlichen kritischen Gesamtanschauung; mit dem Flügel der Idee erhob die Kritik sich zu neuen Höhen. Im Grunde war der Ansatz von Strauß auch religiös wertvoller als die bisherige Arbeit der historischen Kritik. Denn Mythus war ihm weder Willkür noch bloße Poesie, sondern getragen von der Wahrheit der Idee, die in ihm sinnlich geschichtliche Gestalt gewinnt. Doch kam ihm selbst die Größe seines Unternehmens nicht voll zum Bewußtsein; sonst hätte er seinem Werk eine quellenkritische Grundlage gegeben und hätte er in der Mythenbildung vor allem das schöpferische Wirken der Idee genauer aufzuweisen versucht. Vielleicht wäre ihm dann klar geworden, daß einerseits seine „Idee", weil weder einem „wiedergeborenen" Erkennen noch dem wirklichen religösen Leben entsprungen, nicht tragkräftig genug für seine Konstruktion war; und daß andererseits seine Auffassung der christlichen Glaubensvorstellungen viel zu intellektualistisch war, um dem wirklichen Christusglauben gerecht werden zu können. Diese schweren Mängel ließen Absicht und Gehalt des Buches nur als negativ erscheinen und machten es denen, die in jeder Bibelkritik Unglauben sahen, allzu leicht, es aus der theologischen Erörterung auszuschließen. Es entstand kein Kampf, der des genialen Wurfes und des Ernstes der Lage würdig gewesen wäre. Die Gesinnungsfreunde des Verfassers waren teils selbst in seinen Irrtümern befangen, teils wollten sie ihn angesichts der fanatischen Gegner mit ihrer Kritik verschonen; die Gegenschriften der Vermittlungstheologen (sogar die von Alex. Schweizer, Neander und Ullmann) konnten seinen kühnen Gedanken und seiner meisterhaften Darstellung nichts Ebenbürtiges entgegensetzen. So scheuchte das „Leben Jesu" von Strauß als schrille Sturmglocke das öffentliche Bewußtsein aus seinem schon von allen Seiten bedrohten

---

[46] Vgl. Chr. Hartlich und W. Sachs, Der Ursprung des Mythosbegriffes in der modernen Bibelwissenschaft 1952.

Scheinfrieden auf und zeigte die Schwierigkeiten der Lage, konnte aber nicht selbst die Führung zu ihrer Überwindung ergreifen. Es wurde der methodische Markstein, hinter den die Entwicklung nicht zurückgehen darf, nicht der Anfang einer organischen Entwicklung.

Die Tragik dieses Schicksals vollendete sich, als die Zugeständnisse, zu denen Strauß sich besonders in der 3. Auflage herbeiließ, erfolglos waren, und als, nachdem er in Zürich 1839 zum Professor ernannt worden war, die Aufwiegelung der Volksleidenschaften noch vor Antritt seines Lehramts seine Pensionierung erzwang. Er verlor damit den Wirkungskreis, der ihm vielleicht eine fruchtbarere, positivere Entfaltung seiner reichen Kräfte ermöglicht hätte (vgl. Tagebuch-Eintrag vom 19. 11. 1867). Der Anteil des christlichen Glaubens an seiner Frömmigkeit war den bösen Erfahrungen dieses Kampfes nicht gewachsen, und so verflüchtigte er sich fortschreitend. Davon zeugte schon „Die chr. *Glaubenslehre* in ihrer gesch. Entwicklung u. im Kampfe mit d. modernen Wissenschaft", 2 Bde 1840 f. Es ist eine Dogmengeschichte mit der dogmatischen Abzweckung, bei jeder einzelnen Lehre die Bilanz des kritischen Auflösungsprozesses zu ziehen („Die wahre Kritik des Dogmas ist seine Geschichte"). Strauß weiß jetzt, daß Glauben und Wissen nicht nur – so Hegel und noch das „Leben Jesu" – formal, sondern auch inhaltlich verschieden sind. Er vertritt bewußt den Pantheismus, der sich auf der junghegelischen Seite zur feststehenden Weltanschauung entwickelt hatte. Mit dem Christentum ist er nur noch durch die Hochachtung vor der Art verbunden, in der Jesus sich in seinem Selbstbewußtsein mit Gott eins gewußt hat. Er findet in den christlichen Mythen und Dogmen keine spekulative Wahrheit, kein schöpferisches Wirken der Idee mehr; sie sind ihm Ausgeburt sehr menschlicher Faktoren, die „Weltanschauung des idiotischen Bewußtseins" (II 625). Ihnen allen gilt die Kriegserklärung, mit der die Behandlung der Eschatologie schließt: „Das Jenseits ist zwar in allen der Eine, in seiner Gestalt als Zukünftiges aber der letzte Feind, welchen die spekulative Kritik zu bekämpfen und womöglich zu überwinden hat" (II 739). – Die Wirkung der Glaubenslehre war gering; für die einen war sie nur Bestätigung der Anklagen, die man schon auf Grund des Erstlingswerks erhoben hatte, für die anderen wurde sie sofort durch Feuerbachs „Wesen des Christentums" überboten, das durch seine noch größere Schärfe und seine psychologische Auflösung der christlichen Glaubensvorstellungen in den Vordergrund der Erörterung trat. Strauß hatte als „neuer Judas Ischarioth" seine Rolle in der Theologie ausgespielt, eine reiche Kraft war das beklagenswerte Opfer eines vielmaschigen Gewebes von Schuld und Schicksal geworden[47]. Vielleicht wären die Anregungen von Strauß durch seine Mundtotmachung erstickt worden, wenn nicht inzwischen ein noch strengerer Forscher mit schwereren Geschützen das Feuer eröffnet und mit zäher Energie durchgeführt hätte: *Ferd. Chr. Baur*[48]. Aus der Gewiß-

---

[47] Die weitere Wirksamkeit von Strauß berührt die Geschichte der Theologie nur peripherisch. Dahin gehören seine Arbeiten zu Hutten und Reimarus, vor allem aber sein *„Leben Jesu,* für d. deutsche Volk bearbeitet", 1864 (in zahlreichen Auflagen), dem eine Kritik von Schleiermachers gleichzeitig herausgegebenem „Leben Jesu" folgte: „Der Christus d. Glaubens u. d. Jesus d. Geschichte", 65. Dieses populäre Leben Jesu unterschied sich von dem früheren dadurch, daß es die Quellenkritik nachholte und auch ein positives Bild Jesu zu geben versuchte. Das Ziel war wieder, das Bleibende aus der Masse des zeitlich Bedingten herauszuarbeiten; dies Bleibende ist nicht der historische, sondern der ideale Christus, das „Bild des Menschen ohne Sünde, der mit Gott einigen Seele". Die „Übertragung des seligmachenden Glaubens" von dem historischen auf den idealen Christus ist das Ergebnis der neueren Geistesentwicklung, „die Fortbildung des Christentums zur Humanitätsreligion". Die Höhenlinie der Ausführungen aber war trotz der glänzenden Form nicht mehr die idealistische, sondern entsprechend der populären Abzweckung und der eigenen Entwicklung die der Aufklärung. Das wurde noch deutlicher in der letzten Schrift *„Der alte u. d. neue Glaube"* 72. Sie zeigt, daß der Rest seines Christentums und seines Idealismus unter dem Eindruck der modernen Naturwissenschaft, der materialistischen, Darwinschen und Haeckelschen Schriften sich aufgelöst hatte; die starken Widersprüche, in die er dabei geriet, weckten ihm nicht einmal erkenntnistheoretische Bedenken. Was ihm als Weltanschauung blieb, war ästhetisch verklärter Monismus, der das Gefühl der schlechthinnigen Abhängigkeit vom – geordnet, vernünftig und gütig gedachten – All einschloß, sowie die allgemeine metaphysische Überzeugung, daß Idealismus und Materialismus in der Vollendung gedacht sich decken müßten und nur darum scheinbar entgegengesetzt seien, weil jener von oben, dieser von unten aus das Ganze schaue. Der in dieser Weltanschauung vollzogene Sieg der aufklärerischen Züge ermöglichten es bei Strauß wie bei vielen anderen, daß der trivialisierte Epigonen-Idealismus sich ohne Ahnung der Tragik dieses Vorgangs vom Materialismus aufsaugen ließ. – Vgl. die lehrreichen Ausführungen im letzten Abschnitt der späteren Auflagen von Langes „Geschichte d. Materialismus"; überdies den Spott des jungen Nietzsche (Unzeitgemäße Betrachtungen, I 1873) über Strauß als Bildungsphilister; neuerdings E. Volhard, Zwischen Hegel u. Nietzsche, 1932.

[48] 1792–1860; seit 26 Prof. in Tübingen. Seine „Symbolik u. Mythologie oder d. Naturreligion d. Altertums" (3 Bde 1824 f.) war noch stark von Schleiermacher bestimmt; dann aber fand er in Hegel die Möglichkeit,

heit, von dem in sich notwendigen Gang der Idee her objektive Erkenntnis zu gewinnen, empfing er Mut und Kraft zur Kritik an der überlieferten Vorstellung von der Entwicklung des *Urchristentums*. Dabei erwies er sich im Vergleich mit Strauß sofort als der eigentliche Historiker. Denn er benutzte die philosophischen Voraussetzungen, die er weithin mit ihm teilte, nur als historische Erkenntnismittel, nicht zur Bestimmung eines dogmatischen Zieles. Die methodische Sicherheit seines historischen Blickes zeigte sich sofort im Ansatz: er bearbeitete zunächst das urkundlich am leichtesten zugängliche Wirken des Paulus, um erst dann weiterzuschreiten, und begann überall mit der methodischen Durcharbeitung der Quellen[49].

Die Hegelsche Grundüberzeugung von dem dialektischen Gang der Geschichte innig mit scharfer Untersuchung der Quellen verbindend, gewann Baur ein positives Bild der Entwicklung vom Urchristentum zur altkatholischen Kirche, das fähig schien, jeder neutestamentlichen Schrift ihre notwendige Stellung im Ganzen zu geben, also die Zufälligkeit und Negativität aller bisherigen Kritik zu überwinden. Ausgangspunkt war die Gestalt des Heidenapostels Paulus, konkret in den geschichtlichen Gegensätzen der Zeit geschaut. Seine im Feuer der Kritik als echt erfundenen Hauptbriefe zeigen ihn als den Wiederentdecker der Gesetzesfreiheit und universalen Denkweise

---

dem Verständnis der Geschichte die erstrebte Einheit und objektive Haltung zu geben. In der gegen Möhlers „Symbolik" gerichteten Schrift über den „Gegensatz d. Kath. u. Prot. nach d. Prinzipien u. Hauptdogmen d. beiden Lehrbegriffe", 34, trat die Wendung zuerst deutlich hervor. – W. *Geiger*, Spekulation und Kritik. Die Geschichtstheologie F. Chr. Baurs, 64; E. *Barnikol*, F. Chr. Baur als rational.-kirchl. Theologe, 70.

[49] Nach dem vorbereitenden Aufsatz „Über d. Christuspartei zu Korinth" (31), zeigte die Schrift „Über d. sog. Pastoralbriefe d. Apostels Paulus" (35) deutlicher die Tragweite seines Verfahrens, sein glänzendes Buch „Paulus, d. Apostel Jesu Christi" (45) faßte dann die Ergebnisse dieser und anderer Untersuchungen eindrücklich zusammen. Erst nach Ablauf der Straußschen Wirren wandte er die bereits erprobten Waffen auch auf das Gebiet der Evangelien an: in den Tübinger Theol. Jahrbüchern von 44 zerstörte er die herrschende naive Bevorzugung des vierten Evangeliums als Hauptquelle für das Leben Jesu, in den „Krit. Untersuchungen über d. kanon. Evangelien" (47) ordnete er diese seiner Gesamtauffassung von der Geschichte des Urchristentums ein. Die „Vorlesungen über neutest. Theologie", aus d. Nachlaß hrsg. 64, zeigen einen bedeutsamen Fortschritt, sofern sie – wie die letzten kirchengeschichtlichen Arbeiten (s. oben Nr. 3 b) – den dialektisch-konstruktiven Zug zugunsten noch strengerer historischer Arbeitsweise zurücktreten lassen.

Jesu, damit als den großen Kämpfer gegen das von Petrus, Jakobus, Johannes geführte Judenchristentum, das als erste Erscheinungsform des jungen Christentums auf den Plan getreten war. Der Gegensatz zwischen Judenchristentum (These) und Heidenchristentum (Antithese) erfüllt die ersten Generationen der Christenheit; in der 3. Generation, d. h. im 2. Jahrh., findet er unter dem Druck des gemeinsamen Feindes, der Gnosis, allmählich seine Überwindung durch die versöhnende Synthese (Apostelgeschichte und 4. Evangelium), die dann der weiteren Entwicklung zugrunde liegt. Jede urchristliche Schrift nimmt in diesen Kämpfen Stellung, hat also eine bestimmte Tendenz; ihre Aufhellung ist der Schlüssel, mit dem Baur die Rätsel des neutestamentlichen Schrifttums löst („Tendenzkritik"). Zweifellos war diese Auffassung allzu konstruktiv und einfach, um dem Tatbestand gerecht zu werden. Sie trägt noch zu sehr Merkmal Hegelscher Dialektik; sie übersieht in ihrem Banne Wichtigstes, überschätzt, verallgemeinert und vereinseitigt den Gegensatz zwischen dem Judenchristentum und dem (fälschlich mit dem Paulinismus gleichgesetzten) Heidenchristentum. Am unfruchtbarsten war sie bei den synoptischen Evangelien. Denn hier, in dem Gewirr der vorhandenen Theorien, übersah Baur den Fortschritt, den eben damals der Philosoph *Weiße* (Die evang. Geschichte, 1838) und unabhängig von ihm *Wilke* (Der Urevangelist, 38) vollzogen: die Erkenntnis der Priorität des Markus; sie bedeutete einen Ansatz, der weiter führen konnte; wurde aber vorläufig durch den alles erregenden Kampf um die Tendenzkritik erdrückt. – Trotz ihrer Schwächen war Baurs Konstruktion die weitaus bedeutendste Leistung der damaligen historischen Theologie und erreichte durch ihre Verbindung strenger Wissenschaftlichkeit mit kühnem Denken das Ziel wirklich, das Strauß voreilig erfliegen wollte: die Erhebung der neutestamentlichen Wissenschaft zu einer dem damaligen Aufschwung der Geschichtswissenschaft ebenbürtigen Höhe.

Die ganze Größe seiner Leistung aber wird erst deutlich, wenn man auf die gleichzeitigen *dogmengeschichtlichen* Werke blickt[50]. Auch hier war ihm die dialektische Selbstentwicklung der Idee das Mittel, der wissenschaftlichen Betrachtung innere Einheit und Not-

---

[50] Das manichäische Religionssystem, 1831 (Neudruck 1928!); Gnosis, 35; Die chr. Lehre v. d. Versöhnung, 38; Die chr. Lehre v. d. Dreieinigkeit u. Menschwerdung Gottes, 3 Bde 41–43; Lehrbuch d. chr. Dogmengeschichte, 47; nach seinem Tode hrsg. die Vorlesungen über d. Dogmengesch., 3 Bde, 65–67.

wendigkeit zu verleihen. Er meisterte hier die Riesenfülle des Stoffes mit derselben vorbildlichen Kraft und Strenge wie bald darauf in der Kirchengeschichte (oben Nr. 3 b.). Der Inhalt der christlichen Lehre ist gut hegelisch von der Idee der Gottmenschheit als objektiv wirksamer Größe getragen. Doch wird sie nicht äußerlich als Maßstab der Kritik angewandt; vielmehr ist für ihn wie Strauß die Geschichte selbst die Kritik des Dogmas (Vorlesungen III 634). Auch hier stehen wir vor einer genialen Leistung, die durch wissenschaftlichen Ernst und staunenswerte Stoffbeherrschung ihre Disziplin auf eine bisher nicht gekannte Höhe hob. Allerdings ist sie ebenfalls durch die Vorherrschaft abstrakt-logischer, formaler Kategorien (Objektivität und Subjektivität, Identität und Differenz, Ansichsein und Fürsichsein u. a.), überdies durch die Isolierung der dogmengeschichtlichen Entwicklung von der konkreten Fülle des christlichen Glaubens- und des Gesamtlebens belastet. Daß er in der Hegelschen Begriffs-Dialektik die leitenden Kategorien und methodischen Anweisungen für seine Arbeit fand, war ein Stück seiner Größe, – daß er sie nicht im *Stoff selbst* fand, seine Schwäche.

Beides wirkte sich in der „jüngeren" *Tübinger Schule* aus. Obwohl die restaurativen Kräfte der Zeit Baur fast ebenso heftig bekämpften wie Strauß und in den wichtigsten deutschen Staaten keiner, der sich ihm anschloß, Aussicht auf eine theologische Wirkungsstätte hatte, fühlten wertvolle Männer sich durch seine wissenschaftliche Methodik und Leistung bezwungen und halfen seine Forschung weiterführen. So in erster Linie *Ed. Zeller* (der das Organ der Schule, die Tübinger Theol. Jahrbücher 1842–57 herausgab), *Alb. Schwegler,* ferner *K. R. Köstlin, K. Planck, F. Th. Vischer, G. Volckmar,* anfangs auch *A. Ritschl;* in der nächsten Generation *Ad. Hilgenfeld,* der 58 an Stelle der Tübinger Theol. Jahrbücher die Zeitschrift für wissenschaftl. Theologie (–1907) begründete, *C. Holsten* u. a.[51]. Freilich Ritschl trat zunächst Schwegler, in der 2. Aufl. dem Meister selbst an wichtigen Punkten entgegen; er betonte das Gemeingut der entgegengesetzten Richtungen, den Christusglauben der urchristlichen Gemeinde, unterschied das Heidenchristentum vom Paulinismus, betrachtete die altkatholische Kirche nicht mehr als Synthese, sondern

---

[51] Die wichtigsten Werke der Schüler waren (neben den Beiträgen der Jahrbücher) Schweglers Nachapost. Zeitalter (2 Bde, 46), Zellers Apostelgeschichte (54), Köstlins Johann. Lehrbegriff (43), Ritschls Entstehung d. altkath. Kirche (50, ²57).

als Entwicklungsform des Heidenchristentums. Damit sprengte er tatsächlich die Ideendialektik Baurs, d. h. den Rahmen der Schule. Aber daß er es konnte, verdankte er doch der Ausbildung, die er durch Baur empfangen hatte. Die Größe des Meisters erwies sich auch darin, daß er Methoden und Probleme aufstellte, die über die Schranken seiner eigenen Schule hinaus auf das Ganze der historisch-theologischen Entwicklung befruchtend wirkten.

Da gerade die besten Schüler Baurs ihre wissenschaftliche Standhaftigkeit mit dem Verlust ihrer theologischen Laufbahn bezahlten, vollzog sich die *Weiterentwicklung der kritischen Arbeit am Neuen Testament* bei dem jüngeren Geschlecht überwiegend nur in mittelbarer Verbindung mit der Tübinger Schule. Ihre Träger waren vor allem Ed. Reuß, H. J. Holtzmann, K. Weizsäcker[52]. Ihre und andere Werke sind urkundliche Zeugen des wissenschaftlichen Lebens, das außerhalb des Baurschen Schulkreises, aber in starker Befruchtung durch ihn entzündet wurde, und das, obschon in homöopathischer Abschwächung, seine Wellen bis in die restaurative Theologie hinein zu schlagen vermochte.

Eine Verschärfung des Gegendrucks wurde dadurch verursacht, daß inzwischen die historische Kritik sich in *Bruno Bauer* (1809–82) zerstörend radikalisierte. Er hatte sich zunächst dem Rechtshegelianismus angeschlossen, ging aber bald zum entgegengesetzten Extrem über und versuchte die Entstehung des Christentums aus der Entwicklung des subjektiven Geistes, des „Selbstbewußtseins" zu erklären. Der erste Ansatz war die kritische Abräumung der überlieferten Vorstellungen: „Kritik d. evang. Geschichte d. Johannes", 1840, und „Kritik d. evang. Geschichte d. Synoptiker", 41 f. (²46). Die Erkenntnis Weißes von der Priorität des Markus aufnehmend, machte er diesen zum Schöpfer des Christusbildes und schaltete so den geschichtlichen Mittelpunkt des Christentums, der bei Strauß eine

---

[52] Am stärksten kommen folgende Werke in Betracht: für den Bereich der Evangelienforschung *H. J. Holtzmann,* „Die synopt. Evangelien" (1863, Ausgestaltung der Zweiquellenlehre); *K. Weizsäcker,* „Untersuchungen über d. evang. Geschichte" (64); *Th. Keim,* „Geschichte Jesu v. Nazara in ihrer Verkettung mit dem Gesamtleben seines Volkes frei untersucht u. ausführlich erklärt" (3 Bde, 67–72); für Paulus Arbeiten wie die des jungen *R. A. Lipsius* („Die paul. Rechtfertigungslehre", 53) und *Ad. Hausrath,* „Der Apostel Paulus" 65 (²72); für das Ganze: *Ed. Reuß,* Hist. de la théol. chrét. au siècle apost. (2 Bde 52, ³64; vorher „Gesch. d. hlg. Schriften Neuen Testaments", 42, ⁶87).

gewisse Bedeutung behalten hatte, restlos aus: Der Messias war „nur ein ideales Produkt des religiösen Bewußtseins, als sinnlich gegebenes Individuum hat er nicht existiert". Nun erst schien das subjektive Bewußtsein, von der Sprödigkeit der Faktizität befreit, in seiner geschichtsbildenden Kraft offenbar, der Sieg der nach eigenen Gesetzen bauenden spekulativen Philosophie über den Geschichtsglauben gewonnen. Als die Regierung ihm 1842 die Lehrbefugnis entzog, begann er einen haßerfüllten Kampf gegen das Christentum[53]. Mit unerhörter Kühnheit suchte er es aus der schöpferischen Gärung der spätantiken Welt abzuleiten, die in Rom und Alexandrien den Orient mit dem Abendland verschmolz: in Alexandria wurde das Judentum durch das umgebende Griechentum, in Rom die griechische Philosophie und Lebensweisheit durch einströmende jüdische Elemente bereichert, vertieft, gestählt. So kam im Christentum ein Prozeß zum Durchbruch, der sich nicht von der Ideengeschichte, sondern von der ganzen Weltgeschichte nährte und das Bild Christi als das gottmenschliche Gegenbild der Cäsaren erzeugte. – An Großartigkeit war Bauers Aufriß allen andern überlegen; sein Hinweis auf die Bedeutung, die der alles aufwühlenden spätantiken Menschheitskrisis für die Entwicklung des Christentums zukam, führte weit über die Erkenntnislage seiner Zeit hinaus, und auch im einzelnen streute er zahlreiche wertvolle Anregungen aus. Aber indem er die spekulative Konstruktion der Geschichte zur Alleinherrschaft erhob und sich dabei von allzumenschilchen Empfindungen leiten ließ, vergewaltigte er die Quellen so hemmungslos, daß seinem leidenschaftlichen Wahrheitsstreben ein unmittelbarer Erfolg nicht beschieden sein konnte;

---

[53] Die Ankündigung des Kampfes war „Das entdeckte Christentum", 1843 (vor der Veröffentlichung in Zürich konfisziert, hrsg. v. Barnikol 1926 f.), das sich selbst als Testamentsvollstreckung der radikalen Aufklärung gab. Er vollzog sich in einer weiteren Radikalisierung der geschichtlichen Entwurzelung des Christentums, die auch den von Baur anerkannten Paulusbriefen noch die Geschichtlichkeit nahm: Die Apostelgeschichte, 50; Kritik d. paul. Briefe, 3 Abt. 50–52; Kritik d. Evangelien u. Geschichte ihres Ursprungs, 4 Bde, 50 f. Nach längerer Pause folgte die letzte, die positive Ausweitung seiner Konstruktion, wiederum in drei Schriften: Philo, Strauß u. Renan u. d. Urchristentum, 1874; Christus u. die Cäsaren. Der Ursprung d. Christentums aus d. römischen Griechentum, 77; Das Urevangelium u. d. Gegner d. Schrift Christus u. d. Cäsaren, 80. – G. Runze, Br. Bauer, Der Meister d. theol. Kritik, 1931, und Br. B. Redivivus, 34 (Auswahl aus d. Schriften). E. Barnikol RGG[3] (Lit.).

der Haupterfolg war die Stärkung des Widerwillen gegen die historische Kritik.

Im ganzen ergeben die historischen Leistungen der freien Theologie ein überaus eindrucksvolles Bild. In wenigen Jahrzehnten wurde die überlieferte Vorstellung vom Werden der Bibel und des Dogmas bis in die Wurzeln erschüttert und die frühere Kritik nicht nur durch Ausbildung strengerer Methoden zum Ziel geführt, sondern durch neue positive Gesamtauffassungen weit überboten. Damit erfüllte die freie Theologie eine Aufgabe, die keine andere Richtung anzufassen vermochte. Dank aber dafür hat sie nicht geerntet. Die Schuld daran trug gewiß zunächst die Verständnislosigkeit der restaurativen Theologie. Aber mit ihr doch auch die Einseitigkeit und vielfältige Überspannung der Kritik selbst, die Gegenwirkungen hervorrufen mußte. Es war kein Zufall, daß von den vier bedeutendsten Bahnbrechern zwei sich durch ihr Schicksal in Feindschaft gegen den christlichen Glauben treiben ließen, Vatke mit seiner genialen alttestamentlichen Theologie nicht zur Geltung kam und nur der eine, Baur, obschon ebenfalls unter gewaltigen Hemmungen, die theologische Arbeit organisch fördern konnte. In dieser seltsamen Erscheinung wirkte sich neben anderem auch die Tatsache aus, daß die letzte Triebkraft der hier vollzogenen historischen Selbstbesinnung weniger theologisch als philosophisch, daher weniger von christlichem Geschichtsglauben als von natürlicher pantheistischer Immanenzfrömmigkeit getragen war. So erhielt die Arbeit dieser Männer eine Zwiespältigkeit, die ihren theologisch-kirchlichen Charakter verdeckte. Baur überwand diese Schwäche am besten, weil er sowohl ein stärkeres kirchliches Bewußtsein wie auch stärkeren historischen Sinn besaß als die Mitstrebenden und nicht wie Strauß und Bauer dem neuen Angriff der Aufklärung erlag.

b) *Die systematische Selbstbesinnung.* – Wo wie bei den Genannten die Philosophie Triebkraft der Geschichtsbetrachtung ist, verbindet sich mit dieser notwendig eine systematische Besinnung. Am deutlichsten tritt das in den Arbeiten von Strauß, Vatke und Zeller zutage. Freilich kam es darauf an, wie weit man Ernst damit machte und wo man den Maßstab dafür suchte. Strauß verwertete als solchen zunächst seine vereinseitigte Hegelsche Metaphysik, später seine pantheistisch verflachte Weltanschauung; und der Gegenstand, an den er ihn anlegte, war dementsprechend nur die kirchliche Vorstellungswelt, nicht der christliche Glaube selbst. Eine wirkliche Selbstbesinnung konnte dabei nicht entstehen. Tiefer blickten die meisten übrigen Hegelianer; sie wurden teils von Schleiermacher, teils von Feuerbach zur Kritik an der Hegelschen Religionsphilosophie geführt, erkannten die Selbständigkeit des religiösen Lebens und wurden so im Unterschied von Strauß, dem sie starke Anregungen dankten, und Baur dazu befähigt, mit der freiesten Kritik an der Überlieferung das positive Festhalten an der Sache zu verbinden.

Zunächst stoßen wir dabei abermals auf ein Werk W. *Vatkes*.[54] Die Wahl des Themas zeigte wiederum den sichern Blick, den er schon in der alttestamentlichen Theologie bewiesen hatte; denn es berührte den Punkt, an dem das Verhältnis des christlichen Glaubens zur Hegelschen Philosophie brennend wurde, der auch durch Schelling und durch J. Müllers „Lehre von der Sünde" zur Erörterung gestellt war. Gut hegelisch sieht Vatke in der Freiheit Gott und Mensch nicht äußerlich einander gegenüberstehen, sondern als die beiden Seiten eines lebendigen dialektischen Beziehungsverhältnisses. So scheint wieder alles auf pantheistische Weltanschauung hinauszulaufen. Allein Vatke kennt doch auch den empirischen Menschen in seinem Fürsicheinwollen, d. h. in seinem Gegenüber zur göttlichen Forderung und Gnade. Daher kämpft er wie gegen die deistische Trennung so auch gegen die pantheistische Vermischung des Göttlichen und Menschlichen, „welche nicht minder bloße Verstandesansicht ist und sich nicht zum Begriffe des Geistes erhoben hat"; er versucht das Absolute als „überpersönlich" zu denken. So werden Begriffe wie Offenbarung, Versöhnung, Rechtfertigung wenigstens möglich und nach bestimmten Seiten hin tief christlich gedeutet. Die Rechtfertigung z. B. wird als lebendiger Akt Gottes verstanden, der Gottes heilige Liebe zum Inhalt des Selbstbewußtseins macht. Die konkrete Freiheit ist die Werwirklichung des göttlichen Willens in der sittlichen Gemeinschaft; und so münden alle Ströme der Weltgeschichte, durch die das Gute Wirklichkeit gewinnt, in das Reich Gottes, vom Gesamtwillen eines Volkes bis zu den großen historischen Persönlichkeiten der Geschichte, unter denen Christus als Mittelpunkt, als die persönliche Offenbarung und Wirklichkeit der Liebe Gottes einzig dasteht. Man spürt, daß hier etwas Neues an den Tag drängt, das praktisch-sittliche Verständnis der Religion. Tatsächlich überwand Vatke auch sonst in

---

[54] „Die menschl. Freiheit in ihrem Verhältnis z. Sünde u. z. göttl. Gnade", 1841. Die nach seinem Tode (88) hrsg. Vorlesungen über „Religionsphilosophie oder allg. phil. Theologie" griffen nicht mehr in die Entwicklung ein.

wachsendem Maße die Abhängigkeit von Hegel; Fühlung mit der
Naturwissenschaft seiner Zeit und Studium der Erkenntnistheorie
führten ihn über Hegel zu Kant zurück. So ist er als Vertreter des
Übergangs in eine ganz andere Zeit zu verstehen.

Wurde Vatke durch eigene, zur Schwerfälligkeit gesteigerte Gründ-
lichkeit und durch den Druck der kirchlichen Restauration an breiter
Wirksamkeit gehindert, so gewann er doch durch seine Schüler, vor
allem durch den Schweizer Biedermann, erheblichen Einfluß. *Alois
Emanuel Biedermann*[55] kämpfte scharf gegen den Grundfehler der
Zeit, daß man die Christlichkeit in der Übereinstimmung der theoretischen Ansichten mit den altkirchlichen oder urchristlichen sehe,
wohl gar eine solche durch mittelbaren Zwang erstrebe (Freie Theol.,
S. 152). Er ging vielmehr auf Christus selbst zurück: „Christus, von
dem die Schrift Kunde gibt, der aber zugleich gegenwärtig in der
Kirche ist, er ist das Prinzip des Protestantismus, formales wie ma-
teriales" (ebd. 234). Das bedeutete ein ernstes Ringen mit dem
Junghegeltum, dem er doch in der Verteidigung des freien philosophischen Denkens zustimmen mußte. Aber es wurde schon in dieser
Schrift offenbar, daß sein Ringen nicht zum Ziele führen konnte. Die
Bestimmungen gehen überall vom Wesen der Religion aus, statt vom
christlichen Glauben. Und in der Untersuchung der Religion wird
zwar ihr eigentliches Wesen im praktischen Bewußtsein des Göttlichen
gefunden, aber dessen Wahrheitsgehalt im theoretischen Bewußtsein
des allgemeinen ewigen göttlichen Wesens verankert (z. B. 40f. 177).

---

[55] 1819–85; seit 1850 Prof. in Zürich. Programmschrift: Die freie Theol.
oder Phil. u. Christentum in Streit u. Frieden, 1844. Er unterschied sich
schon dadurch von den bisher Genannten, daß er auch Pfarrer war und
starkes kirchliches Bewußtsein besaß. Vgl. in der Programmschrift: „Niemand ist Theologe, der nicht auch Geistlicher sein könnte" (S. 201). Und
später: Unser Glaube ist kein anderer „als der des gläubigen Christen-
volks evangelischer Kirche, daß wir mit den gläubigen Christen von allen
Bildungsgraden Glieder an Einem Leibe seien, dessen Haupt Jesus
Christus ist, dessen Seele sein gottmenschlicher Geist und dessen Leben in
allen Gliedern, bei verschiedenen Einrichtungen, in der Durchdringung,
Erleuchtung, Heiligung, kurz in der Hinaufführung der Menschheit zu
ihrem absoluten Ziele besteht. Die Vermittlung dieses gottmenschlichen
Lebens ist der Zweck der Kirche und ist für uns derselbe wie für jeden
Gläubigen. Darum stehen wir in der Kirche, wirken in der Kirche und
für die Kirche" (Unsere junghegel. Weltanschauung u. d. sog. neueste
Pantheismus, 1849, S. 197). – Vgl. außer den Hauptwerken auch „Ausgewählte Vorträge und Aufsätze", hrsg. v. J. Kradolfer 85.

Bei Feuerbach tadelt Biedermann, daß er die Religion zwar ein praktisches Verhalten des Gemüts nenne, sie aber doch nur als Vorstellung, d. h. theoretisch auffasse (31 f.); und doch verfällt er selbst der unklaren Vermischung des Theoretischen und Praktischen: in der lebendigen Religion weiß er um die Ganzheit, innerhalb deren die Vorstellung nur eine Linie ist, aber in der theologischen Durchdenkung erhält der metaphysische Begriff, das Verhältnis des Endlichen und Unendlichen, die ausschlaggebende Stellung.

Diese Unklarheit überschattet auch Biedermanns formal bewundernswertes Hauptwerk, die „Chr. Dogmatik" (69; ²84 f. durch erkenntnistheoretische Grundlegung erweitert). Sie will als „wissenschaftliche Verarbeitung des kirchlichen Dogmas" strenge Wissenschaft sein; und zwar will sie „die geistige Realität der religiösen Wahrheit, als der höchsten Realität für den Menschen, bis aufs letzte hinaus auch streng geistig durchführen" (²S. XI). Dem veränderten Wissenschaftsbegriff der Zeit entsprechend, gibt Biedermann der Religionspsychologie neben der Metaphysik eine grundlegende Stellung; denn sie muß der Dogmatik zeigen, „wo sie den religiösen Schwerpunkt der dogmatischen Lehren zu suchen habe" (S. XIII). Mit Hegel erklärt er die religiöse Erkenntnis für ein wesentliches Moment im Glauben, mit Schleiermacher aber wendet er dem Blick von der bloßen Erkenntnis auf die Totalität des religiösen Lebens: sie ist persönliche Erhebung des ganzen Menschen zu Gott, praktisch in ihrem Ursprung wie in ihrem Ziel. Der Dogmatik aber stellt er nun die Aufgabe, nach genauer Darstellung des biblischen Lehrstoffs und scharf-kritischer Prüfung der kirchlichen Glaubenslehren die religiöse Erkenntnis von der widerspruchsvollen Stufe der Vorstellung auf die höhere, von allen Verstandeswidersprüchen gereinigten Stufe des spekulativen Begriffs und damit der objektiven Wahrheit zu erheben[56]. So wird seine Dogmatik ein Zeugnis des nachwirkenden Hegeltums; aber sie entmächtigt es anderseits auf Schritt und Tritt, sofern sie der religiösen Vorstellung dank ihrer Verwobenheit mit dem praktischen

---

[56] Nach Dogmatik² II § 589 ist die „positive Aufgabe der Glaubenswissenschaft: den durch die Kritik aus ihrer inadäquaten Form ausgeschiedenen aber als denknotwendiges Problem herausgestellten ideellen Reingehalt derselben auf seinen reinen Gedankenausdruck zu bringen und von diesem erkannten Wahrheitskern aus dann sowohl die allseitig richtige geschichtliche Würdigung, als auch den religiös geläuterten praktischen Gebrauch der psychologisch natürlichen Formen des religiösen Glaubens zu lehren."

Gesamtakt des christlichen Glaubens eine gewisse Selbständigkeit und Unzerstörbarkeit wahrt.

Das Ergebnis wird am besten durch Beispiele deutlich. Die spekulative Erkenntnis setzt den *Gottesgedanken* in die Idee des absoluten Geistes um, kennt also ihrerseits die personhafte Vorstellung Gottes nicht. Aber „die volle Realität des Gegensatzes von Gott und Mensch und der religiösen Wechselbeziehung zwischen ihnen" bleibt dabei erhalten, daher ist erst recht die Vorstellungsform des Pantheismus unzureichend. Die Lösung der Schwierigkeit besteht darin, daß beides gleichzeitig gilt: die Idee des absoluten Geistes und die persönliche Vorstellungsform. Dem Denker, der in seiner theoretischen Arbeit nicht ruht, bis er das Geistige auch rein geistig erfaßt hat, tritt in jedem Moment der persönlichen Erhebung die Realität des ganzen Komplexes seines Gottesgedankens in der Abbreviatur einer einheitlichen Vorstellung vor die Seele; das erst ist die Probe darauf, „daß er als Denker wirklich denkt und nicht als bloßer Schwätzer ein inhaltsleeres formales Begriffsspiel treibt" (^{2}§ 126). Dazu ein Beispiel aus dem Bereich der *Christologie*. Für das praktische Glaubensleben sucht Biedermann die Bedeutung Jesu so scharf als möglich zu betonen; er ist „als die historische Offenbarung des Erlösungsprinzips der historische Erlöser", „für alle Zeit das welthistorisch gewährleistende Vorbild für die Wirksamkeit des Erlösungsprinzips" (§ 815f.). Aber von der historischen Person Jesu wird nun doch der „essentielle Inhalt" der kirchlichen Christologie unterschieden, d. h. „das christliche Prinzip", das als historische Person „in der Unmittelbarkeit einer religiösen Tatsache in die Menschheitsgeschichte eingetreten ist" (§ 791). Diese Unterscheidung soll beidem gerecht werden, einerseits der gut idealistischen, schon von Lessing und Kant vollzogenen Erhebung der ewigen Idee, d. h. der „Wahrheit", über die einmalige Wirklichkeit der Geschichte, anderseits der Jesusbezogenheit des praktischen christlichen Gottesglaubens und der zuletzt doch von ihr getragenen Arbeit der historischen Theologie. – Beide Beispiele zeigen, mit welchem Ernst Biedermann rang. Aber so anziehend seine Gestalt dadurch wurde, und so viel sich im einzelnen von ihm lernen ließ, zu einem wirklichen Ausgleich oder doch zu einer fruchtbaren Spannung der Gegensätze kam er nicht. Denn er konnte weder dem spekulativen Denken die gleichzeitige Notwendigkeit jener Vorstellungsabbreviatur oder der dauernden Jesusbezogenheit, noch dem Glauben die des Aufstiegs zum reinen Begriff oder zum Prinzip Christi deutlich machen.

Was dem Meister des systematischen Denkens nicht gelang, das konnten die Vertreter der freien Theologie erst recht nicht leisten, die, obschon in beachtenswerten Werken, nur gleichsam nebenamtlich das systematische Gebiet betraten[57]. Sie spiegelten in der verschiedensten Weise den Geist der freien Theologie wider, führten aber nicht grundsätzlich weiter.

Die systematische Selbstbesinnung der freien Theologie brachte tatsächlich das Bewußtsein der kirchlichen Funktion stärker als die historische zur Geltung. Es wurde ihr vor allem dadurch möglich, daß sie ihre Aufmerksamkeit nicht nur der religiösen Vorstellung, sondern auch dem in ihr wirksamen Glaubensleben zuwandte und dem christlichen Glauben eine gewisse Selbständigkeit gegenüber der philosophischen Metaphysik zurückgewann. Damit begann auf dieser Linie das echtere Erbe des Deutschen Idealismus, zumal Schleiermachers, wieder über die Gefahr des Rückfalls in die Aufklärung zu siegen. Dennoch konnten auch die systematischen Vertreter der freien Theologie das Schicksal nicht wenden, das in der philosophischen Bedingtheit ihrer Richtung, im Druck der kirchlichen Restauration und in der religiösen Verständnislosigkeit des vom Idealismus in die Aufklärung zurückgleitenden deutschen Bürgertums begründet war. Auch in ihnen kämpfte die freie Theologie tapfer, scharfsinnig und opferbereit; aber der kirchlichen Auswirkung beraubt, kämpfte sie sieglos und mußte sich begnügen, in dünnen Linien ihre wesenswichtigen Bestrebungen wenigstens am Leben zu erhalten.

[57] Vor allem *Ed. Zeller* (Das Wesen d. Religion, 45; Schüler Baurs und Vatkes), *Carl Schwarz* (Das Wesen d. Religion, 47; Zur Gesch. d. neuesten Theologie, 56, ⁴69), *J. W. Hanne* (Der freie Glaube im Kampf mit d. theol. Halbheiten unserer Tage, 46; Vorhöfe z. Glauben, 50 f.; Bekenntnisse, 58, ²65; Die Idee d. absoluten Persönlichkeit, 2 Bde 61 f., ²65; Der Geist d. Christentums, 67; eigenartige Verbindung von Erweckung und freier Theologie); *Hch. Lang* dazu RE ³11, 257 f. (Versuch einer chr. Dogmatik, 58; Ein Gang durch d. chr. Welt, 59; M. Luther 70). *Joh. Wm. Hanne*, 1813–86, Prof. i. Greifswald 1861; D. moderne Nihilism. u. die Straußsche Gll. im Vh. zur Idee d. chrlen Relig. E. krit. Beleuchtg. u. positive Übwindg. d. Grdprincips u. d. Hptconsequenzen d. destructiven Phie. 1842.

6. Die restaurative Theologie

Die methodische Ausbildung und Übersteigerung der historischen Kritik mußte auf die starke restaurative Bewegung der Frömmigkeit (s. S. 159 ff. 170) verschärfend wirken. Sie erschien dieser als Besiegelung der Überzeugung, daß nunmehr die Scheidung der Geister die notwendigste Aufgabe sei. Natürlich waren es vor allem die tatkräftigen und willensstarken, herrschbefähigten, für Kirche und Volk sich verantwortlich wissenden Menschen, die sich hier gerufen fühlten; solche, die, wennschon in vielen Fällen auch wissenschaftlich hochbegabt und voll von gelehrtem Wissen, doch ihr Hauptinteresse unmittelbar dem kirchlichen Leben zuwandten. Man erstrebte ein volkstümlich-lebensverbundenes Christentum und meinte es dadurch zu gewinnen, daß man das bevorzugte, was unproblematisch, daher verständlich, handfest und handlich schien. Sofern man sich der wissenschaftlichen Theologie widmete, gestand man ihr keine oder nur geringe Selbständigkeit zu. Zwar suchte man die geistige Höhenlage des Deutschen Idealismus, auch manches von dem Erwerb der theologischen Neubildungen festzuhalten; das wird vor allem einerseits in dem Streben nach innerlicher Begründung der persönlichen Stellungnahme, anderseits in der Neigung zu systematischer Konstruktion offenbar. Allein im ganzen löste man die Theologie so viel als möglich von der allgemeinen wissenschaftlichen Entwicklung der Neuzeit und stellte sie unkritisch unter die Herrschaft der Autorität, d. h. der Bibel oder der Bekenntnisschriften. Man schuf eine „kirchliche" Theologie nicht in dem tiefen Schleiermacherschen, sondern im äußerlichen Sinn des Wortes. Auch sie konnte der Kirche mannigfach dienen, aber sie konnte ihren eigentlichen Dienst, die wissenschaftliche Selbstbesinnung des Glaubens, nicht leisten; denn dieser Dienst enthielt den Anspruch, nach der Seite der Glaubenserkenntnis ihrerseits die Kirche zu führen, auch in den Fragen der Bibel- und Bekenntnisbenutzung. Daher gehören die meisten der hier zu nennenden Männer in höherem Grade der Geschichte der Kirche als der Geschichte der Theologie an; sie haben – abgesehen von einer einzigen Gruppe – den Gang der Theologie mehr durch den Eindruck ihrer Persönlichkeit und durch Anwendung kirchlicher (auch staatlicher) Machtmittel als durch wissenschaftliche Leistungen beeinflußt.

So erklärt es sich, daß diese Entwicklung landeskirchlich verschieden ist. Kam sie auf altpreußisch-uniertem Gebiet auch der konservativen „Vermittlungstheologie" zugute, so verwirklichte sie auf lutherischem

Boden, vor allem in Bayern, Hannover, Mecklenburg, Kurhessen, Sachsen, den russischen Ostseeprovinzen den reinen Konfessionalismus. Die führenden Männer waren in Bayern G. H. v. Schubert, Löhe, Harleß und die Erlanger Fakultät, in Hannover Petri, Münchmeyer und Ludwig Harms, in Mecklenburg Kliefoth und Philippi, in Kurhessen Vilmar, in Sachsen vor allem die beiden Bayern Harleß, Luthardt, Rudelbach, Meurer, in den Ostseeprovinzen Philippi, Th. Harnack, v. Oettingen. Innerhalb der preußischen Union wurde das Luthertum durch Theologen wie Hengstenberg, Guericke u. a. vertreten, hinter denen der politische Konservatismus und sein geistiger Führer Jul. Stahl stand. Freilich waren diese Männer in ihrer Theologie keineswegs einheitlich. So eng die religiöse Einheit der Bewegung sie verband, in der wissenschaftlichen Besinnung auf deren Gehalt trennten sie sich an wichtigen Punkten. Vor allem drei Bestrebungen, die, mannigfach verbunden, doch bei den Einzelnen in sehr verschiedenem Grade zutage traten, wurden in dem restaurativen Gemeingut deutlich: erstens handelte es sich einfach um Repristination der Väterlehre, zweitens um deren Ergänzung oder Verbesserung, drittens um die Einsicht, daß jetzt die wahre Treue gegenüber den Vätern darin bestehe, das Verhältnis des Glaubens zur Geschichte, d. h. auch zu Bibel und Bekenntnisschriften, neu zu verstehen.

a) *Die Repristination.* – Die Verbindung der Spätromantik mit den Resten der konservativen Aufklärung, die Besinnung auf die fortdauernde rechtliche Geltung der Bekenntnisschriften, die positive Wiederaufnahme des biblisch-dogmatischen Erbes durch die maßgebenden theologischen Neubildungen hatten den Boden für die Auferstehung der altprotestantischen Theologie bereitet. Nun sollte das verschüttete Gut allseitig wieder aufgegraben und zur Herrschaft auch über die Theologie erhoben werden. Das Bedürfnis, nach vergessenen Schätzen zu suchen, wurde von allen Seiten anerkannt. Schon die Fülle von neuen Ausgaben macht es anschaulich[58]. Dabei war der

---

[58] Es ist kein Zufall, daß neben dem Supranaturalisten *Tittmann* (s. oben II 1 c) gerade idealistisch beeinflußte Theologen wie *Twesten* (Die drei ökum. Symbole, die Ausgb. Konfession und die repetitio confessionis Aug. 1816) und *K. Hase* (Libri symb. 27; Hutterus redivivus, 29, [12]83) vorangingen. Ihnen folgten mit Gesamtausgaben der Symb. Bücher *G. Meyer* 30, *Detzer* 30, *Fr. Francke* 46, *J. T. Müller* 47; mit einer „Historisch-kritischen Einleitung in d. Augsb. Konfession" *A. G. Rudelbach* 41, mit Überblicken über die alte Theologie von konfessioneller Seite *Hch. Schmid*, Die Dogmatik der evang.-luth Kirche 43, [7]93, und *Luthardt,*

Eifer für die Verbreitung der altprotestantischen Theologie größer als der für die Verbreitung von Luthers Schriften, der immerhin auch nicht fehlte[59]; denn ihm gegenüber stritten sich grenzenlose Verehrung[60] und Ablehnung seiner „subjektiven Extravaganzen"[61].

Zweifellos war die Verbreitung der altprotestantischen Dogmatik ein *Verdienst.* Sie brachte eine überaus scharfsinnige und wenigstens teilweise noch von den Kräften der Reformation getragene Arbeit wieder zu Ehren, die – obschon nicht schuldlos – voreilig bei Seite geworfen worden war, und diente so dem organischen Zusammenhang nicht nur der evangelischen Kirche, sondern auch ihrer Theologie. Sie half das kirchliche Bewußtsein wieder mit der eigenen Geschichte sättigen und eine tiefere historische Selbstbesinnung des evangelischen Christentums vorbereiten. Das zeigt sich z. B. im Mittelpunkt des Luthertums: die Rechtfertigungslehre wurde nicht nur wieder betont, sondern auch erheblich besser als im Idealismus, Rationalismus und in der Erwekkung verstanden. Allein sofern die repristinatorische Arbeit nicht nur diesen wichtigen Dienst, sondern die Herrschaft über Theologie und

Kompendium d. Dogmatik, 65, [12]1914 (neu bearb. v. *R. Jelke* [2]37). (Parallelen auf reformierter Seite: *Alex. Schweizer,* Die Glaubenslehre d. evang.-ref. Kirche, 2 Bde 44–47; *Hch. Heppe,* Dogmatik d. evang.-ref. Kirche, dargestellt u. aus d. Quellen belegt, 61 neu hrsg. v. Bizer 1935). Von einzelnen Werken der altprotestantischen Theologie wurden z. B. neu gedruckt: Hutters Kompendium, deutsch v. *Francke* 37, lat. von Twesten 55; des Nik. Hunnius Glaubenslehre, auf Löhes Veranlassung hrsg. v. *Brandt* 44, [3]70 leicht überarbeitet von Fch. Baur; J. Gerhards Loci von *Preuß* 63–75, [2]85.

[59] Vgl. K. J. F. Roths „Weisheit Dr. Martin Luthers" 17, Otto v. Gerlachs Auswahl 40–46, M. Meurers „Luthers Leben aus d. Quellen erzählt", 45 ([3]70).

[60] Vgl. den RE [3]7, 689 abgedruckten Satz aus der Zeitschr. für luth. Theol. u. Kirche 9, S. 284 ff.: „Die Person, welche der Repräsentant ist wahrer Sündenvergebung, in welcher aller irdische Verstand geschwunden war...", ist Luther. Luthers Seele ist der Mittelpunkt der Gemeinde und mit dieser Seele hebt sich die Seele der Gläubigen der Ewigkeit entgegen."

[61] Noch schärfer als die theologische Kritik (Kliefoth) an Luther war z. B. die Abneigung des zu diesen Kreisen gehörenden Historikers *Hch. Leo;* er sah in der Schrift an d. chr. Adel ein „demagogisches Buch", das ein Kunstwerk zerschlug, dessen Herrlichkeit und innere Tiefe zu durchschauen Luther selbst „viel zu beengt in Bildung und Wesen" war, in Luthers Lehre von Gemeinde und Amt „die Wurzel aller der die menschliche Gesellschaft in den letzten Jahrhunderten bedrohenden Lehren" (Universalgeschichte III, 1838, S. 96).

Kirche bezweckte, schuf sie zugleich unüberwindliche *Schwierigkeiten*. Sie ging mit ihrer Betonung der Lehre und den ihr entspringenden Streitigkeiten weit über das Interesse der Gemeinde hinaus[62]. Zugleich aber riß sie, indem sie Denkweisen und Vorbilder aufstellte, die mit der modernen Welt keinerlei Verbindung besaßen, eine Kluft zwischen Theologie und allgemeiner Wissenschaft auf, die als Absperrung von wichtigen Lebensadern, d. h. als Lähmung wirken mußte[63]. Noch tiefer in das Innere der Theologie drangen andere Schädigungen. Da die – meist hochgebildeten – Träger der Bewegung unwillkürlich moderne Einstellungen und Denkweisen, auch das moderne Weltbild übernahmen, gerieten sie unbewußt in einen inneren Zwiespalt. Die beständige Unklarheit, die er verursachte, weckte den Eindruck der Unwahrhaftigkeit, wirkte aber vor allem nach innen zwiefach verhängnisvoll. Erstens waren die Konfessionalisten durch ihre altprotestantische Dogmatik gezwungen, die Bibel, die sie doch historischer und damit konkreter als das 17. Jahrh. lasen, weithin unhistorisch zu verwenden; sie legten damit Keime der Auflösung in ihre Theologie und leiteten die Kirche an, den Erwerb des historischen Schriftverständnisses für die Praxis auszuschalten. Zweitens schwankten die Konfessionalisten, ohne es zu spüren, beständig zwischen altprotestantischem Objektivismus und neuprotestantischem „Subjektivismus". Im Altprotestantismus gab die herrschende Struktur des Lebens und der Weltanschauung, die kirchliche Sitte und das Inspirationsdogma der Bibel und den Bekenntnisschriften schlechthin objektive Geltung. Seit dem Pietismus, zuletzt wieder seit dem Sturze der selbstsicheren spekulativen Wahrheitsbegründung war solche Objektivität der Geltung unmöglich. Was man wieder gewann, war nicht ihr Besitz, sondern die Sehnsucht nach ihr, war Ablehnung, aber nicht Überwindung des „Subjektiven"; man war in der Betonung der objektiven Autoritäten weithin von bloßen Erlebnissen und Postulaten getragen, streckte sich daher nach subjektiv überzeugenden Begründungen aus und gab dem testimonium spiritus sancti oder der Glaubenserfahrung weit höhere Bedeutung als der Altprotestantismus. Wenn man die so begründete Autorität der Schrift dann als objektiven Grund des Glaubens erwies,

---

[62] Vgl. auch die Klage bei dem Erlanger Fr. Frank (s. oben LÜ 2 b), 256, 312.

[63] Das oben S. 203 A 58 genannte Buch von H. Schmid erklärt schon im Titel die Dogmatik des 17. Jahrh. (Gerhard, Calov, Quenstedt) als *„die Dogmatik der evang.-luth. Kirche".*

so blieb man wie der Supranaturalismus in Zirkelschlüssen stecken. Der Anspruch, im Gegensatz zu Pietismus, Aufklärung, Schleiermacher, allein auf dem Objektiven (Bibel, Bekenntnis, Kirche, Sakrament) zu stehen, empfing damit etwas Übersteigertes. Aus alledem wird deutlich, daß eine volle Repristination unmöglich war[64].

In Deutschland waren charakteristische Vertreter der repristinatorischen Grundrichtung vor allem Hengstenberg und Philippi. *E. Wm. Hengstenberg*[65] gewann außergewöhnlichen Einfluß. Persönliche Frömmigkeit gab ihm das Pathos, Verständnislosigkeit gegenüber anderen Denkweisen und aller theologischen Problematik die suggestive Sicherheit einer rasch aburteilenden Polemik, advokatorischer Scharfsinn und gewagte Anwendung von Bibelsprüchen auf die gegebene Lage die schlagkräftigen Wirkungsmittel. Durch seine schwer verständliche Mischung echten Glaubens und gut kirchlicher Anliegen mit starrer Enge des Blicks und Skrupellosigkeit der Mittel diskreditierte er allerdings auch die restaurative Bewegung in besonderem Maße[66]. Seine wissenschaftliche Arbeitskraft und Fähigkeit wandte er wesentlich der Bibel

---

[64] Nur die Lutheraner, die sich durch Auswanderung nach Nordamerika dem deutschen Geistesleben entzogen (Missourisynode), machten vollen Ernst mit der lutherischen Orthodoxie. Sie gingen sogar auf Luther zurück (Neudruck von J. G. Walchs Lutherausgabe St. Louis 1880–1904), scheuten sich auch nicht wie die deutschen Repristinatoren vor seinem Prädestinatianismus. Folgerecht verwarfen sie das ganze neue deutsche Luthertum als Abfall vom rechten Glauben. Leider nahmen sie auch die theologische rabies des 17. Jahrh. auf und entfalteten eine neue Streittheologie.

[65] 1802–69. Er entstammte einer westfälisch-reformierten Familie, wandte sich nach eifrigen orientalistischen Studien, aber schlechter theologischer Vorbereitung 1824 der Erweckung, dann einer starken Betonung des lutherischen Bekenntnisses zu. Er fand seine Aufgabe in der endgültigen Vollstreckung des längst gesprochenen Urteils über den Rationalismus, zu dem er freilich den gesamten Zeitgeist rechnete. Dafür schien Kirchenpolitik und Beeinflussung des öffentlichen Bewußtseins durch geschickte Journalistik das beste Mittel. Er übernahm, 1824 in Berlin Privatdozent, 26 außerord., 28 ord. Professor geworden, die Leitung der „Evang. Kirchenzeitung", die 1827 von dem Gerlachschen Kreis begründet wurde. Ihr widmete er ein gut Teil seines Eifers und eisernen Fleißes sowie seiner, der Regierung gegenüber mit kluger Elastizität gepaarten, Zähigkeit.

[66] Vgl. die denunziatorische Veröffentlichung von Kollegäußerungen der Rationalisten Gesenius und Wegscheider, die ihm viele Absagen einbrachte, z. B. die Neanders (s. oben II 5).

zu[67]. Dabei erwarb er sich im einzelnen manche Verdienste und half unter den ersten dazu, dem Alten Testament wieder eine feste Stellung im theologischen Bewußtsein zu sichern. Die Bibel-Wissenschaft vorwärts zu führen aber vermochte er nicht. Denn seine Arbeit stand unter der großen Täuschung, daß er die historische Kritik des vergangenen Jahrhunderts auslöschen und wieder an die altprotestantische Wissenschaft anknüpfen könne. Die Inspirationslehre war ihm die feste Grundlage aller Theologie, die Authentie fast aller biblischen Bücher, vor allem aber die Anerkennung aller messianischen Weissagungen und ihrer Erfüllung in Christus das Ergebnis. Trotzdem war selbst ihm keine volle Repristination möglich. Nicht nur, daß er der Kritik gewisse Zugeständnisse machte, z. B. den Prediger Salomonis für nachexilisch erklärte, sondern auch an dogmatischen Hauptpunkten verfiel er Vermittlungen. So hielt ihn teils sein ursprüngliches reformiertes Bekenntnis, teils die Rücksicht auf Staatsregierung und Landeskirche in der Union fest; den Unterschied der Abendmahlslehre ertrug er hier, da er mehr in der Theologie als im Glauben liege. Ebenso anstößig war vielen seine Rechtfertigungslehre, die zum Ausgleich des Paulus mit Jacobus, der religiösen mit den sittlichen Gesichtspunkten verschiedene Stufen der Rechtfertigung annahm[68].

Reiner verwirklichte *Fch. Ad. Philippi* das Ideal der lutherischen Repristination[69]. Er verteidigte die Symbole gegen alle Einwände und Neuerungen auch der repristinatorischen Kampfgenossen. Mit Kliefoth und Dieckhoff (seit 61 Prof. in Rostock) zusammen machte er die mecklenburgische Kirche zur intolerantesten Deutschlands (Absetzung M. Baumgartens in Rostock 58). Und doch modernisierte auch er, sofern er die Idee der Wiederherstellung der ursprünglichen Gottesgemeinschaft als einheitlichen systematischen Leitfaden nutzte und der

[67] Hauptwerke: Christologie d. Alten Testaments, 3 Bde 1829–35 ([2]49–57); Beiträge z. Einleitung ins A. Test., 3 Bde 31–39; Kommentar über d. Psalmen, 4 Bde 42–47 ([2]49–52); Die Offenbarung d. hlg. Joh., 2 Bde, 49. 51 ([2]61 f.); Das Evangelium d. Joh., 3 Bde 61–63 (1. B. [2]67). Vgl. oben III 3 b.

[68] Unter seinen Schülern ist außer einigen Alttestamentlern (III 3 b) der vor allem durch sein „Handbuch d. chr. Sittenlehre" (2 Bde, 1861 f., [3]74 f., Neudruck 86) bekannte *Ad. Wuttke* (1819–70) zu nennen, Prof. in Halle.

[69] 1809–82; Prof. in Dorpat, 51 Rostock. Geb. Jude, trat er als Student zum Christentum über, wandte aber nun die jüdische Gesetzlichkeit auf die Kirchenlehre, zumal auf die von der stellvertretenden Genugtuung Christi, an. Seine Hauptwerke waren ein Kommentar zum Römerbrief (45–50, [4]96) und die Kirchl. Glaubenslehre, 6 Bde (54–79, [3]83–90).

„erleuchteten Vernunft" erhebliche Mitwirkung einräumte. Ja, er übernahm nicht einmal die altprotestantische Inspirationslehre restlos: ihre
äußerlich-diktathafte „Wörterinspiration" ersetzte er durch eine „Wort-
inspiration", in der göttlicher und menschlicher Geist sich allerdings so
innig vermählten, daß keine Irrung und Trübung durch Menschliches
möglich war; da die kanonischen Schriften zur bleibenden Norm aller
Heils- und Wahrheitserkenntnis bestimmt waren, *mußten* sie das reine
Bild der Gottesoffenbarung darstellen[70].

Auch die *reformierte* Theologie entwickelte gleichzeitig einen Konfessionalismus; doch blieb er auf enge Kreise beschränkt[71].

b) *Verbesserungs- und Ergänzungsversuche.* – Am peinlichsten wurde
die Schwierigkeit der Repristination in der *Christologie* empfunden.
Hier hatte die historisch-kritische Betrachtungsweise, die idealistische
und die Erweckungstheologie die stärkste Bewegung erzeugt; es war
nicht einfach möglich, sie wieder in die Fesseln der Väterlehre zu schlagen. Wie paßte die abstrakte Lehre von den beiden Naturen Christi, im
besonderen der communicato idiomatum, zu dem lebendigen Bilde
Jesu, das jetzt eindrucksvoll aus den Quellen herausleuchtete, und zu
der persönlicheren neuprotestantischen Art der Christusbezogenheit?
Schon vorher hate das Ernstnehmen der Menschheit Jesu bei Zinzendorf,

---

[70] Die „Zeitschrift für d. gesamte luth. Theologie u. Kirche", das Haupt-
organ der lutherischen Repristination (1839–78), gaben zwei mehr
historisch arbeitende Gelehrte heraus: *A. G. Rudelbach* (1792–1862; Reformation, Luthertum u. Union, 39) und *H. E. F. Guericke* (1803–78;
Symbolik 39, ³61; Chr.-kirchl. Archäologie 47, ²59; vgl. S. 180 A 41).

[71] Er trat nicht bei *Ebrard,* dem schreibfertigen Professor für reformierte
Theologie in Erlangen (47–53, dann wieder seit 61) und Gründer der
Reform. Kirchenzeitung, auch nicht bei *Schweizer* und *Heppe* (s. oben
A 58) hervor, wohl aber bei *G. D. Krummacher* und vor allem bei dem
Wuppertaler Pfarrer *F. H. Kohlbrügge* (1803–75; außer den Predigten
„Die Sprache Kanaans", veröffentlicht holländisch 84, deutsch 86, neu
1936), der mit der reformatorischen Glaubenshaltung, mit der Rechtfertigung aus Gnaden allein und mit der Prädestination in eindrucksvoller Weise Ernst zu machen suchte. War er fast nur religiöser Praktiker,
so übertrugen seine Schüler *J. Wichelhaus* (19–58; Prof. in Halle) und
Ed. Böhl (36–1903; seit 64 Prof. in Wien) seinen Geist in die wissenschaftliche Theologie; bekannt wurden sie vor allem dadurch, daß sie
wie Hengstenberg jede historische Kritik erbittert bekämpften. – F. W.
Krummacher, G. D. Krummacher u. d. niederrhein. Erweckungsbewegung
35; Tl. Stiasny, Die Theologie Kohlbr.s 35; Hm. Klugkist-Hesse, Kohlbr.
35; W. Kreck, Die Lehre v. d. Heiligung bei Kohlbr. 36; RE ³23, 244 ff.
(Böhl), 24, 650 ff. (Wichelhaus).

Collenbusch u. a. die Neigung zu bibeltreuer Umprägung der altprotestantischen *Kenosislehre* entwickelt[72]. Jetzt wurde sie eine Lieblingslehre der Zeit, zumal sie durchaus verschiedene Ausgestaltungen, und das hieß zugleich, ein verschiedenes Maß an Aufnahme des historischen Jesusbildes zuließ. Einig war man nur darin, daß man nicht mit der Orthodoxie (Konkordienformel) das Subjekt der Kenosis im Gottmenschen fand, sondern hinter die Menschwerdung zurückging: Thomasius und Geß auf einen Akt des göttlichen Logos, der in der Menschwerdung seine Daseinsform vom Göttlichen in das Menschliche umsetzt; Liebner auf die innertrinitarische Liebe Gottes, die in der Sohnschaft des Sohnes Gottes eine ewige Kenosis vollzieht und diese in der Menschwerdung fortsetzt. Aber eben in der Verschiedenheit des Rückgangs zeigte sich die der Motive; dort das Neue Testament, zumal Phil. 2 und das synoptische Jesusbild, hier spekulative Mystik[73]. Die Schwierigkeit wurde dabei aus der geschichtlichen Person Jesu in den Gottesgedanken verlegt, der in der Kenosis doch irgendwie den Akt der Veränderung in sich aufnehmen muß. Ob man dabei wie Geß unbedenklich sogar eine Veränderung der Trinität für die Zeit des Erdenwandels Jesu behauptete, oder wie Thomasius die Änderung vorsichtiger auf die Weltbezogenheit des Sohnes (Verzicht auf die „relativen" göttlichen Eigenschaften Allmacht, Allgegenwart, Allwissenheit) beschränkte – man glaubte sich damit helfen zu können, daß man das Geheimnis des göttlichen Lebens wenigstens nach einer Seite hin aufdeckte und von da aus das Neue Testament deutete.

[72] Unter den Dogmatikern ging zuerst *Sartorius* darauf ein (Dorpater Beiträge zu d. theol. Wissenschaften, I 1832; Lehre v. d. hlg. Liebe, II 44). Genauer durchgebildet aber hat sie erst G. *Thomasius* in Zeitschrift f. Prot. u. Kirche 1845 f., dann vor allem in seiner Dogmatik „Christi Person u. Werk" 52–61, [2]56–63, [3]bearb. v. Winter 86 ff. (Die Leistung dieser Dogmatik war eben die Ineinsbildung des der Erweckung und des der alten lutherischen Dogmatik entstammenden Erbes, die in seiner Kenotik den deutlichsten Ausdruck fand), wieder anders *Fch. Geß* (s. unten S. 231); die meisten Erlanger und Vermittlungstheologen sowie der Reformierte Ebrard schlossen sich an.

[73] Wo das spekulative Motiv stark wird, verbindet sich mit der Kenotik gern die Lehre von Jesus als dem *Zentralindividuum* der Menschheit, die in spekulativer Anthropologie und Geschichtsphilosophie mündet. Gegenüber dem junghegelschen Satz (vgl. Strauß), daß die Idee der Gottmenschheit nur in der Gattung, nicht in einem Individuum sich verwirklichte, wird hier zu erweisen gesucht, daß sie gerade die vollkommene urbildliche Verwirklichung in einer zentralen Einzelpersönlichkeit fordere. Vgl. unten III 6 c (Dorner).

Ähnliches wiederholte sich auf allen Seiten. Neben die Kenotik trat
z. B. der Versuch von *K. Fch. Aug. Kahnis* (1814–88; Prof. in Breslau
und Leipzig), den Gegensatz zwischen Neuem Testament und trini-
tarischer Lehre dadurch zu überwinden, daß er Sohn und Geist sub-
ordinatianisch als „Gott in des Wortes zweitem und drittem Sinn"
betrachtete. Auch sonst wandte er sich, obwohl in Breslau separierter
Lutheraner, auf der Höhe seines Lebens einer vermittelnden Behandlung der dogmatischen Fragen zu[74]. Überhaupt fühlte fast jeder Repri-
stinationstheologe sich an dieser oder jener Stelle der Dogmatik veranlaßt, von der altprotestantischen Überlieferung abzubiegen. Und der
ketzerrichterliche Eifer – meist Hengstenbergs oder Philippis, die doch
selbst keine reine Orthodoxie vertraten (S. 207) – brachte diese Tatsache zum öffentlichen Bewußtsein.

Weit tiefer jedoch griffen in das Wesen *und das Selbstverständnis*
des Luthertums die Betonung und die Zuspitzung der Lehre von der
Kirche, vom Amt, vom Sakrament und vom Bekenntnis ein[75], die dem
Neuluthertum das Gepräge gaben. Dabei wirkte eine ganze Reihe von
Faktoren mit. Die Erschöpfung des Rationalismus der nicht nur alle
festen Glaubensnormen aufgelöst, sondern auch die Autorität überhaupt verdächtig gemacht hatte, die Gefahren sowohl des Subjektivismus als auch des unkontrollierten Übergangs in den römischen
Katholizismus, die die Romantik barg, waren die negativen, der romantische Sinn für das „Leben" als Urgegebenheit vor aller Reflexion
und damit sowohl für die Geschichte als für die Natur wie für die
urtümliche Einheit beider, das im spekulativen Denken nur ungenügend befriedigte Verlangen nach Objektivität waren die positiven
Komponenten dieser Entwicklung[76]. Man war sich, mindestens zum
Teil, darüber klar, daß ein neuer Frühling der Kirche nicht einfach
darin bestehen könne, daß sie sich „wieder mit den Blättern umgibt,
die der Herbst verweht hat, und mit den Früchten schmückt, die sie
jenseits des (rationalistischen) Winters brachte", und daß ein Neues
nicht werden könne, „es sterbe denn zuvor etwas geschichtlich Gewor-
denes"[77]. Also war es weithin die Offenheit für die Gegenwart des

---

[74] Luth. Dogmatik, 3 Bde 61–68, ²74 f.; Zeugnis v. d. Grundwahrheiten d.
Prot. gegen Hengstenberg 62; s. auch oben III 3 b.
[75] Vgl. dazu Holsten Fagerberg, Bekenntnis, Kirche und Amt in der neulutherischen Theologie des 19. Jahrhunderts 1952.
[76] Vgl. Martin Schmidt, Wort Gottes und Fremdlingschaft 1953, 103 ff.
[77] Delitzsch, Vier Bücher v. d. Kirche, 1847, S. 163 f.

Herrn und Freude an neuem kirchlichen Leben, was von der bloßen Objektivität des Bekenntnisses zu der des Kirchentums führte. Und wo volkskirchliches Verantwortungsbewußtsein erwachte (s. oben S. 202), da konnte es diese Wendung verstärken.

Freilich bedurfte diese Wendung nun der *theologischen Begründung*. Die Bekenntnisschriften gaben sie nicht ohne weiteres, und die theologische Überlieferung, die der Zerreißung von sichtbarer und unsichtbarer Kirche, ja weithin dem pietistisch gedachten Aufbau der sichtbaren Kirche auf die gläubigen Subjekte verfallen war, noch weniger. Die Hilfe kam aus der inneren Verbindung der lutherischen Repristination mit der Spätromantik und ihrem „organischen" Denken auf den Linien des Rechts und des Sakraments[78]. Dabei trennten sich vielfach die Wege. Bei den einen empfing im Gegensatz zu dem naturrechtlichen, revolutionären Geist der Aufklärung das Recht die Weihe des in der Geschichte sich bekundenden Gotteswillens. Das Schöpferische, das überindividuell und objektiv durch die Geschichte schreitet, erhielt in ihm Rückgrat und Form, die konservative Grundhaltung die Lebendigkeit der „organischen Entwicklung". So wurde das Recht religiös empfunden, daher fähig, in kirchlichen Fragen vielseitiger und kräftiger als bisher aufzutreten. Die Kirche gewann auf diesem Boden als Trägerin des göttlichen Rechts eine im evangelischen Deutschland bisher unbekannte Bedeutung[79]. Bei den andern behielt dagegen ein fast täuferisch-spiritualistisch-pietistisches Mißtrauen gegen das Recht die Oberhand und führte zur Begründung der Kirche einerseits auf die schöpfungsmäßige Anlage des Menschen zur Gemeinschaft, andrerseits auf das Wort Gottes[80].

---

[78] Daß auch das erneuerte Bedürfnis lebendig-konkreter Anbetung mitsprach, kann hier nicht verfolgt werden. Es weckte neue liturgische Ansätze in Praxis und Theorie. Führer waren vor allem *Kliefoth* und *Löhe*. Auch hier handelte es sich um Wiederaufnahme alten Guts – freilich in aller Verdienstlichkeit der Leistung, doch ebenfalls mit starker, durch den profan-sentimentalen Modernismus der aufklärerischen Reformversuche veranlaßter, repristinatorischer Einseitigkeit.

[79] *J. Stahl*, Die Philosophie d. Rechts, 2 Bde 30–37, ⁵78 (Auswahl v. Arnim 1926); Der chr. Staat u. sein Verhältnis zu Deismus u. Judentum, 47; Die Kirchenverfassung nach Lehre u. Recht d. Protestanten, 40, ²62. Dazu vgl. G. Holstein, Grundlagen (s. oben LÜ 5).

[80] Beide Begründungen nebeneinander vor allem bei Wilhelm Löhe, dem Anfänger der neulutherischen Kirchentheologie. Vgl. Siegfried Hebart, Löhes Lehre von der Kirche, ihrem Amt und Regiment 1939, Martin Schmidt, Wort Gottes und Fremdlingschaft 1953, 47 ff.

Für *eine* Gruppe unter diesen Theologen aber war noch wichtiger die Begegnung mit der romantischen Naturphilosophie im *Sakramentsgedanken*. Das Sakrament schien ja im Verhältnis zum Worte Gottes dadurch objektiver zu sein, daß es nicht nur geschichts- sondern zugleich naturgetragen ist und die ganze natürliche Organisation des Menschen trifft. Die Verwobenheit von Natur und Geist, von Bewußtem und Unbewußtem, die schon bei Jak. Böhme und in Oetingers biblischem Realismus waltete, jetzt aber durch die Romantik und Schelling modern wurde, empfahl sich als starker Gegenschlag einerseits gegen jeden Rationalismus, anderseits gegen den mechanistischen Naturalismus der Gegenwart. So gewannen manche Aussagen Luthers über Taufe und Abendmahl, gewann die Lehre des 17. Jahrh.s über die unio mystica neues Leben; sie wurden in den Mittelpunkt des dogmatischen Interesses gestellt und gaben der neuen Sakramentsauffassung den Zauber der Verbindung von Orthodoxie und Modernität. Bis zu den Erlangern und vermittelnden Männern wie Martensen und Schöberlein setzte diese Bewegung sich durch; fast allein Philippi war auch hier vätertreu und nüchtern genug, sich der Neuerung zu erwehren (Kirchl. Glaubenslehre, ²V, 2. Abt., S. 179 ff., 404 ff.). Unter mannigfachen Verschiedenheiten war der Grundgedanke überall der, daß das Sakrament über die nur personale Wirkung des Wortes hinaus den „ganzen geistleiblichen Wesensbestand des Menschen", die ganze „geistliche und leibliche Natur des Menschen" treffe. Delitzsch (a. a. O. S. 30. 32.) u. a. behaupteten sogar, daß in diesem Sinn, „die Sakramente ex opere operato wirken und ein unverlöschliches Gepräge aufdrücken", nur nicht immer zum Heil und zum Leben. Die Taufe ist die „Einsenkung des neuen geistlichen Lebenskeims", das Abendmahl die Ernährung des Auferstehungsleibes durch die verklärte Leiblichkeit Christi. Auch dies ein Sieg des „organischen" Denkens!

Auf dem Boden dieser Lehren – obschon nicht überall in unmittelbarer Verbindung damit – schien die theologische Begründung des neulutherischen Kirchengedankens möglich. Hier war die Kirche unabhängig von ihren jeweiligen Gliedern, für manche auch unabhängig von dem ganzen „subjektiven" Einschlag des Worts und des Glaubens, in ihrem Wesen und Wirken „objektiv" begründet; hier war auch die allzu protestantische Geringschätzung des „Äußerlichen" überwunden. Wo das Sakrament und das irgendwie göttliche Recht das Rückgrat der Kirche bilden, da hört die Auseinanderreißung der sichtbaren und der unsichtbaren Kirche auf, da ist die Kirche auch nach ihrer organisatorischen Seite hin von Christus gestiftete Anstalt, da hat das hierarchisch geordnete geistliche Amt in Fortsetzung des Apostolats iure divino Selbständigkeit neben und über der Gemeinde, da liegt die eigentliche Substanz der Kirche in dem durch Ordination und Handauflegung zusammengehaltenen Amtsorganismus. So entstand die Schau einer von der Herrlichkeit Christi selbst getragenen, von der Welt grundverschiedenen Kirche, die „nicht nur ein Glaubensartikel sei, sondern ins Leben eintrete und erscheine"[81]. Ihre Farben entnahm man teils einem gereinigten Katholizismus, teils dem gleichzeitig aufblühenden hochkirchlichen Verständnis des Anglikanismus[82]. Der Gegensatz zur bestehenden landeskirchlichen Form, das leidenschaftliche Verlangen, das Urchristentum als gegenwärtige Wirklichkeit wiederherzustellen, das Bedürfnis unbedingter Wahrhaftigkeit auch im Institutionellen, besonders in der Abendmahlspraxis, führte Löhe mehrfach bis auf die Schwelle der Separation, den schwärmerischer angelegten und weniger geschichtlich denkenden Hch. Thiersch zum Irvingianismus. Der Kirchen- und Sakramentsgedanke in seiner antireformierten Ausprägung drängte sogar die Betonung der Lehre, ja die orthodox verstandene Rechtfertigungslehre zur Seite. – In diesen Zusammenhängen stand auch die neulutherische, von Zinzendorf im Zeichen der Kreuzestheologie (im Anschluß an die CA) begründete, von Claus Harms, Guericke und Wilhelm Löhe bis zu Gottfried Thomasius herrschende Auffassung vom *Verhältnis der christlichen Konfessionen,* die das Luthertum als die rechte *Mitte* zwischen den Einseitigkeiten des Katholizismus und des Reformiertentums feierte. So wurde der die Zeit stark bestimmende Unionswille aufgenommen. Freilich trat darin auch die moderne Erweichung hervor, die die alte Selbstbeurteilung des Luthertums erfuhr. Er bedeutete Zerstörung des ursprünglichen Selbstbewußtseins, wenn man, auf eine organische Gruppierung der Kirchen gerichtet, nur graduell zwischen den Wahrheitsanteilen der verschiedenen Kirchen unterschied[83]! Das war der Sieg der Romantik über die Refor-

[81] Löhe, Vorschlag z. Vereinigung luth. Christen f. apostol. Leben, 48, S. 10. (Ges. Wke. hrsg. v. K. Ganzert 5, 2 (1956), S. 971 (zu S. 220, Z. 32).
[82] Die wichtigsten, oft beinahe hymnischen Schriften sind (außer den bereits genannten) : W. *Löhe,* Drei Bücher v. d. Kirche, 45 Kirche u. Amt 51; *Frz. Delitzsch,* Vier Bücher v. d. Kirche 47; *Kliefoth,* Acht Bücher v. d. Kirche (erschienen nur der 1. Teil 54); *Münchmeyer,* Die Lehre v. d. sichtb. u. unsichtb. Kirche 54.
[83] Löhe (Drei Bücher S. 151 (Ges. Wke. hrsg. v. K. Ganzert 5, 1 (1956), S. 162) nennt die lutherische Kirche auch „die allein mögliche Union" der in den Partikularkirchen sich ausprägenden Gegensätze.

mation, des ökumenisch ausgeweiteten Organismusgedankens über die
Wahrheitsfrage, auch der Ekklesiologie über das Eschatologische.

Wissenschaftlich ragte unter den Vertretern dieser Gedankenkreise
am stärksten *Vilmar* hervor[84]. Er stand auf der durch den Deutschen
Idealismus geschaffenen Höhe des Geisteslebens, wahrte dauernd innere
Verbindung mit Goethe, konnte, abgesehen von anderen germanistischen Verdiensten, eine glänzende Literaturgeschichte schreiben, eine
enge Synthese mit dem Humanismus pflegen und dem hessischen
Schulwesen neuen Aufschwung bringen. Aber auf theologischem Gebiet
zeigte er wenig von der Höhe dieser Leistungen[85]. Die lauschende und

---

[84] *August Vilmar,* 1800–68; 33 Gymnasialdirektor in Marburg, seit 50 im
Kasseler Ministerium, 51 zugleich Stellvertreter des Kasseler General-
superintendenten, 56 Prof. in Marburg. – Neue *Lit.*: Maurer, s. oben
LÜ 4; Fch. Wiegand, V. s Stellung zu Kirche u. Staat, Neue kirchl. Zeit-
schrift 1933; K. Wicke, V. s Zeugnis v. d. Kirche, 37. M. Wollenweber,
Theologie und Politik bei A. V. 1930. B. Schlunk, Amt und Gemeinde im
theol. Denken V. s 1947. U. Asendorf, Kulturanalyse u. Uroffenbarung als
Voraussetzung der Theologie von A. F. C. Vilmar Diss. Göttingen 1954.
Hs. Schmid, Dynamismus und Ontologie, dargestellt an der Ekklesiologie v. Kierkegaard u. V. Diss. Hamburg 1956. *Gerhard Müller,* Die
Bedeutung August Vilmars für Theol. u. Kirche. Theol. Existenz heute
158, 1969; *U. Asendorf,* Die europ. Krise u. d. Amt d. Kirche. Vorauss.
d. Theol. von A. F. C. Vilmar, 67.

[85] Schon der Blick auf sein Werden ist lehrreich. Rationalistisch gebildet,
war er durch den Einfluß historisch-germanistischer Studien, pädagogischer Praxis, der Lektüre von Kirchenvätern, Joh. Gerhards „Loci" und
Tholucks „Lehre v. d. Sünde" in die restaurative Bewegung geführt
worden; bei der Vorbereitung auf eine Gedenkrede für die Jubelfeier der
Augsb. Konfession erkannte er dann – „wie wenn ein Blitz über ein
weites Gelände hinfährt – daß alles Suchen umsonst sei, weil schon alles
Gesuchte längst vorhanden sei. Die Augsb. Konf. schloß mir wie mit
einem Male alles bei Tertullian, Augustin, Gerhard Gelesene vollständig
auf, und meine theologische Wendung war vollbracht" (Hopf, A. Vilmar,
I 1912, S. 167. – Luther hat er bezeichnenderweise erst 1841 f. genauer
studiert, ebd. 372). Neulutherisch wurde die Wendung vor allem unter
dem Eindruck seiner politischen Tätigkeit im hessischen Landtag 1831
und der 32 beginnenden Freundschaft mit Hassenpflug, sowie der Erfahrungen im Marburger Religionsunterricht seit 33. Dabei leiteten ihn
nicht theologische Studien, etwa das Ringen mit der Schrift oder der
Reformation oder den Geistesbewegungen der Gegenwart, sondern das
praktische Erlebnis einer notwendigen Aufgabe: „Sehr bald erkannte ich,
daß ich nicht bloß meinem subjektiven *Glauben,* auch nicht bloß den
Glauben der Kirche durch meinem Unterricht fortzupflanzen habe, sondern daß es der heilige Geist und in dem heiligen Geist Christus selbst

lernende Empfänglichkeit, die er den Quellen der deutschen Dichtung entgegenbrachte, fehlte ihm gegenüber der Reformation. Wo sein persönliches Erleben einsetzte, da führte ihn der Haß gegen den aufklärungsbedingten Zeitgeist, das Bedürfnis und die Erfahrung der Gegenwart des Herrn oder des hlg. Geistes, die Deutung der Gegenwartsaufgaben zur Vergewaltigung der Quellen und zur Verkennung des Sachgemäßen. Der Rückgang auf die ursprünglichen Quellen, auf Bibel und Luther, war bei ihm an wichtigen Punkten nur nachträgliche Unterbauung; seine Theologie war fertig, ehe er mit der rechten theologischen Durchdenkung begann. Es ist bezeichnend, daß er zwar mannigfach zu tiefschürfenden germanistischen, aber niemals zu selbständigen theologischen Untersuchungen Reiz und Zeit fand. Denn „Die Theologie d. Tatsachen wider d. Theologie d. Rhetorik" (56, ⁴76 Neudr. 1947) war lediglich „Bekenntnis und Abwehr"; und die „Geschichte d. Konfessionsstandes d. evang. Kirche in Hessen" (60, ²68) war kirchenpolitisch durch die Gegnerschaft zu dem melanchthonisch-unionistischen Hch. Heppe veranlaßt. So ist die theologische Überzeugung, die er in Marburg mit der suggestiven Gewalt seiner Persönlichkeit lehrte, nur aus nachgelassenen Vorlesungen und Schriften genauer bekannt[86].

Seine *Theologie* will durchaus „realistisch" sein, d. h. unmittelbar den Erfordernissen des Lebens dienen, nicht (wie die der „Rhetorik" oder gar der „Dialektik") der Erkenntnis, dem Wissen, dem Suchen nach Wahrheit[87]. Sie hat die einzige Aufgabe, „Hirten zu erziehen, welche die Seligkeit haben . . . . und dieselbe anderen mitzuteilen entschlossen

sei, den ich *bringen* müsse, wenn ich nicht dennoch wieder, wie die von mir bis in den Abgrund verachteten Rationalisten, nur auf einem anderen Standpunkt, *Worte* und Stimmungen fortpflanzen wolle. Die *Realität der Kirche ging mir auf*." (Hopf I 372.) So leitete das Postulat ihn zu neuer Erfahrung und wuchs mit ihr zusammen in seine Glaubenshaltung, damit auch in seine Theologie und Kirchenpolitik hinein. Sein einziger Schüler im akademischen Lehramt Rudolf Grau (1835–93) wirkte nur erbaulich.

[86] Herausgegeben wurden die Vorlesungen über Dogmatik 74, Theol. Moral 71, die Augsb. Konfession 70, das geistl. Amt 70, die Pastoraltheologie 72, christliche Kirchenzucht 72, das Collegium biblicum (6 Bde 79–88, neu gedruckt 91). Zahlreiche pastoraltheol. Aufsätze sind gesammelt in „Kirche u. Welt, oder d. Aufgaben d. geistl. Amtes in unserer Zeit", 2 Bde 72 f., andere in „Zur neuesten Kulturgesch. Deutschlands", 3 Tle 58. 67.

[87] Zu seinem „Realismus" gehört es z. B., daß er des Teufels Zähneknirschen aus der Tiefe mit leiblichen Augen gesehen und sein Hohnlachen aus dem Abgrund gehört hat (S. 39). Ebenso nach ganz anderer Seite

und fähig sind" (Dogmatik I, S. 3f.; Theol. d. Tatsachen, S. 6), oder das Seligkeitsgut, das in der Bibel gegeben, in der Kirche fortgepflanzt und richtig fomuliert ist, an die Diener der Kirche so zu übermitteln, daß es für die kirchliche Praxis handlich ist, natürlich auch die Waffen in die Hand zu geben, die der Hirt zur Verteidigung seiner Herde braucht. Vom „Glauben" ist nicht viel die Rede; er genügt dem „Realismus" nicht; denn in der Kirche „haben" wir die Seligkeit, „wissen" wir von dem hlg. Geist „als einem Nahen, Diesseitigen, Gegenwärtigen" (Theol. d. Tatsachen, [4]S. 53), müssen wir „nacherfahren", nacherleben, nachbekennen, was „in den Lehren von Gott dem Vater und von der Schöpfung, von Gott dem Sohne, dessen wahrer Gottheit und wahrer Menschheit, von der Gottheit des hlg. Geistes, von der Erbsünde die Kirche erfahren, durchlebt und bekannt hatte und hat", so daß „die Rechtfertigung durch den Glauben" als eine neue, aus den anderen Erfahrungen mit der Notwendigkeit einer Tatsache sich ergebende Heilserfahrung erscheint (ebd. S. 41). Solche Immanenz des hlg. Geistes in der Kirche bedarf des von dem göttlichen Recht getragenen geistlichen Amts; Glaube und Seligkeit der Gemeinde ist an sein Vorhandensein gebunden. „Es heißt, in dieser Wirrnis das Alte festgehalten, d. h. dasjenige Alte, welches göttliches Mandat hat. Dies ist allein . . . das geistliche Amt, und dies muß, wenn es zu einer Änderung des Kirchenregiments kommen sollte, die Hände ausstrecken, um sein Eigentum zurückzuempfangen" (so 1849, s. Hopf II 1913, 63). Damit wird das Anstaltliche ausschlaggebend für die Kirche; sie ist „das Institut, durch welches das Seligkeitsgut allen nachfolgenden Geschlechtern bis zur Wiederkunft Christi unverändert übermittelt wird" (Dogmatik II, 184. 271). Auch die Sakramentslehre wird in diese Auswucherung des Kirchengedankens hineingezogen: der Ton rückt von den beiden überlieferten Sakramenten auf die „sakramentale Handlung" der Ordination, die kraft der Handauflegung den hlg. Geist in aller Realität gibt, damit „das Vermögen, die Sünde zu vergeben bzw. zu behalten, und die Handlungen Christi als Seine Handlungen, durch die Verkündigung des Wortes, die Administration der Sakramente und die Regierung der Kirche zu vollziehen" (ebd. 277). Indem Vilmar so die anstaltliche Auffassung der Kirche vollendete, brachte

---

hin seine Stellung in der Sklavenfrage: Sklaverei ist nicht ohne weiteres als unchristlich zu verwerfen, weil kein neutestamentliches Wort sie verbietet; freilich wo sie besteht, müßte sie sich unter das milde alttestamentliche Gesetz stellen (vgl. die Vorlesungen über theol. Moral II 197 f.).

er die Richtung der neulutherischen Entwicklung, obschon in besonderer Prägung, denkbar deutlich zum Ausdruck; nun erst schien auch die Reinheit der Lehre und die rechte Verwaltung der Sakramente gesichert[88].

Natürlich wurde das Unreformatorische dieser neulutherischen Entwicklung auch innerhalb der konfessionellen Bewegung selbst empfunden. Vor allem widersprachen die *Erlanger,* die – mit klarerem Blick für den Kern der kirchlichen Not begabt – seit den 30er Jahren als eigene Gruppe sowohl über die bloße Repristination als auch über die romantisch-katholisierenden Neigungen hinauszuführen begannen. Nach der Seite des Kirchenbegriffs vertrat sie am kräftigsten *Wilhelm Höfling* (1802–53; „Grundfragen evang.-luth. Kirchenverfassung", 50, [3]53), neben ihm in verschiedenen Abtönungen Harleß, Hofmann, v. Zezschwitz (1825–86) und besonders *Theodosius Harnack* (1817 bis 89; Die Kirche, ihr Amt, ihr Regiment, 62, Neudruck 1934). Sie bekämpften den romantischen Hierarchismus ebenso wie den pietistisch-aufklärerischen Kollegialismus. Im einzelnen unterschieden sie scharf zwischen wesentlicher und empirischer Kirche („Kirchentum"), hielten den Satz der Augustana (Art. 7) fest, daß zum Wesen der Kirche allein die rechte Wortverkündigung und Sakramentsverwaltung gehöre, nicht auch eine bestimmte Kirchenverfassung, etwa ein iure divino privilegierter, hierarchisch gegliederter Stand, dem im Hirtenamt das Kirchenregiment zustehe, begründeten das Amt im Auftrag der rechten Gnadenmittel-Verwaltung und bekämpften scharf die Vorstellung eines dritten, über Wort und Sakrament hinaus gegebenen Gnadenmittels (ordo,

---

[88] Unwillkürlich legt sich bei solcher Immanentisierung des hlg. Geistes in Kirche und Amt die Frage nach dem Verhältnis zum Katholizismus nahe. Vilmar gibt wenigstens brieflich Auskunft darüber, wie er es denkt: ihm schwebt eine Wiedervereinigung vor, in der die Katholiken die in der Rechtfertigungslehre niedergelegte Erfahrung nachträglich akzeptieren, wir Evangelischen aber „die Ordnungen vollständig anerkennen, welche zur Fortpflanzung und Sicherung des Bewußtseins von der Gegenwart des Herrn ... von dem Herren selbst angeordnet sind, denn daß eine Über- und Unterordnung im Kirchenamt in den Weisungen des Herrn liege, wird nur ein Verblendeter leugnen können" (Hopf II 383). – Die eigentliche *Theologie* spielt bei alledem eine geringe Rolle: die Geltung, welche sie bisher in der Kirche gehabt hat, muß aufhören; man hüte sich, selbst von der „gläubigen Theologie" Erfolge zu erwarten (Wicke, S. 39 f.). „Die Zeit der *Kirche* ist angebrochen, nachdem die Zeit der *Lehre* mit der Reformation zu Ende gegangen" und das *Tatamt* in den Vordergrund berufen ist (Hopf II 79).

Handauflegung). Vom Neuen Testament her, war es ihnen gewiß, „daß das Amt ursprünglich und iure divino bei der ganzen Gemeinschaft der Gläubigen ist, und der geistliche Stand erst aus dieser nach Maßgabe der Charismen kirchenordnungsmäßig herausgeboren wird und herausgeboren werden muß" (Höfling, [3]S. 257). – Solchem Widerspruch der enger mit der Reformation verbundenen Theologen gelang es, das Drängen auf neulutherische Umgestaltung des Kirchenwesens in Schranken zu halten. Nicht aber gelang es, die Strömung selbst zu unterbinden; sie gewann in günstigen Augenblicken immer neuen Einfluß; teilten doch auch die widersprechenden Lutheraner meist den neulutherischen Sakramentsgedanken und pflegten so selbst die eine der Wurzeln, denen das neulutherische Kirchenideal seine theologische Kraft entnahm!

Die schmerzlichste Folge des ergebnislosen Ringens um falsche Ziele war die Lahmlegung wertvoller Kräfte für die notwendigen Aufgaben. Man übersah die gewaltige Arbeit, die in den grundlegenden Neuansätzen der Theologie bereits an die theologische Durchdenkung des überkommenen Erbes und der Gegenwart gewandt worden war, verschmähte es also auch, sie hingebend weiter zu führen. Vor allem versäumte man es, die biblisch-reformatorischen Tiefen des Offenbarungs- und Glaubensverständnisses aufzugraben und so auch dessen Verhältnis zur Geschichte noch sachgemäßer zu verstehen, als es jenen Neuansätzen gelungen war.

c) *Um ein neues Verhältnis des Glaubens zur Geschichte*[89]. – Die restaurative Bewegung war zu gut evangelisch und zu stark teils von den Neuansätzen der Theologie teils vom historischen Sinn der Zeit berührt, als daß sie nicht auch hätte versuchen müssen, grundsätzlich nach dem Verhältnis des Glaubens zur Geschichte zu fragen. Selbst bei Vilmar war dieser Drang lebendig. Er wandte zuerst unter den restaurativen Theologen den Entwicklungsgedanken im positiven Sinne auf die Dogmengeschichte an und bereitete damit die sogenannte Dogmenlehre vor, der der junge Kliefoth die eigentliche und um-

---

[89] Vgl. G. Weth, Die Heilsgeschichte, 1932; K. G. Steck, Die Idee der Heilsgeschichte (Hofmann, Schlatter, Cullmann) 1959; Th. Heckel, Ad. v. Harleß 33; Mn. Schellbach, Theologie u. Philosophie bei v. Hofmann 35; Wg. Trillhaas, Zum Begriff d. Geschichte bei Hofmann, Theol. Blätter 29, Sp. 54 ff.; G. Flechsenhaar, Das Geschichtsproblem in d. Theol. Hofmanns 35 (Gießener Diss); O. Wolff, Die Haupttypen der neueren Lutherdeutung, Evang. Theologie 37; R. Grützmacher, Der ethische Typus d. Erlanger Theol., N. kchl. Zeitschr., 1917.

fassende Formulierung gab. Für Vilmar war trotz seiner statisch-objektivistischen Grundhaltung *sein* Jahrhundert, das 19., dadurch ausgezeichnet, daß es erstmalig in der Geschichte des Christentums den dogmatischen Inhalt der Kirche zum Bewußtsein brachte. Ebenso übernahm Kliefoth in seiner „Einleitung in die Dogmengeschichte" (1839) das moderne Streben nach Aufweis der historischen Entwicklungsgesetze; sie wollte bewußt den Fehler meiden, die Geschichte in das Prokrustesbett eines vorher feststehenden Ergebnisses zu pressen (S. VII), und schrieb unter ausdrücklicher Berufung auf Schleiermacher sogar der Heterodoxie produktive Bedeutung zu (S. 267. 282 f.). Aber sie gab der Bibel, als dem „untrüglichen Zeugnis" von Christo und dem prototypischen Inbegriff aller weiteren Entwicklungen des Christentums, die Ausnahmestellung fertiger Lehrwahrheit, und diese Vorstellung ergriff dann auch die Dogmengeschichte selbst. So bildete sich die Theorie der vier Dogmenkreise: jede Geschichtsperiode macht ein bestimmtes Dogma zum Mittelpunkt ihres gesamten christlichen Lebens, formuliert so die neutestamentliche Wahrheit nach einer bestimmten Seite erkenntnismäßig und übergibt sie der Nachwelt zum unveränderlichen Besitz. Die jeweilige Bildung des Dogmas wird gut historisch gedacht, unter starker Betonung der Rolle eines führenden Volkstums. So entstand der theologische (und christologische), dann der antropologische, in der Reformationszeit unter germanischem Einfluß (S. 85) der soteriologische Dogmenkreis; in der Gegenwart erkennt Kliefoth den Anbruch einer neuen dogmatischen Entwicklungsperiode und erwartet, daß sie „ihre besondere Aufgabe in der Lehre von der Kirche haben werde", die auch zur Eschatologie hinüberführt (S. 98 f.). Die vier Dogmenkreise zusammen bilden die große Einheit der kirchlichen Erkenntnis, die sich aus der Bibel ergibt[90].

Diese Lehre schien der geniale Ausgleich zwischen den Anforderungen moderner Geschichtswissenschaft, die mit dem Entwicklungsgedanken arbeitet, und der Restauration des Vätererbes zu sein. Ihre klassische Ausbildung erhielt sie durch den Erlanger G. *Thomasius* (Dogmengeschichte, 2 Bde 74. 76). Er stellte sie vollends in den Dienst der restaurativen Dogmengeschichte, d. h. der Frage, wie die Kirche dazu gekommen sei, ihren Gemeinglauben zu dem Reichtum

---

[90] Kliefoths Spätwerk, die „Chr. Eschatologie" (86), hält an dieser Lehre fest, scheint aber als Aufgabe des 4. Dogmenkreises nur noch die Eschatologie anzuerkennen (S. 18; auf S. 119 fällt der anthropologische Dogmenkreis aus.)

der Heilserkenntnisse zu entfalten, die den Inhalt ihrer gegenwärtigen
Bekenntnisse bilden. Als heuristisches Prinzip und als Gesamtbild hat
die Dogmenkreis-Lehre fruchtbar gewirkt. Aber sie konnte doch nicht
lange darüber täuschen, daß sie durch Setzung fertiger Wahrheit am
Anfang (Bibel) wie am Ende (Konkordienformel) des Gesamtverlaufs
den Entwicklungsgedanken tatsächlich aufhob und die Dogmengeschichte gegen die ursprüngliche Absicht in ein Prokrustesbett preßte.

   Tiefer grub der Versuch, den historischen Sinn der Neuzeit auf die
Bibel selbst anzuwenden. Er hatte bereits eine lehrreiche Vorgeschichte.
Denn einerseits hatte die kritische Bibel-Wissenschaft und die idealistische Geschichtsbetrachtung auch die kirchlichen Kreise beeinflußt.
Anderseits hatte der schlichte Glaubensverkehr mit der Bibel, der sich
im Pietismus von der Herrschaft der Dogmatik befreite, eine mehr
geschichtliche Betrachtung begünstigt, wie sie dann durch Bengels
Lehre von „der göttlichen Ökonomie" ein festes Rückgrat und weite
Gesichtspunkte erhielt. So stießen wir bei Collenbusch, Menken u. a.
auf offenbarungs- und heilsgeschichtliche Gedanken, die über das
pietistische Kreisen um das individuelle Heil hinausführten. Aber erst
Beck und Hofmann hoben sie auf wissenschaftliche Höhe.

   Der eigenwüchsige, in kein Richtungsschema passende *Joh. Tobias
Beck* verband die von Bengel über Oetinger und Hahn herkommende
schwäbische Überlieferung mit Einflüssen der idealistischen Philosophie, zumal Hegels, und mit straff-ethischer Art[91]. Ausgangspunkt
seines Denkens ist das Reich Gottes. Durchaus jenseitig verstanden,
als überweltliches System gegenständlicher himmlischer Realitäten,
wirkt es doch in die Geschichte der verlorenen Menschheit hinein,
um sie durch geistleibliche Neuschöpfung organisch-wachstümlich zur
ewigen Vollendung emporzuentwickeln. Das Geschichtliche wird dabei
stark betont, doch zugleich durch die strenge Jenseitigkeit und die
Vorliebe für Natur-Analogien[92] vereinseitigt. Die Bibel ist das Ur-

---

[91] 1804–78; 36 Prof. in Basel, 43 in Tübingen. Wissenschaftlich trat er zuerst
   hervor in Beiträgen zur Tübinger Zeitschrift f. Theol. seit 1831. Dann:
   Einleitung in d. System d. chr. Lehre oder propädeutische Entwicklung
   d. chr. Lehrwissenschaft 37 ([2]70); Chr. Lehrwissenschaft, I 41 ([2]75); Chr.
   Liebeslehre, 72. 74; nach seinem Tode wurden seine Vorlesungen herausgegeben, vor allem die über Ethik 82 f. und Glaubenslehre 86 f. – Aus
   der neueren Literatur vgl. Mn. Rade, Von Beck zu Ritschl (Aus Loofs'
   Studienzeit), Studien u. Kritiken, Jahrg. 106 (1935).
[92] Über seine starke Betonung der Natur berichtet Hm. v. d. Goltz: „Auf
   die Natur und die schöpferischen Grundordnungen in ihr verweist er

kundenbuch der Offenbarungs- und Heilsgeschichte; in ihrem Tatsachen-, Lehr- und Weissagungsgehalt zeigt sie überall den stufenmäßigen Gang der Entwicklung; sie ist insofern geschichtlich zu betrachten. Allein der geschichtliche Zug wird niemals selbständig. Er steht überall unter der Herrschaft des Strebens, die Bibel als Darstellung der ewigen himmlischen Lebenskraft zu verstehen, die der heilige Geist der Menschenwelt einpflanzt, als ein „göttliches, in stufenmäßiger, aber innerlich kohärierender Entwicklung sich abschließendes Geistes-Ganze" (Einleitung, ²S. 291), das Beck als organisches Begriffssystem erfassen möchte. Natürlich erschließt sich dieses System nicht schon einer nach allgemeinen hermeneutischen Regeln verfahrenden Auslegung, sondern erst der „pneumatischen" Exegese. Damit will Beck keineswegs erbaulichen Bedürfnissen oder willkürlicher Allegorese die Tür öffnen, sondern in wissenschaftlicher Strenge der Tatsache gerecht werden, daß der Geist es ist, der in der Bibel die seinem Schaffen entsprechende Darstellung gewirkt hat; er will jeder Aussage ihre „theokratische Beziehung" (S. 289) ausmitteln. Allein die beiden Seelen dieser Theologie, die heilsgeschichtliche und die systematisch-spekulative, fanden keine gegenseitige Durchdringung, und so blieb der strenge Biblizismus der Haupteindruck seiner Theologie. Ebensowenig kam ein anderer Gegensatz zum Ausgleich: während Beck die Bibel streng von aller sonstigen geschichtlichen Entwicklung absonderte, gab er doch grundsätzlich dem Gewissen hohe Bedeutung und konnte daher auch ehrlichen rationalistischen Moralismus als nicht fern vom Reiche Gottes positiv würdigen (Pfleiderer, Prot. Theologie, S. 189. 193). Infolge dieser Zwiespältigkeiten ging von Beck trotz starken persönlichen Einflusses kein unmittelbarer theologischer Fortschritt aus.

Vorwärts getragen wurde die offenbarungsgeschichtliche Entwicklung erst durch einige Erlanger Theologen, die in ihrem Luthertum zugleich Bestes aus dem Erbe der Erweckung und der idealistischen Theologie lebendig hielten. Vorläufer war *Harleß*[93]. Schon er gab der

fast jede Stunde" (Hm. v. d. Goltz, Lebensbild 1935, S. 31). Auch seine Sprödigkeit gegenüber dem Drängen auf Innere und Äußere Mission, auf Union und Allianz, Liturgie und Verfassung, Kirchenzucht und Bekenntnis war durch beides bedingt.

[93] 1806–79; seit 29 Prof. in Erlangen, 45 Leipzig, 50 Oberhofprediger in Dresden, 52 Oberkonsistorial-Präsident in München. Vgl. Bachmann, Neue kirchl. Zeitschrift 1906. Th. Heckel, A. H. Theologie u. Kirchenpolitik eines lutherischen Bischofs 1933. – Theol. Hauptschriften: Kom-

konfessionellen Bekenntnistreue eine gewisse theologische Offenheit, die bereit war, sich im Pflügen und Umackern auch auf „beschwerliche Neuerungen" einzulassen (Bachmann, S. 967 ff.). Doch kam er nirgends zur wissenschaftlichen Verwirklichung des theologischen Neubaus. Die Bahn brach dann *Joh. Chr. Kd. v. Hofmann*[94]. Wissenschaftlich gehörte seine eigentliche Liebe, wie die ersten Werke zeigen, der Geschichte; als er sich dennoch ganz der Theologie zuwandte, tat er es als Vorkämpfer des Geschlechts, das den Übergang von ihrer philosophischen oder dogmatischen zur geschichtlichen Begründung vollzog. Er wurde in besonderem Sinne Geschichtstheologe. Die Richtung, die er dabei im Wettbewerb der „Richtungen" einschlug, war durch die kraftvolle Selbständigkeit seines Wesens und durch die Bildungseinflüsse bestimmt, die er aufgenommen hatte. Wie die meisten Vertreter

mentar z. Epheserbrief, 1834, [2]54; Theol. Enzyklopädie, 37; Ethik, 42, [8]93; Kirche u. Amt nach luth. Lehre, 53; Die kirchl.-rel. Bedeutung d. reinen Lehre v. d. Gnadenmitteln (mit Th. Harnack), 69.

[94] 1810–77; erst in Erlangen, 42 Rostock, 45 wieder Erlangen. Er stand von Anfang an unter dem Doppeleinfluß des zur Erweckung entwickelten Spätpietismus und des zur Romantik entwickelten Deutschen Idealismus. Auf den Studenten wirkte in Erlangen vor allem die Erweckung, die am lebendigsten von dem (reformierten) Prediger Krafft vertreten war, in Berlin L. Ranke; auch von Tholuck, Beck, Nitzsch und von Schellings spekulativer Geschichtsphilosophie übernahm Hofmann wichtige Anregungen. – *Werke:* Geschichte des Aufruhrs in den Sevennen unter Ludwig XIV, 1837; Lehrbuch der Weltgeschichte für Gymnasien, 39, [2]43; Weissagung u. Erfüllung, 41, 44; Der Schriftbeweis, 2 Bde, 52–56, [2]57–60; Schutzschriften für eine neue Weise, alte Wahrheit zu lehren, 56–59; Die hlg. Schrift, zusammenhängend untersucht, seit 62 (unvollendet; das Fehlende haben Schüler, vor allem Volck, aus Vorlesungsheften soweit möglich herausgegeben. Von anderen Vorlesungen wurden posthum hrsg.: Theol. Ethik 78, Enzyklopädie d. Theologie 79). – Einige wichtige Stücke zusammengedruckt bei Joh. Haußleiter, Grundlinien d. Theologie H.s in seiner eigenen Darstellung, 10; Abschnitte der Dogmatik-Vorlesung von 1842 bei R. Wapler, Joh. v. Hofmann, 14, S. 379–96; Aufsätze s. ebd. 377 ff.; J. Wach, Das Verstehen II 1929, 357 ff. G. Weth, D. Heilsgeschichte 1931; M. Schellbach, Theologie u. Philosophie b. J. Chr. K. v. H. 1935; O. Wolff, Die Haupttypen der neueren Lutherdeutung 1938, 9 ff.; E. W. Wendebourg, D. heilsgeschichtl. Theol. J. Chr. K. v. H.s in ihrem Verhältnis zur romantischen Weltanschaug. ZThK 52 (1955); M. Keller-Hüschemenger, D. Problem d. Gewissheit b. J. Chr. K. v. H. im Rahmen der „Erlanger Schule" (Gedenkschr. f. Wr. Elert 1955) Chr. Senft, Wahrhaftigkeit und Wahrheit 1956, 87 ff. E. Hübner, Schrift u. Theol. Eine Untersuch. zr. Theol. J. Chr. v. H.s 1956.

der Erweckung wuchs er in lutherische Kirchlichkeit hinein, kämpfte aber in ihrem Rahmen für lebendige Entwicklung, gegen repristinatorische Überbetonung der Lehre und gegen neulutherische Abirrungen von der Reformation. So entstand sein Versuch „in neuer Weise alte Wahrheit zu lehren". Er wird deutlich in der *Enzyklopädie*. Hier wetteifert Hofmann mit Schleiermacher in dem Verständnis der Theologie als Ganzheit. Aber er möchte sie tiefer begründen, nämlich nicht von der Aufgabe, sondern vom Gegenstand her (S. 2). Er bedarf des Hilfsgedankens der „positiven Wissenschaft" nicht; denn Wissenschaftlichkeit hängt ihm nicht mehr an der Einheitlichkeit des spekulativ gewonnenen Begriffsgewebes, sondern, dem Wissenschaftsbegriff der neuen Zeit entsprechend, an der stoffgemäßen Methodik. Theologie ist Wissenschaft des Christentums und muß in all ihren Teilen vom Wesen des Christentums als eines selbständigen Gottesgedankens aus verstanden werden. Sein Inhalt ist: Tatbestand eines persönlichen gegenwärtigen Verhältnisses zwischen Gott und der Menschheit, das in der Person Jesu vermittelt ist; es hat zwar seinen Grund in dem ewigen Liebeswillen des dreieinigen Gottes (S. 58 ff.), wird aber nicht durch fromme Spekulation gewonnen, sondern allein durch die persönliche Gewißheit der Offenbarung Gottes in dem geschichtlichen Christus Jesus. Es verwirklicht sich auf dem Boden der sündigen Menschheitsgeschichte durch die Heilsgeschichte, deren „Mitte" eben Jesus, deren Ziel die Wiederherstellung des Schöpfungsverhältnisses zwischen Gott und der Menschheit ist.

Auf zwei Wegen schreitet nun die theologische Wissenschaft vorwärts, auf dem systematischen und dem historischen. Der systematische besteht in der „wissenschaftlichen Selbsterkenntnis und Selbstaussage des Christen", der historische in der Erforschung „der geschichtlichen Entwicklung der Kirche und des Gesamtsinnes der hlg. Schrift" (S. 29). Keine der beiden Tätigkeiten soll von der anderen abhängen; im Gegenteil, gerade daß jede selbständig ihre Ergebnisse gewinnt, ermöglicht es, daß sie sich gegenseitig Kontrolle und Probe werden. Auch der praktischen Theologie widmet Hofmann große Aufmerksamkeit. Sie bearbeitet die Ausübung der theologischen Erkenntnis, übernimmt daher auch deren Gesichtspunkte. So handelt es sich tatsächlich in dieser Theologie – wenigstens der Absicht nach – um eine allseitige wissenschaftliche Selbstbesinnung des Christentums. Allerdings spüren wir überall die Kehrseite des Übergangs von der philosophischen zur historischen Zeit: Die Nachlässigkeit in der Klärung des Erkenntnisverfahrens und der Begriffe. Sowohl bei dem Verhältnis der systematischen und der historischen Theologie als auch bei den wichtigsten Einzelpunkten („Geschichte", „Tatbestand", „Entwicklung", „Organismus", „Erfahrung", „Gewißheit") fehlt die scharfe Durchdenkung; weder ihre Fruchtbarkeit noch ihre Gefahr wird klar herausgearbeitet.

Grundsätzlich voran steht die *systematische* Theologie. Sie geht weder von der Philosophie aus (Rationalismus, Idealismus) noch von Bibel oder Bekenntnisschriften (Supranaturalismus), sondern von dem „gegenwärtigen Christus, der dann sich selbst, den historischen Christus, zu seiner Voraussetzung hat, auf diese historische Voraussetzung seiner Gegenwart zurückweist" (S. 28). Auch der berühmte Satz, daß „ich der Christ mir dem Theologen eigenster Stoff meiner Wissenschaft bin" (Schriftbeweis, I², S. 10), ist nur in diesem Zusammenhang verständlich. Er steht insoweit parallel zu Schleiermachers Ausgang vom frommen Bewußtsein, als auch er in der Betonung der Gegenwärtigkeit der Sache, der wissenschaftlichen Selbständigkeit der Theologie und der methodischen Heranziehung des Erlebens pietistisches und idealistisches Erbe verbindet. Der Unterschied von Schleiermacher ist vor allem zweifach. Hofmann überwindet einerseits eine Schranke Schleiermachers, indem er schon im Ansatz den Gottesgedanken, also die objektive Seite des persönlichen Glaubens, deutlicher hervortreten läßt und so das Vonobenher, das Gegenüber des Glaubens bestimmter ausprägt. Andrerseits fällt er hinter Schleiermacher zurück. Denn indem er jenen „Tatbestand" auf die Wiedergeburt hinausspielt, verengt er die Grundlage der systematischen Theologie, bürdet ihr überdies mit Hilfe des Entwicklungs- und Organismus-Gedankens eine Last auf, die sie nicht tragen kann. Findet er wirklich, wie er meint „in der Tatsache der Wiedergeburt die ganze heilige Geschichte ihren wesentlichen Begebnissen nach zusammenbeschlossen, und kann Anfang und Fortschritt derselben aus jenem vorläufigen Abschlusse derselben herstellen"? (Selbstanzeige, s. Haußleiter, S. 2) Und läßt sich wirklich das „dieser Geschichte immer gleichermaßen zugrunde liegende Ewige" (Schriftbeweis, I², S. 28), d. h. der „geschichtliche Selbstvollzug" der Dreieinigkeit (S. 45), daraus ablesen? Wird nicht überhaupt die „Wiedergeburt" zu unbekümmert als „Tatbestand" gewertet, obwohl sie doch immer erst dadurch wirklich wird, daß der Glaube von ihr hinweg auf die „Mitte" der Heilsgeschichte, d. h. auf die Offenbarung Gottes in Jesus Christus blickt? Hätte Hofmann statt des knappen „Lehrganzen", das er am Anfang des „Schriftbeweises" als das zu Beweisende gibt, eine wirkliche Dogmatik geschrieben, so wären diese Schwierigkeiten ihm stärker zum Bewußtsein gekommen. Allein sein Entwurf übertraf auch so, wie er war, alle andere systematische Theologie der Jahrhundertmitte durch die geschichtliche Lebendigkeit der Auffassung; hier waren Offenbarung, Geschichte, Erfahrung wirklich in innere Verbindung gebracht.

Von der *historischen* Theologie hat Hofmann die Kirchen- und Dogmengeschichte[95] nur eben im Rahmen der Enzyklopädie behandelt. Die kurze Skizze ist vor allem insofern lehrreich, als sie ihn keineswegs als Vertreter der Dogmenkreis-Lehre zeigt; er steht den Dogmen geschichtlicher, d. h. auch kritischer gegenüber. Seine Hauptarbeit gilt, wie schon die Büchertitel andeuten, der Bibel. Auch da geht er völlig selbständig zu Werke. Der historischen Kritik bringt er keinerlei Verständnis entgegen; nur die philologischen Leistungen der kritischen Theologen (Enzyklopädie, S. 135) würdigt er positiv. Aber auch von den Repristinatoren weiß er sich geschieden. Nur an das Bibelverständnis der Bengel-Beckschen Linie und an die Erweckungshermeneutik knüpft er an. Die Bibel ist ihm nicht ein „Lehrbuch sogenannter Wahrheiten" (Schriftbeweis, I², S. 25); sie ist ihm überhaupt nicht als isoliertes Buch inspiriert, sondern als das literarische Denkmal der heiligen Geschichte. Ihre Inspiration ist nicht formal-apriorisch zu zeigen, sondern inhaltlich, indem für jedes Wort und jede berichtete Tat die notwendige Stelle im Gesamtgang der heilsgeschichtlichen Entwicklung aufgewiesen wird. So versucht Hofmann die mechanische Inspirationslehre und Schriftbehandlung der Restaurations-Theologie von innen her, durch glaubende Beziehung auf den Inhalt der Bibel, zu überwinden. Das Größte dabei ist das Drängen vom einzelnen zum Ganzen, und zwar nicht wie bei Beck überwiegend zu einem denkhaft-systematischen, sondern zu einem organisch-geschichtlichen Ganzen. Es ermöglicht ihm, dem Alten Testament starke positive Bedeutung zu geben und es doch vom Neuen zu unterscheiden. Dabei vertieft und weitet er den Begriff der Weissagung: sie ist nicht „Vorhersagung" wie bei Hengstenberg, sondern trägt selbst „den Keim der Zukunft in sich und stellt sie des-

---

[95] Zuweilen weist er sogar über sie hinaus, in die allgemeine Religionsgeschichte hinein. So wenn er in den vorchristlichen heidnischen Mythen unbewußte Zusammenhänge mit Christus findet: „Der Sohn ist auch dort, wo ihn die Welt noch nicht gegenwärtig kannte, sondern nur heidnisch ahnte oder israelitisch voraushoffte, der vom Vater in der Welt gewollte, gewirkte, gewußte" (Weissagung u. Erf., I 40).

halb im voraus dar". Alles Gotteswirken in der Geschichte ist Weissagung; die ganze hlg. Geschichte wird „in allen ihren wesentlichen
Fortschritten Weissagung auf das schließliche, ewig bleibende Verhältnis zwischen Gott und den Menschen"[96]. Jesus Christus ist als das
Haupt der neuen Menschheit der Anfang der Erfüllung, aber erst mit
den nachgeborenen Brüdern zusammen die Verwirklichung der vollkommenen Gottesgemeinschaft[97]. So gibt die Überwindung der überlieferten Schriftbehandlung Raum für „theologisches" Verständnis; mit
höchstem Scharfsinn führt Hofmann es in seinem Bibelwerk durch,
macht es freilich zugleich teils durch überspitzende Gewaltsamkeit teils
durch Verständnislosigkeit gegenüber der historischen Kritik unfruchtbar für die biblischen Wissenschaften.

Die echt theologische Behandlung der Bibel zeigt, wie stark tatsächlich in seiner Theologie die systematische und die historische Arbeit
sich gegenseitig befruchten. Der ganze „Schriftbeweis" ist die Probe auf
die Übereinstimmung des aus der Tatsache der Wiedergeburt entfalteten Lehrganzen mit der Bibel. Hofmann ist tapfer genug, die Folgerungen auch nach der kritischen Seite hin gerade im Mittelpunkt des
Luthertums, bei der *Versöhnungslehre,* deutlich zu machen. Ein stell-
vertretendes Strafleiden Christi scheint ihm weder sachlich richtig noch
schrift- oder bekenntnisgemäß. Es handelt sich vielmehr darum, daß
Christus das durch die Sünde gestörte Verhältnis zwischen Gott und
Mensch sühnend wiederherstellt, indem er seine Gemeinschaft mit dem
Vater bis in den Tod bewährt, die Ungerechtigkeit des alten durch die
Gerechtigkeit des neuen Lebensstandes überbietet und eine gottgefäl-
lige Menschheit schafft. So gibt Hofmann, von der Heilserfahrung aus-
gehend, dem Verständnis des Werkes Jesu eine innergeschichtliche, das
Äußerlich-Forensische durch das Innerlich-Ethische überwindende
Wendung; vor Historisierung und Psychologisierung bewahrt er sie
durch innertrinitarische Verankerung.

Wir stehen hier vor dem weitaus bedeutendsten Versuch der lutherischen Restaurationstheologie, alle bloße Repristination zu durchbrechen und das freie Feld einer wirklichen, auf geschichtliche Offenbarung
bezogenen Glaubenstheologie zu gewinnen. Er bewies, daß die neu
vollzogene innere Sättigung mit dem Vätererbe vom bloßen Luthertum
zu Luther drängte, zur Problematik von Glaube und Geschichte, zu

---

[96] Allerdings verschwindet dabei das Faktische hinter dem Symbolischen,
Typischen, Prophetischen.
[97] Vgl. den Brief von 1836, bei Frank-Grützmacher (LÜ 2 b), S. 268.

neuer Verlebendigung von Bibel und Dogma für die gegenwärtige Gott- und Christusbezogenheit. Er bewies aber durch sein Schicksal zugleich, wie schwer es war, die rasch erstarrte Front der Restauration von innen her aufzulösen und dadurch die restaurative Bewegung zum dienenden Glied der kirchlich-theologischen Gesamtentwicklung zu machen. Von den vielen Mitkämpfern der Bewegung konnten, obwohl man ihm meist persönlich und kirchlich das Vertrauen bewahrte, nur ganz wenige ihm folgen. Vor allem die Hengstenbergianer und die Mecklenburger (Philippi, Kliefoth, Dieckhoff) bekämpften ihn, auch durch die politische Sonderstellung Hofmanns[98] geschreckt, aufs schärfste. Aber selbst die Erlanger Kollegen Thomasius und Theod. Harnack kamen nur zu einem höheren Grade des Verständnisses in der Ablehnung oder wie Schmid zu einer gewissen Vermittlung. Auch Hofmanns vier „Schutzschriften" überzeugten die Gegner nicht. Daher blieb sogar *sein* Vorstoß fast ohne unmittelbaren Erfolg. Er war auch abgesehen von der Unbelehrbarkeit der rein repristinatorischen und der neulutherischen Theologie zu sehr durch individuelle Einseitigkeiten, sowie durch die enge Verbindung mit der restaurativen Kirchlichkeit, durch Nachwirkungen des Pietismus und der romantischen wie idealistischen Geschichtsphilosophie belastet, um eine rasche theologische Neugestaltung herbeiführen zu können. Aus dem Ineinander dieser Belastungen entsprang vor allem die eine Schwäche, daß weder sein Kampf gegen die Einmischung profaner (philosophischer und historisch-kritischer) Methoden in die Theologie noch seine eigene theologische Verwertung profaner Begriffe (Entwicklung, Geschichte, Organismus, Erfahrung u. a.) mit voller Bewußtheit der Tragweite geschah. Über seine Verbindung universaler, lebendiger Weite mit streng biblisch-kirchlicher Haltung lag etwas von Zufälligkeit und individueller Willkür – wohl auch der Hauptgrund dafür, daß er den doch weithin parallel gerichteten Anliegen der freien und der Vermittlungstheologie keinerlei Verständnis entgegenbrachte. Das schmerzliche Ergebnis war, daß er weder die kritische und die positive Linie der historischen, noch die intensive und die extensive Linie der systematischen Selbstbesinnung zur Einheit einer wahrhaft neuen Theologie emporführen konnte. Dennoch war der Eindruck seiner Gedanken und seiner ganzen theologischen Persönlichkeit so bedeutend, daß er weit-

---

[98] Während das Luthertum sich fast überall eng mit dem politischen Konservatismus verband, gehörte er zu den Führern der bayerischen Fortschrittspartei.

hin mittelbar auf das große Ziel hinwirkte. Vor allem hob er die neue
Jugend der restaurativen Theologie, indem er ihr die Gesetzlichkeit,
die bloße Repristination und die mechanische Schriftbenutzung ver-
wehrte, in dem Verhältnis ihres Glaubens zur Geschichte von vornherein auf eine höhere Ebene[99]; und auch andere Richtungen ließen sich
von ihm befruchten. So hat er von dem guten Erbe der Spätpietisten
und Erweckungstheologen Wichtiges zum unverlierbaren Besitz der
wissenschaftlich-theologischen Entwicklung gemacht[100]. Während die
restaurative Theologie sonst nur auf kirchen- und dogmengeschicht-
lichem Gebiet fortwirkende wissenschaftliche Leistungen aufzuweisen
hat, ist Hofmann für den tieferen Blick als theologische Gesamtgestalt
lebendig geblieben.

7. Die Vermittlungstheologie

Die zahlreichen hier zu nennenden Männer einheitlich zusammenzufassen, nötigt weder Gleichheit der wissenschaftlichen Methode noch
Stärke des inhaltlichen Gemeinguts, sondern lediglich die im Namen
der Gruppe ausgedrückte allgemeine Neigung[101]. Formuliert wurde sie
bereits in dem Programm der „Theol. Studien u. Kritiken" 1827: die
Herausgeber werden die sammeln, die mit ihnen der Meinung sind,
daß es in keiner Zeit, am wenigsten aber in dieser, „der wahren Vermittlungen zu viel geben könne"; sie wollen darum kämpfen, daß
schlichter biblischer Glaube und die Gottesgabe des wissenschaftlichen

---

[99] Die Auswirkung dieser inneren Freiheit ging freilich sogar bei seinen
unmittelbaren Schülern nur ganz langsam vonstatten. Vgl. Th. Zahn und
Luthardt.

[100] Von jüngeren offenbarungsgeschichtlichen Theologen ist vor allem der
Schwabe *K. A. Auberlen* zu nennen *(1824–64; Prof. in Basel; Über d.
Theosophie Oetingers, 1847 (mit Vorwort R. Rothes!); Der Prophet
Daniel u. d. Offenbarung Johannis, 54; Die göttl. Offenbarung, 61. 64,
unvollendet).* Er vereinigte von Bengel her den Jenseitsrealismus Becks
mit der geschichtlichen Wendung Hofmanns, strebte aber zugleich von
Oetinger und Rothe her nach einer philosophia sacra, in der Christus
kosmisch-metaphysische Bedeutung erhielt. Zur Auswirkung ist er infolge
seines frühen Todes nicht gekommen. – Über ihn vgl. besonders Weth
a. a. O., gegen seine Eschatologie bes. P. Althaus, Die letzten Dinge
1922 964.

[101] Für die Klangfarbe des Begriffs „Vermittlung" ist die Rolle zu beachten,
die er bei Hegel spielt. Vgl. auch das Zitat aus Sack bei Elert (LÜ 3) S. 96.

Geistes sich gegenseitig durchdringen, so daß auf der einen Seite die Knechtschaft des Buchstabens, auf der anderen die „Ungebundenheit und Gesetzlichkeit schwärmerischen Geistes" überwunden wird. Hier sollten wirklich die Kräfte des Deutschen Idealismus, der Erweckung und der alten Überlieferung, im besonderen auch die Anregungen aller neuen theologischen Ansätze miteinander verbunden werden[102]. Schleiermacher, die Erweckung und ein spekulativer Zug waren bei den meisten von ihnen die bestimmenden Größen, und der Verleger Perthes verstärkte kraft seiner sachlichen Anteilnahme gegenüber den rein wissenschaftlichen Interessen die Linie der Erweckung[103].

Das Programm war so weit ausgespannt wie Schleiermachers Denken. Und jede auch nur annähernde Verwirklichung bedurfte einer geistigen Kraft, die der Schleiermachers ebenbürtig war. Solche Kraft aber fehlte, und so blieb man hinter dem Ziel ungleich weiter als das große Vorbild zurück. Was man suchte, war nicht Überwindung der Gegensätze von einer neuen höheren Einheit aus, sondern eben nur Vermittlung; die Personalunion der theologischen Motive vermochte keine Realunion zu gestalten, sondern wurde zum Eklektizismus. Die Vermittlungstheologen waren den einseitigen Bewegungen an Spannweite des Erlebens, des Blicks und des Denkens überlegen, stellten ihrer Theologie daher das höchste Ziel: aber da ihre Formkraft der Höhe des Zieles nicht entsprach, hatten sie das tragische Schicksal der bloßen Vermittler: sie erschienen denen, die das Ziel nicht verstanden, als unklar und schwankend. Durch ihre Neigung zur Union zogen sie vollends den Zorn der entschiedenen Lutheraner auf sich.

Bezeichnend ist die große Anzahl derer, die mit ihrem ganzen Interesse weniger auf innere Klärung der Lage als auf den Kampf gegen äußere Feinde (Apologetik, Polemik) und auf Historisches gerichtet waren. Auch die Hauptherausgeber der „Stud. u. Krit." gehören hier-

---

[102] Dem Programm entsprach die Zusammenstellung der Herausgeber: wenn Ullmann, Umbreit, Gieseler, Lücke, Nitzsch zusammentraten (spätere Ersatzmänner waren Rothe, J. Müller, Hundeshagen, Riehm), so zeigte das nicht nur die Berücksichtigung aller theologischen Gebiete, sondern auch die Anknüpfung an die verschiedensten Einstellungen. *Ragnar Holte,* Die Vermittlungtheologie. Ihre theol. Grundbegriffe krit. untersucht (Acta Universitatis Upsaliensis – Studia Doctrinae Christianae Upsaliensis 3) 1965 dazu Karl Gerhard Steck, Theol. Revue 65 (1969), Sp. 57–60.

[103] Vgl. Kattenbusch, Hundert Jahre „Studien u. Kritiken", ebd. Jahrgang. 1927.

her: *Ullmann*[104] und *K. Umbreit* (1795–1860; Prof. in Heidelberg; s. oben Nr. 3 b). Ferner zwei besonders stark am Ethischen orientierte Männer: der Exeget und Systematiker *Rückert*[105] und der Systematiker *Schenkel*[106]; außerdem viele von den historischen Theologen, zu denen sich bereits bedeutende Vertreter der jüngeren Generation gesellten wie *Wil. Beyschlag, Jul. Köstlin, Ed. Riehm*. Theologisch einflußreicher aber waren die Männer, die je eine der drei Hauptlinien des farbenreichen Gewebes charakteristisch vertraten.

a) Die Schöpfer der *Erweckungstheologie* wirkten sich erst in dem neuen Entwicklungsabschnitt völlig aus. Neander und Tholuck blieben Mitkämpfer gegenüber der freien Theologie und den Feinden des Christentums wie auch gegenüber dem Konfessionalismus, der ihnen so viel verdankte, aber rasch über sie hinwegschritt. Ihren Einfluß verstärkte vor allem ein Mann, der früh durch Tholuck gewonnen worden war: *Julius Müller*[107]. Sein Hauptwerk behandelte das Thema, das von Tholuck an für die Erweckung bestimmend war, erstmals wissenschaftlich, mit großer Gelehrsamkeit und vielem Scharfsinn. Auch hier wollte er den Pantheismus bekämpfen, der auf den praktischen Gebieten des Lebens seine Konsequenzen zieht, indem er den festen Unterschied von Gut und Böse „in den dialektischen Fluß der sog. konkreten Sittlichkeit" auflöst; aber er wollte darüber hinaus nach der aufklärerisch-idealistischen Erweichung den ganzen Ernst des Bösen dogmatisch wieder zum Bewußtsein bringen und hat dieses Ziel zweifellos erreicht

[104] *K. Ullmann,* 1796–1865; Prof. in Halle und Heidelberg; s. oben Nr. 3 b; gegen Strauß: Historisch oder Mythisch? 38; gegen Feuerbach: Das Wesen d. Christentums 45, [5]65; „Die Sündlosigkeit Jesu" 28 in Studien u. Kritiken, dann als Buch [7]63.

[105] *Lp. Imm. Rückert,* 1797–1871, Prof. in Jena. Chr. Philosophie oder Phil. Gesch. u. Bibel nach ihren wahren Beziehungen zueinander, 1825; Paulus-Kommentare (Röm., Gal., Eph., Kor.) 31–39; Theologie 51; Das Abendmahl, sein Wesen u. s. Gesch. in d. alten Kirche 56; Der Rationalismus 59.

[106] *Daniel Schenkel,* 1813–85; Prof. in Heidelberg 51. Das Wesen d. Prot. 46–51; Die chr. Dogmatik v. Standpunkt d. Gewissens 58; Schleiermachers Leben 68; Charakterbild Jesu 64 ([4]73); Die Grundlehren d. Christentums aus d. Bewußtsein des Glaubens dargestellt 77.

[107] 1801–78; Prof. in Marburg, 39 Halle. Er trat einerseits gegen die Vermischung des Christentums mit spekulativer Philosophie und Pantheismus, anderseits für die Union in die Schranken (Die Union, ihr Wesen u. ihr göttl. Recht, 54) wurde aber früh durch Krankheit gelähmt. Seinen Hauptruhm erwarb er durch die Monographie „Chr. Lehre v. d. Sünde", 2 Bde, 38. 44 ([6]77, Neudruck 89). Außerdem Dogmatische Abhandlungen, 1870.

Freilich das Mittel, das er dafür einsetzte, war selbst durch Spekulation bedingt. Um in der Sünde das Moment der Freiheit und der Schuld aufrecht zu halten, verankerte er sie – Kants Gedanken von der intelligiblen Freiheit spekulativ weiterbildend – in einer jenseits unseres zeitlichen Daseins vollzogenen Selbstentscheidung jedes einzelnen, die sich in seinem irdischen Zustand primär als Selbstsucht ausdrückt, aber auch die Sinnlichkeit zur Folge hat. Diese Lehre verlockte nicht nur zu mythologischen Gedanken über das jenseitig-vorirdische Leben, die von dem existentiellen Ernst der wirklichen Sünde ablenken mußten, sondern sie krankte auch an der individualistischen Betrachtung der Sünde, die man mit Recht der Aufklärung und dem Pietismus vorwarf, und die schwer mit der überlieferten Erbsündenlehre auszugleichen war. Darum fand das Werk Müllers, so dankbar man sich immer wieder von ihm anregen ließ, doch keine eigentliche Gefolgschaft.

Sofern die Erweckungstheologie wesentlich *biblisch* gerichtet war, sind in Verbindung mit ihr am besten solche Theologen zu nennen, die in den Mittelpunkt ihrer gesamten Theologie die Bibel stellten. Ihr bedeutendster Vertreter war *Beck*, der schon als heilsgeschichtlicher Theologe zur Geltung gekommen ist (Nr. 6 c). Wie er so bereicherte *Lange*[108] den Biblizismus durch Spekulation, freilich ohne die notwendige strenge Zucht des Denkens. Der Württemberger *Geß*[109] schloß sich der kenotischen Christologie an, gab ihr aber besonders starke biblische Züge (Nr. 6 b).

b) In der älteren Generation der *Schleiermacher* nahestehenden Theologen war der wirksamste *C. Imm. Nitzsch*[110]. Für seine Stellung

---

[108] *Joh. Peter Lange,* 1802–84; Prof. in Zürich 41, Bonn 54; Leben Jesu 44–47; Chr. Dogmatik 49–52, ²70; Bibelwerk 56 ff.

[109] *Wg. Fr. Geß,* 1819–91; 1850 Lehrer am Basler Missionshaus, 1864 Prof. in Göttingen u. 1871 Breslau, 1880 Generalsuperintendent zu Posen; Lehre v. d. Person Christi 56; völlig neu in 3 Abteilungen: Christi Selbstzeugnis 70; Das apost. Zeugnis v. Christi Person u. Werk 78 f.; Das Dogma v. Christi Person u. Werk 87.

[110] 1787–1868; erst in Wittenberg, 1822 Prof. in Bonn, 47 Berlin. Durch seinen Vater Karl Ludwig N. zu einem kantisch geläuterten Supranaturalismus erzogen, überwand er diesen unter dem Eindruck des Deutschen Idealismus, vor allem Schleiermachers, behielt aber von seiner Entwicklung her weitgehende Selbständigkeit. Sie prägte sich darin aus, daß er die neuen Anregungen einerseits ethisch, anderseits supranaturalistisch deutete und dadurch von vornherein engen Zusammenhang wie mit der Erweckung so mit der restaurativen Wendung gewann. Seine starke kirchenpolitische Tätigkeit, auch seine

zu den theologischen Zeitfragen ist bezeichnend, daß er Schleiermachers Religionsbegriff in richtigem Verständnis seiner Gefühlslehre
übernimmt, aber darin nicht nur dem Ethischen, sondern auch dem
„Gnostischen" (der wirklichen Erkenntnis) Raum zu schaffen versucht.
Bei der Offenbarung betont er neben der Ursprünglichkeit die
Geschichtlichkeit, Lebendigkeit, Allmählichkeit; er sagt hier viel Treff-
liches, sieht aber – im Banne seines ursprünglichen Supranaturalismus
– weder die durch den Deutschen Idealismus aufgegrabenen Tiefen
noch die durch die radikale historische Kritik entstandenen Schwierigkeiten in ihrer vollen Bedeutung, nimmt auch keine Fühlung mit den
offenbarungsgeschichtlichen Bestrebungen. Das Ergebnis zeigt sich in
der Heilslehre bei der Christologie. Er findet trotz der starken
Erweiterung der späteren Auflagen keine Ansatzpunkte, um mehr als
eine Verweisung auf die schlichten vornicänischen Aussagen zu geben;
auch zu den kenotischen und Dornerschen Theorien äußert er sich nur
ganz allgemein und unverbindlich ([6]S. 263). Die Zentralstellung des
rechtfertigenden Glaubens kommt nicht zum Ausdruck; doch rühmt
Nitzsch Luthers „einfachen Gedanken", daß die christliche Lehre eine
Lehre vom Glauben (Sünde-Gnade) und eine Lehre von der Liebe sei
(Dienst-Geduld). Neue Wege führte also Nitzsch auf systematischem
Gebiet nirgend; er leistete wirklich nur – aber auf hoher Ebene – den
Dienst der Vermittlung. Anders dagegen in der praktischen Theologie,
seinem zweiten Hauptgebiet. Auch hier setzte er das Werk Schleiermachers fort, vor allem indem er die Aufgabe der praktischen Theologie im Zusammenhang der allgemein-theologischen Aufgabe erfaßte
und dabei den innerkirchlichen Gesichtspunkt mit dem der Kultur-
zusammenhänge, auch dem der Verantwortung der Kirche für die Welt
verband. In Einzelpunkten ging er über Schleiermacher hinaus; so
wenn er alle kirchlichen Tätigkeiten aus dem Wesen der Kirche
ableitete und wenn er die Nöte der Zeit, z. B. die sozialen, deutlicher
sah. Sein Werk wurde grundlegend für die weitere Entwicklung des
Faches.

Begründung der „Konsensus-Union" und seine Ordinationsformel von
1846 („Nitzschänum"), ist in ihrem Wert umstritten, seiner christlichen
Persönlichkeit aber zollten auch die Gegner hohe Achtung. Theologisch
am wichtigsten: „System der chr. Lehre" (29, [6]51), durch Knappheit,
schlicht-biblische Einfachheit der Hauptsätze und enge Verwebung des
ethischen mit dem dogmatischen Stoff ausgezeichnet; ferner Observa-
tiones ad theologicam pract. felicius excolendam 31; Prakt. Theologie
47–67, [2]seit 59.

Die von Schleiermacher geforderte „Philosophische Theologie"
suchte sein Schüler *K. H. Sack* (1789–1875; Prof. in Bonn 1818–47,
dann Konsistorialrat in Magdeburg) wissenschaftlich zu verwirklichen.
Aber er veränderte dabei ihre Art vom Formalen zum Inhaltlichen, von
der wissenschaftlichen Anknüpfung zur Begründung. Die Apologetik
(29, [2] 41) wurde ihm die Lehre „von dem Grund der chr. Religion als
einer göttlichen Tatsache", die Polemik (38) die Lehre von der Widerlegung der Glauben und Kirche gefährdenden Irrtümer. Auch das war
zugleich Anschluß an den Meister und Verkennung seiner eigentlichen
Meinung. Vor allem verband die Apologetik im Wahrheitsbeweis des
Christentums Glauben und Philosophie in einer Weise miteinander, die
für Schleiermacher unmöglich gewesen wäre.

Nach seiten der biblischen Wissenschaften wurde Schleiermachers
Ansatz in ähnlichem Geiste vor allem durch Lücke und Bleek vermitt-
lungstheologisch weitergeführt – und abgebogen. *Friedr. Lücke*[111]
hatte schon früh die Hermeneutik Schleiermachers dadurch ergänzt,
daß er dem inhaltlich-religiösen Interesse an der Schriftauslegung
Raum zu schaffen versuchte. Wie hier so war er auch im kirchlichen
Leben Bahnbereiter für die Anliegen der Erweckung. Er zerbrach zuletzt
daran, daß die Geister, die zu rufen er geholfen hatte, sich in ihrer
restaurativen Entwicklung gegen sein Vermittlungsstreben wandten.
Friedr. Bleek[112] stand ihm in allem nahe. In starken Abmilderungen
hielten seine „Einleitungen" Wichtiges aus der kritischen Arbeit gegenüber den herrschenden Strömungen aufrecht.

Die Spannweite der systematischen Anregungen Schleiermachers
wurde am deutlichsten an dem Gegensatz von zwei Schülern, die auch
verschiedenen Generationen und Kirchen angehören: Twesten und
Schweizer. Der Holsteiner *Aug. D. Chr. Twesten*[113] nahm zu Schleier-

---

[111] 1787–1855; Prof. in Bonn 1818, Göttingen 27; Hermeneutik s. oben II 5:
Kommentar über d. Schriften d. Evangelisten Johannes, 3 Bde 1820–25,
[3] 40–56; Einleitung in d. Offenbarung Joh. u. d. gesamte apokalypt. Literatur 32, [2] 52.

[112] 1793–1859; erst in Berlin, 29 Prof. in Bonn. Kommentar zum Hebräerbrief 28–40; „Beiträge z. Evangelienkritik" 46, vor allem die aus Vorlesungen veröffentlichten Einleitungen in d. Alte (60, [6] 93) u. in d. Neue
Testament (62, [4] 86).

[113] 1789–1876; Prof. in Kiel 1814, in Berlin Nachfolger Schleiermachers 35,
einer der ersten unter seinen Berliner Schülern. Vorlesungen über d.
Dogmatik d. ev.-luth. Kirche, I 26 ([4] 38; Prinzipienlehre), II 1. Abt. 38
(Gotteslehre).

macher von vornherein doppelseitig Stellung. Er schrieb ihm (Heinrici,
Twesten 1889 385 f.): „Wir gehen Ihnen nach, suchen den Weg breiter
zu machen und mehr Begleiter heranzuziehen ... und dadurch etwas
zu einer der evangelischen Kirche wohltätigen Regeneration der Theologie beizutragen". Aber er fügte hinzu: „Ich halte es für unmöglich,
so sehr von allem aus der Erkenntnis genommenen Gehalt der Dogmen
zu abstrahieren und sie so ganz und gar auf das Gefühl allein zu
reduzieren, wie Sie im ersten Teile der Dogmatik ... tun" (vgl. ebd.
373. 379 über Schöpfung und Sünde). Er bekennt, durch ihn von der
bloßen Philosophie zu Offenbarung und Kirchenglauben geführt worden zu sein, und sieht doch, „daß Schleiermacher nicht da steht, wo
Luther stand" (ebd. 301). Freilich, wo Luther wirklich stand, untersuchte auch er selbst nicht; die Abneigung gegen alle Kritik ließ ihn zu
solchen Fragen nicht kommen und nahm so seiner Theologie den Nachdruck. Die Schwierigkeiten, in die er durch seine Doppelverbindung
einerseits mit Schleiermacher, andererseits mit der kirchlichen Überlieferung geriet, empfand er selbst gerade als philosophisch Geschulter,
auf Klarheit dringender Kopf überaus stark. Sie wirkte in Verbindung
mit einem großen kirchlichen Pflichtenkreis dahin, daß sein Hauptwerk
Torso blieb. Er will mit Schleiermacher festhalten, „daß es nicht
gewisse Formeln der Lehre, nicht gewisse Normen des Handelns sind,
welche das Wesen des Christentums ausmachen, sondern das vom hlg.
Geist in unserm Gemüt erweckte innere Leben, aus welchem Glaube
und Gesinnung sich mit Notwendigkeit entwickeln"; aber er will
nicht wie Schleiermacher von dem inneren Leben zu den Lehrbestimmungen führen, sondern umgekehrt von dem gegebenen Stoffe der
in der Kirche vorhandenen Lehrbestimmungen auf den tieferen Grund
derselben" zurückgehen (Vorrede zu II 1, S XVII). Daß er auch
inhaltlich von Schleiermachers Theologie abweicht, sieht er wohl,
schwächt es aber durch möglichst traditionalistische Deutung und
Hinweis auf Schleiermachers reformierte Herkunft ab. Er weiß sich
mit dem Meister stets darin eins, daß er einen Geist vertreten will,
„der, ungebunden durch Menschenwahn und Menschensatzungen, im
Worte Gottes die volle Wahrheit und die rechte Freiheit findet"
(Widmung des II. T. an Neander). Freilich das war Programm – und
wie es zu verwirklichen sei, das konnte Twesten nicht zeigen[114].

[114] Auch die doch wohl von ihm formulierte Lehre von den *beiden Prinzipien
des Protestantismus* (Rechtfertigung durch den Glauben allein und
alleinige Autorität der hlg. Schrift) vermochte er nicht klar durchzuführ-

Ganz anders verstand der Schweizer *Alexander Schweizer*[115] den gemeinsamen Lehrer. Woran ihm zunächst lag, zeigte das starke Eingehen seiner beiden ersten Hauptwerke auf die Lehrgeschichte. Sie erwiesen ihn als ausgezeichneten Dogmenhistoriker und standen doch ganz im Dienst der systematischen Besinnung. Diese selbst wurde erst in dem 3. Werke durchgeführt. Mit Hilfe geschichtlicher Vertiefung suchte Schweizer die theologischen Urmotive Schleiermachers wieder aufzunehmen, vor allem das tiefe Verständnis ihrer Kirchlichkeit und ihrer Geschichtlichkeit. Nicht äußerlich das christliche Bewußtsein mit der kirchlichen Überlieferung auszugleichen ist sein Ziel, sondern beides von vornherein als Einheit aufzuweisen: der Glaube der lebendigen Kirche erwächst aus ihrer gesamten geschichtlichen Erfahrung und ist doch dem frommen Bewußtsein erlebte Gegenwart. Gerade auch die Bibel- und Dogmenkritik dient diesem Ineinander von Geschichte und Gegenwart, von Kirche und persönlichem Glauben; Objektivität und Subjektivität tragen sich gegenseitig. Schweizer sah die Spannungen, die hier entstehen können, deutlicher als Schleiermacher und wurde ihnen daher auch in der Einheit besser gerecht. Während Nitzsch und Twesten sie durch äußerliches Verfahren vergrößerten, führte er in ihrer Überwindung ein gutes Stück vorwärts, sprengte also hier bis zu einem gewissen Grade die Schranken bloßer Vermittlungstheologie. Daher gewann er mannigfache gute Erkenntnisse. Fruchtbar erwies sich z. B. seine Lehre über das Verhältnis der beiden protestantischen Konfessionen zum Katholizismus: das Luthertum protestiert gegen seinen judaistischen, das Reformiertentum gegen seinen paganistischen Irrtum; daher ist das Materialprinzip dort der alleinseligmachende Glaube, hier die alleinige Abhängigkeit von Gott, der Kampf gegen alle Kreaturvergötzung. In der Durchführung wurde Schweizer dem Luthertum nicht gerecht, sein Leitgedanke selbst aber war treffender als die gleichzeitige Lehre vom Luthertum als der Mitte der Konfessionen. Nicht glücklich war dagegen sein Versuch, die subjektivistische Gefahr des Schleiermacherschen Religionsbegriffs

---

ren; vgl. A. Ritschl, Aufsätze I 1893, S. 234 ff., dazu O. Ritschl, Dogmengesch. d. Prot., I 1908, 42 ff.

[115] 1808–88; Prof. in Zürich. Glaubenslehre von 44. 47 s. oben Nr. 5 a; Die prot. Zentraldogmen in ihrer Entwicklung innerhalb d. ref. Kirche (54. 56); Die chr. Glaubenslehre nach prot. Grundsätzen, 2 Bde 63–69, ²77; Über Begriff u. Einteilung d. Prakt. Theologie 36; Homiletik d. evang.-prot. Kirche 48.

dadurch zu überwinden, daß er den Ausgang vom Gefühl durch den Rückgriff auf die Idee der Religion ergänzte und so einen bestimmteren Wahrheitsmaßstab für die Inhalte der Glaubenslehre gewinnen wollte. Die damit vollzogene Verstärkung des spekulativen Einschlags rächte sich mannigfach; z. B. in der Einordnung des Christentums in die Religionsgeschichte (Verwirklichung der Idee der Religion) und der unsicheren Stellung der Person Christi im Prinzip der Erlösungsreligion, auch des historischen gegenüber dem idealen Christus. Trotzdem wird man sagen dürfen, daß Schweizer auf dem Boden einer andersartigen mehr geschichtlichen Zeit sich als der treueste Schüler Schleiermachers bewährte. In dessen Sinn war es auch, daß er wie Nitzsch der praktischen Theologie starke Aufmerksamkeit widmete. Andere, die neben Schweizer die kritische Seite von Schleiermachers Theologie zur Geltung brachten, wie *Jonas, Sydow* usw., und sich seit 1854 in der „Protest. Kirchenzeitung" eine Vertretung schufen, kamen nicht zu wissenschaftlicher Auswirkung. Doch kann auch der Kirchenhistoriker *Wm. Gaß*[116] hierher gerechnet werden, der sich vor allem als Schüler Schleiermachers wußte.

c) In einer letzten Reihe gewann der *spekulative* Zug als vermeintlicher Bürge der „Objektivität" der Erkenntnis bestimmenden Einfluß[117]. *K. Th. Liebner* suchte spekulativ die höchsten Höhen einer Gotteserkenntnis zu gewinnen, deren Seele ethische Mystik war; durch die Verbindung der neueren Kenotik mit der Lehre von dem Zentralmenschen Christus baute er die Brücke zu christozentrischer Geschichtsphilosophie. Der Däne *H. Lassen Martensen* wurde durch Schleiermacher und Hegel, aber auch Baader, den späteren Schelling und J. Böhme beeinflußt, so daß seine Theologie einen theosophischen Zug erhielt. Mit Hilfe seiner Spekulation gab er eine inhaltlich tiefsinnige, formal eindrucksvolle Rekonstruktion der Kirchenlehre. Freilich über-

---

[116] 1813–89; Prof. in Breslau, Greifswald, Gießen, Heidelberg; s. LÜ 2 c.

[117] *Liebner* 1806–71; Prof. in Göttingen, Kiel, Leipzig; 55 Oberhofprediger in Dresden. Die chr. Dogmatik aus d. christol. Prinzip dargestellt, I 49. – *Martensen* 1808–84; Prof. in Kopenhagen, 54 Bischof von Seeland, nahm an der Entwicklung der deutschen Theologie vollen Anteil. Seine zahlreichen Schriften wurden meist verdeutscht; so die Schrift über Meister Eckart (40), die Dogmatik (49) sogar zwiefach ([4]97), die kleine und die große Ethik. – *Schöberlein* 1813–81; Prof. in Heidelberg und Göttingen. Die Grundlehren d. Heils, entwickelt aus d. Prinzip d. Liebe 48; Prinzip u. System d. Dogmatik. Einleitung in d. chr. Glaubenslehre 81; liturgische Werke.

nahm er dabei auch die Schwächen der deutschen Restaurations-
theologie, z. B. die Kenotik und die neulutherische Sakramentslehre.
Eine durch Mystik und Theosophie zugleich ausgeweitete und erweichte lutherische Orthodoxie gestaltete auch *L. Fch. Schöberlein.*
Größere Eigenständigkeit und stärkere wissenschaftliche Kraft besaß
der Schwabe *Is. Aug. Dorner*[118]. Christlicher Glaube und idealistische
Philosophie waren für ihn solidarisch, spekulativer Spätidealismus und
dogmengeschichtliches Interesse durchdrangen sich gegenseitig. Am
liebsten begann er seine Arbeit mit systematisch abgezweckter Dogmengeschichte und endete mit dogmengeschichtlich erfüllter Systematik. Freilich überwuchert dabei leicht (Geschichte d. prot. Theologie!) die spekulative Konstruktion den lernbereiten Verkehr mit der
Geschichte. Darum hat auch sein „System" einen überaus starken
philosophischen Einschlag. Bezeichnend und wirksam war vor allem
seine *Christologie*. Sie trat, um einerseits die Unveränderlichkeit Gottes
und anderseits das geschichtliche Gepräge des neutestamentlichen
Jesusbildes zu wahren, der neuen Kenotik scharf entgegen: Dorner
denkt die göttliche und die menschliche Natur Christi in Mitteilung
und Empfänglichkeit stets lebendig aufeinander bezogen, aber so, daß
ihre Einheit sich von der Setzung einer gottmenschlichen Natur ab in
persönlich-geschichtlichem Werdeprozeß fortschreitend bis zur Vollendung intensiviert; der Logos depotenziert sich nicht in seiner Kenosis,
sondern hebt in seiner liebend sich selbst mitteilenden Herablassung
zur kreatürlichen Menschlichkeit diese nach dem Maße ihrer Empfänglichkeit zu sich empor. Dadurch wird Jesus Christus das Zentralindividuum der Menschheit und des ganzen Geisterreiches – wohl der
stärkste unter den vielen Ansätzen der Zeit, die Lehre von Christus
als dem Haupt und Repräsentanten der Menschheit dogmatisch durchzuführen (vgl. S. 209). Mit dieser Lehre glaubte Dorner orthodoxer
zu sein als die Kenotik, wie er auch Hengstenberg gegenüber die
orthodoxe Rechtfertigungslehre vertrat. Bedeutsam war ferner, daß
er die Notwendigkeit empfand, seine Glaubenslehre trotz aller Beto-

---

[118] 1809–84; Prof. in Tübingen, Kiel, Königsberg, Bonn, Göttingen, Berlin;
meist zugleich in kirchenregimentlichen Ämtern. Entwicklungsgesch. d.
Lehre v. d. Person Christi 39 ff., [2]45 ff.; System d. chr. Glaubenslehre 79 f.,
[2]86, und d. chr. Sittenlehre 85; s. auch oben LÜ 2 c. – *H. Benckert,*
Dorners „Pisteologie", ZThK 33, neuerdings bes. a. K. Barth (LÜ 2 a).
J. Rothermundt, Personale Synthese. I. A. Dorners dogmatische Methode, 68.

nung der objektiven Erkenntnis durch eine Klärung ihrer subjektiven Voraussetzungen zu unterbauen; so entwickelt die lange Einleitung eine „*Pisteologie*", d. h. eine „Lehre vom Glauben als der Vorbedingung der Erkenntnis vom Christentum als der Wahrheit", die sowohl auf den Inhalt wie auf das formale Gewißheitsmoment eingeht. Freilich stehen auch diese Erörterungen im Banne seiner spekulativen Systematik; obwohl erst in der Zeit Ritschls und Franks niedergeschrieben, sind sie weder durch diesen noch durch jenen befruchtet. Dorner vermochte hier so wenig wie in seiner Gottesspekulation und Christologie die Schranken der spekulativen Vermittlungstheologie zu sprengen.

Wirkliche Ansätze zur Sprengung dieser Schranken finden sich allein bei *Richard Rothe*[119]. In seiner Theologie wirkte sein durch alle lebendigen Bewegungen der Zeit hindurchführender Entwicklungsgang (s. oben Nr. 2) sich fruchtbar aus. Sie entnahm dem Deutschen Idealismus den spekulativen, der neuen Zeit den historischen Sinn. In einer „Theologischen Ethik", die sich nach dem Vorgang Schleiermachers in Güter-, Tugend- und Pflichtlehre teilt, aber der erstgenannten die weitaus größte Liebe und Sorgfalt zuwandte, fand sie bezeichnenderweise ihren umfassendsten Niederschlag. Der Grundgedanke geht von der Vorstellung aus, daß der Mensch der Mikrokosmos ist, in dem die ganze Schöpfung realiter und idealiter „zusammengeschlossen und rekapituliert" ist (^{2}I 6); sie läßt ein Ganzheitsdenken als möglich erscheinen, das spekulativ vom Begriff

---

[119] 1799–1867; Prof. am Wittenberger Predigerseminar 28, in Heidelberg 37, Bonn 49, Heidelberg 53. Theol. Ethik, 3 Bde, 1845–48, ^{2}5 Bde 69–71; die kirchengesch. Monographie s. oben III 3 b; „Gesammelte Vorträge u. Abhandlungen Rothes aus s. letzten Lebensjahren" 86, sowie die Aphorismen-Sammlung „Stille Stunden" 72, beide hrsg. v. Fr. Nippold. Aus seinem Nachlaß wurden an Vorlesungen gedruckt: Die Dogmatik (70), Kirchengeschichte (75), Enzyklopädie (81) Gesch. d. Predigt (81), Übersicht der Theol. Ethik (95). Besonders wichtig für sein Selbstverständnis ist sein Bekenntnis zu Oetingers philosophia sacra im Vorwort zu K. Auberlein, Die Theosophie Oetingers 1847. – Lit.: *Fr. Nippold*, R. R. 2 Bde. 1883 f., ^{2}1897; *E. Troeltsch*, R. R. 1899; *A. Hausrath*, R. R. u. seine Freunde 2 Bde. 1902–06; *E. Sundt*, Auflösg. d. Kirche im totalen Staat? R. Rothes Ggwartsbed. 1940. *M. Schmidt*, D. Interpret. d. neuztl. Kirchengesch. ZThK 54 (1957), 188 ff; R. R. als umfassender Denker. Heidelbg. Jahrbücher XIII (1969) 534–47; *H.-J. Birkner*, Spekulation und Heilsgeschichte. Die Geschichtsauffassung R. Rothes. 1959.

der Gottheit aus die Welt zu konstruieren vermag. Allerdings ist solches Ganzheitsdenken nicht dem bloßen Verstand zugänglich, sondern erst der im sittlichen Prozeß emporgebildeten Vernunft (ähnlich dem wiedergeborenen Erkennen Hegels, aber mit stärkerer Betonung des Ethischen). So schafft Rothe von dem in ihm gesetzten Gottesbewußtsein aus eine neue philosophia sacra, die nichts Sakrales hat, sondern biblischen Realismus und philosophischen Idealismus, alte theosophische Mystik und höchstmoderne Gedanken zu einem geistvollen Kunstwerk ineinanderfügt, das ebenso die Tiefen der Bibel wie den innersten Sinn der Welt erfassen will. Es ist besonders dadurch anziehend, daß es zwar für die Spekulation grundsätzlich volles Recht fordert, aber für sich weder Selbstgenügsamkeit noch Ergründung des göttlichen Geheimnisses, sondern nur eine Stimme im Chor des theologischen Denkens beansprucht („Wehe mir, wenn mir Gott und die Welt nicht überschwenglich größer blieben als mein Begriff von ihnen!" Vorrede zur 1. Aufl.). Zu seinem System gaben streng-supranaturale Gottbezogenheit und innige Christusliebe die Seele, kosmische Natur- und sittliche Geschichtsbetrachtung den Stoff, an Daub und Hegel geschultes Denken den Weg, Phantasie und theosophischer Tiefsinn die Schwungkraft – und doch ist es ein Ganzes aus einem Guß. Es war mannigfach durch Oetinger, durch Schelling, durch Schleiermacher angeregt, aber höchst persönlich; so persönlich, daß es weder nachgeahmt noch übernommen werden konnte.

Die theologische Erörterung hat sich zumeist einer besonderen Seite seines Denkens zugewandt, die freilich von dem Ganzen des Systems her verstanden werden muß: dem *Verhältnis Gottes zur Welt*, entsprechend dem des Christentums zur Kultur. Aus dem Begriff Gottes als der absoluten Person leitet Rothe die Notwendigkeit der steten Schöpfung ab. Der Schöpfungsprozeß geschieht allmählich, in einer Reihe von Entwicklungsstufen, als eine zusammenhängende Einheit sich immer höher emporhebender Bildungsformen, die einerseits das Ergebnis göttlichen Denkens und Wollens, anderseits ein Sichentwickeln der Kreaturschichten ist. An bestimmter Stelle entsteht die Persönlichkeit, der die Aufgabe gestellt ist, im sittlichen Prozeß alles Äußere anzueignen; der sittliche Prozeß wird damit die Fortsetzung der Schöpfung. Er geht notwendig durch die Sünde und damit durch zwei Stufen hindurch, von denen die erste mit dem ersten Adam, die zweite mit dem zweiten Adam beginnt. Führt diese Auffassung von Sittlichkeit und Sünde in Gegensatz zu allem Er-

weckungschristentum, so die Fortsetzung des Gedankens in noch viel
schärferen Gegensatz zum Neuluthertum. Der sittliche Prozeß, der in
seiner ganzen Weite vom göttlichen Schaffen getragen ist, faßt sich
– Hegel! – im *Staate,* als der umfassenden Hineinbildung des Geistes
in das Sinnliche, zur Totalität zusammen. So empfängt der Staat die
höchste metaphysisch-sittliche Weihe. In seinem Wirkungsbereich steht
auch das Christentum, das durch die Christusbezogenheit dem Gottesbewußtsein, d. h. dem Menschentum selbst, eine neue Seele gibt. Es
wird daher von vornherein im universalen Zusammenhang des
menschlichen Lebens gedacht, nicht als isolierte, in sich selbst lebende
Größe. Zwar zunächst zwang die Lage der Kultur und des Staates
dazu, eine eigene Gemeinschaft zu erzeugen, die *Kirche.* Aber in ihrer
Erzeugung lag, obwohl sie mit innerer Notwendigkeit geschah, ein
Bruch mit dem eigentlichen Wesen des Christentums, und so kann
sie nicht endgültig sein. Ihre Notwendigkeit währt so lange, als
Staat und menschheitliche Staatenorganisation noch nicht Inbegriff der
sittlichen Zwecke geworden sind. Im Katholizismus hat das Kirchentum seine klassische Gestaltung gefunden. Der Protestantismus aber
ist die allmähliche Überführung des Christentums von der kirchlichen
in die sittlich-humane Form. Er hat die Aufgabe, „Christum frei
machen zu helfen von der Kirche", d. h. vom isolierten Anstaltsbetrieb
des Christentums, oder zu lernen, „an freier Luft fromm zu sein";
denn Christus ist „der Herr" ebenso auf dem weltlichen, wie auf
dem kirchlichen Gebiete (Stille Stunden, S. 347 f.). Sogar auf Dogma
und Kultus wagt Rothe diese Entwicklung zu beziehen. Freilich
handelt es sich in alledem um ein Ziel, das erst am Ende der irdischen
Geschichte erreicht werden kann. Vorläufig ist Kirche noch immer
notwendig[120]. Der *Dogmatik,* die er mit Schleiermacher als historische
Disziplin betrachtete, gab Rothe vor allem durch geschichtlicheres
Verständnis der Offenbarung fortwirkende Anregungen (Zur Dogmatik, 63, ²69); er unterschied und verband in ihr zwei Linien: die
Manifestation Gottes in bestimmten geschichtlichen Ereignissen und
die Inspiration, die deren rechtes Verständnis ermöglicht, und betonte

---

[120] Rothe selbst hat ihr, gerade weil sie ihm nicht Selbstzweck war, mit
desto größere innerer Freiheit dienen können; er arbeitete daran, die in
„unbewußtes Christentum" Zurückgesunkenen wieder mit ihr zu verbinden, und bemühte sich als Synodaler mit aller Kraft darum, seiner
badischen Landeskirche eine tragfähigere, die Gemeinden wirklich erfas-
sende Form geben zu helfen.

beiderseits sowohl die unmittelbare Tätigkeit Gottes als auch die Anknüpfung in der Lebendigkeit des Menschen.

Das Große an diesen Gedanken war die Klarheit, mit der Rothe die Schwäche des neugeweckten evangelischen Christentums in dem Mangel an Lebensbezogenheit aufdeckte und in der herrschenden gewaltsamen Verkirchlichung eine Sackgasse erkannte. Aufgeschlossen für die vom Evangelium zu durchdringende Welt der Natur, des persönlichen Lebens und der Geschichte, sah sein Glaube die universalen Aufgaben, die bei andern der Eifer des Kampfes gegen den Rationalismus verdunkelte, und suchte desto ernster die intensive Bewegung des Glaubens wieder innig mit der extensiven zu verbinden. Freilich die Gestalt, die er seinen Ausblicken gab, war allzu sehr durch die Spekulation und den optimistischen Kulturbegriff des Deutschen Idealismus sowie durch die Nachwirkung mystisch-pietistischer Kirchenkritik, auch allzu sehr durch den Gegensatz gegen die Irrwege der theologisch-kirchlichen Entwicklung bedingt. Sie verkannte einerseits die Radikalität der Kultur- und Weltkritik des Christentums, anderseits das Wesen des Sittlichen und die konkrete Wirklichkeit des staatlichen Lebens. Diese Einseitigkeiten versperrten Rothe den Blick auf die wesenhafte, in der irdischen Geschichte nicht aufhörende Sendung der Kirche. Er versuchte Kultur und Geschichte mit dem Auge Gottes zu schauen und schaute so Eschatologisches voreilig in die von Gegensätzen bewegte irdische Geschichte hinein. Darum gewann auch seine Theologie, obwohl ihr Schöpfer auf allen Seiten höchste persönliche Verehrung genoß und reichere Anregungen ausstreute als die meisten andern Theologen seiner Altersreihe, im ganzen doch keine bezwingende Kraft.

Der Blick auf die Jahrzehnte von etwa 1830 bis 70 bietet ein ebenso buntes wie reiches Bild. Eine außerordentliche Fülle bedeutender Theologen steht vor uns, geschart um so große Gestalten wie Baur, Hofmann, Rothe. Nach allen Seiten werden die Laufgräben des Denkens und Forschens vorwärts getrieben, die Theologie ist in lebendigster Bewegung begriffen. Und doch ist das unmittelbare Ergebnis der Arbeit gering. Nirgend finden wir eine volle organische Fortsetzung des vorher begonnenen theologischen Ringens, selten auch nur eine Anknüpfung an die tiefsten Gedanken Schleiermachers; sie werden einerseits von der Spekulation, anderseits von der Erweckung, meist auch von der Neigung zu kurzschlüssiger repristinatorisch-romantischer Kirchlichkeit überwuchert. Was es bedeutet, daß Theologie

als wissenschaftliche Selbstbesinnung des christlichen Glaubens in sich
selbst Funktion der Kirche ist, wird nur von wenigen gesehen. Von
einer Führung der kirchlichen Glaubenserkenntnis durch die Theologie
ist nicht die Rede; sie wird nicht nur da abgelehnt, wo sie von Baur
oder Biedermann, sondern auch da, wo sie von Hofmann und Rothe
getragen ist. Es wird zum Gericht über Theologie und Kirche dieser
Zeit, daß keiner von den großen theologischen Führern ihren Gang
wirksam zu bestimmen vermochte. Das ist nicht Vorwurf gegen bestimmte Einzelrichtungen, sondern Feststellung einer gemeinsamen
Schuld, an der alle Richtungen Anteil haben.

Die Schuld rächt sich nach beiden Seiten der theologischen Selbstbesinnung. Die historische Selbstbesinnung wurde kräftig und umfassend angebahnt, sofern die Theologie sich allenthalben der Geschichte
zuwandte und ihr, obschon auf getrennten Linien, sowohl in der Kritik
als auch in der Beziehung stärkste Antriebe zuführte. Das mußte allmählich ein theologisches Gemeinbewußtsein vorbereiten. Freilich von
einer wirklichen Erfassung der damit an das Blickfeld herantretenden
Aufgaben war wenig zu spüren. Noch fehlte der restaurativen Theologie zu sehr das Verständnis für kritische Durchgrabung des eigenen
Bodens, der freien Theologie zu sehr die Einsicht in die kirchlichen
Zusammenhänge ihrer Arbeit, der Vermittlungstheologie zu sehr die
Klarheit über Tragweite und Sinn der Gegensätze, als daß eine Überwindung der Schwierigkeiten möglich gewesen wäre. Ähnlich auf der
systematischen Seite der theologischen Selbstbesinnung. Der Rich-
tungsstreit führte, vor allem weil die Erkenntnis des Wesentlichen und
das Bewußtsein der gemeinsamen Aufgabe fehlte, nirgends zu wirklicher Klärung. Nicht einmal nach der Seite, die gerade jetzt am
nächsten gelegen hätte: gegenüber der Kultur, der modernen Welt-
und Lebensanschauung. Hier versagten die einen, weil sie, noch unter
dem suggestiven Eindruck des Deutschen Idealismus, den Hlg. Geist
in menschlicher, zumal sittlicher Geistigkeit voreilig immanent dachten
und dabei der radikal-weltkritischen Seite des missionarischen Auftrags
vergaßen; die anderen, weil sie im Eifer der Weltkritik den Hlg. Geist
in Bibel, Dogma, Kirchentum vergegenständlichten und so der profanen eine sakrale Welt entgegenstellten. Also Immanentisierung des
Hlg. Geistes im Weltlichen hier wie dort, d. h. Entmächtigung seiner
freien Gegenwärtigkeit und damit der missionarischen Kraft des
geistgeschenkten Glaubens!

Es ist bezeichnend, daß „*Apologetik*" das Stichwort wurde, unter dem man am liebsten die theologische Stellungnahme zu Kultur und Weltanschauung zusammenfaßte. Man wandte es ebenso auf die grundsätzliche Durchdenkung des Verhältnisses an wie auf die praktische Auseinandersetzung mit den Feinden des Christentums selbst. Dort war *Sack* (s. oben Nr. 6 b) vorangegangen und hatte zahlreiche Nachfolger gefunden (z. B. *Weitbrecht*); ja der grundlegende Teil der Dogmatik gab sich weithin als Apologetik, indem er die Absolutheit des Christentums oder der Offenbarung Gottes in Christus spekulativ oder geschichtsphilosophisch nachzuweisen suchte. Die praktische Auseinandersetzung wurde vor allem durch die Angriffe der modernen Naturwissenschaft auf das Christentum als den Träger des biblischen Weltbildes herausgefordert. Sie wurde mannigfach systematisch durchdacht (z. B. von *Fz. Delitzsch*) und reichlich geübt. Am erfolgreichsten war *Luthardt*[121]. Auch *Zöckler* setzte bereits mit seiner reichen naturwissenschaftlichen Sachkunde und seinen lehrreichen apologie-geschichtlichen Studien ein. Freilich der große Eifer der praktischen Apologetik diente eben nur der Verteidigung, nicht der Mission. Statt zunächst Aufgabe, Gesetz und Grenze der Gebiete herauszuarbeiten, erschöpfte man sich im Kampf um Einzelheiten, z. B. um die Vereinbarkeit des Wunders oder des alttestamentlichen Schöpfungsberichts mit der Entwicklungslehre, erhob den Kampf kaum jemals über die Ebene der Rückzugsgefechte und blieb meist in harmonischer Synthese biblischer Sätze mit der (zur Harmlosigkeit verflachten) Wissenschaft stecken[122]. Denn es fehlte die Grundbedingung für vorwärts führende Arbeit: das Verständnis für die tiefe Erschütterung, die durch Namen wie Feuerbach, Marx, Kierkegaard angedeutet war, und für die volle Wandlung der Lage, die sich durch das Einrücken des rein praktischen Menschen, der Erfahrungswissen-

---

[121] *Luthardt:* Apologetische Vorträge, 4 Bde. Über d. Grundwahrheiten d. Christentums, 1864, [14]97; Über d. Heilswahrheiten d. Christentums 67, [6]1900; Über d. Moral d. Christentums 72, [7]98; Die moderne Weltanschauung 80, [3]91. – *Zöckler:* Theologia naturalis, Entwurf einer syst. Naturtheologie, I 1860 (mit theosophischem Einschlag); Geschichte d. Beziehungen zwischen Theol. u. Naturwiss. mit bes. Rücksicht auf d. Schöpfungsgesch., 2 Bde 77. 79; Gottes Zeugen im Reiche d. Natur 81; Zeitschrift „Beweis d. Glaubens" seit 65.

[122] Genaueres s. in dem Überblick *Elerts,* Kampf um d. Chr. (s. oben LÜ 3), § 33 ff., besonders S. 221. 229 ff. – Die Bedeutung, die der Rückgriff auf das *ethische* Gebiet für die Apologetik gewinnen konnte, wurde nur selten und nirgend mit voller Kraft betont. Doch vgl. z. B. Geß in Geß u. Riggenbach, Apol. Beiträge, 63.

schaften, des Positivismus auf das geistige Schlachtfeld vollzog. Die deutsche evangelische Christenheit vermochte diese Zeichen der Zeit nicht zu deuten; sie blendete ihr theologisches Auge für die Weite des göttlichen Auftrags ab, statt es zu schärfen, tappte so weltanschaulich und ethisch blind auf dem Schlachtfeld des Geistes umher und bekämpfte ihre eigenen Glieder, wo es gegolten hätte, alle Kräfte gegen den wirklichen Feind zu sammeln.

Ähnliche Verständnislosigkeit gegenüber der Tiefe der religiös-kirchlichen Erschütterung zeigt die *Praktische Theologie.* So eifrig und in ihrer Weise verdienstlich sie – meist auf den Bahnen von Schleiermacher und Nitzsch – ihre Arbeit tat, sie sah doch die Lage und die Verantwortung der Kirche nicht deutlich genug, um die rechten Gesichtspunkte für durchdringende Besinnung auf die der Lage entsprechenden kirchlichen Wirkungsmittel finden zu können. Das beste leisteten neben den Schülern Schleiermachers und Vermittlungtheologen wie *Chr. Palmer*[123] und *Fr. A. E. Ehrenfeuchter* (1814–78; Prof. in Göttingen) auch hier die Erlanger. *Th. Harnack* und *G. v. Zezschwitz* waren die Hauptvertreter des Faches am Ausgang dieses Entwicklungsabschnitts[124]. Die Erlanger erwiesen sich, geführt von Hofmann, auch besonders früh empfänglich für die von der Inneren Mission ausgehenden Anregungen.

Immerhin zeigen auch diese Leistungen wenigstens, daß die neueren Entwicklungen der um 1870 zu Ende gehenden Zeit der Verheißung nicht entbehrten. Wir sahen überall, wie die vom Idealismus kommenden Antriebe innerhalb des erwachenden christlich-kirchlichen Bewußtseins eigentümliche Wirkungen übten. Sie richteten Schemata auf, die sich als undurchführbar erwiesen; sie schoben den Ton des theologischen Denkens auf – intellektualistisch verstandene – Ideen, auf das Gott-Welt-Verhältnis und das altkirchliche Dogma; sie brachten bis in den konservativsten Konfessionalismus hinein die natürliche Theologie zu neuer Geltung. Aber sie gaben der Theologie auch Schwungkraft und methodische Strenge des Denkens, verstärkten den Sinn für

---

[123] 1811–75, Prof. in Tübingen. Zahlreiche Schriften; z. B. Evang. Homiletik (42, [6]87), Katechetik (44, [6]75), Pädagogik (52 f., [5]82), Hymnologie (65).
[124] *Harnack*, Prakt. Theologie 77; s. oben 217. – *v. Zezschwitz*, System d. chr.-kirchl. Katechetik 63–72; Zur Apologie d. Christentums nach Geschichte u. Lehre 66, [2]68; Das System d. prakt. Theologie 76–78. – Vgl. *M. Doerne*, Neubau d. Konfirmation 1936, S. 49–79, über ihre Bemühung um wahrhaftigere und kirchlich fruchtbarere Gestaltung der Konfirmation.

Wahrheitsforschung und Fortschritt, halfen auf allen Seiten klären und formen. So erzogen sie selbst die Kräfte, von denen sie allmählich teils aufgesogen, teils durchbrochen und abgestoßen wurden, die Kräfte des lebendigen Glaubens und des empirisch-geschichtlichen Denkens. Diese waren es, die in den schweren Kämpfen der Zeit den Sieg behielten, indem sie die freien Theologen zu tieferem Einblick in das Wesen des Glaubens und stärkerer kirchlicher Verbundenheit führten, innerhalb der Restauration die heils- und offenbarungsgeschichtliche Theologie erzeugten, einem Vermittlungstheologen Mut und Selbständigkeit zu weitausschauenden, jedes Schema durchbrechenden Gedankenbildungen gaben. Wenn wir dann vollends am Ende dieser Zeit von ganz verschiedenen Seiten her (Th. Harnack, Köstlin, s. oben Nr. 3 b) die Wendung zu Luther mit weit vollerem Ernst als bisher einsetzen sehen, dann gewinnt die angespannte Arbeit, von der zu berichten war, eine hoffnungsvollere Beleuchtung.

IV. VON A. RITSCHL BIS ZUM ERSTEN WELTKRIEG

1. Der geschichtliche Hintergrund

a) *Die allgemeine Lage.* – Der Zustand, der sich während des vergangenen Zeitabschnitts gebildet hatte, offenbart nunmehr seine Tragweite. Immer rascher schreiten Naturwissenschaft und Technik voran, immer weiter greift die Industrialisierung der Wirtschaft, immer stärker wächst die Bevölkerung, immer dichter sammeln sich die entwurzelten Massen in den Städten, immer höher steigt die Arbeitsleistung und damit der Wohlstand vor allem des Bürgertums; Deutschland überholt weltwirtschaftlich fast alle Völker. Entsprechend gewinnt die politische Macht des geeinten Reiches, durch Bismarck vorsichtig geleitet, beständig an Geltung; Weltwirtschaft und Kolonialpolitik treiben in die Weltpolitik hinein – eine Entwicklung von immanenter Notwendigkeit, die unter Wilhelm II. zu einem äußerlich glänzenden Gesamtbild führt.

Allein der wirtschaftliche, militärische, politische Glanz war insofern leerer Schein, als ihm die Grundlage in der seelischen Kraft und Einheit des deutschen Volkes fehlte. Gerade die Raschheit des wirtschaftlichen Aufstiegs und der durch ihn hervorgerufenen sozialen Umschichtungen erschwerte die Überwindung der Schwierigkeiten, die in der Mitte des Jahrhunderts eingesetzt hatten, und der überwältigende Sieg von 1870 lähmte die innere Besinnung. Das Bürgertum, dem großenteils die äußeren Vorteile der Entwicklung zufielen, verlor weithin seinen seelischen Halt; der Epigonen-Idealismus wurde immer fadenscheiniger, der neue „Realismus" immer materialistischer. Der mächtig anschwellende Arbeiterstand übersetzte diese Haltung unter dem Druck der Existenzunsicherheit und des Wohnungselends, des Massengeistes und des Hasses in noch derbere Formen; er warf weithin auch das letzte Gemeingut bei Seite, das Bürger und Bauern verband, das Staats- und Volksbewußtsein. So wuchs die wirtschaftliche und soziale Zerklüftung zu unerträglicher Größe. Daher war eine organische politische Führung kaum möglich. Die Parteien wurden zu Interessenverbänden, die wirtschaftlichen und sozialen Gegensätze mischten sich in ihnen so wirr mit den weltanschaulichen und religiösen, daß es eines Mannes von einzigartiger Genialität bedurft hätte, um sie in die Einheit einer politischen

Form zu zwingen. Da er nicht gefunden wurde, entstand ein lähmendes Mißverhältnis zwischen der wirtschaftlich-militärischen Kraftentwicklung einerseits, der innen- und außenpolitischen Schwäche andererseits. Von außen her drohte die Eifersucht auf die wachsende Kraft des Reiches, von innen die Revolution; Deutschland trieb einer Krisis entgegen, die nur durch innere Wiedergeburt überwunden werden konnte. Welche Macht aber sollte die Wiedergeburt und damit neue Bindungskräfte herauführen, nachdem das Christentum seine innere Herrschaft über breite Schichten des deutschen Volkes und das idealistische Wirklichkeitsbewußtsein die Macht über die deutsche Bildung verloren hatten?[1]

Wir sehen zunächst den „Geist des 19. Jh.s" immer stärkeren Einfluß gewinnen. In den 70er und 80er Jahren erreichte das deutsche Geistesleben einen Tiefstand, auf dem das idealistische Erbe endgültig verloren zu gehen drohte. Noch gaben die fortlebende Klassik, der Humanismus, das historische Interesse und die Pflege des Ästhetischen starke Gegengewichte. Aber die positivistische Grundhaltung, d. h. Verzicht auf lebengestaltende Weltanschauung, Preisgabe des Menschen an bloße Leistungskultur und materiellen Genuß, begann das Lebensgefühl selbst umzuprägen; durch flaches Schriftstellertum (Nordau) wurde sie bis in das breite Lesepublikum hinein eine Großmacht des Lebens. Der Positivismus durchdrang, unterstützt von in- und ausländischer Philosophie (s. unten Nr. 2 b), auch in wachsendem Maße die Wissenschaften. Nicht mehr wie in der idealistischen Zeit metaphysisch verankert, verfielen diese hemmungslos der Fachabgrenzung und dem Spezialismus. Dabei leisteten sie Großes, verzichteten aber auf den Zusammenhang miteinander und mit dem lebendigen Ganzen, ließen also den Menschen leer. Gewiß behielt die Geschichtswissenschaft, zumal wo sie mit Führern wie Ranke oder Treitschke verbunden blieb, weltanschauliche Bedeutung; aber für das neue Geschlecht erwuchs die Gefahr ihrer Beherrschung durch die naturwissenschaftliche Methode. Der ökonomische Materialismus wirkte herüber; Kultur- und Wirtschaftsgeschichte traten in den Vordergrund der öffentlichen Aufmerksamkeit; mit dem Positivismus flutete die psychologisch-soziologische Betrachtungsweise von England und Frankreich aus nach Deutschland herüber. So verdienstvoll die universale Ausweitung der Historie durch diese Forschungen war (Lamprecht), sie half doch durch ihren Relati-

---

[1] Vgl. Heiner Grote, Sozialdemokratie u. Religion. Eine Dokumentation für die Jahre 1863–1875, 1968.

vismus alle festen Maßstäbe erweichen, alle Bestimmtheit in Beziehungen zersetzen. Der „Historismus"[2] konnte dann vollends zu dem Ergebnis führen, daß der Mensch sich als Erzeugnis kosmischer und soziologischer Verflechtungen, als bloßen Schnittpunkt gesetzlich geregelter Vorgänge fühlte.

Die Folge dieser Entwicklung war weitere *Lähmung aller bindenden Kräfte,* eine noch tiefere Schwächung der Mächte, die eine Neubelebung ermöglichen konnten. Sogar die natürliche Religion schmolz zunächst bis auf kümmerliche Reste zusammen; vom Christentum gelöst, mußte sie den Weg zu Ende gehen, den sie im vorigen Zeitabschnitt eingeschlagen hatte. Als Ersatzform bildete sich neben dem Ästhetizismus das Streben nach „ethischer Kultur", das die Kräfte der Gerechtigkeit und Humanität im Sinne des westlichen Liberalismus zu stärken versuchte. Aber es sammelte nur kleine Kreise; zumal die Arbeiterschaft, die nur der Bindung durch Klassenbewußtsein und das eigene politisch-soziale Ziel zu bedürfen glaubte, lehnte sie ab. So weit dennoch in den entkirchlichten Schichten die Sehnsucht nach Weltanschauung lebendig blieb, empfahl sich ihnen die Naturwissenschaft durch ihre eindrucksvollen Fortschritte, ihre methodische Sicherheit und ihre praktische Bedeutsamkeit als Ausgangsfläche. Ihr Entwicklungsgedanke schien nicht nur ein umfassendes Weltbild, sondern auch das Verständnis von Welt und Leben als eines Ganzen zu gewährleisten. So wurde das Traumbild der „naturwissenschaftlichen Weltanschauung" weithin Gemeingut[3].

Gerade dieser Tiefstand aber bereitete einen *Umschwung* vor. Die Kritik der herrschenden Kultur, die Lagarde (s. Nr. 3 a), Nietzsche und mancher andere seit den 70er Jahren verkündeten, begann langsam Verständnis zu finden; der rasche Erfolg von Langbehns „Rembrandt als Erzieher" (1890) bewies, daß der verhärtete Boden doch noch der Lockerung fähig war. Schon die zunehmende biologische Wendung der Naturwissenschaft bahnte eine Empörung tiefer Mächte gegen die Mechanisierung und Rationalisierung des Lebens an. Die 90er Jahre

---

[2] Zum Begriff s. unten Nr. 3, Anm. 31.

[3] Nur vereinzelte Forscher kämpften gegen solchen Mißbrauch ihrer Wissenschaft: Du Bois-Reymond, Die 7 Welträtsel, 1880; J. Reinke; H. Driesch; Keplerbund (apologetisch, gegründet von Dennert, 1907). Sie blieben machtlos gegenüber dem Vulgärmonismus, der in Haeckels „Welträtseln" (1899) und Ostwalds „Monistischen Sonntagspredigten" (1911 ff.) einen für das „Volk der Dichter und Denker" beschämenden Einfluß gewann.

zeigen die Wandlung bereits auf allen Gebieten in lebendigem Vollzug. Damit wurde auch von neuem Raum für *natürliche Religion*[4]. Entwicklungsgedanke und „Monismus" bildeten die Brücke, auf der die verschiedensten religiösen Regungen sich begegneten und verschmolzen (Deutscher Monistenbund 1906). Religiös am lehrreichsten war der Umschlag des Naturalismus in *Mystik,* den vor allem die Dichtung des ausgehenden 19. und beginnenden 20. Jahrh.s zeigt (die Brüder Hauptmann und Hart, Br. Wille, Wm. Bölsche u. a.). Hier wurde wirklich das beseelt gedachte Leben wieder als göttlich empfunden. Die ältere Mystik und die Romantik schienen festen Halt dafür zu geben; Plotin und Laotse, Meister Eckehart und die Deutsche Theologie, Angelus Silesius und Novalis traten in die deutsche Bildung hinein. Rilke verkündete die mystische Tiefe der Dingwelt, in der Gott zugleich verborgen und offenbar ist, auch ausländische Mystiker wie die Inder, Maeterlinck und Trine gewannen Einfluß. Freilich ganz modern verstanden, der Buße und der Askese entbehrend, meinte diese Mystik durch bloße seelische Sensibilität, durch Gefühl und ästhetische Schau die göttlichen Tiefen erfassen zu können. Daher entwickelte sie noch weniger als die alte Mystik bindende Kraft, stärkte vielmehr den Individualismus und den Esoterismus kleiner Kreise. Nicht einmal stimmungsmäßig kam sie zur Einheit: sie gebar hier jauchzenden Optimismus, dort dunklen Pessimismus, zuweilen auch eine seltsame Mischung von beidem, die doch keine innere Überbrückung des Gegensatzes bedeutete[5]. Diese in tausend Farben schillernde Mystik wurde nun weithin die „Geheimreligion" kleiner, aber überall auftauchender gebildeter Kreise.

Einen durch lebensphilosophische Mystik beseelten und zugleich auf Tat gerichteten Weg beschritt die wieder erwachende natürliche Re-

---

[4] Vgl. die bei Horst Stephan und Hans Leube, Handbuch der Kirchengeschichte IV: Die Neuzeit 1931 § 29, 8 S. 219 f. genannte Literatur.
[5] So vertritt *Hammacher,* Hauptfragen d. mod. Kultur, 1914 (Schlußbilanz der Vorkriegsentwicklung!) eine Mystik, in der „sich das endliche Subjekt zum Unendlichen erhebt, sich als Moment des Unendlichen erkennt und so mit ihm versöhnt wird" (S. 88). Sie ist ihm die Erlöserin von der Qual der Erkenntnis, daß die mit der Aufklärung einsetzende Kulturentwicklung unrettbar die Menschheit zerstört. Denn dieselbe Entwicklung, die das Verderben herbeiführt, zeitigt in den reifen Einzelnen das mystische Erlebnis der durch Bewußtmachung und Kulturzersetzung erlösenden Gottheit. Auch im Christentum, dessen Erhabenheit er „gerade in der tiefen Gleichgültigkeit gegen die Zwecke des sozialen Lebens" (S. 242) sieht, findet Hammacher solche Mystik wieder.

ligion als *völkische* Begeisterung[6]. Schon der Deutsche Idealismus hatte in Klopstock, Herder, Schleiermacher, Fichte, Arndt christlich-religiöses und nationales Bewußtsein innig verbunden. Die spätere Romantik hatte diese Erbe durch Aufnahme der deutschen Frühzeit und der indischen Welt gesteigert, dabei unter der als auflösend empfundenen geistigen Einwirkung von Vertretern des emanzipierten Judentums auch zuweilen antisemitisch gefärbt. Rich. Wagner († 1883) hatte, bereits auf Gobineaus Rassenlehre gestützt, all diese Motive verbunden und in beträchtlichen Kreisen verbreitet. Die aus diesen Quellen, aber auch von Treitschke, von F. Dahn, Wm. Jordan u. a. herkommenden Motive schufen zusammen eine Unterströmung, die aus der Verbundenheit mit dem eigenen Volk oder der eigenen Rasse heraus neue Kräfte der Wiedergeburt und feste Wertmaßstäbe zu gewinnen versuchte; sie vernahm in der besonderen Ausrüstung und Bestimmung des eigenen Volkes wieder etwas von unbedingter Forderung und führte den Kampf gegen die Verflachung der nationalen Bestimmtheit, gegen Internationalismus und Überfremdung, mit religiöser Wucht. Hier war wieder Bindung des Einzelnen an ein Ganzes, Ehrfurcht vor überlegenen Mächten, mochte man sie Gott oder Schicksal oder Urwillen nennen, also natürliche Religion voll ursprünglichen, nicht mehr ästhetisch oder rational verbogenen Erlebens. Freilich war sie unbestimmt genug, konkretisierte sich daher in sehr verschiedener Weise, mit mehr oder weniger Anlehnung an das Christentum, aber meist mit Ablehnung seiner semitischen Zusammenhänge (Altes Testament, Paulus) und stets mit starkem Eingehen auf die moderne Welt- und Lebensanschauung[7].

Meist wurzelhaft verbunden sowohl mit der neuen Mystik als auch mit der völkischen Religion war die *Jugendbewegung,* die Erhebung des neuen Geschlechts und des romantischen Erbes gegen den Geist des 19. Jahrh.s. Man erlebte die Natur, vor allem die der deutschen Heimat, mit innerster Seele und suchte überall aus dem Einfachen, Ursprünglichen neue Kraft zu entbinden (Wandervogel, seit 1896; Gedächtnisfeier auf dem Hohen Meißner, 1913). Tiefer Sinn für Wahrhaftigkeit und Echtheit des persönlichen Lebens und der Gemeinschaft erzeugte

---

[6] Vgl. Weinel, Völkische Religion, RGG [2]5, 1617 ff.; Hohlwein, Völkische Bewegung 2, RGG [3]6, 1427 ff.

[7] Vgl. Lagarde (s. unten Nr. 3 a), Chamberlain (Grundlagen d. 19. Jh.s 1899; Worte Christi, 1901; Mensch u. Gott 21), A. Bonus (Deutscher Glaube, 1897; Zur Germanisierung d. Christentums, 1911), Th. Fritsch (V. neuen Glauben 14) u. a.

das Streben nach eigenem Stil, nach „Jugendkultur". Das alles war religiös empfunden, aber so unbestimmt, daß es sich innerhalb und außerhalb des Christentums nach den verschiedensten Richtungen hin entwickeln konnte.

Diese mannigfaltige noch ganz ungeklärte, aber eindrucksvolle Erhebung der natürlichen Religion[8] sprach am deutlichsten – über die Wendung zur Mystik hinaus – in der neuen Kunst und Dichtung. Religiöse, ja christliche Gegenstände wurden wieder bevorzugt (Uhde, Steinhausen, Thoma; Klinger; Agnes Günthers „Die Heilige und ihr Narr"). Auf dem Boden eines entwurzelten Künstler- und Schriftstellertums versuchte der Expressionismus eine Ausdruckskunst zu ertasten, die das Wesen der Dinge, das Geistige und Seelische darstellen und so das metaphysische Reich zurückgewinnen sollte. Die Frömmigkeit, die in alledem waltete, betrachtete als ihren eigentlichen Feind den mechanistisch-rationalistischen Aufklärungsgeist, obwohl sie die Kritik der Aufklärung am kirchlichen Christentum zunächst bejahte. Dem Christentum blieb sie oft wirklich, häufiger aber nur so verbunden, daß sie es auch als natürliche Religion verstand und seine Vorstellungen als Symbole des eigenen Erlebens wertete. Aber auch *Nietzsche* gewann seit den 90er Jahren wachsenden Einfluß. Er hatte bereits in den Unzeitgemäßen Betrachtungen (seit 1873) der herrschenden Kultur den Krieg erklärt, dann zwar durch seinen Relativismus und Psychologismus, zumal durch seine Bekämpfung des Christentums und sogar des christlichen Ethos die allgemeine Auflösung steigern helfen, und doch zugleich von jeder in sich befriedigten Bildung, jeder Flucht in pessimistische Erlösungsmystik (Schopenhauer, Wagner) zu einer neuen Spannung des Lebens gerufen. Die ganze Zeitkultur in ihrer Nichtigkeit entlarvend, zwang er zu neuer Besinnung auf einen Grund des Lebens und wurde dadurch trotz seines eigenen Untergangs und der Undurchführbarkeit seiner positiven Gedanken der Prophet einer inneren Erneuerung. So durfte der Tiefstand des geistigen Lebens als überwunden gelten; neue Kräfte und neue Wege zur Überwindung der politisch-sozialen Verwirrung von innen her standen bereit.

b) *Die philosophische Entwicklung.* – Eng mit der skizzierten Geistes-

---

[8] Auch ausländische Bewegungen fanden Eingang. So griffen Spiritismus und Okkultismus mächtig um sich; 1884 wurde die erste theosophische Gesellschaft in Deutschland geschaffen, von der sich 1913 die Anthroposophische Gesellschaft R. Steiners absonderte; die „Christliche Wissenschaft" gründete seit 1899 (Hannover) deutsche Gemeinden.

lage verbunden, griff die Philosophie jetzt zunächst seltener in die theologische Sphäre ein. Dem *Positivismus* öffnete das Vordringen des „Realismus", im besonderen die psychologisch-ideologische Erklärung des Geistigen, die durch Nietzsche und die „Tiefenpsychologie" (Psychoanalyse) neue Anregungen erhielt, immer breitere Wege; unter der Einwirkung des französischen Positivismus, des englichen Agnostizismus, des amerikanischen Pragmatismus entstand auch in Deutschland eine Reihe von einflußreichen Gestaltungen. Laas (Idealismus u. Positivismus, 1879–84), A. Riehl (Der phil. Kritizismus, 76–87), die sehr verschiedenen Ethiker Jodl und Eug. Dühring bezeichnen die erste Welle, der Empiriokritizismus (R. Avenarius, Mach) und der Fiktionalismus (Vaihinger, Die Philosophie des Als-Ob, 1911) die zweite. Die Philosophie verlor dabei notwendig ihre weltanschaulich beherrschende Kraft, ja ihren inneren Zusammenhang; sie löste sich in Psychologie, Ethik, Erkenntnistheorie und Geschichte der Philosophie auf, von denen bald diese bald jene stärker hervortrat.

Allein in der eigentlichen, zumal der akademischen, Philosophie gewann der Positivismus niemals die Herrschaft. In ihr war die Nachwirkung des Deutschen Idealismus zu stark, als daß sie sich hätte bereit finden können, die Testamentvollstreckerin der Aufklärung zu werden. Schon Positivisten wie Riehl und Dühring zeigen das deutlich. Vor allem aber entwickelte sich der *Neukantianismus* über die Anfänge Langes hinaus zu einer festen Schutzwehr des Geistigen gegenüber aller materialistisch-positivistisch-psychologistischen Unterspülung. Er bekämpfte mit dem Positivismus jede dogmatische Metaphysik, wahrte aber in streng erkenntnistheoretischer Besinnung dem normativ-schöpferischen Verständnis des Geistes sein Recht. Er blieb Kant als dem Überwinder nicht nur des Dogmatismus, sondern auch des Empirismus treu. Seine Neubegründer waren die Marburger *Herm. Cohen*[9] und *Paul Natorp*[10]; neben ihnen standen Stadler, Buchenau, Kinkel,

---

[9] 1875 Prof. in Marburg. – Kants Theorie d. Erfahrung 71; Ethik d. reinen Willens 1904; Religion u. Sittlichkeit 1907; Der Begriff d. Religion im System d. Phil. 1915; Religion d. Vernunft aus den Quellen d. Judentums 1919; Syst. d. Phil. 4 Bde. 1902–12. – Er war Jude, hatte aber seine geistigen Wurzeln nicht im Judentum, sondern im Prophetismus des Alten Testaments.

[10] 85 Prof. in Marburg. Die log. Grundlagen d. exakten Wissenschaften 1910; Allgemeine Psychologie, I 1912; Sozialpädagogik 1899; Religion innerhalb d. Grenzen d. Humanität 1894, [2]1908; s. unten V 1 b.

Cassirer, Vorländer, Görland u. a. Vor allem nach der ethisch-religiösen Seite war dieser entwickelte Neukantianismus fruchtbar. Doch blieb er wie der ursprüngliche Ansatz Langes blind gegenüber aller Transzendenz und durch die Bindung seiner wissenschaftlichen Methode an die Naturwissenschaften auch gegenüber der Geschichtlichkeit der lebendigen Religion. Gerade an diesen Punkten führte die badische Gestalt der kritischen Philosophie vorwärts. *Wilhelm Windelband* und in strengerer Systematik *Hch. Rickert* befreiten die Kultur- oder Geisteswissenschaften von dem Bann der naturwissenschaftlichen Methode; sie entwickelten außerdem die Lotzeschen Hinweise auf die Wert- und Geltungsphänomene zu einer philosophischen Besinnung auf die „bleibenden Werte, die über den wechselnden Interessen der Zeiten in einer höheren geistigen Wirklichkeit begründet sind", und schufen so die „Wertphilosophie"[11].

Allein die von der kritischen Philosophie geweckten Gedanken führten weiter zum eigentlichen *Neuidealismus*. Fortreißend setzte dieser bei *Rud. Eucken*[12] ein, der, vor allem von Steffensen und Fichte beeinflußt, wieder den Mut zu einer Metaphysik des Geistes fand; in ihr gab er der Religion tragende Bedeutung, und zwar nicht nur der mit dem Kulturleben verbundenen „universalen", sondern auch der aller Kultur schlechthin überlegenen „charakteristischen" Religion. Wie er, so ging *G. Claß* von Steffensen aus[13]. Einflüsse Fichtes zeigen auch Philosophen wie *Falckenberg, Medicus, H. Schwarz*. Die Linie Schellings suchte *O. Braun* („Hinauf zum Idealismus!" 1908) wieder lebendig zu machen. Hegels Gedanken waren niemals ganz erstorben; *Adolf Lasson* (Prof. in Berlin; von seinem theologischen Sohn Georg unterstützt) verwaltete eindrucksvoll sein Erbe; seit Beginn des 20. Jahrh.s führte die neu er-

---

[11] *Windelband* (Prof. in Straßburg u. Heidelberg): Lehrbuch d. Geschichte d. Philosophie 1889, [13]hrsg. v. Heimsoeth 1935; Präludien 84 (darin seit 1902 die Skizze „Das Heilige"). *Rickert* (Prof. in Freiburg u. Heidelberg): Die Grenzen d. naturwiss. Begriffsbildung 96–1902; Kulturwissenschaft u. Naturwiss. 99; System d. Philosophie, seit 1921.

[12] Prof. in Basel, 74 Jena; Begründer der Luther-Gesellschaft 1917; Die Grundbegriffe d. Gegenwart 1878; Die Einheit d. Geisteslebens in Bewußtsein u. Tat d. Menschheit 88; Die Lebensanschauung d. großen Denker 90; Der Kampf um einen geist. Lebensinhalt 96; Der Wahrheitsgehalt d. Religion 1901. – Die meisten dieser und anderer Bücher sind in vielen Auflagen (und Übersetzungen) verbreitet.

[13] Prof. in Erlangen; Untersuchungen z. Phänomenologie u. Ontologie d. menschl. Geistes 1896; Die Realität d. Gottesidee 1904.

wachende Freude an der Metaphysik und die geschichtliche Beschäftigung mit Hegel (Kuno Fischer, Dilthey) dazu, daß man auch sachlich
wieder von ihm lernte. Die Vielseitigkeit der neuidealistischen Ansätze
zeigt z. B. auch G. *Glogau* (Prof. in Kiel, 1895 früh verstorben), der
mit idealistischen Einflüssen ein besonders starkes christliches Moment
verband.

Scharf gegen das Christentum wandte *Ed. v. Hartmann* die Gedanken Schopenhauers[14]: indem die aus blindem Willen fließende leidvolle
Welt die Sehnsucht nach Erlösung und in der Verneinung des Lebenswillens den Übergang zum Nichtsein gebiert, steigt der Mensch von der
Oberfläche des Daseins in die Tiefen seines Selbst hinab und wird eins
mit dem unbewußt aber zweckmäßig wirkenden Allgeist. Wertvoll
wurde Hartmanns „konkreter Monismus" durch seinen Kampf gegen
die mechanistische Naturauffassung, den vulgären Monismus, den
Rationalismus. Die Aufnahme Hegelscher Gedanken und die Anknüpfung an die spekulative Theologie besonders Biedermanns gaben seiner
Religionsphilosophie Züge, die schwer mit seiner Grundauffassung
vereinbar waren (Gnade, Allmacht, Allweisheit Gottes u. ä.); Unper-
sönlichkeit des Gottesgedankens und Verständnislosigkeit gegenüber
der Geschichte, auch gegenüber der Gestalt Jesu, behielten bei ihm und
seinen Schülern (*A. Drews*) die Herrschaft.

Andere Philosophen suchten den Positivismus in Verbindung mit
dem *realistischen* Gesamtgang der allgemeinen Entwicklung zu überwinden. So der *Neufriesianismus*. Er wurde 1904 durch *L. Nelsons*
„Abhandlungen der Friesschen Schule" begründet. Statt auf erkenntnis-
kritische Erwägungen ging er auf die Unmittelbarkeit der Erkenntnis
zurück und bog den Kantianismus wieder ins Psychologische um. Angewandt wurde er vor allem in der Ethik, der Rechts- und Religionsphilosophie. – Häufiger aber suchte der moderne Realismus seine Vertiefung selbständig und erzeugte dabei eine Fülle mannigfaltiger Gestaltungen, die fast sämtlich eine Religionsphilosophie in sich trugen,
teilweise auch zu einer Metaphysik übergingen. Den größten Einfluß
gewann *Wm. Wundt*. Von den Naturwissenschaften ausgehend und
zunächst durch die Neugestaltung der Fechnerschen Psychophysik berühmt, nahm er bald metaphysische Bestrebungen sowie ethische und
völkerpsychologische Forschungen auf; er rundete seine Philosophie zu

---

[14] Philosophie d. Unbewußten 1869; Die Selbstzersetzung d. Christentums
74; Die Religion d. Geistes 82; System d. Philosophie 1906–08.

einem staunenswerten Universalismus, der überall durch ein idealistisch-voluntaristisches Rückgrat getragen war[15]. Für theologische Anknüpfung wurden außer ihm am wichtigsten *Joh. Rehmke* („Grundwissenschaftliche Philosophie"), *Joh. Volkelt, Oswald Külpe, H. Driesch* (Neovitalismus; Philosophie des Organischen).

Im neuen Jahrhundert begannen vor allem zwei sowohl idealistisch als auch realistisch gespeiste Bemühungen um stärkere und unmittelbarere Wirklichkeitsnähe des Denkens in den Vordergrund zu treten: Lebensphilosophie und Phänomenologie. Die *Lebensphilosophie* sammelte Züge, die aus Herder und Goethe, aus der Romantik, dem Pragmatismus, der Biologie, der historisch-psychologischen Betrachtung entsprangen, zu suggestiver Eindringlichkeit; der Begriff des Lebens gab den Begriffen des Schöpferischen, des Irrationalen, der Intuition, des Ganzen, des Organischen die tragende Mitte und empfing von ihnen religiös-enthusiastische Färbung. Von Frankreich aus verstärkte Bergson, in Deutschland selbst vor allem Nietzsche diese Bewegung. Ihr – freilich sehr unklares – Ineinander von Relativierung und Neubelebung des Denkens verschaffte ihr raschen Eingang. Ihr bedeutendster fachphilosophischer Träger war *Wm. Dilthey,* der von umfassenden geistesgeschichtlichen Forschungen und systematischer Durchdenkung der historischen Vernunft aus[16] zu einer das wirkliche Leben besser verstehenden Psychologie und zu einer lebensphilosophischen Typologie der Weltanschauungen aufstieg. Von den Jüngeren nahm besonders *G. Simmel* die Lebensphilosophie auf. – Für die moderne *Phänomenologie* wurde grundlegend *Franz Brentano* (kath. Priester, 1872 Prof. in Würzburg, dann Wien). Er knüpfte nicht an eine der modernen Gruppen, sondern an die Scholastik und Aristoteles an und schuf eine „deskriptive Psychologie", die unmittelbar auch idealistische Anschauungen aprioristischer und intentionaler Art erfaßte. Seine Gedanken wurden einerseits von der – theologisch irrelevanten –

---

[15] Seit 75 Prof. in Leipzig. Vorlesungen über d. Menschen- u. Tierseele 1863; Logik 80–83; Ethik 86; System d. Philosophie 89; Völkerpsychologie, eine Untersuchung d. Entwicklungsgesetze v. Sprache, Mythus u. Sitte, 10 Bde, 1900 ff.; Probleme d. Völkerpsychologie (für „genetische" Religionspsychologie gegen Troeltsch und Wobbermin), 1911; fast alles in mehreren Auflagen.

[16] Prof. in Berlin 82. Leben Schleiermachers, I 70; Einleitung in d. Geisteswissenschaften, I 83 (Parallele zu Windelband-Rickert) u. a.; Ges. Schriften, 1914–26.

Gegenstandstheorie, anderseits von *Husserl* und *Max Scheler*[17] weiter gebildet.

Bezeichnend für die weltanschaulich-religiöse Wendung war es, daß im Gegensatz zum „Geist des 19. Jahrh.s" die neuen philosophischen Ansätze, vom pragmatistischen Fiktionalismus Vaihingers bis zur Lebensphilosophie und Phänomenologie, der *Religionsphilosophie* starke positive Aufmerksamkeit zuwandten. Die innere Verbindung mit dem Christentum war dabei geringer als in der hoch- und spätidealistischen Philosophie, riß aber niemals ab; überdies strömte die wiederauflebende natürliche Religion sofort auch in die philosophische Entwicklung ein. Vor allem aber gab jetzt neben der Theologie die Religionswissenschaft eine Fülle von wichtigen Stoffen und Anregungen zu grundsätzlicher Durchdenkung[18]. So wurde es möglich, in der Religionsphilosophie unter Verzicht auf bloße philosophische Ableitungen, die allerdings noch mannigfach nachklangen[19], die Selbständigkeit der Religion weit stärker als im Deutschen Idealismus auf das tatsächliche Leben der Religion zu begründen und im Ganzen des Denkens zur Geltung zu bringen. Die meisten der Philosophen bemühten sich ernsthaft darum. Und das erste moderne „Lehrbuch d. Religionsphilosophie", das des Philosophen *Herm. Siebeck* (1893), setzte sofort mit der Tatsächlichkeit der Religion, ihrer Bezogenheit auf die überweltliche Wirklichkeit Gottes und dem Begriff des Heiligen ein; Philosophen wie W. Windelband („Das Heilige" s. oben) folgten diesem Vorgang. So wurde die Religionsphilosophie auch von der Philosophie auf den Boden des geschichtlichen Denkens verpflanzt, auf dem allein sie in der modernen wissenschaftlichen Welt gedeihen konnte. Damit ergab sich eine neue Arbeitsgemeinschaft der Philosophie mit der Theologie, die nach beiden Seiten fruchtbar werden mußte.

---

[17] Scheler (1875–1928) gewann schon früh Bedeutung durch seinen Kampf für die Objektivität der Werte (Der Formalismus in d. Ethik u. d. materiale Wertethik, 1913. 16) und durch seine Untersuchung der Wertqualitäten; er stand auch mit der Lebensphilosophie in Verbindung, war besonders von Nietzsches Psychologie beeinflußt (Abhandlungen u. Aufsätze, 2 Bde 15).

[18] Sie blühte durch Dieterich, Geffcken, Ed. Meyer, Max Müller, Norden, Reitzenstein, Rohde, R. v. Roth, Pater Wm. Schmidt, Schrader, Usener, M. Weber, P. Wendland, Wundt, Zimmern u. a., sowie durch Ausländer wie Chantepie de la Saussaye, Cumont, Edv. Lehmann, A. Réville, Soederblom mächtig auf.

[19] Z. B. bei R. Seydel, dem Schüler Weißes; Religionsphil., posthum 1893.

c) *Die religiös-kirchliche Entwicklung.* – Die neue Zeit übernahm ein schwieriges Erbe. Zwar verbanden Überlieferung, sittliche Ideale, staatliche Rücksichten, erzieherische und Wohlfahrtsinteressen, religionsphilosophische Überlegungen noch die allgemeine Kultur mit Christentum und Kirche. Aber die angedeutete Lage erschwerte es immer mehr, den evangelischen Glauben fruchtbar zur Geltung zu bringen. Daß die Verflachung und Auflösung der natürlichen Religion die Volkskirche unterspülen mußte, zeigte sich jetzt in bedrohlichem Maße; die Reste und Wiederbelebungen des Deutschen Idealismus gaben ihr nur schwache Stützen; die wachsende Entkirchlichung des Staates (Schulwesen, Personenstandsregister u. ä.) raubte ihr die Selbstverständlichkeit der Geltung und zerstörte die Festigkeit der kirchlichen Sitte; die Auseinandersetzung mit dem ganz überwiegend unchristlichen Liberalismus und dem meist widerrechtlichen Sozialismus spaltete, statt zu verbinden. Die Gefahr wurde so groß, daß die kirchlichen Kreise endlich zu erwachen und den Kampf um den Neubau ernsthaft zu führen begannen.

Vor allem die *freie Aktivität,* die bereits im vorigen Abschnitt eingesetzt hatte, steigerte sich mächtig, und auch das extensive, weltmissionarische Element brachte sich, teils durch Sondergründungen, teils innerhalb der Gesamtbetätigung, allmählich wirksamer zur Geltung. Der Heidenmission erstanden neue mittragende Gesellschaften, die Missionsmethode begann die pietistischen Einseitigkeiten zu überwinden, die koloniale Begeisterung weckte ein neues Moment der Verpflichtung. Die Auseinandersetzung mit dem Katholizismus wurde nicht nur durch Gustav-Adolf-Verein und Gotteskasten weiter geführt, sondern nach dem Abbruch des Kulturkampfes durch die Gründung des Evangelischen Bundes (1886) verstärkt und auf das öffentliche Leben übertragen. Die Innere Mission entfaltete die geist-leibliche Individual- und Sozialfürsorge, auf die sie sich zurückgezogen hatte, mit hingebender Treue nach allen Seiten. Die dem Glauben entspringende Liebe schuf zahlreiche Kampfvereine (gegen Trunksucht, Unsittlichkeit, Schundliteratur, gegen Verwahrlosung der Jugend, der Arbeitslosen, der Sträflinge, der Gefährdeten, der Wanderer, Auswanderer und Seeleute u. a.); sie gab die mannigfachsten positiven Anregungen für Verbesserungen der Volkserziehung und des Pressewesens, für Wiedereingliederung der Entgleisten, für wichtige Einzelgebiete wie Sonntags-, Wohn- und Frauenfrage. Das Diakonissenwesen breitete sich mächtig aus und erzeugte wertvolle Seitenzweige; die „Jugendpflege" älteren Stils weitete sich seit der Jahrhundertwende unter dem Eindruck der Jugendbewegung und der angelsächsischen Universalität verheißungsvoll aus. So entstand ein blühendes Leben, das auch viele „Laien" in einer auf deutsch-lutherischem Boden ungewohnten Weise mobilisierte und ein Kraftquell sowohl für die Kirche wie für das deutsche Volk wurde. In Fch. v. Bodelschwingh (1831–1910) fand es einen Vertreter, der über sein besonderes Werk (Bethel) hinaus zur eindrucksvollen Symbolgestalt wurde. Freilich die eigentliche soziale Frage, auf die zahlreiche Theologen aller Richtungen, von Luthardt bis zu Rade und Harnack, jetzt kräftig hinwiesen, überließ die Innere Mission trotz Wichern im wesentlichen Einzelgestalten wie R. Todt, A. Stöcker, Fch. Naumann und Neugründungen wie der Chr.-sozialen Arbeiterpartei (1878), dem Evang. sozialen Kongreß (90), der Freien kirchlich-sozialen Konferenz (96).

In der sozialen Ohnmacht wurde die bleibende Schwäche des protestantischen *Kirchenwesens* offenbar. Es vollzog zwar ebenfalls bedeutsame Fortschritte, indem es in schweren Kämpfen neue synodal-konsistoriale Kirchenverfassungen schuf und so eine gewisse selbständige Arbeitsfähigkeit errang. Es verstärkte durch Zerlegung der Riesengemeinden und bessere Organisierung der Einzelgemeinden (Sulze, Gemeindetag), durch zahlreiche Kirchen- und Gemeindehausbauten, durch organische Verbindung mit der freien Aktivität, durch Ausgestaltung des gottesdienstlichen Lebens (Kinder- und Jugendgottesdienste) u. ä. die kirchliche Versorgung; und die Erkenntnis der gemeinsamen Aufgaben führte die kirchliche Einheitsbewegung wenigstens einen kleinen Schritt weiter (Deutscher Evang. Kirchenausschuß).

In alledem lag eine gewaltige Leistung. Hätte sie ein halbes Jahrhundert früher eingesetzt, so wäre vielleicht die Entchristlichung des deutschen Lebens vermieden worden. Inzwischen aber war die unheilvolle Entwicklung so weit gediehen, daß höchste Anspannung aller Glaubenskräfte nötig gewesen wäre, um auch nur weitere Verschlimmerungen zu hindern. Aber auch sie gelang nicht. Sie wurde schon durch die fortdauernde Koppelung an den selbst schwer ringenden Staat gehemmt, die alle Kirchenkörper schwerfällig machte, unsozialem Geist und parlamentarischen Rücksichten unterwarf, vor allem eine gut evangelische Verbindung des Nationalen mit dem Sozialen verhinderte (Schicksal Stöckers und Naumanns). Dazu trat die innere Lähmung: die evangelischen Kirchen vermochten es nicht, die wachsende Mannigfaltigkeit des Glaubenslebens als innerlich notwendig zu verstehen und als Kraft im Kampfe fruchtbar einzusetzen. Zwar milderten sich teils durch die verstärkte Hinwendung zu praktischen Aufgaben teils durch theologische Wandlungen die überkommenen Richtungsgegensätze, und die „Mittelparteien" bemühten sich oft mit Erfolg um erträglichen Ausgleich. Aber die Gegensätze und die Vorherrschaft der konservativen, jeden kühnen Vorstoß scheuenden Kreise blieben; die kirchlichen Wahlen und Abstimmungen gaben immer neuen Zündstoff; und so kam es immer wieder zu schweren innerkirchlichen Kämpfen mit Absetzung von Pfarrern und Absonderung extremer Gruppen.

In dieser Lage konnte ein neues evangelisch-volkskirchliches Bewußtsein, das fähig gewesen wäre, die Jugend und die Entfremdeten anzuziehen, schwer entstehen. Der verstärkte Einsatz der freien Liebestätigkeit und der Fortschritt zu selbständigerer Arbeitsfähigkeit festigten die Kirchen zwar bis zu einem gewissen Grade in sich selbst, gaben ihnen aber nicht Kraft genug, die Weite und Selbstverständlichkeit des alten Volkskirchentums zurückzugewinnen, geschweige einen zukunftskräftigen Neubau zu schaffen. So wurden sie in wachsendem Maße Fremdkörper innerhalb des modernen Lebens, deren Sprache von breiten Volksschichten nur schwer verstanden wurde. Ja ernster Glaube fühlte sich oft so unbefriedigt, daß er seine Heimat in der Gemeinschaftsbewegung und den Sekten suchte; und als die neuen Ansätze natürlicher Religion in den Kirchen keine Pflege fanden, entstand aus ihrer Verbindung mit dem freien Christentum zwar keine neue Blüte des religiösen Liberalismus, aber eine individualistisch-unkirchliche Frömmigkeit (Joh. Müller, Hch. Lhotzky, A. Bonus, A. Kalthoff u. a.), die zahlreichen Gebildeten religiösen Rückhalt bot[20].

d) *Ergebnis für die Theologie.* – Der angedeutete Hintergrund stellte die Theologie unter verschieden geartete, ja sich kreuzende Abhängigkeiten. Die geistige Haltung der Zeit erfuhr in den 90er Jahren durch die neue Erhebung idealistischer Stimmungen und Gedanken einen Umschwung, der zwar die Tiefen der allgemeinen kulturellen Erschütterung nicht erfaßte, aber für das religiöse Leben und die Theologie wichtig werden konnte. Dagegen folgte die kirchliche Entwicklung im wesentlichen ihrem eigenen Gesetz, wie es sich seit der Mitte des Jahrhunderts herausgebildet hatte, und ließ sich von jenem Umschwung so wenig wie von der allgemeinen Kulturerschüt-

---

[20] Jedoch wurde in Bremen versucht, diesem Bedürfnis Rechnung zu tragen, vor allem durch Goethe-, Schiller-, Nietzschepredigten (Julius Burggraf) und durch Personalgemeinden. Vgl. *Arthur Titius,* Der Bremer Radikalismus 1912.

terung berühren. Die Theologie war zwischen beide Linien einge-
spannt und mußte durch deren Gegensatz in immer neue Schwierigkeiten geraten. Die Herrschaft hatte in ihr bis an das Ende des Jahrhunderts, teilweise des ganzen Zeitabschnitts, das notwendige Streben
nach fester Gründung auf dem eigenen Boden, entsprechend eine geschichtliche und realistisch-empiristische, insofern antiidealistische, mindestens antiromantische und antispekulative Haltung; Ritschlianismus,
Bibel-Theologie und historische Theologie gaben ihr das entsprechende Gepräge. Die 90er Jahre aber brachten der theologischen Jugend
einen Gegenschlag, der trotz radikaler Durchführung der geschichtlichen Betrachtungsweise wieder an Schleiermacher und den Deutschen
Idealismus, auch an Romantik und spekulative Philosophie anzu-
knüpfen versuchte; er gab auch der natürlichen Religion, die sonst
nur in der Form der Sittlichkeit gewürdigt wurde, wieder starke Beachtung in der Theologie. So entstand jetzt ein Kampf der Generationen, der sich mit der Stellung zu dem sich isolierenden kirchlichen Bewußtsein verband und die Lage aufs neue verwirrte. Ob dabei die
neue Bewegung die Tiefe, vor allem die Verbindung mit den reformatorischen Grundmotiven gewinnen würde, die notwendig war, um
die kulturelle und religiöse Erschütterung zu verstehen und zu überwinden? Mitten im Kampf um die neu entstehenden Schwierigkeiten
wurde die Theologie durch den Weltkrieg überrascht.

2. Die Theologie Albrecht Ritschls [21]

Ihr Schöpfer war weder an persönlicher Bedeutung noch an dauern-
dem Einfluß Schleiermacher ebenbürtig, revolutionierte aber rascher
als dieser die Theologie seiner Zeit. Denn er brachte das mit be-

---

[21] Neuere Lit.: O. Ritschl, A. R.s Theologie u. ihre bisherige Schicksale
ZThK 1935); H. Stephan, A. R. u. d. Gegenwart (ebd.); M. Rade, Unkon-
fessionalistisches Luthertum, ZThK 1937; O. Wolff, Die Haupttypen d.
neueren Lutherdeutung, Evang. Theologie 37. Mehrfach zitiert:
O. Ri. = Otto Ritschl, A. Ri.s Leben, 2 Bde 1892, 96; G. Hök, A. R.s el-
liptische Theologie 42. *Paul Wrzecienko,* Die philos. Wurzeln d. Theol.
A. R. s. E. Beitr. zum Problem d. Vhes v. Theol. u. Phil. i. 19. Jh., 1964.
Rolf Schäfer, Ritschl, Grundlinien eines fast verschollenen dogmatischen
Systems 1968; *H. Timm,* Theorie u. Praxis in d. Theol. A. Ritschls u. W.
Herrmanns, 67; *H. Grewel,* Kirche u. Gemeinde in d. Theol. A. Ritschls
(NZsystTh 11, 69, 292–311).

sonderer Kraft zum Ausdruck, was viele Theologen als Ergebnis einer
wirrenreichen Entwicklung halbbewußt erstrebten.

a) *Ritschls Werden und Wirken*[22]. – Seine Erstlingsschrift über „Das
Evangelium Marcions u. d. kanon. Evang. d. Lukas" (46), mit deren
einem Teil er sich zugleich in Bonn für neutestamentliche Wissenschaft
habilitierte, vertrat noch den Standpunkt der Tübinger Schule. Die im
Winter 46 begonnene Lehrtätigkeit aber nötigte ihn zu neuer Prüfung;
und diese machte ihn zunächst in einzelnen Punkten, allmählich auch
in grundsätzlichen Fragen irre an Baur. Seine große Monographie
über „Die Entstehung d. altkath. Kirche" (50) stand ihm immerhin
noch nahe; aber schon die Abhandlung „Über d. gegenwärt. Stand
d. Kritik d. synopt. Evangelien" (Theol. Jahrbücher 51), die das Ergebnis der Erstlingsschrift von 46 zurücknahm und sich zur Priorität
des Markus bekannte, zeigte den Abstand. Während er so auf seinem
Fachgebiet Baurs Ansatz überwinden lernte (s. oben III 4 a) und durch
neue historische Vorlesungen neue Stoffe bewältigte, gewann er auch
religiös und weltanschaulich eine neue Grundlage. Fortgehende Bibel-
studien (auch alttestamentliche), die Ausweitung seines philosophischen
und geschichtlichen Horizonts, die eigene mehr willensmäßige als
spekulative Anlage, der Eindruck des Hundeshagenschen Buches über
den deutschen Protestantismus[23], die ihm selbst nur halbbewußte Ein-

---

[22] Geboren 1822 als Sohn des Berliner Predigers (späteren Generalsuper-
intendenten und Bischofs von Pommern) Karl Ritschl. Er stand bei
seinem Studium in Bonn (39 f.) unter dem Einfluß von C. I. Nitzsch und
übernahm auch dessen „schriftgemäßen Supranaturalismus", auf den er
vom Vater her vorbereitet war. Da aber die Bonner Theologen und Philosophen die Auseinandersetzung mit dem Hegelianismus, die Entschei-
dungsfrage jener Jahre, vermieden, ging er 41 nach Halle, um sich durch
J. Müller und Tholuck tiefer führen zu lassen. Von diesen enttäuscht,
studierte er selbständig, unter vielfacher Förderung durch die Philosophen Erdmann und J. Schaller und den Theologen C. Schwarz, sowohl
theologische Hegelianer (Baur, Vatke) als auch die Philosophie Hegels
selbst. Schon jetzt neigte er stark zu dieser Linie hin. Doch erst nach der
Prüfung, weiteren Studien und einem Heidelberger Semester (Rothe)
suchte er im Herbst 45 Tübingen selbst auf; er wurde hier zum Mitglied
der Baurschen Schule, 46 Privdoz. f. NT. in Bonn, 52 außerord., 59 ord.
Prof. (f. Dogmatik) ebda., 64 Göttingen, † 89.

[23] Otto Ritschl, Albrecht Ritschls Leben I 1892, S. 135. An den Vater 22. Mai
1847 (hs.): Ich habe es verschlungen und mich sehr daran erbaut...
Wenn es nur von vielen beherzigt würde, es kommt gerade zur rechten
Zeit.

wirkung Schleiermachers, der Beginn dogmatischer Studien (51), die
beständige Fühlung mit dem biblisch-kirchlich gerichteten Denken
des Vaters – all das zusammen führte ihn zu immer selbständigerem
theologischen Denken. Als er 53/54 Dogmatik las, rückte ihm die geschichtliche Offenbarung Gottes, vor allem Jesus Christus selbst, in
den Mittelpunkt der Theologie. Sein Ziel wurde eine Dogmatik,
„welche in Straffheit der Form der alten Dogmatik gewachsen und an
Verständnis der Offenbarung und der Schrift ihr überlegen ist" (O. Ri.
I 437), d. h. die Überwindung aller theologischen Richtungen seiner
Zeit. Den vollen Bruch mit Baur veranlaßte Ritschls Anzeige der
Schwarzschen „Gesch. d. neuesten Theol." (56). Die 2. Aufl. der
„Altkath. Kirche" (57) und ihre Aufnahme bei den Tübingern war
die Besiegelung des Bruches.

Mehr und mehr verschob sich jetzt der Schwerpunkt seiner Arbeit
auf die systematische Theologie[24]. Endlich glaubte er nun auch das
zentrale Thema zu beherrschen, das ihn schon in den Studienjahren
beschäftigt hatte: er schrieb Die chr. Lehre v. d. Rechtfertigung u. Versöhnung[25]. All sein weiteres Forschen galt der Verbesserung dieses
Werkes in den neuen Auflagen, ferner einer nachträglichen erkenntnistheoretischen Begründung (Theologie u. Metaphysik, 81, [2]87) und der
Auseinandersetzung seines Glaubensverständnisses mit den Haupter-
scheinungen der kirchlich-theologischen Entwicklung. Aus der letzteren erwuchs die Schrift „Schleiermachers Reden über d. Rel. u. ihre
Nachwirkungen auf d. evang. Kirche Deutschlands", 74, vor allem

---

[24] Er las regelmäßig Dogmatik, seit 59 auch Ethik, setzte sich literarisch
mit anderen Theologen auseinander (so mit den neulutherischen
Doktrinen „Über d. Verhältnis d. Bekenntnisses z. Kirche" 54, mit Hofmann „Über d. method. Prinzipien d. Theologie" 58) und bereitete durch
immer tiefere geschichtliche Studien sein großes systematisches Hauptwerk vor. Nach Göttingen berufen (64), beschränkte er die Vorlesungen
bald völlig auf die neutestamentlichen und systematischen Gebiete.
[25] 3 Bde, 70–74; 1. B. Geschichte d. Lehre, 70, [3]89; 2. B. Der bibl. Stoff, 74,
[3]89; 3. B. Die positive Entwicklung d. Lehre, 74, [3]88; [4]1895–1902 (unverändert); „Volksausgabe", 2 Bde 1910. Vergleich der Auflagen bei C. Fabricius, Die Entwicklung in A. Ritschls Theol. v. 1874–89, 1909 (dazu
E. Günther in Stud. u. Krit. 1922, 195 ff.). Eine Einführung in den Geist
seiner Theologie gab der Vortrag „Die chr. Vollkommenheit" (74, [3]1902),
eine überaus knappe Zusammenfassung der „Unterricht in d. chr. Religion" (75, [3]86 verändert, [6]1903; beide Schriften kritisch hrsg. von
C. Fabricius 1924).

aber sein 3. Hauptwerk „Die Geschichte d. Pietismus" (3 Bde 80 bis 86)[26].

Die Wendung zu einer kirchlich bestimmten Theologie hätte Ritschl das Eintreten in kirchliche Tätigkeit nahelegen können. Allein die Universalität eines Schleiermachers lag ihm fern, und er fürchtete die Ablenkung von der wissenschaftlichen Forschung. Daher lehnte er die mehrfach erneuerte Berufung nach Berlin ab, wo er mit der Professur eine einflußreiche Stellung im Oberkirchenrat verbinden sollte. Das kirchliche Parteiwesen empfand er von Anfang an als verhängnisvoll; er beschränkte die Auswirkung seiner die Gegensätze scharf empfindenden, überall kritikbereiten und scharfkantigen Streitbarkeit auf den wissenschaftlichen Kampf.

So steht er vor uns als charaktervoller Sohn seiner Zeit. Vom Deutschen Idealismus hatte seine nüchterne, verständig-willenhafte Natur lediglich die Zucht des strengen Denkens und die Neigung zur Geschichte übernommen; alle Sehnsucht nach universaler Weltdurchdringung, nach System und Spekulation, alles Romantische, Mystische, Ästhetische aber hatte er durch entschlossenen Rückgang auf die Geschichte und den reformatorischen Glauben kräftig abgestoßen. Als Mensch, als ein auf sein Gebiet sich beschränkender und doch seine Wissenschaft mit dem praktisch-kirchlichen Leben verbindender Forscher vertrat er das schaffensfrohe, realistische Bürgertum, das wir z. B. aus Freytags „Soll und Haben" kennen, in der Theologie. So wurde er fähig, diese wieder in lebendige Verbindung mit der Zeit zu setzen.

b) *Hauptpunkte seiner Theologie*[27]. – Was zunächst auffällt, ist die starke Verbundenheit der systematischen mit der historischen Arbeit.

---

[26] Eine Anzahl von Aufsätzen ist in „Gesammelte Aufsätze" (2 Bde 93–96) verbunden, darunter der Vortrag „Über d. Gewissen" 76. Gesondert stehen die „Drei akad. Reden" 87 (darunter vor allem die über Luther von 83). Die letzte Schrift „Fides implicita – eine Untersuchung über Köhlerglauben, Wissen u. Glauben, Glauben u. Kirche" (90) hat Ritschl nicht mehr ganz zum Abschluß gebracht.

[27] Der erhebliche Unterschied der Auflagen seiner Werke zeigt, wie lebendig Ritschl blieb. Vor allem dreierlei kommt dabei in Betracht: die Bedeutung der Philosophie für die Theologie wird immer mehr auf den formalen Gebrauch beschränkt; neben der Bibel treten die Reformatoren und die lutherischen Bekenntnisschriften stärker hervor; die Herrschaft der ethischen Gesichtspunkte wird vielfach gebrochen. Diese Wandlungen störten die Einheitlichkeit und Geschlossenheit von Ritschls Theologie, dienten aber ihrer Vertiefung und Fruchtbarkeit.

Nach langen biblischen, dogmen- und theologiegeschichtlichen Forschungen setzte das Hauptwerk wieder mit 2 geschichtlichen Bänden ein und unterbaute auch im 3. Band die systematischen Gedanken mit historischem Stoff; in kritischer Durchmusterung der Geschichte klang dann auch sein Schaffen aus. Damit erwies er sich nicht nur als treuer Sohn seiner Zeit überhaupt, sondern nahm im besonderen die theologische Entwicklung auf, die in allen großen Fortschritten des letzten Zeitabschnitts wirksam gewesen war. Nach dem Zusammenbruch des hochidealistischen Denkens, gegenüber dem suggestiven Eindruck der Naturwissenschaften und des neuen „Realismus" war die Theologie in ein Wirrsal neuer Fragen gestürzt; sie mußte sich wie die ganze deutsche Bildung erst kritisch-historisch besinnen und mit geschichtlichen Gehalten sättigen, ehe sie hoffen durfte, wieder die Kraft der Führung zu gewinnen. Bei Ritschl schritt daher das systematische Denken nicht selbständig, auf bloße Erfahrung oder Spekulation gestützt, einher; es ging noch tiefer und breiter als bei Hofmann und Rothe in die Geschichte ein, aber selbständiger als bei Baur wieder aus ihr hervor. Seine Theologie gewann gerade als geschlossene geschichtlich-systematische Einheit ihre die Zeit bezwingende Kraft.

Die historisch-theologischen Leistungen Ritschls hängen daher eng mit seinem systematischen Lebenswerk zusammen; sie sollten das Verständnis des christlichen Glaubens fördern, indem sie seine biblische Grundlegung, seine klassische Vertretung in der Reformation, damit die rechten Maßstäbe gegenüber allen Verzerrungen klarer herausarbeiteten. Auch die lutherische Orthodoxie würdigte er, zumal gegenüber dem Pietismus, weithin positiv, aber er unterstellte sie doch stets den Maßstäben, die ihm von Bibel und Luther, vor allem seinen Katechismen und der „Freiheit eines Christenmenschen" her erwuchsen; so entdeckte er, daß sie an wichtigen Punkten mehr Melanchthon als Luther gefolgt war, und machte Luther für die Dogmatik lebendiger, als es bisher gelungen war. Seine Theologie wollte ein Reinigungsbad sein, in dem die evangelische Kirche sich von dem heidnisch-mystisch-katholischen Erbe, von der pietistischen und romantischen, der individualistischen, rationalistischen, ästhetischen und bewußtseinstheologischen Mitgift der Neuzeit befreite, um endlich mit ihrem eigenen Wesen Ernst zu machen. So liegt gerade von seinen geschichtlichen Forschungen her über seinem Denken ein vielfältiges „Anti", das notwendig eine Fülle von Kämpfen entzündet. Aber eben weil er aus der Geschichte heraus kämpfte, wurde der Kampf fruchtbar.

Inhaltlich wendete er sich schon insofern gegen die theologische

Überlieferung, als er den allgemeinen *Vorfragen* geringe Aufmerksamkeit schenkte, (die Prolegomena sind „Vorhof der Heiden"). Allerdings versuchte er auch hier neue Bahnen zu beschreiten und betonte sie zuweilen stark. Gerade in den grundsätzlichen Vorerörterungen hatte, der Apologetik oder dem Ideal der Bildungseinheit zu Liebe, die Metaphysik beherrschenden Einfluß gewonnen, und so empfand Ritschl es als erste Aufgabe, die Theologie von ihm zu befreien. Auch die Philosophie und Wissenschaft der Zeit stellte er in den Dienst dieses Kampfes. So lernte er von Trendelenburg und Lotze; seit 65/66 begann er sich auf Kant zu berufen, zog aber eben so gern psychologische und völkerpsychologische Gedanken seiner Tage heran. – Am wichtigsten wurde ihm dabei die *Erkenntnistheorie*. Er glaubte die Wurzel seines Gegensatzes zur Überlieferung darin aufzudecken, daß diese im Sinn der natürlichen Theologie das wirkliche Sein in einer Art der Objektivität denke, die gegenüber dem Unterschied von Natur und Geist neutral und auch abgesehen vom Glauben erkennbar sei; solche Weltanschauung lähme den Herrschaftsanspruch des sittlichen Geistes und schaffe einen metaphysischen Götzen, an den die biblische Offenbarung und Glaubenserkenntnis nur äußerlich angeheftet werden könne. Deshalb bekämpfte er aufs schärfste jede als Wissenschaft von der letzten Wirklichkeit auftretende Metaphysik. Gott begegnet uns nicht in seinem „An sich" (dem „Absoluten"), sondern in seinen Beziehungen zu uns, in den Wirkungen, in denen er sich selbst offenbart. Erkennen wir schon die Wirklichkeit unserer Seele nur in ihrem Wirken, wie viel mehr Gott, der in einem Lichte wohnt, da niemand zukommen kann! Die mit diesen Gedanken verbundene Erörterung zeigte durch ihre Behelfsmäßigkeit und Unfertigkeit, daß sie sekundär war. Wenn Ritschl trotzdem die Eigenständigkeit von Religion und Theologie wirksam vertrat, so half ihm dabei, abgesehen von seiner reformatorischen Verwurzelung, der Zusammenbruch des Hegelianismus und die Auferstehung Kants. Ohne Kantianer zu werden, erfaßte er die große Bedeutung, die Kants philosophischer Besinnung auf die Verschiedenheit der Geistesgebiete, auf die Grenzen des theoretischen Erkennens und auf die Bedeutung der praktischen Vernunft für die Weltanschauung auch in der theologischen Selbstbesinnung zukommen mußte.

Ähnlich beim *Religionsbegriff*. Nirgend finden wir Ritschl eingehend mit ihm als solchem beschäftigt. Er überzeugt sich von einer Auflage des Hauptwerks zur anderen immer mehr davon, daß ein allgemeiner Religionsbegriff durch seine Blässe wertlos und durch seine Vergleichgültigung der Besonderheit für das Verständnis der geschichtlichen Religionen gefährlich werde. Wenn er dennoch einen, freilich bewußt vom Christentum aus bestimmten, Religionsbegriff handhabt, so tut er es nicht im konstitutiven, sondern im regulativen Sinn, und wesentlich deshalb, weil er auch hier die falsche, die pantheisierend spekulative oder ästhetisierende Theologie bekämpfen und die Tragweite seiner theologischen Einstellung aufzeigen will. Es handelt sich dabei vor allem um die Selbständigkeit und Eigenart der Religion. In ihrer Behauptung schließt Ritschl sich der praktischen Auffassung der Religion an, die wir auch bei den Schülern Hegels aufkommen sahen. Aber sie erhält bei ihm ein anderes Rückgrat und darum wirkliche Eindringlichkeit. Denn er verbindet sie nicht wie Schleiermacher mit einem psychologischen Schema, sondern mit der Wirklichkeit des Menschen: die Religion nimmt alle geistigen Funktionen in Anspruch, und sie umfaßt die ganze konkrete Lage des Menschen, d. h. Gotteserkenntnis, Selbstbeurteilung und Weltanschauung. Für das genauere Verständnis aber findet er den fruchtbarsten Ausgangspunkt im Erlebnis des sittlichen Kampfes und im sittlichen Moment des christlichen Glaubens, das bei der Niederkämpfung des moralistischen Rationalismus durch den engen Bund mit Romantik, Spekulation, Mystik in den Hintergrund gedrängt und selbst bei Rothe nicht klar genug herausgearbeitet war. Seine in mannigfachen Abwandlungen wiederkehrende Formel lautet: „In aller Religion wird mit Hilfe der erhabenen geistigen Macht, welche der Mensch verehrt, die Lösung des Widerspruchs erstrebt, in welchem der Mensch sich vorfindet als Teil der Naturwelt und als geistige Persönlichkeit, welche den Anspruch macht, die Natur zu beherrschen" (Rechtf. u. Vers. III³ 189). Ihre Einseitigkeit ist deutlich: sie will nicht definieren, sondern den Spielraum feststellen, in welchem jede Religion sich bewegt, und „in welchem das Christentum als die höchste und vollendete Stufe der Religion sich bewährt" (Drei ak. Reden, S. 10): er folgt aus der Zwiespältigkeit des Menschen, der in dem Gegensatz zwischen Naturbedingtheit und Anspruch auf Naturbeherrschung lebt, und aus dem rechten Verständnis der Weltherrschaft, die dem christlichen Glauben verheißen ist. Die Formel stand ganz im Zusammenhang ihrer historischen Stunde, nämlich des übermächtigen Ansturms, in dem seit der Jahrhundertmitte der Naturalismus alles Geistige, Sittliche, Religiöse zu verschlingen drohte. Daher wies sie auf den Hauptinhalt der Religion nur andeutend hin und legte den Ton allein auf die im Ringen des sittlichen Geistes entspringende Wurzel der Religion. Allerdings, förderte sie damit den von Feuerbach geweckten Illusionsverdacht – Ritschl spürte die Gefahr nicht und gab keine genügenden Waffen dagegen.

Ja er verstärkte den Verdacht, indem er Lotzes Betonung des „Wertes" übernahm. Er suchte – wohl Jul. Kaftan folgend – den praktischen Charakter der Religion dadurch zu erhärten, daß er von der 2. Aufl. an dem Wert religiöse Bedeutung gab: während das theoretische Erkennen nur durch ein Urteil über seinen Eigenwert begleitet oder geleitet wird, besteht „das religiöse Erkennen im Christentum in selbständigen Werturteilen, indem es sich auf das Verhältnis der von Gott verbürgten und von dem Menschen erstrebten Seligkeit zu dem Ganzen der durch Gott geschaffenen und nach seinem Endzweck geleiteten Welt richtet" (ebd. 197). Das Werturteil steht also nach Ritschl nicht im Gegensatz zum Seinsurteil, sondern zum theoretischen Urteil. Der „Wert" wird dabei zweifellos als objektive Größe verstanden, d. h. als etwas, das nicht wir setzen, sondern das uns im Wertgefühl beansprucht und ergreift. Aber da Ritschl auch hier nur kurze Thesen gab, konnte er wiederum den Verdacht der bloßen Ideologie oder subjektiven Willkür nicht bannen.

Die Beispiele genügen für den Nachweis, daß Ritschls Ziel und Größe nicht in der Behandlung der Vorfragen liegt. Er wirft durch seine erkenntnistheoretischen Sätze und seinen Religionsbegriff so schwere wie wichtige Fragen auf – gewiß ein Verdienst –, aber er beantwortet sie nicht in umfassender Untersuchung und legt daher verhängnisvolle Mißverständnisse nahe. Erst wer das Ganze seiner Theologie und damit die religiöse Grundlage auch seiner prolegomenischen Erörterungen überblickt, vermag sie in ihrer relativen Bedeutung zu würdigen. Für uns aber ist zunächst die Tatsache wichtig, daß er ohne prolegomenisches oder religionsphilosophisches Sonderinteresse überall so rasch als möglich das entscheidende Gebiet, die Dogmatik, in Angriff nimmt.

Die Hauptfrage der Theologie ist für Ritschl die Besinnung auf das eigentliche Wesen des *Christentums*. Sie führt zu dem Ergebnis: „Das Christentum ist die monotheistische vollendet geistige und sittliche Religion, welche auf Grund des erlösenden und das Gottesreich gründenden Lebens ihres Stifters in der Freiheit der Gotteskindschaft besteht, den Antrieb zu dem Handeln aus Liebe in sich schließt, das auf die sittliche Organisation der Menschheit gerichtet ist, und in der Gotteskindschaft wie in dem Reiche Gottes die Seligkeit begründet" (Rechtf. u. Vers. III³ 13 f.). Der Satz ist sichtlich eine Weiterbildung von Schleiermachers Bestimmung des Christentums (Glaubenslehre § 11). Sie kennzeichnet seine Theologie sowohl in dem, was sie beibehält, als auch in dem, was sie abwandelt, aufs deutlichste. Grundlegend wichtig ist zunächst das eine, daß auch Ritschl das Christentum auf den geschichtlichen *Jesus* gründet. Die Person Christi, von der sein Werk untrennbar ist, wird die zentrale Offenbarung und damit Erkenntnisgrund für alle Inhalte unseres Glaubens, zugleich Herr und Haupt seiner Gemeinde. Das ist der feste und doch bewegungsmächtige Punkt, von dem aus alles Verständnis gewonnen, alles Erstarrte belebt, alles rationalistisch oder spekulativ oder schwärmerisch Erkrankte geheilt werden soll. Ritschl sieht dabei Jesus weit mehr als Schleiermacher im biblisch-kirchlichen Zusammenhang, auf dem alttestamentlichen Hintergrund, bezeugt von der Urgemeinde und der christlichen Kirche, also nicht auf Grund eines historisch herausgearbeiteten „Lebens Jesu", sondern aus seiner *Stellung in der von Jesus Christus gegründeten Gemeinde* heraus[28]. Die kritische Schulung, die er Baur verdankt, hält er grundsätzlich aufrecht, aber er übt sie nicht in abstrakt-neutraler Wissenschaftlichkeit, sondern bewußt im Dienst des konkreten Verständnisses, als Funktion kirchlicher Theologie. All die Schwierigkeiten, die seine historisch-kirchliche Begründung des christlichen Glaubens zweifellos verursacht, können doch die Tatsache nicht verdunkeln, daß sie auf einen theologisch fruchtbaren Weg führt. Seine ganz theologische Methode, vor allem sein Kampf gegen den Ausgang vom individuellen Bewußtsein, ist hier verankert.

Als wichtig erscheint ferner in Ritschls Bestimmung des Christentums die scharfe Prägung und Betonung des Positiven. Während Schleiermacher erst in einem späteren Paragraphen die „Erlösung" als „vollendete Schöpfung der menschlichen Natur" ins Positive wendet, stellt Ritschl sofort Reich Gottes und Gotteskindschaft in den Vordergrund; er denkt das Christentum nicht mehr als Kreis, der die Erlösung zum Mittelpunkt hat, sondern als Ellipse, deren Brennpunkte Erlösung und Reich Gottes sind. Diese Verschiebung ist desto folgenreicher, weil sie bei Ritschl noch rascher und enger als bei Schleiermacher das Positive mit dem *Sittlichen* verbindet. Die Beziehung auf das tätige Leben ist ihm mit der geschichtlich-kirchlichen Begründung zusammen das feste Rückgrat, das aller intellekt-, gefühls-

---

[28] Ritschl Stellungnahme in der Gemeinde bzw. Kirche kann kaum stark genug betont werden. Sie gab seiner Theologie eine in ihrer inneren Freiheit von der neulutherischen ganz verschiedene Kirchenfreudigkeit.

und phantasiegeleiteten Verbiegung widersteht. Auch die Richtung
der Liebe auf die „sittliche Organisation der Menschheit" ist bedeutsam: sie konkretisiert die allgemeine sittliche Haltung des Glaubens
und wendet sich im besonderen gegen die pietistische Beschränkung
des christlichen Handelns auf die Sonderzwecke der „Reichgottes-
arbeit"; sie will die unreformatorische Stellung zu den natürlichen
Lebensformen überwinden, den Glauben in seiner Beziehung zu Welt,
Beruf, Ehe, Staat entkrampfen. Der Fortschritt über Schleiermacher
hinaus liegt auch hier vor allem in der strengeren Fassung des Sittlichen, die Ritschl teils der eigenen Art, teils dem Rückgang auf Kant
verdankt. Freilich lernt er von Kant nicht genug, sofern er die Bedeutung der unbedingten Forderung für dessen Ethik nicht erfaßt, und
folgt ihm doch wieder zu weit, sofern er die ethischen Begriffe, z. B.
den des Zwecks, den religiösen überzuordnen geneigt ist und dadurch
Gefahr läuft, den christlichen Glauben wieder moralistisch zu ver-
flachen. Daß hier Schwierigkeiten bleiben, zeigt die Unklarheit des
Begriffs „Reich Gottes", der bald mehr die sittliche Seite des Christentums vertritt, bald mehr als religiöse Größe (das „höchste Gut")
erscheint.

Gerade dieser Gefahr sucht Ritschl allerdings außer durch jenes
Ellipsenbild durch seine Lehre von der *Rechtfertigung* und von der
Vollkommenheit zu begegnen, die seiner Theologie die innerste Kraft
gibt. Sie bringt die Verbindung des Sittlichen mit dem Christlich-
Religiösen, das Ineinander der schlechthinnigen Abhängigkeit und der
eigenen Selbsttätigkeit zum schärfsten Ausdruck. Das Wesen der
Rechtfertigung ist die als schöpferisch-lebendiges Tun Gottes verstandene Sündenvergebung. Gott rechtfertigt den Sünder („synthe-
tisches", nicht „analytisches" Urteil!), indem er ihm in Christus die
Sünde vergibt; das Ergebnis ist die Versöhnung: das Gnadenangebot
Gottes in Christus überwindet das Schuldbewußtsein, d. h. die von
Gott trennende Wirkung der Sünde, so daß an die Stelle des Miß-
trauens gegen Gott glaubendes Vertrauen, an die Stelle der wider-
göttlichen eine neue Gott-geeinte Willensrichtung tritt. Gerichtet ist
dies Tun Gottes, weil durch Jesus Christus vermittelt, auf dessen
Gemeinde als Ganzes; nur in ihr gewinnt der glaubende Einzelne
Anteil daran, so daß sie nicht nur die Mutter, sondern auch die
dauernde Trägerin seiner Gottbezogenheit ist. Durch das Bild der
Adoption sucht Ritschl die Art der neuen Gottesgemeinschaft zu ver-
deutlichen. Praktisch wirkt die Adoption, die Gotteskindschaft, sich
in den „Funktionen" des Versöhnungsglaubens aus, die in ihrer Ein-

heit die christliche *Vollkommenheit* bilden. Sie sind sowohl von religiöser als auch von sittlicher Art und verwirklichen gerade in ihrer inneren Verbundenheit die neue Ganzheit des von Gott in diese unsere Welt gestellten Menschen, d. h. das reformatorische Lebensideal im Gegensatz zum mönchisch-pietistischen. Mit Hinweis auf Augustana 27 versteht er unter der religiösen Seite der Vollkommenheit das aktive Vertrauen auf die väterliche Vorsehung Gottes, die geduldige Ergebung in die von Gott verhängten Leiden als die Mittel der Erprobung und Läuterung, das demütige Lauschen auf den Zusammenhang der göttlichen Fügung unseres Schicksals, das beständige Gebet; so wird mitten im Weltleben die christliche Gewißheit immer neu belebt und die christliche Weltbeherrschung geübt. Entsprechend kommt es auf der sittlichen Seite der christlichen Vollkommenheit darauf an, gerade im Alltagsleben die innere Ganzheit der christlichen Persönlichkeit zu bewähren. Daher wird am stärksten die Berufserfüllung und die Charakter- oder Tugendbildung betont. So wird die Lehre von Rechtfertigung, Versöhnung und Vollkommenheit der Unterbau für eine gegenwartsmächtige Welt- und Lebensanschauung, die umfassende Durchführung des Lutherschen Satzes: Wo Vergebung der Sünden, da ist auch Leben und Seligkeit[29].

[29] Unter den Einzelinhalten von Ritschls Theologie seien wenigstens drei besonders umstrittene genannt. *Sünde* ist für Ritschl ein religiöser Begriff indirekter Art, sofern sie nicht von Gott selbst gewirkt ist und vom christlichen Lebensideal, d. h. von Christus her, verstanden werden muß. Innerhalb dieses Verständnisses empfängt sie, wie schon die zentrale Stellung der Vergebung zeigt, starke Betonung; sie wird nach Augustana 2 rein religiös als Mangel an Gottesfurcht und Gottvertrauen und als widergöttliche Willensrichtung bestimmt, wird der Abstraktheit der überlieferten Erbsündenlehre entnommen und unter das Bild eines Reiches der Sünde gestellt, das, dem Reiche Gottes entgegenstehend, sowohl die allseitigen überindividuellen Zusammenhänge wie die Eigenbedeutung der konkreten Einzelsünden anschaulicher macht. – Bei der Lehre von *Christus* gibt die enge Verbindung von Person und Werk auch der Christologie praktischen Charakter. Der Begriff der Gottheit wird für ihn aufrecht gehalten, aber von aller Metaphysisierung befreit und lediglich auf die religiöse Einheit mit Gott bezogen (Offenbarung Gottes, Verwirklichung der göttlichen Gnade und Treue sowie der geistigen Weltbeherrschung, erst in der Erfüllung seines eigenen Berufs, dann in der Gemeinde des Gottesreichs). – Die alte *Dreiämterlehre* wird erheblich umgeprägt: Christus vertritt als königlicher Prophet Gott gegenüber den Menschen, als königlicher Priester seine Gemeinde vor Gott. Im besonderen das hohepriesterliche Amt bedurfte wegen seines Zusammenhangs mit der Versöhnung gegenüber den Unzulänglichkeiten der orthodoxen

c) *Historische Würdigung*. – Ritschls Theologie knüpft, obschon an vielen Punkten unbewußt, umfassender und tiefer an die Grundabsichten *Schleiermachers* an als jede frühere. Wir werden sie daher am besten von ihnen aus und mit den an ihnen gewonnenen Maßstäben würdigen können.

Fortsetzer Schleiermachers ist Ritschl zunächst im Kampf für die Selbständigkeit der Religion überhaupt, des Christentums im besondern. Auch die dennoch bestehende Verbindung mit Welt und Wissenschaft zeichnet Ritschl im Hauptzug ähnlich. Wenn Schleiermacher in der philosophischen Ethik wichtige Anknüpfungspunkte gefunden, den ethischen Zug im Christentum betont, die schlechthinnige Anhängigkeit von Gott in der menschlichen Selbsttätigkeit, die Bedeutung der Gemeinschaft für den christlichen Glauben, die Verpflichtung und Mitverantwortlichkeit des Christen für die Welt aufzuweisen gesucht hatte, so folgt Ritschl ihm in all diesen Punkten. Aber die Verwandtschaft greift weiter bis in das Innere der Theologie hinein. Die Theologie ist dem einen wie dem anderen selbständige Funktion der Kirche; sie dient ihr in vollster Freiheit gerade durch die Strenge des methodischen Denkens – in der sie hinter keiner anderen Wissenschaft zurückstehen darf – bei der Klärung ihres Wesens und der Leitung ihres Wirkens. Sie ist bei beiden christozentrisch und lebt bei beiden in der Einheit der scharfen Spannungen, die den evangelischen Glauben kennzeichnen: „Objektivität" und doch „Subjektivität", kirchliche Gebundenheit und doch persönliche Glaubensverantwortung, Beugung unter die Geschichte und doch historische Kritik, Blickrichtung auf den festen Grund und doch zugleich auf die jeweils neue weltmissionarische Sendung des Glaubens!

Freilich genauere Betrachtung sieht, daß alles Gemeinsame bei Ritschl eine neue Wendung empfängt; die individuelle und die zeitbedingte Verschiedenheit setzen sich überall durch. Auch Schleiermacher reichte im Gegensatz zum spekulativen Idealismus dem Realismus die Hand, aber erst Ritschl stellt sich völlig auf den Boden des neuen Realismus. Auch Schleiermacher stand in beständigem geistigen Ringen mit Kant, aber erst Ritschl macht mit Kants Selbstbegrenzung

Lehre neuer Bearbeitung; ähnlich wie Hofmann, doch unter stärkerer Heranziehung des alttestamentlichen Bundes- und Sündopfers, lehnt Ritschl die stellvertretende Genugtuung radikal ab und gibt dem Todesleiden Jesu den positiven Sinn, daß es als hohepriesterliche Vollendung seines Lebens die Glaubenden zu Gott führt und seine Gemeinde mit der Sündenvergebung ausstattet.

des menschlichen Erkennens und Kants Primat des Ethischen in der
Weltanschauung vollen Ernst. Auch Schleiermacher berief sich auf
Reformation und Bekenntnisschriften, aber erst Ritschl gibt dieser
Berufung tieferen Klang und bestimmende Gewalt. Kraft dieser mehr
realistischen, Kantischen und reformatorischen Art vermag er abzu-
streifen, was Schleiermacher an romantischen, ästhetischen, spekulativen Zügen aus seiner Zeit übernommen hatte, und seine Theologie
radikaler aus der abstrakt-dialektischen Haltung in die auch schon
von Schleiermacher gesichtete Fülle konkreter, sowohl historischer
wie gegenwärtiger Lebensbeziehungen zu überführen. Daher treten
auch jene Spannungen bei ihm noch schärfer hervor: er haucht jeweils
beiden Seiten im Vergleich mit Schleiermachers harmonisierender Neigung größere Bewußtheit des Gegensatzes ein, verbindet sie aber
gleichzeitig fester zu lebendiger Einheit. Augenfälliger ist die Verstärkung der *objektiven* Seite. Vor allem gewinnt der Gottesgedanke
durch stärker willenhafte, personale, transzendente, überhaupt biblische
Fassung größere Gewalt, entsprechend der Gedanke der Offenbarung,
der Gnade u. ä. So wird es möglich, daß Ritschl die Rechtfertigung
wieder an den von Paulus und Luther gewiesenen Platz stellt. Aber
auch der Kirchenbegriff, dem Ritschl nächst dem Gottes- und Recht-
fertigungsgedanken in Auseinandersetzung einerseits mit dem Pietismus, Schleiermacher und der unreformatorischen Abtrennung der
sichtbaren von der unsichtbaren Kirche, anderseits mit dem Neuluthertum die größte Aufmerksamkeit widmet, bezeugt dieses Streben:
er wird, ohne je der Bekenntnistreiberei, der Kirchenmystik, der hierar-
chischen oder gesetzlichen Trübung zu verfallen, ganz auf das Tun
Gottes, Jesu Christi und des hlg. Geistes (Wort und Sakrament)
gegründet. Allein die *subjektive* Seite wird nirgends durch die – bis
zum Schein eines „Offenbarungspositivismus" verstärkte – objektive
gelähmt. Der Ton, den Ritschl im Glauben auf die Selbsttätigkeit, auf
die Gegenwartsbedeutung, auf die Überwindung des Schuldbewußt-
seins, auf die religiösen und sittlichen Funktionen der Versöhnung,
überhaupt auf das Persönliche legt, hält dem Objektiven durchaus
das Gegengewicht. Der offenbarungsbezogene Glaube überbietet also
das ungeeignete Schema „subjektiv-objektiv" bei Ritschl noch deutlicher als bei Schleiermacher.

Ritschls Theologie ist nach alledem trotz seiner Aufgrabung ver-
gessener biblischer und reformatorischer Schätze in hohem Maße
Vereinfachung und *Konzentration*. Sie wirft allen falschen Reichtum
bei Seite und beschränkt die Dogmatik, ihre eigentliche Seele, tat-

sächlich auf das, was „in der Predigt und in dem Verkehr der Christen untereinander verwertet werden kann" (Rechtf. u. Vers. III³ 573). Hier aber durchdenkt Ritschl den Stoff mit einer bis dahin unerhörten Schärfe; und zwar so, daß es ihm überall wirklich um die Existenz des Menschen, die vor Gott und die in der Welt, geht. Damit scheint die freie Bahn für eine ebenso evangelische wie zeitentsprechende Theologie gewonnen, Schleiermachers bestes Erbe verwirklicht, der Sieg des christlichen Glaubens über alle bloß natürliche Religion theologisch gewonnen, der Anspruch der Theologie auf Führung in der Kirche erhärtet zu sein[30].

Allein auch Ritschl zahlt der *individuellen und der Zeitbedingtheit* seinen Tribut. Die Scheu seiner nüchternen Natur, das – von ihm anerkannte – religiöse Geheimnis zur Geltung zu bringen, hemmt vielfach sein theologisches Denken und läßt seine Sätze flacher klingen, als sie

---

[30] Dem entspricht das Verhältnis Ritschls zu den überkommenen theologischen *Richtungen*. Er übt scharfe Kritik an ihnen allen: an der freien und der Repristinationstheologie wegen ihres Dogmatismus und ihrer Parteisucht, an der Vermittlungstheologie wegen ihrer unklaren „Verquickung pietistischer Verweichlichung und Melanchthonischer Repristination unter der Firma der Verehrung von Schleiermacher" (O. Ri. II 113). Aber mit jeder weiß er sich auch verbunden. Zunächst mit der freien Theologie, weil er von ihr die Selbständigkeit und Methodik des wissenschaftlichen Denkens, insbesondere von Baur auch den „treffenden und großartigen Blick in die Geschichte der Theologie" (Jahrbücher für deutsche Theol. 61, S. 433), die Strenge der historischen Betrachtungsweise gelernt hatte. Bei den Repristinatoren erkennt er die kirchliche Einstellung an und würdigt vor allem ihren größten Vertreter Hofmann gelegentlich höher als irgend einen Theologen seiner Tage; seine Exegese, seinen Schriftbeweis nennt er ein „Denkmal wahrer evangelischer Theologie" (Aufsätze II S. 7), von manchen Zügen seiner Versöhnungslehre, von seinem Ersatz der Metaphysik durch die Geschichte spricht er sehr positiv. (Aus O. Ri. s. vor allem I 307 ff., zu dem einseitig polemischen Aufsatz Ritschls über Hofmanns Methode II 99 f. 155. 327 f.). Am schwierigsten ist seine Stellung zur Vermittlungstheologie zu bestimmen. Denn ihr unklares Schwanken widerspricht seiner ganzen Natur; und doch steht er nicht nur seinem zu ihr gehörenden Vater, sondern auch seinem ersten theologischen Lehrer C. I. Nitzsch sowie R. Rothe lebenslang in hoher Verehrung gegenüber, stimmt ihr auch sachlich in der Schätzung der Union, in der Ablehnung der kirchlichen Parteisucht wie des theologischen Dogmatismus, Nitzsch und Rothe auch in der religiösen Hochwertung des Ethischen von Herzen zu und erwartet am ehesten von ihr eine heilsame Wendung (O. Ri. I 437). So faßt er trotz seiner scharfen Polemik tatsächlich die bedeutsamsten Anliegen der älteren Richtungen zusammen und fügt sie seiner Verwirklichung des Schleiermacherschen Erbes ein.

---

gemeint sind. Die ethische Schematisierung seiner Theologie drängt wichtige Züge des biblischen und reformatorischen Glaubens zurück, zwingt ihn zu modernistischer Umfärbung der biblisch-reformatorischen Gedanken, beraubt seinen Rückgang auf die Geschichte der vollen theologischen Wirksamkeit und läßt weder die Frage nach dem Verhältnis des Glaubens zum Sittlichen noch die nach dem Verhältnis des Glaubens zur Geschichte ganz lebendig werden. Auch das Verhältnis des christlichen Glaubens zur natürlichen Theologie wird dadurch verwirrt. Einerseits pflegt er trotz ihrer radikalen Verwerfung ethische Gedankengänge, die wiederum Anleihen bei ihr bedeuten (moralischer Gottesbeweis, Anwendung ethischer Begriffe auf das Gottesreich, Religionsbegriff u. a.), andererseits läßt er sich durch seine nüchterne und ethische Haltung an der christlichen Wertung sowohl der Natur als auch des Ästhetischen und des Welterkennens hindern, isoliert Glauben und Theologie, versäumt die Klärung der natürlichen Religion und lähmt so die erstrebte positive Stellung des Glaubens zur Welt, d. h. den Universalismus des Glaubens. Innerdogmatisch ist es vor allem der Gottesgedanke, der unter solchen Verengungen leidet; Ritschls Abneigung gegen die biblischen Begriffe der Heiligkeit und des Zornes Gottes trübt auch sein Verständnis der göttlichen Liebe, um das er sich doch ernster als die überlieferte Theologie bemüht. Endlich liegt die Selbstgewißheit seines Denkens, die mit dem Sicherheitsgefühl des kulturstolzen Bürgertums dieser Zeit innerlich verbunden ist, wie ein Schatten über seiner Theologie. Schon die persönliche Lebenserschütterung, die nicht nur der Pietismus, sondern auch der biblisch-reformatorische Glaube bezeugt, tritt bei ihm stark zurück; vor allem aber bleibt er taub gegenüber dem unterirdischen Grollen, das von den Erschütterungen der Gesamtlage, von Nietzsche und der sozialen Frage aus die deutsche Welt jetzt zu erschrecken beginnt. Sein Denken zeigt so wenig davon, daß es weithin als unproblematisch berührt; die enge Verbindung der theologischen Krisis, um deren Überwindung er kämpft, mit der allgemeinen Krisis der Zeit kommt ihm nicht zum Bewußtsein.

Diese Schwäche nimmt der Theologie Ritschls nicht ihre Größe. Indem sie wenigstens an den entscheidenden Punkten die alten Überlieferungen und Fronten durchbrach, hat sie die geschichtliche und systematische Selbstbesinnung des evangelischen Christentums stärker gefördert als jede andere seit Schleiermacher. Sie hat das evangelische Christentum Deutschlands, soweit es dabei auf Theologie ankam, vor der Gefahr bewahrt, mit dem spekulativen Idealismus, der Romantik, dem Neupietismus und Neuluthertum unterzugehen. Sie hat die Bahn für neue Arbeit frei gemacht und diese mit grundlegend wichtigen Erkenntnissen ausgerüstet. Sie hat das Luthertum neu belebt, ohne der Repristination zu verfallen. Sie hat dem evangelischen Glauben zu einer Formung verholfen, die wieder gegenwartsmächtig zu dem um seine sittliche Selbständigkeit ringenden, in den natürlichen Lebensformen stehenden und arbeitenden Menschen sprechen konnte; sie hat ihm ein Klima gegeben, das kühl, aber gesund und kräftig war. Sie war die rechte Theologie für das realistische Zeitalter Bismarcks – wie dessen Werk nicht endgültige Lösung der offenen Fragen, aber notwendige Voraussetzung für jede ernsthafte weitere Arbeit an ihrer Beantwortung.

3. Die Entwicklungshöhe der historischen Theologie

Gewann schon für den Systematiker Ritschl die historische Arbeit überall mitbestimmende Bedeutung, so nahmen erst recht die eigentlichen historischen Gebiete der Theologie einen weiteren mächtigen Aufschwung. Jetzt, auf der Höhe der geschichtlichen Zeitstimmung, kamen sie zu voller Entfaltung. Sie erhoben sich zu Leistungen von dauernder Bedeutung und halfen die geschichtliche Besinnung des evangelischen Christentums durchführen, indem sie einerseits den Zusammenhang mit der Vergangenheit, anderseits durch die historische Kritik den Wahrheitssinn und die Reformbereitschaft stärkten. Zugleich verbanden sie in alledem das kirchliche Bewußtsein eng mit dem allgemeinen realistisch-geschichtlichen Gepräge der Zeit.

Dennoch hat ihre Arbeit von vornherein auch einen tragischen Zug. Die Gunst der Zeitstimmung, die ihr die Segel schwellte, nahm ihr zugleich die Offenheit für streng theologische Besinnung. Darum gewann die historische Theologie nicht die notwendige Widerstandskraft gegenüber dem allmählich heraufziehenden Historismus[31]. Indem aller Eifer dem Ziel gewidmet wurde, endlich auch auf religiösem Gebiet die allgemein-geschichtliche Betrachtungsweise, d. h. vor allem

---

[31] „Historismus" (s. S. 248) hat hier nicht den weiten Sinn, den z. B. Meinecke (Die Entstehung d. H., 2 Bde 1936 [2]1947) handhabt, sondern den zugespitzten, in dem zumeist der Relativismus, doch zuweilen auch die Herrschaft der Vergangenheit über das Heute oder die Überwertung des Spezialismus und der Kleinarbeit bestimmend wird.

den Entwicklungsgedanken durchzuführen, vergaß man, ihre Methode überhaupt, ihre Anwendbarkeit auf das theologische Gebiet im besondern grundsätzlich zu prüfen. Die Einsprüche und Abwandlungen, die man mannigfach versuchte, waren zu wenig mit der Einsicht in Wesen, Recht und Tragweite des geschichtlichen Denkens verbunden, als daß sie hätten wirken können; sie wurden als Mißverständnisse oder Dogmatismen beiseite geschoben. Man half sich durch inkonsequente Durchführung gegenüber den Gefahren der Methode, unterlag aber damit von vornherein jedem konsequenteren Zugriff. Die Ursache lag darin, daß die historische Selbstbesinnung des Christentums jetzt den Fehler der dogmatisch-religionsphilosophischen wiederholte: sie forderte Alleinherrschaft, statt zu erkennen, daß nur historische und systematische Selbstbesinnung zusammen wahrhaft vorwärts führen können. Die mächtige Stärkung, die Ritschl der Theologie gerade durch die Verbindung beider brachte, bewahrte nur die Systematik, jedoch nicht das Gesamtgebiet der Theologie vor historistischer Überflutung. Das Ergebnis war, daß die Historie zwar eine Stellung nach der andern besetzte, aber nicht spürte, daß unter diesen Stellungen verborgene Minen lagen, die ein Funke zur Explosion bringen konnte.

Die Schwierigkeit der Lage zeigte sich schon zu Lebzeiten Ritschls. Denn es traten zwei bedeutende Theologen auf, die wenig jünger waren als er und doch schon in ganz anderem Grade dem Bann des Historismus erlagen: *Lagarde* und *Overbeck*. Sie bewiesen durch die Tiefblicke, die ihnen auf ihren Wegen zuteil wurden, aufs neue die theologische Fruchtbarkeit historischer Besinnung, durch ihre Unfähigkeit, diese Tiefblicke theologisch durchzuführen, die Ohnmacht einer die systematische Besinnung ablehnenden Historie. Da sich in ihnen neue Möglichkeiten zeigten, wenden wir uns zunächst ihnen zu, um dann die Entwicklung der *einzelnen Gebiete* zu verfolgen und zum Schluß in dem glänzendsten Vertreter dieser Entwicklung, in *Harnack*, noch einmal ihre Einseitgkeit ebenso wie ihre Größe zu erkennen.

a) *Neue Möglichkeiten.* – *Paul de Lagarde*[32] war begeisterter Philologe, zumal grundlegender Orientalist. Um die Theologie als Ge-

---

[32] Der ursprüngliche Name war Bötticher; 1827–91. Seit 69 Nachfolger Ewalds in Göttingen. Von seinen Werken kommen hier besonders in Betracht: Deutsche Schriften, 1873. 81, Gesamtausgabe 92; Zitate nach P. Fischer, P. de Lag., Schriften f. d. deutsche Volk, 2 Bde, 1924 (²34), der die „Deutschen Schriften" im 2. B. durch „Ausgewählte Schriften" ergänzt. – Neuere Lit.: W. *Hartmann*, P. de L., 33; K. *Fischer*, Das Paulus-

schichtswissenschaft auf eine feste Grundlage stellen zu helfen, gab er kraft genialer Sprachgelehrsamkeit eine Fülle von wichtigen Urkunden der alten Kirchengeschichte trefflich heraus (vor allem syrische, aber auch koptische, arabische, griechische, lateinische Texte), förderte die neutestamentliche Textkritik und erleichterte das Studium durch sprachliche, religionsgeschichtliche, kirchengeschichtliche Untersuchungen. Sein Lieblingsziel war eine kritische Ausgabe der Septuaginta, die er freilich nicht durchzuführen vermochte. Mit alledem schärfte er die Waffen und das methodische Gewissen der historischen Theologie und streute eine Fülle von Anregungen aus.

Aber so wichtig sein fachwissenschaftliches Schaffen war, sein Wollen ging tiefer und weiter. Er hatte die Ereignisse von 1848 tief erlebt und spürte bereits in den 50er Jahren etwas von der großen Erschütterung, die dann bei Nietzsche gewaltig zutage trat („Ich werde nicht müde werden zu predigen, daß wir entweder vor einer neuen Zeit oder vor dem Untergang stehen" II 279). In dieser Lage trat der Eifer des wissenschaftlichen Erkennens (II 133) ihm zurück hinter den Kampf um die Neugeburt aller Lebensgebiete. Sein Ziel war „radikaler Konservatismus", ein Kampf „gegen die Wirklichkeit Deutschlands für das wirkliche Deutschland". Und er war überzeugt, daß nur auf religiösem Gebiet die rechte Hilfe gefunden werden könne, blieb deshalb auch in schärfster Kritik an Kirche und Theologie seiner Zeit doch begeisterter Theologe. Eine Arbeitsgemeinschaft mit dem Göttinger Kollegen Ritschl, mit dem ihn doch ethisches Denken verband (I 251 ff.), konnte er dabei nicht finden. Seine Kritik machte ihn so skeptisch gegenüber dem ganzen geschichtlich gewordenen Christentum, daß er sogar den Protestantismus für eine „überwundene Erscheinung" hielt (II 269) und Luther beinahe haßte. Das dogmatische Denken, dem Ritschl heilende Kraft zutraute, lehnte er als bloßes Konstruieren und satte Selbstsicherheit grundsätzlich ab; nur der schlichte Rückgang auf das *Evangelium* selbst als auf „eine durch religiöse Genialität gefundene Darlegung der Gesetze des geistigen Lebens" und seine fortwährende Ergänzung „durch weitere Beobach-

u. d. Lutherbild L.s, Zw. d. Zeiten 33; *H. E. Eisenhuth,* Die Idee d. nationalen Kirche bei L., ZThK 34; *L. Schmidt,* P. de L. Kritik an Kirche, Theol. u. Christentum, 35; *A. Rahlfs,* L. wissenschaftl. Lebenswerk, 28; *G. Bertram,* Theol. Kritik u. Textkritik bei L., Kirche im Angriff 37, H. 11. *H. W. Schütte,* Theologie als Religionsgesch. Das Reformprogramm P. de L.s (NZsystTh 8, 66, 111–120).

tung des geistigen Lebens" (I 69 f.) schien ihm eine Glaubenslehre begründen zu können. Tatsächlich hat er die Gedanken, die sich aus
solcher Grundhaltung ergaben, niemals in systematischen Zusammenhängen oder in planmäßig umfassenden geschichtlichen Forschungen
zum Ausdruck gebracht.

Theologie ist für Lagarde das Wissen um die Geschichte der Religion
(I 256; „um die Geschichte des Reiches Gottes" II 166). Dies Wissen
aber muß der inneren Fühlung mit den Quellen entspringen; und
Quellen sind ihm nicht schon die gedruckten Urkunden selbst, deren
richtige Darbietung allerdings jetzt die erste Aufgabe der Theologie
sei, sondern „die Menschen, aus deren Herzen und Leiden das Leben
der Kirche hervorgesprudelt, . . . die Institutionen, welche das religiöse
Leben der einzelnen Christen gezeugt, erzogen, erhalten haben, . . .
der Kultus, dessen Fehlen den Protestantismus zu Grunde gerichtet"
(I 176). So verallgemeinert sich ihm die Theologie zur Religionsgeschichte in einem ungewohnt tiefen Sinn des Wortes. Er schreibt ihr
etwas Priesterliches, ja Prophetisches zu, ist mit dem innersten Herzen
an dem Gegenstand seiner Forschung beteiligt. Es geht ihm in der
Religion, darum auch in der Religionsgeschichte, überall um das durch
Offenbarung geschenkte „Leben des Menschen mit Gott und vor Gott"
(II 200. 37). Ihr Inhalt hat einen starken überweltlichen Zug. „Der
Fromme freut sich an Welt und Geschichte, weil er in beiden etwas
erblickt, was nicht Welt und Geschichte ist . . . Der Mensch flüchtet
vor Welt und Geschichte zu Gott, weil er in beiden etwas erblickt, was
nicht zu ihm selbst stimmt" (I 182 f.). Daher liegt für den Frommen
„der Schwerpunkt seines Daseins in dem Leben nach dem Tode. Er
kann die Erde verachten und kann sie besiegen, denn er weiß, daß sie
mit aller ihrer Lust und mit allem ihrem Schmerze vergehen wird. . . .
Für den Frommen ist jedes Begebnis seines Lebens ein Wort Gottes,
das nur an ihn gerichtet ist, das von ihm allein verstanden werden
muß und von ihm allein verstanden werden kann" (I 160 f.). In solchen Sätzen lebt innigst-persönliche Gottbezogenheit und zugleich ein
Universalismus, der grundsätzlich in allen Religionen, aller Geschichte
und allem Schicksal die Offenbarung des gegenwärtigen Gottes zu erfahren vermag.

Dennoch ist auch für ihn die höchste, unüberbietbare Gestalt der
Religion das Evangelium; denn es führt nicht nur auf den Weg zu
Gott, sondern in das Leben mit Gott selbst hinein. Es ist unerklärbar
in Jesus entstanden und ist gebunden an die Lebensgemeinschaft mit
ihm als dem Genius, der die ewige Wahrheit unmittelbar empfand

(I 262. 274). *Jesus* steht zwar im Gegensatz zum Judentum, aber in Zusammenhang mit den Propheten (I 261). Er ist „der Erstgeborene unter vielen Brüdern, die Zelle, an welche andere Zellen anschließen, ein Urheber neuen Lebens und neuer Gestaltungskraft in der Geschichte, nicht bloß Mensch im Gegensatz gegen die in der Nationalität Befangenen, sondern Person als Meister, Typus, Vater ihm gleichartiger Personen, wenn man will, Christ vor Christen" (I 262 ff.; 87). Das Dogma vom eingeborenen Sohne Gottes bringt das Bewußtsein zum symbolischen Ausdruck, daß die Menschheit ein unmittelbarer Gedanke des Schöpfers ist.

Aber als Weg zum gegenwärtigen Leben mit Gott weist das Evangelium zugleich in die gottgegebene Wirklichkeit des irdischen Lebens hinein. Freilich versteht Lagarde sie nicht in ihrer ganzen Weite; Religion hat bei ihm „niemals Beziehung auf die Natur: sie entsteht und verläuft innerhalb der menschlichen Gemeinde" (I 253). So erhält sie ethisches Gepräge, wird insbesondere Sache der *Gemeinschaft* – allerdings in starker Spannung mit der Betonung der individuellen Gottbezogenheit. Die Gemeinschaft vermittelt die Beziehung zur Geschichte, zu Jesus und seinem Evangelium, ohne dem „grundstürzenden Irrtum vom Werte des einmaligen Faktums" zu verfallen (I 270; s. auch 73. 268 u. a.), d. h. die historische Tatsache selbst nach fetischistischer oder jüdischer Art (Paulus) zu verselbständigen. Während die unmittelbare Beziehung der Frömmigkeit auf historische Ereignisse im katholischen und protestantischen Christentum den Glauben zum Fürwahrhalten von Dogmen verfälscht, ist das in Jesus und seiner Gemeinde an uns herantretende Evangelium vielmehr „ein neues Leben, welches die absterbenden Reste alten, kranken Lebens totlebt" (I 167). Durch solche Betonung der Gemeinschaft möchte er der Krisis der erschütterten Zeit gerecht werden: „Täusche ich mich nicht, so sind die Formen, unter denen Religion früher aufgetreten ist, verbraucht, und jetzt nur Eine neue möglich, die, Gott im Menschen zu erkennen und zu lieben, aber nur freilich nicht in dem natürlichen, sondern in dem wiedergeborenen Menschen" (I 89).

Die Gemeinschaft nun, die den Menschen am tiefsten und allseitigsten ergreift, ist die von Volk und Vaterland. Darum muß die Religion im Zusammenhang des *nationalen* Lebens stehen. Ein Konflikt der Religion mit dem Vaterlande ist nur dadurch zu vermeiden, „daß man mit allen Kräften des Gebetes und der Zucht eine nationale Religion zu erringen trachtet, in welcher die Interessen der Religion und des Vaterlandes vermählt sind" (I 156). Dabei muß das allgemeinmenschliche Evangelium „zu einer deutschen Ausgabe kommen, die kein Buch ist, zu einer Wiederholung, die das Deutschland vorzugweise Nötige hervorhebt und entwickelt" (I 88 f.). „Dem Staate und der Nation fehlt Jesus als der Träger des Evangeliums . . ., fehlt die Gemeinschaft evangelisch Gesinnter, die evangelische Kirche, welche allein das in Einzelnen hier und da verstreut vorhandene Leben sammeln . . . erhalten und wirksam machen kann" (I 87). Erst durch sie wird der Deutsche „Heimatluft in der Fremde, Gewähr ewigen Lebens in der Zeit, unzerstörbare Gemeinschaft der Kinder Gottes mitten im Hasse und der Eitelkeit, ein Leben auf Du und Du mit dem allmächtigen Schöpfer und Erlöser" (I 89 f.) empfangen. Es ist die heiligste Aufgabe des deutschen Volkes, sich dem Werden dieser nationalen evangelischen Frömmigkeit, die freilich im tiefsten durch die Taten Gottes mit unserem Volk geschaffen werden muß, zu öffnen und die Wege für eine nationale Kirche zu bereiten, die heiligste Aufgabe der Theologie, ihr dabei Pfadfinderin zu sein (I 79). Die neue nationale Kirche, die Lagarde sich nicht anmaßt prophetisch heraufzuführen, die auch der Staat höchstens vorbereiten helfen kann, die aber Gott durch seine Offenbarung schaffen wird, ist zugleich übernational gedacht; denn sie ist von der Überzeugung getragen, „daß Leben, Staat, Vaterland, Wissenschaft, Kunst niemals Selbstzweck, sondern immer nur Mittel und Material für das Wachsen der Gotteskindschaft der einzelnen Menschen ist" (I 459).

Der Vergleich mit Ritschl zeigt über die menschliche Verschiedenheit der beiden Männer hinaus eine ganz verschiedene Stellung in der Bewegung der Zeit. Lagarde hält gewisse Zusammenhänge mit dem Deutschen Idealismus aufrecht, zwar nicht mit Klassik und Spekulation, aber mit Fichtes Gedanken über das Christentum und mit der Romantik. Er gewinnt von da aus ein Programm, das religiös-kulturelle Ziele (nationale Religion, patriarchalisch-bäuerlichen Aufbau des Volkslebens) mit scharfer Weltkritik und religiöser Überhöhung aller Kultur eigentümlich verbindet. Negativ prägt seine theologische Besonderheit sich vor allem in der schroffen Ablehnung alles Jüdischen, alles Gesetzlichen und allen „Geschichtsfetischismus", d. h. auch des Paulus, Augustins, Luthers aus; positiv sucht sie nach vier Seiten hin vorwärts zu schreiten: Ausweitung der Offenbarung von der Einmaligkeit zur steten Gegenwärtigkeit, daher der Theologie zur Religionsgeschichte, Unmittelbarkeit des Verhältnisses zu Gott (Kindschaft) und zum Du, nationale Konkretisierung des Evangeliums, Veränderung der Funktion, die der Geschichte und damit Jesus im Evangelium zukommt.

An allen vier Punkten kämpfte Lagarde zunächst – durch persönliche Schwächen und Schicksal gelähmt – vergeblich gegen die allgemeine Haltung der Theologie und die überragende Gestalt Ritschls. Aber er gab Ausblicke, die Einfluß gewinnen konnten, wenn jene Haltung sich wandelte und der Eindruck Ritschls verblaßte.

Auch *Franz Overbeck*[33] war in seiner wissenschaftlichen Forschung durchaus Historiker. Er rechnete sich insofern zur Baurschen Schule, als er das Urchristentum, im Gegensatz zu aller Apologetik „rein historisch, d. h. wie es wirklich gewesen ist", erforschen und darstellen wollte. Als scharfer kritischer Geist, schon durch die Freundschaft mit Nietzsche, Treitschke, Rohde in engem Zusammenhang mit der modernen Geistesentwicklung stehend, entfremdete er sich dem Christentum in zunehmendem Maße. Gerade die innere Kühle gegenüber Religion, christlichem Glauben und theologischer Überlieferung befähigte ihn freilich auch, manches klarer zu sehen als die herrschende Theologie. Seine Begriffe der Urliteratur und Urgeschichte sowie sein Hinweis auf die literarischen Formen konnten neue Methoden erschließen. Vor allem vermochte er solche theologischen Fehler zu erkennen, die aus der inneren Verbundenheit des Forschers mit seinen geschichtlichen Stoffen erwachsen, z. B. die modernisierende Umdeutung der alten Quellen und Gestalten. Wohl am wichtigsten

---

[33] 1837–1905; aufgewachsen in Frankreich, Petersburg und Dresden; 1864 Privatdozent für Neues Testament in Jena, 70–97 Prof. in Basel. Hauptschriften: Bearbeitung von de Wettes Erklärung d. Apostelgesch., 70; Über die Christlichkeit unserer heut. Theologie, 73, ²1905 (mit Einleitung und Nachwort); viele Studien und Abhandlungen zur neutest. Wissenschaft und zur Geschichte der alten Kirche. Aus dem Nachlaß wichtig: Das Johannesevangelium, 1911, Christentum u. Kultur, 19, beide hrsg. von Bernoulli; Briefwechsel mit Nietzsche, hrsg. v. Oehler u. Bernoulli, 16; Übersetzung der „Teppiche" des Klemens Alex., hrsg. v. Bernoulli u. L. Fruechtel 36. F. O., Selbstzeugnisse hrsg. v. E. Vischer 41. – Neuere Lit.: W. Nigg, F. O. Versuch einer Würdigung 31. W. Köbler, Christentum u. Geschichte b. F. O. (Diss. Erlangen) 51; Kiefer, Die beiden Formen d. Religion des Als-Ob, 32; H. Schindler, Barth u. O., 36; von K. Barth besonders: Unerledigte Anfragen an d. heut. Theologie, 20 (auch in: Die Theologie u. d. Kirche, 28). E. His, F. O. in „Basler Gelehrte d. 19. Jh.s" 1941, 285–301; *K. Löwith*, Von Hegel zu Nietzsche ²1950, 402 ff, *Ph. Vielhauer*, F. O. u. d. ntl. Wissenschaft EvTh 10, 1950/51, 193 bis 207; *R. Bultmann* Geschichte u. Eschatologie 1958; *Klauspeter Blaser*, Harnack in der Kritik Overbecks ThZ (Basel) 21 (1965), S. 96–112. *Overbeckiana* I: D. Korr. Frz. O.s hsgg. v E. Staehelin u. M. Gabathuler Basel 1962; II: D. wisssch. Nachlaß F. O.s hsg. v. Mn. Tetz Basel 1962.

war es, daß er die eschatologische Haltung des Urchristentums mit
aller Deutlichkeit erkannte; heuristisch fruchtbar ferner, daß ihm die
Betonung der Lehre in der Regel als Flucht aus dem Ringen um die
christlich-asketische und kulturkritische Lebensbestimmtheit erschien.
Damit stieß er auf die Frage nach der Möglichkeit des Christentums
in der modernen Welt und nach der Echtheit jeder Berufung nach-
geborener Geschlechter auf Urchristentum und Neues Testament, d. h.
auf ähnliche Fragen, wie sie Kierkegaard gestellt hatte. „Die innerste
und reale Not des Christentums in der Gegenwart sitzt in der Praxis:
was das Christentum vor allem bedarf, um sich in der Welt noch zu
behaupten, ist der Erweis seiner praktischen Durchführbarkeit im
Leben". Mönchtum und Pietismus wollten diesen Erweis erbringen,
verdienen also Sympathie[34].

Mit solchen Erkenntnissen hätte Overbeck zu einem wichtigen
Lehrmeister werden können, und so mancher Theologe versuchte von
ihm zu lernen[35]. Allein Overbeck lähmte seinen Einfluß nicht nur
durch geringe Produktivität, sondern auch durch seine innere Ferne
gegenüber Religion und Christentum. Das theologische Programm,
das er entwickelte, war unmöglich. Es lautete auf seinem eigenen
Gebiet relativ harmlos: „profane Kirchengeschichte", Befreiung von
jedem dogmatischen Einschlag, hatte aber für das Gesamtgebiet verhängnisvolle Folgen. Geleitet war es von dem modernen Wissenschaftsgedanken, der die historische Wissenschaft zur Trägerin der
Objektivität, damit zum Maßstab aller Wirklichkeit erhob. Wenn nun
Overbeck das ursprüngliche Christentum als in scharfer Spannung zu
Kultur und Wissenschaft stehend erfand, mußte der christliche Glaube,
der an sich in ihm keine Macht war, vollends dahinfallen. Er bekämpfte ihn nicht, ja er achtete ihn, wo er ihm als wirkliche Lebenskraft begegnete, als „die tiefste Erfahrung des Teils der Menschheit,
zu dem wir gehören" (Christlichkeit, [2]S. 115); er riet durch Unterscheidung von Esoterik und Exoterik oder durch allegorische Bibel-
deutung die für den kritischen Theologen entstehenden Schwierigkeiten zu überwinden und suchte seine theologischen Schüler zur Rücksicht auf die Gemeinde zu erziehen; aber er war überzeugt, daß die

---

[34] Dagegen wolle man heute nur die „Illusion des Christentums erhalten;
dazu ist aber . . . die Orthodoxie viel brauchbarer als der Pietismus", und
so habe eine Dogmatik wie die Ritschls Erfolg, während die Rothesche
kläglich Schiffbruch litt (Christentum u. Kultur, 274).

[35] Vgl. den starken Eindruck, den Harnacks Brief an Engelhardt bezeugt
(Sept. 1873; s. Agnes v. Zahn-Harnack, Ad. v. Harnack, S. 90).

Wissenschaft den christlichen Glauben in fortschreitendem Maße untergraben und zum Verlöschen bringen müsse. Wissenschaftliche Theologie war für ihn nicht Dienerin, sondern Totengräberin des Christentums, ja Erlöserin von aller transzendenten Wirklichkeit; wenn sie das nicht sehen wolle, treibe sie bewußt oder unbewußt ein falsches Spiel. Vor allem unter diesem Gesichtspunkt prüfte der junge Overbeck die apologetische, liberale und kritische, der alternde die „moderne Theologie" von der Orthodoxie bis einerseits zu Ritschl und seinen Schülern (besonders Harnack), anderseits zu Lagarde, und überschüttete sie mit verständnislosen Anklagen. So wurde er durch seinen Wissenschaftsbegriff und durch persönliche Entwicklung zum religiösen Skeptizismus geführt. Doch bedeutete dieser für ihn die ruhige Hinnahme des Lebens, liebevolle Einstellung zum Dasein selbst und Achtung alles echten Menschentums, ohne Schielen über die Grenzen des Irdischen hinaus – d. h. ebenfalls einen Anteil am Realismus der Zeit, nur in ganz anderem Sinn als bei Ritschl. Die Erschütterung, die seine Auffassung des Christentums mit sich bringen mußte, durchwühlte also gerade ihn selbst am wenigsten. Wie aber sollte ihm dann die Kraft geschenkt werden, die Theologie der Zeit zum Aufhorchen zu zwingen? Es blieb auch hier bei Ausblicken, die der Verwertung in späteren Zeiten harren mußten. –

Lagarde und Overbeck hatten unter dem Druck des eigenen vollendeten Historismus schärfer als die Systematiker die Erschütterung der Lage, im besondern den weltweiten Abstand erkannt, der – geschichtlich betrachtet – die Gegenwart vom Urchristentum und der Reformationszeit trennt, und die in der naiven Modernisierung der grundlegenden Zeiten versuchte Hilfe als ohnmächtig erfunden. Für sie handelte es sich nicht mehr nur darum, rationale Zweifel zu überwinden und so die Einheit der Bildung aufrecht zu halten, sondern um das weit Schwerere, über allen Abstand hinweg die praktische Möglichkeit des biblischen Glaubens in der Gegenwart zu erproben. Das erkannte Overbeck, und das trieb Lagarde, eine „deutsche Ausgabe" des Evangeliums zu ersehnen. Wenn auf diesem oder einem ähnlichen Wege vorwärts zu kommen war, dann mußte auch die Last erleichtert werden, die der Zwang zu beständiger historischer Selbstbesinnung dem schlichten Glauben auferlegte. Mit alledem aber war eine Fülle neuer gewaltiger Fragen und Aufgaben gestellt. Vorläufig allerdings kamen sie, weil der Historismus, die Überspitzung der historischen Kritik und die persönlichen Schwächen der beiden einsamen Forscher ihre Wirkung lähmten, nirgend zur Geltung. Erst eine neue Jugend spürte, daß hier ein Wetterleuchten mächtige Gewitter ankündigen wollte. Die schon im Gang befindliche Theologie aber ließ sich in der durch Ritschl zugleich evangelisch gereinigten und verstärkten Art, den Glauben auf die grundlegenden Zeiten zu beziehen, an keinem Punkte erschüttern. So kam der Reichtum der theologischen Ansätze, der die Mitte der 70er Jahre kennzeichnet, nicht zur vollen Entfaltung.

b) *Die biblischen Wissenschaften.* – Der verflossene Zeitabschnitt hatte unbefriedigend geendet. Der Gegensatz der Richtungen ließ wirkliche Arbeitsgemeinschaft nur auf rein philologisch-historischen Gebieten gedeihen; die restaurative Theologie verschloß sich der Kritik fast völlig; der kritischen Seite aber fehlte seit dem Tode Baurs der große Führer; neue siegreiche Leitgedanken kamen zunächst nicht auf. Da griff Ritschls Hauptwerk ein. Er gründete seine Theologie auf die Bibel, hielt aber das Recht der historischen Kritik aufrecht. Die theologisch-kirchliche Fruchtbarkeit seines Wirkens kam daher auch ihr zugute: das heranwachsende theologische Geschlecht erschloß sich ihr und empfing ein gutes Gewissen für ihre Mitarbeit; die Umprägungen und Lockerungen der Inspirationslehre, die Männer wie Rothe, Hofmann u. a. vollzogen hatten, konnten sich auswirken. So wurde der Bann der Repristination wenigstens in der wissenschaftlichen Theologie allmählich gebrochen.

Volle Durchschlagskraft erhielt dieser Vorgang dadurch, daß gleichzeitig der *alttestamentlichen* Wissenschaft Führer erstanden, die ein neues fruchtbares Gesamtverständnis des Alten Testaments herausarbeiteten und so die historische Kritik von dem Schein der bloßen Negativität befreiten. Das Hauptverdienst daran kommt *Julius Wellhausen* zu[36]. Er gab der Grafschen Hypothese (s. oben III 3 b) die siegreiche Form. Durch inhaltliche Verbesserungen, glänzende Darstellung, Einfachheit und Geschlossenheit wirkte sie überzeugend; aus

[36] 1844–1918; 72 Prof. für Altes Testament in Greifswald, habilitierte sich 82 als Semitist in Halle, 85 Prof. in Marburg, 92 Göttingen. – Hier kommen von seiner wissenschaftlichen Gesamtleistung in Betracht: Geschichte Israels (I B. 78; in den späteren Auflagen „Prolegomena z. Gesch. Israels", [6]1905) Isr. u. jüd. Geschichte 94 [6](1907); eine Reihe von Spezialuntersuchungen (Composition d. Hexateuch u. d. hist. Bücher d. A. Testaments 85, [3]99, Skizzen u. Vorarbeiten 84–99) und 4.–6. Aufl. von Bleeks Einleitung 78–93. – Über J. W.: L. Perlitt, Vatke u. Wellhausen. Geschphil. Voraussetzungen u. historiographische Motive f. d. Darstellung d. Religion u. Geschichte Israels durch W. Vatke u. J. Wellhausen, 65 (BZAW 94).

der Kritik und Neuordnung der Quellen erwuchs schon in dem vorbereitenden Band des Hauptwerks ein Bild vom Werden der israelitischen Religion, das sich rasch durchsetzte und in der positiven Darstellung von 1894 eine meisterhafte Vollendung erfuhr; es ließ die
Propheten, aber auch die vorprophetische Religion, ja das ganze Alte
Testament neu und tiefer verstehen. Als Semitist wandte Wellhausen
dann freilich den Hauptteil seiner Arbeitskraft dem Arabischen zu
(seit 1903 auch dem Neuen Testament, besonders den Evangelien).
Doch blieb sein Ruhm in erster Linie mit dem Alten Testament verknüpft. Hier wurde der Eindruck seines Wirkens auch dadurch verstärkt, daß die parallelen Forschungen des Holländers *Abr. Kuenen*
in Deutschland durch Budde u. a. bekannter wurden, daß der erste
Anreger der Grafschen Hypothese, *Ed. Reuß,* jetzt in seiner eindrucksvollen „Gesch. d. hlg. Schriften d. Alten Testaments" (81) den Ertrag
seiner alttestamentlichen Lebensarbeit vorlegte, und daß an dem nunmehr religiös wichtigsten Punkte, dem Prophetismus, *Bernhard
Duhm*[37] das Wellhausensche Bild vom Werdegang der israelitischen
Religion ergänzte: bestimmte dieses den geschichtlichen Ort für den
Prophetismus, so erschloß Duhm das Verständnis für seinen Inhalt.
Die alttestamentliche Wissenschaft wurde jetzt zu höchster Blüte entwickelt; sie wurde innerhalb der Theologie so einflußreich wie nie
zuvor, und eine ungewöhnlich reiche Fülle junger Kräfte strömte ihr
zu. Den eigentlichen Stamm der „Wellhausenschen Schule", der aber
auch ältere Gelehrte, z. B. Karl Siegfried u. Hm. Schultz, sich zuge-
sellten, bildeten, nach den Geburtsjahren geordnet: Em. Kautzsch,
B. Stade, Hm. Guthe, K. Budde, W. Nowack, R. Smend, C. Cornill,
K. Marti; und in dem Geschlecht der 60er Jahre (Joh. Meinhold,
H. Holzinger, J. Benzinger, G. Beer, R. Kraetzschmar, A. Bertholet,
C. Steuernagel u. a.) fand es bald Unterstützung. Man baute die neue
Gesamtauffassung nach allen Seiten aus, unterwarf in schärfster
Quellenkritik jeden Satz des Textes ihren Gesichtspunkten und ge-
staltete die verschiedenen Einzeldisziplinen in ihrem Sinne einheitlich
aus[38]. Das Ergebnis war die Durchführung des Entwicklungsgedan-

---

[37] 1847–1928; erst in Göttingen, 80 Prof. in Basel. Hauptwerke: Theologie
d. Propheten 75; Kommentare zu Jesaja 92, den Psalmen 98, Jeremia
1901; Israels Propheten 16.
[38] Träger der Schule wurde vor allem *Bernhard Stade* (1848–1906; 75 Prof.
in Gießen; Hebr. Grammatik, I 79), der durch seine wissenschaftliche
Persönlichkeit, durch seine großangelegte „Gesch. d. Volkes Israels"

kens auf einem Gebiet, das bisher teils infolge der Inspirationslehre, teils infolge der ungenügenden Durchdringung der Quellen unüberwindliche Widerstände zu bieten schien; aber eine Durchführung, die der kirchlichen Praxis eine sachlichere Verwertung des Alten Testaments gestattete, als sie bisher möglich gewesen war. Allerdings gewann dabei die Literarkritik, der man die großen Erfolge verdankte, eine einseitige Vorherrschaft; daß sie zu wichtigen sachlichen Fehlern führen konnte, zeigte z. B. die naiv geübte Übertragung der Quellendatierung auf die Datierung des Inhalts. Auch außerhalb der eigentlichen Schule wirkten Wellhausens Gedanken; so bei dem Religionshistoriker *Wolf Graf Baudissin* (1847–1926; Prof. in Straßburg,

(I 87) und durch die Gründung der Zeitschrift f. alttest. Wissenschaft (81) starken Einfluß gewann. *Emil Kautzsch* (1841–1901; Prof. in Basel, Tübingen, Halle) förderte sie besonders durch die von ihm herausgegebene Übersetzung des Alten Testaments (90–94; ⁴hrsg. v. Bertholet; Gesenius' Grammatik, 22. bis 28. Aufl. 1878–1909). Auf *philologischem* Gebiet trat auch *K. Siegfried* hervor (1830–1903; Prof. in Jena; Hebr. Lexikon z. A. Test., mit B. Stade, 93). Für die *Einleitungswissenschaft* wurden wichtig *C. Cornill* (1854–1920; Prof. in Königsberg, Breslau, Halle; Einleitung in d. A. Test. 91, in vielen Auflagen), *K. Budde* (1850–1935; Prof. in Bonn, Straßburg, Marburg; Gesch. d. althebr. Lit. 1906) und *C. Steuernagel* (1869–1958; Prof. in Halle und Breslau; Einleitung in d. A. Test. 12), für die *Geschichte Israels* (außer Wellhausen und Stade) *Herm. Guthe* (1849–1936; Prof. in Leipzig; Gesch. d. Volkes Israels 99, ³1914), für die alttestam. *Theologie* außer H. Schultz (Alttest. Theol. 69, unter Ewalds Einfluß, spätere Auflagen unter dem Wellhausens, ⁵96), Budde (Die Rel. d. Volkes Israel bis z. Verbannung 99, ³1912), auch Stade (1905; 2. B. von Bertholet 11) und Kautzsch (11) *Karl Marti* (1855–1925; Prof. in Bern; Neuausgabe von Kaysers „Theol. d. A. Test." 85, neu bearbeitet als „Gesch. d. isr. Religion" 94, ⁴1903; gab den „Kurzen Handkomm. z. A. Test." 97 ff. heraus), *Rud. Smend* (1851–1913; Prof. in Basel u. Göttingen; Altest. Religionsgesch. 93, ²99), für die *Exegese* außer den Genannten noch *Wilh. Nowack* (1850–1928; Prof. in Straßburg; Handkommentar z. A. Test. seit 92; Hebr. Archäologie 94), *Joh. Meinhold* (1861–1937; Prof. in Greiswald und Bonn; Einführung in d. A. Test. 1919, ³32), *G. Beer* (1865–1945; Prof. in Straßburg und Heidelberg; Welches war die älteste Religion Israels? 27 Exodus 39), *A. Bertholet* (1868–1951; Prof. in Basel, Tübingen, Göttingen, Berlin; zugleich Religionshistoriker, Kulturgesch. Israels 20), *Hch. Holzinger* (1863–1944; Pfarrer, zuletzt Prälat i. Ulm; Einleitg. i.d. Hexateuch 93, Genesis 98, Exodus 00, Josua 01, Numeri 03), *Imm. Benzinger* (1865–1935; Prof. in Toronto, Meadville (Pennsylv.), Riga; Hebr. Archäologie 94, ⁴1927), *R. Kraetzschmar* (1867–1902; Prof. in Marburg; D. Bundesvorstellg. im AT 96) u. a.

Marburg, Berlin; Stud. z. semit. Relgesch. 76. 78, Adonis u. Esmun 11, Kyrios als Gottesname im Judentum 29). Beste Vertreter der konservativen Theologie schlossen sich weitgehend an[39].

So erfocht die Wellhausensche Betrachtung des Alten Testaments auf der ganzen Linie den Sieg. Daneben wirkten ältere Ansätze sich aus. *Ed. Riehm* blieb seinem Lehrer Hupfeld treu; *Aug. Dillmann* (1823–94; Prof. in Tübingen, Kiel, Gießen, Berlin) führte mit größter Gelehrtheit (auch auf orientalistischem Gebiet, besonders im Äthiopischen) durch seine zahlreichen Kommentare und seinen persönlichen Einfluß die Arbeit Hch. Ewalds weiter (außer den Kommentaren vgl. das Handbuch d. alttest. Theologie, hrsg. von R. Kittel 95) und vermittelte ihren Einfluß seinen Schülern, bei denen er sich mit dem Wellhausens kreuzte. Das Zusammenwirken der verschiedenen kritischen Ansätze brachte den Widerstand gegen die historische Kritik nun zum Schweigen, zumal der repristinatorischen Betrachtung des Alten Testaments fast jeder wissenschaftliche Nachwuchs fehlte; ja von deren noch lebenden Vertretern machten Männer wie *Delitzsch* der historischen Kritik wachsende Zugeständnisse; auch der konservative und eigenwillige *Ed. König*[40] übernahm die Pentateuchkritik Wellhausens und ebenso *Hm. Strack*[41]. Nur Praktiker, die trotz großer Gelehrtheit der wissenschaftlichen Entwicklung fern standen, wie Ad. Zahn und Ed. Rupprecht, verteidigten noch literarisch die antikritische Orthodoxie. So herrschte hier – abgesehen von Sondergestalten wie *A. Klostermann* (1837–1915; Prof. in Kiel) – in den 90er Jahren dank dem Vorwiegen der literarkritischen Methode und des Wellhausen-

---

[39] *Frants Buhl* (1850–1932; Prof. in Leipzig, dann Kopenhagen; Gesenius' Lex.[12-16]), *Fch. Giesebrecht* (1852–1910; Prof. in Greifswald und Königsberg), *Rud. Kittel* (1853–1929; Prof. in Breslau u. Leipzig; Gesch. d. Volkes Isr., 88 bis 1929 in 4 Bden; Biblia Hebraica, seit 1905), *M. Löhr* (1861–1933; Prof. in Breslau und Königsberg), *E. Sellin* (1867–1946; Prof. in Wien, Rostock, Kiel, Berlin; Beiträge z. israel. u. jüd. Religionsgesch., 2 Bde 96 f.; Einleitung in d. A. Test. 1910 [5]29; Gesch. d. isr.-jüd. Volkes, I 24), *Otto Procksch* (1874–1947; Prof. in Greifswald u. Erlangen; Geschichtsbetrachtg. u. geschichtl. Überlieferg. b. d. vorexilischen Propheten 02; Johs. d. Täufer 07; Petrus 16; Genesis 13 [23]24; Jesaja I 30; Theologie d. AT hrsg. v. G. v. Rad 50).

[40] 1846–1936; Prof. in Leipzig, Rostock, Bonn; Hist.-krit. Lehrgebäude der hebr. Sprache 81–97; Gesch. d. alttest. Religion, 1912, [4]24.

[41] 1848–1922; Prof. in Berlin; Einleitung ins A. Test. 82, [6]1906; Hebr. Grammatik 83, [13]1917; zugleich Rabbinist.

schen Gesamtaufrisses eine Einheit der Grundüberzeugung, wie sie seit dem 17. Jhrh. nie bestanden hatte.

Verwickelter blieb die Lage der *neutestamentlichen* Wissenschaften, soweit sie den Kreis der philologischen und archäologisch-landeskundlichen Forschung überschritten[42]. Sie waren erheblich enger mit den theologischen Gegensätzen verwoben, standen also in starker Abhängigkeit von Vorgängen, die sich außerhalb der fachwissenschaftlichen Untersuchungen vollzogen; überdies wurde ihnen in der neuen Zeit kein Vertreter geschenkt, der Wellhausen an Überzeugungskraft ebenbürtig gewesen wäre. So behielten die älteren Richtungen hier zunächst maßgebenden Einfluß. Nur milderten sich die Gegensätze, da auf der einen Seite die Nachwirkung Baurs, auf der anderen die Ablehnung aller historischen Kritik erlahmte. Einig war man in der Immunität gegenüber der radikalen *holländischen* Kritik (Pierson, Loman u. a.), die seit c. 1880, Baursche Gedanken aufnehmend, sowohl das Jesus- als auch das Paulusbild des Neuen Testaments in spätere Konstruktion auflöste; innerhalb der deutschen Theologie folgten ihr lediglich *Dan. Völter* (1855–1942; Prof. in Amsterdam), er freilich nur teilweise, und der Schweizer *Rudolf Steck* (1842–1924; Prof. in Bern).

Von der „*freien Theologie*" gingen zunächst auch weiterhin die wichtigsten Anregungen aus. Das Tübinger Erbe hielten am kräftigsten, obschon unter vielen Ermäßigungen, aufrecht *Hilgenfeld* und *Holsten*[43]. Die wissenschaftliche Führung aber ging auf *Weizsäcker*[44] und *Hch. Holtzmann*[45] über. Sie gestalteten – von allen Einzelfort-

---

[42] Die Textkritik des N. Testaments förderten in dieser Zeit am stärksten *C. R. Gregory* (1846–1917, Amerikaner, Prof. in Leipzig, Fortsetzer Tischendorfs), *E. Nestle* (1851–1913; Ausgabe v. 1898) und *Herm. v. Soden* (1852–1914; Pfarrer u. Prof. in Berlin). Die Kenntnis des jüdisch-palästinensischen Aramäischen und die Landeskunde Palästinas bereicherte am stärksten *Gustav Dalman* (1855–1941; Prof. in Leipzig u. Greifswald).

[43] *Ad. Hilgenfeld*, 1823–1907; Prof. in Jena; Hist.-krit Einleitung in d. N. Test. 75. *C. Holsten*, 1825–97; Prof. in Bern u. Heidelberg; Das Evangelium d. Paulus, I 80, II hrsg. von Mehlhorn 98.

[44] *K. J. Weizsäcker*, 1822–99; 61 Nachfolger Baurs in Tübingen. Vgl. III 4 a. Das apost. Zeitalter 86; Übersetzung d. N. Testaments 75.

[45] *Hch. J. Holtzmann*, 1832–1910; Prof. in Heidelberg u. Straßburg. Vgl. III 5 a; Lehrb. d. hist.-krit. Einleitung in d. N. Test. 85, [3]92; Handkommentar z. N. Test., seit 89; Lehrb. d. neutest. Theologie, 2 Bde 96 f., [2]1911 durch A. Jülicher und W. Bauer. Vgl. *K. G. Steck*, H. J. H. s Beitr.

schritten abgesehen – durch ihre zusammenfassenden Werke eine positive Gesamtauffassung, die dem neutestamentlichen Schrifttum gerechter wurde als die Konstruktion Baurs und daher trotz ihrer kritisch-wissenschaftlichen Haltung in allen Lagern erheblichen Einfluß gewann. *Otto Pfleiderer* gab wertvolle Anregungen für das Verständnis des Urchristentums in neuer Untersuchung sowohl seiner jüdischen, als auch seiner hellenistischen Voraussetzungen und ihrer Einwirkung auf die Entwicklung des Christentums[46]. *Ad. Hausrath*[47] förderte vor allem durch seine Darstellungskunst das Interesse für Paulus und für die Beziehungen des werdenden Christentums zu der damaligen Welt. Auch *P. W. Schmidt, P. W. Schmiedel, Ed. Grafe, O. Holtzmann* u. a. pflegten die strenge kritische Forschung[48].

Die Vermittlungstheologen suchten weiterhin eine sehr vorsichtige Kritik mit kirchlich-konservativer Einstellung zu verbinden. Vor allem trat *Bernh. Weiß* in den Vordergrund[49]. Neben ihm gewann *Willibald Beyschlag*[50] durch seine Darstellungskunst bedeutenden Einfluß; seine kirchenpolitische Tätigkeit, zumal seine geschickte Leitung der „Deutsch-evang. Blätter" (seit 1876) stellte auch seine theologischen

---

zur Ktrovse. ü. Schrift u. Tradition. Hören und Handeln (Festschr. f. Ernst Wolf) 1962, S. 371–387. Er war der Lehrer Albert Schweitzers.

[46] Paulinismus, 1873, [2]90; Das Urchristentum 87, [2]1902; populär: Die Entstehung d. Christentums, [2]1906.

[47] 1837–1909; Prof. in Heidelberg. Paulus s. oben III 5 a; Neutest. Zeitgeschichte, 3 Bde 68 ff., [3]in 4 Bden 79; Jesus u. d. neutestl. Schriftsteller, 2 Bde 1908 f. Außerdem widmete er D. Fr. Strauß (1876. 78), R. Rothe (1902 bis 06) und Luther (1904) biographische Werke, dichtete auch (meist historische) Romane. – Vgl. K. Bauer, A. H., I 1933 (bis 1867).

[48] *P. W. Schmidt*, 1845–1917; Prof. in Basel. Die Geschichte Jesu, 1899, [4]1904. – *P. W. Schmiedel*, 1851–1935; Prof. in Jena und Zürich. D. Briefe an d. Korinther u. Thessalonicher [2]92. Gab Winers Grammatik d. neutest. Sprachidioms neu heraus, 2 Bde 94. 97. – *Ed. Grafe*, 1855–1922; Prof. in Halle, Kiel, Bonn. – *O. Holtzmann*, 1859–1934; Prof. in Gießen. Neutestamentl. Zeitgeschichte 1895, [2]1906. – Jüngere s. Nr. 6 a.

[49] 1827–1918; Prof. in Königsberg, Kiel, Berlin; zugleich im Konsistorium tätig, 87–96 Präsident des Zentralausschusses für Innere Mission. Gelehrter und scharfsinniger Exeget, schrieb er zahlreiche lehrreiche Kommentare, vor allem in dem Meyerschen Kommentarwerk, dessen Leitung er übernahm; darüber hinaus diente er seiner Wissenschaft durch Monographien und zusammenfassende Werke: Einleitung in d. Neue Test. 86. [3]97; Leben Jesu, 2 Bde 82, [4]1902; Bibl. Theologie d. N. Test. 68, [7]1903.

[50] 1823–1900; Prof. in Halle; Leben Jesu 85, [5]1912; Neut. Theologie 91, [2]95.

Gedanken in einen weiteren Raum. Unter den Jüngeren wurden vor allem wichtig *Erich Haupt*[51], *Fch. Sieffert* (1843–1911), *Paul Feine*[52]. Von den streng konservativen Theologen leistete *Herm. Cremer* (s. unten Nr. 4 c δ) durch sein „Bibl.-theol. Wörterbuch d. neutest. Gräzität" (1867, [11]von J. Kögel 1923) und seine „Paulin. Rechtfertigungslehre" (99 f.) fruchtbare Mitarbeit. Noch einflußreicher wurden unter den konfessionellen Theologen Th. Zahn, unter den Bibeltheologen (Lütgert und Bornhäuser s. unten Nr. 6 b β) Ad. Schlatter. *Theod. Zahn*[53], der von Hofmann starke Einflüsse aufgenommen hatte, war literarisch überaus fruchtbar; vor allem seine bis in die letzten Einzelheiten reichende Erforschung der Geschichte des neutestamentlichen Kanons und seine eindringende Exegese förderten die neutestamentliche Wissenschaft. Sein Konservativismus ging soweit, daß er die Echtheit aller neutestamentlichen Schriften, die Geschichtlichkeit ihrer Berichte und die Zuverlässigkeit der altkirchlichen Tradition nachweisen zu können meinte. *Adolf Schlatter*[54] hat vor allem durch seine Kenntnis des Judentums, darüber hinaus durch die ganze Selbständigkeit seines Denkens der neutestamentlichen Forschung wichtige Anregungen gegeben.

Mit dieser reichen Forschung verband sich in wachsendem Maße die Wirkung der Theologie von *Ritschl*. Freilich die dogmatische Eigenwilligkeit von Ritschls Exegese konnte nicht zu unmittelbarer Nachfolge reizen. Daher bestand sein Einfluß wesentlich in der inneren Befreiung von antikritischen Ressentiments und damit in der Belebung

---

[51] 1841–1910; Prof. in Kiel, Greifswald, Halle; gab 1901–08 die Deutschevang. Blätter heraus.

[52] 1859–1933; Prof. in Wien, Breslau, Halle. Theologie d. N. Test. 1910, [6]34; Einleitung in d. N. Test. 13, [8]hrsg. v. Joh. Behm 36, [12]hrsg. v. W. G. Kümmel 63 ([16]69); Der Apostel Paulus 27.

[53] *Th. Zahn*, 1838–1933; Prof. in Göttingen, Kiel, Erlangen, Leipzig, wieder Erlangen. Forschungen z. Gesch. d. neutest. Kanons, seit 1881; Gesch. d. neutest. Kanons, 2 Teile, 88–92; Einleitung in d. N. Test., 2 Bde 97–99, [3]1905–07; Grundrisse zu fast allen neut. Disziplinen seit 1901; Kommentarwerk seit 1903. Theol. Studien Th. Zahn zum 10. Okt. 1908 dargebracht v. N. Bonwetsch, R. H. Grützmacher, A. Hauck, E. Nestle u. a. Lpz. 1908.

[54] *A. Schlatter*, 1852–1936; s. unten Nr. 4 c. Der Glaube im N. Test., 1885 ([4]1927); Einleitung in d. Bibel 89 ([4]23); Erläuterungen z. N. Test., 3 Bde, 89–1904 ([4]28); Gesch. Israels v. Alex. d. Großen bis Hadrian, 1901 ([3]25); Die Theologie d. N. Test., 2 Bde 1909 f. ([2]: 1. Die Gesch. des Christus 21; 2. Die Theologie d. Apostel 22); Der Evangelist Matthäus, 29, u. andere Kommentare; Übersetzung des N. Test. 31.

der wissenschaftlichen Arbeit. So finden wir eine Reihe seiner Schüler in der neustestamentlichen Wissenschaft tätig. Schon hier begegnet *Harnack* (s. unten d), zunächst in der Stellung seiner Dogmengeschichte zum Neuen Testament und seinen Arbeiten zur altchristlichen Literaturgeschichte, später in kanonsgeschichtlichen Monographien (1889. 1912. 14. 26) und in solchen zum Lukasevangelium, zur Apostelgeschichte, zu den Sprüchen und Reden Jesu (1906–11). Bereits vor ihm hatte *Emil Schürer*[55] eingegriffen; neben ihm wirkten *H. H. Wendt*[56] und vor allem *Adolf Jülicher*[57]. Im weiteren Sinn gehört auch *Georg Heinrici* hierher[58].

Einen grundsätzlichen Fortschritt ähnlich der alttestamentlichen Wissenschaft vollzog die neutestamentliche Wissenschaft vorläufig noch nicht, leistete aber doch auch jetzt Unverlierbares. So vertiefte und bereicherte sie die Erörterung der kritischen Fragen und fügte sie zugleich fester in den geschichtlichen Aufbau ein; sie führte bei der Untersuchung der synoptischen Evangelien trotz des Widerspruchs von Th. Zahn und Schlatter zum Siege der Zweiquellenlehre, beim Leben Jesu zum Siege des synoptischen Ansatzes über den johanneischen, bei der Chronologie und der Echtheitsproblematik der neutestamentlichen Schriften gegenüber der Baurschen Schule zu größerer Zurückhaltung, ja zu einer „rückläufigen" Bewegung (Harnack); sie bereitete in der Untersuchung der Gleichnisreden sowie in der des Briefstils bereits die formgeschichtliche Betrachtung vor; sie kämpfte bei dem historischen Verständnis der Inhalte um die Durchführung, teilweise auch um die Begrenzung des Entwicklungsgedankens und erörterte dabei z. B. aufs neue das alte Jesus-Paulusproblem; sie lenkte auch immer von neuem die Aufmerksamkeit einerseits auf den grie-

---

[55] 1844–1910; Prof. in Gießen, Kiel Göttingen. Hauptwerk: Gesch. d. jüd. Volkes im Zeitalter Jesu Christi, 1877, dann in 3 Bden, ⁴1901–09.

[56] Vgl. S. 310 A. 85; Die Begriffe Fleisch und Geist im bibl. Sprachgebrauch 78; Lehre Jesu, 1886–90, ²1901; Schriften zu Johannes 1900. 11. 25.

[57] 1857–1938; Prof. in Marburg. Die Gleichnisse Jesu, 2 Bde 1888 f., ²99. 1910; Einleitung in d. N. Test. 94, ⁷1931 (mit E. Fascher); Paulus u. Jesus 07 u. a.; vgl. D. Religwiss. d. Ggw. i. Selbstdarstellgen. (hrsg. v. E. Stange) IV 1928.

[58] 1844–1915; Prof. in Marburg u. Leipzig. Die Sendschreiben d. Apostels Paulus an d. Korinthier, 2 Bde 1880. 87; Beiträge z. Gesch. u. Erklärung d. N. Test. 94–1908; Der lit. Charakter d. neutest. Schriften 06; Hellenismus u. Christentum 10; A. Twesten nach Tagebüchern u. Briefen 89; Theol. Enzyklopädie 93 u. a.

chisch-hellenistischen, anderseits auf den spätjüdischen Hintergrund des Urchristentums[59]. So blieb sie überall in lebendiger Bewegung.

c) *Kirchen- und Dogmengeschichte.* – Die eigentliche Kirchenge-schichte stand in besonderem Maße unter dem übermächtigen Ein-druck der blühenden Geschichtswissenschaft. Vor allem der Einfluß Rankes, der ja der Reformationsgeschichte und den nachreformatori-schen Päpsten Meisterwerke gewidmet hatte, wirkte stark, daneben aber der positivistische Einschlag und die spezialistische Wendung der modernen Geschichtsforschung. Die Monographie, die Einzelforschung wurde noch mehr als schon im vergangenen Zeitabschnitt die Probe des wissenschaftlichen Könnens. Zusammenfassung erschien fast als Erweis von Dilettantismus; das Philosophische, die Idee, die prinzi-pielle Besinnung trat völlig zurück. Grundsätzliche Untersuchungen über die Verwendbarkeit des Entwicklungsgedankens z. B. fehlten auch hier in hohen Maße (vgl. S. 275 f., 300 A. 72). Seine Anwendung galt als beste Rechtfertigung der Theologie vor dem Richterstuhle der Wissenschaft; und die Kirchengeschichte vermochte sie immerhin am gefahrlosesten zu vollziehen. Die „Eigenart" des Gegenstandes fühlte man zwar, unterließ aber das ernsthafte Nachdenken über sie und ihr Verhältnis zur Gesamtgeschichte. Nicht einmal dem für alle „Kirchen-geschichte" grundlegenden Kirchenbegriff, der in seiner immanent-transzendenten Doppelschichtigkeit hätte darauf führen können, und der dunkel empfundenen innertheologischen Funktion der Kirchenge-schichte schenkte man Aufmerksamkeit. Und weiter: nirgend begeg-nen wir eindringender Auseinandersetzung mit dem größten der bis-herigen Kirchenhistoriker, mit Baur – man wandte sich von ihm ab, ohne ihn wirklich zu überwinden; nirgend wird ernsthaft mit den Nachwirkungen Rothes (z. B. bei Sell) oder mit der kirchlichen Orien-tierung Ritschls (Geschichte d. Pietismus) gerungen; nirgend wagt sich der Versuch hervor, von dem evangelischen Glaubens- und Offen-barungsgedanken aus für die neubeginnende geschichtsphilosophische Arbeit (Windelband-Rickert; Lamprecht-Streit u. ä.) die verborgenen Schätze der Theologie fruchtbar zu machen. Man freut sich der Über-windung aller dogmatischen Befangenheit und des Gleichschritts mit

---

[59] Vgl. zu letzterem außer Schürers Werk *Ferd. Weber* „System d. alt-synagogalen paläst. Theologie" 80. als „Jüdische Theologie" neu hrsg. v. G. Schnedermann 97, Schriften von *K. A. Wünsche, G. Schnedermann, H. Strack* u. a., sowie *Kautzschs* deutsche Ausgabe der „Apokryphen u. Pseudepigraphen d. A. Test." 2 Bde 1900.

der allgemeinen Wissenschaft, ohne doch aus der Theologie ausschei-
den zu wollen, und sieht die Schwierigkeiten nicht, die aus dieser
Doppelstellung entstehen – bis auch hier eine neue Betrachtungsweise
(Nr. 5 f.) stürmisch an die Pforten pocht.

Das war die Lage, in der zunächst *Hermann Reuter* zum wichtigsten
Sprecher wurde, und in der sich nun auf allen Gebieten die angespann-
teste Arbeit entfaltete. Zwar vieles davon war nur die Ernte der im
vorigen Abschnitt geleisteten Forschung[60]. Aber auch neue Führer traten zahlreich hervor. Den größten Einfluß gewann im ganzen A. *Harnack* (s. d); spezifisch kirchengeschichtliche Meister aber wurden
Hauck und K. Müller. *Karl Müller*[61] wagte – fast wider Willen, in
schmerzlicher Selbstverleugnung – eine Gesamtdarstellung, die wenigstens bis zur Aufklärung führt; sein Werk gewann durch straffe
Linienführung und seine – in aller Knappheit doch gleichmäßige –
Berücksichtigung aller Gebiete beherrschende Bedeutung. – Eine Zusammenfassung auf engerem Gebiete gab *Albert Hauck* (1845–1918;
Prof. in Erlangen u. Leipzig): Kirchengesch. Deutschlands, 5 Bde,
1887–1920, meist in 4 Auflagen (bis 1437); sie durchdrang den Stoff
bis ins einzelne so gründlich wie kein früherer Versuch und machte
ihn durch klassische Darstellung zum Gemeingut der Theologie, ja
der Geschichtswissenschaft; an Gestaltungs- und Charakterisierungs-
kunst war Hauck allen Fachgenossen überlegen. Daß die beiden
Führer ihre Aufgabe nicht restlos bewältigen konnten, bewies ebenso
wie W. *Möllers* bis zur Gegenreformation reichender Versuch („Lehrb.
d. Kirchengesch." 3 Bde 89–94) und *Fch. Nippolds* ins Breite zer-
fließendes Handbuch d. neuesten Kirchengesch. (seit 1867, in 5 Bden
1880–1906) die Unmöglichkeit, den durch die Spezialforschung und
die sachliche Verbreiterung des geschichtlichen Interesses ungeheuer-
lich gehäuften Stoff einheitlich zu meistern. Daher übernahm von der
Neubearbeitung des Möllerschen Lehrbuchs *Gustav Kawerau* nur den
3. Bd. ([3]1907), während *Hans v. Schubert*[62] nach Herausgabe des
1. Bandes ([2]1902) im 2. Bd. stecken blieb. *Gustav Krüger* (1862–1940;

---

[60] So bei Hase, Henke, Hch. Schmid und Reuter, s. oben III 3 b, oder
J. J. Herzogs Abriß d. Kirchengesch., 3 Bde 76–82.
[61] 1852–1940; Prof. in Halle, Gießen, Breslau, Tübingen. Grundriß d.
Kirchengesch., 4 Bde 1892–1919, mehrere Neudrucke, I[2] völlig neu bearbeitet 24, I, 1[3] 41 (mit Hs. v. Campenhausen); Aus d. akad. Arbeit 30.
[62] 1859–1931; Prof. in Straßburg, Kiel, Heidelberg; Gesch. d. chr. Kirche
im Frühmittelalter 21; zahlreiche Arbeiten zur frühgermanischen,
schleswig-holsteinischen und Reformations-Kirchengeschichte.

Prof. in Gießen) verteilte bei seinem „Handbuch d. Kirchengesch., in Verbindung mit G. Ficker, H. Hermelink, E. Preuschen, H. Stephan" (seit 1909, [2]23–31) die Abschnitte von vornherein unter verschiedene Fachbearbeiter[63].

Schon die Fülle der aufgezählten akademischen Gelehrten, die sich noch vermehren ließe, gibt eine Anschauung von dem überwältigenden Reichtum der kirchenhistorischen Leistungen, der diese Zeit kennzeichnet. Die Akademiker aber stehen nicht allein. Neben ihnen und im Bunde mit ihnen arbeitete eine unendliche Menge von wissenschaftlich geschulten Praktikern gerade an den kirchengeschichtlichen Aufgaben[64].

[63] Einheitliche Gesamtdarstellungen fehlten nicht, dienten aber mehr praktischen Zwecken und erhoben keinen Anspruch auf gleichmäßige Herausarbeitung aus Quellen; in wissenschaftliche Höhe ragten darunter besonders die „Grundlinien d. Kirchengesch." von *Fch. Loofs* (1901, [2]10), das „Lehrb. d. Kirchengesch." von *S. M. Deutsch* (1909) und das „Kompendium d. Kirchengesch." von *Karl Heussi* (1909, [13]71). – Abgesehen von den schon erwähnten oder bei der Dogmengeschichte zu erwähnenden Forschern seien, in der Reihenfolge der Geburtsjahre, folgende genannt: *Gustav Frank* (1832–1904) Schüler Hases; Prof. in Jena u. Wien. Vgl. oben LÜ 2 c); *Theodor Brieger* (1842–1915; Prof. in Halle, Marburg, Leipzig; reformationsgeschichtliche Forschungen, 1876 mit Reuter zusammen Gründer der Zeitschrift f. Kirchengesch.); *Karl Sell* (1845–1914; Prof. in Bonn); *Karl Benrath* (1845–1924; Prof. in Bonn u. Königsberg; italienischer Humanismus), *Wm. Walther* (1846–1924; Prof. in Rostock; Lutherforschungen), *Nathanael Bonwetsch* (1848 bis 1925; Prof. in Dorpat u. Göttingen; frühchristl. Dogmengeschichte), *Paul Tschackert* (1848–1911; Prof. in Halle, Königsberg, Göttingen; Reformationsgeschichte), *Theodor Kolde* (1850–1913; Prof. in Marburg u. Erlangen; Reformationsgeschichte), *Victor Schultze* (1851–1937; Prof. in Greifswald; Christl. Archäologie), *K. F. Arnold* (1853–1927; Prof. in Breslau; Alte Kirchengesch., 18. Jahrh.), *Georg Loesche* (1855–1932; Prof. in Wien; Kirchengeschichte Österreichs), *Carl Mirbt* (1860–1929; Prof. in Marburg u. Göttingen; Papstgeschichte, Missionsgeschichte), *Joh. Ficker* (1861–1944; Prof. in Straßburg u. Halle; Reformationsgeschichte, christl. Archäologie und Kunst), *Gerhard Ficker* (1865–1934; Prof. in Halle u. Kiel), *Erich Foerster* (1865–1945; Pfarrer u. Prof. in Frankfurt a. M.; 19. Jahrh., Kirchenrechtsgeschichte von R. Sohm bestimmt), *Georg Grützmacher* (1866–1939; Prof. in Heidelberg u. Münster; Alte Kirchengeschichte, besonders Hieronymus), *Erwin Preuschen* (1867–1920; Prof. in Gießen; Alte Kirchengeschichte), *G. Anrich* (1867 bis 1930; Prof. in Straßburg, Bonn, Tübingen), *C. Schmidt* (1868–1938; Prof. in Berlin; Alte, besonders koptische Kirchengeschichte) u. a. – Weiteres s. Nr. 6 a.

[64] Für die Territorial- und Lokalkirchengeschichte wurden z. B. wichtig Fr. Blanckmeister, O. Clemen, L. Bönhoff, Chr. Kolb, W. Diehl, W. Wend-

Die Leistungen waren so vielseitig und eindringend, daß es unmöglich ist, sie inhaltlich zu skizzieren oder auch nur die wichtigsten Monographien herauszuheben. Einige Hinweise auf die Haupt-*Arbeitsgebiete* müssen genügen. Vor allem wurde jetzt die grundlegende Aufgabe mit selbstverleugnender Hingebung ergriffen: die Schaffung von *Quellenausgaben*, die der inzwischen bis ins feinste durchgebildeten Editionstechnik entsprachen. Dabei trat zweierlei in den Vordergrund: die altchristliche Literatur und die der Reformation. Ebenso fiel – abgesehen von Haucks Meisterwerk und v. Schuberts Studien über das frühe Mittelalter – inhaltlich der Hauptteil der *Forschungsarbeit* jetzt der alten Kirche und anderseits der Reformationsgeschichte zu. Auf das *altkirchliche* Gebiet führten zahlreiche Vorarbeiten der Vergangenheit und Gegenwart (z. B. die von Lipsius), ausländische Forschungen, Probleme der neutest. Wissenschaft, die wachsende Anteilnahme der Philologen und Historiker (z. B. Mommsen, Ed. Schwartz, Seeck), der inner- und außerdeutschen katholischen Theologie, die Fülle der von Harnack ausgehenden Anregungen (vgl. die „Texte u. Untersuchungen z. altchristl. Literatur", die dieser seit 82 erst mit O. v. Gebhardt, dann mit C. Schmidt herausgab); außer den dogmengeschichtlichen Fragen stand dabei die Entstehung der Kirche, d. h. die Verfassungsgeschichte, im Vordergrund[65]. Für *Luther*

---

land, H. Dechent, O. Veeck, Th. Wotschke, Gg. Finsler; von den Akademikern außer den schon Genannten N. Müller (Berlin), E. Egli (Zürich), K. Völker (Wien), der Profanhistoriker J. Loserth (Czernowitz, Graz) u. a.

[65] Auf dem *altkirchlichen* Gebiet stellte sich vor allem neben das von der Wiener Akademie hrsg. Corpus scriptorum eccl. latinorum (seit 67) die Ausgabe der „Griechischen chr. Schriftsteller d. ersten 3 Jahrhunderte" (von der Preuß. Ak. d. Wissenschaften unter Harnacks Führung, seit 97). Für *Luther* wurde die Erlanger Ausgabe nicht nur weitergeführt, sondern durch Luthers Briefwechsel verdienstvoll erweitert (18 Bde, hrsg. von Enders, Kawerau u. a. 1884–1923); die neue (Weimarer) Gesamtausgabe wurde 83 von Pfarrer Knaake begründet, dann immer mehr von geschulten germanistischen und theologischen Kräften übernommen (noch unvollendet; Sonderabteilungen für die deutsche Bibel, die Briefe, die Tischreden). Aber auch sonst wurde in erster Linie der Reformationszeit eine Fülle von Editionsarbeit gewidmet (z.B. im Corp. Ref. Fortsetzung der Calvin-Ausgabe, seit 1905 die kritische Zwingli-Ausgabe und seit 1910 die Ergänzung der Melanchthon-Ausgabe im Corpus Ref.). Im Anschluß an den Engländer Hatch forschte z. B. Harnack, neben ihm der Jurist R. Sohm (Kirchenrecht I 1892). Vgl. O. Linton, Das Problem d. Urkirche in d. neueren Forschung, 1932 (Uppsala); D.

wurden mit gesteigertem Eifer und wachsenden Kräften die begonnenen Untersuchungen (J. Köstlin, Th. Harnack) fortgesetzt. Gerade ihm kamen am stärksten die von Ritschl ausgehenden Anregungen zugute (Brieger, P. Drews, Gottschick, Kattenbusch, Loofs, K. Müller, Otto Ritschl, G. Buchwald u. a.). Aber andere Gruppen und gruppenfremde einzelne wetteiferten mit ihnen (Albrecht, Joh. Ficker, Kawerau, Kolde, v. Schubert, R. Seeberg, K. Thieme, Tschackert, W. Walther, Joh. Meyer u. a.). Auch *Calvin* und *Zwingli* begannen allmählich stärkeres wissenschaftliches Interesse auf sich zu ziehen (E. Egli, G. Finsler; A. Baur, J. Bohatec, der Altkatholik Kampschulte, A. Lang, R. Stähelin, die Jubiläumsliteratur 1909, u. a.). Der „Verein für Reformationsgeschichte" (seit 1883) sammelte und organisierte in seinen überaus zahlreichen Veröffentlichungen die Fülle der Einzelforschungen. – Nimmt man zu der breitströmenden altkirchengeschichtlichen und reformationsgeschichtlichen Arbeit auch nur die sonstigen dogmengeschichtlichen Forschungen hinzu, so wird es augenscheinlich, daß die Hauptmasse der theologischen Arbeit in diesen Jahrzehnten der Kirchengeschichte galt. Das Urteil bewährt sich bis ins einzelne, vor allem durch die überall entstehenden Zeitschriften, Vereine und Ausschüsse, die durch organisierende Zusammenfassung der Kleinarbeit und durch Weckung des allgemeinen Interesses den Unterbau für größere Leistungen schufen. Im Wettbewerb mit dem ebenfalls überwiegend historisch gerichteten Schulunterricht verwirklichten sie bis zu einem gewissen Grade die Weissagung Hases, daß die Kirchengeschichte künftig zur allgemeinen Bildung gehören werde.

Gerade die territoriale und lokale Kirchengeschichte aber wurde zugleich praktisch fruchtbar. Sie weckte innere Teilnahme am Schicksal der Kirche, half das kirchliche Bewußtsein verbreitern und diente so dem kirchlichen Leben selbst. Sie trug damit den großen Dienst der historischen Theologie, daß sie die Besinnung des evangelischen Glaubens auf die Kontinuität und Wandlung seiner empirischen Gestaltungen wissenschaftlich verfestigt, bis in die kleinsten Gliederungen der Kirche hinein. Kein anderes Gebiet der Theologie verklammerte in dieser Zeit die Kirche gleich stark mit den gebildeten Kreisen. Damit wurde unbewußt auch die Funktion der kirchengeschichtlichen Arbeit verstärkt, die wir im vorigen Abschnitt einsetzen sahen: die Relativierung der theologisch-kirchlichen Richtungsgegensätze im ge-

Stoodt, Wort u. Recht. R. Sohm u. das theol. Probl. d. Kirchenrechts, 1962.

meinsamen Dienst an Aufgaben, für die der dogmatische Standpunkt unwichtig war.

Besondere Bedeutung hatte in dem mächtigen Aufschwung der kirchengeschichtlichen Arbeit die *Dogmengeschichte*. Ihr kamen außer dem allgemeinen historischen Sinn noch mehr als der übrigen Kirchengeschichte die Nachwirkung Baurs sowie die Einflüsse Thomasius' und Ritschls zugute. Sie wurde die Stätte, in der sich die kritische Auseinandersetzung des Christentums mit seiner Geschichte ein Menschenalter hindurch vor allem vollzog. Ihr galten z. B. wichtige Forschungen Lagardes und Overbecks, ihr diente fast jeder Kirchenhistoriker auf seinem Gebiet und so mancher Systematiker (vgl. z. B. das vierbändige Meisterwerk von *R. A. Lipsius: Die apokryphen Apostelgeschichten und Apostellegenden*, 1883–90). Vor allem aber wurde ihr wichtigster Führer der Mann, in dem die Theologie um die Jahrhundertwende ihre glänzendste Darstellung fand: *A. Harnack* (s. d); und neben ihn trat bald ein anderer, der ebenfalls den Durchschnitt des Gelehrten überragte: *R. Seeberg*[66]. Harnacks Schwergewicht lag so stark auf dem Gebiet der alten Kirche, daß sein großes Lehrbuch der Dogmengeschichte fast zu einer Monographie über das altkirchliche Dogma wurde. Seeberg dagegen wandte seine Forschung vor allem der Scholastik und der Reformation zu, so daß die beiden Meister einander ergänzten. Unter den zahlreichen Schülern Harnacks wurde *Friedrich Loofs* am wichtigsten[67]. Schon er lenkte zur Auffassung der Dogmengeschichte als Entwicklungsgeschichte des ganzen kirchlichen Lehrbegriffs zurück, und ähnlich verstand sie R. Seeberg, während *Th. Kolde* das Rückgrat der Dogmengeschichte im Kultus suchte (Neue kchl. Zeitschr. 1908). Noch stärker weiteten die Dogmengeschichte *Gustav Krüger,* der sie als „Geistesgeschichte des Christentums" bestimmte (Was heißt u. zu welchem Ende studiert man Dogmengesch.? 1895; Das Dogma v. d. Dreieinigkeit u. Gottmenschheit, 1905) und *A. Dorner* (Grundriß d. Dogmengesch., 99). *Otto Ritschl* (1860–1944; Prof. in Kiel u. Bonn) verwirklichte im großen Stil die weitere Auffassung des Begriffs durch seine „Dogmengesch.

---

[66] Lehrb. d. Dogmengeschichte, seit 1895, zuletzt 4 Bde in mehreren Auflagen; Grundriß d. Dogmengesch., 1901, ⁷36; Die Kirche Deutschlands (LÜ3); s. 6 b β.

[67] 1858–1928; Prof. in Halle; Leitfaden d. Dogmengesch. 1889, ⁴1906 stark umgearbeitet (⁷1968, durch K. Aland); zahlreiche Monographien, vor allem zur alten und reformationsgeschichtlichen Dogmengeschichte, zuletzt Paul v. Samosata, 1924.

des Prot.", 4 Bde 1908–27. Die Arbeit dieser Forscher entwickelte die Dogmengeschichte zu der Disziplin, in der die historische Theologie dieser Zeit ihre Methodik am selbständigsten ausbildete und – neben der alttestamentlichen Wissenschaft – die reifsten Ergebnisse gewann.

Der Einfluß A. Ritschls hob auch die *Symbolik* endlich auf eine höhere Stufe. Sie war trotz der trefflichen Programme Marheinekes und Schleiermachers in der bloßen Lehrvergleichung steckengeblieben (vgl. die Lehrbücher von Köllner, Oehler, G. L. Plitt, Chr. Hm. Schmidt), und Hases „Polemik" mit ihrer Verschärfung und Ausweitung der Gesichtspunkte hatte nicht das Ganze der Disziplin weiter entwickelt. Auch die Untersuchungen über das reformierte Christentum von Al. Schweizer (s. oben III 6 b), Schneckenburger (Vergleichende Darstellung d. luth. u. d. ref. Lehrbegriffs, 2 Bde 55) und Hundeshagen (s. oben S. 180) sowie die von W. Gaß über die griechische Kirche (72) hatten keinen grundsätzlichen Fortschritt gebracht. Erst *Ferd. Kattenbusch* tat kraft des Einblicks in Wesen und Verhältnis der Konfessionen, den Ritschl gegeben hatte, den entscheidenden Schritt. Der Titel seines „Lehrb. d. vergleichenden Konfessionskunde", I 1892, zeigte deutlich die Wandlung[68]: das Wesen der Konfessionen soll in allen Lebensäußerungen, in Verfassung, Dogma, Kultus, Frömmigkeit und sowohl nach Seiten der Norm als auch der vergangenen und gegenwärtigen Empirie aufgewiesen werden. Das bedeutete nicht nur eine mächtige Ausweitung und Vertiefung, sondern zugleich die Überwindung des dogmatischen Leitgedankens, der die „komparative Lehrsymbolik" beherrschte, durch den historischen. Allerdings machte die Verwirklichung des Ansatzes umfassende Vorarbeiten notwendig. So erklärt es sich, daß Kattenbusch nicht über das orientalische Christentum hinauskam und auch *Loofs* in seiner „Symbolik oder chr. Konfessionskunde" (I 1902) nur den römischen Katholizismus noch zu bewältigen vermochte. Vom reformierten Standpunkt aus faßte *E. F. K. Müller*[69] zwar den Gesamtstoff zusammen, aber nur in knapper Übersicht, ohne Eingehen auf die Schwierigkeiten. –

Überblicken wir die Leistungen der historischen Theologie in dieser

---

[68] Nur dieser Band ist erschienen. Ergänzungen einerseits in der streng historischen Monographie „Das apost. Symbol", 2 Bde 1894. 1900, andererseits in dem Heft „Die Kirchen u. Sekten d. Christentums in d. Gegenwart", 1909, und in großen Artikeln der RE³ (z. B. über Röm. Kirche und über Prot., B. 16. 17. 24). S. Nr. 4 b.

[69] 1863–1935; Prof. in Erlangen; Symbolik 1896, ²1911; gab auch die Bekenntnisschriften der ref. Kirche heraus, 1903.

Zeit, so ergibt sich ein Bild von bewundernswerter Fülle. Ihre Arbeit war so eindringend und so umfassend wie niemals zuvor. Von den Editionsleistungen und den unerhört gründlichen Einzeluntersuchungen stieg die Pyramide des historischen Schaffens auf allen theologischen Gebieten empor bis zu Höhenleistungen der Stoffbewältigung und künstlerischen Darstellung, wie sie Wellhausen, Hauck und Harnack gelangen. Bis in die *praktische Theologie* hinein kam deshalb, wie vor allem das große Lehrbuch von *E. Chr. Achelis* (3 Bde, 1890, ³1911; Grundriß 93, ³1912) beweist, der historische Zug zur Herrschaft. Auch ihre Einzelzweige unterbauten sich historisch. So die Heidenmission (Grundemann, G. Warneck), die Seelsorge (Hardeland), die Predigtlehre (Hering, Schian u. a.) usf. An die Stelle der systematischen Begründung trat bis ins einzelne hinein die geschichtliche; denn nur in ihr glaubte man festen Boden zu finden. Damit gab freilich die praktische Theologie ihre Sonderbedeutung auf und mündete in die historische ein. Und das große Sammelwerk dieser Zeit, das bezeichnenderweise von Anfang an durch einen Kirchenhistoriker geleitet worden war, die *Realenzyklopädie* f. prof. Theol. u. Kirche[70], stand wiederum ganz überwiegend unter historischen Gesichtspunkten, und zwar im Sinn umfassender Stoffdarbietung, nicht geschichtsphilosophischer oder theologischer Durchdringung. Das entsprach dem Sinn der Zeit; und nur so war es möglich, trotz aller kirchlichen und theologischen Gegensätze ein großzügiges Sammelwerk zu schaffen.

d) *Harnack als repräsentative Gestalt*[71]. – Sohn von Theod. Har-

---

[70] Hrsg. von J. J. Herzog, ¹ 1854–66; ² seit 77, von Plitt u. Hauck vollendet; ³ 96–1909 von Hauck allein, Ergänzungsbände 1913.

[71] 1851–1930; Prof. in Leipzig 1876, Gießen 79, Marburg 86, Berlin 88; 1905 zugleich Generaldirektor der Staatsbibliothek, 1910 auch Präsident der Kaiser-Wilhelm-Gesellschaft zur Förderung der Wissenschaften. – Bibliographie seiner Schriften von Fr. Smend, 1927 (1500 Nummern). Biographie: Agnes v. Zahn-Harnack, Ad. v. Harnack 36, ²37. – Von seinen außertheologischen Werken sei wenigstens die Gesch. d. preuß. Akad. d. Wissenschaften, 4 Bde, 1900 genannt. Die Universalität seines Wirkens kommt am besten in den 7 Bden seiner Gesammelten Reden u. Aufsätze zum Ausdruck (1903–30); Studien zur Geschichte des Neuen Testaments. – Zur neutestamentlichen Textkritik 31; Vgl. auch E. Rolffs, H.s Bild im Geiste der Nachwelt, Chr. Welt 1937, Nr. 21 f., 1938, Nr. 2; K. Aland, W. Elliger, O. Dibelius, A. Harnack in memoriam, 1951; Ausgewählte Reden und Aufsätze. Anläßlich des 100. Geburtstages neu herausgegeben von Agnes von Zahn-Harnack und Axel von Harnack,

nack, wurde Adolf (v.) Harnack in baltisch-lutherischer Orthodoxie
erzogen, aber als Leipziger Privatdozent von den Gedanken Ritschls
ergriffen und zur inneren Freiheit vom Dogma geführt. Seine theologische Gedankenwelt wandelte sich. In die Mitte trat statt des Dogmas
der biblisch-geschichtliche Christus mit seinem „Kämpferleben" (Biogr.
94). Die Gewißheit, „daß auf die Kräfte unseres Denkens in bezug auf
ein seliges und fröhliches Leben nichts zu bauen sei, und daß das
Heil lediglich ein *geschichtliches* sein könne, das wir ergreifen müssen", wandte sich aber auch gegen „alle philosophische Verflüchtigung
unseres Heilandes" (ebd. 95). Als das, was er von Paulus, Luther und
Ritschl positiv gelernt hatte, nennt Harnack noch 1899 gegenüber
„allen hohen Offenbarungen, Geistern und Exstasen": „Christusglaube, Gottvertrauen, Friede in Gott, Demut, Geduld und Arbeit in
Beruf und Stand" (ebd. 296). Es ist allerdings bezeichnend, daß in
dieser gut Ritschlischen Reihe von Begriffen der schlichte „Christusglaube" die „Rechtfertigung und Versöhnung" ersetzt, die Ritschl an
dieser Stelle mindestens außerdem hätte nennen müssen. Harnack
meinte die Abwandlung nicht als Abfall, sondern als Vereinfachung
von Formulierungen, die ihn allzu dogmatisch berührten. Er wollte,
seinem theologischen Lehrer in der Gesamthaltung treu, doch den
Glauben noch unmittelbarer an die Person Jesu selbst anschließen und
ließ dabei ein gut Teil von dem dahinten, was ihm bei Ritschl als bloßer theologischer Apparat erschien. Nur das war ihm ausschlaggebend
wichtig, „daß das Christentum das Evangelium ist und das Evangelium
Christus" (ebd. 307). Freilich verfuhr er – der unproblematischen
Art der herrschenden historischen Theologie entsprechend, bei alledem
mehr instinktiv und unwillkürlich als mit allseitiger systematischer
Durchdenkung[72]. Er verschloß sich der Philosophie, lernte von dem

---

51. Gg. Harnack vor allem Frz Overbeck; vgl. Klspt. Blaser, H. i. d. Kri-
     tik O. s, ThZ (Basel) 21 (1965), 96–112.

[72] Am bezeichnendsten ist vielleicht die Art, wie er den Entwicklungs-
     begriff anwendet: weder in der idealistischen Art Baurs noch in der des
     herrschenden naturalistischen Evolutionismus, aber auch ohne scharfe
     Durchdenkung seines Unterschiedes von ihnen und der besonderen
     Schwierigkeiten, die sich dabei für ihn als Christen ergaben. Seine
     „Geschichtsphilosophie" webt lebensphilosophische und christliche Züge
     in die Historie. Vgl. etwa die Zitate, die Troeltsch in seiner lehrreichen
     aber einseitigen Studie über Harnack und Baur beibringt (Festgabe für
     Harnack, 1921, S. 289). Auch der Vortrag „Über die Sicherheit und die
     Grenzen geschichtlicher Erkenntnis" (1917; Reden u. Aufsätze, Neue
     Folge, 4. B.) führt nicht weiter; er spricht ohne tiefere Begründung von

auferstehenden Kant nur die Unmöglichkeit der Metaphysik und nahm der systematischen Theologie jede wirkliche Selbständigkeit. Er verwies sie als die Disziplin, „die die geschichtlich zutreffende Darlegung des Evangeliums mit dem jeweiligen allgemeinen Erkenntnisstand vermittelt", in die praktische Theologie (Dogmengeschichte, [4]I 23). Die „geschichtlich zutreffende Darlegung des Evangeliums" selbst meinte er rein als Historiker herausarbeiten zu können; und so wagte er als solcher „Das Wesen d. Christentums" (1900) einem weiten Kreise von Gebildeten zu zeigen. (Gg. „Das Wesen d. Chrst.s": Wm. Walther, Ad. Harnacks „Wesen d. Chrst.s" f. d. chr. Gemeinde geprüft, Lpz. 1904) Das unproblematische Verfahren, das er anwandte, ermöglichte es ihm, starke Gegensätze in eindrucksvoller Personalunion zu verbinden. Er war mit einer Spannweite des Erlebens ausgestattet wie kein anderer Theologe seiner Zeit und blieb doch, weil in seiner Lebensmitte schlichter frommer Christ, darum auch „nach wie vor ein theologus" (Biogr. 432). Das führte ihn unwillkürlich zu weittragenden Synthesen. Vor allem schaute er protestantisches Christentum und humane Kultur bei seinem Streben nach schlichter Einfachheit des Glaubens inniger ineinander, als es der historische Blick auf Bibel und Reformation im Grunde erlaubten – zumal in einer Zeit, in der Overbeck die hier waltenden Schwierigkeiten aufzudecken begann. Die tiefen Erschütterungen, die dieser Synthese und ihren Gliedern drohten, ahnte er unter dem Eindruck der sozialen Kämpfe und des Weltkrieges, aber er wurde ihnen theologisch nicht gerecht. Ja er ging in mancher Beziehung noch hinter Ritschl zurück. Denn er lebte von dem Erwerb Ritschls, ohne doch die Ritschlsche Begründung festzuhalten – schon darin Repräsentant wichtiger theologischer Entwicklungen der auf Ritschl folgenden Zeit.

Da Harnack im Gegensatz zu Ritschl weder die Systematik noch das Alte Testament schätzte, war seine Theologie keineswegs universal. Ihre Kraft lag in der meisterhaften Beherrschung bestimmter Gebiete. Seine eigentliche theologische Leistung war die Neubelebung der Dogmengeschichte. Mit unvergleichlicher Beherrschung der Quellen führte er die Leitmotive, die er vor allem von Ritschl empfing, am Stoffe durch und gab damit der historischen Selbstbesinnung des evangelischen Christentums eine breitere und festere Grundlage. Das

„Entwicklungsgeschichte der Menschheit im Sinne der fortschreitenden Objektivierung des Geistes und der fortschreitenden Beherrschung der Materie" (S. 6).

verstrickte ihn in mannigfache kirchenpolitische Kämpfe. Aber niemals überschritt er die Grenzen, die wissenschaftliche Vorsicht, Abneigung gegen revolutionären Radikalismus, kirchlicher Takt ihm zogen. Er wollte nicht Reformator, sondern Forscher und Lehrer sein. Als solcher umspannte er grundsätzlich das ganze Gebiet der Kirchengeschichte. Seine Haupttätigkeit aber galt der alten Zeit, und in ihr der Entstehung des Dogmas[73]. Es gab kaum eine Frage der alten Kirchengeschichte, deren Bearbeitung Harnack nicht tätig gefördert hätte. Auch die Menge seiner neutestamentlichen Arbeiten gehört hierher; sie hatten schon in seiner Frühzeit eingesetzt, reiften aber erst spät zu umfassenderen Leistungen aus (s. oben Nr. 3 b).

Diese unendliche Fülle von Forschungen war der wissenschaftliche Hintergrund für das Werk, das ihn zuerst weltberühmt machte und seinen Ruhm am längsten lebendig halten wird: das Lehrb. d. Dogmengeschichte[74]. Es sollte den Satz Ritschls bewähren, daß die Dogmengeschichte das Rückgrat der Kirchengeschichte sei, d. h. das, was die Kirchengeschichte im Grund erst zur theologischen Disziplin erhebe. Auch in seiner eigenen und der kirchlichen Entwicklung spielte es eine wichtige Rolle. Es war der befreiende Abschluß der theologischen Krisis, in die er selbst geführt worden war, und wollte die allgemeine Krisis durchkämpfen helfen, „die kommen muß, wenn unser christliches, gebildetes Volk wieder Zutrauen nicht zu diesem oder jenem Stück, sondern zu dem Ganzen des evangelischen Christentums gewinnen soll" (Biogr. 141). Tatsächlich bedeutete es den längst vorbereiteten, aber stets gehemmten Durchbruch des evangelischen Christentums zu kritischer Haltung gegenüber dem kirchlichen Dogma – in derselben Zeit, in der auch die historisch-kritische Bibelbetrachtung allmählich

---

[73] Quellenkritische Untersuchungen über Marcion und die Gnostiker (ungedruckt) und eine kritische Ausgabe der Apostolischen Väter (mit Gebhardt u. Zahn, seit 1875) stehen am Anfang seines Wirkens, die Monographie über Marcion (1920, [2]24) am Ende; dazwischen liegen die vielen Bände „Texte u. Untersuchungen" (s. oben Nr. 3 c), sowie die 4 Bände der Altchr. Literaturgeschichte selbst (1893, 97. 1904; [2]1958), deren Krönung durch zusammenfassende geschichtliche Darstellung freilich nicht mehr möglich wurde, ferner die „Gesch. d. Mission u. Ausbreitung d. Christentums in d. ersten 3 Jahrhunderten" (1902, [4]24), die „Entstehung u. Entwicklung d. Kirchenverfassung u. d. Kirchenrechts in d. zwei ersten Jahrhunderten" (1910), dazu eine schier unglaubliche Fülle kleinerer Arbeiten.

[74] 3 Bde 1886–89, [4]1909, danach Neudrucke; daneben der kurze „Grundriß d. Dogmengesch." 1889, [6]1922.

bis zu einem gewissen Grade Gemeingut der Theologie zu werden begann. Die Wirkung war desto stärker, weil das altkirchliche Dogma im Mittelpunkt stand. Indem Harnack es nach Entstehung und Ausbau als „das Werk des griechischen Geistes auf dem Boden des Evangeliums", als die Verkirchlichung der von den Gnostikern erstrebten radikalen Hellenisierung des Christentums verstand, relativierte er es und nahm ihm auf dem Boden des evangelischen Christentums die unbedingte Geltung. So ist seine Dogmengeschichte im Grunde eine Monographie über das altkirchliche Dogma, seine Entfaltung und seinen dreifachen Ausgang (im Katholizismus, Antitrinitarismus, Protestantismus), mit Meisterschaft in einen großen entwicklungsgeschichtlichen Zusammenhang gestellt. Der ganze Begriff des Dogmas schrumpfte ihm von einer stetigen Funktion zu einem Merkmal der „christlichen Antike" zusammen. Daß er seine Auffassung von Dogma und Dogmengeschichte nicht durchsetzen konnte, hemmte den Siegeszug seines Werkes nicht. Es hat der Dogmengeschichte trotz der schweren Kämpfe, die es entfesselte und die durch den Apostolikumstreit (1892) leidenschaftlich verschärft wurden[75], wichtigen Auftrieb gegeben und sie für zwei Jahrzehnte in den Mittelpunkt der Theologie gestellt.

Was ihn zu seinen überragenden Leistungen befähigte, war die Verbindung glänzender Forschungsgaben und eisernen Fleißes mit starken künstlerischen Anlagen. Das Künstlerische, das schon in seiner frühen Liebe zu Goethe zum Ausdruck kam und von der Vertiefung in ihn sich beständig nährte, ersetzte ihm, was Baur der strengen Dialektik der Idee verdankte: es ließ ihn in dem unendlichen Reichtum des einzelnen die Einheit, im Gegebenen das Wesentliche schauen, gab ihm die Fähigkeit, es anderen vor Augen zu stellen, und bewahrte ihn davor, in „rigidem" Positivismus unterzugehen (Biogr. S. 546). So erreichte er, obwohl überall von strenger Einzelforschung ausgehend, eine ähnliche Kraft und Geschlossenheit der geschichtlichen Auffassung wie Baur. Er sah weit deutlicher das bunte, von Irrationalitäten aller Art bewegte Spiel der historischen Kräfte, aber es verführte ihn nie zu skeptischem Historismus. Wuchs er schon dadurch über die Grenzen eines Fachgebiets – wie selbstverständlich fiel ihm die Aufgabe zu, die Geschichte der preußischen Akademie der Wissenschaften zu schreiben –, ja aller bloßen Wissenschaftlichkeit hinaus, so trug vollends

---

[75] Das apostol. Glaubensbekenntnis, 1892 (27 Auflagen!). Vgl. auch als Stimme der theologischen Jugend Werner Frey, Das zweite Leben 1912.

die Universalität seines Geistes und seines Menschentums sein Leben
und Denken zu einer Höhe empor, wie sie keinem anderen Gelehrten
seiner Zeit beschieden war. Indem er als echter Historiker in allem
Werden das Leben und in allem Leben das Werden empfand, zog er
nicht nur die verschiedensten Gebiete der Natur- und Geisteswissenschaften, sondern auch die verschiedensten Seiten des praktischen
Lebens in sein Wirken hinein. Vielmehr: er gab sich ihnen allen als
Mitlebender und Mitschaffender hin. Was vor sein Auge trat, wurde
ihm Geschichte, und die Geschichte wurde ihm Gegenwart; sie belastete und lähmte ihn nicht, sondern befruchtete all die persönlichen,
sozialen, kulturellen, wissenschaftlichen Beziehungen seines überreichen Lebens. Wozu er auch berufen wurde, sei es in seinem eigentlichen Amt oder im Evangelisch-Sozialen Kongreß oder am Hofe, sei
es in den Verhandlungen über das Schulwesen oder als Leiter der
Staatsbibliothek oder als Organisator wissenschaftlicher Arbeitsgemeinschaft (Kaiser-Wilhelm-Gesellschaft, Akademie der Wissenschaften), überall bewährte er die gleiche Führungskraft und Lebensnähe[76].
Er hätte sie auch seiner Kirche zugewandt, wenn diese seiner Mitarbeit
offen gewesen wäre. Denn auch Theologie und Leben standen für ihn
in engster Wechselbeziehung; schon seiner Leipziger und Gießener
Wirksamkeit wurde bezeugt, daß kein anderer Dozent die Jugend so
für die praktischen Aufgaben begeisterte wie er. Wissenschaft war ihm
nicht nur ein Weg zu Resultaten, sondern selbst „eine hohe Form des
Lebens" (Biogr. 438). So gewann seine Gestalt über Frömmigkeit und
Theologie hinaus im Geistesleben der Jahrhundertwende repräsentative Bedeutung.

Seine geistesfürstliche Stellung wirkte auch auf Theologie und
Kirche zurück. Sie brachte einerseits die Geltung des Historischen in
der Theologie zu voller Höhe, und sie hob anderseits das Ansehen
der Theologie, damit auch den Einfluß des christlichen Glaubens im
Bildungsleben. Zum erstenmal seit Schleiermacher trat wieder ein
begeisterter Theologe in die Spitzenführung der Zeitbildung ein. Freilich diesmal nicht auf Grund systematischer, sondern historischer
Leistung. Wie die Zeitbildung selbst in scharfem Gegensatz zu der
idealistischen der vorhergehenden Jahrhundertwende stand, so war
Harnack als Mensch und Theologe das volle Gegenbild zu dem, der

---

[76] Bekanntlich wurde seine Berufung ins preußische Ministerium erwogen;
und nach dem ersten Weltkrieg wurde ihm das Amt des deutschen
Botschafters in Nordamerika angetragen.

damals die Theologie neubegründet und zugleich mit dem schöpferischen Geiste seiner Zeit verbunden hatte – Repräsentant ihrer Einseitigkeit wie ihrer Größe.

4. Die Auswirkung der Lage
im theologischen Richtungsstreit

a) *Allgemeines*. – Der doppelte Angriff Ritschls und der Geschichtswissenschaft rief alles zum Widerstand auf, was in den überkommenen Richtungen festgelegt war. Als seit 1880 Ritschls erkenntnistheoretische und antipietistische Schriften, dazu die ersten Schriften seiner Schüler (vor allem Herrmanns und Schultz's) die Tragweite seines neuen Ansatzes deutlicher enthüllten, Waffengenossen zu ihm stießen und die wachsende wissenschaftliche Unfruchtbarkeit der „Richtungen" unerwartet rasch die Anhänger Ritschls in die theologischen Fakultäten kommen ließ, begann von allen Seiten her der Kampf. Schlagworte wie Naturalismus, religiöser Nihilismus, Skeptizismus, neuer (historischer und moralistischer) Rationalismus bezeugten die Verständnislosigkeit breiter durch die Restauration erzogener Kreise; aber auch die Vertreter der freien und der Vermittlungstheologien, die ihr Denken spekulativ und ihre Frömmigkeit mystisch durchsättigt hatten, stimmten in die Verdammungsrufe ein. Die Entwicklung des von Ritschl kommenden W. Bender verstärkte das Mißtrauen (s. unten S. 313). Von dem Repristinator Dieckhoff über I. A. Dorner bis zu C. Schwarz erhob sich eine mächtige Woge der Erregung[77].

Allein nicht überall war die Selbstsicherheit gleich stark. Bald begann man doch auch in den alten Richtungen von „Wahrheitselementen" oder „relativen Wahrheiten" der Ritschlischen Theologie zu sprechen (s. Fr. R. Frank, Lipsius u. a.). Ja der streng lutherische Abt G. Uhlhorn erklärte, daß der ganzen Linie der theologischen Wissenschaft jetzt ein Umschwung bevorstehe, von dem auch Erlangen und Leipzig nicht unberührt bleiben würden (Ecke a. a. O. 103). Noch ganz anders war die Stimmung dort, wo keine richtungsmäßige Bindung bestand, vor allem bei der theologischen Jugend. Hier sah man

---

[77] Vgl. die Beispiele bei G. Ecke, Die theol. Schule A. Ritschls, 1897, S. 82 ff.

deutlich, daß der Kampf der Richtungen nirgends zur Klärung geführt
hatte. Nun waren ihre alten Führer teils verstorben, teils standen sie
am Ende ihres Wirkens. Schon Rothes, Becks und Hofmanns, erst
recht Ritschls Vorstöße durchkreuzten die Kampfstellungen überall –
was konnte man jetzt noch auf den alten Geleisen erwarten? So drohte
die theologische Arbeit hoffnungslos auseinanderzufallen, Verwirrung
und Zersplitterung wurde das Kennzeichen der Lage. Wertvollste
Vertreter der theologischen Jugend standen ratlos; weder das Dreigestirn Rothe - J. Müller - Tholuck, das im Herzen des jungen Kähler am lebendigsten war[78], noch das Doppelgestirn Beck-Hofmann,
von dem Herm. v. d. Goltz noch 1861 neue Führung erhoffte[79], besaß
wirklich die Kraft, die Lage zu klären und eine Sammlung der Kräfte
zu verwirklichen. So war weithin Offenheit für einen neuen Ansatz,
ja Sehnsucht nach einem neuen Führer entstanden. Alex. Schweizer,
der wichtigste Vertreter der Schleiermacherischen Überlieferung, durfte
beim Lutherfest 1883 an Ritschl schreiben: „Die zerfahrene Theologie
der Gegenwart könnte um Ihre Klarstellung der Hauptsache sich wieder sammeln, wenn nicht alles wie einst das jüdische Gemeinwesen in
Zelotismus und Abfall sich zerstören soll ... Was ich bald Abtreten-
der gewollt und erstrebt habe, wird im Wesentlichen von Ihnen ...
in gereifter Weise persönlich geltend gemacht werden ... in christlicher
Pietät und Freiheit. Daher rufe ich Ihnen ein Glückauf" (O. Ri. II
423 f.). Das war die Abdankung der Vermittlungstheologie, die am
ernstesten versucht hatte, die Einheit der Theologie in der Verbindung
von Wissenschaft und Kirche aufrecht zu halten; sie dankte ab zugunsten eines Mannes, der nicht zwischen den Gegensätzen vermittelte, sondern sie durch klaren Blick für das Entscheidende und
durch die Kraft, alle Schranken der überlieferten Gruppierung zu
durchbrechen, von innen her überwand.

b) *Die Entwicklung des Ritschlianismus.* – Zunächst als Überwinder
der Baurschen Konstruktion des Urchristentums berühmt, hatte
Ritschl allmählich auch als Systematiker bei manchen Schülern die

---

[78] M. Kähler, Theologe u. Christ, hrsg. v. A. Kähler, 1926, S. 170.

[79] Überall sieht er Mangel an „wahrer geistlicher und himmlischer Objektivität" „eine reichsgeschichtliche Theologie, wie sie Hofmann angebahnt hat, und eine biblische Theosophie, wie sie Beck am tiefsten
vertritt, gibt die wahren Waffen wider die auflösenden Elemente des
theologischen Individualismus in die Hand" (Lebensbild, hrsg. v. P. Genn-
rich u. Ed. v. d. Goltz, 1935, S. 39).

Hoffnung geweckt, daß Großes von ihm zu erwarten sei[80]. Der 3. B.
des Hauptwerks bestätigte sie und wirkte mächtig auf die Jugend. So
in Halle, wo *Herrmann, Gottschick, Kattenbusch* auf ihn blickten, in
Göttingen (wo Kattenbusch und *H. H. Wendt* sich habilitierten), in
Leipzig durch den Privatdozenten *Ad. Harnack,* in Straßburg durch
Lobstein, sogar in dem herrnhutischen Gnadenfeld *(Hm. Scholz).*
Auch Ältere wie *H. Schultz*[81] sowie einige ebenfalls schon theologisch
selbständige Männer wie *Jul. Kaftan, Th. Häring,* der Kirchenhistoriker *Brieger* gewannen von Ritschl her die letzte Prägung ihrer Theologie. Als vollends am Ende der 70er Jahre die Berufungen auf Lehr-
stühle einsetzten (zuerst nach Gießen und Marburg), war an Verdrängung des Ritschlianismus nicht mehr zu denken; eine tiefgreifende
Umbildung der Theologie war im Gange, und die rasch einsetzende
Welle der etwas Jüngeren vervollständigte den Sieg. Von diesen traten
– außer den bereits genannten Historikern – am stärksten *Rade,
Bornemann, Drews, Reischle, Otto Ritschl, Fch. Traub* hervor[82]; aber

---

[80] Vgl. Nippold (oben LÜ 2 b) III 1, S. 449; Kattenbusch, Die Religionswiss.
d. Gegenwart in Selbstdarstellungen V 92 f. über die Wirksamkeit Bes-
sers in Halle; dazu O. Ritschl, Stud. u. Krit. 1936, 5. H., S. 297.

[81] 1836–1903; 1864 Prof. in Basel, 72 Straßburg, 74 Heidelberg, 76 Göttingen. Er entwickelte sich selbständig in ähnlicher Richtung wie Ritschl,
wurde sein Mitstreiter, blieb aber stärker mit Schleiermacher verbunden
als dieser. Alttest. Theologie s. oben Nr. 3 b. Schriften zur Systematik:
Voraussetzungen d. chr. Lehre v. d. Unsterblichkeit 61; Die Lehre v. d.
Gottheit Christi 81; Die evang. Dogmatik 90 (²92); Die evang. Ethik
91 (²1902); Grundriß d. chr. Apologetik 94 (²02); Zur Lehre v. hlg.
Abendmahl 86; Aufsätze über „Luthers Ansicht v. d. Methode u. d.
Grenzen d. dogm. Aussagen über Gott" (Ztschr. f. Kirchengesch. 80);
Über den Ordo salutis (Stud. u. Kritiken 99); Wer sagt denn ihr, daß
ich sei? (ZThK 1904).

[82] *Martin Rade,* 1857–1940, erst Pfarrer, 1900 Privatdozent, 1904 Prof. in
Marburg. Schriften: Damasus, 1882; Luthers Leben, Taten u. Meinungen,
3 Bde 84–87; Die rel.-sittliche Gedankenwelt unserer Industriearbeiter
98; Reine Lehre, unsere Forderung d. Glaubens u. nicht d. Rechts 1900;
Unsere Pflicht z. Politik 13; Luthers Rechtfertigungsglaube 17; Glaubens-
lehre 24. 27, u. a.
   Wilh. Bornemann, 1858–1946; 98–1902 Prof. in Basel, dann Pfarrer u.
Senior in Frankfurt a. M. Wichtigere Schriften: Die Unzulänglichkeit d.
theol. Studiums d. Gegenwart ²86; Unterricht s. unten S. 309; Kommentar
zu den Thess.-Briefen 94.
   Paul Drews, 1858–1912; 94 Prof. in Jena, dann Gießen u. Halle.
Schriften z. Reformationsgeschichte, vor allem Ausgabe der Disputationen
Luthers 95 f.; Studien z. Gesch. d. Gottesdienstes 1902–10; Das Problem

auch Männer wie O. *Kirn*[83], *S. Eck, v. Schultheß-Rechberg, Eb. Vischer*
u. a. wirkten mit. Fast alle diese Männer kamen aus restaurativen und vermittlungstheologischen Kreisen. Was sie zu Ritschl führte, war vor allem seine
neue theologische Methode, die von Spekulation und Bewußtseinstheologie, von Repristination und Pietismus befreite. Sie trug die Verheißung in sich, auch in der modernen, von Realismus, Naturwissenschaft und historischer Kritik erfüllten Welt mit gutem Gewissen
Christ sein zu können; sie gab in ihrem Rückgang von theologischer
Theorie auf den praktischen Glauben die Hoffnung eines noch tieferen
Verständnisses der Bibel und eine theologische Verbindung mit Luther,
wie sie trotz Th. Harnack und J. Köstlin bisher nirgend gefunden
war; sie entfaltete in ihrer kirchlichen Gesamthaltung und ihrer Offenheit für das wirklich Leben eine Fülle von Antrieben für die praktische Auswirkung des christlichen Glaubens. So waren die Anhänger
Ritschls von einem siegesgewissen Sendungsbewußtsein getragen, das
sowohl der Theologie wie der kirchlichen Praxis einen Strom von
neuen Kräften brachte. Die Gründung der Theol. Literaturzeitung
(1876 durch Schürer), der Chr. Welt (87 durch Rade), der Zeitschrift
für Theol. u. Kirche (91 durch Gottschick) bezeichnete die beständig
wachsende Ausbreitung ihres Wirkens.

d. prakt. Theologie 10. Forderte eine „rel. Volkskunde" seit 1900, die er
dann zur „evang. Kirchenkunde" umbildete; gab das erste Beispiel in
„Das kirchl. Leben d. evang.-luth. Landeskirche des Kgr. Sachsen" 02.
   Max Reischle, 1858–1905; Prof. in Gießen, Göttingen, Halle. Wich-
tigere Schriften: Ein Wort z. Kontroverse über d. Mystik in d. Theologie
86; Christentum u. Entwicklungsgedanke 98 (dazu ZThK 1902); Wertur-
teile u. Glaubensurteile 1900; Chr. Glaubenslehre, in Leitsätzen, 02;
Theologie u. Religionsgeschichte 04; Aufsätze u. Vorträge (hrsg. v. Th.
Häring u. Fch. Loofs) 06. Vgl. auch S. 313.
   Otto Ritschl, 1860–1944; Prof. in Kiel u. Bonn. Wichtigere Schriften:
Schleiermachers Stellung z. Christentum in seinen Reden über d. Religion
88; Über Werturteile 95; System u. syst. Methode in d. Gesch. d. wiss.
Sprachgebrauchs u. der phil. Methode 1906; Theol. Briefe an M. Rade 28;
s. auch oben Nr. 2 und 3 c.
   Friedr.Traub, 1860–1939; Prof. in Tübingen. Wichtigere Schriften:
Theologie u. Philosophie 1910; Glaube u. Geschichte 26.
[83] *Otto Kirn,* 1857–1911; Prof. in Basel und Leipzig. Wichtigere Schriften:
Über Wesen u. Begründung d. rel. Gewißheit 89; Ausgangspunkt u. Ziel
d. evang. Dogmatik 96; Glaube u. Geschichte 1900; Grundriß d. evang.
Dogmatik 1905, ⁹36 und d. theol. Ethik 06, ⁹36; Die Leipziger theol. Fakultät in 5 Jahrh. 09; Vorträge u. Aufsätze 12 (hrsg. v. K. Ziegler).

Gerade die Viel- und Weitstrahligkeit des Wirkens war Größe und Schwäche der Gruppe zugleich. Ihre Einheit war nicht die einer durch Gleichheit der wissenschaftlichen Aufgaben und Ergebnisse verbundenen „Schule", sondern lediglich die der methodischen Haltung, die sich überaus verschieden anwenden ließ. Indem sie jeden ihrer Träger auf die Offenbarung Gottes in der biblisch-geschichtlich erfaßten Person Jesu gründete, mit der so spannungsreichen Person Luthers verband und in die unendliche Mannigfaltigkeit des gegenwärtigen Lebens verwies, erzog sie zu persönlicher Selbständigkeit, auch in der Wahl der Aufgaben und der Arbeitsmittel. Daraus erwuchs innerer Reichtum und starke Wandlungsbereitschaft zugleich. Die „Chr. Welt" mit ihrer Vielseitigkeit, ihrem Interesse an aller christlichen Aktivität und ihrer Offenheit sowohl für neue Wendungen der Theologie als auch für die Pflichten der Kirche gegenüber der Welt wurde der trotz aller Abwandlungen doch im ganzen zutreffende Ausdruck der Entwicklung des Ritschlianismus[84]. Aber indem so einerseits die neubelebte historische Theologie, andererseits die dem kirchlichen Amt, der freien Arbeit an den der Kirche Entfremdeten, der sozialen Frage zugewandte Praxis eine Fülle von Kräften verbrauchte, wurde die Pflege des eigentlichen theologischen Ansatzes vernachlässigt, den Ritschl gegeben hatte. Es ist bezeichnend, daß die Höhenzeit der Gruppe zwar mit Bornemanns „Unterricht im Christentum" (1890, ³93) und B. Dörries' Katechismus-Erklärung („Der Glaube" 91, ⁴1908) Darstellungen des Glaubens für gebildete Kreise und die Praxis, aber erst ihr letzter Entwicklungsabschnitt dogmatisch-ethische Lehrbücher hervorbrachte – und dann eine Reihe überaus verschiedener.

Auch wenn wir uns auf die Männer beschränken, die systematisch am stärksten hervortraten – Harnack s. oben Nr. 3 d –, ist das Bild überaus bunt. So schon bei den *Vorfragen,* die lange Zeit im Vordergrund des theologischen Kampfes standen. Die Verbindung mit Kant, die Ritschl versucht hatte, wurde von Herrmann strenger gefaßt und stärker verwertet. Bei den andern blieb sie auf den Dienst beschränkt, das religiöse Erkennen vom theoretischen abzugrenzen; und auch da wurde die Mannigfaltigkeit deutlich. Denn einerseits erhielt das religiöse Erkennen seine Farbe mehr vom Herzen (Reischle: Werturteil = thymetisches Urteil), andererseits mehr vom Willen her (Kaftan, Wendt); ferner wurde im Unterschied von Kants Orientierung des

---

[84] Vgl. Vierzig Jahre „Chr. Welt", Festgabe für M. Rade, hrsg. v. H. Mulert, 1927. W. Rathje, Die Welt des freien Protestantismus 1952.

Erkennens am zeitlosen Apriori und an der Naturwissenschaft von den meisten Ritschlianern (in Übereinstimmung mit Windelband-Rickert) immer stärker die Geschichte herangezogen und so eine erkenntnistheoretische Möglichkeit für die Geltendmachung religiöser Tatsachen, auch der Offenbarung gesucht (J. Kaftan, Häring, E. W. Mayer, Kirn u. a.). Von tieferer theologischer Bedeutung war allerdings nicht die jeweilige erkenntnistheoretische Wendung selbst, sondern die mit ihr verbundene Stellung zu den weltanschaulichen Fragen und dem Ringen der Philosophie um ihre Lösung. War Ritschl selbst hier schwankend geblieben, so trennten sich nun die Schüler: Herrmann, Kattenbusch, Traub u. a. suchten die Beschränkung auf den besonderen Gehalt des Christentums so streng als möglich zu verwirklichen, obschon die Anwendung auch philosophischer Mittel unwillkürlich darüber hinausführte; dagegen Kaftan und Wendt, auch Reischle, Kirn, Eck u. a. gliederten der theologischen Aufgabe weltanschauliche Fragen ein.

Noch wichtiger für die Entwicklung des Ritschlianismus aber war der *innere Fragenkreis* des christlichen Glaubens. Hier trat infolge der dogmatischen Kämpfe die Ausrichtung auf die christliche Vollkommenheit zurück; und wo sie wichtig blieb (so bei Harnack und Herrmann), wurde sie vereinseitigt. Methodisch bestand Einigkeit in der grundlegenden Beziehung auf die biblische Botschaft von der Offenbarung Gottes in der geschichtlichen Person Jesu Christi statt auf das altkirchliche Dogma, d. h. im Christozentrismus. In der dogmatischen Verwirklichung aber ging man weit auseinander. Die Verschiedenheit begann bereits bei der Bedeutung, die man dem apostolischen Zeugnis, besonders dem des Paulus, für die dogmatische Formulierung der gemeinsamen religiösen Stellung zu Jesus Christus gab. Während Häring und Kaftan es noch umfassender als Ritschl selbst zu verwerten suchten, machten die meisten anderen der historischen Entmächtigung wachsende Zugeständnisse. Gottschick, vor allem aber Harnack und Wendt zogen sich möglichst auf die Person Jesu selbst zurück; Wendt schuf in der Begründung der christlichen Lehre auf die Lehre Jesu einen ganz anderen Typ von Dogmatik, als Ritschl selbst im Auge hatte[85].

---

[85] *H. H. Wendt*, 1853–1928; 83 Prof. in Kiel, 85 Heidelberg, 93 Jena. Schriften: Die chr. Lehre v. d. menschl. Vollkommenheit 81; Lehre Jesu 86–90 (^{2}1901); Syst. d. chr. Lehre 1907 (^{2}20); Die sittl. Pflicht 16; Erklärung d. Augsb. Konfession 27; Neutestamentliches s. Nr. 3 b.

Wenn wir auf das Ganze blicken, so hüteten am treuesten *Gottschick*[86] und *Kattenbusch*[87] das Erbe des Meisters. Doch kamen sie nicht zu abschließenden Darstellungen ihrer Theologie, weil beide ihre Hauptkraft historischen Untersuchungen (überdies Gottschick der praktischen Theologie) widmeten. Kattenbusch befruchtete die Theologie vor allem dadurch, daß er wie Ritschl bei Luther – und mit Luther über Ritschl hinaus – neue Tiefen erschloß, daß er gegenüber dem Andrängen des Erfahrungs- oder Erlebnismotivs, auch gegenüber Schleiermacher, das Objektive betonte, daß er daher dem Gottesgedanken stärker als seine Mitstreiter nachging, und endlich daß er in besonderer Weise auf die doppelseitige „Freiheit eines Christenmenschen" als Frucht der Rechtfertigung achtete. Gerade diese Züge hielten seine Theologie in außergewöhnlichem Maße lebendig und ermöglichten es ihm, als Hochbetagter das Erbe Ritschls noch einmal zur Geltung zu bringen.

Eine Abwandlung nach der konservativen Seite brachte der dem milden schwäbischen Pietismus entstammende *Häring*[88]. Er gab den Gedanken Ritschls weicheren Klang und suchte den Vollgehalt der Bibel in ihrem Rahmen reicher auszuschöpfen. Das war vor allem an

---

[86] *Joh. Gottschick,* 1847–1907; Prof. der praktischen Theologie 82 in Gießen, 93 Tübingen. Schriften: Luthers Anschauungen v. chr. Gottesdienst u. seine tatsächliche Reform desselben 87; Die Kirchlichkeit d. sog. kirchl. Theologie geprüft 90; Die Bedeutung d. hist.-krit. Schriftforschung für d. evang. Kirche 93. Posthum: Ethik, Homiletik und Katechetik 1907, Luthers Theologie 14.

[87] *Ferdinand Kattenbusch,* 1851–1935; Prof. in Gießen 78, Göttingen 1904, Halle 06. Schriften: Luthers Lehre v. unfreien Willen u. v. d. Prädestination, 1875 (neu 1904); Luthers Stellung zu d. ökum. Symbolen 83 (weitere wichtige Lutherstudien seit 1918); Schriften zur Konfessionskunde s. oben Nr. 3 c; zur Geschichte der Theologie LÜ 2 a; zahlreiche verstreute Beiträge zur Kirchengeschichte und zur systematischen Theologie s. Selbstdarstellung S. 35 f. Dogmatisches Testament: Gott erleben u. an Gott glauben, ZThK 1923; Das Unbedingte u. der Unbegreifbare, Studien u. Kritiken 26 (auch Sonderausgabe); Glaube u. Geschichte, Theol. Blätter 27; Die vier Formen d. Rechtfertigungsglaubens, Ztschr. f. syst. Th. 38; Schleiermachers Größe u. Schranke 34. Gab die Theol. Studien u. Kritiken heraus 1911–33. – Vgl. O. Ritschl, Katt. als Persönlichkeit, Forscher u. Denker, Stud. u. Krit. 1936.

[88] *Theod. Häring,* 1848–1928; Prof. in Zürich 1886, in Göttingen 89, Tübingen 95. Schriften: Über d. Bleibende im Glauben an Christus 80; Zu Ritschls Versöhnungslehre 88; Zur Versöhnungslehre 93; Ethik 1902 (³14); Dogmatik 06 (²12, Neudruck 22), u. a.; Erklärungen neutest. Schriften.

zwei Punkten wichtig: er betonte neben der Offenbarung Gottes in der geschichtlichen Person Jesu das Fortwirken des erhöhten Herrn in der Gemeinde und neben dem Berufswirken die besondere Bedeutung seines Leidens und Sterbens, daher auch die der Sühne. So wurde er Vermittler zwischen dem Ritschlianismus und den konservativ-biblisch bestimmten Kreisen, trug aber auch sonst durch sein Verständnis für Andersdenkende zur Milderung der theologischen Gegensätze bei.

Noch tiefer als Häring wirkten durch ihre ausgeprägte Eigenart zwei andere Männer, J. Kaftan und W. Herrmann. *Kaftan*[89] ging zunächst über die religiös-ethische, wesentlich weltzugewandte Haltung der Ritschlschen Theologie hinaus, indem er sie durch einen „mystischen" Einschlag, d. h. durch die Achtung auf „das mit Christo in Gott verborgene Leben der Seele", ergänzte und so die weltkritische Seite, damit auch die innere Spannung der Theologie verstärkte. Bedeutete das wiederum eine konservative Abwandlung, so nahm sie doch eine andere Richtung als bei Häring: nicht auf einen befreiten Pietismus, sondern auf eine befreite Orthodoxie. Kaftan rang mit stärkerem Einsatz als andere um scharfe Ausprägung der christlichen Erkenntnis, insofern um „neues Dogma", knüpfte dabei so stark als möglich an die theologische Überlieferung an und wurde der spezifische Dogmatiker des Ritschlianismus.

Zugleich war er durch *Universalismus* des wissenschaftlichen Denkens ausgezeichnet. Ihn beschäftigte die Tatsache der Religion überhaupt und das Verhältnis des Christentums zu ihr. Darum durchdachte er in seinem ersten größeren Werk das *Wesen der Religion* grundsätzlicher und umfassender als der Meister. Von der Religionsgeschichte her schuf er einen Allgemeinbegriff der Religion, der das Bedürfnis des Menschen in den Mittelpunkt stellte und so die gelegentlichen Behauptungen Ritschls wissenschaftlich durchführte. Es handelt sich in der Religion um die Erfüllung des angeborenen Anspruchs auf Leben, auf die den Gehalt des Lebens ausmachenden Güter; Gott ist die Macht, die unseren Anspruch gegenüber allen natürlichen und

[89] *Julius Kaftan*, 1848–1926; 1873 Prof. in Basel, 83 Berlin, seit 1904 zugleich Oberkonsistorialrat. Schriften: Die Predigt d. Evangeliums im mod. Geistesleben 1879; Das Wesen d. chr. Religion 81 (²88); Die Wahrheit d. chr. Religion 88; Brauchen wir ein neues Dogma? 90 (³93); Dogmatik 97 (⁸1920); Zur Dogmatik 1904; Kant d. Philosoph. d. Protestantismus 05; Philosophie des Prot. 17. Aus dem Nachlaß: Neutest. Theologie 27, Leitsätze d. Ethik, ZThK 27. – *A. Heger*, Kaftans theol. Grundposition i. Vhältnis z. Schleiermachers Prinzipienlehre 1930 (Stud. z. syst. Th. 5).

sozialen Hemmungen zum Ziele führt. Die Höherbildung vollzieht sich kraft der Offenbarung auf zwei Linien: vor die innerweltlichen Güter treten die überweltlichen, zuhöchst die von der Welt erlösende Teilnahme am Leben Gottes; bei den innerweltlichen Gütern selbst aber werden die sinnlich-natürlichen allmählich von den sittlich-sozialen abgelöst, die bestimmte Pflichten einschließen. Im Christentum ist beides verwirklicht: das höchste Gut, das im Reiche Gottes besteht, ist überweltlich und sittlich zugleich. Die Theorie war wertvoll, sofern sie den Blick weitete, die theologischen Selbstabsperrungen sprengte und neue Aufgaben zeigte. Aber ihre starke Betonung der religionsgeschichtlichen Induktion und ihre anthropologisch-eudämonistische Haltung war überaus anfechtbar; sie drängte Gott und seine Offenbarung in eine sekundäre Stellung und begünstigte damit den Illusionsverdacht der Zeit[90]. Sie fand auch innerhalb der Gruppe scharfe Gegner. Vor allem bestritt *Reischle* (1889) die Methode Kaftans; er stellte dem der Naturwissenschaft entstammenden induktiven Verfahren das geisteswissenschaftliche, normativ-systematische gegenüber und forderte statt des wertlosen Allgemeinbegriffs einen „Idealbegriff" der Religion.

Das Werk über die *Wahrheit* der christlichen Religion, dessen Thema später von der „Philosophie des Protestantismus" weitergeführt wurde, wandte sich dem allgemeinen Geistesleben, d. h. den apologetischen Aufgaben zu. Leitend sollte dabei weniger die Rücksicht auf Draußenstehende als das eigene Bedürfnis der gläubigen Christen (Dogmatik[8], S. 114) sein; der „Beweis des Christentums" ist die Form, „in welcher sich das Christentum mit dem geistigen Leben einer bestimmten Periode auseinandersetzt, damit aber ... ein das Ganze mitbestimmendes Moment in der Darstellung und Ausprägung des Christentums zu einer gegebenen Zeit" (Wahrheit S. 583 f.). Kaftan möchte mit Hilfe des in seiner Selbständigkeit verstandenen evangelischen Glaubens eine Einheit des Erkennens gewinnen; aber nicht mehr unmittelbar durch Verbindung des Glaubens mit dem Wissen, sondern dadurch, daß der christliche Gottesglaube selbst als die einzig mögliche, ja als die vernunftgemäße Spitze der Erkenntnis-Pyramide erwiesen wird. Dazu sah er durch Kant, der – selbst evangelisch bestimmt – den Primat der Weltanschauung der praktischen Vernunft

---

[90] W. *Bender,* „Das Wesen d. Religion u. d. Grundgesetze d. Kirchenbildung" 1886, vervollständigte die anthropologische Wendung; er trat damit wirklich von Ritschl zum Illusionismus über.

zusprach, den Weg erschlossen; insofern wurde Kant – allerdings
mannigfach abgewandelt – auch für ihn der „Philosoph des Protestantismus". Doch war die Entsprechung zwischen der postulierten
„vernünftigen Idee vom höchsten Gut, . . . die den religiösen und den
sittlichen Gesichtspunkt aufs engste miteinander verbindet" (Wahrheit, S. 537), und dem konkreten christlichen Offenbarungsglauben
zu künstlich, als daß sie hätte sieghaft durchschlagen können. Die
apologetische Leistung Kaftans blieb daher ebenso umstritten wie
die religionsphilosophische. Immerhin war sie eindrucksvoll genug,
um einerseits den Isolierungsgefahren, die mit der Ritschlischen Verselbständigung der Theologie verbunden waren, ein Gegengewicht zu
bieten, anderseits die Fruchtbarkeit des Ritschlischen Ansatzes auch
nach der universal-weltanschaulichen Seite hin zu zeigen.

Der Gegenpol zu Kaftan war *Herrmann*[91]. Er verband den Einfluß
Ritschls mit der Nachwirkung der Erweckungsfrömmigkeit, die ihm in
Tholuck lebendig begegnet war, sowie mit genauer Kenntnis Kants
und dem Eindruck Schleiermachers, vor allem der „Reden". Seine
ersten Schriften stärkten den Ritschlianismus durch strengeren Ausbau
der erkenntnistheoretischen Hilfskonstruktion im Anschluß an *Kant*.
Aber sein Kantianismus sollte schon hier nicht Beugung des christlichen Glaubens unter Kantische Maßstäbe, sondern die Anerkennung

---

[91] *Wilhelm Herrmann*, 1846–1922; 79 Prof. in Marburg. Schriften: Die
Metaphysik in d. Theologie 76; Die Religion im Verhältnis z. Welterkennen u. z. Sittlichkeit 79; Der Verkehr d. Christen mit Gott, im Anschluß an Luther 86 ([7]1908, Neudruck 21); Der evang. Glaube u. d. Theologie A. Ritschls 90; Die Buße d. evang. Christen (nach Luther), ZThK
91; Ethik 1901 ([6]21); Die sittl. Weisungen Jesu 04 ([3]21 hrsg. von
H. Stephan); Chr.-prot. Dogmatik, in Kultur d. Gegenwart IV 1, B. 2,
1906 ([2]09); Offenbarung u. Wunder 08; Die mit d. Theologie verknüpfte
Not d. evang. Kirche 13; Die Wirklichkeit Gottes 14; dazu dogmatische
Artikel in RE[2] u.[3] (z. B. „Religion") und zahlreiche Aufsätze in Zeitschriften und Sammelwerken (die wichtigsten in „W. Herrmann, Gesammelte Aufsätze", hrsg. von F.W. Schmidt 23); posthum: Dogmatik (Vor-
lesungsdiktate, hrsg. v. M. Rade) 25. – Neuere Lit.: *Au. Dell*, W. H.s
theol. Arbeit, Theol. Rundschau, N. F. 1929; W. *Wiesenberg*, Das Verhältnis v. Formal- u. Materialethik, erörtert an d. Streit zwischen W. H.
u. E. Troeltsch (Diss.) 34. *S. M. Robinson*, Das Problem des hlg. Geistes
bei W. H. Diss. Basel 52. *F. Gogarten*, Theologie und Geschichte ZThK
53. *Peter Fischer Appelt*, Metaphysik im Horizont d. Theologie W. H. s.
Mit der H.-Bibliogr. 1965 (Forschgen. z. Gesch. u. Lehre d. Protestantismus X, 32) *Th. Mahlmann*, Philosophie d. Rel. b. W. H. (NZsystTh. 6,
64, 70–107).

bedeuten, daß Kants erkenntniskritisch-ethische Gedanken die besten Waffen gegenüber dem alles bedrohenden Herrschaftsanspruch des wissenschaftlichen Welterkennens boten. Er faßte das in zwei Einsichten zusammen, die das apologetische Interesse überdauerten: 1. in einem Wissenschaftsgedanken, der durch seine methodische Strenge stählend wirkte und doch jede unmittelbare Verbindung mit der Religion ausschloß, 2. in einem Sittlichkeitsbegriff, der alle eudämonistischen Züge überwand und gerade in der unbedingt fordernden Gewalt des Guten die rechte Offenheit für die Religion aufdeckte. Beides zusammen half dazu, jenes Pathos der Wahrhaftigkeit zu entwickeln, das in der christlichen Gottbezogenheit lebendig ist, aber in Kirche und Theologie selten genug die volle Reinheit und Höhe gewinnt. – Daß er religiös dennoch nicht Kantianer war, bewies er in allen folgenden Schriften, vor allem in den beiden Hauptwerken, dem „Verkehr" und der „Ethik". Aller ethische Idealismus überbrückt vorschnell die unendliche Spannung zwischen dem Sollen und dem Sein. Er predigt eine Selbstbesinnung, die im Lichte der unbedingten Forderung überall nach dem Wesentlichen fragt, Selbsttäuschungen entlarvt, den Kulturoptimismus zerstört und wirklich bis zum radikalen Bösen durchstößt; sie aber vernichtet entweder den Menschen selbst oder die Wirklichkeit der unbedingten Forderung in ihm, wenn nicht die geschichtliche Offenbarung der Macht des Guten in verzeihender Güte ihn aus dieser Not erlöst. Damit wird die Religion (nur die christliche kommt für Herrmann ernstlich in Betracht) zur Antwort auf die tiefste Frage der Sittlichkeit, d. h. der Menschheit. Erst in ihr wird der Mensch innerlich frei, lebendig und wahrhaftig, gewinnt er also die Wirklichkeit seiner persönlichen Existenz. Das sind Gedanken, die den Kantianismus zwar aufnehmen, aber nur, um ihn von innen her zu überwinden. Sie zeigen, daß Herrmanns Theologie aus einem selbständigen innerchristlichen Ansatz erwächst.

Was Herrmann in seinem Verständnis des Christentums zutiefst am Herzen liegt, ist das Verhältnis des *Objektiven* und des *Subjektiven* im Christentum. Nach Objektivität hatten die spekulative Philosophie, die Spätromantik, die kirchliche Restauration sich mit allen Fibern ausgestreckt. Ritschl aber hatte bewiesen, daß sie ins *Leere* griffen, und hatte die wahre Objektivität auf die Beziehung des praktischen Glaubens zur geschichtlichen Offenbarung Gottes begründet. Hier setzt auch Herrmann ein. Er faßt die dafür grundlegenden Begriffe, vor allem Glaube, Geschichte, Offenbarung schärfer ins Auge und deckt ihre innere Verbindung deutlicher als andere auf. Sie werden damit noch lebendiger als bei Ritschl, noch unabhängiger von aller theologischen Schematik, noch offener und zugleich ruhiger gegenüber aller historischen Kritik, noch gegenwärtiger, persönlicher und schlichter. Daher empfingen seine Schriften ihr im besten Sinn erbauliches Gepräge und atmete seine Lehrweise lebendurchdringenden Ernst.

Das Objektive ist ihm die lebendige Wirklichkeit Gottes und seiner Offenbarung selbst. Die idealistische Versuchung, die Gewalt des Gottesgedankens durch enge Zusammenfassung mit Welt und Menschengeist scheinbar zu festigen, tatsächlich aber zu lähmen, ist dahingefallen. Dem entspricht das Verständnis der Offenbarung: sie redet weder in der Natur noch im Menschengeist, sondern in der lebendigen Geschichte zum Menschen. „Nur an Ereignissen unserer Geschichte gewinnen wir den Eindruck, daß Gott uns in unserem zeitlichen Leben aufsucht und sich unser annimmt". Überwältigend, vollmächtig geschieht es in der Person Jesu Christi. Sie tritt dem Menschen, indem sie ihn bei seiner Selbstbesinnung vollends niederwirft, aber zugleich emporhebt, bei Herrmann biblischer entgegen als bei Schleiermacher, persönlicher und lebendiger als bei Ritschl. So wird der Christozentrismus als Verwirklichung des Theozentrismus erst folgerecht erfaßt und am praktischen Glaubensleben durchgeführt. Wenn Herrmann dabei vorzüglich das „innere Leben" Jesu betont, so bedeutet das weder Flucht vor der historischen Kritik auf ein scheinbar „sturmfreies" Gebiet noch wirklichkeitsfremde Innerlichkeit, sondern Heraushebung des Persönlichen und Hinweis auf das Geheimnis seiner Person, das nur dem Glauben, nicht der historischen Betrachtung zugänglich wird. Es will deutlich machen, daß der christliche Glaube zwar der historischen Kritik freie Bahn gibt, aber sich ihr gegenüber durch die Wirklichkeit Gottes in Jesu Christo gesichert weiß: was auch die Historie von ihm sagt, wir vernehmen in ihm das Wort Gottes an uns und wissen ihn darum als den Erlöser.

Der geschichtlich-persönlichen Wendung des Objektiven entspricht die des Subjektiven. Sie liegt schon in der starken Aufnahme des Erlebnisbegriffs. Herrmann gibt ihm eine Anwendung, in der das Geheimnis des persönlichen Lebens und seiner Gottbezogenheit widerklingt. Er unterscheidet von der nachweisbaren (daher allein wissenschaftlich erfaßbaren) die erlebbare Welt, d. h. die Welt, in der uns wahrhaftiges, wirkliches Leben geschenkt wird, in der deshalb an die Stelle des Beweises persönliche Gewißheit tritt. Schon da wird deutlich, daß sein „Erleben" nichts Sentimentales oder Ästhetisches meint, sondern lebensmäßiges Ergreifen überrationaler, uns übermächtig begegnender Wirklichkeit – gegenseitige Durchdringung von Objektivem und Subjektivem. Darum gestaltet es auch den Geschichtsbegriff: er ist durch das gegenwärtige Geschehen bestimmt, in dem wir erlebend mitten inne stehen. Am deutlichsten wird der Sinn des Erlebens in der Beziehung auf Gott und Jesus; es ist hier innig mit dem streng persönlich verstandenen Glauben verbunden, dessen Hauptmerkmale Vertrauen und Gehorsam sind. Auch das Ethische wird in diesen Kreis hineingezogen, sofern für seine Herausarbeitung die Untersuchung des „Vertrauens" der eigentliche Ausgangspunkt ist.

Dogmatisch kommt diese Gesamthaltung auch in der Unterscheidung von *Grund* und *Gedanken des Glaubens* zum Ausdruck. Der Grund des Glaubens ist objektiv: die Offenbarung Gottes in der geschichtlichen Tatsache Jesus Christus. Das mitten in der Selbstbesinnung des Menschen zu erleben, ist der „Weg zum Glauben", der allgemeingültig von der Dogmatik aufgewiesen werden muß. Wo aber auf diesem Wege Gott den Glauben schenkt, da geschieht die Erhebung zur Freiheit des Christenmenschen. In der neuen Freiheit wird die verantwortungsvolle Selbständigkeit, die Autonomie des persönlichen Lebens wahrhaft lebendig. Davon müssen sowohl die Gedanken als auch die Willensrichtungen des Glaubenslebens zeugen. Nichts darf hier statutarisch sein; weder die Aneignung überlieferter Gedanken, mögen sie an sich fromm und „wahr", biblisch und bekenntnismäßig sein, noch die gesetzliche Befolgung bestimmter Forderungen ist echt evangelisch; sie alle sind als Zeugnisse biblischen oder reformatorischen Glaubens wertvolle Hinweise, vor denen wir pietätvoll lernend stehen – aber gebietende Autorität hat für den an seinen Grund gebundenen Glauben keine Menschensatzung, kein Menschengedanke, sondern Gott allein. Darum ist in den Gedanken, die der Glaube erzeugt, alles individuell, nichts systematisierbar. Eine wichtige Aufgabe hat trotzdem auch hier die Dogmatik; sie will zeigen, wie der Glaube als ein von Gott stammendes Leben den Menschen erneuert, und wie er gerade in der mannigfaltigen – logisch widerspruchsvollen – Fülle von Gedanken sich wahrhaftig ausspricht (Dogmatik, S. 41). Daß er dabei von Wirklichkeit zeugt, möchte Herrmann noch deutlicher als die überlieferte Theologie aufweisen; so zeigt er z. B., daß Christus die Sündenvergebung nicht nur verkündigt (Sozinianismus) oder ermöglicht (Orthodoxie), sondern vollzieht. Mit solchen tiefgrabenden Erkenntnissen gelang ihm stärker und persönlicher als einem anderen, die zentrale Position Luthers wiederzuge-

winnen: das Verständnis der christlichen Botschaft als Sündenvergebung, die im Glauben – nur im Glauben – an Jesus Christus ergriffen
wird, und – fast noch bedeutsamer, weil völlig einsam in seiner Zeit
und als Korrektiv zu dem von Ritschl ererbten und eigenen Kantianismus – das Verhältnis von Gesetz und Evangelium als Gipfel der
Glaubensaussagen.

Herrmanns Theologie ist eine radikale Weiterbildung der Ritschlischen Lehre von der christlichen Vollkommenheit als Funktion des
Versöhnungsglaubens. Aber sie sprengt den Rahmen des Ritschlianismus. Er spürt die Erschütterung der Gesamtlage des Christentums
stärker als der Meister; er spürt vor allem auch den Ernst der Bedrohung durch die Kulturseligkeit der Zeit und durch die historische
Betrachtungsweise. Das ist der eigentliche Grund dafür, daß er bei
seiner Vertiefung des Verhältnisses von Objektivität und Subjektivität die Konzentration, die Verlebendigung, die Vereinfachung mit
unerhörter, Ritschl weit überbietender Rücksichtslosigkeit durchführt.
Für den Marsch in das schwierige Land der Gegenwart und Zukunft
soll das Gepäck so leicht als möglich sein; dieser Gedanke wird ihm
wichtiger als die Sorge, dabei Unentbehrliches von der Ausrüstung
und der eisernen Ration des Christen vorzeitig liegen zu lassen. So
schneidet er die theologische Problematik beinahe bis an die Wurzel
zurück. Er steht darin neben Harnack. Doch denkt er insofern ganz
anders, als er die welt-, auch die kulturkritische Seite des Glaubens
schärfer ins Auge faßt und die Offenbarungsbedeutung Jesu neutestamentlicher auf die Lebensmitte des Menschen bezieht. Die starke
Einseitigkeit der reduktiven Wendung ist einerseits durch den Kantianismus, anderseits durch die Nachwirkung Tholucks bedingt. Der
Kantianismus verführt ihn, die Lebensmitte allein vom Sittlichen her
zu verstehen und daher die Religion einseitig als Lösung des sittlichen
Problems zu betrachten, der unbewußte Einfluß Tholucks, das individuelle Erlebnis zu überwerten, Jesus und den Glaubenden zu isolieren.
Davon zeugt vor allem die Fassung des Problems Glaube und Geschichte. Herrmann wendet seine Vertiefung der beiden Begriffe im
Grunde nur auf den einen Punkt an, auf die Begegnung des um die
Wahrhaftigkeit seines Lebens kämpfenden Menschen mit Jesus Christus als der Offenbarung des lebendigen Gottes. Hier gewinnt seine
Theologie ihre volle Eindruckskraft und Fruchtbarkeit. Darüber hinaus
aber geht er der Begegnung mit der Geschichte nur zögernd nach. Er
kennt und betont die Macht der Geschichte, die unsern Glauben in
der christlichen Gemeinde zeugt und trägt; aber er zeigt nicht, wie

grundlegend bedeutsam sie für unser Verständnis Jesu und die Gedanken unseres Glaubens über ihn ist. Daher die Überspannung des an sich richtig gesehenen Unterschieds zwischen Glaubensgrund und Glaubensgedanken, die Isolierung des christlichen Glaubens, die Blindheit gegenüber dem, was geschichtliche Forschung dem Glauben positiv leistet. Eine ähnliche Zurückschneidung der Problematik aber sehen wir auch bei dem Verhältnis des christlichen Glaubens zur allgemeinen Geisteswelt. Die positiven Zusammenhänge mit dem natürlichen Leben arbeitet Herrmann nur für das sittliche Gebiet heraus – da allerdings mit unerhörter Vertiefung –, die mit dem Welterkennen, dem philosophischen Weltanschauungsringen, der Kunst läßt er ganz beiseite; darum verkennt er auch den Ernst der Auseinandersetzung mit der Religionsphilosophie. Er neigt dazu, alles was außerhalb der Begegnung mit Gott in Jesus Christus und dem persönlichen Lebensschicksal liegt, dem Naturalismus, Positivismus und Illusionismus zu überlassen[92]. Für die extensive Bewegung des Glaubens oder die Durchchristlichung der natürlichen Religion bedeutet Herrmann danach nur auf der sittlichen Linie einen unmittelbaren Fortschritt, im übrigen zunächst sogar einen Rückschritt, vor allem hinter die von Schleiermacher und Kaftan erreichte Stellung. Daß er trotzdem so vielen Helfer wurde und so starken Einfluß übte, beweist, daß er bei seiner Tiefenbohrung an der einen Stelle wirkliche Quellen lebendigen Wassers erschloß und daß er persönlich manches von dem vorglaubte, was er theologisch nicht verwertete.

c) *Die Umwandlung der älteren Richtungen.* – α) Ritschl am nächsten stand der innersten Absicht nach die *Vermittlungstheologie.* Daher verlor sie – wenigstens in der Systematik – am raschesten ihr Daseinsrecht und mündete allmählich in den stärkeren Strom der neuen Bewegung ein. Führer wie Schweizer, I. A. Dorner und Rothe fanden keine ebenbürtigen Nachfolger. Am ehesten kommen Köstlin und Nitzsch in Betracht. Der Lutherforscher *Jul. Köstlin* (1826–1902; Prof. in Göttingen, Breslau, Halle) arbeitete seine frühe Schrift über den Glauben (1859) im Alter zu einem neuen Buche um: „Der Glaube u. seine Bedeutung für Erkenntnis, Leben u. Kirche" (95) und suchte

---

[92] Doch gilt das nur für seine Theologie, nicht auch für seinen Glauben. Dieser konnte sich „an der Mannigfaltigkeit der Erscheinungsformen der Religion erfreuen"; „Ich meine gerade das der Person Jesu zu verdanken, daß ich von ihm erfaßt, täglich neue Offenbarungen Gottes erleben darf, und daß ich in der unerschöpflichen Fülle des Wirklichen das verborgene Walten Gottes verehren kann" (ZThK 1912, S. 77. 200).

„Die Begründung unserer sittl.-rel. Überzeugung" (93) durch Erörterung der inneren Erfahrung zu klären. Einen selbständigen Ansatz fand er dabei nicht; die starke Fühlung mit Luther und mit Kant führte ihn in die Nähe Ritschls. *Friedrich Nitzsch* (1832–98; Prof. in Gießen u. Kiel) war in erster Linie Dogmengeschichtler (Grundriß d. chr. Dogmengesch., I 70); und auch sein „Lehrbuch d. evang. Dogmatik" (89. 92; ²96; s. oben LÜ 5) war weniger durch seine Systematik verdienstvoll als durch die Umsicht und Treue, mit der es überall die bisherige Erörterung der Einzelfragen, die Problemgeschichte, zeichnete. So bewies die vermittlungstheologische Systematik selbst, daß sie nur Nachhut war, nicht Spitze eines vormarschierenden Heeres.

β) Stärker verteidigte die *freie Theologie* ihre Stellung. Sie fand neben ihren historischen Vertretern auch eindrucksvolle Systematiker. Und doch wird gerade bei ihnen der Wandel der Zeit offenbar[93]. Am deutlichsten bei *Rich. Adalb. Lipsius*[94]. Er war nach vermittlungstheologischen Anfängen stark von Hegel ergriffen, wurde aber durch Weiße vor allen Lockungen des Pantheismus und durch Schleiermacher vor der Auflösung des Christentums in philosophische Ideen bewahrt; und als in den 60er Jahren Kant aufs Neue hervortrat, begann er mit dessen Hilfe die Hegelischen Züge seines Denkens wieder auszuscheiden. Die verschiedenen Auflagen seiner Dogmatik zeigten, wie der philosophische Einschlag immer stärker zurück-, das geschichtliche Christentum immer stärker hervortrat. Der Dualismus zwischen dem metaphysischen Wesen der Religion, das in der transzendentalen Abhängigkeit von Gott die intelligible Freiheit verwirklicht, und ihrer empirisch-psychologischen Erscheinung, die das persönliche Verhältnis des Hilfe begehrenden Menschen zu Gott ins Auge faßt, wird zum Wechseldienst zweier Betrachtungsweisen; während die zweite das praktische Leben der Religion psychologisch durchdenkt und fruchtbare Blicke in den symbolischen Charakter des religiösen Erkennens gewährt, schützt die erste vor dem Abgleiten in

---

[93] Selbst dann, wenn der Rückzug auf die religiöse Gefühlswelt nicht herangezogen wird, den besonders charakteristisch O. *Dreyer* (Undogmatisches Christentum, 1888, ⁴90; Zur undogm. Glaubenslehre, 1901) zeigt.

[94] 1830–92; Prof. in Kiel, Wien, Jena; Historisches s. S. 194. 297; „Lehrbuch d. evang.-prot. Dogmatik" 76, ²79 (³hrsg. v. O. Baumgarten 93); Erläuterungen dazu gaben, abgesehen von kleineren Schriften, die „Dogmat. Beiträge" 78, „Philosophie u. Religion" 85; „Die Hauptpunkte d. chr. Glaubenslehre" 89 (²91); „Luthers Lehre v. d. Buße" 92.

Eudämonismus, Historismus und Psychologismus, d. h. vor dem Verdacht der Illusion, und hilft zur Läuterung der religiösen Bildersprache. Folgerecht hört auch die von Biedermann entlehnte Unterscheidung von Prinzip und Person allmählich auf; die letzte Darstellung stellt die „geschichtliche Offenbarung und Heilsbegründung durch Jesus Christus" in den Mittelpunkt; sie entwickelt auf Grund der ethischen und der religiösen Bedeutung von Person und Lebenswerk Jesu den Gehalt des durch ihn vermittelten Heils und betrachtet Jesus selbst als den wesentlichen Quellpunkt der gemeinschaftsbildenden Macht des christlichen Prinzips. Bei alledem kam auch Lipsius, wohl ohne unmittelbare Abhängigkeit, in Ritschls Nähe; genaueres Eingehen auf Einzelpunkte wie die Betonung des Reiches Gottes und der Gemeinschaft, auch der Kirche, würden dasselbe zeigen. Was ihn dennoch von Ritschl fernhielt, war nicht nur die stärkere Nachwirkung Hegels in dem Interesse für die Einheit des menschlichen Geisteslebens, sondern auch die an Schleiermacher genährte Neigung zum „Mystischen" und zum Rückgriff auf individuelle religiöse Erfahrung. Doch vermochte er die große Fülle und Feinheit der Gedanken, die ihm aus den verschiedensten Quellen zuströmten, nicht zu einem straffen, sieghaften Ganzen zu verbinden, und so wurde er früh durch die überlegene Kraft Ritschls beiseite gedrängt.

War das System von Lipsius eine Übergangsform der freien Theologie zum Ritschlianismus hin, so hielten andere den ursprünglichen Gehalt grundsätzlich fest. Zunächst *Otto Pfleiderer*. Auch seine Arbeit galt sowohl der historischen als auch der systematischen Theologie[95]. Früh und stark von Baur beeinflußt, hat er das Erbe des spekulativen Idealismus in scharfem Kampfe gegen den Ritschlianismus weiter gepflegt. Überall stand ihm die Einheit im Vordergrund, die Einheit des menschlichen Geistes in sich selbst und (auf Grund der Versöhnung) mit Gott; er war „dessen gewiß, daß der Geist, der aus den geschichtlichen Denkmalen der Kirche in mancherlei Zungen zu uns

---

[95] 1839–1908; Prof. in Jena, seit 75 Nachfolger Twestens auf dem Lehrstuhl Schleiermachers in Berlin. Historisches s. LÜ 2 b u. oben Nr. 3 b. Die Religion, ihr Wesen u. ihre Geschichte (2 Bde 68); Religionsphil. auf gesch. Grundlage (78, [3]96); Grundriß d. chr. Glaubens- u. Sittenlehre (80, [6]98); zahlreiche kleinere Schriften (z. B. Die Ritschlsche Theologie 91). Auf beiden Gebieten hat er mit großer Kunst der Darstellung ausgerüstet, die Früchte seiner Forschung auch breiteren Kreisen dargeboten: Die Entstehung d. Christentums (1905, [2]1906), Religion u. Religionen (06), Die Entwicklung d. Christentums (07).

spricht, nicht ein fremder, sondern im Wesen derselbe Geist sei, dessen Stimme wir im eigenen Herzen vernehmen und dessen unvergängliche Wahrheit die anima naturaliter christiana bezeugt und verbürgt" (Grundriß, S. VIII). Daher konnte er sowohl an Schleiermacher als auch an Biedermann anknüpfen. Freilich was er für sich selbst übernahm, war nicht das straffe spekulative Denken noch überhaupt der Drang zum strengen System, sondern die Weite der Gesichtspunkte, der Zusammenhang mit der Philosophie, die Deutung der Glaubensvorstellungen und Dogmen von der spekulativen Religionsphilosophie her. Seine eigene Leistung war neben der schönen Darstellung vor allem die Schau der Ideen in der Geschichte, die Hochschätzung der Entwicklung, die positive Wertung der Hellenisierung des Christentums, die Sättigung der Religionsphilosophie mit Geschichte, die Heranziehung der fremden Religionen, die Verbindung mit der außerdeutschen, besonders der englischen Theologie. Insofern bedeutete auch seine Theologie weniger eine Fortführung der alten freien Theologie als vielmehr ihren Ausklang; zugleich allerdings ihre Überführung in eine neue, mit dem Abklingen des Ritschlianismus eintretende Zeit.

In diese für sie günstigere Zeit ragten, während *B. Pünjer* (1850–85; s. oben LÜ 5; Grundriß d. Religionsphilosophie, 86) frühzeitig starb, auch zwei andere Nachzügler der freien Theologie herüber: Dorner und Lüdemann. *August Dorner*[96] setzte ihre Überlieferung am strengsten fort. Rationale Philosophie und Religion sieht er in der Metaphysik zusammentreffen; die Philosophie gibt ihm die Maßstäbe für Objektivität und Wahrheit auch der religiösen Erkenntnis, so daß die Gottesbeweise, vor allem der ontologische, wieder eine wichtige Rolle spielen[97]. In der Religion vollzieht, metaphysisch betrachtet, das menschliche Bewußtsein den Rückgang auf das absolute Wesen, und so wird, psychologisch betrachtet, die Religion eine Auswirkung des Einheitstriebes, „der sich im praktischen wie theoretischen Gebiet, im Gebiet des Fühlens und Wollens wie im Erkenntnisgebiet und im ästhetischen Gebiet so betätigt, daß nicht das Ich selbst diese gesuchte

---

[96] 1846–1920; Prof. in Königsberg, Sohn des Vermittlungstheologen.

[97] Die Ernte seiner früheren Arbeiten gab er später in zusammenfassenden Werken heraus: Grundriß d. Dogmengesch. 1899; Enzyklopädie d. Theologie 1901; Religionsphil. 03; Enzyklopädie d. Phil. 10; Metaphysik d. Christentums 13. Einführung in seine Stellung: Die chr. Lehre nach d. gegenwärt. Stand d. theol. Wissenschaft u. ihre Vermittlung an d. Gemeinde 04.

Einheit herstellen kann, sondern daß es sie in einer über dem Ich und der Außenwelt stehenden Realität sucht" (Religionsphil., S. 48. 195). Das Ideal der Religion ist die Erlösung zur grundsätzlichen Einheit Gottes und des Menschen, die Gottmenschheit, die „zugleich das Prinzip für ethisches, zielbewußtes Handeln ist" (ebd. S. 112). So wird die Gottmenschheit auch die Zentralidee des Christentums. Von ihr aus müssen seine populären Formen kritisch durchleuchtet werden. Dazu gehört auch die Scheidung von Person und Prinzip Christi, die jetzt durch den Streit um den „historischen Jesus" (s. unten S. 343 f.) noch näher gerückt scheint als bei Biedermann. Dorner kommt in der Wertung Jesu nicht über den Satz hinaus: „So mag man den historischen Christus, soweit man ihn historisch glaubt erkennen zu können, zur Illustration des christlichen Prinzips in den Momenten verwenden, wo eben das Prinzip der Gottmenschheit rein heraustritt, und auf diese Weise dasselbe an ihm anschaulich machen" (Die chr. Lehre, S. 16). Das war der schärfste Gegenschlag gegen alle selbständige Begründung der Religion auf Erfahrung und Geschichte, vor allem gegen den Ritschlianismus, der hier als Subjektivismus, Positivismus und äußerlicher Autoritätsglaube erscheint. Die ganze neuere theologische Entwicklung wird als Sieg des Naturalismus, Positivismus und Historismus über Religion und Christentum betrachtet. Das Denken Dorners selbst hat dabei starken zeitgeschichtlichen Zusammenhang mit Ed. v. Hartmann. – Weniger literarisch produktiv, aber in der Sache originaler war *Hermann Lüdemann*[98]. Er rang ernsthaft mit Kant, ohne doch eine einseitige Deutung seiner Erkenntnistheorie zu überwinden. Daher schuf er eine die Welt verklärende Metaphysik und wies dabei dem Welterkennen zu, was nur Sache des offenbarungsbezogenen christlichen Glaubens ist. Immerhin nahm er an dem großen Kampf der Zeittheologie um die Selbständigkeit der Religion insofern teil, als er eine psychische Grundform und einen bleibenden Grundgehalt der Religion herauszuarbeiten suchte: ähnlich wie Schleiermacher fand er jene im „Gefühl", diesen in dem Bewußtsein der schlechthinnigen Abhängigkeit von dem tragenden unendlichen

[98] 1842–1933; Prof. in Bern. Die Anthropologie des Paulus 1872; Reformation u. Täufertum 96; Erkenntnistheorie u. Theologie 98; Das Erkennen u. d. Werturteile 1910; Chr. Dogmatik 24–26; Das Wesen d. Reformation, in „Reformationsfeier an d. Univ. Bern" 30. In der Geschlossenheit und Kraft des Denkens hielt seine Dogmatik bestes idealistisches Erbe lebendig.

Sein; „sobald die gefühlte Lage als unaufhebbar erlebt ist, ist auch die Entstehung religiösen Bewußtseins als eine Folge gegeben" (Dogmatik I 426). Das Christentum ist ihm die normative Religion, weil es das sittliche und das religiöse Normbewußtsein zur reinsten Gestalt erhebt und in das sachentsprechende Verhältnis setzt. Das Gefühl der schlechthinnigen Abhängigkeit wird hier „auf das höchste menschliche Existenzinteresse bezogen", der *Glaube* an den *dargebotenen* Frieden mit Gott als der Mutterboden für eine allmählich reifende menschliche Sittlichkeit verstanden (Wesen der Reformation, S. 9). – Freilich wirkte weder Dorners strenge Fortsetzung der freien Theologie noch die mannigfach gebrochene Lüdemanns sich fruchtbar aus; die Zeit war günstig genug geworden, sie zu neuem Hervortreten zu veranlassen, aber nicht günstig genug, um ihnen Erfolg zu verleihen. Denn ihre Anliegen (Einheitsstreben, geistige Weite und Freiheit) erhielten jetzt von ganz anderer Seite her theologische Vertretung.

γ) Für die *lutherisch-konfessionelle* Theologie ergab sich eine völlig veränderte Lage, sofern einerseits die Repristination sich als undurchführbar erwiesen hatte, anderseits Ritschl den Anspruch erhob, Bibel und Reformation besser als sie selbst theologisch auszuwerten. Sie war aus dem Angriff und der selbstverständlichen Herrschaft in die Verteidigungsstellung gedrängt. Da sie sich Hofmanns „neuer Weise, alte Wahrheit zu lehren", verschlossen hatte, begann sie die wissenschaftliche Jugend zu verlieren. Sie zählte in dem neuen Geschlecht nur wenige bedeutende Gestalten. Von diesen war *Chr. E. Luthardt*[99] mehr durch seine kraftvolle Persönlichkeit, *Otto Zöckler*[100] mehr durch Polyhistorie als durch die Kraft schöpferischer Wissenschaftlichkeit von Einfluß. Der geistvolle, literarisch fruchtbare *Rud. Rocholl* (1822–1905)[101] unterbaute seine konfessionelle Haltung durch spekulative Philosophie und biblischen Realismus mit theosophischer Wendung, ging aber dabei „einsame Wege". Lediglich zwei traten,

---

[99] 1823–1902; Prof. in Marburg, seit 56 Leipzig. Das Joh. Evangelium 52 f., ²75; Die Lehre v. freien Willen 63; Geschichte d. chr. Ethik, 2 Bde 88. 93; Kompendium d. Dogmatik (III 5 a), der Theol. Ethik 96, ³21. Er bog Hofmanns Einfluß repristinatorisch um. Vgl. auch Nr. 3 b und III Schluß.

[100] 1833–1906; Prof. in Gießen u. Greifswald; begründete das „Handbuch d. theol. Wissenschaften", 3 Bde 82, ³89 in 4 Bden; s. oben III Schluß.

[101] Vgl. über ihn *Werner Elert*, Rocholls Philosophie der Geschichte 1910. *Karl Ulrich Ueberhorst*, Die Theologie Rudolf Rocholls. E. Untsuchg. zum Universalismus d. göttl. Heilsveranstalt. (Arbeiten z. Gesch. u. Theol. d. Luthertums XI) 1963.

auf je einem Gebiet, mit weiterführenden Ansätzen hervor: Frank und v. Oettingen.

Franz Reinhold (v.) *Frank* (1827–94) teilte im allgemeinen die Erlanger Haltung. Doch zeigte schon seine „Theologie d. Konkordienformel" (4 Bde 58 ff.) seine Aufmerksamkeit mehr auf das Systematische als auf das Historische gerichtet. Und so bestand sein eigentliches Lebenswerk in einer umfassenden Darstellung der gesamten systematischen Theologie[102]. In ihm gewann die Verbindung von Erweckung, orthodox-lutherischer Repristination und Nachwirkung des spekulativen Idealismus den straffen, auch Thomasius überbietenden Ausdruck; es kennzeichnet ihre innere Schwierigkeit, daß dieser Höhepunkt der Restauration auf lutherischem Boden erst jetzt im Abstieg der Bewegung erreicht wurde. Das Nachlassen der Kraft wurde in der Unfähigkeit deutlich, den fruchtbarsten Fortschritt Hofmanns zu übernehmen: den Ansatz zum geschichtlichen Verständnis der Offenbarung. Daß auch Frank Hofmann gegenüber versagte, stempelt seine Dogmatik trotz ihrer mit Schleiermachers Glaubenslehre, Rothes Ethik und Biedermanns Dogmatik vergleichbaren systematischen Kunst zur bloßen Nachblüte des schon welkenden Baumes.

Der selbständige Vorstoß Franks vollzog sich im System der *Gewißheit*. Er verwirklichte zum ersten Male im großen Stil die in Reformation und Pietismus aufbrechende Erkenntnis, daß alle systematische Theologie mit der Besinnung des christlichen Glaubens auf seinen tragenden Grund einsetzen müsse; er wußte auch darum, daß an Stelle aller „objektiven" Beweise und Ableitungen die persönliche Gewißheit treten muß, und daß als dogmatische Aussage nur gelten dürfe, „was dem eigensten Wesen des Glaubens entnommen werden könne" (Ethik, Vorwort). Damit trat er in die Nachfolge Schleiermachers ein und bewies von neuem die theologische Höhe des Erlanger Geistes. Zweifellos hat Frank durch diese Grundgedanken im

---

[102] Sie gliedert sich in 3 zweibändige Werke: System d. chr. Gewißheit 70. 73 (²81. 84); System d. chr. Wahrheit 78. 80 (³94; die eigentliche Dogmatik); System d. chr. Sittlichkeit 84. 87. Unterstützt wurden sie durch scharfe Auseinandersetzung mit Ritschl (Über d. kirchl. Bedeutung d. Theologie A. Ritschls 88, ³91 unter d. Titel „Zur Theol. A. Ritschls"), durch zahlreiche Vorträge und Aufsätze, vor allem in der von Frank mitbegründeten „Neuen kirchl. Zeitschrift" (einige gesammelt in „Dogmat. Studien" 92), durch das „Vademecum für angehende Theologen" (92, ³1923 bearb. von R. Grützmacher) und die Geschichte d. Theologie (s. oben LÜ 2). – Über Frank: Mn. Schellbach (s. oben III 6 c, S. 218 A. 89), S. 39 ff.

konfessionellen Luthertum auflockernd und weiterführend gewirkt;
der Parallelismus zu Ritschl ist an wichtigen Punkten deutlich. Allein
gerade der Vergleich mit diesem, mit Schleiermacher und Hofmann
zeigt, daß Frank seinen Vorstoß nicht fruchtbar durchzuführen verstand. Er fand nicht wie grundsätzlich Ritschl den Weg vom Luthertum zu Luther, von der dogmatischen zur geschichtlichen Betrachtung
der Bibel. Er suchte zwar Schleiermacher zu verbessern, indem er nicht
auf das schlechthinnige Abhängigkeitsgefühl oder das christliche Bewußtsein im allgemeinen zurückgriff, sondern wie Hofmann gut
pietistisch auf die bestimmtere Erfahrung der Wiedergeburt. Aber er
riß dabei das Verfahren Schleiermachers aus seinen Zusammenhängen
heraus und ließ auch die Gegengewichte dahinten, die Hofmann durch
seine geschichtliche Haltung gab. Die Erfahrung der Wiedergeburt ver-
gewissert nach Frank den Christen mit sittlicher und logischer Notwendigkeit der Wirklichkeit zunächst bestimmter immanenter, d. h.
innerer Vorgänge (Sünde, Schuldfreiheit, Glaube, Gerechtigkeit), darüber hinaus der in ihnen wirksamen transzendenten Kausalitäten
(Gott, Trinität, Sühne Christi) und der die Wirksamkeit dieser in der
Christenheit vermittelnden „transeunten" Realitäten (Kirche, Gnadenmittel, Offenbarung, Wunder, Inspiration), ja endlich einer neuen
Deutung der natürlichen Welt und ihrer Zusammenhänge. So wird
fast die gesamte lutherische Dogmatik bis ins einzelne hinein von der
Wiedergeburt aus begründet und zugleich ein neuer Ausblick eröffnet.
Ist das nicht die endgültige Versöhnung von Pietismus und Orthodoxie, die ersehnte Verkirchlichung von Schleiermachers Ansatz?
Allein für den kritischen Blick tritt es vornherein zu Tage, daß Frank
weder das evangelische Verständnis der Wiedergeburt noch sein Er-
kenntnisverfahren selbstkritisch durchdacht hat. Einerseits wird noch
stärker als bei Hofmann die Wiedergeburt als Gegebenheit betrachtet,
auf die man kausale Schlüsse gründen kann, anderseits werden der
auf Gott transzendierende Kausalschluß und die Fichtesche „Setzung"
des Objekts in einer Weise angewandt, die jede wirkliche Fühlung
mit dem kritischen Idealismus vermissen läßt. Unkritischer Empirismus und unkritische Metaphysik liegen hier eng ineinander. Frank
kann Schleiermacher nicht verbessern, weil ihm die dazu nötige philosophische Schulung und kritisch-theologische Selbstbesinnung fehlt.

Daher kann er auch versuchen, die *Dogmatik* unabhängig von der
Gewißheitslehre darzustellen. Was in dieser als erste Ursache der
christlichen Realitäten gefunden war, d. h. Gott, verwertet er nun
spekulativ als Realprinzip, als principium essendi, und verbindet da-

mit das gläubige Bewußtsein als principium cognoscendi, dem er die Anerkennung sowohl der Schriftautorität als auch des kirchlichen Dogmas recht unkritisch einfügt. Aus den beiden Prinzipien ergibt sich, obwohl grundsätzlich jede gesetzliche Auffassung von Schrift und Bekenntnis abgelehnt wird, doch der volle Anschluß an die orthodoxe Dogmatik. Leitmotiv ist das Werden der Menschheit Gottes; der 1. Teil handelt vom Prinzip des Werdens (Gott), der 2. vom Vollzug des Werdens (Generation; Degeneration; Regeneration in der Menschheit Gottes als für den Gottmenschen werdender, in der Menschheit Gottes als in dem Gottmenschen gesetzter, in der Menschheit Gottes als aus dem Gottmenschen erwachsender), der 3. vom Ziel des Werdens (Eschatologie). Schon dieser Aufbau zeigt, wie hier das heilsgeschichtliche Denken Hofmanns aufgenommen werden soll, tatsächlich aber eine äußerlich am spekulativen Idealismus genährte Rekonstruktion der Orthodoxie triumphiert. Von Einzelheiten sei beispielhaft erwähnt, daß Frank beim Werke Christi wie Hofmann das neue positive Verhältnis zwischen Gott und Mensch betont, aber Hofmanns Gedanken durch Rückkehr zur stellvertretenden Genugtuung kirchlich umprägt. So bedeutet dieses Kunstwerk architektonischer Systematik das Steckenbleiben des in der Gewißheitslehre versuchten Vorstoßes.

Alex. v. Oettingen[103] erwarb sich seine Verdienste auf ethischem Gebiet. Indem er Schleiermachers Auffassung der „Sittenlehre", den romantischen Organismusgedanken, den Realismus der neuen Zeit, das Erwachen der sozialen Frage und das Erleben des nationalen Aufschwungs, das ihn als Balten in besonderer Weise ergriff, mit dem christlichen Wissen um die Allgemeinheit der Sünde und um den fordernden Gotteswillen verband, gab er der Ethik eine neue Wendung. Er unterbaute sie in der Moralstatistik zunächst durch den Aufweis wichtiger empirischer Grundlagen, im besondern der sittlichen Solidarität der Menschen in der Gemeinschaft, um dann die eigentliche Sittenlehre als „deduktive Entwicklung der Gesetze christlichen Heilslebens im Organismus der Menschheit" auszugestalten. Beides zusammen verstand er als „Versuch einer Sozialethik auf empirischer Grundlage". Der Name enthält das Programm: er bezeichnet den

---

[103] 1827–1906; Nachfolger Philippis in Dorpat. Die Moralstatistik in ihrer Bedeutung für eine Socialethik 68, [3]82; Die chr. Sittenlehre 73. Seine „Lutherische Dogmatik" (3 Bde 1897–1902) war ein Alterswerk, das in schöner Darstellung, aber ohne systematische Kraft lediglich die Philippische Repristination durch moderne Züge Frankscher, vermittelnder und Ritschlscher Art zu mildern versuchte.

„Gegensatz gegen alle spiritualistische *Personalethik* und gegen alle materialistische *Sozialphysik*" (Sittenlehre, S. 79), versetzt also das Ethische sofort einerseits in die Gemeinschaft, anderseits in die Geschichte (ebd. S. 37). So nahm er von zwei Seiten her den Kampf gegen das individualistische Zuschauertum auf, das die überlieferte Ethik beherrschte, und stellte die sittliche Selbstbesinnung des christlichen Glaubens mitten in das Ringen der Zeit hinein. Verständnis fand er fast nirgends. Und sein eigenes Werk kam im 1. B. nicht genug über die Stoffdarbietung, im 2. B. – parallel zu Franks Dogmatik – nicht genug über den vom Erbe des spekulativen Idealismus zehrenden deduktiven Schematismus hinaus, um die neue Betrachtungsweise sieghaft durchsetzen zu können. Gerade die sehr schematische, knappe Durchdenkung „der Volksgemeinschaft als Basis des national-patriotischen Glaubens" (ebd. S. 678) und des politischen, sozialen, allgemeinkulturellen Lebens entbehrte der Anschaulichkeit und der Vertiefung in die Problematik, konnte daher nicht zur Aufnahme oder Prüfung seiner Gedanken reizen. So verklang trotz des beginnenden christlichsozialen Erwachens sein verdienstvoller Ruf; als z. B. Martin v. Nathusius „Die Mitarbeit d. Kirche an d. Lösung d. soz. Frage" (1893. 95, [3]1904) schrieb, erinnerte er sich seiner nicht wieder; erst die Gegenwart (E. Brunner) griff auf ihn zurück.

In dem jüngeren Geschlecht der Lutheraner erreichte *Ludwig Ihmels*[104] die volle theologische Höhe. Seine wissenschaftliche Leistung aber bestand, obwohl er Schüler Franks war, in einer starken Abwandlung des konfessionellen Ansatzes. Denn er wußte, daß die Gewißheit des Christen Glaubensgewißheit ist, daß der Glaube sich nicht auf das Dogma, sondern auf die Offenbarung Gottes bezieht, und daß

---

[104] 1858–1933; Konv. Studiendir. Loccum 1894, 1898 Prof. in Erlangen, 1902 Leipzig, 22 Landesbischof von Sachsen. Hauptwerk: Die chr. Wahrheitsgewißheit, ihr letzter Grund u. ihre Entstehung 1901 ([3]14). Ferner: Centralfragen d. Dogmatik in d. Gegenwart 11 ([4]20); Die Selbständigkeit d. Dogmatik gegenüber d. Religionsphil. 1900; Die Bedeutung d. Autoritätsglaubens 02; Theonomie u. Autonomie im Lichte d. chr. Ethik 03; Der Lohngedanke u. d. Ethik Jesu 08; Das Verhältnis d. Dogmatik zur Schriftwissenschaft 08; Die Auferstehung Jesu Christi 08 ([5]21); Fides implicita u. d. evang. Glaube 12; Aus d. Kirche, ihrem Lehren u. Leben 14; Das Christentum Luthers in seiner Eigenart 17. Festschrift: Das Erbe Martin Luthers und die gegenwärtige theologische Forschung 1928 (hrsg. v. R. Jelke); Vgl. a. *L. Müller*, Die glaubenspsychologische Orientierung der Theologie bei L. I. Die Theologie Ihmels' in ihrem Zusammenhang mit der Erlanger Schule 1929.

unter Offenbarung nicht Lehrmitteilung, sondern die Tatsache verstanden werden muß, „durch die Gott mit uns in Gemeinschaft tritt" (Fides impl. S. 22). „Wir kommen aus den kirchlichen Nöten . . . nicht durch künstliche Mittel heraus, sondern nur durch kraftvolle Besinnung auf das Wesen des evangelischen Glaubens und seine ernstliche Vertretung" (ebd. S. 39). In solchen Zusammenhängen erklärt er sich weithin mit Herrmann einverstanden. Allerdings bezieht er dann abgeleiteter Weise den Glauben auch auf die heilige Schrift, aber nicht apriorisch-formal, sondern kraft ihres Inhalts; und so gilt die Wahrheitsgewißheit, die Ihmels in seinem Hauptwerk klären will, wesentlich der Tatoffenbarung Gottes, von der die Bibel berichtet. Er kennt die Schwierigkeit, „deutlich zu machen, wie vom Boden der religiösen Erfahrung aus es zu einer im einzelnen dann doch wieder der Erfahrung . . . vorauseilenden Gewißheit um das Schriftzeugnis von der Offenbarung kommen kann" (Autoritätsglaube, S. 25). Im Lichte dieser Erkenntnis sieht er auch, daß bei Frank das Wort Gottes nicht zu seinem Rechte kommt, und lenkt an diesem Punkte eher zu Hofmann zurück. Aber er sieht außerdem, daß der Wiedergeburt in der christlichen Gewißheit nicht die Stellung gebührt, die sie bei Hofmann und Frank erhalten hatte. Nähert Ihmels sich mit alledem der Bibeltheologie und dem Ritschlianismus, so gibt er doch dem Dogma und dem Bekenntnis maßgebende Bedeutung für die Theologie wie für die Kirche, bleibt also tatsächlich, obschon unter vielen Erweichungen, der konfessionellen Überlieferung treu. Denn obwohl er das Dogma nur aus den Erfahrungen und dem Bedürfnis der Kirche, also menschlich zu begründen weiß, spannt er seine Bedeutung doch in der Dogmatik so stark an, daß es als konstitutiv erscheint. Gut lutherisch sammelt er auch alles um den einseitigen Gesichtspunkt des Heilsglaubens; und innerhalb desselben ist die Kritik an der Überlieferung, z. B. an der dinglich-juristischen Auffassung des Werkes Christi und an der griechischen Färbung des altkirchlichen Dogmas (Lehre von den zwei Naturen Christi), mehr Zugeständnis als eigenes Anliegen und wird daher nirgends folgerecht durchgeführt. Eine neue einheitliche Gesamtauffassung konnte trotz vieler ausgezeichneter Einzelhinweise bei solcher Zwiespältigkeit nicht entstehen. Tatsächlich war Ihmels zu stark praktisch-kirchlich interessiert, um sie ernsthaft zu erstreben. – Die übrigen jüngeren Vertreter des Luthertums blieben theologisch weit unter der Linie von Ihmels. So *Phil. Bachmann* (1864–1933; Prof. in Erlangen) und *Joh. Kunze* (1865–1927; Prof. in Wien u. Greifswald; Schüler Luthardts).

δ) Das Abklingen der konfessionellen Theologie ließ die *Bibel-Theologen*, die das Erbe des Pietismus, der Erweckung und der heils-geschichtlichen Betrachtung pflegten, stärker in den Vordergrund tre-ten. Der schwäbisch-realistische Biblizismus Becks wurde durch *Robert Kübel* (1838–94; Prof. in Tübingen, Chr. Lehrsystem, 73) in mannig-fachen Milderungen und doch scharfem Kampf („Über d. Unterschied d. posit. u. lib. Richtung in d. mod. Theol.", 81, ²93) aufrecht er-halten. Stärker aber drang die norddeutsche Bibeltheologie vor. Ihr Vorkämpfer wurde zunächst *Hermann Cremer*[105], der durch seine Persönlichkeit großen Einfluß, auch in der Fakultäts- und Kirchen-politik, gewann. Er stellte mit großer Wucht die paulinische Sünden-, Gerichts- und Rechtfertigungslehre, stark forensisch gedeutet, aber unterbaut durch die Betonung des natürlichen Gewissens, in den Mit-telpunkt seines Bibel-Verständnisses und der christlichen Verkündi-gung. Damit entwickelte er die Bibel-Theologie in der Richtung auf das Luthertum und führte auch die Jüngeren, die an ihn anknüpften („Greifswalder Schule") auf diese Bahn. Dabei durchschaute er den unreformatorischen Charakter, den die Verwertung der Wiederge-burt bei den Erlangern trug. Nur daß auch er nicht auf die wirkliche Reformation und das wirkliche Neue Testament zurückging, sondern durch Überspannung des Forensischen die Rechtfertigungslehre im Sinn der lutherischen Epigonen ihres Reichtums beraubte und dabei die Fruchtbarkeit der geschichtlichen Betrachtung völlig verkannte. Tiefer als das Luthertum blickte er – parallel zu Ritschl – auch in seiner Bekämpfung der spekulativen zugunsten einer biblischglaubens-mäßigen Gotteslehre. Doch war seine Systematik nicht klar und kraft-voll genug, um mehr als Anregungen auszustreuen.

In weit höherem Grade war sein Freund *Martin Kähler* systemati-scher Theologe[106]. Ohne jemals dem Neuluthertum zu verfallen,

---

[105] 1834–1903; seit 1870 Prof. in Greifswald, Schüler Tholucks und Becks. Seine Hauptarbeiten galten dem Neuen Testament, s. oben Nr. 3 b. Systematisch: „Dogmat. Prinzipienlehre" 83, ³90 (in Zöcklers Handbuch d. theol. Wissenschaften), die sich besonders auch mit Frank und Ritschl auseinandersetzt. Ferner: Die chr. Lehre v. d. Eigenschaften Gottes 97; Das Wesen d. Christentums 1901 (gegen Harnack); Die Grundwahr-heiten d. chr. Religion nach R. Seeberg 03.

[106] 1835–1912; Prof. in Bonn, 67 Halle. Von so verschiedenen Männern wie Beck, Hofmann, Rothe, I. A. Dorner, Tholuck, J. Müller, Ritschl, von Köst-lins und Th. Harnacks Lutherwerken angeregt, entfaltete er in langsamer Entwicklung mit ebenso scharfem wie energischem Denken eine durchaus eigenständige Theologie. Das Gewissen, I 78; Die Wissenschaft d. chr.

übernahm er einen starken kirchlichen Zug und verankerte wie Cremer seinen Glauben gut lutherisch in der Rechtfertigung; aber er bewahrte dabei den Reichtum der Bibel umfassender, verstand ihn geschichtlicher und machte ihn daher in ganz anderem Maße theologisch fruchtbar. Die Rechtfertigung ist ihm „der zueignende Vollzug der Versöhnung mit Gott an den einzelnen Sündern", der dem Leben der Christen seine eigentümliche Art gibt; die Versöhnung ist die Umwandlung des Verhältnisses des Menschen zu Gott. Seine „Wissenschaft der chr. Lehre" umspannt alle Gebiete, die er zur systematischen Theologie rechnete: 1. Die christliche Apologetik (Von den Voraussetzungen d. rechtfert. Glaubens), 2. die evangelische Dogmatik (Von dem Gegenstand d. rechtfert. Glaubens), 3. die theologische Ethik (Von der Betätigung d. rechtfert. Glaubens). Sie ist, einschl. der „Apologetik", ganz innertheologisch gerichtet, setzt überall den christlichen Glauben als den Träger der Erkenntnis voraus, erstrebt nicht Beweis, sondern Klärung und Stärkung der Glaubensgewißheit; sie überläßt das als notwendig anerkannte Welterkennen völlig sich selbst und meidet ihrerseits streng den Eingriff in diese fremde Welt. Auch sie ist also Theologie der Konzentration.

Ihre Zeitgemäßheit erweist sie durch starke Betonung des Bewußtseins und der Geschichte. Das zum Glauben erschlossene, auf Erfahrung beruhende christliche Bewußtsein muß das Verständnis für das biblisch-kirchliche Zeugnis und die ordnenden Gesichtspunkte für den überlieferten Stoff darbieten. Geschichte ist der Gesichtspunkt, unter dem Kähler dem gesamten Stoff neues Leben abgewinnt. Vor allem kommt das der Bibel selbst zugute. Es gibt die Möglichkeit, ihren vollen Gehalt zu übernehmen, „ohne den Ballast der Verbalinspiration und des legalistischen Biblizismus". Sie ist einerseits die

Lehre v. d. evang. Grundartikel aus 83 (⁵1905); Der sog. hist. Jesus u. d. geschichtl. bibl. Christus 92 (²96, ⁴69); Die Versöhnung durch Christum in ihrer Bedeutung f. d. chr. Glauben u. Leben 85 (²1907); Dogmatische Zeitfragen 98, I ²1907, ³37, II 08, ²37, III 13; Das Kreuz. Grund u. Maß f. d. Christologie 11; Die Heilsgewißheit 12; Zeit u. Ewigkeit 13; Der Lebendige u. seine Bezeugung in d. Gemeinde (Auswahl, hrsg. v. Anna Kähler u. Schniewind) 37. – Bibliogr. bei A. Kähler (s. oben 306). *Hch. Petran*, Die Menschheitsbedeutung Jesu bei M. Kähler 31; *G. Niemeier*, Wirklichkeit u. Wahrheit. Grundzüge u. Gestalt d. theol. Systems M. Kählers 37; *Johannes Wirsching*, Gott in der Geschichte. Stud. z. theologiegesch. Stellg. u. syst. Grundlegg. d. Theologie M. Kählers 1964; *H. Leiphold*, Offenbarung u. Geschichte als Problem des Verstehens. Eine Unters. zur Theol. M. Kählers, 62. Engelland s. bei Schlatter (Anm. 108).

„urkundliche Gestalt des urchristlichen Bekenntnisses", anderseits die „Urkunde für den Vollzug der kirchengründenden Predigt". Und sie ist es in all ihren Teilen; so sehr, daß sich nicht einmal die Gestalt Christi aus dem Ganzen herauslösen läßt und kaum die Frage ernsthaft erwacht, wie der von der Gemeinde geglaubte und verkündigte Christus sich zu dem Jesus der irdischen Geschichte verhält. Daher betrachtet Kähler den „sog. historischen Jesus" als eine bloße, sowohl wissenschaftlich als auch religiös bedenkliche Abstraktion; „geschichtlich" ist nur der „biblische Christus" in seinem Zusammenhang mit der ganzen Geschichte des Heils (was nicht „die mechanische Festlegung aller berichteten Einzelheiten und aller Aussagen in ihrer zeitgeschichtlichen Form bedeutet"; Der hist. Jesus, [2]S. 194). Hier vor allem entspringt sein Widerspruch gegen W. Herrmann, zumal gegen dessen Unterscheidung des Glaubensgrundes (der Person Jesu) von den Glaubensgedanken (den Aussagen über Jesus). Wir kennen den geschichtlichen Jesus nur aus dem Zeugnis der Bibel und dann der Kirche, aber eben dieses Zeugnis ist selbst Geschichte, und wir können nichts anderes tun als es schlicht hinnehmen. Vergangenheit und Gegenwart, der biblische und der gepredigte Christus liegen unlösbar ineinander. „Die unvergleichliche unabweisbare Wirklichkeit dieses geglaubten Christus besteht eben in dem überwältigenden Eindrucke, daß der biblische Christus weder bloß Bild, noch bloß Vergangenheit, sondern unsichtbare Gegenwart und in seinem überlieferten Charakter Gottes Offenbarung oder der offenbare Gott ist" (ebd. S. 190). Die wirksame Gegenwart des lebendigen Gottes in dem Zeugnis der Bibel, das ist der Kern des Übergeschichtlichen, von dem Kähler nicht müde wird zu reden[107]. Wenn schon für die irdische Gestalt Christi, zumal für das Kreuz, die Transparenz des unsichtbaren Gottes das Entscheidende ist, so erklärt sich erst recht die hohe Bedeutung, die der Erhöhte in dieser Theologie erhält.

Indem Kähler die Geschichte ganz in den Glauben hineinzieht, vermag er auch den von der Restaurationstheologie aufgeworfenen Gegensatz des Objektiven und des Subjektiven bis zu einem gewissen Grad zu überbieten. So verlebendigt er das, was Hofmann erstrebte, aber in der Verbindung seines offenbarungs- und heilsgeschichtlichen Schemas mit der Wiedergeburtserfahrung nicht wirklich erreichte, und

---

[107] O. Zänker, Grundlinien d. Theol. M. Kählers 1914, S. 37: Das Übergeschichtliche ist „die in der Gegenwart erlebbare lebensvolle Einheit des jederzeit und ewig Bedeutsamen mit dem Geschichtlichen".

übernimmt das als Programm einer reichen Bibel-Theologie, was die restaurative Theologie sich geweigert hatte von Hofmann zu lernen. Darin ist zugleich die theologische Nähe zu Ritschl und Herrmann begründet, die er in selbständiger, seelisch ganz andersartiger Entwicklung gewinnt. Allerdings hält seine Theologie sich trotz ihrer geschichtlichen Wendung noch einseitiger im Rahmen der intensiven Glaubensbewegung. Denn wie seine Apologetik nur nach innen blickt, so wird auch die geschichtliche Betrachtung ihm nur dadurch wichtig, daß sie das empirische Glaubensleben stärker in das Licht des Übergeschichtlichen stellt. Auf dieser Seite überbietet er Ritschl und Herrmann; er gibt in der Nachwirkung der Erweckungsfrömmigkeit einerseits dem Gottesgedanken machtvollere Lebendigkeit, anderseits der biblischen Geschichte eindrucksvollere Durchleuchtung. Darüber hinaus aber interessiert ihn die Geschichte so wenig wie die extensive Sendung des christlichen Glaubens überhaupt. Die Frage, ob die geschichtliche Betrachtung vielleicht wertvoll für die Weltdurchdringung werden könnte, geht seinem allein auf Kirche und Heil gerichteten Denken nicht auf. Zumal von der historischen Kritik erwartet er theologisch so gut wie nichts, es sei denn dies, daß sie den Aberglauben zerstörte. An der Erschütterung, in die auch lebendiger Glaube durch die historische Kritik hineingerissen werden kann, und die vor allem Herrmann tief empfand, geht er teilnahmslos vorüber; die Gewißheit des Glaubens verführt ihn zu voreiliger Sicherheit gegenüber all den echten Anfechtungen und den neuen Fragestellungen, die aus der historischen Kritik erwachsen. So würdigt er Geschichte und Geschichtswissenschaft doch nicht in ihrer vollen Bedeutung für den christlichen Glauben; die soteriozentrische siegt über die theozentrische Betrachtung.

Diese Einseitigkeit überwand wenigstens der wissenschaftlich bedeutendste, originellste und produktivste Vertreter des jüngeren Geschlechts von Bibel-Theologen: *Adolf Schlatter*[108]. Sein in der Schwei-

---

[108] 1852–1936 Prof. in Bern, Greifswald, Berlin, Tübingen. Neutestamentliches s. oben Nr. 3 b. Systematisches: Die phil. Arbeit seit Cartesius 1906 (⁴59); Das chr. Dogma 11 (²23; seine Dogmatik); Briefe über d. chr. Dogma 12; Die chr. Ethik 14 ⁴61. Zahlreiche kleinere Aufsätze in den von ihm mit H. Cremer zusammen 1897 begründeten, seit dessen Tode mit W. Lütgert zusammen herausgegebenen „Beiträgen z. Förderung chr. Theologie" (vgl. „Die Entstehung d. Beiträge z. Förderung chr. Theologie" 1920, und das beigefügte Verzeichnis); so Der Dienst des Christen in d. älteren Dogmatik 1897. 1905; Christus u. d. Christentum. Becks theol.

zerischen Erweckung verwurzeltes Bibelchristentum führte ihn, unbewußt wohl auch im Zusammenhang mit reformierter Art, über die Alleinbetonung des Heils hinaus zu einer breiteren Ausschöpfung der Bibel: der lebendige Gott, der lebendige Herr und der Dienst des Christen traten ihm in den Mittelpunkt des Glaubens. Von da aus lernte er auch die Welt mit ungewöhnlicher – dabei sehr nüchterner – Weite des Blickes betrachten. „Unsre Scheidung von der Welt trennt uns nur von dem, was in ihr das sündliche und nichtige Werk des Menschen ist, nicht von dem, was in ihr Gottes Wirkung ist, weder von dem, was der Menschheit durch den natürlichen Prozeß verliehen wird, noch von dem, was ihr Gottes allen nahe Gegenwart als ihren inwendigen Besitz verleiht ... sie (die Kirche) hat einen höheren Beruf, den, in herzlicher Mitfreude und dienender Mitarbeit nach ihrem Vermögen alles zu pflegen, was den Gedanken und Willen des Menschen zu Gott hinwendet" (Dogma[1], S. 450). So vertritt Schlatter eine wirkliche innere Freiheit im Verhältnis zur Welt. Zugleich sprengt seine Theologie grundsätzlich (nicht immer auch praktisch) die Grenzmauern der Richtungen: „Es ist ein wesentliches Merkmal eines christlichen Dogmas, daß es die Mannigfaltigkeit der Typen, die aus der Beziehung zum Christus entstehen können, aufzeigt und ihnen innerhalb der Einheit der Gemeinde den Platz anweist" (Dogma[1], S. 434); sogar die historisch-kritische Betrachtung der Bibel und des Dogmas erkennt er an, wo er sie auf das Ziel eines positiven Verständnisses des Christus Jesus gerichtet sieht. Er selbst bekämpft die griechische Färbung der altchristlichen Theologie, jeden bloßen Konfessionalismus, jede Scholastik, jedes deduktive Verfahren, aber auch die Bewußtseinstheologie der Erlanger und besonders heftig – ja verständnislos – Ritschl nebst aller von ihm ausgehenden Theologie. Seine eigene Theologie nennt er am liebsten „wahrnehmend", „beobachtend" oder „empirisch" (Briefe S. 85); nur daß dabei die Geschichte, auch das Erlebnis innerhalb der Gemeinschaft, eingeschlossen sein soll und tat-

Arbeit 04; Über d. Recht u. d. Geltung d. kirchl. Bekenntnisses 07; Die Theol. d. N. Testaments u. d. Dogmatik 09. – Wm. Lütgert, A. Schlatter als Theolog innerhalb d. Geisteslebens unserer Zeit 32; H. Engelland, Die Gewißheit um Gott u. d. neue Biblizismus 33. – Gedenkhefte: Deutsche Theologie 1936 u. „Ein Lehrer der Kirche" 1936. A. Schl.s Rückblick auf seine Lebensarbeit hrsg. v. Th. Schlatter 52. Horst Beintker, Die Christenheit und das Recht bei Adolf Schlatter 1956. A. Bailer, Das system. Prinzip in d. Theol. A. Schl.s, 68; G. Egg, A. Schl.s kritische Position, gezeigt an seiner Matthäus–Interpretation, 68.

sächlich überall eine lebendige Geschichtlichkeit des Denkens (ohne eigentliche historische Methode) waltet. Damit stellt er sich bewußt in einen großen philosophischen Zusammenhang, den er freilich nur negativ, nämlich im Kampfe gegen die seit Descartes herrschende, zumal gegen die Kantische und die spekulativ-idealistische Überlieferung, durchführt. Positiv wendet er ihn sofort religiös: alles Denken und Beobachten ist Gehorsam gegen Gott, trägt daher eine Zuversicht in sich, die genauer philosophischer Untersuchung nicht zu bedürfen scheint, d. h. in einen naiven Realismus lockt. Wird dadurch Schlatters weltanschauliche Mitarbeit stark entwertet, so macht er doch kraft seiner originellen Naivität den Reichtum der Bibel in unvergleichbarer Weise für die Theologie wie für die Praxis lebendig. Dem entspricht seine Dogmatik. Sie ist weniger durch Straffheit und Strenge des systematischen Denkens ausgezeichnet als durch inneren Reichtum und ungewohnte aber fruchtbare Ansätze, weniger durch methodisch schulende als durch auflockernde und anregende Kraft. Die theozentrische Haltung kommt wie bei Schleiermacher schon in der Anlage des Ganzen zum Ausdruck: die Gotteserkenntnis wird nicht an besonderer Stelle entwickelt, sondern über die vier Hauptabschnitte verstreut; die Anthropologie beschreibt den Menschen als „Werk Gottes", die Christologie „das Werk Jesu", in der Trinitätslehre gipfelnd[109], die Soteriologie „die Christenheit als die zu Gott berufene Gemeinde" (Gnadenmittel, Gnadengabe, Wirkungen der Gnade), die Eschatologie die uns verheißene individuelle und universelle Vollendung in Gott. Am bezeichnendsten ist die Voranstellung, Länge und Art der Anthropologie. Sie behandelt das persönliche Leben als das Werk des lebendigen Gottes, die Natur als die Offenbarung der göttlichen Kraft, die Sozietät als Gottes Reich, die Funktionen des Erkennens (Wahrheit), Fühlens (Seligkeit), Wollens (Gesetz) als Träger unseres Gottesbewußtseins; dazu treten die als „Gottesdienst" zusammengefaßten „Tätigkeiten, die dem Begriff der Religion seinen Inhalt verleihen", endlich die Verderbung all unserer Funktionen, d. h. Sünde und göttliches Gericht. Inhaltlich hat die Leitung bei alledem nicht die Kirchenlehre, sondern die Bibel; so wird z. B. der „Universalismus des Bösen" zwar in aller biblischen Schärfe dargestellt,

---

[109] Ihre Sätze wollen aufzeigen, „daß unser Anschluß an Jesus uns die Verbundenheit mit Gott gewähre, und daß dies ebenso vom Geist gelte, der durch unsere Gemeinschaft mit Jesus in uns wirksam wird". S. 380.

aber unabhängig gemacht von der überlieferten Begründung auf Urstand und Sündenfall.

d) *Ergebnis*. – Die Jahrhundertwende zeigt demnach ein völlig anderes Bild als die Zeit um 1870. Ritschl und der Fortschritt der historischen Betrachtungsweise hatten die Lage verwandelt. Vieles von ihrem Erwerb war, während die freie Theologie mit ihrem systematischen Anliegen zurückgedrängt wurde, Gemeingut der wissenschaftlichen Theologie geworden. Das Buch des Kählerschülers *Ecke*[110] über „Die theol. Schule A. Ritschls", 1897, versuchte den Ritschlianismus positiv-kirchlich zu verstehen, seine Wahrheitsmomente herauszuarbeiten und eine Verständigung herbeizuführen. Aber auch sonst, z. B. in den Schriften von Ihmels und Kähler, trat das ernsthafte Streben zutage, unter weitgehender Kritik an der theologischen Überlieferung Ritschl und seinen Schülern gerecht zu werden. Vollends die historische Betrachtung der Bibel begann auch von konfessionellen und Bibel-Theologen als selbstverständlich anerkannt zu werden; ihre kritische Seite wurde zwar nur in ihren konservativsten Ergebnissen wirklich verwertet, aber die grundsätzliche Anerkennung gab doch die Möglichkeit der Arbeitsgemeinschaft. Wurden schon hier mancherlei Gräben überbrückt, so wurden die zwischen konfessioneller und Bibel-Theologie sogar in wachsendem Maße zugeschüttet. Die letztere überwand endgültig den mechanischen Biblizismus und die pietistischen Schwächen; sie gewann in Cremer und Kähler lutherische Haltung, in dem Reformierten Schlatter einen Reichtum an biblischem Gehalt und eine biblische Nüchternheit, die auch auf lutherischem Boden tiefen Eindruck machten. Umgekehrt gaben lutherische Theologen, zumal Frank und Ihmels, der Erfahrung, dem Erleben, der Gewißheit, gab Ihmels der Bibel eine so unmittelbare Bedeutung für die Theologie, daß auch von dieser Seite her die trennende Kluft sich füllte. Wichtiger als die alten Gruppenbezeichnungen wurden jetzt zusammenfassende Kennworte wie „positiv" oder „kirchlich" oder „konservativ", die in ihrem fließenden Charakter auch vielen Andersdenkenden zugebilligt werden mußten[111]. Die stärkere theologische Stoßkraft und den stärkeren Einfluß auf das vorwärts drängende kirchliche Leben entfalteten in dieser „positiven" Theologie die Bibeltheologen.

---

[110] *Gustav Ecke*, 1855–1920; Prof. in Königsberg und Bonn. Weitere Schriften: Die evang. Landeskirchen im 19. Jahrh. 04; Unverrückbare Grenzsteine 05 (⁵11).

[111] Allerdings gingen dabei leicht auch Stoßkraft und Klarheit der Linien verloren. So bei W. *Schmidt* (1839–1912, Prof. in Breslau; Chr. Dogmatik,

So vollzog sich die Wendung von der dogmatischen Überlieferung
zur Bibel, von der Metaphysik zu Leben und Geschichte. Das bedeutete die weitere Entmächtigung einerseits des Deutschen Idealismus, andrerseits der bloßen Repristination in der Theologie. Allerdings erwuchs aus dem Verblassen der repristinatorischen und idealistischen Überlieferung sowie aus der scharfen Konzentration auf die
Bibel die Gefahr einer Abschneidung von allem, was sich nicht ohne
weiteres von Bibel und persönlichem Erleben aus erfassen ließ, damit
eines neuen Niedergangs der extensiven Glaubensbewegung und einer
neuen Selbstisolierung. Allein man sah doch weithin die Gefahr: nicht
nur Nachzügler der freien Theologie wie Pfleiderer und A. Dorner
bekämpften sie, sondern auch Ritschlianer wie J. Kaftan (auf manchen
Linien auch Harnack und Herrmann), sowie gerade von der Bibel
aus Schlatter. Am verheißungsvollsten aber war es, daß man trotz der
Abweisung Lagardes und Overbecks allmählich von verschiedenen
Seiten aus die Frage bewußter ins Auge zu fassen begann, deren
Lösung die Vorbedingung für jeden weiteren organischen Fortschritt
war: die Frage nach dem Verhältnis von Glauben und Geschichte.
Unter diesem Gesichtspunkt war die Auseinandersetzung zwischen
Kähler („Der hist. Jesus...") und Herrmann („Der gesch. Christus
d. Grund unseres Glaubens", ZThK 1892) die schärfste Spitze der bis-
herigen Entwicklung.

5. Neue Ansätze

Schon aber war eine neue Revolution im Gange. Sie war innertheologisch vor allem durch die Vorherrschaft der intensiven Bewegung des Glaubens bedingt, die zur Isolierung des Christentums
und zum Verzicht auf die weltmissionarische Aufgabe führte; die zu-
rückgedrängten universalen und extensiven Bestrebungen warteten
nur des günstigen Augenblicks zum Gegenschlag. Diesen günstigen
Augenblick führte die Wendung der allgemeinen geistigen Lage herauf (s. oben Nr. 1). Ebenso als Erschütterung des Kulturbewußtseins
und erwachende Kulturkritik wie als Erneuerung der natürlichen Religion und Wiederanknüpfung an den Deutschen Idealismus wirkte
der Umschwung mächtig auf die Theologie. Er mußte auch sie erschüttern, soweit sie sich mit der bestehenden Kultur verbunden hatte,
mußte wieder an die Radikalismen des 19. Jahrh. von Strauß bis Lagarde und Overbeck erinnern, mußte neue Fragen an die Theologie

stellen, vor allem solche, die der Lebensbezogenheit des Glaubens, der Einheit des Lebens, dem Verhältnis des christlichen Glaubens zur natürlichen Religion, zur Geschichte und Philosophie galten. Aus diesen Zusammenhängen erwuchs eine Bewegung, die sich teils religionsgeschichtlich, teils religionspsychologisch, teils religionsphilosophisch auswirkte.

a) Die *Religionsgeschichtliche Theologie.* – Die erste Welle des Neuen traf die *biblischen* Wissenschaften. Sie waren von jeher gewöhnt, gewisse Teile der Religionsgeschichte mitzubehandeln. Noch neuerdings war sowohl der griechisch-hellenistische als auch der spätjüdische Hintergrund des Neuen Testaments eindrücklich dargestellt worden (s. oben Nr. 3 b). Jedoch vor strengerer Herausarbeitung der Zusammenhänge hatte man, gerade auch bei den Ritschlianern, die wie ihr Lehrer meist nur die alttestamentliche Bedingtheit des Neuen Testaments betonten, vorsichtig Halt gemacht; an Jesus trat man wesentlich glaubend heran, und für den Glauben schien die geschichtliche Betrachtung Jesu noch immer mehr Gefahr als positive Bedeutung zu haben. Allmählich aber wurden die Hemmungen durch das erstarkende wissenschaftliche Bewußtsein und die Ausbreitung der Forschung überwunden. Einerseits lernte man das hinter dem Neuen Testament stehende Spätjudentum in seiner Mannigfaltigkeit als das Sammelbecken kennen, in dem die verschiedensten Auswirkungen der orientalischen Religionsgeschichte sich vermischt und propagandistische Kraft gewonnen hatten. Andrerseits nötigte die überall einsetzende starke Betonung des geschichtlichen Jesus zu immer genauerer Durchforschung seiner Gedankenwelt. Es waren Schüler Ritschls, die zuerst den Bann brachen und das Spätjudentum heranzogen: *W. Baldensperger,* Das Selbstbewußtsein Jesu im Lichte d. messian. Hoffnungen seiner Zeit, 1888 ([3]1903: „Die messianisch-apokal. Hoffnungen d. Judentums"); *Joh. Weiß,* Die Predigt Jesu v. Reiche Gottes, 92 ([2]1900), u. a. Sie arbeiteten dabei, die Entdeckung Overbecks wieder aufnehmend, das eschatologische Gepräge der Gedanken Jesu, bald auch die spätjüdische Bedingtheit des Urchristentums[112] so kräftig heraus, daß sie an diesem Punkte allmählich die allgemeinen Wider-

---

98) und *Lg. Lemme* (1847–1927; Prof. in Breslau, Bonn, Heidelberg; Chr. Ethik 1905; Theol. Enzyklopädie 09; Chr. Glaubenslehre 18; Chr. Apologetik 22).

[112] Vgl. etwa *Fr. Spitta,* Zur Geschichte u. Literatur d. Urchristentums, 3 Bde, 1893–1901.

stände besiegten. *Albert Schweitzer*[113] faßte dann seit 1906 das Ergebnis zusammen und führte es mit radikaler Schärfe durch.

In diesem Vorstoß kündigte eine neue große Bewegung sich an. Ihr erster Herold war bereits Herder gewesen; die freie Theologie hatte durch Pflege des Schelling-Hegelischen Universalismus den Boden für sie locker gehalten; dann hatte Lagarde sie neu begründet, und seine Saat begann jetzt aufzugehen. Dazu trat die Fülle von Anregungen aus den weiten Räumen der allgemeinen Religionswissenschaft (s. oben Nr. 1 b), die jetzt mit ernsthafterer Sachlichkeit als unter der Herrschaft der positivistischen Weltanschauung und der spekulativen Konstruktionen ihre Arbeit tat. Sie gab der historischen Theologie wertvolle Bereicherungen und zwang sie dadurch zu positiver Beachtung. Schon die immer methodischer durchgeführten Ausgrabungen selbst lenkten durch wichtige Funde (z. B. der El-Amarna-Tafeln 1887 und der Gesetze des Hammurapi 1901) den Blick der Theologen auf außerbiblische Vorgänge. Wenn vollends die orientalistische Wissenschaft ihre Ergebnisse unter mannigfachen Überspannungen sofort auf das Alte, ja auf das Neue Testament anwandte und phantasievolle Mitläufer sie als Stützen ihrer tendenziösen Behauptungen verwerteten[114], so *mußte* die Theologie sich mit ihr beschäftigen. Dar-

---

[113] 1875–1965; 1902 Privatdozent in Straßburg, seit 13 und wieder 24 Missionsarzt am Kongo. Schriften LÜ 5; ferner: Die Religionsphil. Kants 99; Das Abendmahlsproblem 1901; Die Mystik d. Apostels Paulus 30; Kulturphilosophie, 2 Tle, 23; Das Christentum u. d. Weltreligionen 24 (^{2}25); Zwischen Wasser u. Urwald 21. Auch bedeutende Werke über J. S. Bach, über Orgelbaukunst u. Orgelkunst. – M. Werner, Das Weltanschauungsproblem bei K. Barth u. A. Schweitzer 24; Nigg (s. oben LÜ 3); P. Stegenga, A. Schw. Ehrfurcht vor d. Leben als Prinzip d. Ethik, Zsyst Th 1937; G. Seaver, A. S. als Mensch u. Denker, dt. 1950, ^{10}60; R. Grabs, A. S., Gehorsam u. Wagnis, 1949, ^{5}60.

[114] *Fch. Delitzsch*, Babel u. Bibel, 3 Hefte 1902–05; Die große Täuschung 20 f. – „*Panbabylonismus*": H. Winckler, Babylonische Geisteskultur 1907; H. Winckler und A. Jeremias, Im Kampf um den alten Orient 07–14; A. Jeremias, Das Alte Test. im Lichte d. alten Orients 04, ^{4}30; Handbuch d. altoriental. Geisteskultur 13 (^{2}29); Die außerbiblische Erlösererwartung 27. – *P. Jensen*, Das Gilgameschepos in d. Weltliteratur 06; Moses, Paulus, Jesus 09. – *Hch. Zimmern* (der mit H. Winckler zusammen das alte Buch von E. Schrader, Die Keilinschriften u. d. Alte Test., 1903 in 3. Aufl. neu schrieb), Vater, Sohn u. Fürsprecher in d. babyl. Gottesverehrung 1896; Keilinschriften u. Bibel nach ihrem rel.-gesch. Zusammenhang 03 u. a. – *A. Kalthoff*, Die Entstehung d. Christentums aus d. Gnostizismus 24 u. a. – Auch ältere Versuche R. *Seydels* (1882 ff.), evangelische Stoffe vom Buddhismus her zu beleuchten, wirkten nach;

über hinaus aber wandte sich auch das religiöse Interesse wieder der Religionsgeschichte zu. Die Funken, die außer in England (M. Müller) bereits in den Niederlanden (Chantepie de la Saussaye, Tiele), in Belgien (Cumont), in Skandinavien (Edv. Lehmann, N. Soederblom), in der Schweiz (J. G. Müller, v. Orelli) aufsprangen, zündeten nach Deutschland herüber und weckten das religionsgeschichtliche Erbe des Deutschen Idealismus zu neuem Leben; freilich mußten die ersten theologisch-religionsgeschichtlichen Lehrstühle mit Ausländern besetzt werden (in Berlin 1910 durch E. Lehmann, in Leipzig 1912 durch N. Soederblom).

Sachlich war in diesem Eindringen der Religionsgeschichte zweierlei bedeutsam. Was zunächst ins Auge fiel, war die radikale Durchführung der *geschichtlichen Betrachtungsweise,* zumal des Entwicklungsgedankens. Hatte dieser während des 19. Jahrh.s allmählich geholfen, die innerbiblischen und dogmengeschichtlichen Zusammenhänge zu verstehen, so ergriff er nun das Christentum als Ganzes und stellte es in den Strom der Religionsgeschichte. Das Alte Testament trat durch Erschließung des vorisraelitischen Orients in ein neues Licht; und für das Neue Testament wurde die Frage brennend: welche außerbiblischen Faktoren haben dazu führen helfen, daß die Offenbarung Gottes in Jesus ihre urchristliche Formung empfing (Eschatologie, Christologie, Sakramentslehre u. a.)? Ja die religionsgeschichtliche Bedingtheit des Christentums wurde so stark empfunden, daß es – mit scharfer Unterscheidung vom Evangelium Jesu – geradezu als „synkretistische Religion" erschien. Man leitete es aus zwei großen Quellflüssen ab: „Der eine ist spezifisch israelitisch, er entspringt im Alten Testament, der andere aber fließt durch das Judentum hindurch von fremden orientalischen Religionen her", und in ihn mündet dann im Abendland noch der griechische Strom[115]. Damit wurde die unmittelbare religiöse Beziehung auf die biblischen Urkunden erschwert, das naive Modernisieren unmöglich gemacht; die geschichtliche Eigenrealistik der Bibel trat gegenüber aller modernen Vergeistigung und Ethisierung mit scharfen Zügen zutage. Das stellte freilich der Exegese, der systematischen Theologie und der kirchlichen Praxis schwere Aufgaben. Es zeigte die ganze Schwierigkeit der begonnenen Besinnung

---

sie wurden weiter gebildet durch *G. van d. Bergh v. Eysinga,* Indische Einflüsse auf d. evang. Erzählungen 04, ²09 dagg. *H. W. Schomerus,* Indien u. d. Christentum I-III 1931–33.

[115] Gunkel, Zum relgesch. Verständnis d. Neuen Testaments 1903, S. 35 f.

auf den geschichtlichen Charakter der Offenbarung und bedrohte sie daher mit neuen Gegenschlägen. Aber es war kein Ausweichen möglich; die unendlich erweiterte Kenntnis der Stoffe und ihre Ausnützung durch die Gegner zwangen in die Religionsgeschichte hinein, und das durch Ritschl wie durch die historischen Leistungen der letzten Jahrzehnte erhöhte theologische Kraftbewußtsein gab den Mut, die Macht des Evangeliums auch in diesen Erschütterungen zu erproben; gerade im Vergleich konnte ja das Wesenhafte und Originale noch deutlicher als in der Isolierung zutage treten. In dieser hochgemuten Haltung lebte zugleich das andere, das *religiöse* Motiv der Bewegung, das schon bei Herder und Lagarde wirksam gewesen war. Müde aller dogmatischen Kämpfe, ethischen Ablenkungen und biblischen „Literarkritik", wollte man jetzt das Innere selbst aufgraben. Wie Duhm und Harnack suchte man die geschichtlichen Urkunden vor allem inhaltlich zu erschließen, als Zeugnisse ursprünglichen, vorliterarischen Lebens. Die Religion selbst war ihr Gegenstand, und zwar in ihrer geschichtlichen Bewegung. Die Wiederentdeckung des Eschatologischen im Neuen Testament erhielt dabei einen breiteren Hintergrund. Überall ging man dem Unmittelbaren nach; Geheimnis, Pneuma und Charisma, Kultus und Mythus, mystische und Gefühlselemente traten in den Vordergrund. So durchbrach man von allen Seiten her die drohende Isolierung und Verengung der Theologie und knüpfte zugleich stimmungsmäßig an die neue natürliche Religion dieser Zeit an. Nach beiden Richtungen hatte man das Gefühl einer Sendung. Das fachtheologische Ergebnis drückte man gern in der Umnennung der biblischen Fächer aus: die Einleitung wurde vollends zur israelitisch-jüdischen und urchristlichen Literaturgeschichte, die biblische Theologie zur israelitischen und urchristlichen Religionsgeschichte.

Der Ausgangspunkt der „Schule" war Göttingen, die Wirkungsstätte Ritschls und Lagardes, wo Eichhorn, Wrede[116], Gunkel, Bousset,

---

[116] *Albert Eichhorn,* 1856–1926; Prof. in Halle u. Kiel; Das Abendmahl im N. Testament, 1898; früh durch Krankheit gelähmt, wirkte persönlich in engem Kreise bahnbrechend. *William Wrede* 1859–1906; Prof. in Breslau; (Das Messiasgeheimnis in d. Evangelien, 1901; Paulus 04 [2]07; Vorträge u. Studien 07, darin: Das theol. Studium u. d. Relig. gesch. S. 64–83 (programmatisch) brachte der neutestamentlichen Forschung neuen Wellenschlag, indem er die über Jesus hinausführende Bedeutung der Urgemeinde und des – entmodernisierten – Paulus für das Christentum stark betonte. Vgl. H. Gressmann, A. Eichhorn und die rel. gesch. Schule 1914; G. W. Ittel, Urchristentum und Fremdreligionen im Urteil der

Joh. Weiß sich zusammenfanden. Die eigentlichen Führer wurden *Gunkel* und *Bousset*. Sie entwickelten das Programm nach den verschiedensten Seiten und gaben die eindrücklichsten Beispiele der Verwirklichung, begründeten auch zusammen die „Forschungen zur Religion u. Literatur d. A. u. N. Testaments", 1903. Der Alttestamentler Gunkel[117] schaute, durch starke ästhetische Begabung unterstützt, das Programm am tiefsten und brachte es dem theologischen Verständnis am nächsten. Sein methodisches Interesse führte ihn später in wachsendem Maße zur Ausbildung der form- und gattungsgeschichtlichen Forschung: gerade in den Einzelstücken der Urkunden erfaßte er das alte feste Gestein der Geschichte und suchte mit feinem Gefühl nach Mitteln, sie historisch zu erschließen; er zeigte ihren „Sitz im Leben" und arbeitete, auch von moderner Stilforschung angeregt, die für sie in Betracht kommenden Gattungen des religiösen Redens oder Schreibens heraus. Damit zeigte er der israelitischen Literaturgeschichte neue Wege. *Bousset*[118] durchleuchtete religionsvergleichend mit glänzenden Forschungen das Neue Testament und die ältesten Jahrhunderte der Kirchengeschichte. Diesen Führern schlossen sich bald

rel. gesch. Schule, phil. Diss. Erlangen 1956; *H. J. Kraus,* Zur Geschichte des Überlieferungsbegriffs i. d. Atlichen Wissenschaft EvTh 16. 1956, S. 371–389; E. Barnikol, *A. Eichhorn* (1856–1926) in „Wiss. Ztschr. d. Martin Luther-Univ. Halle-Wittenberg" IX, (1960) 141–152. *C. Colpe,* D. religionsgeschichtl. Schule 1961 (FRLANT 78). Über Wrede: G. Strecker W. W. ZThK 57 (1960), 67–91.

[117] *Hermann Gunkel,* 1862–1932; Prof. in Berlin, Gießen, Halle. Die Wirkungen d. hlg. Geistes nach d. populären Anschauungen d. apost. Zeit u. nach d. Lehre d. Paulus, 1888 (³1909); Schöpfung u. Chaos in Urzeit u. Endzeit, relgesch. Untersuchung über Gen. 1 u. Apok. 12, 1895 (²21); Zum relgesch. Verständnis d. Neuen Testaments 1903 (²10); Kommentar zur Genesis 01 (⁵22); Die Grundprobleme d. israel. Literaturgeschichte 06; Die israel. Literatur (Kultur d. Gegenwart, I 7) 06, ²25; Reden u. Aufsätze 13; Die Propheten 17; Das Märchen im A. Testament 17; Die Psalmen 25 f.; Einleitung in d. Psalmen 28–33 (vollendet v. J. Begrich). Über H. G.: W. Klatt, H. G. Zu seiner Theol. d. Relgesch. u. zur Entst. d. formgesch. Methode, 69 (FRLANT 100).

[118] *Wilhelm Bousset,* 1865–1920; Prof in Göttingen u. Gießen. Jesu Predigt im Gegensatz z. Judentum 92; Der Antichrist in d. Überlieferung d. Judentums, des N. Testaments u. d. alten Kirche 95; Kommentar z. joh. Apokalypse 96, ²06; Die Religion d. Judentums im neutest. Zeitalter 1902 (³26 hrsg. v. H. Greßmann); Kyrios Christos, Gesch. d. Christusglaubens von d. Anfängen d. Christentums bis auf Irenäus 13 (²21 hrsg. v. G. Krüger u. R. Bultmann, ⁴35). Populär: Das Wesen d. Religion 03 (⁴20); Jesus 04 (⁴22); Unser Gottesglaube 08. Vgl. unten Nr. 6 b α.

zahlreiche Forscher an, vor allem Joh. Weiß, Heitmüller, Weinel, Greßmann, H. Schmidt, Haller u. a.[119]. Um diese Männer der Schule bildeten sich weitere Kreise, die ihre Anregungen aufnahmen, aber mit eigenen Ansätzen und der älteren historisch-kritischen Überlieferung verbanden (vgl. Nr. 6 a).

Kennzeichnend für die religiöse Zuversicht und das Sendungsbewußtsein des Kreises war das starke Streben, in vorbildlicher Wissenschaftlichkeit zugleich auf die allgemeine Bildung zu wirken. So schuf man 1904 die „Religionsgeschichtlichen Volksbücher" (hrsg. von Fr. M. Schiele) und die „Lebensfragen" (hrsg. von Weinel), seit 1906 und 09 die beiden „Göttinger Bibelwerke" (Die Schriften d. N. Testaments neu übersetzt u. für d. Gegenwart erklärt, hrsg. von Joh. Weiß u. a.; Die Schriften d. A. Testaments, in Auswahl hrsg. von Greßmann, Gunkel u. a.). Diese und ähnliche Werke dienten der strengen Forschung, aber so, daß sie danach strebten, das neu einsetzende religiöse Interesse der Gebildeten mit dem zu erfüllen, was man als den eigentlichen Lebensgehalt der Bibel und des Christentums verstand. Freilich rächte sich dabei der Mangel an systematischem Interesse. Man übernahm von dem vorigen Geschlecht das Hochgefühl der Geschichtsfreude allzu naiv und versäumte so wiederum die Klärung der eigenen Grundgedanken. Im praktischen Wirken knüpfte man für das Zentrale am liebsten mit Ritschl und Herrmann an die

---

[119] *Joh. Weiß,* 1836–1914; Prof. in Marburg und Heidelberg; s. oben S. 338. Die Nachfolge Christi u. d. Predigt d. Gegenwart 1895; Die Idee d. Reiches Gottes in d. Theologie 1900; Die Aufgaben der neutest. Wissenschaft in d. Gegenwart 08; Paulus u. Jesus 09; Jesus v. Nazareth, Mythus oder Geschichte? 10; Kommentar zu 1. Kor., 1910; Das Urchristentum 14. 17. – *Wm. Heitmüller,* 1869–1925; Prof. in Marburg, Bonn, Tübingen. Im Namen Jesu 03; Taufe u. Abendmahl bei Paulus 03, im Urchristentum 11; Jesus 13). – *Hch. Weinel,* 1874–1936; Prof. in Jena. Die Wirkungen d. Geistes u. d. Geister im nachapost. Zeitalter, 1899; Jesus im 19. Jahrh. 1903 (^{3}14); Ist das liberale Jesusbild widerlegt? 10; Bibl. Theologie d. N. Testaments 11, (^{4}28). – *Hugo Greßmann,* 1877–1927; Prof. in Berlin. Ursprung d. israel.-jüd. Eschatologie 1905 (^{2}Der Messias 29, hrsg. v. H. Schmidt); Altorientalische Texte u. Bilder 09, ^{2}26; Mose u. seine Zeit 13; A. Eichhorn u. d. relgesch. Schule 14; gab seit 1924 die Zeitschr. f. alttest. Wissenschaft heraus. – *Hans Schmidt,* 1877–1953; Prof. in Tübingen, Gießen, Halle. Jona 1907; Kommentar zu d. Großen Propheten 15, ^{2}23; Der Prophet Amos 17; Volkserzählungen aus Palästina, zusammen mit P. Kahle, 2 Bde 18. 30. – *Max Haller,* 1879–1949; Prof. in Bern. Rel., Recht u. Sitte in d. Genesissagen 1915; Der Ausgang d. Prophetie 12, u. a.

Person Jesu an, nur daß man sie radikal, noch stärker als Harnack und Herrmann, entdogmatisierte und dafür als religiöse Persönlichkeit konkret geschichtlich zu zeichnen versuchte. Der „historische Jesus" war die Form, unter der man im Zeichen der Geschichtsfreude die Jesusbezogenheit des Glaubens wahrte; ihn verkündete man als das eigentliche Evangelium, weit volltönender, als es der Aufklärung unter den Leitworten des Stifters, Lehrers und Vorbilds möglich gewesen war[120], freilich ohne genauere Prüfung der Schwierigkeiten, und daher unter wachsender Bekämpfung durch die übrigen theologischen Gruppen[121], auch durch die Religionsphilosophen der Hartmannschen Schule.

b) *Die Religionspsychologie.* – Sie bedurfte nicht in demselben Maße wie die Religionsgeschichte eines neuen Ansatzes. Denn sie war so alt wie Mystik und Pietismus, war in der Aufklärung und ihrer Bekämpfung unwillkürlich geübt worden, hatte im Deutschen Idealismus vor allem bei Herder, Jacobi, Schleiermacher, Fries fruchtbare Anwendung gefunden. Dann untersuchten die Religionstheorien aller Richtungen mit ihrer Abwägung der Erkenntnis-, Gefühls- und Willensmomente immer eingehender die psychologische Seite der Religion, und die illusionistische Religionskritik von Feuerbach, Marx und Nietzsche zwang auch Widerstrebende zu solchen Untersuchungen. Inhaltlich brachte vor allem die wachsende Betonung der Erfahrung und des Bewußtseins, der Übergang vom Beweis zur Gewißheitsbegründung, die Ausschöpfung der Bibel[122], die Abwendung von der Metaphysik, die Einsicht in die Bedeutung der Gemeinschaft für die Religion eine Fülle von religionspsychologischen Stoffen und Gesichtspunkten. Die Werke Franks, Lipsius', Herrmanns bezeugen es überall. Der Neuprotestantismus, der durch Aufklärung und Pietismus hindurchgegangen ist, muß notwendig gegenüber Dogmatismus und philosophischer Metaphysik das Psychologische in seinen Dienst stellen. Und die Entwicklung der allgemeinen Psychologie kam ihm von den verschiedensten Seiten her zu Hilfe. Diltheys „verstehende Psychologie", die Ausbildung der Völkerpsychologie durch Steinthal und vor allem Wundt, die „Tiefenpsychologie" mit ihrer bald

---

[120] Vgl. z. B. A. Meyer, Was uns Jesus heute ist, 1907.

[121] Dieser Kampf um den „historischen Jesus" spielt auch in die Auseinandersetzung über das Verhältnis von Glauben und Geschichte hinein (s. Herrmann und Kähler).

[122] Vgl. z. B. Franz Delitzsch, Biblische Psychologie, 1855, ²61.

religiösen bald widerreligiösen Haltung, Külpes „Denkpsychologie",
Werke wie H. Maiers „Psychologie d. emotionalen Denkens" (1908) –
um nur das Wichtigste zu nennen – gaben in ununterbrochener Reihe
immer neue Nötigungen und Mittel der Durchdenkung. Die Verdichtung der religionspsychologischen Ansätze zu einer besonderen Bewegung aber wurde von außen her veranlaßt. In Nord-
amerika hatte die experimental-psychologische Forschung der Clark-
Universität vor allem seit 1890 die Religion in ihren Bereich gezogen;
sie sammelte durch Fragebogen reichen Stoff und begann ihn durchzu-
arbeiten[123]. Der Philosoph W. *James* hob die Ergebnisse dank seinem
tieferen Einblick in das Leben der Religion unter Bevorzugung der
literarischen Urkunden (Selbstbiographien, Tagebücher, Gebete u. ä.)
auf eine höhere Ebene (The varieties of religious experience 02), allerdings in Verbindung mit unkritischem Pragmatismus und metaphy-
sischem Pluralismus. Diese Leistungen wirkten rasch auf den wohl
vorbereiteten deutschen Boden herüber und wurden hier auch durch
französische Einflüsse (Flournoy, Durkheim, Murisier u. a.) unterstützt.
Seit Mitte der 90er Jahre sproß, teilweise aus seelsorgerlicher Praxis des
Nervenarztes und des Pfarrers geboren, eine deutsche religionspsychologie Literatur empor, die freilich noch unsicher tastete[124]. Das
neue Jahrhundert brachte ernste Ansätze, die hohe Ansprüche stellten,
umfassende Programme entwickelten und die Theologie religionspsychologisch zu reformieren versuchten[125]. Übersetzungen der ameri-

---

[123] Z. B. *Leuba,* The psychology of religious phenomena 96; *Starbuck,* The
psychology of religion 1899, [2]1901; *Coe,* The spiritual life 1900.

[124] *G. Vorbrodt,* Psychologie in Theologie u. Kirche? 1893; Psychologie d.
Glaubens 95; *Emil Koch,* Die Psychologie in d. Religionswissenschaft 97;
G. Runze, Die Psychologie d. Unsterblichkeitsglaubens u. d. Unsterblich-
keitsleugnung 94; *P. Drews,* Dogmatik oder rel. Psychologie? ZThK 98.

[125] *G. Vorbrodt,* Beiträge z. rel. Psych. 1904; *K. Girgensohn,* Die Religion,
ihre psych. Formen u. ihre Zentralidee 03; *O. Pfister,* Die Unterlassungs-
sünde d. Theol. gegenüber d. mod. Psych. 03; *Joh. Bresler,* Religions-
hygiene 07; *E. W. Mayer,* Das psych. Wesen d. Religion u. d. Religionen
06; *W. Schmidt,* Die verschiedenen Typen rel. Erfahrung u. d. Psych. 08;
R. Wielandt, Das Programm d. Religionspsych. 10; *E. Pfennigsdorf,*
Religionspsych. u. Apologetik 12; *H. Faber,* Das Wesen d. Religionspsych.
u. ihre Bedeutung für d. Dogmatik 13; *O. Pfister,* Die psychoanalyt.
Methode 13 ([3]24); *G. Wobbermin,* Religionspsych., in RE[3], B. 24, 13;
G. Runze, Essays zur Religionspsych. 13; zahlreiche auch kritisch ge-
haltene Aufsätze in Zeitschriften, z. B. O. Scheel, E. W. Mayer, Fch.
Niebergall in ZThK 1908 f. Anwendung auf die Kirchengeschichte:
O. Pfister, Die Frömmigkeit d. Grafen Zinzendorf 10 ([2]25) (dagegen

kanischen und französischen Hauptwerke (z. B. die des Jamesschen Buches durch G. Wobbermin: „Die rel. Erfahrung in ihrer Mannigfaltigkeit" 07 [4]25), sowie das kritische und doch positve Eintreten von systematischen Theologen wie *Troeltsch* (s. unten c) und *Wobbermin*[126] brachte grundsätzliche Untersuchungen in Gang, die den Zusammenhang mit der theologischen Gesamtentwicklung herstellten. Vor allem förderten die methodologischen Erwägungen über das Verhältnis des empirischen und des erkenntniskritischen Verfahrens, innerhalb der Empirie die über Recht und Tragweite des Fragebogens, der literarischen Quellen, des Experiments (durch Stählin, von Külpe übernommen), des psychoanalytischen Verfahrens (Pfister), ferner die Auseinandersetzung zwischen Individual- und Sozialpsychologie (James, Troeltsch, Wundt, K. Thieme). Das Ergebnis blieb vorläufig unklar. Auf der einen Seite wuchs ein reicher Stoff heran, der auf Verselbständigung drängte und so die Entstehung einer eigenen Wissenschaft neben der Religionsgeschichte anbahnte. Auf der anderen Seite ging es um die religionspsychologische Durchdringung der gesamten Theologie. Hier aber zeigten sich bald die Grenzen, die in der induktiv-empirischen Art der Religionspsychologie begründet sind: wo Wahrheit, Normen und Zielsetzungen in Frage stehen, kann sie nur Hilfsdienste für stoffliche Bereicherung und methodische Verfeinerung leisten, aber nicht die Führung ergreifen. Schon Wobbermins Begriff der „Transzendental-Psychologie", dazu die Neigung, von der allgemeinen Religionspsychologie eine „Glaubenspsychologie" (E. Pfennigsdorf, Ihmels) abzugrenzen, bewies, daß die systematische Theologie trotz aller Bereitschaft zur Aufnahme neuer Elemente ihre Selbständigkeit behaupten mußte.

c) *Neue Religionsphilosophie.* – Die freie Theologie hatte niemals aufgehört, die Religionsphilosophie zu pflegen, und die neuidealistische Wendung des geistigen Lebens gab ihren weit gespannten Segeln wieder günstigen Wind. Das Aufblühen der empirischen Religionswissenschaft (s. oben Nr. 1 b) aber wandelte auch bei der neuen

---

G. Reichel, Zinzendorfs Frömmigkeit im Licht der Psychoanalyse 11), H. K. Schjelderup, Die Askese 28. Eigene *Zeitschriften:* Z für Religionspsych., hrsg. v. Oberarzt Bresler u. G. Vorbrodt, seit 1907; dann bis 1912 von Runze, Klemm u. Bresler; auf höherer Stufe abgelöst vom „Archiv für Religionspsych." I 14, hrsg. von K. Koffka u. W. Stählin (II f. 21).

[126] Aufgabe u. Bedeutung d. Religionspsych. 10; Zum Streit um d. Religionspsych. 13; Band I des Hauptwerks, s. unten Nr. 6 b.

theologischen Jugend ihr Gepräge. Sie mußte sich in ganz anderem Maße als bisher auf die geschichtlichen Tatsachen und ihre Erforschung begründen, wurde also zur systematischen Durcharbeitung der Religionsgeschichte, -psychologie und -soziologie[127]. Theologische Anknüpfungspunkte gab vor allem Schleiermacher, der schon in den „Reden" den Blick von bloßer Deduktion und Metaphysik auf die wirkliche Religion gelenkt hatte, in der Gegenwart J. Kaftan und Pfleiderer. Was dabei inhaltlich in den Vordergrund trat, war nicht mehr wie bei Ritschl und seinen Schülern die sittliche Seite der Religion, sondern der mystische und enthusiastische Gehalt, der religionsgeschichtlich herausgearbeitet wurde. Daher stand diese neue Religionsphilosophie – im Unterschied von der des spekulativen Idealismus – von vornherein in scharfem Gegensatz zu jedem Dogmatismus.

Bahnbrecher und Führer wurde *Troeltsch*[128]. Erst in Erlangen, dann in Göttingen (durch A. Ritschl und Lagarde) theologisch geschult,

---

[127] Vgl. *S. von Czobel,* Die Entwicklung der Religionsbegriffe als Grundlage einer progressiven Religion 2 Bde. 1901.

[128] *Ernst Troeltsch,* 1865–1923; Prof. in Bonn (92), Heidelberg (94; seit 1910 zugleich für Philosophie), 15 Berlin (in der phil. Fakultät; 19–21 zugleich Staatssekretär für evang. Angelegenheiten). Hauptschriften: Vernunft u. Offenbarung bei Joh. Gerhard u. Melanchton 1891; wichtige Aufsätze in ZThK 93–95; Die Absolutheit d. Christentums u. d. Religionsgeschichte, 1902 ([3]29); Das Historische in Kants Religionsphil. 04; Religionsphil. 04 (Festschrift f. Kuno Fischer, [2]07); Psychologie u. Erkenntnistheorie in d. Religionswissenschaft 05 ([2]22); Wesen d. Rel. u. d. Religionswiss. (Kultur d. Gegenwart, I, Abt. IV 1, 06, [2]09); Die Bedeutung d. Protestantismus für d. Entstehung d. mod. Welt 07 ([3]24); Die Soziallehren d. chr. Kirchen (Archiv für Sozialwiss. u. Sozialpolitik 08–10); Die Bedeutung d. Geschichtlichkeit Jesu für d. Glauben 11; Die Soziallehren d. chr. Kirchen u. Gruppen 12 (Gesammelte Schriften I); Zur rel. Lage, Religionsphilosophie u. Ethik 13 (Ges. Schriften II); Augustin, d. chr. Antike u. d. Mittelalter 15; Der Historismus u. seine Probleme, 1. T. 22 (Ges. Schriften III); Der Historismus u. seine Überwindung 24; Spektator-Briefe (Aufsätze über d. deutsche Revolution u. d. Weltpolitik 18–22) 24; Deutscher Geist u. Westeuropa (Kulturpolit. Aufsätze u. Reden) 25; Vorlesungen über Glaubenslehre 25; Aufsätze z. Geistesgeschichte u. Religionssoziologie 25 (Ges. Schriften IV). Andere gesch. Werke s. oben LÜ 3. Gesamtverzeichnis in Ges. Schriften IV 863–72. – Neuere *Lit.* Hch. Benckert, Der Begriff d. Entscheidung bei Tr., ZThK 31, sowie E. Tr. u. d. ethische Problem 32; W. Wiesenberg, s. oben Nr. 4 b bei Herrmann; K. Herberger, Historismus u. Kairos (Die Überwindung d. Historismus bei Tr. u. Tillich), Theol. Blätter 35. H. H. Schrey, E. Tr.

entwuchs er bald jeder schulmäßigen Eingrenzung und nahm von allen Seiten Anregungen auf; besonders Kant und Schleiermacher, Dilthey und Windelband-Rickert, der Sozialökonom Max Weber, zuletzt in steigendem Maße Hegel führten seine Entwicklung vorwärts; in alledem wahrte er, urwüchsige Kraft mit höchstmoderner Sensibilität verbindend, seine Selbständigkeit und nutzte jeden Einfluß als bewegende oder nährende Kraft seines eigenen, nie rastenden Denkens und Forschens. Dabei fand auch er wie Schleiermacher und wiederum Harnack in der Beziehung auf das konkrete praktische Leben die Hilfe gegenüber aller nur selbstzwecklichen Wissenschaft. Die Fragen der staatlichen und kirchlichen, der wirtschaftlichen und sozialen Entwicklung traten für ihn in lebendige Wechselbeziehung zu denen der Theologie, der Philosophie und der allgemeinen weltanschaulichen Bewegung. Mitverantwortliches Leben und verstehendes Denken, zentralreligiöse und universalweltliche Betrachtung waren überall die zusammenwirkenden, sich vielseitig tragenden Spannungspole seiner Persönlichkeit wie seines Wirkens.

Das zeigt schon seine *historische* Leistung. Als Sohn seiner Zeit setzte er am liebsten in der Geschichte ein, um hier Ausgangspunkt, Inhalt und erste Orientierung zu suchen. Dabei war er von dem hohen Stand der gleichzeitigen historischen Theologie getragen, ließ sich aber auch stark durch Ältere wie Baur und Rothe sowie durch Nichttheologen befruchten. Er hat Einzelpunkten wie dem Altprotestantismus, Kant, Augustin wichtige Schriften gewidmet, neben die Geschichte des christlichen Dogmas, die ihn weniger interessierte, erstmals in großem Stil die des christlichen Ethos gestellt, damit einen Grundgedanken Schleiermachers verwirklicht (Christliche Sitte 1809 § 39, Werke I, 7 Beilage A S. 13 f.), vor allem den Protestantismus, das Christentum, ja über alles Kirchliche hinaus die europäisch-abendländische Kultur je als ein Ganzes geschichtlich durchleuchtet. Freilich als ein Ganzes nicht im Sinn feststehender Einheitlichkeit, sondern voll von dynamischem Leben, von Spannung und Fluß des Geschehens. So trug er neue Gesichtspunkte an die Stoffe heran, zwang zu neuer Durchden-

und sein Werk. Theol. Rdsch. 40, W. Köhler, E. Tr. 41; E. Fülling, Geschichte als Offenbarung 56. Herm. Fischer, D. Historismus u. seine Folgen. Glaube u. Geschichte b. E. Tr. u. Friedr. Gogarten 1964. M. Schmidt, Züge eines theol. Geschichtsbegriffs b. E. Tr. in Reformatio u. Confessio (Festschr. f. W. Maurer) 1965; Eckhard Lessing, D. Geschichtsphilosophie E. Tr.s 1965; W. Kasch, Die Sozialphil. v. E. Tr. 63.

kung und durchbrach alle starren, alle dogmatischen Schemata. Wo er auch forschte, nie war die bloße Aufhellung eines Gewesenen sein Ziel; stets sah er die lebendigen Längs- und Querverbindungen, in ihnen das Wesenhafte, das Grundsätzliche und Aktuelle[129]. So nahmen all seine Forschungen eine geschichtsphilosophische Wendung. Als *Systematiker* wurde er rasch über seine theologischen Lehrer hinausgeführt. Dem Zug zur Isolierung des Glaubens und der Theologie warf er sich von Anfang an mit aller Kraft entgegen. Mutig nahm er die abgerissene Verbindung mit der Philosophie, dem allgemeinen Geistesleben, der natürlichen Religion wieder auf und gab ihr mit den Mitteln der Gegenwart eine neue Wendung. Seine *Religionsphilosophie,* die freilich niemals zu genauerer Ausführung gelangt ist, stellte durch ihre Kraft, ihre methodische Unterbauung und ihren Beziehungsreichtum alles in Schatten, was seit Jahrzehnten religionsphilosophisch geleistet worden war. Schüler Ritschls und Schleiermachers, rang er darum, in der universalen Weite seines Denkens die Selbständigkeit der Religion aufrecht zu halten. Möglichkeit und Antrieb dazu enthielt schon der Ausgang vom religionsgeschichtlichen Stoff. Die erste Stufe der Durcharbeitung ist psychologisch; sie ergibt, daß das Urphänomen aller Religion „die Mystik, d. h. der Glaube an Präsenz und Wirkung übermenschlicher Mächte" ist, wobei „der naiven Religion stets eine konkrete, an Offenbarung oder an Herkommen sich anschließende Vorstellung von Art und Wirkung des Göttlichen zukommt" (Schriften II 493). Dann erhebt die erkenntnistheoretische Untersuchung die Wahrheitsfrage. Im Gegensatz zu allen anthropologisch-illusionistischen Ableitungen wird die Gültigkeit der Religion wie die des Logischen, Ethischen, Ästhetischen auf letzte Vernunftnotwendigkeit, d. h. auf ein Apriori begründet. Das religiöse Apriori meint eine bewußtseins-notwendige Beziehung aller Werte und Gesetze auf die absolute Wirklichkeit, ist gleichsam die konstitutive Mitte des intelligiblen Vernunftkerns, der hinter dem Ablauf der empirischen Seelenvorgänge wirkt, und gibt so allen anderen Aprioris metaphysischen Halt; wichtig ist vor allem die Verbindung mit dem ethischen

---

[129] Daß er seine Sätze dabei nicht immer quellenmäßig unterbauen konnte, rächte sich vor allem in seinem Lutherverständnis. Der religionsphilosophische Ansatz, die Liebe zu den Humanisten, ja zu den verachteten Mystikern und Spiritualisten fand kein Gegengewicht in eigener starker Bemühung um Luther selbst. Vgl. unten Nr. 6 a. – Dagegen konnte Tr. gerade dank umfassender Quellenkenntnis ein tieferes Verständnis der Aufklärung und des Deutschen Idealismus in der Theologie anbahnen.

Apriori. Auf Grund dieser Klärungen kann nun die „Geschichtsphilosophie der Religion" versuchen, die Mannigfaltigkeit der konkreten Religionen als aus innerer Einheit hervorgehend und einem normativen Ziel entgegenstrebend zu begreifen; dabei werden zu Hauptaufgaben die genauere Bestimmung des Entwicklungsbegriffs, die Frage nach dem Ziel der Entwicklung und damit die nach der Stellung des Christentums. Ihre Beantwortung führt zur vierten Stufe, zur „Metaphysik der Religion". Sie setzt den Gottesgedanken mit dem Ganzen der Erkenntnis in Verbindung, hilft einerseits idealistisch die geistigen Werte und die vom Monismus bedrohte Freiheit der endlichen Geister im Weltgrund verankern, anderseits die religiöse Gottesidee so umgestalten, wie es die Beziehung auf die Philosophie und das wissenschaftliche Weltbild heute fordert.

Dieser Entwurf will nicht spezifisch christlich sein, weiß sich aber als Werk des abendländischen, also auch des christlichen Geistes. Daher konnte Troeltsch meinen, ihn als die wissenschaftliche Grundlage der christlichen *Theologie* benutzen zu dürfen. Freilich hob schon die religionsphilosophische Untergründung selbst die ganze „dogmatische Methode" aus den Angeln. Sie stellte die Theologie, wo es sich um den besonderen Gehalt des Christentums handelt, auf die Geschichte und forderte damit den Ersatz der dogmatischen Methode durch die historische. Das bedeutete eine Kriegserklärung an die gesamte herrschende Systematik. Mit dem allgemeinen Verfahren der Geisteswissenschaften soll radikal Ernst gemacht werden. Auch auf die „Absolutheit" des Christentums gilt es zu verzichten[130]. Die Wirkungen des modernen historischen Denkens fordern eben „eine Umdenkung des ganzen religiösen Bestandes, aber sie lösen den christlichen Personalismus und die Zuversicht zu seiner einzig großen Einstellung auf das Absolute nicht auf" (Absolutheit 149 f.). Dogmatik ist für Troeltsch „Darlegung der Glaubensgedanken auf wissenschaftlich-religionsphilosophischer Basis und unter Anerkennung des modernen wissenschaftlichen Denkens" (RGG¹ II 109), aber zugleich „ein Bekenntnis und eine Zergliederung dieses Bekenntnisses als Anleitung für Predigt und Unterricht" (Schriften II 514). Er hegt die Zuversicht, auch bei rückhaltloser Anwendung der historischen Methode den Kern des Christentums zur Geltung bringen zu können; seine dogmatischen Artikel in RGG¹ sowie die posthum herausgegebene „Glaubenslehre" zeugen

---

[130] Hier war sein Hauptgegner L. Ihmels.

von der Kraft, die er an den Versuch wandte. Im Mittelpunkt steht
auch ihm dabei die Gestalt Jesu, die immer aufs neue ihre Vollmacht
bewährt. Freilich begründet er ihre Bedeutung nicht dogmatisch, etwa
durch eine bestimmte Anthropologie und Christologie, sondern
psychologisch; nach allgemeinem sozialpsychologischem Gesetz bleibt
sie in Kultus und Gemeinde gegenwärtig, befreit in ihrer Auswirkung
den christlichen Glauben zu lebendiger Entwicklungsfähigkeit und
befähigt ihn in der Hervorbringung neuer religiöser Persönlichkeiten
zu relativer Selbständigkeit auch gegenüber der ursprünglichen historischen Erscheinung. Die Dogmatik zerfällt daher (vgl. Glaubenslehre
72 ff., Schriften II 513 f.) in historisch-religiöse Sätze, in denen die
religiöse Bedeutung der historischen Grundlagen, vor allem der Person
Jesu, darzustellen ist, und metaphysisch- oder gegenwartsreligiöse
Sätze, in denen die christliche Gottbezogenheit als Gegenwartserfah-
rung beschrieben wird (Gott, Welt, Seele; Erlösung, Gemeinschaft, Vollendung). Damit wird unter verändertem Gesichtspunkt Biedermanns
Unterscheidung zwischen Person und Prinzip Christi wieder aufgenommen. Jesus wird ganz aus isolierter dogmatischer Gotteinheit heraus und in den Gang der Offenbarung durch die Geschichte hinein-
gestellt. „Gott in Christo" heißt, „daß wir in Jesus die höchste uns
zugängliche Gottesoffenbarung[131] verehren und daß wir das Bild Jesu
zum Sammelpunkt aller in unserem Lebenskreis sich findenden Selbst-
bezeugungen Gottes machen" (Geschichtlichkeit Jesu, S. 50). Troeltsch
lehnt es ab, das in das christologische Dogma hineinzudenken oder
Absolutheit Jesu zu nennen; statt dogmatisch über die Gebundenheit
noch ungeborener Millionen an die Erlösung durch Jesus zu speku-
lieren, möchte er lieber die eigene Bindung der Gegenwart an sie
praktisch lebendig machen helfen. Daß er sich dabei von Luther weit
entfernte, verhehlte er sich nicht; seine Dogmatik war der schärfste
Rückschlag gegenüber allem Biblizismus und Konfessionalismus; sie
lebte ebenso von mystischem Spiritualismus, Aufklärung, Deutschem
Idealismus wie von Bibel und Reformation.

Wie Troeltschs Religionsphilosophie und Theologie mehr und mehr
zur Auseinandersetzung mit der Geschichte wurden, so gewann sein
systematisches Denken überhaupt in wachsendem Maße *geschichts-*

---

[131] Der Begriff der Offenbarung meint bei Troeltsch einerseits den Erlebnis-
und Übergangscharakter, also die Unbegreiflichkeit des Glaubens, anderseits die überragende Vollmacht, die vor allem von den großen religiösen
Persönlichkeiten und den Überlieferungen über sie ausstrahlt.

philosophische Art und wahrte die innere Einheit mit seiner geschichtlichen Forschung. Er spürte die Erschütterung der Kultur und die
lebendige Gewalt der Geschichte bis in die letzte Tiefe; in seiner
wissenschaftlichen Arbeit wie in seiner Lebensverbundenheit griffen
die das Zeitbewußtsein bestimmenden Gewalten des Historismus,
Relativismus und Skeptizismus nach seiner Seele. Er nahm sie bis ins
letzte ernst und kämpfte scharf gegen die Versuchung, ihnen zur
Erleichterung der theologischen oder philosophischen Problematik
irgendwo die Spitze abzubrechen. Aber im kritischen Ringen mit ihnen
durchschaute er sie in ihrer weltanschaulichen Ohnmacht und in ihrer
Gefahr für das wirkliche Leben. Er hielt die Bedeutung des Geistigen,
im besonderen der wagenden Entscheidung und des Sollens gegenüber
der bloßen empirisch-induktiven, kritischen, evolutionistischen Betrachtung der Geschichte aufrecht. Was er in der Auseinandersetzung mit
Harnacks „Wesen des Christentums" (Schriften II) darüber herausgearbeitet hatte, das trägt auch seine Geschichtsphilosophie. Vor
allem gibt der Einblick in die Bedeutung von Tat, Sollen, Entscheidung,
Freiheit ihm die Möglichkeit, der individuellen Gottbezogenheit die
leitende Rolle zu wahren; „nicht umsonst stellt die religiöse Idee das
Individuum, seine Entscheidung und sein Heil in den Mittelpunkt. Es
allein transzendiert die Geschichte", während „das Leben selber sün-
dig, d. h. gemischt aus Natur und göttlichem Leben bleibt" (D. Historismus u. s. Überwindung 21). Freilich eine Gesamtdurchdringung
der Gemeinschaft, der großen geschichtlichen Bewegungen, der von
ihm selbst so stark betonten Kulturwerte und des kosmischen Hinter-
grunds der Geschichte konnte er von da aus nicht gewinnen; „das
Gottesreich, das die Geschichte transzendiert, kann sie eben deshalb
nicht begrenzen und gestalten" (ebda). Wie er das Christentum – auch
in seinem Ausblick auf Gemeinschaft und Reich Gottes – wesentlich
als „die entscheidende und prinzipielle Wendung zur Persönlichkeits-
religion" verstand (Glaubenslehre, S. 71), so war Leibnizens Monaden-
lehre trotz wachsender Würdigung Hegels der metaphysische Hintergrund seiner Geschichtsphilosophie. Eine Überbietung der hier klaffen-
den Gegensätze und damit eine Lösung der geschichtsphilosophischen
Rätsel fand er trotz seines personalistischen Gottesgedankens nicht.
Er rang bis aufs Blut um die religiöse und geschichtsphilosophische
Bewältigung wie des Historismus, so des Herrschaftsanspruchs der
kulturellen Werte. Aber die Aufgabe war, zumal als „der Weltkrieg
die ganze bisherige Epoche in den Schmelztiegel geworfen hatte"

(Schriften III 772), auch für seine Riesenkraft zu schwer. Seine Geschichtsphilosophie wäre, selbst wenn das furchtbare Geschehen der Zeit und die eigene rastlose Arbeit ihn nicht vorzeitig dahingerafft hätten, Torso geblieben. Seine tiefe Verwachsenheit mit dem kämpfenden Leben und Denken befähigte ihn, die Schwierigkeiten klarer als andere zu sehen, aber nicht auch, sie zu überwinden. Er wußte sich selbst als Bahnbrecher und Wegbereiter, nicht als Vollender. In der Stille, in der Einsamkeit der sich besinnenden Einzelnen – das wurde immer mehr seine Überzeugung – muß erst Mut und Kraft und Klarheit für den Sieg geboren werden, ehe die neue Geschichtsphilosophie und damit eine neue „Kultursynthese" entstehen kann. Denn „auch in der von der Geschichtsphilosophie zu zeichnenden gegenwärtigen Kultursynthese bleibt das Religiöse im Zentrum" (Schriften IV 15). „Die Idee des Aufbaues heißt Geschichte durch Geschichte überwinden und die Plattform neuen Schaffens ebnen". „Dazu gehören gläubige und mutige Menschen, keine Skeptiker und Mystiker, keine rationalistischen Fanatiker und historisch Allwissenden"[132]. Ein solcher gläubiger und mutiger Mensch war Troeltsch selbst inmitten seines Wissens um die wirre Lage und die geringen Möglichkeiten seiner Zeit. Gerade deshalb war sein Lebenswerk trotz des Stehens in zwei Fakultäten doch Einheit, konnte er trotz seines Kampfes gegen alle Theologie der Zeit Repräsentant der Theologie im allgemeinen Geistesleben sein – darin Harnack ähnlich, aber für eine Zeit, die einerseits auf dessen Werk aufbauen konnte, anderseits weit tiefer von der allgemeinen Erschütterung ergriffen war als er und sein Geschlecht.

So leistete Troeltsch der neuen Bewegung wertvollste Dienste. Er durcharbeitete methodisch und inhaltlich den Riesenstoff, den die Religionsgeschichte, -psychologie und -soziologie fortlaufend darbot, und machte ihn damit nach allen Seiten fruchtbar. Indem er sich auf ihn gründete, konnte er dem Wesen der Religion weit besser gerecht werden als die idealistische und die freie Theologie. So begann er – von ursprünglich theologischer Schulung getragen – das Programm zu verwirklichen, um das auch manche Philosophen dieser Zeit (s. Nr. 1 b) sich mühten. In seiner Arbeit gewann daher die Theologie von neuem die innere Nähe zu dem philosophisch-weltanschaulichen Ringen, suchte der christliche Glaube wieder die fast abgerissene Verbindung

---

[132] Die Stellen entstammen dem Schluß des Historismus-Bandes (Ges. Schriften III), dessen letzter Abschnitt die Gesamtauffassung Troeltschs am deutlichsten zeigt und sein wissenschaftliches Testament enthält.

mit der natürlichen Religion, wirkte die extensive Bewegung des Glaubens wieder lebendig auf die Entwicklung der Theologie.

Dennoch traten die inneren Schwierigkeiten jeder „Religionsphilosophie" und ihres Verhältnisses zur Theologie auch hier zutage. So bewußt Troeltsch auf das konkrete Leben der geschichtlichen Religionen, zumal des Christentums, zurückgriff, so vorsichtig er den Entwicklungsbegriff zu prüfen begann, er unterlag doch weithin der Weltanschauung, die aus der modernen Wissenschaft, Philosophie und Lebenspraxis entsprang. Die dogmatische Methode der Theologie bekämpfend, beugte er seine Gedanken unter gewisse weltanschauliche Dogmen, vor allem unter das der Immanenz. So gab er den eigentlichen Offenbarungsbegriff preis. Die Abneigung gegen den mechanischen Supranaturalismus, der von dem antiken Weltbild der Bibel und des Dogmas, daher auch der kirchlichen Überlieferung her immer aufs neue die Theologie durchsetzte, führte ihn zur Entmächtigung der Transzendenz Gottes. Es blieb von ihr nur so viel übrig, als mit der modernen Weltanschauung vereinbar schien, immerhin genug, um sie vor der Auflösung in pantheistische Weltverklärung zu bewahren. So kam es trotz des beständigen Blicks auf die Geschichte zu keiner befriedigenden Wesensbestimmung der Religion, erst recht nicht zu einem theologischen Verständnis dessen, was Gott, Offenbarung, Heil für den christlichen Glauben bedeuten. Es rächte sich, daß Troeltsch im religionsphilosophischen Hochgefühl die innere Verbindung mit der dogmatischen Entwicklung verlor und selbst bei Luther keinen Jungborn der theologischen Erneuerung fand. Seine Religionsphilosophie war deshalb mehr Gegenschlag der extensiven gegen die intensive Glaubensbewegung als die wechselseitige Durchdringung beider. So viel Anregungen und Vorbereitungen neuen Denkens er im einzelnen gab, in letzte Tiefen führte nur die Erschütterung der herrschenden theologischen Auffassungen, die er vollzog, nicht auch seine positive Leistung. Darum vermochte er die große Bewegung nicht zu geschlossener Einheit und zu allseitiger Neugestaltung der Theologie zu führen. Es ist bezeichnend, daß er am Ende seines Ringens in der Wiederaufnahme der Prädestinationslehre die einzige Möglichkeit erblickte, die historische Verschiedenheit, sowohl nach der religionsgeschichtlichen, als nach der dogmatischen Seite, zu deuten. Es blieb ihm nur der Rückzug auf das unbegreifliche, souveräne Walten Gottes. Zugleich deutete er damit den kommenden theozentrischen Zug des theologischen Denkens an.

6. Die Lage um 1914[133]

Die Leistung der neuen Bewegung bestand in der Erschütterung der theologischen Selbstgewißheit, in der wachsenden kritischen Selbstbesinnung, in der Verschärfung der Methoden, in der Ausweitung des Blick- und Arbeitsfeldes, in einer reichen Fülle von einzelnen Fortschritten aber nirgends in umfassenden großen Werken. Selbst Troeltsch, der an wissenschaftlichem Format den größten Führern der vergangenen Jahrzehnte ebenbürtig war, erhob sich auf keinem seiner Arbeitsgebiete zu dieser Höhe. Diese Eigentümlichkeit aber war in der Sache begründet. Wo die Bewegung und ihre Methodik nach allen Seiten in die Weite führt, wo die Sensibilität zum Wesen gehört, wie sollen sich da Gebilde gestalten, die, in jahrelangem Wachstum entstanden, neue feste Grundlagen bieten und inneres Recht auf lange Geltung besitzen? Noch stand ja auch die Theologie, die man überwinden wollte, in ungebrochener Kraft. Sie hatte in allen Lagern bedeutende, eindrucksvolle Führer und arbeitete in ihrer Breite mit vorbildlichem Eifer. Die Männer der religionsgeschichtlichen Schule mußten auf dem Boden bauen, den die älteren Gruppen nicht nur bereitet hatten, sondern unablässig weiter festigten, und mußten mit ihren Werkzeugen arbeiten. Zumal bei Harnack sahen sie so viel Verwandtes, daß sie ihn als Führer ehrten. *Konnten* sie überhaupt auf das verzichten, was z. B. Harnack, Seeberg, Hauck, Wellhausen, Holtzmann schufen? Darum wurde auch die theologische Jugend ihren bisherigen Führern nicht untreu. Sie lernte weiterhin von den Meistern der letzten Jahrzehnte, selbst von den „Dogmatikern", gegen die der Angriff sich am schärfsten richtete; Männer wie Herrmann, J. Kaftan, Häring auf der einen, Ihmels, Kähler, Schlatter auf der anderen Seite sammelten nach wie vor begeisterte Schüler um

[133] Hierher gehören die Theologen der bis etwa 1880 geborenen Geschlechter, soweit sie nicht bereits genannt sind oder nicht erst nach dem ersten Weltkrieg ihre theologische Art entwickelt haben. – Vgl. die LÜ 2 a. u. 5 genannten Überblicke, die 1. Auflage der RGG (1909–13), von den Zeitschriften vor allem die durch das Registerheft (1930) leicht zugängliche Theol. Rundschau (1897 bis 1917), auch schon Wissenschaftl. Forschungsberichte, H. 6, Theologie, hrsg. v. Mulert, 1921, und die Reihe „Die evang. Theologie, ihr jetziger Stand u. ihre Aufgaben": v. Dobschütz, Das Neue Testament 27; G. Krüger, Die Kirchengeschichte (bis zur Gegenreformation) 28 f.; H. Stephan, Die systematische Theologie 28; E. v. d. Goltz, Die prakt. Theologie 29.

ihre Lehrstühle und ihre Schriften. Was sich vollzog, war also weder der Sieg einer neuen Bewegung über die älteren, noch – von Einzelfällen abgesehen – der Aufbau einer neuen Theologie neben der älteren, sondern ein weit verwickelterer Vorgang. Die Jungen blieben Schüler der Alten; und viele Alte jung genug, um die neuen Gedanken aufzunehmen. So ergab sich die Möglichkeit lebendiger Wechselbeziehung. In der „Christlichen Welt" und den Versammlungen ihrer Freunde wurde sie weithin verwirklicht; und auf konservativer Seite, wo ein so enges Verhältnis nicht entstand, zeigte die Fruchtbarkeit der Motivverbindung sich in der Entstehung neuer Anläufe.

a) *Die historische Theologie.* – Die religionsgeschichtliche Betrachtung war einerseits in den biblischen Wissenschaften mannigfach vorbereitet, gefährdete aber anderseits den Offenbarungscharakter des Inhalts. Auf dem Gebiet des *Alten Testaments* stieß sie überdies auf eine besonders starke und kraftbewußte Gemeinsamkeit der wissenschaftlichen Überzeugung. Stolz auf die eigene strenge Methode und die erreichten Erfolge, witterten manche Wellhausenianer in dem kritiklustigen, naturgemäß tastenden, Irrtümer wagenden Ausgreifen der Religionsgeschichtler nach neuen Methoden und Aufgaben Dilettantismus und leisteten der aufstrebenden Schule starken Widerstand. So ergab sich hier am ehesten ein bloßes Nebeneinander der Arbeit. Jedoch Wellhausen selbst und manche seiner Schüler (z. B. J. Meinhold) erkannten die religionsgeschichtliche Einstellung als Weiterführung ihrer eigenen an und begnügten sich damit, Überspannungen zu bekämpfen; andere wurden durch die fortschreitenden Ausgrabungen und die Vorstöße der Orientalistik, die jetzt die sumerisch-babylonische Kultur zum Quellpunkt der antiken Entwicklung machte (Panbabylonismus), mindestens zur näheren Beschäftigung mit der vorderasiatischen Welt genötigt. So kam trotz scharfer Spannungen eine gewisse Arbeitsgemeinschaft zustande. Das heranwachsende Geschlecht gab weder die Errungenschaften der Wellhausenschen Schule auf, noch verzichtete es auf die Ausweitungen und Bereicherungen, die von Gunkel, Greßmann u. a. kamen: man lernte die strenge Methodik und den Grundansatz des geschichtlichen Verständnisses, ließ sich aber durch diese in die Fülle der orientalischen Geschichte sowie über die Literarkritik hinaus zur Literaturkritik und zu den Inhalten führen und suchte dafür das Studium der Religionsgeschichte fruchtbar zu machen. Da wo die Alttestamentler zugleich Religionsgeschichtler waren (Graf Baudissin; Bertholet; A. v. Gall), war der

Zusammenhang leicht hergestellt, und Einzelgänger wie *G. Hölscher*[134]
wagten ohne Zusammenhang mit der „religionsgeschichtlichen Schule"
selbständige Ansätze. Die konservative Theologie ging sogar, weil sie
an sich stärker als der reine Wellhausenianismus auf die Inhalte der
Bibel gerichtet war (J. Köberle, O. Procksch u. a.), zuweilen besonders
gern auf manche religionsgeschichtliche Gesichtspunkte ein. Zwar die
Art, wie *A. Jeremias* phantasievoll den „Panbabylonismus" pflegte,
wurde fast allerseits abgewiesen, aber Gelehrte wie *Sellin* (s. oben S.
287), *W. Staerk* (1866–1946; Prof. in Jena), *P. Volz* (1871–1941, Prof.
in Tübingen) übernahmen einen starken religionsgeschichtlichen Einschlag. Und der Überblick über „Die alttest. Wissenschaft in ihren
wichtigsten Ergebnissen", den *Kittel* 1909 (⁵29) gab, zeigte wieder
ein hohes Maß von Gemeingut – bis zur Anerkennung der Möglichkeit, daß Gott auch in der Fremdreligion sich offenbare.

Die *neutestamentliche* Wissenschaft war nicht von einer Schule beherrscht, öffnete sich daher den neuen Fragestellungen leichter. Zwar
dogmatisch streng Gebundene wie Th. Zahn, auch die Bibeltheologen,
waren von vornherein durch die Erklärung des Urchristentums zur
synkretistischen Religion so tief erschreckt, daß jede Verhandlung
unmöglich wurde. Sie sahen nur Verleugnung und Verrat. Sogar Heinrici erhob zunächst Anklage auf naturalistischen Evolutionismus und
radikalen Relativismus[135]. Tatsächlich wurde das Stichwort „synkretistische Religion" außerhalb der Schule überall zurückgewiesen. Aber
im einzelnen zeigten die Neutestamentler sich sowohl methodisch als
auch inhaltlich bereit zu lernen. Sogar die sehr konservative Neutest.
Theologie Feines ging, obschon kritisch-zurückhaltend, an manchen
Punkten auf die religionsgeschichtlichen Zusammenhänge ein. Viele
Forscher waren schon von Pfleiderer, Holtzmann, Harnack her empfänglich für die neuen Gesichtspunkte; *Heinrici* und *v. Dobschütz* z. B.
hatten an den hellenistischen Stoffen selbst ein hohes Interesse[136]. Ja

---

[134] 1877–1955; Prof. in Halle, Gießen, Marburg, Bonn, Heidelberg. Die Profeten 14; von Wundt beeinflußt.
[135] Vgl. „Dürfen wir noch Christen bleiben?" 1904. Weit weniger scharf in
„Theologie u. Religionswissenschaft" 02, dann „Hellenismus u. Christentum" 09.
[136] Vgl. *Heinrici*, Die Bergpredigt 05; Die Hermesmystik u. d. N. Testament
18. – Ernst *v. Dobschütz* (1870–1934; Prof. in Jena, Straßburg, Breslau,
Halle. Textkritische und hermeneutische Arbeiten; Der Apostel Paulus
26 f.), Relgesch. Parallelen z. N. Testament, Zeitschr. f. neutest. Wissen-

v. Dobschütz fand sehr bald, daß die religionsgeschichtliche Exegese trotz ihrer Gefahren „einen großen, dankbar zu begrüßenden Fortschritt bedeutet, den wir nicht wieder preisgeben können" (ZThK 1906, S. 19). Daher traten bald Vermittlungen zwischen der älteren Forschung und der religionsgeschichtlichen Schule auf[137]; und so war die Möglichkeit einer Arbeitsgemeinschaft von allen Seiten her gegeben. Und sie wurde mannigfach verwirklicht. Man suchte z. B. in zahlreichen Aussprachen die Methodik durch Unterscheidung von Form und Inhalt, von Analogie und genetischem Zusammenhang zu klären, und man drang von den verschiedensten Seiten aus zugleich in die lebendig erfaßten Inhalte ein.

Neben der Fragenmasse, die um Jesus kreist, wurde auch das Paulus-Bild von neuem wichtig. Man begnügte sich nicht mehr mit Untersuchungen der paulinischen Gedankenwelt und ihrer Antinomien (griechisch-jüdisch, ethische Mystik – juridische Deduktion), wie sie bis Holtzmann herrschten, sondern ging auf das heiß bewegte religiöse Leben des Paulus selbst zurück. Dabei trat bald die Eschatologie (Schweitzer), bald die hellenistische Mysterienfrömmigkeit (Heitmüller, Bousset), bald die kultische Mystik (Deißmann) in den Vordergrund; oder man schilderte ihn schlichter als den Missionar, als den Mann der Kirche und Gemeinde, als den Seelsorger. Aber wie auch immer, die neuen theologischen Ansätze erwiesen sich fruchtbar, indem sie die reiche bisherige Arbeit vertieften, noch lebendiger, feinfühliger und reicher machten. Allerdings ihr eigentliches Ziel erreichten sie nicht. Der Name „religionsgeschichtliche Methode" wurde von dem für neue Anregungen offenen *Jülicher* zurückgewiesen, da es sich in Wahrheit nur um Erweiterung des Gesichtskreises und der Methode handle[138]; und *Harnack* warnte vor der Umprägung der Theologie zur Religions-

---

schaft 1922; Der Plan eines neuen Wettstein, ebd.; Zum Corpus hellenisticum, ebd. 25.

[137] Am weitesten kam entgegen C. *Clemen* (Die relgesch. Methode in d. Theologie 04; Relgesch. Erklärung d. N. Testaments 09, ²24), der später seine Hauptarbeit der Religionsgeschichte zuwandte. Zugleich setzte die Selbstkritik in der religionsgeschichtlichen Schule ein. *Weinel* (ZThK 1910) wandte deren Aufstellungen so positiv als möglich, und *Wernle* trat (ebd. 1912. 15) sowohl Troeltsch als auch Bousset und Heitmüller trotz aller Bewunderung ihrer Forschungen an wichtigen Punkten entgegen.

[138] Moderne Meinungsverschiedenheiten über Methoden, Aufgaben u. Ziele d. Kirchengeschichte 01.

geschichte, obwohl er bestimmte Fremdreligionen sehr wohl vom historischen Theologen berücksichtigt sehen wollte[139]. Zwar scharte eine
Anzahl junger Theologen sich ganz besonders um die religionsgeschichtlichen Aufgaben (H. Windisch, M. Dibelius, R. Bultmann u. a.), aber
im ganzen setzte die neutestamentliche Wissenschaft ihre Arbeit fort,
ohne sich dem Bann des Für oder Wider zu beugen. Dabei spiegelte sie
die Buntheit und den Reichtum der theologischen Lage (vgl. etwa Deißmann, Lietzmann, Wernle, W. Bauer, Leipoldt!) und erfreute sich einer
großen Anzahl von Mitarbeitern[140].

Die Kirchen- und Dogmengeschichte wurde nicht so stark als Ganzes
durch die neue Bewegung betroffen, aber doch im einzelnen mannig-

---

[139] Die Aufgabe d. theol. Fakultäten u. die allg. Religionsgeschichte 01.

[140] Außer den schon Genannten kommen vor allem in Betracht: *Ernst Kühl,*
1861–1918, Prof. in Marburg, Königsberg, Göttingen; Schüler von B.
Weiß. – *A. Meyer,* 1861–1934; Prof. in Zürich. – *Alfred Seeberg,* 1863–
1916, Prof. in Dorpat u. Rostock. – *Alfred Juncker,* 1865–1945, Prof. in
Königsberg. – *Adolf Deißmann,* 1866–1937, Prof. in Heidelberg u. Berlin,
auch durch ökumenische Bemühungen um Theologie und Kirche verdient
(Evang. Wochenbrief, 1914–21; Die Stockholmer Bewegung 27). Bibel-
studien 1895. 97; Licht vom Osten, 1908, ⁴23; Die Urgeschichte d.
Christentums im Lichte d. Sprachforschung 10; Paulus 11, ²25. Festgabe
f. A. D. 1927. – *Erich Klostermann,* 1870–1963; Prof. in Kiel, Straßburg,
Münster, Königsberg, Halle. Textkritische Arbeiten, Origenes-Studien,
Kommentare. – *Julius Kögel,* 1871–1928; Prof. in Greifswald u. Kiel;
bearbeitete Cremers Wörterbuch neu. – *Paul Wernle,* 1872–1939; Prof.
in Basel. Die Anfänge unserer Religion 1901, ²04; s. oben A. 137. – *Rudolf
Knopf,* 1874–1920; Prof. in Marburg, Wien, Bonn. Das nachapost. Zeitalter 1905; Paulus 09; Einführung in d. N. Test. 19, ⁴hrsg. v. Lietzmann
u. Weinel 34. – *Hans Lietzmann,* 1875–1942; Prof. in Jena u. Berlin
(zugleich Kirchenhistoriker). Petrus u. Paulus in Rom 1915, ²27; Schallanalyse u. Textkritik 22; Herausgeber des Handbuchs z. N. Test., seit
1906, der Zeitschr. f. neutest. Wissenschaft seit 1920 u. a. – *P. Fiebig,*
1876–1949; Prof. in Leipzig. Suchte vor allem das rabbinische Judentum
für die neutest. Wissenschaft zu erschließen. – *Walter Bauer,* 1877–1960;
Prof. in Breslau u. Göttingen. Das Leben Jesu im Zeitalter d. neutest. Apokryphen 1909; bearbeitete neu Preuschens Griechisch-deutsches Wörterbuch z. N. Testament ²26, ⁵58; s. auch S. 422. – *Joh. Leipoldt,* 1880–1965,
ursprünglich Kirchenhistoriker; Prof. in Kiel, Münster, Leipzig. Gesch.
d. neutest. Kanons 1907 f.; Die Religionen in d. Umwelt d. Urchristentums 26 (Bilderatlas); Das Gotteserlebnis Jesu im Lichte d. vergleichenden
Relsgesch. 27; Dionysos 31; Gegenwartsfragen in d. neutest. Wissenschaft 35, u. a. – Einzelne wichtige Beiträge gaben auch *J. Grill* (über das
4. Evang.), *W. Bußmann* (Synoptiker), *M. Brückner* (Der sterbende u.
auferstehende Gottheiland) u. a.

fach beunruhigt und bereichert. Auf die alte Kirchengeschichte wirkte z. B. die schon für das Neue Testament so wichtige Betonung der orientalischen Religionen herüber. Zumal die Gnosis trat in ein neues Licht und gewann gesteigerte Bedeutung. Allerdings für die den Gesichtspunkten der Dogmenbildung, d. h. dem Hellenischen zugewandte christliche Dogmengeschichte kam diese Wandlung wenig in Betracht. Harnack z. B. wollte die orientalisch-gnostischen Erscheinungen „als Endprodukte der babylonischen, vorderasiatischen usw. Religionen mit christlichem Einschlag" der allgemeinen Religionsgeschichte überlassen (Dogmengeschichte I⁴, S. 249).

Stärkeren und breiteren Wellenschlag verursachte erst *Troeltsch* durch sein Verständnis der *Reformation* (s. oben Nr. 5 c). Er bestritt die protestantische Voraussetzung, daß Luther den Anbruch der Neuzeit bedeute, stellte, wohl durch Denifle angeregt, das mittelalterliche Grundgepräge seines Denkens in den Vordergrund und wies eindrucksvoll seine Fremdheit gegenüber der modernen Welt auf. Damit machte er eine neue Durchdenkung notwendig. Er selbst förderte sie, indem er zwar den Altprotestantismus als Nachblüte des Mittelalters betrachtete, aber bei Luther vier Motive herausstellte, die bereits „die ganze Welt heutiger religiöser Innerlichkeit und persönlicher Glaubensüberzeugung" in sich trugen: die Glaubensreligion, den religiösen Individualismus, die Gesinnungsethik, die Weltoffenheit[141]. Mit seiner das Wesen der Reformation verkennenden Gesamtauffassung fand er freilich wie bei vielen Welthistorikern so erst recht bei den meisten Kirchenhistorikern scharfen Widerstand. Der Widerstand war desto eindrücklicher, weil gerade die Kirchenhistoriker ihn übten, die innerhalb der Lutherforschung das Beste leisteten. Freilich wurde dabei das berechtigte Anliegen Troeltschs nirgends gewürdigt, die Theologen endlich zur offenen Austragung des Gegensatzes von Mittelalter und Neuzeit auch bei Luther zu zwingen.

Die unmittelbaren Fortschritte geschahen meist ohne Zusammenhang mit diesem Streit, in Fortführung der längst begonnenen Arbeit[142].

---

[141] Luther u. d. moderne Welt 1908; Schriften IV 202 ff.

[142] Ihre Träger waren außer den früher und oben im Text Genannten besonders *Hch.Böhmer* (1869–1927, Prof. in Bonn, Marburg, Leipzig. Luther im Lichte d. neueren Forschung 05, ⁵18; D. junge Luther 25; Jesuiten-Studien), *Wthr. Köhler* (1870–1946; Prof. in Gießen, Zürich, Heidelberg), *O. Scheel* (1876–1954; Prof. in Kiel, Tübingen, Kiel. Luthers Stellung z. hlg. Schrift 02; M. Luther, Vom Katholizismus z. Reformation, 2 Bde 16 f., I ³21, II ⁴30), *O. Clemen* (1871–1946; Bonner Lutherausgabe

Am wichtigsten war zunächst die Auffindung und Herausgabe von Luthers Vorlesungen über den Römerbrief (1908) durch *Joh. Ficker.* Unter den jüngeren Forschern nahm der zukunftsreichste auch den grundsätzlichen Kampf auf: *Karl Holl*[143]. Er führte im ganzen die Linie Ritschls weiter, aber mit der Vertiefung, die er durch seine strengere Lutherforschung gewann. Besser als Ritschl, vor allem in scharfem Gegensatz zu Troeltsch wußte er Luther wieder vom eigentlichen Quellpunkt seines Glaubens, d. h. von dem Ringen um die Möglichkeit des Lebens vor Gott oder vom Sieg der Gnade über die Sünde her zu verstehen und machte ihn in derselben Zeit wieder gegenwartsmächtig, in der die Jugend geneigt war, ihn mit dem Altprotestantismus zusammen für überwunden zu halten; dabei trat ihm die Rechtfertigung von neuem in den Mittelpunkt sowohl seines Lutherbildes wie seines eigenen Glaubens (Was hat d. Rechtfertigungslehre dem mod. Menschen zu sagen? 07). Wie Ritschl und Herrmann so wurde er gegenüber allem Abschweifen in Mystik, Romantik und Weltbild-Seligkeit der Vertreter eines – unkonfessionalistischen – Luthertums, das aus der Rechtfertigung die Kraft zu einem neuen Leben in der Welt gewann. So bewährte er in den neuen schweren Kämpfen wiederum die Kirchengeschichte als ein wesentliches Glied im Rückgrat der Theologie. Das Verhältnis

seit 1911), *Joh. v. Walter* (1876–1940; Prof. in Breslau, Wien, Rostock), *H. Preuß,* (1876–1951; Prof. in Erlangen), *Hm. Jordan* (1878–1922; Prof. in Erlangen), *Hch. Hermelink* (1877–1958; Prof. in Kiel, Bonn, Marburg, 36 württ. Pfarrer) u. a.

[143] *Karl Holl,* 1866–1926; Prof. in Tübingen u. Berlin. Seine Hauptlehrer waren Baur, Ritschl, Harnack, doch ohne daß er seine Selbständigkeit an einen von ihnen verlor. Der erste Brennpunkt seines Forschens lag auf dem Gebiet der alten Kirchengeschichte. In der Ausgabe des Epiphanius erprobte er seine Editionskunst in höchster Vollendung (1915. 22), aber auch inhaltlich wußte er überall von unbeachteten Stellen aus neues Licht über die kirchengeschichtlichen Vorgänge zu werfen (Enthusiasmus u. Bußgewalt im griech. Mönchtum 1898). Unter emsigster Fortsetzung der altkirchlichen Forschungen wandte er seine Aufmerksamkeit zugleich der byzantinischen und abendländischen Theologiegeschichte, dem Katholizismus (Die geistl. Übungen d. Ignatius v. Loyola 05), Calvin (09), modernen Gestalten (Chalmers, Tolstoi) und vor allem dem Gegenstande zu, der allmählich der zweite Brennpunkt seiner Lebensarbeit wurde: der Lutherforschung. Der erste Band seiner Gesammelten Aufsätze (1921 ^{6}1932), ganz Luther gewidmet, umfaßt Abhandlungen, die seit 1903 geschrieben waren; der 3. B. (1928) brachte weitere Beiträge (der 2. B. (1928) ist ganz dem Osten gewidmet). Über K. H.: W. Bodenstein: Die Theologie K. Holls im Spiegel d. antiken u. reformat. Christentums, 68.

zwischen Troeltsch und Holl gehört, ähnlich dem zwischen Herrmann und Troeltsch, zu den Punkten, an denen die Lage der Theologie um 1914 deutlich wird.

Aber auch die systematische Durchdenkung der Kirchengeschichte selbst setzte nun allmählich ein. Schon die Nachwirkungen der freien Theologie, R. Rothes und einer Sondergestalt wie R. Rocholl bereiteten sie wirksam vor[144]. Allmählich griffen dann auch hier die Anregungen Troeltschs belebend ein. Der Auflösung der Kirchengeschichte in eine christliche oder gar in die allgemeine Religionsgeschichte, die sich folgerecht aus der Einstellung der religionsgeschichtlichen Schule ergab, trat trotz warmer Anerkennung der neuen Anregungen A. *Hegler* (1863 bis 1902; Prof. in Tübingen) entgegen[145], und zwar mit ungewohnt starker Forderung sowohl religionsphilosophischer als auch theologischer Prüfung des ganzen Fragenkreises. Noch grundsätzlicher stellte W. *Köhler* die systematische Aufgabe (Idee u. Persönlichkeit in d. Kirchengeschichte, 10), freilich unter dem Einfluß Troeltschs mehr im Sinne einer allgemeinen Geschichtsphilosophie als einer Geschichtstheologie. Das war zunächst Verheißung, nicht Erfüllung. Aber die Verheißung wurde dadurch unterstützt, daß im Zusammenhang der allgemeinen und der theologischen Wandlungen auch *Aufklärung* und *Deutscher Idealismus* (zumal Schleiermacher) wieder stark zur Geltung kamen. Die literarische Regsamkeit wandte sich den damit zusammenhängenden Aufgaben in den verschiedensten Abtönungen fast so lebhaft zu wie der Reformation[146]. Dadurch wurde auch das systematische Interesse für

[144] *G. Krüger,* Was heißt u. zu welchem Ende studiert man Dogmengeschichte? 1895; *C. Stange,* Das Dogma u. seine Beurteilung in d. neueren Dogmengeschichte 98; *K. Sell,* Die allgemeinen Tendenzen u. d. rel. Triebkräfte in d. Kirchengeschichte d. 19. Jh.s ZThK 1906; Katholizismus u. Protestantismus in Gesch., Religion, Politik, Kultur 08; Christentum u. Weltgeschichte seit d. Reformation 10.

[145] Kirchengeschichte oder chr. Religionsgeschichte? ZThK 1903. – Vgl. ebd. den Streit über die Kirchlichkeit oder Unkirchlichkeit der Theologie.

[146] Unter den eigentlichen Kirchenhistorikern haben die Anregungen Troeltschs für die Durchforschung der *Aufklärung* am fruchtbarsten aufgenommen *Hch. Hoffmann* (1874–1951; Prof. in Bern; Arbeiten über Leibniz, Semler u. a.; s. nächste Anm. und oben I 2), *Leop. Zscharnack* (1877–1956; Prof in Breslau u. Königsberg; Arbeiten über Lessing u. Semler, Toland, Locke u. a.; s. nächste Anm. und unten c), *P. Wernle* s. oben S. 358 f. und unten c; Der schweiz. Protestantismus im 18. Jh., 3 Bde 23–25), *K. Heussi* 1879–1961; Prof. in Jena. Arbeiten über Mosheim; Atlas z. Kirchengesch. mit Mulert, 1905, [337]; s. 3 c V 3 b), *K. Aner* (1879–1933; Prof. in Kiel).

die Geschichte des Christentums, zumal des deutschen Protestantismus, mächtig geweckt; das schon von Troeltsch so stark betonte Verhältnis zwischen Alt- und Neuprotestantismus trat immer deutlicher in das Blickfeld[147].

b) *Die systematische Theologie.* – Sie zeigte die Wandlung der Lage am deutlichsten darin, daß die Geschlechter der 60er und 70er Jahre, die jetzt zu voller Entfaltung kamen, keinen Dogmatiker großen Stils, vergleichbar einem Ritschl oder Frank, besaßen. Ihre Hauptleistung bestand in der Verarbeitung der neuen, von der Religionsgeschichte, Religionspsychologie und Religionsphilosophie ausgehenden Anregungen auf dem von den Großen des 19. Jh.s gelegten Grund.

α) Dabei flossen auf *kritischer* Seite die Nachwirkungen der freien Theologie und des Ritschlianismus stark ineinander. Der in sich gespaltene Ritschlianismus erzeugte keine neue Form, die fähig gewesen wäre, alles Neue so zu verarbeiten, daß sie siegreich die Führung übernehmen konnte. Es entstand eine lose Arbeitsgemeinschaft, die durch persönliches Vertrauen, kirchliches und kritisch-wissenschaftliches Wollen verbunden war, aber die verschiedensten Überzeugungen und Spannungen in sich trug. Während einerseits viele noch lebende Schüler Ritschls, andererseits vor allem Troeltsch den Gegensatz sehr scharf – teilweise bis zur Unmöglichkeit der Arbeitsgemeinschaft – empfanden, ließen die jüngeren Geschlechter sich von beiden Seiten her bereichern. Von dem universal eingestellten Jul. Kaftan her vollzog dieser Vorgang sich verhältnismäßig leicht. Auch Reischle kam weit entgegen (Theologie u. Religionswissenschaft, 03). Er bejahte die Religionsgeschichte, die Religionsvergleichung und die Anwendung der allgemeinen historischen Methode auf das Christentum. Aber er wandte sich gegen die Überschätzung und -betonung der religionsgeschichtlichen Methode,

---

Den *Deutschen Idealismus* und Schleiermacher behandelten außer den Genannten Joh. Bauer, O. Baumgarten, Hm. Bleek, Bohatec, C. Clemen, Dunkmann, S. Eck, E. Fuchs, Eman. Hirsch, O. Lempp, Hm. Mulert, R. Otto, R. Paulus, Fch. M. Schiele, Hch. Scholz, W. Schultz, K. Sell, C. Stange, H. Stephan, Hm. Süskind, W. Vollrath, G. Wehrung, Joh. Wendland, G. Wobbermin u. a.

[147] *H. Stephan,* Die heutigen Auffassungen v. Neuprotestantismus 11; *K. Sapper,* Neuprotestantismus 14; *K. Aner,* Das Luthervolk 17; *Hch. Hoffmann,* Der neuere Protestantismus u. d. Reformation 19 und Literatur z. Problem d. Neuprot., ZThK 24; *R. Grützmacher,* Alt- u. Neuprotestantismus 20; *Hch. Hoffmann* und *L. Zscharnack* gaben seit 07 die „Studien z. Geschichte d. neueren Protestantismus" heraus.

gegen die Verwandlung des regulativen methodischen Grundsatzes in ein konstitutives Prinzip, gegen die Erhebung der religionsgeschichtlichen Betrachtungsweise zu einer Weltanschauung (Th. Rundschau 1904, 307). Dagegen erregte das Verhältnis Herrmann-Troeltsch, gerade weil beide mit ihrer Einstellung radikalen Ernst machten, die Geister bis in die Tiefe und ließ es nicht zu Abschlüssen kommen. So ergab sich ein Nebeneinander der Bestrebungen, ohne beherrschende Schul- und Gruppenbildung. Aber wie verschieden sich auch bei den Einzelnen die Gedanken gestalteten, gemeinsam war fast überall im Vergleich mit Troeltsch die Stärke des theologischen Bewußtseins, im Vergleich mit allen Isolierungstendenzen das Streben, von der in der Person Jesu erlebten Offenbarung Gottes aus sich für die Weite der Welt und für die Begegnung mit Gott in ihr zu öffnen; gemeinsam war auch das Wissen darum, daß es galt, die tiefste Gebundenheit an die Geschichte in kritischer Verantwortung, d. h. in der Freiheit gegenüber der jeweils zeitlich bedingten Formung, zumal dem Weltbild und der Kulturgestaltung der Vergangenheit, zu verwirklichen.

Daher zogen meist weniger die Zentralfragen als die der Welt- und Lebensanschauung die Aufmerksamkeit auf sich; auch die Auseinandersetzung mit der Philosophie, den antikirchlichen und antichristlichen Bewegungen wurde wieder lebhaft aufgenommen. Man rang mit allem Ernst darum, die Bildung der Zeit vom christlichen Glauben aus umzugestalten. Gerade dafür wurde der Deutsche Idealismus wertvoll und die rechte Deutung seiner Grundgedanken war Gegenstand zahlreicher Untersuchungen (s. oben a). Die Verbindung mit Luther schien gesichert und wurde weniger untersucht; daher gewann auch Holl vorläufig nur als Historiker Einfluß. Man versuchte mit Recht, die Einseitigkeiten Ritschls zu überwinden, verlor aber dabei zumeist auch seinen grundlegenden neuen Ansatz aus dem Auge. Unter den Trägern dieser – allerdings sehr verschiedenartig, ja oft gegensätzlich durchgeführten – Gesamthaltung sind vor allem folgende zu nennen.

Der Älteste, *Karl Thieme*[148], hielt bezeichnenderweise die dogmatischen Neigungen und das Lutherinteresse am kräftigsten aufrecht.

---

[148] 1862–1932; Prof. in Leipzig. Die sittl. Triebkraft d. Glaubens 1895; Luthers Testament wider Rom in s. Schmalk. Artikeln 1900; Die chr. Demut, I 1906; Jesus u. seine Predigt 08; Von d. Gottheit Christi 11; Das apost. Glaubensbekenntnis 14; Die Augsb. Konfession u. Luthers Katechismen 30; Der Geist d. luth. Ethik in Melanchthons Apologie 31; Der wahre luth. Konfirmationsbegriff 31.

Obwohl auch der Philosophie, besonders Lotze und Wundt, zugewandt, widmete er doch seine Hauptarbeit innerchristlichen Gegen-
ständen. So übte er scharfe Kritik an den Erneuerungen der alten
Christologie und Trinitätslehre und erwarb sich große Verdienste
durch die Herausarbeitung gerade auch konkreter Einzelheiten in
Luthers Theologie. *Arthur Titius*[149], Schüler Kaftans, ging von der neutestamentlichen Wissenschaft aus, bemühte sich aber in seinen weiteren
Arbeiten vor allem um die philosophische Grundlegung und um das
richtige Verhältnis zu den Naturwissenschaften, die er auf allen Gebieten glänzend beherrschte und in seinem letzten großen Werk für die
Theologie erschloß. *Theophil Steinmann*[150] pflegte die Zusammenhänge des Glaubens mit dem Weltbild, der Theologie mit dem allgemeinen Geistesleben, vor allem der Philosophie, und bemühte sich
um die grundlegenden Gedanken der systematischen Theologie, vor
allem Religion, Gott, Unsterblichkeit, Sünde. *Joh. Wendland*[151] behandelte ähnliche Fragen, betonte aber die Bedeutung der Sozialethik und
erstrebte zugleich kritische und positive Anknüpfung an die Großen
der Vergangenheit, besonders Schleiermacher. *Horst Stephan*[152] ging von

---

[149] 1864–1936; Prof. in Kiel, Göttingen, Berlin; auch stark sozial interessiert.
Werke: Die neutest. Lehre v. d. Seligkeit u. ihre Bedeutung für d. Gegenwart 1895–1900; Religion u. Naturwissenschaft 04; Der Bremer Radikalismus 09; Recht u. Schranken d. Evolutionismus in d. Ethik 10; Psychiatrie
u. Ethik 18; Natur u. Gott 25 ([2]31); Ist syst. Theologie als Wissensch.
möglich? 31; Die Anfänge d. Religion bei Ariern u. Israeliten 34; Beiträge
z. Religionsphil. 37 (posthum).

[150] 1868–1950; Dozent in Gnadenfeld und Herrnhut. Der Primat d. Religion
im menschl. Geistesleben 1899; Der rel. Unsterblichkeitsglaube 08 ([2]12);
Die Predigt v. Sünde u. Schuld 13; Die Geheimreligion d. Gebildeten
13 ([2]14); Die Frage nach Gott 15. Gab 07–15 „Religion u. Geisteskultur"
heraus.

[151] 1871–1952; Prof. in Basel. A. Ritschl u. seine Schüler 1899; Die Schöpfung
d. Welt in Dichtung u. Wissenschaft 05; Monismus in alter u. neuer Zeit
08; Der Wunderglaube im Christentum 10; Die neue Diesseitsreligion 14;
Die rel. Entwicklung Schleiermachers 15; Handbuch d. Sozialethik 16;
Die Stellung d. Religion im Geistesleben 20.

[152] 1873–1953; Prof. in Marburg, Halle, Leipzig. Die Lehre Schleiermachers
v. d. Erlösung 01; Hamanns Christentum u. Theologie 02 (ZThK); Herder
in Bückeburg 05; Luther in d. Wandlungen seiner Kirche 07 [2]50; Der
Pietismus als Träger d. Fortschritts in Kirche, Theol. u. allg. Geistesbildung 08; weitere Historica s. oben LÜ 3. 5. Religion u. Gott im mod.
Geistesleben 14; Glaubenslehre, Der evang. Glaube u. seine Weltanschauung 20 f. ([2]28 [3]41); Reformation u. Staat 25. Gab 1920–39 die
ZThK heraus.

historischen Studien über Schleiermacher, Hamann, Herder, den Neuprotestantismus aus und suchte in der Systematik stärker als die übrigen Genannten den christlichen Glauben von seiner inneren Mitte her zu vergegenwärtigen, um ihn dann in der Weite des welt- und lebensanschaulichen Denkens fruchtbar zu machen. *Hermann Mulert*[153] wandte seine Hauptarbeit Schleiermacher und der Konfessionskunde zu. *Georg Wehrung*[154] suchte in kritischer Durchdringung von Schleiermachers Schaffen den Boden für fruchtbare Auseinandersetzung mit ihm zu bereiten und von da aus die systematische Theologie zu fördern. *Willy Lüttge*[155] bearbeitete meist Fragen des französischen Protestantismus und der Weltanschauung. Der Einfluß von Troeltsch war am stärksten bei den beiden im Weltkrieg gefallenen Württembergern *Hermann Süskind*[156], der Schleiermacher von der Philosophie her zu verstehen suchte, und *Otto Lempp*[157].

Am deutlichsten aber kennzeichnen die Lage Wobbermin und Otto.

[153] 1879–1950; Prof. in Kiel–1935. Schleiermachers geschphil. Ansichten in ihrer Bedeutung für s. Theologie 1907; Schleierm.s Sendschreiben an Lücke 08; Weihnachtsfeier 08; Wahrhaftigkeit u. Lehrverpflichtung 11; Der Christ u. d. Vaterland 15; Gebetserhörung, Freiheitsglaube, Gottesglaube 21; (Diltheys) Leben Schleierm.s ²22; Konfessionskunde 27, ²37; Evang. Kirchen u. theol. Fakultäten 30; Religion, Kirche, Theologie 31; Schleierm. u. d. Gegenwart 34. Gab 32–40 die Chr. Welt heraus.

[154] 1880–1959; Prof. in Straßburg, Münster, Halle, Tübingen. Der gesch.s-phil. Standpunkt Schleiermachers z. Zeit s. Freundschaft mit d. Romantikern 07; Die phil.-theol. Methode Schleierm.s 11; Die Dialektik Schleierm.s 20; Schleierm. in d. Zeit s. Werdens 27; Protestantischer Geist 28; Geschichte u. Glaube 33; Christentum u. Deutschtum 37; Kirche nach evg. Verständnis 46; D. Mensch u. d. Tod 50; Welt und Reich. Grdlegg. u. Aufbau d. Ethik 52. Mythus und Dogma 52. Festschr.: Glaube und Ethos 40; vgl. K. Schöppe, Geschichte und Glaube. Ein Wort zu G. Wehrungs Lebenswerk DTh 1941, 1–9.

[155] 1882–1928; Prof. in Berlin u. Heidelberg. Die Rechtfertigungslehre Calvins 1909; Religion u. Dogma, ein Jahrh. innerer Entwicklung im franz. Protestantismus 13; Christentum 20; Die Dialektik d. Gottesidee in d. Theol. d. Gegenwart 25; Zur Krisis d. Christentums 26; Religion u. Kunst 29.

[156] 1879–1914; Privatdozent in Tübingen. Der Einfluß Schellings auf d. Entwicklung v. Schleierm.s System 09; Christentum u. Geschichte bei Schleierm. 11.

[157] 1885–1914; Privatdoz. in Kiel. Das Problem d. Theodizee in d. Philosophie u. Literatur d. 18. Jh.s 10; Tolstoi 12; Schiller 15; Aufsätze über Schleiermacher, ZThK 11 f.

Wobbermin[158] gab die umfassendste methodische Durchdenkung und Darstellung der systematischen Theologie. Schüler Kaftans, ging er doch früh auf die neu-idealistische Bewegung ein, nahm auch die religionsgeschichtlichen und religionspsychologischen Anregungen in sich auf und suchte mit ihrer Hilfe das beste Erbgut Schleiermachers in enger Verbindung mit dem Ritschls für die Gegenwart neu zu verwirklichen. Sein Hauptwerk gab im 1. Band eine methodische Grundlegung. In sorgsamer Abgrenzung vom „apriorischen Rationalismus", vom Neufriesianismus und von bloß-empirischer Religionspsychologie begründete er sein „transzendental-psychologisches" Verfahren, das die Grundtendenzen von Schleiermacher und James in gegenseitiger Korrektur verbinden, die Wahrheitsmomente sowohl der normbegrifflichen wie der religionsgeschichtlichen Betrachtung zur Geltung bringen soll. „Unter grundsätzlicher Berücksichtigung des Wahrheitsinteresses des religiösen Bewußtseins" sucht es „auf der Basis der transzendentalen Fagestellung nach den Bedingungen der religiösen Objekterfassung" die geschichtlichen Gebilde, in denen das religiöse Bewußtsein der Menschen sich objektiviert hat, auf ihren religiösen Kerngehalt hin zu analysieren und arbeitet so die entscheidenden religiösen Grundmotive und -tendenzen heraus. Diese Methode nötigt, bei der inhaltlichen Darstellung zunächst das Wesen und die Wahrheit der Religion (2. B. 21), dann erst das Wesen und die Wahrheit des Christentums (3. B. 25) zu behandeln. Besteht darin eine Ähnlichkeit zu Troeltsch, so ist doch Wobbermin überzeugt, daß gerade sein Verfahren die bei Troeltsch eintretende religionsphilosophische Überwältigung der christlichen Glaubenslehre fernhält. Sein gleichzeitiges Ausgehen von Erfahrung und objektiver Geschichte will es ermöglichen, den echten evangelischen Glaubensbegriff und den reformatorischen Grundsatz, ut verbum Dei condat articulos fidei et praeterea nemo, zur Geltung zu bringen; der „religionspsychologische Zirkel" stellt sie in das Verhält-

---

[158] 1869–1943; Prof. in Marburg, Breslau, Heidelberg, Göttingen, Berlin. Relgesch. Studien 1896; Theologie u. Metaphysik 1901; Der chr. Gottesglaube in s. Verhältnis z. gegenwärt. Philosophie u. Naturwissenschaft 02 (²11); Geschichte u. Historie in d. Religionswissenschaft 11; Monismus u. Monotheismus 11; Syst. Theologie nach rel.-psych. Methode, 3 Bde 13–25 (²24 f.); Die Methoden d. rel-psych. Arbeit (Handbuch d. biol. Arbeitsmethoden) 21; Schleiermacher u. Ritschl in ihrer Bedeutung für d. heut. Lage u. Aufgabe 27; Richtlinien evang. Theologie z. Überwindung d. gegenwärtigen Krisis 29; Das Wort Gottes u. d. evang. Glaube 31, ²33; Deutscher Staat u. evang. Kirche 34, ²36. Vgl. oben Nr. 5 b.

nis gegenseitiger Abhängigkeit und gegenseitiger Bereicherung und gibt damit dem Glauben selbständige Entwicklungskraft. So geht Wobbermin den Schwierigkeiten nach, in die der Gegensatz der neuen Anläufe und des fortwirkenden Ritschlianismus die aufwachsenden Geschlechter stürzte. Freilich die Tiefe der Erschütterung kommt in seiner Behandlung der Lage sowie der Leitbegriffe (Wahrheit, Geschichte, Offenbarung u. a.) nicht so offen wie bei Herrmann und Troeltsch zum Ausdruck. Darum wirkte auch sein Ansatz vorläufig nicht als siegreiche Eröffnung einer neuen Bahn. Er behielt etwas Gekünsteltes. In seiner gewollten Verbindung von Bewußtseinstheologie nach dem Vorbild von Kant und Schleiermacher mit der Wort-Gottes-Theologie Luthers und der Reformation behielt das erste Element die Oberhand, so daß das zweite seine Wucht einbüßte.

Ganz anders setzte *Otto*[159] an. Er hatte zentral bei Luther begonnen, wurde dann zur lebendigen Auseinandersetzung mit Kant, Schleiermacher, der modernen Naturwissenschaft und der Religionswissenschaft geführt. Aber so sehr sein Denken dadurch in die Weite wuchs,

---

[159] *Rudolf Otto*, 1869–1937; Prof. in Göttingen, Breslau, Marburg. Die Anschauung v. heiligen Geist bei Luther 98; Schleiermachers Reden, s. oben I 4; Leben u. Wirken Jesu nach hist.-krit. Auffassung 1902 ([4]05); Naturalistische u. rel. Weltansicht 04 ([2]09, Neudruck 29); Goethe u. Darwin, Darwinismus u. Religion 09; Kantisch-Friessche Religionsphilosophie u. ihre Anwendung auf d. Theologie 09 ([2]21); Mythus u. Religion in Wundts Völkerpsych., Theol., Rundschau 10; Das Heilige 17, [22]31; zugehörige Aufsätze 23 (später in 2 Bdn: 1. Das ganz Andere, [5] = Das Gefühl d. Übersinnlichen 32; 2. Sünde u. Urschuld, [5]32); Zur Erneuerung u. Ausgestaltung des Gottesdienstes 25; West-Östliche Mystik 26 [2]29; Indiens Gnadenreligion u. d. Christentum 30; Kants Grundlegung z. Metaphysik d. Sitten 30; Rab. Tagores Bekenntnis 31; Gottheit u. Gottheiten d. Arier 32; Reich Gottes u. Menschensohn 34. Dazu Übersetzungen indischer Schriften, liturgische Veröffentlichungen, zahlreiche Aufsätze zur Ethik u. a. – Neuere Lit.: Th. Siegfried, Grundfragen d. Theologie bei R. O., 31; H. Ech. Eisenhuth, Der Begriff des Irrationalen als phil. Problem, 31; Ech. Gaede, Die Lehre v. d. Heiligen u. d. Divination bei R. O., 32; Hch. Frick, ZThK 35; E. Benz, Z f. Kirchengesch. 37; P. Seifert, Die Relsphil. bei R. O., 37; R. Otto-Gedächtnisfeier d. Theol. Fakultät Marburg 38 (Frick, Dean Matthews u. a.); Gedenkheft der ZThK 38 (Frick, Siegfried, G. Wünsch, Ech. Fascher, v. d. Leeuw, W. Staerk u. a.) H. Posselt, Das Auferstehungserlebnis bei I. H. Fichte u. R. Otto (NZsystTh 10, 68, 204–209); *R. Schinzer,* Das rel. Apriori in R. Ottos Werk (NZsystTh 11, 69, 189–207). – *Bousset:* ausfürliche Besprechung von Ottos Religionsphil., Theol. Rundschau 1909; Neuausgabe von Fries' „Julius u. Evagoras" 10; Die Bedeutung d. Person Jesu für d. Glauben 10.

es blieb doch im tiefsten theologisch, wie schon sein lebendiger Anteil an den liturgischen Bestrebungen der Zeit bezeugte. Für die Überwindung der Schwierigkeiten, die daraus erwuchsen, fand er gute Hilfe bei Fries und versuchte daher, von Bousset unterstützt, den *Neufriesianismus* (s. oben Nr. 1 b) theologisch auszuwerten[160]. So trat ihm die Religionsphilosophie in den Vordergrund, doch im Unterschied von Fries eine nicht nur philosophisch, sondern – noch mehr als bei Troeltsch – auf Kenntnis der wirklichen historischen Religion begründete Religionsphilosophie. Fries lehrte ihn den Kantischen Dualismus von theoretischer und praktischer Vernunft überwinden, im Glauben und Ahnen die Wurzeln der Religion entdecken, so die wesensnotwendigen apriorischen Elemente der wirklichen Religion, die religiösen Ideen, als notwendigen Bestandteil der Vernunft aufweisen, ihren Wahrheitsanspruch rechtfertigen, die Anlage zur Religion als den geheimen Quellort ihrer geschichtlichen Erscheinungen verstehen. Mit Fries sieht er nun in der ewigen Welt der Vernunftideen die Heimat, Gewißheit und Wirklichkeit des Glaubens und vermag von da aus Maßstäbe für die Beurteilung der empirischen Religionen zu entwickeln, ohne daß doch damit das Wesen der Religion erschöpft wäre; denn ihr eigentliches Leben hat die Religion nicht schon in den Ideen des Glaubens, sondern erst in den – ebenfalls vernunftnotwendigen – Ahndungen des Gefühls, die in den Vorgängen der Natur und der Geschichte die Offenbarung, die Wirklichkeit des göttlichen Lebens erfassen. Inhaltlich leuchtet Otto dabei tiefer in das Leben der Religion hinein als einst der Friesschüler de Wette, aber auch als die neue Religionsphilosophie einschl. Troeltsch. In der Auseinandersetzung mit Wundt, überhaupt angesichts der primitiven Religion, wird es ihm deutlich, daß in der Begegnung mit dem „Numen" das Grauenvolle und das Faszinierende sinnverwirrend ineinanderfließen[161], daß also das Erleben des Mysteriums in seiner Doppelseitigkeit die Religion kennzeichnet; so bricht schon hier das Gefühl des Übersinnlichen, das Gepacktwerden von seiner Gewalt und Erfülltwerden mit seinem Geiste durch, das in der höheren Religion „Gnade" genannt wird (Theol. Rundschau 1910, S. 299 ff.). Auf solche Früchte seines zugleich historisch-psychologischen und kritisch-philosophischen Verfahrens

---

[160] Gegner: Karl Bornhausen, Wider den Neufriesianismus in der Theologie 1910.
[161] Otto selbst berichtete, daß er das Numinose zuerst in Luthers De servo arbitrio gefunden habe.

gestützt, möchte Otto ein System von Disziplinen begründen, das erst die allgemeinen religionsphilosophischen Voraussetzungen, dann aber von der festen Mitte des christlich-religiösen Erlebnisses her theologischer als Troeltsch das Verständnis des Christentums entwickelt (Religionsphilosophie, S. 192 ff.) und von da aus das einheitliche Verständnis von Welt und Leben ermöglicht.

Zur Verwirklichung des Systems ist er nicht gekommen. Durch frühe Erkrankung gehemmt, erschöpfte er seine Kraft in den notwendigen sowohl theologischen als auch religionsgeschichtlichen und philosophischen Vorarbeiten. Doch brachte seine Forschung schon dabei wertvollste Früchte. Das „Heilige", das verbreitetste deutsche theologische Buch des 20. Jh.s, vertiefte in einer mit Husserls und Schelers Phänomenologie verwandten Weise die Durcharbeitung des historisch-psychologischen Stoffes und hob die Bemühung um das Wesen der Religion auf eine höhere Stufe. Der Begriff des Heiligen, der bereits bei Philosophen wie Fries, Siebeck, Windelband und bei Soederblom wieder lebendig geworden war, gewann hier die Bestimmtheit und die Beziehungsfülle, die ihn tatsächlich zum Hauptbegriff der Religionsphilosophie machten. Im Numinosen, im mysterium tremendum und fascinans, im Kreaturgefühl, in der Divination zeigte er Kategorien auf, deren Anwendung den religiösen Vorgang im Unterschied von allem Rationalen oder Sittlichen verstehen hilft. Sachlich ist dabei die transzendente Wirklichkeit des Göttlichen leitend, aber dem Verständnis zugänglich wird es allein der von der Gewißheit seiner wirksamen Gegenwart bestimmten Analyse des Erlebnisses. Es geht also überall um Psychologisches und doch nicht im Sinn illusionistischer Auflösbarkeit, sondern im Sinn des Anerkennens und Wiedererkennens der in ihm erlebten transzendenten Wirklichkeit. Gerade diese Korrelation in der Aufhellung der Objektbezogenheit und der Durchforschung der subjektiven Frömmigkeit gab der seit Herder und Schleiermacher oft betonten Selbständigkeit der Religion ein festeres Rückgrat. Und sie ebnete den Weg für das Verständnis der natürlichen Religion als getragen von Offenbarung (revelatio generalis; Das Gefühl d. Überweltlichen, S. 63), damit für rechtmäßige Einordnung der natürlichen Religion in den christlichen Glauben.

Mit alledem erschloß Otto religionsphilosophisches Neuland; er führte über die Anregungen Troeltschs, erst recht über die einschlägigen Leistungen der Philosophen formal und inhaltlich hinaus. Auch wo, besonders von kantischer, dialektischer und biblischer Seite her, die Kritik einsetzte (z. B. an dem Apriori- und Anlagebegriff; an der Fassung des Numinosen und Charismatischen, die eher dem Dämonenglauben oder der Tiefenpsychologie als dem christlichen Gottesglauben entstamme; an der Stellung zur Geschichte; an der Überschattung des Personalen durch impersonale Einheitsschau; an dem Verständnis und dem Verhältnis des Rationalen und Irrationalen u. ä.), ging doch von dem Gesamteindruck und zahlreichen Einzelheiten starke wissenschaftliche Bewegung aus.

Neben diese wichtigste, wahrhaft grundlegende unter den vorbereitenden Monographien traten andere. Zunächst waren es Übersetzungen und Analysen indischer Theologie, in Verbindung damit eine Neubeleuchtung der Mystik sowohl in ihrer Einheit als auch in ihrer Mannigfaltigkeit und in ihrem Verhältnis zum Christentum. Dann bewies das eindrucksvolle Werk über Reich Gottes und Menschensohn, daß er in all seinen religionsphilosophischen Arbeiten doch zentral Theologe geblieben war, und daß die zahlreichen den theologischen Fragen gewidmeten Aufsätze (meist gesammelt in „Sünde und Urschuld") nicht Nebenarbeiten sondern Merkzeichen des in der Tiefe fließenden Hauptstroms seiner Arbeit gewesen waren. Endlich begann er in Zeitschriften die ihm längst vorschwebende, seinem starken Anteil am praktischen Leben, auch an der Politik, entsprechende Durcharbeitung des Ethischen, die aber nicht zu Ende geführt wurde. Hier brach sein Schaffen ab; es blieb wie das Troeltschs ein Torso, der von neuem Wollen und neuen Möglichkeiten zeugte – nicht Erfüllung, aber doch ein verheißungsvolles Suchen nach Wegen, auf denen die Erfüllung geschenkt werden könnte, und eine Fundgrube von Anregungen für die weitere theologische wie religionsphilosophische Arbeit.

β) Umwälzender als in der kritischen mußte der Eindruck der neuen Bewegungen sich in der *konservativen* Theologie auswirken. Die bereits begonnene Auflockerung des Verhältnisses zu Dogma und Bibel setzte sich nun rascher und entschiedener durch. Daß dabei auch der Ritschlianismus und sein philosophischer Helfer Kant in den Hintergrund gedrängt wurden, erleichterte für viele die Einstellung auf die neue Lage. Jetzt endlich besann man sich in breiteren Kreisen auf das vor einem halben Jahrhundert von Hofmann ausgegebene Stichwort, in neuer Weise alte Wahrheit zu lehren[162].

---

[162] Vgl. die Aufsatzreihe der Allg. Evang.-luth. Kirchenzeitung „Zur Aufgabe d. Dogmatik im Sinne kirchl. Dogmatiker der Gegenwart" 1910 sowie

Unter den *Lutheranern* entwickelte *Theodor Kaftan*[163] die „moderne Theologie des alten Glaubens", eine milde, das Metaphysische überall hinter den lebendigen Glauben zurückstellende Lehrform, die augenscheinlich von Ritschl und Jul. Kaftan beeinflußt war, aber den Gegensatz zu Troeltsch scharf betonte. Stärkeren Eindruck machte *R. Seeberg*[164] mit seinem Programm einer „*modern-positiven Theologie*". Es entsprang aus dem Doppelcharakter seines Wesens, das einerseits fest in dem überlieferten Luthertum – er war Schüler Franks – verankert, anderseits der Wirklichkeit und Weite des gegenwärtigen Lebens in besonderem Maße geöffnet war. Als führender Mitarbeiter der Dogmengeschichte hatte er die hohe echte Wissenschaftlichkeit erreicht und versuchte nun „die Anerkennung der Notwendigkeit einer strengen wissenschaftlichen methodischen Arbeit für Theologie und Kirche gerade in der kirchlichen Rechten durchzusetzen" (Rel. u. Gesch.

die Literatur des Hofmannjubiläums 1910 (RE 23, 653 und in Waplers Biographie S. 376; vor allem diese Biographie selbst). – Zur genaueren Kennzeichnung der Lage vgl. H. Stephans Aufsätze: Die neuen Ansätze d. konservat. Dogmatik u. ihre Bedeutung für uns, Chr. Welt 1911, Nr. 44–48; Theozentr. Theologie, ZThK 1911; H. Stephans Berichte über die dogmat. Literatur in den damaligen Jahrgängen der Theol. Rundschau.

[163] 1847–1932; Generalsuperintendent für Schleswig. Mod. Theol. d. alten Glaubens 1905, [2]06; Zur Verständigung über mod. Theol. d. alten Glaubens 09; E. Troeltsch 12; Unterricht im Christentum 14. Kirche, Recht und Theologie in vier Jahrzehnten. Der Kaftan-Briefwechsel 1967.

[164] 1859–1935; Prof. in Dorpat, Erlangen, Berlin. Ursprünglich Kirchen- und Dogmenhistoriker (s. LÜ 3 u. Nr. 3 c), arbeitete er doch auf fast allen theologischen Gebieten und gewann vor allem in der Dogmatik und Ethik bedeutende Wirkung. Darüber hinaus widmete er seine außergewöhnliche Kraft der freien kirchlichen Tätigkeit, vor allem der Inneren Mission (seit 1923 Vorsitzender des Zentralausschusses) und der Kirchlich-sozialen Konferenz (seit 1910 Vorsitzender). So besaß er eine Universalität des Einflusses, die nur von der Harnacks übertroffen wurde. – Systematische Hauptschriften: Begriff d. chr. Kirche, I 85; Die Kirche u. d. soz. Frage 97; Die Grundwahrheiten der chr. Religion 1902 ([7]21); Aus Rel. u. Geschichte, Ges. Aufsätze u. Vorträge, 2 Bde 06. 09; Offenbarung u. Inspiration 08; Kirche, Gnadenmittel u. Gnadengaben 10; System der Ethik 11 ([3]36 „Chr. Ethik"); Nähe u. Allgegenwart Gottes 11; Ursprung d. Christusglaubens 14; Ewiges Leben 15 ([5]20); Christentum u. Idealismus 21; Zum Verständnis d. gegenwärt. Krisis in d. europ. Geisteskultur 23; Chr. Dogmatik, 2 Bde 24 f.; Die Geschichte u. Gott 28; Augustinus 30; Grundriß d. Dogmatik 32. – Über ihn: *Ad. Deißmann,* R. Seeberg 36; *W. Auer,* Die theol. Grundposition R. Seebergs im Blick auf d. Auseinandersetzung über anthropoz. u. theoz. Theologie 37 (Diss. Gießen).

II 377). Das „Moderne" meinte er teils im Sinn einer neuen kritischen
Würdigung des Deutschen Idealismus teils in dem des Entwicklungsgedankens und des Wirklichkeitssinnes; hier sollte die Verchristlichung
einsetzen. Den bleibenden Unterschied von der „modernen Theologie"
bestimmte er dahin, daß für ihn die religionsgeschichtliche Entwicklung
nicht rein immanent, sondern durch transzendente Faktoren bedingt
sei und das religiöse Erlebnis durch besonderes Einwirken Gottes in
mystischer Gemeinschaft mit dem gegenwärtigen Herrn gewonnen
werde; ihm sei das Christentum nicht nur psychologische Anempfindung der Geschichte, sondern Wirkung des allmächtigen Gottes, die
Tatsachenreihe der Offenbarung nicht nur Mittel der Anregung,
sondern Mittel der Herstellung eines neuen Verhältnisses zwischen
Gott und Mensch. Diese Formulierungen wurden freilich, so weit sie
abgrenzend die kritische Theologie kennzeichnen wollten, dieser
keineswegs gerecht und konnten nach ihrer positiven Aussage großenteils von ihr unterschrieben werden. Daß aber die „modern-positive"
Theologie sie in engerem Sinne deutete, zeigten schon Seebergs
„Grundwahrheiten", dann deren Durchführung in der „Dogmatik".
Wenn er als Grundthema der Dogmatik die „erlösende Gottesherr-
schaft" bezeichnet, nimmt er zwar – mit verstärkter theozentrischer
Wendung – Ritschls Ellipse auf. Die Einzelheiten der Darstellung aber
erinnern mehr an die vor-Ritschlische Vermittlungstheologie. Die
Hauptinhalte der Dogmen werden mit der christlichen Erfahrung, der
Bibel und spekulativen Gedanken so verbunden, daß höchstmoderne
Umdeutungen entstehen[165]. Seinen Wirklichkeitssinn erwies Seeberg
vor allem auf ethischem Gebiet, und zwar sowohl nach der sozialen
als auch nach der nationalen Seite. In seinem starken Interesse am
Volkstum nahm er die lutherische Überlieferung auf, die in der Praxis
stets lebendig geblieben[166], aber von der Theologie trotz Schleiermacher wenig ausgewertet worden war. Seine Ethik war die erste,
die der positiv-völkischen Haltung des evangelischen Christentums in
Deutschland starken Ausdruck gab.

---

[165] Das beredteste Beispiel ist die Trinitätslehre, die in der geheimnisvollen
Verbindung von Dreiheit und Einheit den dreifachen Willen Gottes
ausgedrückt sieht, daß die Welt als Natur sei (Vater), daß eine Kirche
sei (Sohn), daß besondere Personen Kirche werden (hlg. Geist). Das war
eine Nachblüte der in der spekulativ-idealistischen Philosophie ent-
sprungenen Modernisierungen – und Entnervungen des Dogmas.
[166] Vgl. Elert, Morphologie, II 158 ff.

Das modern-positive Programm entfaltete zunächst erhebliche Zugkraft. Vor allem schlossen R. Grützmacher, Beth und Girgensohn sich an. *Richard Grützmacher*[167] versuchte es zu verwirklichen, indem er die erkenntnistheologischen Voraussetzungen des mittleren 19. Jahrh.s wieder aufnahm und an I. A. Dorner anknüpfte; wie wenig er dabei den wirklichen evangelischen Glauben erfaßte, bewies seine tritheistische Wendung der Trinitätslehre. Das „Moderne" betonte er stark, aber wesentlich zu apologetischen Zwecken. Er kehrte daher bald zu einem strengeren Konservatismus zurück. – Am ernstesten bemühte sich *Karl Beth*[168] um genauere Durchdenkung der Richtlinien. Sein Buch über „Die Moderne u. d. Prinzipien d. Theologie" (1907) fand auch die Zustimmung Seebergs. Doch wandte er seine Arbeit bald mehr der Religionsgeschichte und -psychologie zu. – Auch *Karl Girgensohn*[169] vertrat die Grundgedanken der Gruppe, vermochte aber auch seinerseits nicht bahnbrechend weiterzuführen. Seine Besonderheit lag in der psychologischen Wendung und in der Aufmerksamkeit auf das Verhältnis zur Bibel. – *Dunkmann* s. unten S. 376 f.

Kam die Entwicklung der modern-positiven Theologie gerade an den Punkten, an denen jeder echte Durchbruch innerhalb des deutschen Protestantismus sich vollziehen muß, in der Glaubenslehre und dem Lutherverständnis, nicht über die Ansätze ihres Meisters hinaus,

[167] Geb. 1876; Prof. in Greifswald, Rostock, Erlangen, seit 1924 im Ruhestand. Wort u. Geist 1902; Studien z. syst. Theologie 05 ff.; Modernpositive Vorträge 06; Die Jungfrauengeburt 06 ([2]11); Ist d. liberale Jesusbild modern? 07; Gegen d. rel. Rückschritt 10; Nietzsche 10 ([6]19); Nietzsche u. wir Christen 11; Monistische u. chr. Ethik im Kampf 13 ([4]22); Textbuch (s. oben LÜ 5) 19; Der Entwicklungsgedanke (mit Fleischmann) 22; Spenglers „welthist. Perspektiven" 23. Relsgeschichtliche Charakterkunde, 37. Vgl. LÜ 2 b u. oben S. 363 A. 147.

[168] 1872–1950; Prof. in Wien. Die orient. Christenheit d. Mittelmeerländer 02; Das Wesen d. Christentums u. d. mod. hist. Denkweise 04; Die Wunder Jesu 05; Das Wunder 08; Entwicklungsgedanke u. Christentum 09; Die Entwicklung d. Christentums z. Universalrel. 13; Rel. u. Magie bei d. Naturvölkern 14 ([4]25); Einführung in d. vergl. Relsgesch. 20; Frömmigkeit d. Mystik u. d. Glaubens 27; D. Krisis d. Prot. 32.

[169] 1875–1925; Prof. in Dorpat, 1919 Greifswald, 22 Leipzig. Die Religion, ihre psychischen Formen u. ihre Zentralidee 03; Die moderne hist. Denkweise u. d. chr. Theologie 04; Zwölf Reden über d. chr. Religion 06 ([4]21); Seele u. Leib 08; Die gesch. Offenbarung 10; Der Schriftbeweis in d. evang. Dogmatik einst u. jetzt 14; D. seel. Aufbau d. rel. Erlebens 21, [2]30; Relspsych., Relswiss. u. Theol. 23, [2]25; Grundriß d. Dogmatik 24, der Ethik 26. – W. Gruehn, Die Theol. Girg. 27.

so sah *C. Stange*[170] wenigstens die Bedeutung dieser Punkte. Als Sohn seiner Zeit bewährte er sich durch den Versuch, Philosophie und Theologie, Religionsphilosophie und systematische Theologie wieder in engere apologetisch wertvolle Beziehung zu bringen. Seine wichtigsten Leistungen aber galten der Bemühung um eine neue gut lutherische Theologie, die er in gründlichen Lutherstudien und sowohl ethischen als auch dogmatischen Einzelarbeiten vorbereitete. Der Mangel an Verständnis für die Anliegen und Leistungen der kritischen Theologie hinderte freilich die Erreichung des Ziels. – *Herm. Mandel*[171] wagte sofort einen umfassenden Entwurf, doch ohne ihn durchzuführen. Er betrachtete das Christentum streng supranatural, wandte aber – zunächst aus apologetischen Gründen – auch andern Religionen und der natürlichen Moral seine Aufmerksamkeit zu. Auch seine Versöhnungslehre verband modern-geschichtliche und traditionelle Züge.

Anders lief die Entwicklung der *Bibel-Theologie,* die soeben ihre Höhe erstiegen hatte. Sie lehnte das apologetische Werben um die Moderne ab[172] und suchte den Fortschritt allein in der tieferen Erschließung der biblischen Wahrheit. Sie wirkte damit auf die

---

[170] 1870–1959; Prof. in Königsberg, Greifswald, Göttingen. Die chr. Ethik in ihrem Verhältnis z. mod. Ethik 1892; Einleitung in d. Ethik 1900 f. (²23); Der Gedankengang d. Kritik d. reinen Venunft 03 (⁴20); Die ältesten eth. Disputationen Luthers 04 (²32); Die Heilsbedeutung d. Gesetztes 04; Theol. Aufsätze 05; Der dogmat. Ertrag d. Ritschlschen Theologie nach J. Kaftan 06; Grundriß d. Religionsphilosophie 07 (²22); Mod. Probleme d. chr. Glaubens 10 (²23); Christentum u. mod. Weltanschauung 11 (²13). 14; Die Wahrheit d. Christusglaubens 15; Die Religion als Erfahrung 19; Hauptprobleme d. Ethik 22; Chr. u. philos. Weltanschauung 23; Die Unsterblichkeit d. Seele 25; Dogmatik, I 27; Studien z. Theologie Luthers 28; Das Ende aller Dinge 30; Erasmus u. Julius II, 37. Gab heraus: Quellenschriften z. Geschichte d. Protestantismus, seit 04; Zeitschrift für syst. Theologie, 22–55; Studien d. Apol. Seminars zu Wernigerode, seit 20.

[171] 1882–1946; Prof. in Rostock und Kiel. Die Erkenntnis d. Übersinnlichen. I. Glaube u. Religion des Menschen. 1. Genetische Religionspsych. 11, 2. System d. Ethik als Grundlegung d. Religion 12; Der Wunderglaube 13; Chr. Versöhnungslehre 16. – Ging später zu einer „Wirklichkeitsreligion" (31) und „Deutschem Gottglauben" (34) über.

[172] *H. Cremer,* s. oben Nr. 4 c δ *E. Schaeder,* Über d. Wesen d. Christentums u. seine mod. Darstellungen 04. – Vgl. auch *W. Schmidt,* Die Forderung einer mod. pos. Theol. in krit. Beleuchtung, 06; und mod. Theol. d. alten Glaubens in krit. Beleuchtung 06.

Jungend mächtig ein, aber doch so, daß diese zugleich die allgemeine Bewegung der Zeittheologie in sich aufnahm. Vor allem die stark auch durch Kähler und Schlatter befruchtete „Greifswalder Schule" erzeugte neue Antriebe. Den größten Einfluß gewann *Erich Schaeder*[173] durch seine lebhafte Forderung einer „theozentrischen Theologie". Er sah den Schaden fast aller neueren Theologie, der konservativen wie der kritischen, in ihrer anthropozentrischen Haltung und suchte diese bis in die letzten Schlupfwinkel hinein zu vernichten. Obwohl er dabei zwischen methodischen und inhaltlichen Gesichtspunkten zu unterscheiden versäumte und so die Fragestellung verwirrte, erwies sich doch seine Forderung als fruchtbar. Was sie meinte, war die Unmittelbarkeit und Gegenwartsbezogenheit des Glaubens, der Majestätscharakter Gottes, Verständnis von Natur und Geschichte als den Stätten der Gottesbegegnung, das Verständnis Jesu Christi als des „absoluten Höhe- und Schlußpunktes der geschichtlichen Vermittlung des Glaubens an Gott" (Streiflichter, S. 65). Was er bekämpfte, war der in der religionsgeschichtlichen Theologie gipfelnde Historismus, der den Glauben und die Offenbarung nur geschichtsimmanent zu deuten schien, vor allem aber auch die lutherisch-pietistische Alleinherrschaft der Heilsgesichtspunkte in Glaube und Theologie. Nur blieb es auch hier weithin beim Programm; die positive dogmatische Durchführung, die Schaeder im 2. Band und dem Buch über den hlg. Geist versuchte, erfüllte die Verheißung nicht. Schon deshalb nicht, weil sie es verschmähte das aufzunehmen, was die verschiedensten Theologen des 19. Jahrh.s bereits nach derselben Richtung hin geleistet hatten. So teilte er auch die Einstellung Schlatters zum Deutschen Idealismus, ohne die innere Fühlung mit dem Gegner zu suchen, die es ermöglicht, von ihm zu lernen. Erst recht setzten die übrigen Greifswalder an diesem Punkte die Einseitigkeit Schlatters fort. So nächst *K. Dunkmann*[174] auch *Wm. Lütgert*[175]. Sein theologisches Denken war durch

---

[173] 1861–1936; Prof. in Königsberg, Göttingen, Kiel, Breslau. Theozentr. Theologie, I 09 (³25), II 14 (²28). Sonstiges: Über d. Wesen d. Christentums s. oben; Die Christologie d. Bekenntnisse u. d. mod. Theologie 06; Zur Trinitätsfrage 12 (²25); Aus Theologie u. Leben 13; Streiflichter z. Entwurf einer theoz. Theologie 16; Der Weg zu Gott 19; Die Sündlosigkeit Jesu 21; Öffentl. Leben u. Glauben 22; Das Geistproblem d. Theologie 24; Das Wort Gottes 30.

[174] 1868–1932; Prof. in Greifswald; seit 1917 im Ruhestand. Als Dogmatiker und Religionsphilosoph gehört er viel mehr zur modern-positiven Gruppe. Das Problem d. Freiheit 1900; Geschichte d. Christentums als

Vielseitigkeit ausgezeichnet; es war dem Neuen Testament, aber auch der Geistesgeschichte und der Systematik zugewandt. Auf systematischem Gebiet kämpfte er in einer teils an Hamann, teils an Baader anknüpfenden Weise für einen „Realismus der Offenbarung", wider allen spiritualistischen Idealismus und allen Naturalismus; im besonderen erstrebte er die Einordnung der Natur in die Gotteslehre und die Wiederherstellung des Liebesgebots in der Ethik – alles freilich mehr in weitausschauender Kombination als in strenger Methodik. – Von Greifswald gingen ferner aus *Karl Bornhäuser,* der wesentlich auf neutestamentlichem und praktisch-theologischem Gebiet arbeitete (1868–1947; Prof. in Greifswald, Halle, Marburg), sowie *Fch. Kropatscheck* (1875–1917; Prof. in Greifswald u. Breslau).

Völlig selbständig trat aus der Bibel-Theologie heraus *Karl Heim*[176]. Er verbindet einen kompromißlosen Christusglauben, der im schwäbischen Pietismus wurzelt, mit kühnem, Welt und Leben umfassendem, vor allem aber erkenntnistheoretisch ausgerichtetem Denken und mit künstlerischer Gestaltungskraft. Im Mittelpunkt seines Denkens stand von Anfang an des Menschen Not und Erlösung. Aber sie wurde nicht im engen persönlichen oder kirchlichen Kreise betrachtet,

Religion d. Versöhnung u. Erlösung, I 07; System theol. Erkenntnislehre 09; Der hist. Jesus, der mythol. Jesus u. Jesus d. Christus 13 (²14); Idealismus oder Christentum 14; Metaphysik d. Geschichte 14; Die Nachwirkungen d. theol. Prinzipienlehre Schleiermachers 15; Die theol. Prinzipienlehre Schleierm.s 16; Religionsphilosophie 17; Der chr. Gottesglaube 18. Seitdem meist soziologische Schriften.

[175] 1867–1938; Prof. in Greifswald, Halle u. Berlin; s. oben LÜ 3. Im übrigen am wichtigsten: Die johann. Christologie 1899 (²1916); Die Erschütterung d. Optimismus durch d. Erdbeben v. Lissabon 1755, 1901; Die Liebe im Neuen Testament 05; Der Erlösungsgedanke in d. neueren Theol. 29; Schöpfung u. Offenbarung 34; Gesammelte Vorträge: Gottes Sohn u. Gottes Geist 05; Natur u. Geist Gottes 10; Reich Gottes u. Weltgeschichte 28; Ethik der Liebe 37.

[176] 1874–1958; Prof. in Münster u. Tübingen. Das Weltbild d. Zukunft 1904; Wesen d. Gnade b. Alex. Hal. 06; D. Gewißheitsproblem in d. syst. Theol. bis zu Schleierm. 11; Leitfaden d. Dogmatik 12, ³23. 25; Glaubensgewißheit 16. ³23; Die Weltanschauung d. Bibel 20, ⁵28; Das Wesen d. evang. Christentums 25, ⁴29; Glaube u. Leben (Ges. Aufsätze) 26, ²28; Der evang. Glaube u. d. Denken d. Gegenwart (1. B. Glaube u. Denken 31, ⁴38; 2. B. Jesus d. Herr ³37; 3. B. Jesus d. Weltvollender 37); Leben aus d. Glauben 31. – A. Köberle, Gottesglaube u. moderne Naturwiss. b. K. H. (NZsystTh 6, 64, 115–125). Schriftenverzeichnis in d. Festschrift „Wort u. Geist", hrsg. v. A. Köberle u. O. Schmitz 34, S. 405–23. Festschr.: Das Wagnis des Glaubens, 54.

sondern in der Weite der Welt- und Lebensanschauung durchdacht. In engster Fühlung mit den philosophischen Wandlungen der Zeit (Empiriokritizismus, Rickert, Einstein, Spengler, Phänomenologie, Existenzialismus, Ontologie) erfuhr er die Not, in die der zum Skeptizismus entwickelte Kritizismus und Relativismus sowohl den Intellekt als auch den Willen führte, und erkannte in der transzendenten Offenbarung die einzige Möglichkeit ihrer Überwindung. Sein philosophisches Ringen galt daher in immer neuen Ansätzen dem Ziel, die Denkmöglichkeit einer transzendenten Offenbarung zu erweisen. Im besonderen suchte er das notwendige Urdatum eines befriedigenden weltanschaulichen Aufbaus, d. h. das „absolute Konkretum", in dem alle Anschauungsformen und Kategorien sowohl ausgeschaltet als auch gesetzt sind, das darum von der unendlichen weltanschaulichen Not erlösen kann. Damit ist die Brücke zum christlichen Glauben geschlagen. Denn nur er kennt, in Jesus Christus, ein solches absolutes Konkretum. So ist Christus die Erlösung auch von allen welt- und lebensanschaulichen Nöten. Die eigentliche Dogmatik stellt dann die unendliche Not als in Christus gelöst dar; und zwar erstens das „Zeugnis der Urgemeinde von Christus als Quelle und Ausgangspunkt aller Glaubensaussagen", zweitens die „Entfaltung des primären Zeugnisses über Christus in einzelne Glaubenswahrheiten". Das ergab als Gegenstück zu Schaeder eine christozentrische Theologie, die doch den Theozentrismus als beherrschenden Pulsschlag in sich trägt.

Innerhalb dieses Entwurfs brachte dann die lebendige Auseinandersetzung mit der Kritik und mit den Wandlungen der Zeit sowohl auf der weltanschaulichen als auch auf der dogmatischen Seite neue Wendungen hervor. Die Absolutheit des Gebundenseins an den historischen Beziehungspunkt Christus verlangt „ein neues Verständnis aller Grundbegriffe der Weltauffassung, aller Anschauungsformen und Denkkategorien"[177]. Heim versucht es dadurch zu gewinnen, daß er „das Gesetz der Perspektive ... in einem übertragenen und verallgemeinerten Sinn zum Grundprinzip des ganzen Weltverständnisses" erweitert (ebd. 454). Entweder hegen wir den Wahn eines uninteressierten relativistischen Geschichtsbildes, in dem auch Jesus nur eine relative Erscheinung ist, oder wir bejahen „das perspektivische Bild, das sich nur erschließt, wenn wir unter Einsatz unserer Persönlichkeit auf Neutralität verzichtet und Stellung genommen haben"; dann wird

---

[177] Zu meinem Versuch einer neuen religionsphil. Grundlegung der Dogmatik, Glaube u. Leben S. 450.

die Person Jesu „zur nicht mehr objektivierbaren Mitte in der perspektivischen Mannigfaltigkeit der Werte; sie wird zum unsichtbaren Christus des Glaubens, in dem der Sinn der Weltgeschichte zusammengefaßt ist" (459). So bekämpft Heim die realistische und die idealistische Urannahme, die bisher das abendländische Denken beherrschten, und versucht, „die Urannahme zu ermitteln, die den erkenntnistheoretischen Hintergrund der neutestamentlichen Glaubenszeugnisse bildet" (472). Eine Widerlegung des Relativismus ist die Bejahung dieser Urannahme allerdings nicht; denn sie bleibt rational betrachtet Sache der Willkür. Der Glaube aber weiß, daß in dem, was scheinbar Willkür ist, die „Gnade, Berufung und Erwählung" waltet (480). Nach alledem handelt es sich in der rastlosen philosophischen Arbeit Heims nach wie vor wesentlich darum, die Bahn für den christlichen Glauben und seine Weltanschauung frei zu machen. Die Klärung, um die er kämpft, ist mehr Abbau der philosophischen Weltanschauungen, die bisher das Feld beherrschten, als ein Neubau, der ihre letzten Motive „als Vorstufen" (449) positiv eingliedert. Immerhin ist etwas davon in dem dogmatischen Hauptwerk zu spüren. Es stellt den Gehalt des christlichen Glaubens in Auseinandersetzung mit der natürlichen Religion der Deutschen Glaubensbewegung dar, und zwar so, daß es auch dieser, indem es sie als ohnmächtig erweist, doch gerecht zu werden versucht. Heims eigenes Verständnis des Glaubens ist dadurch gekennzeichnet, daß er zwar gut lutherisch überall von der Schuld ausgeht, aber die Überwindung des Satans, der als machtvoll gegenwärtig im bösen Handeln des Menschen erscheint, zum eigentlichen Hauptthema macht, während sie sonst als bloßer Nebenerfolg erscheine (Jesus der Weltvollender, S. 93). Damit gibt er dem Glauben lebendigere Konkretheit und die Möglichkeit, alle metaphysischen Hintergründe (z. B. der Sohnschaft Christi) als unseren Augen verborgen und alte Theorien (wie die Anselms oder Abälards) als bloße Veranschaulichungsmittel zurücktreten zu lassen. Auch den „gordischen Knoten", der durch die beiden keiner Ausgleichung fähigen Urwahrheiten entsteht, daß Gott wie in allem so im Satan wirkt („Gottes Teufel"), und daß doch Gott keine Verantwortung für das satanische Gegenwirken trägt, erkennt er als unlösbar an (ebd. 127). Dagegen kommt es ihm nicht zum Bewußtsein, daß er trotz seiner Abneigung gegen alles Postulieren diesem doch an wichtigen Punkten verfällt, und daß seine biblische „Weltanschauung" in Gefahr steht, Züge des biblischen, also des antiken *Weltbilds* zu übernehmen. Darin wird es deutlich, daß auch hier grundlegende Fragen mehr eine persönliche als eine theologisch notwendige Lösung finden. Dennoch ist Heims Theologie ein besonders eindrucksvoller Versuch, die Kraft der intensiven Glaubensbewegung auch extensiv fruchtbar zu machen – das Gegenbild zu dem Streben Ottos, die extensive Bewegung in der Befruchtung der intensiven zu bewähren.

c) *Ergebnisse.* – Die Theologie bewies nach alledem bis in den Weltkrieg hinein unermüdliche Lebendigkeit und Arbeitskraft. Sie war in fruchtbarer Verarbeitung der von außen kommenden Anregungen, der den Nöten des kirchlichen Lebens und dem Fortschritt der eigenen Entwicklung entspringenden Vorstöße begriffen. Daher konnte ihre Lage günstig erscheinen. Die historische Selbstbesinnung hatte zweifellos gewaltige Fortschritte aufzuweisen, sowohl auf den Sonderlinien der Kritik und des positiven geschichtlichen Bewußtseins als auch in ihrer Verbindung miteinander. Die systematische Selbstbesinnung hatte überall zur Zentralstellung der Offenbarung Gottes in Jesus, überdies einerseits zu schärferem Ringen um das Erbe der Reformation, anderseits zu tieferem Einblick in das Wesen der Religion geführt. Überall hatte das Gemeingut sich vergrößert, das Streben nach Verständigung auch zwischen der konservativen und der kritischen Theologie sich verstärkt. Der Ton der Auseinandersetzung war ein anderer als in den Tagen Hengstenbergs und Ritschls; wirkliche Gespräche zwischen den Führern enstanden (besonders eindrucksvoll zwischen Ihmels und Troeltsch) über die Frage der Absolutheit des Christentums gegenüber der Religionsgeschichte. Männer wie *A. W. Hunzinger*[178] traten auf, die sich trotz konservativer Anfänge ebenso gut der kritischen Theologie zurechnen ließen.

Zwar wichtige Unterschiede blieben, vor allem das Verständnis des Supranaturalen und die Stellung zur historischen Kritik. Aber man bejahte jetzt fast allenthalben, beinahe wie eine Selbstverständlichkeit, die historische Kritik nicht nur des Dogmas sondern auch der Bibel, gab die verhängnisvolle Gleichsetzung der Bibel mit Wort Gottes oder Offenbarung preis und trat damit in Gegensatz zu der repristinatori-

---

[178] 1871–1920; Prof. in Leipzig u. Erlangen, dann Hauptpastor in Hamburg. Lutherstudien 1906; Der Glaube u. d. relgesch. Christentum d. Gegenwart 07; Zur apolog. Aufgabe d. evang. Kirche in d. Gegenwart 07; Probleme u. Aufgaben d. gegenwärt. syst. Theologie 09; Theologie u. Kirche 12; Das Wunder 12; Hauptfragen d. Lebensgestaltung 16; Das Christentum im Weltanschauungskampf d. Gegenwart ³19.

schen Wendung des 19. Jh.s. Die fremde, immanentistische Weltanschauung, die man in der radikalen Kritik spürte, suchte man durch
bessere, glaubensgemäßere Anwendung der kritischen Methode zu
überwinden. Das war ein wichtiger Fortschritt zur Sachlichkeit. Man
sah auch die Schwierigkeiten, die sich daraus gegenüber der die
Kirchen weithin beherrschenden, durch die Gemeinschaftsbewegung
gestärkten Laien-Orthodoxie ergaben, und begann endlich ernsthaft
mit ihnen zu kämpfen. Das edelste Zeugnis dieser zweiseitigen
Auseinandersetzung war das Buch des Kählerschülers *H. Emil
Weber*[179], Bibelglaube u. hist.-krit. Schriftforschung, 1913 ([2]14). Es
war in aller Klarheit über den weltanschaulichen Hintergrund der
Kämpfe der Anfang einer theologischen Besinnung auf die Bedeutung
der historischen Kritik für Glaube und Theologie auf konservativer
Seite, ausdrücklich als Beitrag zur Verständigung gedacht. Anderseits
bekannte sich kein Vertreter der kritischen Theologie zur reinen
Immanenzreligion, keiner verzichtete darauf, in Jesus die Mitte des
christlichen Glaubens zu sehen. Es handelt sich in Wirklichkeit auch
bei den Radikalen nicht um Preisgabe, sondern um andere Fassung des
Supranaturalen. Daher hielten sie ihr Recht an den Kirchen und ganz
überwiegend den theologischen Charakter ihres Denkens fest. Der
Vorschlag des Overbeck-Schülers *Bernoulli,* die Schwierigkeiten durch
eine Trennung zwischen wissenschaftlicher und kirchlicher Theologie
zu lösen[180], fand nirgends Anklang. Das Wissen um die letzte Gemeinsamkeit und Arbeitsgemeinschaft machte die Gegensätze erträglich.

Ein anderes wertvolles Ergebnis war die Wendung zu einer neuen
Art der Systematik. Die historische Betrachtungsweise zerstörte nicht
nur die alte Lehrsystematik, sondern gebar eine Lebensbezogenheit der
Theologie, die allmählich in das systematische Denken hineindrängte.
Das war es, was weithin die theologischen Gegensätze erweichen half.
Es kam in der ganzen Breite der neuen Ansätze irgendwie zum
Ausdruck. Der deutlichste Beweis aber war das Lexikon „Die Religion

---

[179] 1882–1950; Prof. in Bonn u. Münster. Sonstige Schriften: Die philos.
Scholastik d. deutschen Protestantismus 1907; Der Einfluß d. prot. Schul-
philosophie auf d. orthodox-luth. Dogmatik 08; Das Problem d. Heilsgeschichte nach Röm. 9–11, 11; Die Vollendung d. neutest. Glaubens-
zeugnisses durch Johannes 12; Glaube u. Mystik 27; Eschatologie u.
Mystik im N. Testament 30; Reformation, Orthodoxie u. Rationalismus,
I, 1. 37 I, 2. 40 II. 51. S. auch LÜ 3.

[180] Die wissenschaftl. u. d. kirchl. Methode in d. Theologie 1897, vgl. dazu
die bedeutsame Besprechung durch Troeltsch GGA 1898.

in Geschichte u. Gegenwart" (1909–13; hrsg. unter Mitwirkung von Gunkel u. Scheel durch Fch. Mich. Schiele, später Leop. Zscharnack), das alle Arten der kritischen Theologie und alle Fachgebiete zur Gesamtleistung einte. Wie viel mehr als die Realenzyklopädie (S. 299) war es gegliederte Einheit, und zwar eine Einheit, in der eng verbunden mit der Historie und der Praxis auch die systematische Durchdenkung der Fragen wieder ihre Stätte fand! Freilich war sie nicht mehr wie die frühere von logisch-deduktiver oder von architektonischer Art, sondern allein geleitet von einer geistigen Sinnmitte, die alles durchstrahlte und doch den Gliedern ihre Selbständigkeit beließ. Sie kam auch auf dem Gebiete zum Ausdruck, auf dem seit Schleiermacher vor allem die Einheit der Theologie herausgearbeitet werden sollte: in der *theologischen Enzyklopädie*. Die veränderte Zeitlage hatte ihr diese Bedeutung allmählich genommen. Daher vermochte das weit verbreitete, stark auf Schleiermacher fußende Buch von Hagenbach (1833) sich trotz Neubearbeitung der 12. Aufl. durch Reischle (89) nicht zu halten; und weder die posthumen Enzyklopädien von Führern wie Rothe und Hofmann noch der Reformruf Bornemanns (88) noch die neuen Versuche von J. F. Räbiger („Theologik" 80), Heinrici (93), A. Dorner (1901), Lemme (09), A. Eckert (Einführung in d. Prinzipien u. Methoden d. evang. Theologie 09) gewannen wirklichen Einfluß. An ihre Stelle traten zahlreiche seelsorgerliche Beratungen und Anweisungen zum Studium (z. B. das „Vademecum" Fr. Franks). Von den wissenschaftlichen Anleitungen schlug erst *Wernles* umfassende „Einführung in d. theol. Studium" (08, ²11, ³21) trotz ihrer verwirrenden Fülle von Problemen und Büchertiteln wieder durch; sie ging ganz von der Geschichte aus, aber mit dem ausgesprochenen Ziel, zu immer neuer Vertiefung in das Leben und Erleben der Religion selbst zu führen und mit Verständnis für die Selbständigkeit des systematischen Denkens. Daher hob sie „das Wertvollste", von den Propheten bis zu Schleiermacher, als die beseelende Mitte heraus und leitete daraus die Aufgabe der gegenwärtigen Theologie ab, „freies furchtloses Wahrheitsuchen mit nicht überliefertem, sondern erlebtem Gottesglauben und nicht gelehrter, sondern gelebter Jesusjüngerschaft aufs Neue zu verbinden, und besser, als es bisher gelungen ist" (Vorwort S. VI). Da war die allzu bequeme Unterscheidung von gläubiger und ungläubiger, wissenschaftlicher und unwissenschaftlicher Theologie überboten, mitten in der Durchführung der historischen Betrachtungsweise eine wertvolle Wendung zu lebendiger neuer Durchdenkung gewonnen.

In der veränderten Lage überwand auch die *praktische Theologie* ihre historistische Lähmung (Nr. 3 c). Zwar die geschichtliche Untergründung wurde rüstig fortgesetzt (P. Althaus sen., Joh. Bauer, O. Baumgarten, K. Eger, O. Frenzel, P. Glaue, E. v. d. Goltz, Joh. Meyer, Fr. Rendtorff, G. Rietschel, M. Schian u. a.), aber ihr Übergewicht ließ seit den 90er Jahren nach. Das wachsende Verständnis für die kirchlichen und sozialen Nöte der Zeit, erstarkendes kirchliches Verantwortungsgefühl, Berührung mit außerkirchlichen Bestrebungen ästhetischer, pädagogischer, psychologischer, soziologischer, volkswirtschaftlicher Art – all das wirkte befruchtend auf die praktische Theologie. Jetzt begann Wichern lebendiger zu werden; seine Werke wurden seit 1901 von Joh. Wichern und Fch. Mahling neu herausgegeben. *P. Drews* wurde durch das Erlebnis der kirchlichen Not von seinen geschichtlichen Studien zu Volks- und Kirchenkunde geführt (Nr. 4b). Von der Inneren Mission her brachte außer *Mahling* auch *P. Wurster* neue Anregungen. Die seelische Lage des modernen Menschen und die neuen theologischen (besonders religionspsychologischen) Ansätze trieben, nachdem schon Männer wie Dörries, Eger, Gottschick, Reukauf, Meltzer, Thrändorf sich um Fruchtbarmachung der Theologie für den Religionsunterricht bemüht hatten, vor allem in *Otto Baumgarten* und *Friedrich Niebergall* zu Untersuchungen über neue religionspädagogische und homiletische Möglichkeiten, und pädagogische Praktiker wie H. Schuster und Hch. Spanuth unterstützten sie. Am erfolgreichsten war die liturgisch-gottesdienstliche Bewegung, die *Fch. Spitta* und *J. Smend* in Gang brachten und seit 95 um eine eigene Zeitschrift sammelten (Monatsschrift für Gottesdienst u. kirchl. Kunst); hier wich der gesetzlich-repristinatorische Zug, der gerade auch dies Gebiet seit Ablauf der rationalistischen Bestrebungen beherrscht hatte, sachlicher – freilich noch nicht spezifisch evangelischer – Besinnung auf den Sinn der Kultformen. So gewann die praktische Theologie auf allen Seiten größere Lebensnähe. Die Beziehung zu „profanen" Grenzgebieten, deren Pflege in den vergangenen Jahrzehnten ganz überwiegend der Apologetik überlassen geblieben war, trat wieder in den Vordergrund des Bewußtseins; die Isolierung der Theologie begann auch auf dieser kirchlich wichtigsten Linie ihrer Arbeit überwunden zu werden. Die eigentlichen Lehrbücher blieben freilich zumeist noch auf den überlieferten Bahnen; doch nahm z. B. *Rietschels* „Lehrbuch d. Liturgik" (1900. 08, [2]49 von P. Graff) auf seinem Sondergebiet die vorläufigen Ergebnisse der neuen Arbeiten auf.

All das scheint ein günstiges Bild zu ergeben. Allein die Lage zeigt, sobald man statt der Einzelheiten die großen Zusammenhänge betrachtet, noch andere Seiten. Der Reichtum der Theologie um 1914 bestand mehr in höchstgesteigerter Feinfühligkeit und Vielseitigkeit als in schöpferischer Gestaltungskraft. Daher setzte die Haltung sich fort, die bei den theologischen Ansätzen der 90er Jahre deutlich wurde. Es fehlte – der allgemeinen wissenschaftlichen Lage entsprechend – an den Vorbedingungen zu großen Werken, die entweder die Ergebnisse langen wissenschaftlichen Ringens zu einheitlichem Verständnis bringen oder durch die Wucht und Tiefe neuer Grundgrabung dem Gang der Arbeit neue Gesetze aufzwingen konnten. Vielmehr trug alles vorbereitenden Charakter. Den einzelnen Leistungen haftete, auch wo sie Größe zeigten, individuelle Zufälligkeit in einem Maße an, das die Eindruckskraft gefährlich minderte und tiefere Arbeitsgemeinschaft selbst zwischen Theologen wie Herrmann, Troeltsch, Otto oder Kähler, Seeberg, Heim nicht aufkommen ließ. Weithin ähnelt das Bild der vor-Ritschlischen Vermittlungstheologie. Gewiß spielte sich alles dank der inzwischen geleisteten Arbeit auf einer höheren Ebene ab. Aber die erreichte Höhenlage erwies noch keine Richtkraft, und so ließ die Theologie sich wiederum vielfach auf grundsätzlich überwundene, z. B. apologetische Wege locken. Zu oft blieb sie einerseits dem modernen, anderseits dem biblischen Weltbild verhaftet, wiederholte also den falsch angesetzten Streit um „Supranaturalismus" und „Immanenz", als daß die vorhandenen Ansätze evangelischer Glaubenstheologie sich hätten auswirken, die um das Verhältnis von Glaube und Geschichte, Glaube und natürlicher Religion, extensiver und intensiver Glaubensbewegung kreisenden Fragen hätten gelöst und der organische Zusammenhang mit den reformatorischen Grundgedanken hätte sieghaft herausgearbeitet werden können. Der beste Beweis für das Stocken des Denkens war es, daß auch jetzt, trotz Troeltsch, der Entwicklungsgedanke nicht umfassend geprüft wurde. Die neue systematische Theologie machte noch nicht gut, was die historische (s. S. 356 ff.) versäumte. Wo sie die Frage aufgriff, tat sie es meist im Hinblick auf die Natur (hier half zur Not die Scheidung der Gebiete), selten auf die Geschichte, d. h. auf die eigentlich brennenden Probleme, und – zumal in der „kirchlichen" Theologie – mehr apologetisch als mit eigenständiger, auf die Wurzeln dringender Untersuchung.

Die Ursache des Stockens war zwiefach. Sie lag zunächst in der Vernachlässigung des Erbes, in der Preisgabe der Kontinuität. Wie das zweite Drittel des 19. Jh.s nicht verstanden hatte, die großen theologischen Neubildungen trotz aller Kritik organisch weiterzubilden, so vergaß die Theologie der Jahrhundertwende nur allzu rasch, was Ritschl gebracht hatte. So erschöpfte sie sich vorzeitig in immer neuen Ansätzen und verlor die Kraft, zusammenhängend vorwärts zu führen. Die andere Ursache war, daß man zumeist noch nicht die ganze Tiefe der Erschütterung empfand, die über Theologie und Christentum wie über die gesamte moderne Kultur hereinbrach. Man verschloß sich ihr in falschem Sicherheitsgefühl oder meinte sie durch bloße Palliative, etwa durch rein weltbildliche Umstellung, überwinden zu können, während doch ein radikaler Rückgriff auf das Wesentliche, „Existenzielle", und ein gesammeltes Ringen des Glaubens um das persönliche, soziale, nationale Leben, um Natur und Kultur des Menschen notwendig war. Wie Ritschl, so waren auch Lagarde und Overbeck zu rasch vergessen worden. Der eine, Troeltsch, verstand ganz, um was es ging[181]. Er jedoch blieb verständnislos gegenüber der innertheologischen Zuspitzung der Problematik, die z. B. bei Herrmann und Kähler hervortrat. Überdies wandte er sich eben damals allgemeineren geschichtsphilosophischen Fragen zu. Herrmann und Kähler aber standen am Ende, Männer wie Otto und Heim noch nicht auf der Höhe ihres Wirkens. So zeigt das Jahr 1914 nicht den Abschluß einer Entwicklung, sondern steht mitten in der Verarbeitung der neu gestellten Fragen.

---

[181] Auch *A. Schweitzer* (s. Nr. 5 a) wäre hier zu nennen; doch trat er noch nicht mit seinen grundsätzlichen Gedanken hervor.

Literatur vgl. zu IV 6; ferner G. Schenkel, D. Protestantism. d. Ggw. 1926
C. Schweitzer, Das rel. Deutschland d. Gegenwart, 2 Bde 28–30 (besonders
P. Althaus, Die Theologie, II 121–50). Innerhalb der Zeitschriften spiegeln
die neue Lage am deutlichsten die neuen Folgen der „Zeitschrift f. Theol.
u. Kirche", der „Theol. Rundschau", der „Theologie d. Gegenwart", sowie
die „Theol. Blätter", hrsg. v. K. L. Schmidt 22–35, von ihm und Hm. Strathmann 35 f., seit 37 von diesem allein.

1. Der geschichtliche Hintergrund

a) *Die allgemeine Entwicklung.* – In diese Lage griff der erste Weltkrieg ein. War schon sein Beginn der Zusammenbruch der Weltpolitik,
so wurde vollends seine Durchführung und das Nachkriegs-Leben eine
Kette von Zusammenbrüchen. Stolze Siegeshoffnung, Staatsordnung,
Wirtschaft, Herrschaftsstellung der europäischen Völker, Vertrauen,
Moral, die Kultur-Ideologie der vergangenen Jahrhunderte – alles
sank dahin. Die Revolution, der Scheinfriede, die Ausnutzung der
Lage durch die Siegermächte vollendeten das Werk der Zerrüttung,
das der Krieg begonnen hatte.

Bald genug wurde die Dämonie der Lage offenbar. Durch die unge-
heuerlichen Kriegslasten, durch Inflation und Deflation, durch das
Widereinander der Klassen, Parteien und Interessenverbände, durch
unzeitige Sozialisierungsversuche wurde Deutschland aus einem Fieber
in das andere gestürzt. Aber auch an den Siegern selbst rächte sich ihre
unselige Politik. Überproduktion, Währungsverfall, Arbeitslosigkeit,
Klassenkämpfe zerstörten allenthalben das organische Leben. Kapita-
listische Wirtschaftsordnung und demokratische Staatsform erwiesen
sich unfähig, die Lage zu meistern. Das Bürgertum, das die Entwicklung der letzten Jahrhunderte geistig, politisch und wirtschaftlich
beherrscht, aber die suggestive Sicherheit seines Selbstgefühls seit dem
letzten Drittel des 19. Jh.s verloren hatte, wurde nun vollends äußerlich
und innerlich zermürbt. Es gab seine eigenen Werte preis, ließ sich
durch ein Schriftsteller- und Künstlertum, das nicht mehr aus den
überlieferten sittlichen, geschweige christlichen Kräften heraus wirkte,
bald hierhin, bald dorthin ziehen und spielte mit künstlerischen und

weltanschaulichen Extravaganzen verschiedenster Art. Der „Untergang des Abendlandes" (Oswald Spengler 1918–22) wurde greifbare Wirklichkeit, von Nietzsche und Troeltsch vorausgesagt. Brachte aber das Bürgertum weder Mut noch Kraft zur Führung auf, so schwoll die Sehnsucht nach einem neuen Anfang, nach einer radikalen Wandlung lawinengleich an. Nur von einer umfassenden Revolution, einer wirklichen Umwälzung, wollten viele noch die Überwindung der allgemeinen Krisis erwarten. Daher gewann der Marxismus jetzt weit über die Arbeiterschaft hinaus verführerische Gewalt; wachsenden Massen auch des verelendeten Mittelstandes schien der russische Sowjetstaat den Weg zu einer fruchtbaren Neuordnung der Wirtschaft, der Gesellschaft, des Staates zu zeigen.

In dieser Lage wirkte der alle bindenden Kräfte zerstörende „Geist des 19. Jh.s" sich übermächtig aus. Zwar bestanden erhebliche Kreise, die teils aus dem christlichen und allgemein-sittlichen Erbe der Vergangenheit, teils aus neuen Idealen heraus eine zähe volkserzieherische Arbeit entfalteten, um einen organischen Wiederaufbau des Volkslebens rangen, im einzelnen so manches besserten und die Hoffnung auf allgemeine Wiedergeburt lebendig hielten. Aber den Sieg gewannen sie nicht. Der Individualismus durchbrach alle Schranken, das Verhältnis der Geschlechter und der Generationen verlor den organischen Halt, mit der inneren Bindung schwand das Verantwortungsbewußtsein dahin; im Rausch der Triebe, des Sports und der Technik suchte der Mensch Ersatz für das, was ihm an Seele und Geist erstarb; die gewachsene Gesellschaft zerfiel in Atome, die nur noch Masse, nicht Gemeinschaft zu bilden vermochten. Die Politik gewann sowohl im Gefälle der praktischen Tagesentscheidungen als auch durch ihre ideologische Überhöhung ein auf diesem Boden bisher unbekanntes Gewicht, das zur Vergröberung und zum Fanatismus der geistigen Auseinandersetzungen beitrug.

Zumal der *religiösen* Entwicklung war eine Klärung nicht beschieden[1]. Die Religionsfeindschaft, die im 19. Jh. erwachsen, durch das entwurzelte Literatentum nach allen Seiten wirksam geworden und

---

[1] Vgl. dazu außer der KG² S. 411. 421 verzeichneten Literatur das Sammelwerk Schweitzers, dann die zahlreichen Auseinandersetzungen mit der nationalsozialistischen Weltanschauung und der Deutschen Glaubensbewegung, z. B. Die Kirchen u. d. Dritte Reich, 2 Tle 32, und Die Nation vor Gott, Zur Botschaft d. Kirche im Dritten Reich, hrsg. v. W. Künneth u. Hlm. Schreiner 34, ⁵37, auch Stapels und Gogartens Schrifttum u. a.

durch den Einsatz der Kirchen für die kriegerische Widerstandskraft des deutschen Volkes noch erstarkt war, ergriff seit 1918 immer breitere Massen. Die Kirchenaustrittsbewegung schwoll an, die sozialistische Jugend wuchs religionslos auf und wurde zum Religionshaß erzogen. Allein in anderen Schichten führte die Tiefe der Not, die offenbare weltanschauliche Ohnmacht der bloßen Ratio[2], die Zermürbung der bürgerlichen Selbstzufriedenheit und Selbstsicherheit weithin eher in die entgegengesetzte Richtung[3]. Apokalyptische Stimmungen schufen einen Nährboden für massiv eschatologische Sekten. Die Neuerhebung der natürlichen Religion, die schon der Ausgang des 19. Jh.s erlebte, wurde durch die seelische Krisis und den Kampf um den Wiederaufbau mächtig verstärkt. Freilich wurde sie dabei noch bunter als zuvor. Sie mündete teils in das kirchliche Christentum ein, teils belebte sie die neubuddhistische, die theosophische, anthroposophische, astrologische, lebensreformerische Propaganda oder schuf sogar neue kirchenähnliche Gebilde (z. B. Rittelmeyers „Christengemeinschaft", 1922). Diese nahmen teils altes idealistisches und mystisches Gut auf (Fichte, Meister Eckhart), teils gewannen sie in modernen philosophischen Schriftstellern wie Bô Yin Râ, R. M. Holzapfel, Graf Keyserling, Ludwig Klages, R. Pannwitz, Lp. Ziegler, auch in dem Inder Rabindranath Tagore, selbständige und oft sehr wirksame Vertreter. Sie verband sich mit sozialistischen, aber weit stärker mit völkischen Bewegungen. Und in diesen wieder zeigte sie ihren Mangel an Eigengehalt. Denn sie begegnete hier bald als modern-fromme Mystik (Hm. Stehr, E. G. Kolbenheyer, W. Hauer), bald als schein-wissenschaftliche, pantheistisch verbrämte Weltanschauung (Mathilde v. Kemnitz-Ludendorff), bald als romantische Renaissance nordisch-germanischen Glaubens (L. Fahrenkrog, Gustav Frenssen). Verbindende, bauende Kraft erwies auch die völkische natürliche Religion nirgends; die „Deutsche Glaubensbewegung" scheiterte rasch; die Organisationen des Hauses Ludendorff lebten wesentlich von der Negation und dem Haß gegen das Christentum. Die dem Christentum entgleitende neue Jugend neigte eher dazu, ihre natürliche Religion in die politische Begeisterung und Hingabe

---

[2] Den Wandel spez. der naturwissenschaftlichen Einstellung zeigt z. B. der Vergleich Haeckel-Ostwalds mit Driesch-Dacqué-Planck.

[3] Eine überaus bezeichnende Urkunde der inneren Not, in die vor allem die ideologische Zersetzung der Ideen und Ideale (Marx, Nietzsche, Freud) die Jugend führte, und der – zuletzt ohnmächtig bleibenden – Sehnsucht nach religiösem Halt ist z. B. das Buch „Das Bewußtsein als Verhängnis" von A. Seidel, hrsg. v. H. Prinzhorn 26.

selbst hineinzutragen („Unsere Religion ist der Sozialismus" „Unsere Religion ist Deutschland") und in jeder religiösen Sondergestaltung, sei es christlicher oder neuheidnischer Art, einen Raub an der Totalität der Bewegung zu wittern. Das Ergebnis war der andauernde ungeklärte Kampf des noch immer volkskirchlich ausgebreiteten Christenglaubens mit den radikalisierten Nachwirkungen der Aufklärung und des Deutschen Idealismus, die aus dem Freidenkertum des 19. Jh.s herüberragten, und mit der Religiosierung des völkischen Glaubens. Dazu trat eine neue religiöse Bewertung der Kunst, insbesondere der mittelalterlichen, und der Musik hauptsächlich des Barocks.

b) *Die philosophische Entwicklung.* – Auch sie ist die organische Fortsetzung der Arbeitslinien, die sich um die Jahrhundertwende herausgebildet hatten. Sowohl die *neuidealistischen* als auch die realistischen Ansätze erwiesen, beide mannigfach durch Lebensphilosophie oder Phänomenologie befruchtet, ihre lebendige Kraft. Zwar der eigentliche Neukantianismus verlor trotz der neuen Werke Rickerts seinen Einfluß. Natorp entfaltete unter dem Eindruck des Weltkriegs eine „praktische Philosophie", die, religiös getragen, dem Aufbau des Lebens aus Geist und Glauben dienen wollte; auch Eugen Kühnemann, Bruno Bauch, A. Görland, aus dem jüngeren Geschlecht Hch. Barth und Hinr. Knittermeyer wendeten Kants Gedanken religiös. Stärker in den Vordergrund aber trat jetzt Hegel. Er ließ sich unmittelbar für die einheitliche Sinndeutung der Welt, vor allem für das Verständnis des geschichtlichen Lebens fruchtbar machen; daher suchte man ihn sowohl prinzipiell als auch historisch zu vergegenwärtigen (R. Kroner, Th. Häring jun., Hm. Glockner u. a.)[4]; der Internationale Hegelbund (seit 1930) und seine Kongresse faßten alle Linien seiner Auferstehung zusammen. – Als Hauptträger der überwiegend idealistischen Pflege der Philosophie entstand unter Leitung von F. Krueger neben der älteren „Kantgesellschaft" die „Deutsche Philosophische Gesellschaft"; sie wollte den Ideengehalt und die Geschichte der deutschen Philosophie ergründen, stetig weiter bilden und für das Leben der Gegenwart fruchtbar machen („Blätter für deutsche Philosophie", seit 1927).

---

[4] Mit größter Selbständigkeit z. B. dachte Th. Litt in Hegels „eigenen Formen über ihn selbst hinaus", vgl. Philosophie u. Zeitgeist, S. 51. Die Konkurrenz zur Theologie arbeitete am stärksten und schärfsten Nicolai Hartmann heraus (Die Philosophie des deutschen Idealismus II: Hegel 1929).

Auf *kritisch-realistischer* Seite kam es nicht zu eigentlichen Neubildungen, sondern nur zum weiteren Ausbau der Arbeit. Immerhin bedeutete Drieschs „Wirklichkeitslehre" eine neue Stufe seiner Philosophie; und neue Vertreter (z. B. E. Becher) traten in die Arbeit ein. Vor allem aber reichte der Realismus als Einschlag auch in anders angesetzte Philosophie; in Nic. Hartmanns „Problemdenken" z. B., das überall von der Rätselhaftigkeit der Welt, vom Seienden selbst, ausgeht, wirkte er deutlich mit. Der positivistische Zug wurde dabei durch das Streben nach Metaphysik oder doch nach neuer Ontologie immer weiter in den Hintergrund gedrängt.

Auch die *Lebensphilosophie* entwickelte sich im wesentlichen nicht als in sich selbständige Linie, sondern als erweichender, verbindender, und belebender Einschlag im Ganzen der Entwicklung. Sie gab dem vielfältigen Irrationalismus und Pragmatismus der Zeit einen in allen Farben sowohl des Naturalismus wie des Idealismus spielenden Stimmungsgehalt, zog Begriffe wie Wert und Ganzheit (Gestalt) an sich, die, obwohl je in einzelnen Gruppen besonders gepflegt (z. B. jener in sehr verschiedener Weise von Scheler, N. Hartmann, W. Stern, dieser von Krueger), ebenfalls fast alle Lager der Philosophie eroberten, und schuf so eine Gedankenrichtung, die sich gerade durch ihre Vielgestaltigkeit und Anpassungsfähigkeit einem vorwiegend von praktischen Nöten, von dem Ringen um die eigene Gegenwart und Zukunft bewegten Zeitalter empfahl. Sie wurde auch der philosophische Rückhalt des völkischen Denkens, am reinsten bei E. G. Kolbenheyer. Bei A. Rosenberg, E. Krieck und H. Heyse nahm sie eine mehr geschichtliche Wendung und kämpfte sowohl nach der naturalistischen als auch nach der ästhetischen Seite um die Überwindung der ihr einwohnenden Gefahren. Doch neigte sie auch hier dazu, im Denken bloße Formung oder Ideologie des Lebens zu sehen. Damit mündete sie in die naturalistisch-positivistische Entnervung des Wahrheits- und Erkenntnisbegriffs ein, die Feuerbach, Marx, Nietzsche heraufgeführt hatten und die durch Freuds Tiefenpsychologie eben jetzt Verstärkung erfuhr. Selbst Heyse, der in seiner Verbindung von „Idee und Existenz (1940)" um eine nicht theoretisch zu erdenkende, sondern in geschichtlichem Einsatz als existenzielles Wissen erfahrbare metaphysische Wahrheit kämpfte, entging dem nicht. Wilhelm Kamlah war dem gegenüber um eine intellektuelle und politische Ganzheit — ursprünglich in nationalsozialistischem antichristlichen Sinne bemüht (Christentum und Selbstbehauptung 1938, 2. Aufl. unter dem Titel: Christentum u. Geschichtlichkeit, 1951).

Strenger und reiner philosophisch blieb die *Phänomenologie,* die noch über die bei Husserl und dem wandlungsreichen Scheler gewonnene Höhe hinausgeführt wurde. Sie entwickelte sich, da unter dem Eindruck Kierkegaards und der allgemeinen Kulturerschütterung das Sein des Menschen in den Mittelpunkt des Fragens trat, vor allem bei Heidegger und Jaspers, zur *Existenz*-Philosophie. Sie begegnete hier auch dem Vertreter eines dialektischen Realismus Eb. Grisebach, der Wirklichkeit nur in der konkreten Situation und in der Auseinandersetzung mit dem „Du" kannte. War schon bei den völkischen Lebensphilosophen der „tragische Heroismus" das Leitmotiv der Geschichtsdeutung, so wurde bei diesen um die „Existenz" kreisenden Philosophen vollends die Lage des Menschen zum Kern der Philosophie; die Philosophie begann als Anthropologie um die Inhalte des Innenlebens zu ringen, die lange den Theologen überlassen waren. Begriffe wie Geworfensein, Sorge, Angst, Schuldigsein, zum Tode sein (Heidegger), wie Eingespanntsein zwischen – ewig unerreichbarer – Transzendenz und Immanenz (Jaspers), wie aktuelle Erfassung der Wahrheit (Grisebach) zeigten eine Entsprechung zur Religion; aber diese Entsprechung war nicht innere Nähe, sondern eher ein philosophischer Eroberungszug über das Gelände der Theologie und kühle Abkehr von dem, was der christliche Glaube mit jenen Begriffen meint; wieder verwandelten sie, wie einst Feuerbach, die Theologie in Anthropologie.

So ging in der Philosophie der Zeit eine wachsende Auflockerung der Schulen und ein Suchen nach vertiefter Fragestellung vor sich. Auf der einen Seite wandte sich die Aufmerksamkeit von neuem der Metaphysik zu, auf der andern dem sowohl um seine geschichtliche Stellung als auch um die Sicht seines Wesens kämpfenden Menschen. Dabei wurden so manche Wahngebilde abgebaut, so manche Untersuchungen und Klärungen – etwa des Bildungs- und Wissenschaftsbegriffs – vollzogen, die auch dem theologischen Denken nützen könnten. Auch neue *Religionsphilosophien*[5] traten zu den älteren hinzu: vor allem die des zur Philosophie übergehenden Theologen Hch. Scholz (21, [2]22), die von Hm. Schwarz (Das Ungegebene, 21), von Fch. Brunstäd (Die Idee d. Religion, 22), der Theologe wurde, von A. Görland (Religionsphilosophie, 23), von P. Tillich (25); und noch

---

[5] Überblick bei H. Leisegang, Religionsphilosophie d. Gegenwart 30 (Forschungsberichte). Vgl. auch: Kt. Stavenhagen, Absolute Stellungnahmen. Eine ontologische Untersuchung über das Wesen der Religion 1925.

häufiger behandelten Philosophen Grenz- oder Einzelfragen des religiösen Gebiets (so Hch. Barth, Br. Bauch, O. Dittrich, H. Driesch, P. Hofmann, H. Knittermeyer, H. Leisegang, Th. Litt, Gg. Mehlis, K. Österreich, O. v. d. Pfordten, Ed. Spranger, W. Stern, J. Wach, Th. Ziehen, Hans Reiner u. a.). Die Philosophen selbst wurden dadurch nur selten in den Bereich des christlichen Glaubens geführt (am ehesten dort, wo einer von den großen Deutschen Idealisten ihrer mächtig wurde, und wo Rud. Otto oder die dialektische Theologie einwirkten). Sie leisteten darum auch der Theologie keine unmittelbare Hilfe; es kam alles darauf an, ob die Theologie für ihren besonderen Dienst von ihnen zu lernen verstand und so wenigstens mittelbare Hilfe bei ihnen gewann.

c) *Evangelisches Christentum und Kirche*[6]. – Der Aufschwung des religiös-kirchlichen Lebens zu Anfang des Krieges erlahmte bald. Aber die folgende Erschütterung belebte das kirchliche Bewußtsein von neuem. Tiefer als je fühlte der Deutsche jetzt „der Zeiten ungeheuren Bruch und fest umklammerte er sein Bibelbuch". Schon Ende 1918 brachen überall Laienbewegungen auf, um die Kirchen zu schützen. Die kritischen Theologen bewährten ihre kirchliche Verbundenheit, indem sie der Kirche ihre Kräfte zur Verfügung stellten, den Kampf nach außen führen und die innere Ordnung festigen halfen. Die freie Aktivität, deren große Verbände 1916 eine „Konferenz deutscher Arbeitsorganisationen" geschaffen hatten, erwies sich als Stütze der Kirchen und entfaltete ihrerseits immer feinere Organe zur Durchdringung des Volkslebens (Jugend- und Sozialarbeit, Volksmission, Evangelisation, Presse, Buchberatung und Literaturkritik, Singbewegung, kirchliche Kunst u. a.). Als in der schweren Zeit der Inflation die Einrichtungen der Inneren Mission zusammenzubrechen drohten, sprang das protestantische Ausland in die Bresche. So zeigte der Protestantismus in der allgemeinen Verwirrung eine von den Draußenstehenden nicht erwartete Einheit und Kraft. Das Ergebnis war, daß trotz der Anstürme des Freidenkertums und Marxismus weder die Austrittsbewegung noch das Drängen auf weltliche Schule stark genug waren, um den äußeren Bestand des Volkskirchentums zu erschüttern; bis in die entkirchlichten Massen hinein blieb das Bedürfnis nach Zusammenhang sogar mit den Kirchen lebendig. Auch die Anpassung der im letzten Drittel des 19. Jahrh.s geschaffenen kirchlichen Einrichtungen an die veränderte Lage gelang verhältnismäßig rasch. Der

---

[6] Vgl. H. Stephan – H. Leube Hdb. d. KG IV ²1931 § 58.

Wegfall des landeskirchlichen Summepiskopats gab größere Selbständigkeit und Handlungsbereitschaft; die Einheitsbewegung führte zwar nicht zu der von vielen ersehnten Reichskirche, aber doch zu einem Kirchenbund, der vor allem die einheitliche Pflege des durch die Gebietsabtrennung stark vergrößerten evangelischen Auslandsdeutschtums übernahm und weiterer Entwicklung fähig war.

Das innere Leben der *Kirchen* empfing aus der Gefahr und der allgemeinen Neubesinnung kräftige Antriebe. Natürlich stellte der Kampf um die Kirche diese selbst mehr als bisher in die Mitte des Denkens, und zwar sowohl im konfessionalistischen als auch im ökumenischen Sinn, sowohl nach der Seite der Verfassung als auch nach der Seite des Gottesdienstes als schließlich nach der Seite des Bekenntnisses. Viele knüpften dabei an das Neuluthertum des 19. Jh. s an; andere schufen die vom Erlebnis der Heiligkeit ergriffene, von der Jugendbewegung genährte Berneuchener (Wilhelm Stählin) und die hochkirchliche (Friedrich Heiler) Bewegung. Zugleich aber griff das alte Sehnen nach verstärkter Lebendigkeit und Wirklichkeitsnähe der Kirche jetzt weit über diese Kreise hinaus. Es kreiste weniger um die Eigenständigkeit des Kirchentums als um die Belebung der Volkskirche. Mannigfache Erweckungen, zuletzt die „Gruppenbewegung" (Frank Buchman), lockerten den Boden auf. Auch wirkliche Reformen wurden vollzogen; das kirchliche Empfinden wurde sozialer, der Religionsunterricht ging auf die pädagogischen Fortschritte der Gegenwart ein, der Sinn für die gottesdienstlichen Formen erwachte weithin und gab sowohl der liturgischen Entwicklung als auch der kirchlichen Kunst einen im deutschen Protestantismus ungewohnten Auftrieb. Das Laientum meldete sich zu Wort. Allein die Wirklichkeitsnähe trug sofort auch die Gegensätze der deutschen Wirklichkeit in das kirchliche Leben hinein. So bildete sich, vor allem schweizerischen Anregungen folgend, der religiöse Sozialismus, der einerseits die Kirchen sozialisieren, anderseits den Sozialismus verchristlichen wollte. Freilich fand er weder in der Sozialdemokratie noch in der Kirche ein genügendes Echo und blieb auf enge, aber bedeutungsvolle Kreise beschränkt. (Paul Tillich, Georg Wünsch, Günther Dehn, Paul Piechowski.) Vorübergehend (seit 1921) schien die wesentlich flachere, von der völkischen Bewegung angeregte deutsch-kirchliche Strömung breiteren Einfluß zu gewinnen, die über die im evangelischen Christentum selbstverständliche Pflege von Volkstum und vaterländischem Einsatz hinaus die Entjudung des Christentums und die Aufnahme deutscharischer Züge, z. B. der „heldischen Weltanschauung", durchzuführen versuchte. Sie wandelte sich mannigfach um und teilte sich in verschiedene Zweige; konkretes Hauptziel wurde seit 1933 die unkonfessionelle, dem nationalsozialistischen Staate eingegliederte Nationalkirche. Diese eindeutig widerchristliche Zielsetzung zerstörte sofort ihre Anziehungskraft. Der weitaus größere Eifer wandte sich gerade in den Zeiten der Gefahr der Bewahrung des überkommenen Erbes, sogar der strengen Wiederaufrichtung des dogmatischen „Bekenntnisses" und der ihm entsprechenden Formung der evangelischen Kirche zu. Nichts konnte besser die Lebenskraft dieses Erbes beweisen. Aber bewiesen wurde zugleich aufs neue die Schwierigkeit, den Reichtum des kirchlichen Lebens, vor allem die immer wieder auseinandertretende Entwicklung der intensiven und der extensiven sowie der vorwärts und der rückwärts blickenden Glaubensbewegungen, kirchlich zusammenzufassen. Und doch konnte nur dann, wenn sie überwunden wurde, auch die Durchchristlichung der natürlichen Religion, die Fortdauer des Volkskirchentums, die Erhaltung des deutschen Volkes im Christentum möglich werden. Mehr als je war hier der klärende Dienst der Theologie notwendig, wenn die evangelischen Kirchen nicht in dem Ringen der erstarkten Kirchlichkeit, der durch die Erschütterungen geweckten eschatologisch-apokalyptischen Stimmungen und der mächtig einströmenden natürlichen Religion auseinanderbrechen sollten.

2. Der theologische Umbruch

a) *Der Geist der neuen Geschlechter.* – Offene Fragen waren um 1914 das Merkmal der theologischen Lage. Nun kam das Erdbeben, dessen unterirdisches Grollen nur von wenigen voll verspürt worden war, zum Ausbruch. Es erschütterte ebenso die Tiefen des seelischen Lebens und damit den empirischen Glauben der Christenheit wie den Bildungs- und Wissenschaftsbegriff des 19. Jahrh.s, der die Theologie zwangsläufig beeinflußt hatte. Eine solche Zeit war nicht geeignet, an überkommenen Fragen ruhig weiter zu arbeiten. Sie stellte vielmehr die überkommenen Fragen selbst in Frage. So wurde die Theologie, bevor die starken Anregungen der Jahrhundertwende verarbeitet waren, von neuen Wettern überrascht. Eine Zeit der Verwirrung und der wechselreichen Stürme voll von Unsicherheiten und Schwankungen zwischen scharfen Gegensätzen, brach für sie wie das ganze Leben des deutschen Volkes an – kein Wunder, daß eine Art Krankheitszu-

stand über dieser Zeit lag, der nur unter schweren Schmerzen überwunden werden konnte. Das theologisch Wichtige war, daß hervorragende Vertreter des
soeben zur Reife kommenden Theologengeschlechts die katastropha-
len Zusammenbrüche dieser Zeit als Anruf Gottes erlebten und sich
zu Kündern des Gerichts gegenüber dem herrschenden Christentum
berufen wußten; sie gaben der älteren Einsicht in den praktischen
Charakter der Religion unerhörte Gewalt, indem sie alles „existen-
ziell" auf den in Frage gestellten Lebensmittelpunkt des geschaffenen,
sündigen Menschen bezogen. Damit erhielt ihre theologische Rede
einen prophetischen Zug – vergleichbar der Erweckung am Anfang des
19. Jahrh.s, aber einseitiger, weil ohne das Erlebnis der Hilfe (1813),
und von vornherein stark theologisch gerichtet. Sören Kierkegaard bot
dafür – trotz seines Individualismus – das überzeugende Vorbild. Sie
erstrebten eine radikale Neubesinnung auf den ursprünglichen Gehalt
der christlichen Botschaft, in scharfem Protest wie gegenüber sakralem
Kirchentum und Pietismus, so vor allem gegenüber der Säkularisierung, die den vulgären Protestantismus beherrscht und die Theologie
zur Unterstellung der Offenbarung unter kulturelle oder sittliche
Maßstäbe verführt habe. Freilich wirkte dieser Protest sich zwiespältig
aus. Einerseits lernte starker Glaube gerade in der Zeit der Erschütterung vollends auf alle menschlichen, auch theologischen und kirchlichen
Sicherungen verzichten; er wagte die restlose Hingabe an die Souveränität des lebendigen Gottes, der ebenso in den Stürmen wie in den
ruhigen Entwicklungen der Geschichte spricht. Anderseits erwachte
mit psychologischer Notwendigkeit gerade jetzt die Sehnsucht nach
festem Halt zu neuer Kraft, und so schaute man nach dem Geschicht-
lich-Objektiven aus, das der christlichen Theologie in all ihren Wandlungen den Rückhalt geben sollte. Vor allem trat die Bibel wieder als
Ganzes, unter starker Vergleichgültigung ihrer historischen Betrachtung in den Mittelpunkt und gewann als Kanon verstärkte Autorität;
die spezifischen Bibel-Theologen, voran Kähler und Schlatter, wirkten
sich aus. Mit der Bibel aber verband sich sofort die Reformation.
Die gewaltige Arbeit, die ihrer historischen Erforschung im letzten
Menschenalter zugewandt worden war, begann jetzt für die gesamte
Theologie Früchte zu tragen. Vor allem Luther wurde, seit Karl Holl
seine zentrale Thematik wiederentdeckt hatte, mit neuer Kraft und
Vielseitigkeit lebendig. Die Umkehr von den Lutherbildern der Aufklärung und des konfessionellen Luthertums zu ihm selbst, die – in
sehr verschiedener Weise – die Ritschlianer und die Erlanger begonnen

hatten, wurde noch historisch treuer, umfassender und radikaler durchgeführt („Lutherrenaissance"). Tatsächlich konnte Luther kraft seiner Tiefe der Gottgebundenheit am ehesten den Blick auf die in jener zwiespältigen Verwirklichung des Protestes lebendige Einheit lenken. Entsprechend wechselte das Interesse der Theologie vom Streben nach einem statischen System hinüber zur offenen Dynamik der Frage und des „dialektischen" Denkens, von der Welt- und Lebensanschauung zur Offenbarungs-Mitte des Glaubens selbst. Souveränität und Transzendenz Gottes, Mensch und Sünde, Christus und Gnade, Rechtfertigung und Versöhnung, Kirche und Sakrament, eine über das ganze Heilsverständnis ausgebreitete eschatologische Haltung, das waren die Gegenstände, um die das theologische Denken kreiste; denn nur bei ihnen schien es um christliche Offenbarung und um die wahre „Existenz" des Menschen zu gehen. Das Verhältnis des christlichen Glaubens zu Welt und Kultur, das seit den 90er Jahren die meisten Theologen stark beschäftigt hatte, erschien als wesensfremd, nähere Beschäftigung damit als theologisch gefährlich, ja verdächtig. Denn die Welt verführt zur Kreaturvergötzung, die Kultur zur Selbstverherrlichung des Menschen; sie sind voll von dämonischen Mächten, stehen unter dem Gericht Gottes und bleiben am besten sich selbst überlassen. Für diese Einstellung wurde Schleiermacher aus dem großen Reformator vielmehr zum Verderber der Theologie, weil in ihm nicht das biblisch-reformatorische Evangelium sondern Pietismus, Aufklärung, Idealismus, Romantik, ästhetische Mystik geredet hatten. Auch Ritschl verfehlte die rechte Bahn, weil er dem Ethischen und Historischen verhaftet blieb. Es galt, in scharfem Bruch über den ganzen, historisch und psychologisch, moralistisch und ästhetizistisch, individualistisch und subjektivistisch verfälschten „Neuprotestantismus" auf die Offenbarung selbst zurückzugehen, wie sie unmittelbar in der Bibel und mittelbar in der Reformation zu uns spricht[7].

---

[7] Aus der Neuzeit kamen außer Kierkegaard die beiden Blumhardt und Dostojewski mit ihrer Art der Frömmigkeit zu größerer Geltung – in scharfem Gegensatz zu den indischen und ähnlichen Einflüssen (Tagore). Daß diese Führer dabei vereinseitigt und mißverstanden wurden, war fast selbstverständlich. (Zu Kierkegaard vgl. die korrigierenden Schriften von Eman. Hirsch und Skandinaviern wie Geismar und Torsten Bohlin). K. Barth meinte, in seinem Gegensatz zur modernen Theologie außer an Kierkegaard auch bald an den Neulutheraner Vilmar, bald an den Neucalvinisten Kohlbrügge, bald an den spekulativen I. A. Dorner, bald an Overbeck anknüpfen zu können. Der seltsam anmutende Wechsel in diesem Rückwärtstasten zeigte sowohl die Unsicherheit als auch die

Freilich blieben auch diese Bewegungen trotz ihrer Betonung des Objektiven dem Gesetz der Zeitbedingtheit untertan. Zeitbedingt war schon der Übergang vom Kulturoptimismus zu radikaler Kulturkritik, von idealistischer („ideologischer") zu positivistisch-naturalistischer Betrachtung des Weltgeschehens. Bei zunehmender Klärung hoben sich die Phänomenologie und ihre anthropologische Zuspitzung, die Existenzphilosophie, als Frage nach dem Verstehen, Vorverständnis und Selbstverständnis der Probleme wie des Subjekts als beherrschende Größen heraus. Von hier erfolgte die wirkliche Fortführung der theologischen Problematik, die zugleich ein echtes Gespräch mit der Philosophie und der Philologie als verstehender Sprachkunde und Sprachlehre eröffnete.

Die Umstellung war an sich nichts weniger als Parteinahme für eine der älteren theologischen „Richtungen". Sie bekämpfte, obwohl sie sich teils gegenüber Herrmann und Kattenbusch, teils gegenüber Kähler, Schlatter, Schaeder oft eines gewissen Zusammenhangs bewußt war, nicht nur den „Liberalismus" und die „Modern-Positiven", sondern auch Pietismus, Biblizismus und Orthodoxie. Zumal da, wo sie gegenüber allen horizontalen, historisch-psychologischen Linien nach der vertikalen Gottbezogenheit fragen lehrte, stieß sie durch alle verfügbaren vorletzten Instanzen, auch die der Kirche, der Tradition, des Bekenntnis- und Bibel-Buchstabens hindurch, und öffnete sich der absoluten Freiheit des göttlichen Redens. Das Deus dixit – aktuell in der kirchlichen Verkündigung – wurde eindeutig zum Ursprung des theologischen Denkens, hörbereites Harren zur Glaubenshaltung. Darum wollte z. B. die Theologie Barths in ihrem Anfang nichts anderes sein als Randbemerkung zu aller sonstigen Theologie, Wächterin echt theologischen Denkens hüben wie drüben. Jedoch machte sich auch hier das Gesetz der Zeitbedingtheit als Begrenzung geltend. Die richtige Forderung beständiger Seelen- und Geisteswende[8] erstarrte häufig genug zur Proklamation einer einmaligen Zeitenwende, die immer neue Revolutionierung der Theologie zu einer konkreten Revolutionstheologie als Ersatz der alten Theologien. Diese Wendung rächte sich schwer. So verdienstvoll auch diesmal wieder der Ruf zur Sammlung um die zentralen Themata der Theologie war, er blieb

---

Freiheit gegenüber der Geschichte und wies darauf hin, daß der Bruch mit der theologischen Kontinuität noch nicht zu Ende gedacht war.

[8] Paul Tillich nannte schon 1926 Husserls „Logische Untersuchungen" eine wahrhafte Jahrhundertwende in der Philosophie.

bei seinen meisten Trägern noch mehr als einst bei Ritschl auf den nächsten Umkreis der Stoffe beschränkt, ohne für die Weite der theologischen Problematik fruchtbar zu werden. Aus universalen Erschütterungen geboren, in wichtigen Vertretern auf Universalität angelegt, wandte die neue Theologie ihre Kraft doch weit mehr der intensiven als der extensiven Bewegung des Glaubens zu. Im Eifer des Kampfes gegen Immanentismus, Idealismus, Kultursynthese vergleichgültigten die meisten ihrer Vertreter die aus dem Kampf mit fremden Weltanschauungen und Religionen, aus der Begegnung mit dem modernen Weltbild und den modernen Lebenswirklichkeiten entspringenden Fragen. Damit beschworen sie die Gefahr der thematischen Verengung und der theologischen Isolierung herauf; die andere Seite des alttestamentlichen Prophetentums, die Sozial- und Zeitkritik, drohte zu verstummen.

b) *Die neuen Gruppen.* – An dieser Haltung waren allerdings die zahlreichen Theologen der Nachkriegszeit in sehr verschiedenem Maße und sehr verschiedener Weise beteiligt. Die sowohl früheste als auch in der prophetischen Gegenwartsdeutung radikalste und daher eindrucksvollste, den Gesamtton am stärksten bestimmende Gruppe war die der *„dialektischen"* Theologen[9]. In ihr verbanden sich die Schweizer *K. Barth, Ed. Thurneysen, Em. Brunner* mit

---

[9] Der Name bezeichnet ihr Wesen schlecht, ist aber so verbreitet, daß er nicht vermieden werden kann. – *K. Barth,* 1886–1968; Schweizer Pfarrer, dann Prof. in Göttingen, Münster, Bonn, seit 35 Basel. Hauptwerk: Die kirchliche Dogmatik I, 1. 1932 [8]1964; I, 2 1938 [5]1960; II, 1 1940 [4]1958; II, 2 1942 [4]1959; III, 1 1945 [3]1957; III, 2 1948 [2]1959; III, 3 1950 [2]1961; IV, 1 1953 [2]1960; IV, 2 1955 [2]1964; IV, 3. 1 1959; IV, 3. 2 1959; IV, 4 (Fragment) 1967. Der Römerbrief 19, [2]22, [5]26, [6]33, [10]67 (Abdr. d. neuen Bearb.); Der Christ in d. Gesellschaft 20; Das Wort Gottes und die Theologie (Ges. Aufs. u. Vortr. 1) 24 [3]29; Die Auferstehung d. Toten (1. Kor. 15) 24, [4]53; Vom chr. Leben 26; Philipperbrief 28, [6]59; Die chr. Dogmatik, I 27, [2]32. (s. u.); Die Theol. u. d. Kirche (Ges. Vorträge 2) 28; Fides quaerens intellectum 31; Credo 35, [4]36; Theol. Existenz heute 33, dazu die Schriftenreihe gleichen Titels, hrsg. mit Thurneysen seit 34 (z. B. „Nein" 34, sowie „Evangelium u. Gesetz" 35). Die protestantische Theologie im 19. Jahrhundert 1947 [3]1960; Theologische Fragen und Antworten (Ges. Vortr. 3) 1957; Wolfgang Amadeus Mozart 1756/1956. 1956 [6]63. Brief an einen Pfarrer in der Deutschen Demokratischen Republik 1958 [3]1959; Gottesdienst-Menschendienst (Eduard Thurneysen zum 70. Geburtstag) 1959 (darin Briefwechsel Barth-Thurneysen 1921–26). Gotteserkenntnis u. Gottesdienst nach reform. Lehre,

den Reichsdeutschen *Fch. Gogarten* und *R. Bultmann* zu einer Arbeitsgemeinschaft, der sich bald andere anschlossen; sie begründeten 23 eine eigene Zeitschrift „Zwischen den Zeiten", die *G. Merz* leitete (bis 33). Ihr ebenso vielseitiges wie sendungsbewußtes Auftreten führte die neue Haltung rasch zum Durchbruch und machte vor allem auf die Jugend einen fortreißenden Eindruck. Hier wurde mit der Gottheit Gottes und auch mit der paulinischen Verkündigung radikal Ernst gemacht. Hier war das Urteil über Kultur und Geschichte, auch über das empirische Christentum selbst, am schärfsten, die Bereitschaft, alle natürliche Religion, alle Welt- und sittliche Lebensanschauung der positivistisch-ideologischen Entmächtigung preiszugeben, am größten. Die Theologie wurde wieder im ganzen Umfang theologia crucis. Hier schien die „dialektische" Wechselbeziehung des Ja und Nein (z. B. Schöpfungspsalmen – Röm. 8) neue theologische Möglichkeiten zu geben. Weil das Bewußtsein weiter Kreise, vor allem unter den jungen Theologen, spürte, daß hier der durch die allgemeine Erschütterung geweckte, vorbildlich an die biblisch-reformatorische Botschaft hingegebene Lebensernst wirksam war, gab es die-

38; Dogmatik im Grundriß 47 ³64; Die christl. Lehre nach d. Heidel. Katech. 48; Christengemeinde und Bürgergemeinde (ThSt 20), 46; Humanismus (ThSt 28), 50; Mensch u. Mitmensch. Die Grundform der Menschlichkeit 58 ⁴62; Der Götze wackelt. Aufsätze 1930–1960, 61; Einf. i. d. ev. Theol. 62 ³63; Rudolf Bultmann, ein Versuch ihn zu verstehen. Christus und Adam nach Römer 5. 2 Theol. Studien 64; Homiletik 66; Ad limina Apostolorum 68; – Autobiographisches: „Parergon", K. B. über sich selbst (EvTh 1948/49, 268–282). – Festschriften für K. B.: Die Freiheit der Gebundenen (zwangsweise u. d. T.: Theol. Aufs. f. K. B.) 36; Antwort 56 (mit Bibliographie); Parrhesia 66. – Über K. B. (außer der in RGG³, Bd. I, 898 genannten Lit.): *R. Walker,* Zur Frage der Uroffenbarung. Eine Auseinandersetzung mit K. Barth u. P. Althaus, 62; *U. Hedinger,* Der Freiheitsbegriff i. d. Kirchl. Dogmatik K. Barths, 62; *B. A. Willems* (kath.), K. B. – Eine Einf. i. sein Denken, 64; *F. Schmid,* Verkündigung und Dogmatik i. d. Theol. K. B.s, 64; *M. Storch,* Exegese u. Medit. zu K. B.s Kirchl. Dogm., 64; *E. Jüngel,* Gottes Sein ist im Werden. Verantwortl. Rede vom Sein Gottes b. K. B. Eine Paraphrase 65 ²67; *H. G. Pöhlmann,* Analogia entis oder analogia fidei? Die Frage der Analogie b. K. B., 65; *T. Stadtland,* Eschatologie und Gesch. i. d. Theol. d. jungen K. B., 66; *F. W. Marquardt,* Die Entdeckung des Judentums für d. chr. Theol. Israel im Denken K. B.s, 67; *E. W. Wendebourg,* Die Christusgemeinde und ihr Herr. Eine krit. St. z. Ekkl. K. B. s, 67; *H. Enslin,* Der ontol. Gottesbew. b. A. v. Canterbury u. b. K. B. (NZsystTh 11, 69, 154–177); Theol. zw. Gestern u. Morgen. Interpretationen u. Anfragen zum

ser Theologie ein übermächtiges, ihre Vertreter immer weiter treibendes Echo. In Sprache und Denkweise schloß sie sich aufs engste an Sören Kierkegaard an und schuf wie er der Verkündigung der urchristlichen Botschaft im Bereich des Denkens Raum, freilich im Unterschied zu seiner „indirekten Mitteilung" weit mehr in der Wucht direkter Prophetie. Die Theologie verstand sich nicht mehr als Problembewäl-

Werk K. B. s, 68; *E. Busch,* Humane Theol. Texte u. Erl. z. Theol. d. alten K. B. (Polis, Bd. 32), 67; *H. Binz,* Das Skandalon als Grundlagenprobl. d. Dogm. Eine Auseinandersetzung m. K. B., 69; *U. Browarzik,* Glauben u. Denken. Dogm. Forschung zwischen d. Offenbarungstheol. K. B. s u. d. Transzendentaltheol. K. Rahners, 70; *A. Dekker,* Homines bonae voluntatis. Das Phän. d. prof. Humanität in K. B. s Kirchl. Dogm., 70; *E. Brinkschmidt,* S. Kierkegaard u. K. B., 71, *B. Klappert,* Kreuz u. Auferstehung. Der Ansatz d. Christologie K. B.s im Zus. d. Christol. d. Gegenw., 71. – *Ed. Thurneysen:* geb. 1888; Pfarrer, Prof. in Basel. Dostojewski 21 [4]30; Das Wort Gottes u. d. Kirche 27; Die Lehre von der Seelsorge 46 [3]65; Seelsorge im Vollzug, 68; Das Wort Gottes u. d. Kirche, 71 ThB; Chr. Blumhardt – Leben u. Werk, 62. – *Emil Brunner* geb. 89; Prof. in Zürich 25. Das Symbolische in d. rel. Erkenntnis 13; Erlebnis, Erkenntnis u. Glaube 21, [4]33; Die Mystik u. d. Wort 24, [2]28; Reformation u. Romantik 25; Religionsphilosophie evangelischer Theologie 26; Der Mittler 27, [3]37; Gott u. Mensch 30; Das Gebot u. d. Ordnungen (Ethik) 32, [2]33; Natur u. Gnade, [2]34; Der Staat als Problem d. Kirche 35; Vom Werk d. hlg. Geistes 35; Die Kirchen, d. Gruppenbewegung u. d. Kirche Jesu Christi 36; Der Mensch im Widerspruch 37. [4]65; Wahrheit als Begegnung 1938 [2]63; Offenbarung und Vernunft 1941 [2]61; Gerechtigkeit 1943 (Sozial- und Wirtschaftsethik); Die christl. Lehre v. Gott (Dogmatik I) 1946; Die christl. Lehre v. Schöpfung und Erlösung (Dogmatik II) 1950; Die Lehre von der Kirche, vom Glauben und von der Vollendung (Dogmatik III) 60 [2]65; Das Ewige in Zukunft und Gegenwart, 53, 65 (Taschenb.); Das Ärgernis des Christentums 57 [2]60; Unser Glaube. Eine Unterweisung über die zentralen Fragen des christl. Glaubens, 58 [12]67. Festschr.: Das Menschenbild im Lichte des Evangeliums, 50; zum 70. Geburtstag: Der Auftrag der Kirche in der modernen Welt, 59. – Über E. B.: *P. G. Schrotenboer,* A new apologetics: an analysis and appraisal of the eristic theology of E. B., Leiden 55; *J. Pöhl,* Das Problem des Naturrechts bei E. B., 63; *R. Roessler,* Person und Glaube. Der Personalismus der Gottesbeziehung bei E. B., 65. – *Friedrich Gogarten:* 1887–1967; Prof. in Jena, Breslau, Göttingen. Fichte als rel. Denker 14; Religion u. Volkstum 15; Religion weither 17; Die rel. Entscheidung 21, [2]24; Von Glaube u. Offenb. 23; Illusionen 26; Ich glaube an d. dreieinigen Gott 26; Theol. Tradition u. theol. Arbeit 27; Glaube u. Wirklichkeit 28; Die Schuld d. Kirche gegen d. Welt 28, [2]30; Wider die Ächtung d. Autorität 30, [3]32; Politische Ethik 32; Einheit v. Evangelium u. Volkstum? 33, [2]34; Ist Volksgesetz Gottesgesetz? 34; Das Bekenntnis d. Kirche 34; Das Wort Gottes u. d. Schrift 36; Gericht oder

tigung in Analogie zur Wissenschaft, sondern als Problemöffnung, die auf die Bewältigung durch Verkündigung und Glauben angewiesen ist. Sie nahm ihren Ausgangspunkt bei dem von Kierkegaard gegen Hegel formulierten „qualitativen Unterschied zwischen Zeit und Ewigkeit", für den sie sich gern biblisch auf Prediger Salomo 5, 1 berief. Damit waren unverlierbare Erkenntnisse gewonnen.

Skepsis? [2]37. Die Kirche i. d. Welt 48; Die Verkündigung Jesus Christi 48 [2]65; Der Mensch zwischen Gott und Welt 52 [4]67; Verhängnis und Hoffnung der Neuzeit 53 (Säkularisierung) 66 (Taschenb.); Entmythologisierung und Kirche 53 [4]66; Was ist Christentum? 56 [3]63; Die Wirklichkeit des Glaubens 57. Die Frage nach Gott. Eine Vorlesung, 68; Jesus Christus – Wende der Welt. Grundfragen zur Christologie, 66 [2]67; Luthers Theologie, 67. – Über F. G.: R. *Wagler,* Der Ort der Ethik b. F. G., 67; *H. Fischer,* Christl. Glaube u. Geschichte. Vorauss. u. Folgen d. Theol. F. G. s, 67; R. *Weth,* Gott in Jesus. Der Ansatz der Christologie F. G. s, 68; *T. Strohm,* Theol. im Schatten polit. Romantik. Eine wissenssoziol. Anfrage a. d. Theol. F. G. s, 70. *A. V. Bauer,* Freiheit z. Welt. Zum Weltverst. u. Weltverh. nach d. Theol. F. G. s, 67; K. W. *Thyssen,* Begegnung u. Verantw. Der Weg d. Theol. F. G. s, V. d. Anfängen b. z. 2. Weltkrieg, 70. – *Rud. Bultmann:* geb. 84; Prof. in Breslau, Gießen, Marburg. Neutestamentliches s. Nr. 3 a. Der Begriff d. Offenbarung im Neuen Test. 29; Offenbarung und Heilsgeschichte 1940 (darin: Neues Testament und Mythologie); Das Evangelium des Johannes 1941 [19]68; Das Urchristentum im Rahmen der antiken Religionen 1949 [2]1954; Theologie des NT 1953 [6]1968; Glauben und Verstehen (Ges. Aufs.) I 1933 [6]66; II 52 [4]65; III 60 [3]65; IV [2]67; Marburger Predigten 1956; (zur Diskussion der Existenzialinterpretation („Entmythologisierung") des NT: Kerygma und Mythos hrsg. v. H. W. Bartsch I 48 [5]67; II [1.2]52; III 54 [3]66; IV 55; V [1.2]55; Beih. zu I u. II 54; 1. Ergbd. zu V 60; 2. Ergbd. zu V 62; VI, 1 63; VI, 2 64; VI, 3 68; VI, 4 68); Jesus 29, 64 (Taschb.); Die Gesch. d. synopt. Trad. 21 [7]67 (m. Erghft); Die Erforschung d. synopt. Evang. 25 [5]66; Beiträge z. Verst. d. Jenseitigkeit Gottes im NT, 65; Gesch. u. Esch., 58, [2]64; Exegetica. Aufs. z. Erforsch. d. NT., 67; Jesus Christus u. d. Mythologie [1-3]67. Festschr.: (Z. 65. Geb.) 1949; NTliche Stud. f. R. B. 54; Zeit und Geschichte. Dankesgabe an R. B. z. 80. Geburtstag, 64 hrsg. v. E. Dinkler); Über R. B.: O. *Schnübbe,* Der Existenzbegr. i. d. Theol. R. B. s, 59; *F. Theunis,* Offenbarung u. Glaube b. R. B., 60; Post Bultmann Locutum. Disk. d. Proff. Gollwitzer u. Braun I [3]65, II [2]65; W. *Schmithals,* Die Theol. R. B. s. Eine Einf., 66, [2]67; U. *Forell,* Wunder u. Nichtobjektivierbarkeit b. B. vom log. Standp. aus (NZsystTh 8, 66, 327–360), *Th. Lorenzmeier,* Exegese u. Hermeneutik. Eine vergl. Darst. d. Theol R. B. s, H. Brauns u. G. Ebelings, 68; – Zur Auseinandersetzung mit der dial. Theologie: *Werner Elert,* Zwischen Gnade und Ungnade 1948; *J. Cullberg,* Das Problem der Ethik in der dialektischen Theologie 1938; *J. Fehr,* Das Offenbarungsproblem in dialektischer und thomistischer Theologie 1939; *Hans Urs v. Balthasar,* Analogie und Dia-

Allein die Gruppe war nicht in allem eine Einheit. Aus verschiedenen theologischen Gegenden stammend – Barth, Brunner und Bultmann waren Schüler Herrmanns und des Neukantianismus, Bultmann überdies von der religionsgeschichtlichen Theologie, Barth, Brunner und Thurneysen von den Religiös-Sozialen der Schweiz (Hermann Kutter,

lektik (Divus Thomas 22 (1944), 171–216); *ders.,* Karl Barth, Darstellg. u. Deutg. seiner Theologie 1951 (röm.-kath.); *G. Wingren,* Gott und Mensch b. K. Barth 1951; ders., Die Methodenfrage der Theologie 1956; *W. Lohff,* Glaube und Freiheit 1957. – Quellensammlungen: Anfänge der dialektischen Theologie, hrsg. v. J. Moltmann. Teil I: Barth – Hch. Barth – E. Brunner, 62 ²66; Teil II: R. Bultmann – F. Gogarten – E. Brunner, 63 ²67 (Theol. Büch. 17 I/II); „Dialektische Theologie" in Scheidung und Bewährung 33–36. Aufsätze, Gutachten und Erklärungen. Hrsg. v. W. Fürst, 66 (Theol. Büch., 34). – Von den übrigen Vertretern der Gruppe wurden theologisch am wichtigsten: *Georg Merz* (1892–1959); Pfarrer in München, Dozent in Bethel, 1948 Rektor der Augustana-Hochschule-Kirchl. Hochschule-Neuendettelsau-Mittelfranken. – Rel. Ansätze im mod. Sozialismus 19; Der verreformat. Luther 26, ²28. – *Alfred de Quervain* 1896–1968 Prof. in Bern. Gesetz u. Freiheit 29; Die theol. Voraussetzungen d. Politik 31; Theologie u. polit. Gestaltung 32 Ethik, 4 Bde, 45–56; ferner H. Asmussen, D. Bonhoeffer, Hermann und Harald Diem, Hlm. Echternach, Ed. Ellwein, Hm. Klugkist-Hesse, W. Niesel, E. Reisner, Hch. Schlier, Ed. Schlink, Wm. Vischer, Hch. Vogel, E. Wolf, Ernst Bizer, Helmut Gollwitzer, W. Kreck u. a. – Der praktischen Theologie vermittelten die Ansätze dieser Gruppe: in Predigt und Gottesdienstfragen vor allem *Fezer, Asmussen, Trillhaas,* in der Religionspädagogik vor allem *Bohne, Delekat, Heckel, Magd. v. Tiling.* – *A. Keller,* Der Weg d. dial. Theol. durch d. kirchl. Welt 31.

Kritische Schriften (abgesehen von den sofort beginnenden Auseinandersetzungen innerhalb der Zeitschriften): M. Werner s. oben S. 339; W. Lüttge, Die Dialektik d. Gottesidee in d. Theologie d. Gegenwart 25; R. Köhler, Kritik d. Theologie d. Krisis 26; W. Bruhn, Vom Gott im Menschen 26; B. Dörries, Der ferne u. d. nahe Gott 27; H. W. Schmidt, Zeit u. Ewigkeit 27; H. Knittermeyer, Die Philosophie u. d. Christentum 27; A. Oepke, K. Barth u. d. Mystik 28; T. Bohlin, Glaube u. Offenbarung 28; Ghd. Kehnscherper, Die dial. Theologie K. Barths, 28; G. Wobbermin, Richtlinien evangelischer Theologie z. Überwindung d. gegenwärtigen Krisis 29; W. Wiesner, Das Offenbarungsproblem in d. dial. Theol. 30; W. Koepp, Die gegenwärt. Geisteslage u. d. „dial. Theol." 30; Th. Siegfried, Das Wort u. d. Existenz, 3 Bde, 30–33; Hs. Rust, Dialektische u. krit. Theologie 33; W. Elert, K. Barths Index d. verbotenen Bücher 34; H. M. Müller, Erfahrung u. Glaube bei Luther 29; Harald Eklund, Theologie d. Entscheidung, Uppsala 37; Holmström (s. oben LÜ 5); u. a. Leisegang s. oben S. 391. Max Schoch, Theologie in Aktion 1967. Theologie zwischen Gestern u. Morgen, Interpretationen u. Anfragen zum Werk Karl Barths. hrsg. v. W. Dantine u. K. Lüthi 1968.

Leonhard Ragaz[10]) beeinflußt, Gogarten dagegen Schüler Troeltschs –, entwickelten sie allmählich, seit Mitte der 20er Jahre deutlich spürbar, innerhalb ihrer Gruppe so starke Verschiedenheiten, daß ihre Einheit 1933 dramatisch auseinanderbrach. In dem reformatorischen Gemeingut vertrat Barth einen alttestamentlich-calvinischen, Gogarten den lutherischen Zug. Darum faßte Barth das Gesetz als Fortsetzung des Evangeliums auf, während Gogarten um die gegenwartsnahe Interpretation des Gesetzes bemüht war, um die Überlegenheit, aber nicht Beziehungslosigkeit des Evangeliums deutlich zu machen; Barth setzte alle Aufmerksamkeit und Kraft an die objektive, intensiv und zentral gerichtete Seite des Glaubens, Brunner, Gogarten und Bultmann zeigten sich in wachsendem Maße auch am Menschen, daher am Verhältnis zu Welt und Geschichte, zu Philosophie und Ethik, d. h. extensiv interessiert. Als die politische Umwandlung Deutschlands und der Kirchenkampf zu neuen Entscheidungen zwangen, wurde Barth theologischer Führer der kirchlichen Opposition, während Gogarten auf Grund seiner Erkenntnisse von der Autorität, der „Hörigkeit" des Menschen, seiner Ich-Du-Bestimmtheit als Gegensatz zur Autonomie, schließlich von der Schöpfungsordnung und dem Gesetz her zunächst eine positive Haltung erstrebte. So zerfiel die Gruppe; die gemeinsame Zeitschrift wurde aufgegeben[11], der siegreiche Gesamteindruck war dahin. Die abstrakt-spekulative Formung, die durch den indirekten Hegelianismus Kierkegaards ursprünglich seine Lehre von der Offenbarung und seinen Aufbau der Dogmatik kennzeichnete, wurde immer mehr durch den Rückzug auf die Bibel und auf das kirchliche, vor allem das altkirchliche (ökumenische) Bekenntnis abgelöst, besonders seit der Kirchenkampf die kirchliche Bewährungsprobe forderte.

Bei einer Anzahl anderer junger Theologen gewann von vornherein die *extensive* Bewegung des christlichen Glaubens kräftige Vertretung. Ihnen öffnete der Einfluß ihrer Lehrer, die allgemeine Erschütterung und die Auseinandersetzung mit den politischen, sozialen, weltanschaulichen, philosophischen Bewegungen gerade auch den Blick für die Weite der theologischen Fragestellung, für die mit der Gottbezogen-

---

[10] A. *Lindt*, Leonhard Ragaz, Eine Studie zur Geschichte und Theologie des religiösen Sozialismus, 1957. E. *Steinbach*, Konkrete Christologie. Die Aufnahme des Natürlichen in die Christologie bei Hermann Kutter. Mit einer syst. Abhdlg. Communio Sanctorum 1934. *Markus Mattmüller*, Leonhard Ragaz und der rel. Sozialismus, I 1957, II 1968.

[11] An ihre Stelle trat „Evang. Theologie", hrsg. v. E. Wolf, mit W. Niesel, P. Schempp, W. Trillhaas, seit 34.

heit des Glaubens verbundene Weltbezogenheit, für die Totalität und Weltsendung des Glaubens. So betraten sie – meist im Gegensatz zur dialektischen Theologie – die Bahn der oben IV 6 b genannten kritischen Theologen, wurden aber dabei durch die neue Einstellung des jungen Geschlechts zu anderen – teils radikaleren, teils konservativeren – Ergebnissen geführt. Freilich eben die Weite brachte es mit sich, daß sie von den verschiedensten Seiten her als Einzelkämpfer oft gegensätzlich vorwärts drängten, also nur im Sinne allgemeiner Haltung, nicht in dem eines inhaltlichen oder methodischen Zusammenhangs „Gruppe" waren, deshalb aber der den geschlossenen Gruppen eigenen Stoßkraft enbehrten. Sie hatten meist schon vor dem Kriege ihre theologische Arbeit begonnen, brachen sich aber jetzt erst die eigene Bahn[12]. *Bornhausen* war Schüler Herrmanns und Troeltschs. Er strebte

[12] *Karl Bornhausen:* 1882–1940; Prof. in Breslau u. Frankfurt a. M. Die Ethik Pascals 1907; Der Wahrheitsbegriff in d. Phil. Euckens 10; Religion in Amerika 14; Pascal 20; Schiller, Goethe u. d. deutsche Menschheitsideal 20; Wandlungen in Goethes Rel. 23; Vom christl. Sinn d. Deutschen Idealismus 24; Der chr. Aktivismus Nordamerikas in d. Gegenwart 25; Faustisches Christentum 25; Wir heißens Frommsein 26; seine syst. Theol.: Der Erlöser 27; Die Offenbarung 28; Schöpfung 30; Gott Christus Volk 34. – *Georg Wünsch:* 1887–1964, Prof. in Marburg. Luther u. d. Bergpredigt 20; Der Zusammenbruch d. Luthertums als Sozialgestaltung 21; Gotteserfahrung u. sittl. Tat bei Luther 24; Religion u. Wirtschaft 25; Theol. Ethik 25 (Göschen); Evang. Wirtschaftsethik 27; Chr. Sittlichkeit u. sozialist. Wirtschaft 28; Die Staatsauffassungen v. Luther, R. Rothe u. K. Marx 30; Evang. Ethik d. Politischen 36. – *Friedrich Brunstäd*: 1883–1944; Prof. d. Phil. in Erlangen, 25 d. Theol. in Rostock; Leiter d. evang.-soz. Schule in Spandau. Untersuchungen zu Hegels Geschichtstheorie, I 1909; Beiträge z. krit. Erkenntnisbegriff 11; Die Staatsideen d. polit. Parteien 20; Die Idee d. Rel. 22; Deutschland u. d. Sozialismus 24, ²27; Reformation u. Idealismus 25; Eigengesetzlichkeit d. Wirtschaftslebens? 25; Theologie als Problem 30; Das Eigentum u. seine Ordnung 30; Die Kirche u. ihr Recht 34; Allg. Offenbarung 35; Theol. d. luth. Bekenntnisschriften 51; Ges. Aufs. u. kl. Schriften 57. – *Paul Tillich:* 1886–1965; 19 Pvdz. Bln., 24 Prof. in Marburg, 25 in Dresden u. Lpzg, 29 Prof. f. Philos. in Frankfurt a. M., 33 Union Theological Seminary, 55 Havard, New York. Mystik u. Schuldbew. in Schellings phil. Entwicklung (Lic.-Diss), 12; Über die Idee einer Theol. d. Kultur, 19; Christentum u. Sozialismus, 19; Die Überwindung des Religionsbegriffs i. d. Religionsphilosophie, 22; Das System der Wissenschaften, 23; Kirche und Kultur, 24; Religionsphil. (in Dessoirs Lehrbuch), 25; Die religiöse Lage der Gegenwart, 26; Das Dämonische, 26; Religiöse Verwirklichung (Aufsatzslg.), 30; Die sozialistische Entscheidung, 33 (eingestampft) u. 48; The Interpretation of History, 36; The protestant Era (Der Prote-

danach, ein von historischem Ballast befreites Jesu-zentrisches Christentum in engem Bund mit den tiefsten Wurzeln des klassischen Idealismus („evangelische Theologie des Deutschen Idealismus") und in der Volksseele verborgenen natürlichen Frömmigkeit zu verwirklichen. *Wünsch* wirkte die Gedanken Troeltschs vor allem nach der ethischen und soziologischen Seite aus, betonte aber auch das Wirklichkeitsmotiv, zumal gegenüber Kant. Er war der einzige Vertreter des religiösen Sozialismus, der sich positiv zum Nationalsozialismus einstellte. *Brunstäd*, Philosoph und Theologe zugleich, knüpfte an die Philosophie des Deutschen Idealismus, vor allem Hegels, an, um mit ihrer Hilfe aus dem sehr konservativ verstandenen lutherischen Glauben das rechte Glaubens- und Weltverständnis herauszuarbeiten. Alle übertraf an Tiefe der Fragestellung und Energie des Denkens *Paul*

stantismus. Prinzip und Wirklichkeit), 48 (50); The courage to be (Der Mut zum Sein), 52 (53); Love, Power, and Justice (Liebe, Macht und Gerechtigkeit) 54 (55); Theology of Culture (Kimball), 59; Systematic Theology I/II/III, 51/57/63 (Systematische Theologie I/II/III, 55, 58, 66); Christianity and the Encounter of the World Religions, 62 (dt.: WW V, 64). Ges. Wke 59 ff, bisher ersch.: Bde I–XII (Bd. I mit Bibl.). Festschr.: Religion and Culture. Essays in Honour of P. T., 59 (mit Bibl.); Der Spannbogen (Hrsg. v. Hennig); Werk u. Wirken P. T .s (Gedenkbuch), 67; In Memoriam P. T., in: The Journal of Religion (Bd. 46, 1966). Über P. T.: The Theology of P. T. (Ch. W. Kegley, R. W. Bretall, ed.), 52; P. T. in Catholic Thought (Th. Meera, C. Weisser, ed.), 64; *Ch. Rhein, P. T.*-Phil. u Theologie, 57; *J. Schmitz,* Die apologetische Theol. P. T.s, 66; *K.-D. Nörenberg,* Analogia Imaginis, 66; *Th. Wernsdörfer,* Die entfremdete Welt, 68; *K. Schedler,* Natur u. Gnade, 70. – *Kurt Leese;* geb. 87; Pfarrer, dann Prof. d. Phil. in Hamburg; Prinzipienlehre d. neueren syst. Theologie im Lichte d. Kritik L. Feuerbachs 12; Mod. Philosophie 21; Die Geschichtsphil. Hegels 22; Die Kulturkrisis d. Gegenwart u. d. Kirche 24; Anthroposophie u. Rel. 26; Der Deutsche Idealismus u. d. Christentum 27; Von J. Böhme zu Schelling 27; Phil. u. Theol. im Spätidealismus 29; Die Mutter als rel. Symbol 34; Rasse Religion Ethos 34; Das Problem d. „Arteigenen" in d. Rel. 35; Natürl. Rel. u. chr. Glaube, eine theol. Neuorientierung 36; s. LÜ 3. – *Wilh. Stählin:* geb. 83; Prof. in Münster, 46 Landesbischof von Oldenburg; ursprünglich Religionspsychologe, s. oben IV 5 b; Der neue Lebensstil 18, [4]25; Fieber u. Heil in d. Jugendbewegung 21, [6]29; Die völkische Bewegung u. unsere Verantwortung 24; Schicksal u. Sinn d. deutschen Jugend 26, [2]27; Vom Sinn d. Leibes 30. [3]52; Vom göttlichen Geheimnis 36; Die Feier des neuen Bundes. Betrachtungen zur Messe, 63; Mysterium. Vom Geheimnis Gottes, 70; Via vitae. Lebenserinnerungen, 68. Festschr.: Kosmos u. Ekklesia (zum 70. Geb.), (hrsg. v. H.-D. Wendland), 53 (mit Bibl.); Symbolum (z. 75. Geb), 58; Symbolum II (z. 80. Geb.), 63 Pro veritate. Fest-

Tillich. Er entwickelte Gedanken des späteren Schelling zu einem „gläubigen Realismus", der nicht nur in der Kritik der überlieferten Theologie Verbindung mit Barth hielt, sondern auch wie dieser die Begegnung mit dem „Unbedingten" in umfassender Kritik an aller in sich ruhenden Endlichkeit auswirkte, dann aber gegen Barth versuchte, die gesamte Wirklichkeit von Christus als der Mitte der Geschichte her zu deuten und so auch allem menschlichen Schaffen und aller menschlichen Verantwortung auf dieser Erde einen gottgegebenen Sinn und eine gottgemäße Verheißung zu verleihen (Theonomie der Kultur an Stelle des liberalen „Kulturprotestantismus"). Mit aller prophetischen Kritik die „Gestalt der Gnade" zusammenschauend, gab er dem „Kairos" positive, vorwärts weisende Bedeutung und verband philosophische Strenge mit sozialer Tatbereitschaft. So kehrte er einerseits wie die großen deutschen Idealisten, jedoch durch die kierkegaardische Kritik an allem Immanenzdenken geläutert, zur Identität von Theologie und Philosophie zurück und wurde anderseits der gedanklich reichste und reifste Begründer des religiösen Sozialismus. In seinem Gesamtentwurf der Theologie meldete sich zum ersten Male wieder die grundsätzliche Tiefe und die unbegrenzt offene Weite des christlichen Denkens im 20. Jahrhundert unter dem Primat des Gottes- und Offenbarungsgedankens und mit dem strengen Systemwillen zu Wort. Freilich drohte ihm dabei beständig die Gefahr, die konkrete Geschichte als die bis ins Triviale reichende Geschichtlichkeit der Offenbarung zu überspringen. Seine Problemdarbietung und Aufgabenbe-

gabe f. L. Jaeger u. W. Stählin, 63. Hrsg. v. Archiv für Religionspsychologie, 14 ff; mit Chr. Mahrenholz u. H.-D. Wendland: Kirche im Aufbau, 35 ff. – *Ludwig Heitmann*: 1880–1953; Pfarrer in Hamburg; Großstadt u. Rel., 3 Tle 13–20, [2]25–27; Vom Werden der neuen Gemeinde 25; Luth. Bekenntnis u. Gemeindegestaltung 35. – *Alfred Dedo Müller*: geb. 90; Prof. in Leipzig; Rel. u. Alltag 27, [4]32; Du Erde höre! Der Realismus u. d. Verwirklichung d. chr. Botschaft 30; Der Kampf um d. Reich, 35; Ethik, D. evang. Weg d. Verwirklichung des Guten 37; Syst. d. prakt. Theol. I 52. – *Heinrich Frick*: 1893–1952; Prof. in Gießen u. Marburg; Ghazalis Selbstbiographie 19; Die evang. Mission 22; Rel. Strömungen d. Gegenwart 23; Anthropos. Schau u. rel. Glaube 23; Vom Pietismus z. Volkskirchentum 24; Das Wesen d. evang. Gottesdienstes 26; Das Reich Gottes in amer. und deutscher Theol. d. Gegenwart 26; Wissenschaftl. u. pneumat. Verständnis d. Bibel 27; Mission od. Propaganda? 27; Vergleichende Religionswissenschaft 28 (Göschen); Romantik u. Realismus im Kirchenbegriff 29; Ideogramm, Mythologie u. d. Wort 31; Deutschland innerhalb d. rel. Weltlage 36; über R. Otto s. IV 6 b α.

stimmung läßt sich als die Umkehrung von Ernst Troeltschs Schau der christlichen Denksituation auffassen. Gegenüber der Preisgabe des Offenbarungsprinzips bei diesem bildete hier die Offenbarung als Begegnung mit dem Unbedingten den Ausgangspunkt, gegenüber der Unterordnung unter die Philosophie im Zeichen der Historisierung war hier die Neufassung des Geschichtsverständnisses unter systematisch-theologischem Aspekt als Möglichkeit auch für die Philosophie („Kairos", Gnadenzeit mit der Verheißung des erfüllten Ziels unter Aufnahme der menschlich-gestaltenden Verantwortung) angeboten. Damit trug Tillichs Theologie Ansprüche und Möglichkeiten in sich, die so von keinem anderen Denker in die Diskussion geworfen wurden.

In ganz anderer Weise richtete *Leese*, ursprünglich von Schaeder, Heim, Troeltsch angeregt, die „Idee des protestantischen Menschen oder das Pathos der gläubigen Freiheit" als Ziel auf und wollte eine „Wende des christlichen Geistes" durch die Aufnahme von Naturmystik (J. Böhme, Hamann, Schelling) herbeiführen. – Stark von der Jugendbewegung beeinflußt war der *„Berneuchener"* Kreis (seit 26 um das „Berneuchener Buch" und das Jahrbuch „Das Gottesjahr" gesammelt), der vor allem durch seinen Gründer W. *Stählin*, durch *L. Heitmann* und (seit 32) *Dedo Müller* theologisch vertreten wurde; an sich praktisch-religös, kultisch und kirchlich ausgerichtet, hat er doch eine weitgehende theologische Gleichgestimmtheit; Heiligung des Natürlichen, Symbol und Gleichnis, Gestaltung und Verwirklichung sind die Lieblingsbegriffe; sie zeigen, wie hier intensive und extensive Bewegung ineinander laufen. – Auch *Frick* läßt sich am besten diesen Theologen angliedern. Von religionsgeschichtlichen Studien herkommend, verband er ebenfalls zentral-evangelische Haltung mit ungewohnter Weite des Ausblicks.

Stärker geschichtlich verwurzelt waren von vornherein zwei andere Gruppen. Die eine bildete sich im Anschluß an *Holl*, mit dessen Einfluß sich der Lietzmanns, aber auch dialektischer Theologen verband. Bestimmend wurde das im Gegensatz zu Troeltschs Ablehnung und Tadel an der Reformation ausgebildete Lutherverständnis Holls, das sich auch ethisch-politisch im Sinn einer streng nationalen Haltung auswirkte; daher war es unter den Dialektikern vor allem Gogarten, der diese Schule anzog. Ihr Hauptführer wurde *Em. Hirsch*, ein Forscher von ungewöhnlicher Universalität und Eindringlichkeit der Sprache; die „nationalsozialistische Machtergreifung" von 1933 ließ ihn die Erschütterung wie der ganzen politischen und religiös-kirchlichen Lage so auch der Theologie empfinden und einen theologischen Neubau von der Wurzel her in „enger Schicksals- und Arbeitsgemeinschaft mit allem anderen jungen deutschen Denken und Leben" bis zur Preisgabe christlicher Grundwerte fordern. Die Hauptvertreter der Jüngeren in der Gruppe wurden *Hm. Beyer, Hch. Bornkamm, H. Rükkert, Er. Vogelsang.* Unter den Systematikern fand vor allem *Fch. K. Schumann* hier Anschluß; er vertritt ein von Rehmke, später auch von der Existenzphilosophie angeregtes anti-idealistisches Wirklichkeitsdenken, das inhaltlich ebenfalls stark an Luther orientiert ist[13].

Auf dem neuen Boden versuchte auch das konfessionelle *Luthertum,* das seit Frank und v. Oettingen keinen großen Vorstoß gewagt hatte, sein theologisches Erbe im Sinn eines Jungluthertums neu zu formen. Theologisch voran schritten – in sehr verschiedener Weise – *W. Elert*

---

[13] *Emanuel Hirsch: 1888–1972;* Prof. in Göttingen; Fichtes Religionsphil. 14; Luthers Gottesanschauung 18; Die Theol. d. A. Osiander 19; Die Reich-Gottes-Begriffe d. neueren europ. Denkens 21; Der Sinn d. Gebets 21, [2]28; Die ideal. Philosophie u. d. Christentum 26; Jesus Christus d. Herr 26, [2]29; Luthers Vorlesung über den Hebräerbrief (mit Rückert) 29; Staat u. Kirche im 19. u. 20. Jahrh. 29; Fichtes, Schleiermachers u. Hegels Verhältnis z. Reformation 30; Kierkegaard-Studien, 3 Tle 30–33; Schöpfung u. Sünde 31; Deutsches Volkstum u. evang. Glaube 34; Chr. Freiheit u. polit. Bindung 35; Das 4. Evang. in seiner ursprüngl. Gestalt 36; Das Alte Test. u. d. Predigt d. Evang. 36; Zweifel u. Glaube 37; Hilfsbuch z. Studium d. Dogmatik 37 [4]64; besonders auch LÜ 3 und S. 22. Die Lage der Theologie Dtsch. Theologie 1936, S. 36–66; Frühgeschichte des Evangeliums I. II 1940. 1942; Das Wesen des Christentums, 39; Lutherstudien I 54, II 55; Hauptfragen christl. Religionsphil., 63; Das Wesen des reform. Christentums, 63; Ethos u. Evangelium, 66; Weltbewußtsein u. Glaubensgeheimnis, 67. Hrsg. (mit H. Gerdes): Kierkegaard. Ges. Wke. 26 Bde., 3 Bde Tagebücher, 51–69. Festschr.: Wahrheit und Glaube (z. 75. Geb.), 63. Über E. H.: F. Böbel, Allgemein menschl. u. christl. Gotteserkenntnis bei E. H. (NZsystTh 5, 63, 296 ff). – *Hermann Wolfgang Beyer:* 1898–1942; Prof. in Greifswald und Leipzig (vgl. Gedächtnisrede von Heinr. Bornkamm Deutsche Theologie 1943, S. 41–50). Der syrische Kirchenbau 25; Die Rel. Michelangelos 26; Die Ethik d. Kriegsschuldfrage 27; Bekenntnis u. Geschichte 30; Die Geschichte d. Gustav-Adolf-Vereins 32; Im Kampf um Volk u. Kirche 34; Luther u. d. Recht 35. D. Apostelgesch. (Komm. Das NT Deutsch, 38; D. Brief an d. Galater 37. – *Heinrich Bornkamm:* geb. 1901; Prof. in Gießen 1926, Leipzig 1935, Heidelberg 1948; 1935–63 Präsident des Ev. Bundes; Luther u. Böhme [2]25; Mystik, Spiritualismus u. d. Anfänge d. Pietismus im Luthertum 26; Der prot. Mensch nach d. Augsb. Bekenntnis 30, [2]36; Das Wort Gottes bei Luther 33; Luther u. d. deutsche Geist 34; Vom chrl. z. nation. Sozialismus 35; Eckhardt u. Luther 36;

und *P. Althaus;* Elert stieß von einer Neufassung des lutherischen Grundgegensatzes zwischen „Gesetz und Evangelium" zur schärfsten Kritik an Karl Barth im Sinne des echten Schriftverständnisses gegen calvinistischen Biblizismus vor; er suchte im Widerspruch zu diesem den Zusammenhang zwischen Zorn Gottes, Gericht und Prädestination, d. h. die abgründige Tiefe des Gottesgedankens aus dem eigentlichen Evangelium auszuscheiden und den Glauben als Überwindung der Anfechtung des Gesetzes lebendig und konkret zu machen. Damit griff er den Offenbarungsbegriff Barths als legalistisch, mechanisch abstrakt und inhaltlich eng an und wollte namentlich den ganzen Bereich der Schöpfung wieder in die Theologie aufgenommen wissen. In seiner letzten, namentlich der Dogmengeschichte zugewandten Phase strebte er eine Inkarnationstheologie großen Stils an, die die Refor-

Christus u. d. Germanen 36, [2]37; Luther und das Alte Testament 48; Luthers geistige Welt 48 [4]60; Luther im Spiegel der deutschen Geistesgeschichte 55, [2]70; Grundriß z. Studium der KG, 49; Die Staatsidee im Kulturkampf, 50; Martin Bucers Bedeutung für die europäische Reformationsgesch., 52; Luthers Lehre von den zwei Reichen im Zus. seiner Theol., 58, [3]69; Das Jahrhundert der Reformation, 61, [2]66; Das bleibende Recht der Reformation, 63; Thesen und Thesenanschlag, 67. Festschr.: Erneuerung der Einen Kirche (z. 65. Geb.), 66. – *Hanns Rückert:* geb. 01; Prof. in Leipzig u. Tübingen; Die Rechtfertigungslehre auf d. Trident. Konzil 25; Die theol. Entwicklung Contarinis 26; Die Christianisierung d. Germanen [2]34; leitete d. „Deutsche Theologie" 1934–44; darin Aufsätze: Bonifatius und die Iroschotten 34 u. 35, Luther und der Reichstag zu Augsburg 36, Zur Aussprache über die Bibelrevision 39, Luthers Glaube 40, Die Bedeutung der Reformation für die deutsche Geschichte 41, D. geistesgeschichtl. Einordng. d. Reformation ZThK 52 (1955) leitet seit 50 die Vollendung der Weimarer Lutherausgabe; Festschrift: Geist und Geschichte der Reformation 1966. – *Erich Vogelsang:* 1904 bis 1944; Prof. in Königsberg u. Gießen; Deutsches Kirchenlied 28; Die Anfänge v. Luthers Christologie 29; Die Bedeutung der neu veröffentlichten Hebräerbrief-Vorlesung Luthers 30; Luthers Hebräerbrief-Vorlesung 30; Der angefochtene Christus bei Luther 32; Luthers Kampf gegen die Juden 33; Umbruch d. deutschen Glaubens v. Ragnarök zu Christus 34. – *Friedrich Karl Schumann:* 1886–1960; Prof. in Tübingen, Gießen, Halle, Münster; Rel. u. Wirklichkeit 13; Die Christusfrage in d. mod. Welt 27; Der Gottesgedanke u. d. Zerfall d. Moderne 29; Volk u. Geschichte 31; Um Kirche u. Lehre 36; Vom Geheimnis d. Schöpfung 37; viele Aufs. in Deutsche Theologie, z. B. Offenbarung und Schöpfung 37; Das Wort und die Heiden 38; Wahrheit und Wissenschaft 40; Zur Christologie 42; Gestalt und Geschichte 41; Menschliches Schicksal u. göttl. Gerechtigkeit 46; D. Frage d. Menschenrechte i. d. Sicht d. christl. Glaubens 49. Wort u. Wirklichkeit. Ges. Aufs., 70.

mation Luthers als legitime Neuaufnahme des altkirchlichen, besonders auf morgenländischem Boden entwickelten Denkwillens und Denkstils erweisen wollte. Seine universale, der Dogmatik wie der Ethik, der grundsätzlichen Problemerfassung wie der vordergründigen Kirchenpolitik in nahezu gleichem Maße gewidmete Theologie brachte eine Fülle von Anregungen für Forschung und Praxis hervor, zumal sie durch seltene historische, freilich oft eigenwillig angewandte Kenntnisse unterbaut war.

Paul Althaus vermochte in selbständiger Weise eigene Bibelexegese (bes. des NT) und Lutherforschung mit lutherischer Überlieferung und Motiven Adolf Schlatters in ausgesprochen systematischem Denkwillen zu verbinden, zugleich aber dessen grundsätzlichen Biblizismus im Interesse der Problemreinheit von der systematischen Theologie aus einzuschränken. Er nahm zu fast allen wesentlichen Themen das Wort, zur Gotteslehre (Rechtfertigung) zur Christologie, zur Sündenlehre, zum Kirchenbegriff, zur Sakramentsfrage, zur Ethik im weiteren und engeren Sinne, zum Verhältnis zwischen Evangelium und Fremdreligionen – stets auf dem Boden eines gegenwartsbezogenen Lutherverständnisses. Im besonderen brachte er die Problematik der theologia crucis und der Schöpfungsordnung in Gang. Sein bedeutendster Beitrag lag jedoch in der Eschatologie, zu deren Klassiker im 20. Jahrhundert er wurde. Hier setzte er die Orientierung an dem *sachlich* Letzten gegenüber derjenigen an dem *zeitlich* Letzten (axiologische gegen teleologische Eschatologie) nahezu allgemein durch; die Folge war die durchgängig eschatologische Bestimmtheit der theologischen Aussagen. Ähnlich wie Elert wandte er sich gegen den „Christomonismus" Karl Barths, namentlich auch in seinen anthropologischen Konsequenzen (Verteidigung der Todesstrafe gegen ihre christozentrisch begründete Bestreitung) und entwickelte im Anschluß an altlutherische Gedanken eine heftig umstrittene Lehre von der „Uroffenbarung" als Verbindung zwischen Schöpfungs- und Erlösungswillen Gottes. Von früh an national eingestellt, begrüßte er die politische Wende, erhob jedoch gleichzeitig den schärfsten Widerspruch gegen die nationalistische Theologie der Thüringer Deutschen Christen. Die langjährige Leitung der Luthergesellschaft (in der Nachfolge Karl Holls) brachte ihm neben der Aufgabe zugleich die Möglichkeit, das theologische Lutherverständnis in weite Kreise zu tragen. Durch die Verbindung von Gesamtschau, Denkkraft, Schlichtheit und Offenheit für sehr verschiedenartige Denkweisen übte er einen ungewöhnlichen Einfluß aus.

Neben diesen beiden führenden Gestalten traten *R. Jelke, E. Sommerlath, A. Köberle, M. Doerne, W. Joest* eigenständig auf[14]. Aus dem älteren Geschlecht war es vor allem *C. Stange,* der Ähnliches, jedoch in scharfer Polemik gegen Albrecht Ritschl und seine Schule, erstrebte; er knüpfte auch die Verbindung mit dem skandinavischen, zumal dem schwedischen Luthertum (G. Aulén, A. Nygren, A. Runestam u. a.), das seinerseits eben jetzt ein kräftiges Eigenleben entfaltete und dadurch die deutsche Entwicklung befruchtete. Eine völlig einheitliche Linie gewann dieses Jungluthertum nicht; es spiegelte die Vielfalt Luthers selbst und kompromittierte sich teilweise im Kirchen-

---

[14] *Werner Elert:* 1885–1954; Direktor d. luth. Seminars in Breslau, 23 Prof. in Erlangen; Rocholls Philosophie d. Gesch. 10; Prolegomena z. Geschichtsphil. 11; J. Böhmes deutsches Christentum 14; Dogma Ethos Pathos 20; Die Lehre d. Luthertums im Abriß 24, [2]26; s. oben LÜ 3. 5; Morphologie des Luthertums 2 Bde. 31 f.; Der christl. Glaube 40 [2]41; Zwischen Gnade und Ungnade 48; Das christliche Ethos 49; Die Kirche und ihre Dogmengeschichte 50; Abendmahl und Kirchengemeinschaft in der Alten Kirche 54; D. Ausgang der altkirchl. Christologie 57; Gedenkschr. f. W. E. hrsg. v. Wm. Maurer und E. Kinder 55 (Bibliogr.), darin: P. Althaus, W. E.s theologisches Werk. – *Paul Althaus:* 1888–1966; Prof. in Rostock u. Erlangen; Die Prinzipien d. deutschen reformierten Scholastik 14; Luther u. d. Deutschtum 17; Das Erlebnis d. Kirche 19, [2]24; Relig. Sozialismus 21; Die letzten Dinge 22, [10]70; Staatsgedanke u. Reich Gottes 23, [4]31; Die Krisis d. Ethik u. d. Evang. 26; Das Wesen d. evang. Gottesdienstes 26, [2]32; Theol. Aufsätze 29. 35; Grundriß d. Dogmatik 29. 32 u. Grundriß d. Ethik 31; Die luth. Abendmahlslehre in d. Gegenwart 31; Communio sanctorum 29; Der Geist d. luth. Ethik im Augsb. Bekenntnis 30; Unsterblichkeit u. ewiges Sterben bei Luther 30; Die deutsche Stunde d. Kirche 34; Theologie d. Ordnungen 34, [2]35; Obrigkeit u. Führertum 36; Polit. Christentum 35, [3]36; Paulus und Luther über den Menschen 38 [4]63. Die Wahrheit des kirchlichen Osterglaubens. Einspruch gegen Em. Hirsch 40; Die christliche Wahrheit I. 47; II 48 [5]59 (Dogmatik) in einem Bd. [8]69; Die lutherische Rechtfertigungslehre und ihre heutigen Kritiker 51; Die Todesstrafe als Problem der christlichen Ethik 55; Das sog. Kerygma u. d. hist. Jesus 58, [3]63; Um die Wahrheit des Evangeliums. Aufs. u. Vorträge, 62; Die Theologie Martin Luthers, 62, [2]63; Die Ethik M. Luthers, 65; Hrsg. mit G. Friedrich des NTD, 66 ff. Festschr.: Von der Klarheit der Heiligen Schrift (hrsg. v. R. Hermann), z. 70. Geb., 58. Festschr.: Dank an P. A. hrsg. v. W. Künneth und W. Joest 58 (mit Bibliogr.) über P. A.: H. Graß, Die Theologie v. P. A. (NZsystTh, 8, 66, 213–241) – *Robert Jelke:* 1882–1952; Prof. in Rostock u. Heidelberg; Unter welchen Bedingungen können wir v. rel. Erfahrung sprechen? 13; Das Problem d. Realität u. d. chrl. Glaube 16; Das rel. Apriori u. d. Aufgaben d. Religionsphil. 17; Das Grundproblem

kampf durch positive Aufnahme des nationalen Anliegens (Theologie der Schöpfungsordnungen) ohne Vorbehalt. Das Luthertum älteren Stils vertrat dabei *Hm. Sasse* in scharfer Polemik gegen Unionismus, Liberalismus u. ä.

c) *Die neue Gesamtlage.* – Die neue Haltung fand dank der allgemeinen Erschütterung der Lage überaus rasche Verbreitung. Da die Wucht des Geschehens aber auch die älteren Geschlechter in letzter Tiefe ergriff, ohne doch die Grundrichtung ihrer Theologie zu verändern, so entstand eine kaum überbietbare Buntheit. Noch wirkten aus dem ältesten Geschlecht Harnack, Kattenbusch und Schlatter kräftig mit,

d. theol. Ethik 19; Die Wunder Jesu 22; Rel.-phil. 27; Grunddogmen d. Christentums 29; Vernunft u. Offenbarung 32; Eine heilige allgemeine christliche deutsche Kirche 39; Luthardts Komp. s. oben III 5 a. – *Ernst Sommerlath:* geb. 89; Prof. in Leipzig 26; Kants Lehre vom intelligibeln Charakter 17; Der Ursprung d. neuen Lebens nach Paulus 23, [2]27; Unsere Zukunftshoffnung 28; Der Sinn d. Abendmahls nach Luthers Gedanken 1527–29, 30; Sakrament u. Gegenwart 30; Festschr. 60. Bekenntnis zur Kirche. – *Adolf Köberle:* geb. 98; Prof. in Basel, 39 Tübingen; Rechtfertigung u. Heiligung 29, [3]30; Die Neubesinnung auf d. Missionsgedanken in d. Theol. d. Gegenwart 31; Christentum u. mod. Naturerleben 32; Die Seele d. Christentums 32 [5]35; Wort, Sakrament u. Kirche im Luthertum 34; Das Evangelium u. d. Rätsel d. Geschichte 36; Kirche u. Gruppenbewegung 37; Der Herr über alles. Beitr. z. Universalismus d. christl. Botschaft, 57; Christliches Denken, 62; Rechtfertigung, Glaube und neues Leben, 65, Festschr.: Die Leibhaftigkeit des Wortes 59 (mit Bibliogr.). – *Martin Doerne:* 1900–70; Prof. in Leipzig 36, Rostock 47, Halle 52, Göttingen 55; Die Rel. in Herders Geschichtsphilosophie 27; Bildungslehre evangelischer Theologie 33; Was heißt Volkskirche? 35; Konfirmation, s. oben S. 244; gab 35–39 mit Althaus und Elert die Theologia militans heraus; Der Mensch im Urteil der Bibel 39 [2]49, Predigtmeditationen: Er kommt auch noch heute (Evangelien) 36 [5]52, dass.: Furcht ist nicht in der Liebe (Episteln) 39 [3]55, auch theologische Interpretationen von Dichtungen: Thomas Mann und das protestantische Christentum (Die Sammlung 56), Gott und Mensch in Dostojevskijs Werk, 57 [2]62; Tolstoj u. Dostojevskij, 69; Die Finsternis vergeht, 63; Die alten Episteln, 67; Hrsg.: Grundriß des Theologiestudiums, 48 ff. – *Hermann Sasse:* geb. 1895, Prof. in Erlangen, 1948 Australien; Amerikan. Kirchentum 27; Was heißt lutherisch? 34. Flucht vor dem Dogma. Bemerkungen zu Bultmanns Entmythologisierung des NT, 65. – *Wilfried Joest:* geb. 1914, Prof. in Erlangen; Gesetz und Freiheit 51 [4]68. Ontologie der Person bei Luther, 67. Die *Hauptorgane* blieben: Theol. Literaturblatt, hrsg. v. Sommerlath; Neue kchl. Z., seit 34 als „Luthertum" hrsg. v. Joh. Bergdolt; auch die Z. f. syst. Theol. dient überwiegend dem Luthertum.

während andere wie Kähler, Herrmann, in kleineren Kreisen auch Troeltsch, wenigstens unterirdischen Einfluß übten. Aus dem nächsten Geschlecht standen – um nur diese zu nennen – Otto und Heim, Holl und Seeberg, Wobbermin und Ihmels auf der Höhe ihrer Tätigkeit. Und nun brach die neue Welle herein, überflutete mit revolutionärem Ungestüm das ganze Gelände und fragte nicht, wo auf diesem schon lebendige Quellen sprudelten oder von sich aus den Boden durchstießen. Die alte Theologie aller Art war demgegenüber in schwieriger Lage. Vorsichtig darum kämpfend, sowohl die Selbstbesinnung wie die Weltsendung des christlichen Glaubens noch besser als bisher theologisch zu verwirklichen, wurde sie jetzt von einem Geschlecht überrannt, das die aus der Arbeit eines Jahrhunderts erwachsenen Werte, Erfahrungen und Besorgnisse verachtete, daher alle älteren Mitkämpfer im besten Fall beiseite schob.

Sie tat zunächst das Notwendige, sie lauschte, ließ sich in der Entwicklung stärken, die das gewaltige Beben der Zeit auch in ihr selbst hervorrief und setzte bereichert ihre unentbehrliche Arbeit fort. Kämpfe begann sie nur gelegentlich da, wo der Sachzusammenhang es forderte. Sie wartete lieber zu, wohin die neuen Bewegungen führen würden. Sie kam ihnen sogar weithin freundlich entgegen. Viele Zeitschriften, voran die Chr. Welt, öffneten sich ihnen. Die noch wirkenden Reste des alten Ritschltums empfanden teilweise die tatsächlich vorhandene Verwandtschaft; Kattenbusch begrüßte ausdrücklich in Barth eine noch besser an Luther geprüfte Wiederaufnahme dessen, was Ritschl erstrebt hatte. Die beiden bedeutendsten Bücher, die gegen Ende der Kriegszeit erschienen, R. Ottos „Heiliges" und K. Barths „Römerbrief", hatten genug Gemeinsames (Gott als das „Ganzandere", Kreaturgefühl u. ä.), um ihre Stoßkraft gegenseitig zu erhöhen. Die Bibeltheologen und die Lutherforscher sahen je etwas von ihrer Saat aufgehen; alles was in den älteren Gruppen die Herrschaft der historischen Theologie und der Religionsphilosophie bekämpft hatte, freute sich nach wichtigen Seiten hin des Kämpfergeistes der durch Krieg und Revolution gebildeten Jugend[15]. So wurde gegen-

---

[15] Auch äußere Momente kamen in Betracht: Troeltsch, dessen Theologie hauptsächlich von den neuen Vorstößen getroffen wurde, räumte eben damals durch den Übertritt zur Philosophie das Feld (schon 23†); mehrere Generationen, darunter die ausgesprochensten Schüler von Troeltsch, waren durch den Krieg schmerzlich gelichtet; Ottos Kraft war durch Krankheit an voller Entfaltung gehindert, die vieler anderer unter den

über der theologischen Revolution zwar mancherlei Kritik, aber im Ganzen doch große Zurückhaltung geübt. Wie die älteren Gruppen in der Not der Zeit immer enger miteinander arbeiten lernten, so ließen sie auch den neuen Bewegungen Raum zur theologischen Bewährung[16]. Dennoch kam es nur bei den rein historischen Stoffen zu fruchtbarer Arbeitsgemeinschaft. Überall da, wo lebendige Stellungnahme des Glaubens notwendig war, fühlten wenigstens die radikalen Vertreter des neuen Geschlechts sich, da sie den absoluten Ton ihrer Glaubensgewißheit ohne Selbstkritik auf ihre Theologie übertrugen, zu selbständigem Vorgehen getrieben. Immerhin ergab sich eine gemeinsame Frucht aller neuen Arbeit der verschiedenen Generationen: die innere Verfestigung der Theologie im Kampfe gegen Historismus und religionsphilosophische Grundhaltung.

Dabei wurde die Frage nach dem *Wesen der Theologie* aufs neue lebendig und rief zahlreiche Erörterungen hervor[17]. Überwiegend in dem Sinn, daß die Stellung der Theologie im Gesamtsystem der Wissenschaften gleichgültig, die Anwendung der sonst als wissenschaftlich geltenden Methoden, die zumal auf historischem Gebiet naiv vollzogen worden war, in ihrer Schwierigkeit offenbar wurde. Die Betonung der zentralen christlichen Gedanken lockerte die allgemeinwissenschaftlichen Zusammenhänge, so eng sie auch praktisch in der historischen Theologie, in der Übernahme philosophischer Einflüsse und in der Verwertung für die kirchliche Arbeit blieben. Man erkannte, daß die allgemeinen Wissenschaften, die sich bewußt auf die

---

älteren Theologen in dieser Zeit des Wirrwarrs auf praktische Arbeit abgelenkt, die der meisten durch Mangel an Echo gelähmt.

[16] Kennzeichnend für die Möglichkeiten, die hier bestanden, war das Zustandekommen allgemeiner Theologentage (1927. 28. 30); war ferner die Mitarbeit der verschiedensten Theologen an der 2. Aufl. von RGG (hrsg. von Gunkel u. Zscharnack in Verbindung mit Bertholet, Faber, Stephan, 27–32); war endlich die Mischung der Richtungen und Generationen sogar in den systematischen Zeitschriften (ZThK, neue Folge, seit 20 hrsg. v. Stephan in Verbindung mit Bornhausen, Heim, Steinmann; Z f. syst. Th., seit 23, hrsg. von C. Stange in Verbindung mit Althaus, Hirsch [dafür später Köberle], Wehrung) sowie in den „Theol. Blättern" (s. oben S. 386.

[17] Den stärksten Wellenschlag verursachte die katholisierende Schrift von E. *Peterson* „Was ist Theologie?" 25, [2]26. Die wichtigsten Schriften und Aufsätze sind bei Th. Odenwald, Prot. Theologie 28 (Göschen), und bei Hm. Mulert. Religion, Kirche, Theologie, 31, genannt, vgl. zuletzt E. *Fuchs*, Was ist Theologie? 53.

Erforschung der horizontalen Zusammenhänge beschränken, keine Theologie erzeugen, mußte daher die im offenbarungsbezogenen Glauben liegende Wurzel der Theologie stärker herausarbeiten, als es den idealistischen und historischen Perioden der Wissenschaft notwendig erschienen war. Stichworte wie Theologie des Wortes oder der Offenbarung oder des Glaubens, „Neuverständnis der Theologie vom Gedanken der Verkündigung und des Wortes her", „Theologie als Selbstauslegung der Offenbarung" wurden in der Breite der Theologie bestimmend. Sie bezeichneten den Grundklang des neuen Aufbruchs, ohne doch ihrerseits der Theologie als der allseitigen wissenschaftlichen Besinnung des christlichen Glaubens gerecht zu werden. Die veränderte Auffassung des Objektiven im Wissenschafts- und Wahrheitsbegriff (S. 390) und der Verzicht auf Voraussetzungslosigkeit der Forschung erlaubten es der Theologie, sich gerade in solcher Zuspitzung auf der Höhe gegenwärtiger Wissenschaftlichkeit zu fühlen.

In einer so verstandenen Theologie mußte die Wertung der einzelnen Fächer eine radikale Umkehrung erfahren. Schon der Kampf gegen den Historismus schloß den Rückgang des Interesses an der *historischen* Forschung ein. Die geschichtliche Seite der theologischen Selbstbesinnung weckte, so ernsthaft auch die Arbeit fortgesetzt wurde, nicht mehr dieselbe Freudigkeit wie bisher; weder ihre befreiende noch ihre erziehende noch ihre veranschaulichende und konkretisierende Kraft – um von den Gesichtspunkten der Wahrheitsforschung zu schweigen – wurde weiter in der früheren Stärke empfunden, sie erschien der Jugend überwiegend als notwendiges Übel („Hilfswissenschaft"), wohl gar als entbehrlicher Ballast oder auch als Ausdruck immanentistischer Weltanschauung. Bei radikalen Vertretern verlor der Geschichtsbegriff selbst, einseitig an Endlichkeit und Sünde orientiert, die Zugänglichkeit für Offenbarung und Glauben. Desto eindeutiger fiel die Führung der *systematischen* Theologie, im besonderen der Dogmatik zu, deren Aufgabe es eben war, jenes „Neuverständnis vom Gedanken der Verkündigung und des Wortes her" herauszuarbeiten; sie fand so zahlreiche Mitarbeiter wie noch nie; sie wurde der eigentliche Kampfplatz, der Ausgangs- und Sammelpunkt des theologischen Denkens, während die Religionsphilosophie von den meisten Vertretern des Umbruchs grundsätzlich verworfen wurde, die Auseinandersetzung mit dem allgemeinen Geistesleben und sogar die Ethik erst allmählich unter dem Druck der sachlichen Notwendigkeit wärmere Pflege erhielt. „Theologisch" und „dogmatisch" wurden identische Begriffe. Die Dogmatiker gingen dabei weniger auf die historische als die Historiker auf die dogmatische Betrachtungsweise ein[18].

Auch der *praktischen Theologie* kam der Wandel in hohem Maße zugute. Schon die Tatsache, daß Karl Barths Ausgangspunkt die radikal erfaßte Predigtaufgabe war, hatte sie unerwartet geadelt. Sie befreite sich endgültig von der Vorherrschaft der historischen Arbeit, die doch, so unentbehrlich sie bleibt (vgl. z. B. P. Graff, Geschichte der Auflösung der alten gottesdienstlichen Formen 21), gerade hier nie mehr als vorbereitende Dienste leisten kann, und stellte sich noch entschlossener einerseits unter die Anforderungen des kirchlichen Wirkens, andererseits unter die klärende Leitung des sytematischen Denkens. Das bedeutete eine weitgehende Verselbständigung und neue Blüte. Gleich das erste neue Lehrbuch, das von Niebergall (1918 f.), zeigte deutlich den Umschwung; und die weiteren folgten ihm, obschon mit verschiedener Abstufung, in der mehr praktischen als historischen Haltung[19]. Die praktische Theologie gewann dadurch eine außerordentliche Lebendigkeit und Vielseitigkeit; sie nahm all die verschiedenen Ansätze der neuen theologischen Entwicklung auf – die der Dialektiker wie die der Berneuchener und der Junglutheraner –, machte sie fruchtbar und verband sie mit den starken Anregungen, die von „weltlicher", vor allem psychologischer, soziologischer, volks- und volkstumskundlicher, volkswirtschaftlicher, pädagogischer, welt- und lebensanschaulicher Seite her kamen[20]. Dabei gewann die Erstarkung des *Kirchen-*

---

[18] So natürlich vor allem Neutestamentler (Bultmann s. oben b; M. Dibelius, Geschichtl. u. übergesch. Religion 25, [2]29 = Evangelium u. Welt); Alttestamentler wie Vischer (Nr. 3 a), manche Träger der „Lutherrenaissance" (E. Wolf, anders E. Seeberg).

[19] Schian 21, [3]34; Steinbeck 28. 32; E. Pfennigsdorf 29 f.; Wtr. Bülck, Einführung 34. – Doch bringen diese Gesamtdarstellungen noch nicht die Umstellung der Praktischen Theologie zum vollen Ausdruck.

[20] In der *Homiletik* wurde die Neubesinnung – um nur Beispiele zu nennen – deutlich im Vorstoß bei Fezer, in umfassender Durchdenkung bei Trillhaas und Schreiner, in der Anwendung und Wirklichkeitsbeziehung vor allem bei Dedo Müller; in der besonders reich bearbeiteten *Erziehungslehre und Religionspädagogik* bei Eberhard (Arbeitsschule), Fr. Schulze (Polarität von Arbeitsschule und Stoffübermittlung), Tögel (völkisches Denken), Bohne, Delekat, Th. Heckel, Marg. v. Tiling, Heitmann, Hupfeld, Cordier, Schreiner, Doerne, Koepp (theol. Einstellungen verschiedenster Art); in der ebenfalls überaus stark gepflegten *Kultuslehre* bei Allwohn, Althaus, Asmussen, Dietz, K. Eger, Hm. Faber, Fendt, Heiler, Heitmann, Th. Knolle, Macholz, Otto, K. B. Ritter, W. Stählin (dazu die große Literatur über religiöse und kirchliche Singbewegung

gedankens besondere Bedeutung; die auf die Revolutionen von 1918 und 33 folgenden kirchlichen Kämpfe sowie die ökumenische Bewegung förderten seine theologische Durchdenkung und weckten für die vernachlässigten Verfassungsfragen wachsendes Interesse[21]. Auch begünstigte dieser Aufstieg die Wiederaufnahme der Frage nach der Stellung der praktischen Theologie im Ganzen der theologischen Wissenschaft (Allwohn, Fendt, Dedo Müller, Doerne, auch Wilh. Stählin) und bewährte so ihre neue Wendung zur grundsätzlichen, systematischen Besinnung auf die theologische Richtigkeit der kirchlichen Arbeit. Es bildete sich in Verbindung mit der verstärkten kirchlichen Haltung aller Theologie eine Wechselbezogenheit der Disziplinen, wie sie trotz Schleiermacher und Nitzsch, Hofmann und Ritschl noch nie bestanden hatte.

3. Die historische Selbstbesinnung

Die historische Arbeit schritt zunächst auf allen Gebieten trotz der hemmungsreichen äußeren Lage vorwärts, trat in immer engere Wechselbeziehung zu dem Fortgang der allgemeinen Geschichtswissenschaften und der eifrigen Forschung des Auslands, verbesserte beständig

u. ä.); in der Lehre von der *Seelsorge* bei Gruehn, J. B. Schairer, H. Fichtner, C. Schweitzer, O. Pfister, W. Buntzel, in der Schriftenreihe „Arzt u. Seelsorger". Wie aus der Praxis des Kirchen- und Schulamts so kamen auch aus der Praxis der *freien Aktivität* wertvolle theologische Anregungen; bezeichnende Beispiele sind B. Gutmann, Gemeindeaufbau aus d. Evangelium 25, und das Aufblühen der „Diasporakunde" vor allem durch Franz Rendtorff oder die kirchliche Neuprägung der Singbewegung vor allem durch die Berneuchener. M. Doerne und R. Müller-Schwefe pflegten die theologische Interpretation der Dichtung.

[21] Aus der Fülle des Schrifttums: Kattenbusch, Der Quellort d. Kirchenidee, Harnackfestschr. 1921; Die Doppelschichtigkeit in Luthers Kirchenbegriff, Stud. u. Krit. 27; P. Althaus, s. oben b; Das Berneuchener Buch 26; O. Dibelius, Das Jahrh. d. Kirche 26, ³27; K. L. Schmidt, Die Kirche des Christentums 27; G. Holstein, sowie Damour s. LÜ 5 ; Credo ecclesiam, Festschrift f. Zöllner 31. Im übrigen Schriften und Aufsätze von Asmussen, K. Barth (mit starken Wandlungen), Bonhoeffer, Brunstäd, Bülck, Cordier, Delekat, Doerne, Elert, Fendt, Frick, Gogarten, Hirsch, Lauerer, H. M. und Joh. Müller, H. Rendtorff, Schafft, Schian, Schumann, W. Stählin, E. Stange, Thurneysen, Winkler u. a.; dazu das historische (über Bibel, Luther, Bekenntnisschriften), das Berneuchener, hochkirchliche und ökumenische Schrifttum (darin das Sammelwerk Kirche, Volk u. Staat,

ihre Methoden und Ergebnisse, eroberte neue Gebiete, gewann aus der Gewalt des gegenwärtigen geschichtlichen Lebens neue Reize und Lichter. Dennoch erfaßte der Umschwung auch sie. Aus der vordersten Linie gedrängt und an suggestiver Kraft verlierend, wurde sie von den Gefahren der Überernährung befreit und besann sich stärker auf ihren theologischen Charakter.

a) *Die biblischen Wissenschaften.* – Es war ein Zeichen für die inneren Notwendigkeiten der Arbeit selbst, wenn die Tagungen der Alttestamentler sowohl international als auch möglichst mit denen der Orientalisten verbunden wurden[22].

Diese Entwicklung brachte der religiösen Durchforschung des *Alten Testaments* weitere Förderung. Die Grundgedanken der von Wellhausen beherrschten Zeit (die Methode der Quellenkritik, die Ordnung der Hauptquellen und Hauptperioden) blieben erhalten, aber von allen Seiten der religionsgeschichtlichen Forschung her weiteten sich die Gesichtspunkte. So wurden die Anregungen Gunkels, die in Balla, Begrich, Galling usw. junge Träger fanden, in dem neuen Geschlecht mannigfach ergänzt, bei Eißfeldt z. B. durch solche Baudissins, bei Hempel durch solche der Leipziger Religionsgeschichtler (Wundt; Soederblom, Haas). Mehr und mehr floß dabei die Arbeit der verschiedenen Generationen ineinander; noch wirkten Älteste wie Budde, Duhm, König, Kittel, auf ihrer Höhe standen die Gelehrten der vor 1914 einsetzenden Altersreihen, und nun warfen die seit 80 Geborenen ihre volle Kraft in die Waagschale[23]. Die neue Einstellung hinderte die in der religionsgeschichtlichen Schule drohende Auflösung der alttestamentlichen Arbeit in die allgemeine Religionsgeschichte, trieb aber die von ihr begonnenen Fortschritte vor allem nach zwei Richtungen voran: einerseits förderte die Erhellung der ältesten Geschichte und die Auswertung des ältesten Gesteins der alttestamentlichen Quellen durch

hrsg. v. Eu. Gerstenmaier 37), sowie das des eigentlichen Kirchenkampfes, Credo Ecclesiam hrsg. v. d. ev. Michaelsbruderschaft 55. Ein Buch von der Kirche 1954.

[22] Vgl. auch semitische Sonderstudien von Alttestamentlern: Gustav Hölscher, Syrische Verskunst 1932 (Leipz. Semitist. Studien hrsgg. v. A. Fischer u. H. Zimmern N. F. V).

[23] L. Köhler, Joh. Herrmann 80, Alt, A. Duhm 83, Jirku, Balla 85, Baumgartner, Hänel, Eißfeldt 87, Baumgärtel 88, Eichrodt 90, Hempel, Rudolph 91, Weiser 93, W. Vischer, Hertzberg 95, Rost, Horst, Quell 96, Begrich, Galling, Jepsen, Wendel 1900, v. Rad, K. Elliger 01, Grether, Fichtner 02, Bardtke 06, Zimmerli 07.

die „Gattungsforschung"[24] (s. oben IV 5 a) das Verständnis der israelitischen Entwicklung, anderseits wurde die Aufmerksamkeit noch stärker als zuvor auf die religiösen Inhalte der alttestamentlichen Quellen gelenkt.

Die grundlegende Arbeit, die *Exegese,* wurde noch durch die älteren von Nowack, von Gunkel-Greßmann ([2]20), von Sellin begründeten Kommentar-Werke beherrscht; seit 1934 begann das „Handbuch zum Alten Testament", hrsg. von Eißfeldt, die Jüngeren für ein gemeinsames Werk zu sammeln. Kommentare von besonderer Bedeutung waren z. B. Hölschers Hesekiel (Der Dichter u. d. Buch 24) und Gunkels Psalmen (26). Herrschte hier trotz großer Verschiedenheiten und mannigfacher Befruchtung durch die mehr theologische Wendung der alttestamentlichen Wissenschaft doch überall die historische Erklärung, so versuchte eine kleine Gruppe unter dem Eindruck Barthischer Gedanken das Alte Testament rein von der Kirche her, d. h. als Christuszeugnis auszulegen (W. Vischer, Das Christuszeugnis d. A. Testaments I 34, Esther 37; H. Hellbardt, Theol. Blätter 37, H. 7 f.; Bonhoeffer (Schöpf. u. Fall, 33 [4]68), E. Reisner, W. Lüthi, u. a.). Freilich bedeutete dies Verfahren praktisch eine Abdichtung des A. T.s gegenüber der historischen Betrachtung und einen Rückfall in dogmatisch-allegorische Auslegung. Die *„Einleitungs-*Wissenschaft" wurde durch die Literaturgeschichte nicht völlig aufgesogen. Als Zusammenfassung trat neben die Einleitungen Steuernagels (12) und Sellins ([7]35) die von Eißfeldt (34 [3]64); eine knappe Übersicht der anderen Art gab Hempels „Althebr. Literatur u. ihr hell.-jüd. Nachleben" (in Walzels Handb. d. Lit.-Wiss. 30–34). Die Versuche, die in der Forschung selbst sich vollziehende „rückläufige Bewegung" für eine Rückkehr hinter Wellhausen, ja hinter ernsthafte Quellenkritik überhaupt auszunutzen (M. Kegel, W. Möller), wurden von der gesamten alttestamentlichen Wissenschaft zurückgewiesen. Die *Geschichte Israels* weckte zahlreiche Monographien (z. B. von Alt, Noth, Rost, Begrich); sie fand neben dem älteren Buch von Guthe und dem jetzt erst vollendeten großen Werke Kittels (3 B. 27–29) neue Gesamtdarstellungen durch Sellin (24. 32)

---

[24] Für die Einführung der Gattungsforschung gab Gunkel das Musterbeispiel durch seine Einleitung in d. Psalmen (27–33, vollendet von Begrich); kleinere Arbeiten (z. B. von Greßmann, Baumgartner, Begrich) zeigten die Fruchtbarkeit nach anderen Richtungen. Die Quellenkritik älterer Art wurde fortgesetzt durch Eißfeldt, durch die neue, vor allem von Th. Oestreicher und Hölscher veranlaßten Kämpfe um das Deuteronomium, durch v. Rads weitere Zerlegung der Priesterschrift u. a.

und Jirku (30). Der entscheidende Übergang von der Geschichte zur Theologie Israels wurde durch die Entdeckung der grundlegenden Bedeutung des Kultus gefunden, die zuerst Paul *Volz* (das Neujahrsfest Jahwes 1912) machte, dann aber der norwegische Gelehrte Sigmund *Mowinckel* (Psalmenstudien I–III. 1920–23, Le Décalogue 1929 u. a.) auf grundsätzliche Höhe führte und umfassend ausbaute. Von da aus erhielten die noch gegenwärtig herrschenden Tendenzen der formgeschichtlichen, kultgeschichtlichen, traditionsgeschichtlichen Betrachtung eine wesentliche Verstärkung. Zugleich wurde so die Brücke zur Exegese geschlagen und im Zusammenhang mit der hermeneutischen Theologisierung des Alten Testaments (G. v. Rad, W. Zimmerli, F. Baumgärtel) der religionsgeschichtliche und literargeschichtliche Aspekt Gunkels endgültig überboten. Gleichzeitig legte der dänische Semitist Johannes *Pedersen* eine originale Gesamtdeutung Israels unter den Leitbegriffen „Seele" und „Heiligkeit" vor (Israel, its Life and Culture I. 1920, II. 1934, vorbereitet durch die Untersuchung: Der Eid bei den Semiten 1914). Albrecht *Alt* (1883–1956), Professor in Basel, Greifswald, Halle, Leipzig), der bedeutendste Schüler Rudolf Kittels, erstellte in einer entsagungsvollen Kleinarbeit mit methodischer Sauberkeit die tragfähige Grundlage für die Geschichte Israels im weitesten Sinne. Ausgehend von Beiträgen zur Literarkritik und historischen Geographie, erkannte er fast alle entscheidenden historischen Vorgänge zutreffend, förderte darüber hinaus aber in seinen Studien zur Struktur des israelitischen Glaubensdenkens (Der Gott der Väter 1929; Die Ursprünge des israelitischen Rechts 1934) die alttestamentliche Theologie zentral (Kleine Schriften zur Geschichte des Volkes Israel, 2 Bde 1953). – Die Altt. *Theologie* und Israelitisch-jüdische Religionsgeschichte wurde durch die Fortschritte der übrigen Gebiete und die theologische Wandlung der Zeit immer stärker belebt. Die Fülle der Monographien war groß[25], und fünf neue Gesamtdarstellungen versuchten die Fülle des Neuen zu verwerten und zu gestalten. Dabei verfuhr Hölscher (Geschichte d. isr. u. jüd. Rel. 22) rein geschichtlich, Sellin (Altt. Theologie auf rel.-geschichtl. Grundlage 33) stellte geschichtliche Entwicklung und systematischen Entwurf nebeneinander, Eichrodt (Theologie des A. T.s I 33 II 35 III 39; I³, II², III² 48 I⁵ 57) und L. Köhler (Altt.Theol., 36 f.) gaben rein systematische, von theologischem Interesse geleitete Ent-

---

[25] Beispiele: Alt, Hempel, H. Duhm, v. Gall, Galling, Grether, Hänel, Staerk, Weiser, Wendel.

würfe[26]. Otto Procksch bekannte sich in seiner Theologie des ATs (1950) grundsätzlich zur christologischen Betrachtung des ATs, ohne sie dann – mit gutem Grunde – konkret im einzelnen zu vollziehen. Darin spiegelte sich die innere Situation bezeichnend genug.

Auf *neutestamentlichem* Gebiet war die Entwicklung ähnlich. Die Fülle und Schwierigkeiten der Aufgaben riß weithin die Zäune nieder, die zwischen den Fakultäten, den Völkern und Konfessionen bestanden. Die Religionshistoriker gruben immer neue Stoffe auf, die dem Neutestamentler Aufgaben stellten oder wertvolle Hilfe gaben. (z. B. Cumont, Ed. Norden) und griffen im Zusammenhang ihrer Gebiete selbst auf das neutestamentliche Gebiet über[27]. So setzte die historische Betrachtungsweise sich auch hier vollends durch. Erst recht aber kam beim Neuen Testament das Erstarken des theologischen Bewußtseins zur Geltung; es vertiefte die theologische Art der Arbeit und erzeugte wertvolle Kreuzungen der beiden Entwicklungslinien. Der Reichtum zeigte sich schon äußerlich darin, daß Vertreter aller theologischen Fächer so lebendig wie je an der neutestamentlichen Wissenschaft teilnahmen und daß die Zahl der Forscher ungemein groß war[28]. Die Arbeitsgemeinschaft war stark genug, um seit 22 gemeinsame Ta-

---

[26] Dabei ging L. Köhler, der Lexikograph, in wegweisender Methodik von der Wortforschung aus (Lexicon in Veteris Testamenti Libros 53 (mit W. Baumgartner), Suppl. 58). Die Alttest. Theologie von W. und H. Möller (38) bleibt wie ihr Einleitung außerhalb der ganzen neueren Forschung.

[27] Auch ohne fachmäßigen Zusammenhang wurden manche Forscher als Christen und Mitkämpfer der Zeit zur tätigen Anteilnahme geführt (z. B. Ed. Wechßler, Hellas im Evang. 36).

[28] Von den Alttestamentlern beteiligten sich z. B. Procksch, Gunkel, L. Köhler, Hempel, von den Kirchengeschichtlern Holl, Heussi, Hirsch, Beyer u. a., von den Systematikern z. B. Lütgert, Heim, Otto, E. Weber, Althaus, Frick. Von den Ältesten waren noch J. Kaftan, Kattenbusch, Harnack, Zahn am Werk; den Haupttrupp bildeten zunächst die zahlreichen Vertreter der um 1914 auf der Höhe stehenden Geschlechter; aus den neuen Altersreihen: 81 geb. Oepke, Hs. v. Soden, Windisch; 82 Fch. Hauck, Strathmann; 83 M. Albertz, Büchsel, M. Dibelius, Kundsin, Schniewind, R. Schütz; 84 Bultmann; 88 Deißner, G. Kittel, Preisker; 89 Bauernfeind; 90 Lohmeyer; 91 K. L. Schmidt; 92 Barnikol, Mundle; 94 Haenchen (urspr. Syst. theol.); 95 Joh. Schneider; 96 Bertram, Michaelis; 97 Förster, Fascher; 98 Ed. Ellwein; 99 Eltester (zgl. Kg); 1900 Joach. Jeremias, Schlier, G. Stählin, C. Schneider, H. D. Wendland; 02 Stauffer, Cullmann, Harder, Helm. Kittel; 03 Rengstorf, Michel, Ernst Fuchs, Braun, Fitzer; 05 G. Bornkamm, Kümmel, Delling; 06 W. Grundmann, Käsemann, Greeven, Kuhn, Wenschkewitz; 07 Schmauch, Konr. Weiß; 08 G. Friedrich; 09 Dinkler, Eichholz; 11 Goppelt, Bieder; 13 Ed. Schweizer.

gungen der Neutestamentler zu tragen (meist in Verbindungen mit solchen der Kirchenhistoriker oder der Philologen und Schulmänner). Von den Forschungsrichtungen stand zahlenmäßig die weitere Untersuchung der *religionsgeschichtlichen* Beziehungen im Vordergrund. Die neu beigebrachten Stoffe forderten beständig neue Arbeit. Zeitweilig beanspruchte das Verhältnis zu den mandäischen Texten seit ihrer Erschließung durch Mark Lidzbarski die höchste Aufmerksamkeit, ohne daß dabei – trotz des Mitwirkens führender Forscher wie Bousset, W. Bauer, Bultmann – umwälzende Ergebnisse erzielt wurden. Je genauer und vielseitiger das Bild des religiösen Lebens jener Zeit wurde, desto beziehungsreicher, lebendiger und konkreter gestaltete sich auch das Verständnis des neutestamentlichen Schrifttums. Daher setzte sich die religionsgeschichtliche Betrachtung zwar nicht allgemein durch (Widerspruch z. B. von Holl, Urchristentum u. Religionsgesch. 25), fand aber unter Abstreifung der voreiligen Ableitungsversuche und stärkerer Abzweckung auf die Erkenntnis der Eigenart des Christlichen doch fast überall Eingang[29]. Eine wertvolle Ergänzung war die stärkere Heranziehung der rabbinischen Linien. Sie fanden in Strack-Billerbecks „Kommentar z. N. T. aus Talmud u. Midrasch" (22–24) ein Sammelbecken und wirkten von da aus mit verstärkter Kraft; unter den Jüngeren wurden sie besonders durch G. Kittel, Joach. Jeremias, K. H. Rengstorf, H. Braun, K. G. Kuhn u. a. vertreten. Seit etwa 1920 beherrschte die Gnosis, insbesondere ihre mandäische Abart das Feld, seit 1947 die essenischen Texte von Qumran. Nur C. Schneider (Geistesgeschichte des antiken Christentums 1955) postulierte hellenistische Analogien.

Neben solche Weiterbildung der im Gang befindlichen traten zugleich neue Ansätze, zumal auf dem Gebiet der *Quellenuntersuchung.* Am fruchtbarsten unter ihnen erwies sich das stilkritische (formgeschichtliche) Verfahren, das im Zusammenhang mit Gunkels Gattungsforschung programmatisch durchdacht und umfassend durchgeführt wurde[30]. Man versuchte auch hier durch formgeschichtliche Herausar-

---

[29] Vgl. die Sammlung der Stoffe bei C. Clemen, „Relgeschichtl. Erklärung d. N. Testaments" ²24, die schon IV 6 a genannten Arbeiten von Leipoldt u. a.

[30] M. Dibelius (Die Formgesch. d. Evangeliums 19, ²33), K. Lg. Schmidt (Der Rahmen d. Gesch. Jesu 19). Bultmann (Die Gesch. d. synopt. Tradition 21, ²31) und M. Albertz (Die Streitgespräche Jesu 21) wurden seine bedeutendsten Träger, und zwar zunächst in der stockenden Arbeit an den Synoptikern; Fiebig wandte es auf die rabbinische Literatur an

beitung des Urgesteins „hinter die ältesten faßbaren Quellen, das Markusevangelium und die aus Matthäus und Lukas rekonstruierte Spruchquelle zurückzugehen und den geschichtlichen Prozeß zu erkennen, in dem sie entstanden sind" (Bultmann, Die Erforschung d. synopt. Evangelien ²30, S. 12). Aber auch das übrige neutestamentliche Schrifttum begann man (Paränesen, kultische Stücke u. a.) ähnlich zu durchforschen. Da dies Verfahren näher an das ursprüngliche Geschehen und an die wirkliche Gemeinde heranzuführen versprach und jede bloß ideologisch-mythische oder tendenzkritische Ausschaltung unmöglich machte, fand es rasch Verbreitung[31]. – Weit seltener und umstrittener waren die Ansätze zu *psychologischer* Durchleuchtung der neutestamentlichen Schriften, wie sie z. B. von C. Schneider versucht wurde[32].

Die Gespanntheit der Entwicklung kam wieder am stärksten in der *Exegese* zutage. Die großen Kommentarwerke behielten zwar etwas von der alten Abtönung bei, spiegelten aber im ganzen die veränderte Lage, in der bei aller Verfeinerung der formalen und formgeschichtlichen Untersuchungsmethoden das Hauptinteresse sich auf den Gehalt, die „Aussage", der neutestamentlichen Schriften richtete. Gerade der klassische Vertreter der historisch-kritischen und religionsgeschichtlichen Orientierung, der „Historisch-kritische Kommentar über das Neue Testament" von H. A. W. Meyer[33] erfuhr in seinen Spitzenleistungen wie Bultmanns Johannesevangelium, Lohmeyers Markusevangelium und Philipperbrief eine tiefgreifende Theologisierung, zu der die anders geprägte in den großen Alterskommentaren Schlatters (Matthäus,

---

(Rabbinische Formgesch. u. Geschichtlichkeit Jesu 31). – Scharfe Kritik z. B. bei Fascher, Die formgesch. Methode 24 und L. Köhler, Das formgesch. Problem d. N. T. 27.

[31] Den Versuch einer umfassenden Auswertung für die Gesamtbehandlung des NTs machte M. Albertz (Die Botschaft des NTs I-II 1947–58).

[32] Die Erlebnisechtheit d. Apok. Johannis 30. Vgl. auch G. Hoffmann, Das Johannesevang. als Alterswerk 33. – Im weiteren Sinn psychologisch war die Anwendung der Schallanalyse (durch ihren Begründer Ed. Sievers selbst und seinen Schüler W. Schanze, seit 18, auch durch Joh. Jeremias).

[33] Längst vor dem Weltkrieg begonnen, entwickelten sich die von Meyer (jetzt beteiligt Bultmann, Dibelius, Lohmeyer, Michel, Windisch), von Lietzmann (in Verbindung mit W. Bauer, Dibelius, Greßmann, Klostermann, Knopf, Lohmeyer, Preuschen, Radermacher, P. Wendland, Windisch), von Joh. Weiß (³17 hrsg. v. Bousset u. Heitmüller, I ⁴29) und Zahn je auf ihrer Bahn weiter, natürlich mannigfach durch die neuen Wendungen befruchtet. Der neue „Theol. Handkommentar z. N. T." (seit

Lukas, Johannes, Römerbrief, 1. Korintherbrief) das Gegengewicht
bildete.

Eine Gesamtdarstellung des Urchristentums unter theologischem Aspekt begann Lohmeyer (Johannes der Täufer 1932). Seine eigenwilli-
gen „Grundlagen paulinischer Theologie" (1929) vermochten trotz
seiner überlegenen Verbindungen von eindringender Analyse und
konstruktiver Synthese, häufig unter Anlehnung an die platonisieren-
den Kategorien Stefan Georges, nur einen Achtungserfolg zu erreichen.
Im ganzen waltete bei ihm stärker als bei allen anderen Neutestamentlern das künstlerische Moment vor und bestimmte seine Zuspitzung
der formgeschichtlichen Betrachtungsweise.

Noch deutlicher wurde die Wendung in den *hermeneutischen* Erörterungen der Zeit. Wie vor 100 Jahren die Krisis des Rationalismus, so
reizte nun die des Historismus zu grundsätzlicher Besinnung. Seit dem
Ende des 19. Jahrh.s leise angebahnt, griff sie in der neuen Zeit, dem
kirchlich-theologischen Bedürfnis folgend, um sich und fand in der
Forderung der „pneumatischen" oder „theologischen" Auslegung (jene
vor allem bei Girgensohn, diese vor allem bei dialektischen Theologen)
ihren bezeichnenden Ausdruck. Dahinter stand das Wissen, daß der
Text einen Anspruch stellt und in verbindlicher Weise von Sachver-
halten redet, die jenseits aller zeitgebundenen Anschauungsformen gelten, d. h.: der Offenbarungscharakter wurde wieder lebendig. Die
Problematik von Offenbarung, Geschichte und persönlicher Existenz
trat in die Mitte der Erörterung. Die Hermeneutik erfuhr durch die
Aufnahme dieser Zusammenhänge eine theologische Wiedergeburt[34].

31, von Althaus, Appel, Bauernfeind, Büchsel, Grundmann, Hadorn,
Hauck, G. Kittel, Michaelis, Oepke, H. W. Schmidt) suchte bei grammati-
scher Präzision und Verwertung der religionsgeschichtlichen Stoffe doch
zugleich in aller Knappheit dem „theologischen" Interesse Rechnung zu
tragen.

[34] Allgemeine hermeneutische Antriebe kamen von Dilthey und Nietzsche
(denn auch das wirkliche Verstehen „profaner" Literatur stellt ähnliche
Fragen), theologische von Männern des älteren Geschlechts wie Herrmann, Kähler, Troeltsch; Wobbermin („religionspsychologischer Zirkel")
und v. Dobschütz bemühten sich neuerdings um den Ausbau der überlieferten Methodik. Der methodisch ungeklärte, an den schwäbischen
geistleiblichen Biblizismus (speziell J. T. Beck) angelehnte Vorstoß Girgensohns wirkte am stärksten in dem Heft „Die Inspiration d. Hlg. Schrift"
25; die dialektischen Ansätze auf sehr verschiedenen Bahnen in Barths
„Kommentaren", in „Zwischen d. Zeiten", den „Theol. Blättern" und
kirchlichen Zeitschriften; auch die christozentrische Deutung des Alten

Da diese Forderungen letztlich doch mehr aus praktischen Nöten als aus theologischer Klärung der verwickelten Lage geboren waren, konnten sie nicht einfach siegen, verbreiteten aber das Bewußtsein, daß die rein historische Betrachtung unzulänglich sei und in dem Lauschen gegenwärtigen Lebens auf die aktuelle Offenbarung des geschichtsmächtigen lebendigen Gottes ihre Vertiefung finden müsse[35].

Der Strom der Einzelarbeiten war auf allen neutestamentlichen Gebieten so groß, daß hier auf Heraushebung auch nur der wichtigsten verzichtet werden muß. Lediglich auf die zusammenfassenden Werke sei hingewiesen. In der „Einleitung" blieben Jülicher (⁷31 mit Fascher) und Feine (hsgg. von Behm [36]) in Geltung. Neu hinzu trat Michaelis (56). Die durch die formgeschichtliche Betrachtungsweise geforderte Umgestaltung führten ihre Begründer Martin Dibelius (Geschichte der urchristlichen Literatur) 26 (Göschen) und Martin Albertz[36] eindrucksvoll, aber in durchaus verschiedener Gestaltung vor. *Geschichtliche* Darstellungen des ganzen Bereichs wurden gewagt von Joh. Weiß für das „Urchristentum" (14. 17), von H. v. Soden (Geschichte d. chr. Kirche I, in „Natur u. Geisteswelt", 19), von Lietzmann (Geschichte d. alten Kirche, I 32). Ein „Leben Jesu" zu geben erschien vielfach als historisch oder religiös unmöglich[37], doch lenkte Ottos „Reich Gottes und Menschensohn" (34) wieder zu der Aufgabe zurück[38]. Überaus häufig

Testaments (s. oben S. 419) steht in diesem Zusammenhang. Die Erörterung war überaus rege; abgesehen von den Zeitschriften (R. Seeberg, Traub, Bultmann u. a.) s. die Hefte von Frick, Behm, Fascher, Oepke. Besonders wichtig wurde Leonhard Goppelt, Typos 1939.

[35] Die Wiederaufnahme der Hermeneutik erstreckte sich später auch auf die Befragung der Ökumene unter diesem Blickpunkt; vgl. W. Schweitzer, Schrift und Dogma in der Ökumene 52. Ulrich Luz: Das Geschichtsverständnis des Paulus 1968.

[36] Vgl. S. 423 A. 31.

[37] Bultmanns „Jesus" (26 ²51) z. B. will weder das Leben noch die Persönlichkeit Jesu zeichnen, sondern an der Hand seiner Verkündigung zu einer „persönlichen Begegnung mit der Geschichte" führen.

[38] Das andauernde Bedürfnis wurde bezeugt durch die Übersetzung ausländischer Bücher: A. C. Headlam, Jesus d. Christus (übers. v. Leipoldt) 26 (Torso) und M. Goguel, Das Leben Jesu, deutsch 34; nur daß es nicht mehr in der Weise einer Biographie erfüllt werden kann. Auch religionsgeschichtliche Konstruktionen und Versuche wie der des Juden J. Klausner (Jesus v. Nazareth, seine Zeit, sein Leben; aus d. Hebr. übers. v. Fischel 30) zwangen zu neuer Arbeit. Vgl. a. die z. T. romanhaften Leben Jesu von D. Mereschkowskij, Jesus der Unbekannte, Jesus der Kommende, Tod und Auferstehung 1934–36. Schalom Asch (jüd.), The Nazarene und Edzard Schaper, Das Leben Jesu 1935.

wurde Paulus behandelt. Da der Boden hier als verhältnismäßig gesichert betrachtet werden durfte, wandte sich die Untersuchung einerseits religionsgeschichtlichen Beziehungen, weit mehr jedoch dem theologischen Gehalt seiner Briefe zu, besonders seit Bultmann (Th Rdschau 1929, Paulus in RGG²) unter Hinweis auf F. Chr. Baur, W. Wrede und Schlatter den Blick eindeutig in diese Richtung gelenkt hatte (Untersuchungen und Darstellungen von Bultmann, H. Braun, v. Dobschütz, Feine, Fuchs, Gutbrod, Kümmel, Leipoldt, Lohmeyer, Mundle, Schmitz, J. Schneider, A. Schweitzer, H. D. Wendland, Windisch u. a.).

b) *Kirchen- u. Dogmengeschichte.* – Sie widerstand dem Umschwung der Lage am zähesten. Daher schritt die eigentliche Arbeit der Forschung und Darstellung ihres Weges unbeirrt weiter[39]. Die Kirchengeschichte K. Müllers (II 2, 1919; I ²24–29) blieb das unerreichte Meisterwerk, das Krügersche Handbuch (²23–32) das unentbehrliche Hilfsmittel; die neue Gesamtdarstellung J. v. Walters (seit 32) hat trotz konservativer Haltung doch ähnliche Art, war überdies zu knapp, um jene Werke zu ersetzen. Unter den kurzen Überblicken (die neuen Auflagen von Heussi, Appel und von Schubert, die neuen Bücher von H. Achelis, Aner, von Loewenich, Preuß, Schuster, K. D. Schmidt) gewannen diejenigen von v. Loewenich und K. D. Schmidt durch die Nähe zur Lutherrenaissance ein verstärktes theologisches Profil, K. D. Schmidt gab seiner Darstellung der Reformation einen Abriß der Theologie Luthers bei. In der DG kam im gleichen Sinne ein neuer Durchbruch von den schwedischen Theologen G. Aulén (Das christliche Gottesbild in Vergangenheit und Gegenwart 1930), der die theozentrische Linie einheitlich durchführte, und Anders Nygren (Eros und Agape 1930. ²1953), der ähnlich das Ringen zwischen dem theozentrischen und anthropozentrischen Liebesgedanken zum Thema machte. Demgegenüber erneuerte der Schüler Albert Schweitzers, M. Werner, die Position der freien Theologie kraftvoll durch die Forderung, die DG nicht als Bewahrung, sondern als je durch das veränderte Weltbild und Selbstverständnis notwendig gewordene Umbildung und

---

[39] Ihre Hauptvertreter außer den schon S. 359 ff. 408 Genannten): 80 geb. Glawe, 82 Kohlmeyer, 84 O. Farner, 86 Bauke, K. Völker, 88 E. Seeberg, 89 E. Stähelin; 91 Herbst; 92 Laag, Biundo; 94 H. Koch, Stracke; 95 H. Dörries; 96 K. D. Schmidt, W. Völker, Leube; 98 Lother, Grete Mecenseffy; 99 A. Adam, Delius, Eltester; 1900 Blanke, W. Maurer, Kühnert; 01 Wagenmann; 02 E. Wolf, Hanna Jursch, W. Nordmann, Renkewitz; 03 W. Elliger, Nigg, v. Campenhausen, v. Loewenich, Bizer.

Fortbildung des neutestamentlichen Befundes zu begreifen (Die Entstehung des christlichen Dogmas 1942 [2]1950). Für die Frühzeit suchte er alles aus der Preisgabe des eschatologischen Bewußtseins abzuleiten, das Dogma war ihm die Lava der eschatologischen Glut[40]. An Einzelkomplexen fanden die Gnosis, Augustin und die Scholastik (meist im Zusammenhang mit der Erforschung und Profilierung der reformatorischen Theologie) bevorzugte Bearbeitung. Bemerkenswert ist für die Neuorientierung, daß die Anthropologie zum selbständigen Thema erhoben wurde (Erich Dinkler, D. A. Augustins 1935. Hch. Karpp, Probl.e altchr. Anthropologie. Bibl. Anthr. u. Philos., Psychologie bei den Kirchenvätern d. 3. Jh.s, 50).

Einen neuen Aufschwung mit verfeinerter historischer Methodik und vertiefter theologischer Fragestellung nahm die Arbeit an der Alten KG. Ungewöhnlich groß war hier die Zahl bedeutsamer Monographien, die W. Elert, H. Dörries, W. Völker, W. Eltester, H. v. Campenhausen, A. Hamel, H. Karpp, F. Kettler, Km. Beyschlag, W. v. Loewenich, E. Benz, C. Andresen, E. Dinkler, R. Lorenz, W. Schneemelcher, H. Kraft, P. Kawerau, B. Lohse u. a. verfaßten. Der Austausch mit der anglikanischen, z. T. auch mit der römisch-katholischen Patristik wurde so lebendig wie seit dem Humanismus des 16. und 17. Jahrhunderts nicht mehr. Die Geschichte der Alten Kirche erfuhr durch Lietzmann eine in ihrer Sorgfalt und Schlichtheit mustergültige Darstellung, ausgezeichnet durch eine lebendige Gestaltungskraft, wenngleich die Grundhaltung bei aller Aufnahme theologischer Momente noch positivistisch blieb. (4 Bde. 32–40, I [4]61, II–IV [3]61).

Dagegen trat die Behandlung des Mittelalters nicht zuletzt unter dem Eindruck des Hauckschen Meisterwerks in solchem Maße zurück, daß die Untersuchung und Darlegung der theologischen Grundbegriffe weitgehend von Profanhistorikern geleistet wurde (z. B. Carl Erdmann, Die Entstehung des Kreuzzugsgedankens 1935. Gerd Tellenbach, Libertas. Kirche und Weltordnung im Zeitalter des Investiturstreites 1938). Auf dem Gebiet des Mittelalters kam v. Schuberts Erneuerung des Möllerschen Lehrbuchs nicht über die Frühzeit hinaus (21). Haucks Kirchengeschichte Deutschlands zu vollenden, wagte nach Böhmers vorzeitigem Tode niemand. Auch die von der Deutschen Glaubensbewegung aufgeworfene Frage nach Art und Sinn der Christianisierung Deutschlands fand die Kirchenhistoriker ungenügend vorbereitet; was

---

[40] Gegen ihn vor allem Felix Flückiger, Der Ursprung des christlichen Dogmas 1956.

H. v. Schubert, Hch. Böhmer, R. Seeberg u. a. darüber gesagt hatten, war noch zu allgemein, um eine feste Grundlage zu geben. Erst 33 setzten genauere Untersuchungen ein[41], deren Ertrag, bereichert durch eigene Forschung, K. D. Schmidt zu einem repräsentativen Gesamtbilde auszugestalten unternahm (Die Bekehrung der Germanen zum Christentum 1935 ff, unabgeschlossen).

Der Hauptteil des verbleibenden kirchengeschichtlichen Eifers wandte sich vielmehr der *Neuzeit* zu, und zwar den für die theologische Problematik besonders wichtigen Teilen, d. h. der auch äußerlich durch die vielen Gedenkfeiern betonten Reformation und dem Deutschen Idealismus, bzw. Schleiermacher[42]. Auch hier setzte sich zunächst einfach fort, was längst begonnen hatte; aber die Fortsetzung erhielt doch weithin sowohl verstärkte Kraft als auch veränderten Ton.

Der *Luther*-Forschung strömten aus allen theologischen Gruppen reiche Kräfte zu. Kattenbusch, R. Seeberg, O. Ritschl und Loofs förderten sie weiter, von der nächsten Generation Holl, Joh. Ficker, Thieme, O. Scheel, Hch. Böhmer, Hermelink, Stange, Preuß, E. Seeberg, K. Bauer, R. Hermann, unter den Dialektikern F. Gogarten, E. Wolf, E. Bizer, H. Gollwitzer, die Hollschüler E. Hirsch, H. Bornkamm, F. Blanke, H. W. Beyer, H. Rückert, W. Dress, E. Vogelsang, R. Stupperich, die Junglutheraner G. Merz, M. Doerne, E. Kinder, F. Lau, W. Joest, E. Seebergs Schüler P. Meinhold, Gruppenlose wie H. M. Müller, F. W. Schmidt, W. v. Loewenich, W. Elliger, H. W. Krumwiede, B. Lohse, W. Jetter, die Schweden T. Bohlin, R. Bring, A. Gyllenkrok, G. Wingren, G. Hillerdal, auch Laien wie R. Thiel u. a. wetteiferten im Ringen um vollere Kenntnis und tieferes Verständnis. Dabei erhielt die Schule Holls den Hauptanteil an der Führung. In der Neuzeit traten der „junge Luther" (die neu veröffentlichten Vorlesungen), inhaltlich der Gottesgedanke bis hin zum Prädestinationsglauben (De servo arbitrio), das Verhältnis von Gesetz und Evangelium, von Wort und Geist, die Rechtfertigungslehre, theologia crucis

---

[41] Vgl. die Schriften von Wtr. Baetke, E. Dinkler, H. Dörries, Wtr. Elliger, Guggisberg, Rückert, G. Flade, Vogelsang. Zu Meister Eckehart vgl. Bornkamm (s. oben) und E. Seeberg; festeren Boden für seine Bearbeitung werden erst die beiden Ausgaben seiner Schriften legen, die einerseits die Deutsche Forschungsgemeinschaft (unter Leitung von E. Seeberg), anderseits Théry-Klibansky (nur Opera latina) seit 36 schaffen.

[42] Zu den Kämpfen um Schleiermacher und den Idealismus s. S. 363 A. 146, 447 A. 69.

und ähnliche streng innertheologische Fragen in den Vordergrund[43].
Erich Seeberg gab Gesamtdarstelungen (I: Gotteslehre 1929 II: Chris-
tus, Wirklichkeit und Urbild 1937; Luthers Theologie 1941). Hanns
Rückert wandte die Luthererkenntnisse auf den röm.-kath. Bereich an
(Tridentinum)[44]. Bedeutsam war die bis ins Theologische reichende
Mitarbeit von Profanhistorikern, an der Spitze G. Ritter und C. Hinrichs. Allerdings ist durch das Streben nach Neuorientierung an
Luther, das diese ganze staunenswerte Arbeit beherrschte, auch Wichtiges vernachlässigt worden; die innertheologische „Luther-Renais-
sance" verdrängte vielfach die Fragen, die durch den bei Troeltsch
überbetonten Abstand der Gegenwart von Luther, durch das Verhältnis des Deutschen Idealismus zu ihm und die Bedeutung des Deutschen
in ihm (vgl. etwa v. Schubert, R. und E. Seeberg) notwendig geweckt
wurden, ehe sie wirklich beantwortet waren[45].

Von den *Mitreformatoren* erhielten Melanchthon (durch H. Engelland, W. Maurer, F. Hübner, W. Neuser, P. Schwarzenau, I. Sick,
A. Sperl), Ökolampad (durch E. Stähelin), Osiander (durch E. Hirsch),
Brenz (durch O. Fricke) Monographien. An Bucer wurde viel Arbeit
gesetzt (A. Lang, R. Stupperich, E. Bizer, A. Wendel, W. Bellardi),
auch eine Gesamtausgabe in Angriff genommen. *Zwingli* weckte eine
ganze Literatur; durch die seit 1895 erscheinende kritische Ausgabe
seines Schrifttums auf festeren Boden gebracht und sowohl durch die
schweizerischen Gedenkfeiern als auch durch den deutschen Luther-
Eifer angeregt, stellte man ihn jetzt stärker in die reformatorische
Gesamtbewegung hinein und gewann dadurch neue Beleuchtungen
seiner Theologie (besonders W. Köhler; auch Wernle, Blanke, O.
Farner, v. Muralt, Guggisberg, Locher u. a.). Hadorn hatte „Die

---

[43] Die 1917 durch den Philosophen Eucken gegründete Luther-Gesellschaft
mit ihrem vielfältigen Schrifttum und ihren Tagungen (geleitet durch
Holl, dann Althaus, neben ihnen Hauptpastor Knolle) erhielt von da aus
ihre Farbe.

[44] D. Rechtfertigungsl. auf d. Trid. Konzil, 26.

[45] Anders überall da, wo Troeltschs Einfluß lebendig blieb z. B. bei
W. Köhler und den oben S. 362 A. 146 Genannten. Im Gegensatz zu ihnen
und dem ganzen Luther-Schrifttum der letzten Jahrzehnte, auch der
Ritschlianer, wurde das Werk Th. Harnacks wieder auf den Leuchter
gestellt. Desto schärfer war der Gegenschlag bei Männern wie H. Leisegang (Luther als deutscher Christ 34) und H. M. Müller (Die Verleugnung
Luthers im heutigen Protestantismus 36), sowie bei Leese (LÜ 3), vollends
in der Deutschen Glaubensbewegung (z. B. bei Deutelmoser und bei Hb.
Grabert, Der prot. Auftrag d. deutschen Volkes, 36).

Reformation in d. deutschen Schweiz" (28) zusammenhängend dargestellt. Die seit 1909 erwachte Bemühung um *Calvin* (Holl, O. Ritschl,
Wernle u. a.) blühte dank der dialektischen Theologie unerwartet
rasch auf. Peter Barth und W. Niesel erleichterten sie durch ihre
Ausgabe (J. Calvini opera selecta, seit 25), Rückert seit 36 durch
die der Predigten, andere durch Übersetzungen (z. B. K. Müller die der
Institutio ²28, O. Weber die der Institutio, I f. 37, E. Bizer die von
Predigten, D. Schellong, Calvins Auslegung d. synopt. Evangelien, D.
evang. Gesetz in d. Ausleg. Calvins 68). Grundlegend blieb die französische Biographie Doumergues (7 Bde, 1899–1927), aber zahlreiche
Deutsche und Schweizer stellten doch so lebendige Beziehungen der
deutschen Theologie zu Calvin her, wie sie noch nie bestanden hatten
(A. Lang, K. u. P. Barth, K. Bauer, J. Beckmann, Bauke, J. Bohatec, de
Quervain, P. Brunner, Fröhlich, Hch. Hoffmann, E. Mülhaupt, H. Rükkert, K. Müller, W. Niesel, E. Büsser u. a.). Nächst den Reformatoren
wandte sich die Aufmerksamkeit der jungfräulichen Gruppe der Täufer zu (vor allem F. Blanke, später J. F. G. Goeters, Heinold Fast; vgl.
a. W. Köhler, Das Täufertum in der neueren kirchenhistorischen Forschung. Arch. f. Refgesch. 37–41 (1940–44)).

Die Lutherrenaissance führte in entgegengesetzte Richtungen. Einerseits wurden überall Wirkungen und Wiederaufnahmen Luthers herausgestellt und scharf profiliert (bei Osiander (durch Hirsch), Jakob
Böhme (durch H. Bornkamm), Zinzendorf (durch Bettermann, S.
Eberhard), John Wesley (durch M. Schmidt und F. Hildebrandt), Hamann (durch Blanke, Thoms), Sören Kierkegaard (durch Hirsch,
Bohlin), so daß die nachreformatorische KG in hohem Masse als
Geschichte des Lutherverständnisses erschien (vgl. Stephan, Luther in
den Wandlungen seiner Kirche 07 ²51, E. W. Zeeden, Martin Luther
und die Reformation im Urteil des deutschen Luthertums 50 (römisch-
katholisch), H. Bornkamm, Luther im Spiegel der deutschen Geistesgeschichte 1955 ²1970). Andererseits erfuhr die nachreformatorische
Orthodoxie, der sich bisher nur O. Ritschl angenommen hatte (Dogmengeschichte des Protestantismus 4 Bde. 1908–27), eine neue Hochschätzung, die einer Wiederentdeckung gleichkam (vor allem Arbeiten
von H. E. Weber (Reformation, Orthodoxie, Rationalismus 1937–51),
A. Lang, H. Leube, E. Bizer, J. Moltmann, M. Geiger, J. Wallmann).
Schließlich erwachte ein solch lebendiges Interesse an den Problemen
und Leistungen der Scholastik, wie es die evangelische Theologie nie
zuvor gekannt hatte. So wurde eine neue Gesprächsbasis mit dem
römischen Katholizismus erreicht (H. Rückert, E. Wolf, G. Ebeling).

Weiterhin wurde der Pietismus theologischer Forschungsgegenstand, besonders seit E. Seeberg (Gottfried Arnold 1923) und H. Bornkamm (Luther und Böhme 1925, Mystik, Spiritualismus und die Anfänge des Pietismus im Luthertum 1926) seine spiritualistische Wurzel neben dem Erbe Luthers aufgewiesen hatten (Hauptforscher: H. Leube, K. Aland, E. Benz). An Zinzendorf wurde eine reich lohnende Mühe gewandt (W. Bettermann, Eberhard, W. Jannasch, H. Motel, G. Reichel, H. Renkewitz, O. Uttendörfer). Der Aufklärungstheologie gingen K. Aner und später W. Philipp nach; unter territorialhistorischem Aspekt schufen für das 18. und 19. Jahrhundert P. Wernle (Schweiz) und W. Maurer (Kurhessen) bedeutende zusammenfassende Werke. Im 19. Jahrhundert fesselten einerseits die Erweckungsbewegung (K. Hennig, W. Heinsius, F. Blanke, E. Stähelin) und das Neuluthertum (W. Hebart, H. Fagerberg u. a.), andrerseits der deutsche Idealismus und Schleiermacher (H. Stephan, G. Wehrung, E. Hirsch, W. Schultz, M. Schmidt, P. Seifert). W. Lütgert gab eine große, ablehnend gehaltene Gesamtdarstellung (Die Religion des deutschen Idealismus und ihr Ende 4 Bde 23–30). Waren schon dabei im Grunde systematische, aus der gegenwärtigen Urteilsbildung stammende Gesichtspunkte leitend, so galt das in erhöhtem Maße von Sören Kierkegaard, der seit der dialektischen Theologie zu einem Lieblingsgegenstand der Interpretation aufrückte (Hauptforscher T. Bohlin, E. Geismar, E. Hirsch, H. Diem, M. Thust). Der Kirchenkampf verstärkte das Interesse an Kirchenrechtlichen Themen (z. B. W. Geppert über die altpreußische Union (ablehnend)).

Eine Geschichte der deutschen Frömmigkeit im Spiegel der bildenden Kunst entwarf H. Preuß (26), der auch der Entwicklung der Abendmahlsfrömmigkeit nachging (49). Die christliche Kunstgeschichte, besonders der Frühzeit, förderten J. Reil, W. Stuhlfauth, H. Lother, H. Laag, W. Elliger, F. Gerke, E. Schäfer, O. Thulin, H. v. Campenhausen, E. Dinkler, K. Goldammer, K. Wessel.

Wesentliche Grundsatzdebatten enstanden über die Konfessionskunde, ihre Aufgabenbestimmung und ihre theologischen Möglichkeiten (W. Elert, Morphologie des Luthertums 31–32 ²54, später G. Ebeling, E. Wolf, K. G. Steck in Auseinandersetzung mit der römisch-katholischen Kirche).

Nächst der Reformationsgeschichte ist es vor allem die *Geschichtsphilosophie,* die den Umschwung der theologischen Entwicklung bezeugt. Verhältnismäßig wenige Kirchenhistoriker reihten sich in die

Diskussion um die „Theologie der Geschichte" ein, hier führten im allgemeinen die Systematiker das Wort (von den Kirchenhistorikern E. Hirsch, Grundlegung einer christlichen Geschichtsphilosophie (ZsystTh 25 = Der deutsche Idealismus und das Christentum 26), W. Elliger, H. W. Krumwiede (für Luther), M. Schmidt (für Schleiermacher). Schon von der Philosophie (Dilthey, Windelband, Rickert, Mehlis, Rothacker, zuletzt Löwith, Kamlah, Metzke u. a.) sowie der Geschichtswissenschaft selbst (Meinecke; Auferstehung Bachofens und der Romantik; Spengler) und von der allgemeinen Kulturerschütterung kamen starke Reize; wie bei Troeltsch, so wurden sie jetzt von neuem bei W. Köhler, ferner bei Heussi u. a. wirksam. Weit häufiger aber wurde aus der innertheologischen Erschütterung heraus der Versuch einer Grundsatzbestimmung der Geschichte unternommen. Unter den Vertretern der dialektischen Theologie fand hier besonders F. Gogarten sein Feld, zumal er von der Auseinandersetzung mit Ernst Troeltsches Historismuskritik und- analyse ausgegangen war[46]. Zu einer großen überzeugenden Gestaltung konnte es schon deshalb nicht kommen, weil die Einheit und Kontinuität der Geschichte selbst – die früher selbstverständliche Voraussetzung der Geschichtsphilosophie – in Frage gestellt war. So trat mehr und mehr die punktuell verstandene „Geschichtlichkeit" des einzelnen Menschen und die konkrete Gegenwart an die Stelle der ausgedehnt linear gedachten „Geschichte".

Kirchen- und Dogmengeschichte zeigen also ein ähnliches Bild wie die biblischen Wissenschaften[47]. Die Hauptarbeit geschah überall in gradliniger Fortsetzung der bisherigen Methoden und Leistungen. Aber der neue Geist brachte an wichtigen Punkten das theologische

---

[46] Hirsch, Grundlegung einer chr. Geschichtsphil., Z f. syst. Th. 25; R. Seeberg, Die Gesch. u. Gott 28; Lütgert, Reich Gottes u. Weltgeschichte 28; E. Seeberg, Ideen z. Theol. d. Gesch. d. Christentums 29; E. Reisner, Die Gesch. als Sündenfall u. Weg z. Gericht 29; H. Thielicke, Gesch. u. Existenz 35; H. W. Schmidt s. S. 402. Außerdem Hm. Beyer, H. E. Weber, v. Loewenich u. a.

[47] Sammlungen Corpus Confessionum (hrsg. v. Fabricius seit 28) und Ekklesia (hrsg. v. Siegmund-Schultze, seit 34) bereiteten neue Studien vor. Friedr. Heilers „Katholizismus" (23) und „Urkirche u. Ostkirche" (36) sowie Schriften L. Fendts leiteten zu wesenhafterer Auffassung der fremden Christentümer an, und Bücher wie Hellpachs „Zwischen Wittenberg u. Rom" (31) zeigten die Offenheit auch weiterer Kreise. Mulerts Konfessionskunde (27 [2]37 [3]56 von E. Schott) versuchte den ganzen Stoff aufzunehmen, konnte aber gerade deswegen noch keine neue Grundlegung

Moment zur Geltung und hatte damit in manchen Fragen erheblichen Erfolg. Eine innere Einheit der Elemente wurde auch bei den Vertretern der neuen Geschlechter noch nicht erreicht; daher fehlten vorläufig die großen schöpferischen Leistungen, die den Geist der Nachkriegstheologie hätten siegreich darstellen und einen neuen Abschnitt der historischen Theologie herauführen können.

4. Die systematische Selbstbesinnung

Das Vordringen der Systematik bedeutete den Wiedergewinn der zentralen theologischen Thematik, der als solcher die Aufmerksamkeit einerseits der römisch-katholischen Theologie, andrerseits des allgemeinen Bildungsbewußtseins erregte. Innertheologisch zeigte sich seine werbende Kraft in einer erstaunlichen Fülle von Mitarbeitern[48]. Schon der Blick auf die Zeitschriften deutet den neuen Reichtum an: die ZThK wurde in ihrer neuen Folge (seit 20) zum systematischen Fachorgan, neben sie trat (seit 23) als solches die Z. f. syst. Th., und die beiden anderen Gründungen des Jahres 23, die Theol. Blätter und Zwischen den Zeiten, pflegten ebenfalls die systematischen Fragen in besonderem Maße. Zugleich wurde innerhalb der Systematik überall die Tonverlagerung von der Religionsphilosophie, Apologetik, Prin-

bieten, die etwa das ursprünglich systematische (polemische) Gepräge dieser Wissenschaft wieder aufnehmen könnte. In dieser Richtung arbeitet K. G. Steck.

[48] Außer den in IV 4–6 und V 2 b Genannten traten folgende hervor: Geb. 84 Hch. Scholz, G. Heinzelmann, C. Fabricius, K. Kesseler; 85 W. Gut, Wm. Koepp, Hch. Adolph; 86 J. W. Schmidt-Japing; 87 R. Hermann, A. Stolzenburg, W. Vollrath, Wr. Gruehn, M. Werner; 89 Th. Odenwald, Sommerlath; 90 Wr. Ruttenbeck; 91 O. Piper; 92 Fr. Delekat, Fr. Lieb; 93 Fr. Wm. Schmidt; 94 R. Winkler, Th. Siegfried, E. Haenchen, Wr. Schultz; 99 H. J. Iwand; 1900 E. Schott, M. Redeker, P. Brunner, H. Diem; 01 G. Gloege, Wr. Künneth, G. Mensching; 02 W. Wiesner, Vogel, Th. Süß; 03 H. E. Eisenhuth, H. W. Schmidt, Edm. Schlink, J. Konrad, D. Lerch, W. Trillhaas; 04 O. Dilschneider; 05 H. Engelland; 06 D. Bonhoeffer, E. Steinbach; 07 F. Buri, H. Echternach; 08 O. H. Nebe, Helm. Gollwitzer, K. G. Steck, W. Kreck, P. Jacobs, H. Kruska; 09 H. Graß; 10 A. Rich, E. Kinder; 11 H. H. Schrey, H. Köhler, C. H. Ratschow. Im folgenden ließ es sich nicht vermeiden, aus problemgeschichtlichen Gründen über die Zäsur des zweiten Weltkrieges hinauszugreifen.

zipienlehre auf den Sachgehalt des christlichen Glaubens selbst offenbar. Was sich daraus für die Neuordnung der Gebiete ergab, trat freilich noch nicht überall an den Tag. Denn wo der Einfluß K. Barths übermächtig war, blieben überhaupt nur die zentralen dogmatischen Probleme in Geltung; anderen, z. B. Wobbermin, aber auch Heim und Althaus, schien die Vorordnung apologetischer Grundlegungen oder Auseinandersetzungen – und seien sie nur von anthropologischer Art wie bei Elert – unentbehrlich; nur in einzelnen, an sich sehr verschiedenen Glaubenslehren, wie denen von Lemme, Rade, Stephan und in der Einführung von Koepp, leitet das als richtig erkannte Sachverhältnis auch die Ordnung der Gebiete.

a) *Dogmatik und Glaubenslehre.* – Angebot und Nachfrage warfen sich so stark wie nie zuvor auf ihr Gebiet. Schon die Zusammenfassungen der dogmatischen Stoffe überboten an Zahl jede frühere Zeit. Es erschienen neue Auflagen der älteren Bücher von Haering, Heim, Ihmels, J. Kaftan, Kirn, Luthardt, Schlatter, Wendt; dazu posthum die Veröffentlichungen der Vorlesungen von Herrmann und Troeltsch (beide 25) und ganz neu die an Umfang sehr verschiedenen Bücher von Dunkmann (17), M. Schulze (18, ²31), Lemme (18 f.), Stephan (20 f., ²28, ³41), R. Seeberg (24 f), Elert (24, ²26), Rade (24, 27), Lüdemann (24), Wobbermin (3. B. 25), Bornhausen (27 ff.), Althaus (seit 29, ²36, ³49, ⁴59; ausführl.: Die christliche Wahrheit 49, ⁵59), Heim (seit 31), Koepp (Einführung 34), Elert (40), E. Brunner (49 ff.), H. Vogel (50), Tillich (57 ff.), ein erster Band von C. Stange (27)⁴⁹. Eine Sonderstellung nahm die überdimensionale, aus dem ganzen Reichtum der biblischen Exegese und der christlichen Überlieferung selbständig und eigenwillig schöpfende Kirchliche Dogmatik von K. Barth ein (I, 1–IV, 3 32–59, IV, 4 blieb Fragment), die nicht nur die führende, die Fragestellung weithin bestimmende Rolle dieses Denkers erneut unterstrich, sondern darüber hinaus eine monumentale, fast kirchenbildende Lösung der christlichen Denkaufgabe anbot. Die letztgenannte Seite ihrer Bedeutung wurde zunächst im Abwehrkampf der Bekennenden

---

⁴⁹ Bezeichnend für das Bedürfnis der Zeit ist auch die große Zahl popularisierender Darstellungen. Beispiele: Th. Ellweins Laiendogmatik (27), Fch. Reimers „Frohe Botschaft" (30), K. Egers „Evang. Glaube in d. Welt v. heute" (37), Eb. Müllers „Verstandenes Dogma" (37), H. Vogels „Eiserne Ration eines Christen" 37, später G. Ebelings „Das Wesen des christlichen Glaubens" (59), Emil Brunner, Unser Glaube (von ihm als sein liebstes, beinahe von selbst entstandenes Buch bezeichnet).

Kirche gegen die nationalsozialistische Beschlagnahme des gesamten geistigen Volkslebens einschließlich des evangelischen Christentums sichtbar, als die Theologische Erklärung der ersten Bekenntnissynode von Wuppertal-Barmen (29.–31. Mai 34) Barths Offenbarungsverständnis (Ablehnung der „zweiten Offenbarungsquelle" in irdischen Gegebenheiten) grenzsetzend und wegweisend gegenüber jeder natürlichen Theologie aussprach. Unmittelbar nach dem zweiten Weltkriege wuchsen ihr wesentliche positive Aufgaben im kirchlichen Neuaufbau zu. Sie wurde in den Dienst des Versuchs gestellt, die innerevangelische Konfessionsverschiedenheit im Sinne einer biblischen Consensus-Union zu überwinden, mindestens aber bis zur Kanzel- und Abendmahlsgemeinschaft zu gelangen. Sie sollte eine gültige Ordnung der Kirche begründen. Außerdem wurde von ihrer christologischen Grundlegung der Anthropologie ein christologisches Gesamtverständnis der weltlichen Institutionen Recht, Staat, Erziehung, Bildung erwartet, so daß der Primat der Theologie im Kosmos der Wissenschaften wie im Aufbau der Lebensgebiete neu gesichert, die Säkularisierung im Prinzip überwunden, die ethische Not der Christenheit in der modernen Wirklichkeit bewältigt schien. Seit der Reformation hat kein evangelischer Denker als einzelner mit seiner theologischen Arbeit ein so hohes Maß an Anerkenntnis und unmittelbarer Auswertung in der Kirche erreicht. Auf der andern Seite kann es nicht überraschen, daß gerade derartige Ansprüche, die auf ein theologisches „Führerprinzip" hinausliefen, neue Gegensätze und vordergründige Parteibildungen, aber auch echte Profilierungen und wichtige Denkanstöße hervorbrachten. Widerspruch fand Barths theozentrische und christozentrische Einseitigkeit nach den früheren Abweichungen E. Brunners und Gogartens vor allem auf lutherischer Seite, wo Elert seine Lehre vom Worte Gottes als monistisch (Vernachlässigung des Unterschiedes zwischen Gesetz und Evangelium) angriff und Althaus sich gegen seine „christomonistische" Gesamtorientierung wandte. Später suchte Gogarten das grundsätzliche Recht der Säkularisierung und des außerchristlichen Weltbegriffs aus der Rechtfertigung selbst herzuleiten. Er wandte damit Luthers Lehre von Gesetz und Evangelium auf einen neuen Bereich an und weckte eine Fülle von Fragen. Hatte schon in einem frühen Stadium der Auseinandersetzung E. Brunner auf Grund der imago Dei gegen die Unterdrückung einer selbständigen Anthropologie protestiert, so entnahm G. Ebeling der Inkarnation Gottes im Menschen Jesus das relative Recht einer anthropologisch-geschichtlichen Betrachtungsweise im

Gegensatz zu Barths „ontologischer Metaphysik". In die Mitte trat
ihm darum die Glaubensbeziehung zu dem irdisch-historischen Jesus
als das menschliche Grundverhalten gegenüber Gott. Eigene intensive
Lutherkenntnis und Heranziehung existenzialphilosophischer Kategorien verliehen seiner Denkbewegung Substanz, Aktualität und
scharfe Zuspitzung, die bis zur Identifikation von Jesus und dem
Glauben fortschritt. Mit anderen Kategorien, aber verwandter inhaltlicher Bestimmung suchten R. Hermann, H. Thielicke und G. Gloege
kritisch über Barth hinauszukommen.

Überall war die Prägung, die er der christlichen Gesamtaussage
gegeben hatte, als Leitbild gegenwärtig. Verschieden blieb das Maß
der positiven Abhängigkeit von ihm. Es war verständlicherweise am
stärksten in seiner „Schule", bei O. Weber, E. Wolf, H. J. Iwand,
H. Diem, H. Vogel, E. Schlink, H. Gollwitzer, W. Wiesner, W. Kreck,
K. G. Steck u. a., wurde aber nie sklavisch. Vielmehr dienten seine
Kategorien dazu, neue Probleme anzupacken und in ihrer Interpretation ihn und den eignen Ansatz zu korrigieren.

Wie aber hatte er selbst sich weiterentwickelt? In seinem Buche Fides
quaerens intellectum (31), einer Neuinterpretation von Anselms Konstruktion der Versöhnungslehre und Inkarnationslehre, hatte er die
letzten Reste anthropologischen Denkens und philosophischer Anleihen getilgt und die Souveränität der „freien Gnade" – sein neues
Hauptthema – proklamiert. Gleichwohl hielt er den Analogiegedanken
mit seinen reichen Möglichkeiten fest, wandte ihn nur jetzt im
umgekehrten Sinne an als die Tradition der natürlichen Theologie.
Die „Analogie des Glaubens" (Röm. 12, 6) besagte, daß die Heils-
erkenntnis Welterkenntnis begründete, daß die „Heilswirklichkeit"
weltliche Ordnung im Gleichnis in sich faßte und der Nachbildung im
irdischen Raum harrte – eine theologische Auswertung der platonischen Urbild-Abbild-Lehre. Die Kirchliche Dogmatik entfaltete die
„freie Gnade" in der trinitarischen und prädestinatianischen Gotteslehre, in der nicht mehr der Nachdruck auf der (formalen) Offenbarung,
sondern auf der (inhaltlichen) Gnadenwahl lag. Das ursprünglich zentrale Gleichnis von der Offenbarung als Tangente widerrief Barth als
„philosophisch" im Sinne Platons und Kierkegaards und ersetzte es
durch die schlicht biblisch aufgefaßte Inkarnation. Jesus Christus
wurde so der erwählende Gott und der erwählte Mensch in einem.
Dies gewährte den Ansatzpunkt für die Schöpfungslehre, die als neue
Form der altreformierten Bundestheologie ausgestaltet wurde. In der
Schöpfung macht Gott den Menschen zu seinem Bundesgenossen und

gibt ihm Anteil an seiner Zielsetzung mit der Welt – alles aus seiner freien Gnade, die die Freiheit des Menschen zum notwendigen Korrelat hat und sie darum neu „setzt".

Die Erlösung ist nicht nur die Bestätigung des Menschen und der Welt in ihrem ursprünglichen Telos, sondern überhaupt die Kundgabe und Realisierung dieses Telos. Aus der Christologie folgen alle anthropologischen Prädikate; gerade darin bewährt sich der christologische und soteriologische Ansatz der Schöpfungslehre. Damit entfallen die „Schöpfungsordnungen", die seit etwa 1920 (Gogarten, Althaus, Brunner, Wiesner u. a.) die theologische Diskussion in steigendem Maße beherrscht hatten und nicht selten auf die nationalsozialistische Wirklichkeit Deutschlands angewandt worden waren. Es geht nicht um „Ordnungen", sondern um den Menschen, der unter der Verheißung und vor dem Gebot Gottes steht.

Von da aus wurde die „Ethik" zur konkreten Ausführung der christologisch verstandenen Anthropologie, das „Gesetz" zur Gestalt und Gestaltung des „Evangeliums". Infolgedessen kehrte Barth im Gegensatz zur gesamten theologischen Tradition das Verhältnis der beiden Größen nicht nur um, sondern bestritt vor allem ihren prinzipiellen Widerspruch. Auch in der Versöhnungslehre wird in der theologisch-christologischen Beschreibung von Gottes Heilshandeln beständig die anthropologische Konsequenz gezogen: Im Gang des Sohnes Gottes in die Fremde der irdischen Welt erniedrigt sich Gott selbst zum Knecht, in seiner Rückkehr erhöht er sich selbst zum Herrn. Zugleich aber wird darin der Mensch erniedrigt und erhoben in der Rechtfertigung und Berufung zur Gemeinschaft der Heiligen in der Kirche.

In dieser in sich geschlossenen, eng an die Bibel angelehnten und doch mit eigener konstruktiver Kraft ausgestatteten Nachzeichnung von Gottes Heilshandeln überwog der theozentrische, monistische Zug, so daß die Sünde als die große Störung nur in ihrer durch Jesus Christus „erledigten" Bedrohlichkeit erscheint. Die Bibelnähe ist die inhaltliche Einlösung des formell-prinzipiellen Programms, daß Ursprung und Ziel der Dogmatik die kirchliche Verkündigung und ihre Quelle „das eine Wort Gottes Jesus Christus" zu sein habe. Infolgedessen zeichnete sich diese Darbietung der christlichen Wahrheit durch eine Fülle von exegetischen Exkursen aus.

Inhaltlich wurde der Reichtum der dogmatischen Arbeit im ganzen schon durch die Tatsache angedeutet, daß all die oben genannten Lieblingsgegenstände der neuen Bewegungen zur Dogmatik gehörten, und daß die fast unübersehbare Verschiedenheit der – alten und neuen – theologischen Ansätze sich in ihrer Erörterung spiegelte. Zwar wurde ein starkes Gemeingut auch zwischen den meisten älteren und jüngeren Theologen sichtbar, aber eindrücklicher trat überall die Besonderheit und Gegensätzlichkeit zutage. Gemeingut war zunächst und vor allem das Verständnis des ganzen Gebiets vom Offenbarungsglauben her: Jeder Satz ist innertheologisch gemeint; auch die *Prolegomena* sind nicht mehr, wie früher so oft, ein „Vorhof der Heiden" (Ritschl), sondern wollen die Punkte festlegen und klären, die alles einzelne wesenhaft entscheiden. In den Vordergrund traten dabei die hohen Begriffe Offenbarung, Wort Gottes, Glaube[50]. Der Begriff „*Wort Gottes*" erhielt nun die Kraft und den Glanz zurück, den er bei Luther besessen hatte. Er sollte die Autorität und Objektivität, die Lebendigkeit und Gegenwärtigkeit, das persönliche Gepräge unserer Gottbezogenheit kennzeichnen[51]. Jedoch meldete sich – in der Aufnahme von Feuerbachs psychologisch-phänomenologischer Dogmenzersetzung – das Erkenntnisproblem wieder zum Wort, nun als „realistische Pisteologie" (Friedrich Karl Schumann und Wilhelm Koepp im Anschluß an Johannes Rehmke, später Friedrich Schneider (Erkenntnistheorie und Theologie. Zum Kampf um den Idealismus 1950) im Anschluß an I. A. Dorner und A. Schlatter).

Vom Worte Gottes aus fand die seit langem (namentlich von Adolf Schlatter) geforderte Aufnahme des Missionsgedankens und der missionarischen Erfahrung in das theologische Gesamtbewußtsein ihre Stelle (vgl. von den Neutestamentlern bes. G. Schrenk, A. Oepke, G. Stählin, später F. Hahn, von den Systematikern bes. H. Frick, A. Köberle). Das führte zu einem neuen Aufschwung der von Gustav Warneck (1834–1910, Prof. in Halle) als eigener Disziplin begründeten, vorher von K. Graul und W. Grundmann gepflegten, von J. Richter,

---

[50] Bei dem frühen Barth bloßer „Hohlraum"; bei E. Brunner stark auf die Erkenntnisseite beschränkt. Positiver Fr. W. Schmidt RGG II[2]; Monographien von Benckert (32) und dem Philosophen Reiner (34). – Die Gesamtdarstellungen der Glaubenslehre und Dogmatik bleiben hier wie in den folgenden Aufzählungen beiseite.

[51] Schriften von Ferd. Ebner, den Dialektikern, Althaus, W. Vollrath, E. Schaeder, G. Wobbermin; schärfste Vereinseitigung bei Hlm. Echternach, Es stehet geschrieben 37, der Luthers Übersetzung als den „wörtlich irrtumslosen Bibeltext", darum als für Kirche und Theologie verbindlich zum Gesetz machte, also über die eigentliche Bibel stellte. Vgl. auch den Bericht über den 3. deutschen Theologentag 31, sowie Hm. Schuster ZThK 37 f.

H. W. Schomerus, S. Knak, C. Ihmels, M. Schlunk u. a. fortgesetzten, seit 1945 durch den ökumenischen Aspekt bereicherten Missionswissenschaft (bes. W. Freytag, G. Rosenkranz, W. Holsten, A. Lehmann, später J. Dürr, H. W. Gensichen, G. Vicedom, W. v. Krause u. a., zusammenfassend K. Hoekendijk), während die Religionsgeschichte als Wissenschaft von den nichtchristlichen Religionen – höchst bezeichnend! – zurücktrat und als einziges theologisches Fachgebiet über keinen ausreichenden Nachwuchs verfügt (Hauptträger F. Heiler, G. und W. Mensching, später K. Goldammer, G. Lanczkowski). Auch ihre energische Einbeziehung ins theologische Blickfeld durch führende Systematiker wie Rudolf Otto und Paul Althaus, später C. H. Ratschow, konnte daran nichts ändern. Wieder erwies sich die Kirchengeschichte (durch E. Benz), die auch zuerst (durch C. Mirbt) die Missionswissenschaft berücksichtigt hatte, hier als das hilfreiche Aschenbrödel.

Der Begriff der Offenbarung bietet in mancher Beziehung ein ähnliches Bild. So allgemein seine Neubetonung war, niemand vermochte ihn umfassend zu durchdenken und so über die Linie des naiven Gebrauchs hinaus zu führen; das Verhältnis des „objektiven" und des „subjektiven" Moments oder des Geschehens selbst und seiner menschlich-geschichtlichen Formung im besonderen oder die Überwindung des Schemas von Objekt und Subjekt überhaupt, die Funktion von Bibel und Bekenntnis, all das blieb trotz guter Vorstöße unklar und belastete dadurch die gesamte dogmatische Arbeit. Stärker in das Bewußtsein trat die Frage nach der Weite des Begriffs, d. h. nach der „allgemeinen Offenbarung". Die radikalen Dialektiker belegten diesen überlieferten Begriff trotz seiner biblischen und reformatorischen Begründung unter Führung Karl Barths mit dem Bannstrahl; die meisten übrigen Dogmatiker hielten ihn aufrecht, und Dialektiker wie E. Brunner schlossen sich ihnen an[52]. Die Aufgabe, den Anschluß an die älteren Erörterungen über das Problem Glaube und

---

[52] Vgl. Brunners „Natur u. Gnade", sowie „Mensch im Widerspruch" und Barths „Nein!". Ferner die Artikel in RGG[2], Schriften von Bultmann, Bornhausen, Tillich, Althaus, T. Bohlin, W. Wiesner, Brunstäd, Elert, J. Steubing, Thielicke, v. Loewenich u. a. und eine Fülle von Abhandlungen in den Zeitschriften. Besonders ausgearbeitet ist die Lehre von der „Uroffenbarung" bei Althaus, bei dem sie positive Inhalte hat, während sie für Elert in ihrer negativen Kraft, als Enthüllung von Gottes Zorn (einschließlich der doppelten Prädestination) ihre eigentliche Bedeutung besitzt.

Geschichte zu finden und das Verständnis für die Geschichtlichkeit der Offenbarung in vertiefter Weise zurückzugewinnen, bleibt bestehen.

Unter den konkreten dogmatischen Fragenkreisen entzündeten dank der neuen Grundhaltung selbst und dem Rückgriff auf Luther in erster Linie die des *Gottesgedankens* und der Anthropologie den theologischen Eifer. Den Ton und das Wechselverhältnis beider bestimmte das neue Ringen um das rechte Verständnis der Gottbezogenheit. Die biblisch-reformatorische Gotteserkenntnis wehrte sich wider alle Identitäts- und Immanenztheorien, die vom Deutschen Idealismus her durch Schleiermacher, Troeltsch u. a. in der Theologie nachzuwirken schienen. Der qualitative Gegensatz von Gott und Welt (Mensch), von Ewigkeit und Zeit wurde durch die Dialektiker das beherrschende Stichwort. Allerdings fand es, weil mit Mißverständnissen und Unklarheiten behaftet, sowohl Gegner (z. B. Bornhausen, Otto, Tillich) als auch verschiedenartige Deutungen. Denn es handelte sich einerseits um Erneuerung des biblischen Gottesgedankens, seiner Souveränität und Lebendigkeit bis zur Neuwertung auch seines „Zornes" (bei Otto wie bei Barth) und der Prädestination, anderseits um philosophische Begriffe wie Transzendenz-Immanenz und den philosophischen Gegensatz von Ewigkeit und Zeit[53]. Außerdem standen sich hier calvinistische und lutherische Denkweise gegenüber, jene den Gegensatz von Gott und Welt bis in das christologische „Extra calvinisticum" zuspitzend, diese vom Glauben an die Inkarnation und an das sakramentale „In, mit und unter" getragen (Junglothertum, Berneuchener)[54]. So ergab sich eine Fülle verschiedener Spielarten. Eine gewisse Einigkeit bestand an zwei Punkten, die freilich keine neue Erkenntnis bedeuteten: erstens daß für alles theologische Denken die Ferne und die Nähe, die Heiligkeit und die Liebe Gottes ineinander

---

[53] Vgl. das Tangentialgleichnis und das finitum non capax infiniti Barths, während er später im „Credo" sogar eine Immanenz Gottes anerkennen konnte (S. 34) und das Tangentialgleichnis im 2. Halbband von Dogmatik I S. 55 f. ausdrücklich widerrief, weil es im Eifer des Kampfes gegen die historisch-psychologistische Auffassung der Offenbarung ihrer geschichtlichen Wirklichkeit (Joh. 1, 14) nicht gerecht werde. Vgl. oben Nr. 2 b. Gogarten bekämpft in „Gericht oder Skepsis?" die Vermischung, ist ihr aber selbst mannigfach verfallen. Erst recht trägt Tillichs „Unbedingtes" philosophische Gedanken in die theologischen hinein.

[54] Besonders energisch Theobald Süß, der im Anschluß an Luther und im Gegensatz zu Karl Barth den Grundsatz „non a summo, sed ab imo" verficht und darauf ein theologisches „System" aufbaut.

liegen, und daß in dieser Spannung die „heimliche letzte Herrschaft"
(Koepp S. 88) der Agape gehört[55]; zweitens daß die Dialektik von
Schöpfung und Sünde das Verständnis des Gott-Welt-Verhältnisses
bestimmt[56]. Auch die Erkenntnis, daß in der Besinnung darauf neben
der Inkarnation der hlg. Geist weit stärker als bisher zur Geltung
kommen muß (vgl. z. B. Schaeder, Rade, K. Barth, R. Winkler, O. Dilschneider), dürfte Gemeingut sein.

Dem „theologischen" entspricht das *anthropologische* Gebiet. Der
Mensch soll von Gott und seiner Offenbarung her gesehen werden,
daher im Gegensatz zu dem idealistischen, griechisch-humanistischen
Verständnis des Menschen aus sich selbst, seinen Kräften und Idealen
heraus, das schon im Katholizismus, dann wieder im Deutschen Idealismus naiv mit dem christlichen verbunden war oder schien[57]. Freilich
führte auch diese Neubesinnung sofort in Gegensätze hinein. Von
Gott her gesehen ist der Mensch Geschöpf *und* Sünder – in welchem
Verhältnis sollen nun Geschöpflichkeit und Sündigkeit die Anthropologie bestimmen? Auf diese Frage antworteten z. B. Barth, Brunner,
Bultmann, Schumann, Gogarten, Schlink, Otto, Heim, Piper, Althaus,
Hirsch, Künneth, H. W. Schmidt, Tillich, Thielicke, Wiesner sehr
verschieden. Das sachlich Wichtigste wurde die immer schärfere Her-
ausarbeitung der „Grenzsituation" des Menschen oder des „Wider-
spruchs", in dem er steht. Dabei traten auch die alten dogmatischen
Begriffe wieder stark hervor. So der Begriff der Erbsünde, der dabei
gern von seiner „historisch-mythischen Form" (Begründung auf den
Fall Adams) befreit, dafür aber zuweilen spekulativ unterbaut wurde
(Heim: Urfall). Noch stärker der Begriff der Gottebenbildlichkeit[58];

---

[55] In der endlichen Durchdenkung des christlichen Liebesgedankens –
Gottes- und Nächstenliebe – wirkten Anregungen von Scheler und
Kattenbusch nach (vgl. H. Stephans Glaubenslehre, [2]S. 118); des weiteren
kommen vor allem die Bücher von Koepp, Hch. Scholz, Preisker, Leese,
Lütgert und – am durchschlagendsten – von dem Schweden Nygren
(Eros u. Agape 30. 37 [2]55) in Betracht.

[56] Zum Schöpfungsgedanken vgl. außer den Dogmatiken vor allem Lütgert,
Wiesner, Althaus, Schumann, Eu. Gerstenmaier.

[57] Dabei wäre eine beständige Auseinandersetzung mit der neueren philosophischen Anthropologie (s. oben Nr. 1 b) notwendig gewesen, mit der
man durch den Einfluß Kierkegaards, den Existenzbegriff u. ä. verbunden
war. Doch wagte man sich nur selten an diese Aufgabe heran; vgl. ZThK
1933, 2. H.

[58] Außer der schon genannten Literatur vgl. Imago Dei, hrsg. v. H. Bornkamm, 32, und W. Bachmann, Der Mensch als Ebenbild Gottes 38.

an ihm und seiner Verbindung mit der Frage der natürlichen Offenbarung (s. oben) ist die Einheit der „dialektischen" Theologie am unheilbarsten auseinandergebrochen. Der Mangel an anthropologischer Klärung aber mußte sich außer in der Dogmatik auch in der Ethik und Weltanschauungslehre verhängnisvoll auswirken.

Ähnliches ließe sich auf allen Gebieten der Glaubenslehre zeigen. Die *Heilslehre* hat von verschiedenen Seiten starke Anstöße erhalten[59]. Besonders bedeutungsvoll wurden die Monographien E. Brunners (Der Mittler 28, Der Mensch im Widerspruch 37), weil sie die Lehre von der Sünde in den Mittelpunkt rückten und von da aus die Forderung an das moderne Bewußtsein richteten, von der Kontinuität zur Diskontinuität, zum Bruch, umzudenken. Das Thema wurde vor allem von Thielicke (Geschichte und Existenz 35) fortgeführt.

In der Christologie setzte Brunner im betonten Gegensatz zur Schule A. Ritschls bei der Person statt beim Werk des Heilsmittlers ein und konnte so die Souveränität Gottes deutlich machen. H. Vogel (Christologie I, 50) erweiterte den klassischen Aufriß durch einen selbständigen dritten Teil: Der Weg des Heilsmittlers. Größere Monographien wurden der Auferstehung gewidmet (W. Künneth, E. Burger, später mit neuen Akzenten H. Graß, G. Koch). Die Wiederaufnahme des eschatologischen Denkens verwandelte die *Eschatologie* aus einer bloßen, der übrigen Dogmatik nachhinkenden Lehre von der christlichen Hoffnung in eine Neubeleuchtung des ganzen Gott-Welt-Verhältnisses und Heilsverständnisses, die mit einem Hauptergebnis der neutestamentlichen Wissenschaft nun auch dogmatisch Ernst machte[60]. Freilich der Streit zwischen der überlieferten endgeschichtlichen und der übergeschichtlichen Auffassung oder die Auseinandersetzung einerseits mit dem Biblizismus, anderseits mit dem Idealismus ist noch nicht

---

[59] Außer den Dogmatiken R. Paulus, „Christusproblem d. Gegenw." 22, Brunners „Mittler", ferner Mysterium Christi 31, Hirschs und Bultmanns Jesus-Bücher, Holls und Kattenbuschs Aufsätze zur Rechtfertigungslehre, Schmidt-Japing, Köberle, R. Hermann, Künneth, Ew. Burger u. a.

[60] Vgl. das dialektische Schrifttum; umfassende monographische Durcharbeitung des Stoffs bei Althaus, „Die letzten Dinge"; ferner M. Dibelius, C. Stange, H. E. Weber, Sommerlath, Schmidt-Japing, Holmström u. a. – Schweitzer, im Anschluß an ihn Fr. Buri zeigten vielmehr gerade an der Eschatologie den Gegensatz der Neuzeit zum neutestamentlichen Weltbild, d. h. Unmöglichkeit einfacher Übernahme der neutest. Gedanken. – Vgl. LÜ 5 die Eschatologie-geschichtlichen Schriften, sowie Ech. Winkel, der im Kampf gegen die Eschatologie auch Jesu Bild von ihr befreien möchte.

zum Abschluß gekommen. Auch der Kirchenbegriff hat noch nicht die grundsätzliche Klärung erreicht, da der Kirchenkampf teils dazu nötigte, teils dazu verführte, mit einem positivistisch-legalistischen Kirchenverständnis zu manipulieren. Sakralisierung und Säkularisierung, Verengung und Ausweitung (Reich Gottes) rangen heftig miteinander.

b) *Ethik.* – Auch auf ihrem Gebiet führte zunächst die organische Fortsetzung der bisherigen Arbeit in die neue Zeit hinüber. So vor allem bei den Gesamtdarstellungen: Herrmanns Ethik wurde neu gedruckt (21), die des Spätschellingianers Th. Culmann wieder aufgenommen (1863, ³89, ⁴1926, ⁶29), die R. Seebergs (²20, ³36) und Schlatters (²24, ³29), auch Luthardts Kompendium (³21) teilweise neu bearbeitet. Die Chr. Sittenlehre von E. W. Mayer (22), Girgensohns posthumer Grundriß (26) und Stanges ethische Schriften entsprachen im wesentlichen der bisherigen Behandlungsweise[61]. Dann setzten allmählich die neuen Geschlechter ein. Zunächst in unwirksamer Kürze Wünsch (I 25), ausführlicher und wirksamer Althaus (31) und Gogarten (32); endlich nahmen E. Brunner (32) und A. D. Müller (37) von ihrer neuen Haltung aus die Gesamtaufgabe lehrbuchmäßig in Angriff.

Inhaltlich trat die Erörterung der *Grundlagen,* die früher die Herrschaft hatte, zurück[62]. In Wirklichkeit freilich handelte es sich nur um Verschiebung. Es wurde noch deutlicher als bisher, daß die Ethik keine selbständige Disziplin der Theologie, sondern ganz in der Dogmatik verankert ist. In dieser werden Möglichkeit, Auffassung und Beantwortung jeder wichtigen Einzelfrage der Ethik entschieden. Und umgekehrt: die Ethik ist die Probe auf die Richtigkeit der dogmatischen Grundhaltung. Daher mußten die dogmatischen Wandlungen dieser Zeit, vorzüglich beim Gottesgedanken, bei der Anthropologie und Eschatologie, sich auch in der Ethik kräftig ausprägen; der Kampf gegen Moral- und Kulturprotestantismus, gegen Individualismus und Persönlichkeitskultus gab der Ethik nach vielen Seiten eine neue Einstellung[63]. Ältere theologische Überlieferung – gerade zu Beginn der

---

[61] O. Baumgartens Prakt. Sittenlehre 21, Bergpredigt u. Kultur d. Gegenwart 21 waren aus der Praxis geborene Stoßseufzer über das Versagen der bisherigen Ethik, nicht Versuche eines Neubaus.

[62] Doch vgl. Piper, Grundlagen d. evang. Ethik, 2 Bde 28. 30 und R. Ottos Ansatz (oben IV 6 b), auch H.-O. Wölber, Dogma und Ethos. Christentum und Humanismus von Ritschl bis Troeltsch. 50.

[63] Vor allem kamen Wert-, Existenz- und neurealistische Philosophie in Betracht; für eine wirkliche Auseinandersetzung mit ihnen aber war jetzt

neuen Zeit hatte Joh. Wendlands „Handbuch d. Sozialethik" (16) ihren Erwerb gesammelt –, allgemeiner Umbruch und neue Wirklichkeitsnähe befruchteten sich gegenseitig, und so kam das Schifflein der Ethik allmählich wieder in freiere Fahrt. Alle Gruppen nahmen teil: von den Älteren vor allem R. Seeberg, Lütgert, R. Mumm, Fch. Mahling, die Männer des Evangelisch-sozialen Kongresses, von den Jüngeren Bornhausen, Wünsch, Tillich, Dedo Müller, Althaus, Brunstäd u. a. Die Macht dieser Bewegung aber zeigt sich am deutlichsten darin, daß sie auf die dialektische Theologie übergriff – damit freilich deren Einheit sprengen half: Brunner und Gogarten erkannten die Dringlichkeit der ethischen Aufgaben und warfen die starke Kraft ihrer Theologie in die Waagschalen ihrer Bearbeitung. Aus dem In- und Widereinander all dieser Arbeiten ergaben sich neue Beleuchtungen der alten Probleme: Formal- oder Materialethik, indikativische oder imperativische Ethik, Autonomie oder Heteronomie, Determinismus oder Indeterminismus u. a. Vor allem aber kam ein Begriff durch den Einfluß Luthers und der Dialektiker jetzt zu voller Geltung: der des *Gesetzes.* Nur war seine Auffassung so einseitig und seine Beziehung auf das Evangelium so verschieden, daß wiederum eine wirkliche Klärung nicht erreicht wurde. Zu ihm trat der *Gleichnisgedanke,* durch den vor allem Barth nach Ausschaltung aller an Immanenz erinnernden Motive eine Brücke zwischen dem Geschehen des göttlichen Reiches und dem der Welt herstellen wollte, in Wettbewerb.

Bei den *konkreten Einzelfragen* stand überall das Verhältnis des christlichen Glaubens zu den Gegebenheiten der Natur und Kultur im Vordergrund. Die Stellung zur *Natur* war auf evangelischem Boden verhältnismäßig leicht und einheitlich zu zeigen; die starke Betonung des Schöpfungsgedankens in der Dogmatik gab hier den fruchtbaren Ansatz; daher führte z. B. die sexualethische und rassenhygienische Erörterung, die teilweise den modernen Reformgedanken sehr entgegenkam[64], nicht zu schwereren Kämpfen. Weit größere Schwierigkeit verursachte die Stellung zur *Kultur.* Die den ganzen theologischen Umbruch beherrschende Verschärfung der Kulturkritik war weithin zu negativ, um Maßstäbe für das kulturelle Handeln zu geben, dem

---

das Interesse der Theologen an der Philosophie – und umgekehrt – zu gering.

[64] Vgl. die Schriften von Dedo Müller, Piper, Haug, Hm. Wagner, Stolzenburg, Fch. W. Schmidt u. a.; auch „Um ein neues Sexualethos", hrsg. v. Siegmund-Schultze 27.

doch niemand sich entziehen wollte[65]. Hier wirkte der schärfere Einblick in die Dämonien der Lebensmächte, sowie die eschatologische Haltung sich aus, die jede Gleichsetzung des Reiches Gottes mit kulturellen Zuständen, ja kulturellen Idealen entwurzelte. Im einzelnen forderten zuerst die aufwühlenden Wirklichkeiten des Weltkriegs, der nationalen Verteidigung, der widersittlichen Friedensbedingungen, der Friedensbewegung und des Völkerbundes das theologische Urteil heraus; doch war die reiche Literatur, die dabei entstand, zu sehr durch den Augenblick bedingt, um dauernde Bedeutung zu erhalten. Dann drängten die sozialen und wirtschaftlichen Fragen heran. Sie fanden, je nach der Stellung zu Kapitalismus und Marxismus, sehr verschiedene Beantwortungen. Grundzug aber war überall die Auflockerung der überlieferten Bindungen an die bestehende Wirtschafts- und Gesellschaftsordnung (vor allem an den starren römisch-rechtlichen Eigentumsbegriff), die positive Wertung des Drängens zur Neugestaltung, der Kampf gegen die Beschönigung der herrschenden Kultur, gegen Individualismus und Persönlichkeitskultus[66]; nur daß die wirtschaftlich-sozialen Fragen meist zu selbständig aus dem großen Fragenkreis der Volkskultur herausgestellt und so notwendig verzerrt wurden. Diese Entwicklungen gefährdeten auch das festeste Stück der überlieferten Sozialethik, die Hochwertung des Staates[67]. Dem warf Gogarten seine Erkenntnis von der Bedeutung der Autorität, der Du-Bezogenheit, des Gesetzes entgegen (seit etwa 1927), ohne doch mit diesen Ansätzen den Reichtum der sozialethischen Fragestellung erfassen zu können. Die bedrängende Gegenwart des totalitären, zur weltanschaulichen Zwangskultur führenden Staates bewirkte vor allem bei K. Barth und seiner Schule eine entschiedene Verwerfung von Luthers Zweireichelehre und ihren Ersatz durch christokratische Tendenzen.

So ringt die Ethik noch hart mit der im Neuprotestantismus ge-

---

[65] Vgl. die sonst so entgegengesetzten Gedanken K. Barths und A. Schweitzers; anderseits Tillichs „Theologie d. Kultur", Bornhausen in RGG² III und Lüttge.

[66] Vgl. vor allem die Schriften von R. Seeberg, Lütgert, Brunstäd, Althaus, Wünsch, Dedo Müller, Frick, E. Förster, das ganze Schrifttum des Evang.-Sozialen Kongresses und der Kirchlich-Sozialen Konferenz, Die Eiche (hrsg. von Siegmund-Schultze) u. a.

[67] Außer den schon genannten Ethikern vgl. Hirsch, de Quervain, Delekat, Künneth, H. D. Wendland, Schreiner, Leese, Grundmann, Eisenhuth, Schairer, Leffler, Nebe, May, Maurenbrecher u. a. – Vgl. auch H. Gerber, Die Idee d. Staates in d. neueren evang.-theol. Ethik 30.

stellten Frage, wie christliches Leben vor Gott, in wahrhaftiger Selbsterkenntnis und im Dienst der Liebe aus der Kraft des hlg. Geistes
heraus, auch heute in radikal veränderter Lage möglich wird.

c) *Weltanschauungslehre*. – Mit der Lebensanschauung, von der
die Ethik handelt, ist die Weltanschauung eng verbunden. Und da
auch sie zu den unentrinnbaren Wirklichkeiten gehört, muß die systematische Theologie im Rahmen wissenschaftlicher Selbstbesinnung
des christlichen Glaubens zu ihr Stellung nehmen. Je bewußter die
Rolle der Weltanschauung im Leben wird, desto ernster sind hier
Glaube und Theologie gefordert. Versagen sie ihren Dienst, so bleibt
die Weltanschauung rettungslos der natürlichen Religion oder dem
Religionsersatz überlassen, der in der Neuzeit so mannigfach von der
Philosophie, vom wissenschaftlichen Weltbild, vom Ethischen und
Ästhetischen her angeboten wurde, und wirkt dann entchristlichend
auf den Glauben selbst, auch auf die Dogmatik, zurück. Die Weltanschauungslehre ist also nächst der Ethik das Schlachtfeld, auf dem
die Theologie die Auseinandersetzung des christlichen Glaubens mit
jenen Mächten vollziehen muß. Der Sinn ihres Kampfes ist freilich
nicht mehr wie einst in Scholastik und idealistischer Spekulation der
Versuch, eine „christliche Weltanschauung" als ein zur statischen
Gegenständlichkeit erstarrendes Weltsystem zu erzeugen. Er besteht
vielmehr in dem Aufweis, daß lebendiger christlicher Glaube der überall und immer neu geschehenden, Philosophie und Wissenschaft, Religion und Kunst erfüllenden Selbstbesinnung des Geistes letzte Tiefen
gibt, d. h. sie noch tiefer zu verstehen lehrt, als sie sich selbst von nichtchristlichen Voraussetzungen her zu verstehen vermag.

In der Vorkriegszeit war diese Auseinandersetzung überaus eifrig
gepflegt worden. Allein sie war durch jene „Apologetik" belastet, die
entweder im Interesse des antik-biblischen Weltbilds der modernen
Wissenschaft jeden Fußbreit Bodens streitig machte, oder umgekehrt
den christlichen Glauben vor dem Richterstuhl der logischen und
sittlichen Vernunft, der Wissenschaft und Philosophie rechtfertigen
wollte, oder endlich alle Schwierigkeiten durch scharfe Scheidung der
Gebiete überwinden zu können meinte. Solche Weltanschauungslehre
starb zwar auch nach dem Kriege nicht aus (vgl. z. B. Lemmes „Chr.
Apologetik", 22), wurde aber im Feuer der Krisis als unfruchtbar, ja
als Verletzung der christlichen Botschaft selbst erfunden[68]. Aus dieser

---

[68] *Praktische Apologetik* wurde auch in dieser Zeit immer aufs Neue notwendig, sei es durch marxistisch-freidenkerische und durch völkische

Krisis heraus erwuchs nun freilich die neue Gefahr der reinen Diastase (s. oben S. 398). Ausschaltung der Weltanschauungsfrage überhaupt, Austreibung aller idealistischen Reste als der Träger solcher Einflüsse, das schien die unvermeidbare Forderung rechten Glaubens zu sein. Allein man zog diese Folgerung ohne umfassende Durchdenkung der Fragen, vor allem auch der inneren Anliegen, die z. B. im Deutschen Idealismus[69] und auf jenen falsch- „apologetischen" Wegen als eigentliche Triebkraft wirksam waren[70]. Daher verfuhren die Diastatiker

Angriffe, sei es durch das Vordringen okkultistischer u. a. Bestrebungen; und selbstverständlich gab sie der Weltanschauungslehre zahlreiche wertvolle Anregungen. An Mitarbeitern sind z. B. zu nennen Wielandt, Adam, Bavink, Schreiner, C. Schweitzer, Künneth, H. Lother, Fabricius, Leese, Frick, Bruhn, Stolzenburg. – Wertvolle, auch weltanschauliche, Dienste leisteten das von Hunzinger begründete, dann von C. Stange weiter entwickelte „Apologetische Seminar", die Spandauer „Apologetische Zentrale" der Inneren Mission, das Wittenberger „Forschungsheim für Weltanschauungskunde". (Kleinschmidt, Ernst). – Unter dem Nationalsozialismus begann der Kampf um den christlichen Charakter der deutschen Geschichte eine wichtige Rolle zu spielen. Den polemischen Verzerrungen wirkte vor allem der Evangelische Bund unter seinem Präsidenten Heinrich Bornkamm durch die Heliandhefte entgegen. Eine achristliche Deutung Luthers bahnte Arno Deutelmoser an (Luther. Staat und Glaube 1937; dagegen Theod. Knolle, Luthers Glaube 1938, der die Abhängigkeit von Friedr. Hielscher, Das Reich 1931 nachwies). Einen Gesamtentwurf wagte Herb. Grabert, Grundzüge d. dtsch. Glaubensgeschichte von Luther bis Hauer 1937. Vgl. oben Nr. 3 b und Hm. Sauer, Abendländ. Entscheidung 38. K. Aland, Apologie der Apologetik 48.

[69] Der Streit über den *Deutschen Idealismus* hat zwar zahlreiche gute Beleuchtungen und Anregungen gebracht, aber (abgesehen von mancher, z. B. Hirschs Teiluntersuchung) keinen methodisch und sachlich befriedigenden Ansatz zur Klärung des verwickelten Tatbestandes und zu umfassender theologischer Stellungnahme. Außer den schon S. 21 f., 44 f., 363 A. 146. Genannten kommen vor allem in Betracht: Lütgert, Groos, Brunner, Bornhausen, Brunstäd, Tillich, Leese, Stephan. – Der Streit über *Schleiermacher* wurzelte einerseits ebenfalls in den weltanschaulichen, andererseits in methodisch-prolegomenischen Gegensätze. Für ein positivkritisches Verständnis kämpften Wobbermin, Wehrung, R. Otto, Stephan u. a., rein polemisch (s. oben S. 124 A. 68) vor allem E. Brunner. Die Zahl der Mitarbeiter war sehr groß; Lit. bis 1931 s. KG ²123 f., W. Bartelheimer, Schlm. u. die gegenwärtige Schleiermacherkritik 1931. Neueres oben S. 55 f. A. 35. 111 f., A. 56.

[70] *A. Schweitzers* Flucht aus der Welt- in die Lebensanschauung gehört ebenfalls hierher, obwohl er nichts weniger als Diastatiker ist. Denn die „Ehrfurcht vor dem Leben", auf die er seine Kulturphilosophie gründet,

auch ohne strenge Folgerichtigkeit. Die Zeitbedingtheit ihrer Haltung brachte sie mit Geistesströmungen in Beziehung, die von natürlicher Religion und weltanschaulichen Ansätzen voll waren. Zumal wo man Philosophie zu Hilfe rief, geriet man in Widerspruch zu den eigenen Ausgangspunkten, ohne daß – bei der Naivität des ganzen Verfahrens – großzügige, umfassende Auseinandersetzungen möglich wurden. Das Ergebnis war ein Zustand der Verwirrung. Wie sollte dann die große Aufgabe gesehen werden, die hier nach Überwindung der „apologetischen" Irrgänge emporwuchs[71]? Und weil man die Aufgabe übersah, wurde man mitschuldig z. B. an der Verwilderung des heutigen Redens von Wahrheit, Wirklichkeit, Erkenntnis, verleugnete man das Stück der missionarischen Verantwortung für die Welt, das in den weltanschaulichen Auswirkungen des christlichen Glaubens liegt.

Immerhin wurde von Einzelnen Bedeutsames in der Auseinandersetzung mit den Großmächten der Weltanschauungsbildung geleistet. So auf erkenntnistheoretischem Gebiet von Heim, gegenüber der biologischen Naturwissenschaft von Titius, auch von Artur Neuberg, nach der religionsphilosophischen Seite von Wobbermin. Unter den Jüngeren waren es vor allem Männer der S. 403 ff. genannten Gruppe, die hier die Arbeit förderten; auf dem Gebiete der Naturanschauung außer den Berneuchenern manche Junglutheraner (Althaus, Köberle). Als Schüler Heims wagte Dilschneider den Entwurf eines christlichen Weltbilds und einer ihm zugeordneten biblizistisch-neupietistischen

wird tatsächlich zur Weltanschauung einer edeln, auch Christentumsverbundenen „ethischen Mystik" und vermag die Lage nicht zu klären. Wenn er die Eschatologie des Urchristentums verneint, aber die es durchglühende Wirklichkeit der Liebe bejaht, so stellt er damit Fragen, auf die unser Glaube (daher auch unsere Glaubenslehre in ihrer dogmatischen, ethischen, weltanschaulichen Arbeit) antworten muß. Dabei kann die in der Schweiz begonnene Erörterung der Gedanken Schweitzers, gestützt auf seine Praxis, sehr wohl fruchtbarer werden, als es seine eigene kulturphilosophische Theorie (s. oben S. 339) bisher gewesen ist (vgl. *M. Werner,* s. ebenda sowie in Das Prinzip d. liberalen Theologie in d. Gegenw., Schweiz. Theol. Umschau 1936, H. 4; *W. Nigg* s. LÜ 3; *Fr. Buri,* Die Bedeutung d. neutest. Eschatologie für die neuere prot. Theologie 34; *M. Strege,* Zum Sein in Gott durch Denken 37; *Rud. Grabs,* A. S. Gehorsam u. Wagnis 1949 ⁵1960; A. S., Denker aus Christentum 1958; *Wern. Picht,* A. S. Wesen u. Bedeutg. 1960; *Mart. Schmidt,* A. S. als Theologe. Studien d. Erwin v. Steinbach-Stiftg. 2 (1968), S. 193–210.
[71] Vgl. Stephan, Weltbild u. Weltanschauung IV, RGG ²5, 1845–50 (mit Literatur). – Eine Erörterung des Ansatzes, den Stephans Glaubenslehre in ihrem 3. Teil gab, wurde nur selten versucht.

Dogmatik mit dem Leitgesichtspunkt der Pneumatologie im Sinne Oetingers, z. T. unter Polemik gegen die neureformatorische Orientierung an der Rechtfertigungslehre und unter Außerachtlassung der Methodenfrage. Unter den Dialektikern brach am kräftigsten Brunner den Bann. Zwar sein Gesichtspunkt der „Anknüpfung" erschloß nur eine Seite des Fragenkreises, und seine Wiederaufnahme der „natürlichen Theologie" drohte die eigentliche Aufgabe mehr zu verdecken als zu klären. Aber die Unmöglichkeit der reinen Diastase stellte er doch an den Tag. Gogarten und Bultmann spürten vor allem beim *Geschichtsbegriff*, was in Frage stand. Denn ihre ernsten Bemühungen, durch eine theologische Wertung der Geschichte über die Haltung Barths hinauszukommen, bedeuteten tatsächlich Mitarbeit an der weltanschaulichen Aufgabe. Leichter war die Mitarbeit gerade auch an diesen Fragen für solche Theologen, die nicht durch die dialektische Anspannung des Gegensatzes von Ewigkeit und Zeit gehemmt wurden (Fch. Traub, Wehrung, R. Paulus u. a.). Eine wirkliche Philosophie oder Theologie der Geschichte (s. oben Nr. 3 b) konnte schon deshalb noch nicht erarbeitet werden, weil weithin die wirkliche Offenheit für die Geschichte fehlte. Aber auch den jungen Geschlechtern wurde die weltanschauliche Bedeutung der Geschichte und ihrer kritischwissenschaftlichen Durchforschung allmählich wieder klar (s. auch oben a). Hermann Sauers „Abendländische Entscheidung" (LÜ 3) wagte im großen Stil ein neues christlich bestimmtes Geschichtsbild, nachdem schon Laien wie A. Winnig (Europa, 1937) und W. Stapel auf dieser Bahn vorangeschritten waren.

In die Weltanschauungslehre ragen auch die wissenschaftlichen Gebiete hinein, die sich mit der *Religion* beschäftigen. Das Dasein nichtchristlicher Religion und ihr Einfluß auf die geschichtliche Formung des christlichen Glaubens sind Tatsachen, an denen dieser nicht stumm vorübergehen kann. Das war der Theologie seit Pietismus und Aufklärung zum Bewußtsein gekommen; der Deutsche Idealismus hatte Religion und Christentum so innig ineinander geschaut, daß ihm der Religionsbegriff als Grundlage der Theologie erschien und diese selbst religionsphilosophisch umgefärbt wurde. Die Erschütterung alles Denkens zerbrach endgültig diese Synthese. Der Gegensatz zwischen Christentum und Fremdreligion wurde so stark empfunden, daß jede Zusammenstellung von Religion und Christentum als sinnlos oder widerchristlich erschien. Die neue Aufgabe, von dem in seiner Reinheit erfaßten christlichen Glauben aus nach einer möglichen positiven

Bedeutung von „Religion" und „Frömmigkeit" zu fragen, trat kaum in das Blickfeld der neuen Theologie.

Glücklicherweise bewährte es sich auch hier, daß notwendige sachliche Arbeit weiter schreiten kann, selbst wenn sie von der Systematik weder Freipaß noch Hilfe empfängt. Nicht mehr von der theologischen Zeitstimmung getragen, setzte vor allem die religionsgeschichtliche und religionspsychologische Arbeit ihren Weg fort. In der *Religionsgeschichte* traten neben den Ausländern (Soederblom, Edv. Lehmann; v. d. Leeuw, später G. Widengren, M. Eliade, S. Hartman) auch Deutsche allmählich stärker hervor (Bertholet, H. Haas, W. Baetke, R. Otto, Fch. Heiler, C. Clemen, K. Beth, H. W. Schomerus, J. Witte, G. und W. Mensching, Merkel, später C. H. Ratschow, K. Goldammer, G. Lanczkowski u. a.). Ihre Arbeit wurde theologisch dadurch wichtig, daß sie die Forschung nicht nur quantitativ verstärkte, sondern gern auch innerlich mit der Theologie verband, sei es daß man von der Theologie für die Religionsgeschichte, oder von der Religionsgeschichte für die Theologie zu lernen suchte. Vor allem Otto, Heiler, Schomerus, Leese, W. Mensching, Ratschow, J. Hempel, Goldammer machten dieses Streben fruchtbar; v. d. Leeuws „Phänomenologie der Religion" legte die Deutung der religiösen Erscheinungswelt vom Christentum als der „Mitte der Geschichte" aus nahe[72]. Und die Mission stellte durch ihre Leistungen (z. B. die Br. Gutmanns und Chr. Keyssers) eine immer lebendigere Verbindung mit der religionsgeschichtlichen Arbeit her.

Die *Religionspsychologie* verlor jetzt viel von der Breite ihres Einflusses, arbeitete aber in kleinen Kreisen ebenfalls rüstig weiter und wurde schon durch den Fortgang der allgemein-psychologischen Forschungen vorwärts getrieben. Die allgemeine Psychologie gab durch die genauere, dem religiösen Leben angemessenere Ausbildung tiefenpsychologischer Forschung bei Adler, Jung, Künkel, durch die Anwendung parapsychologischer Erfahrungen bei Oesterreich, Driesch u. a., durch die Denkpsychologie Külpes, durch die Weltanschauungs-, Gestalt- und Ganzheitspsychologie von Jaspers, Spranger, Jaensch, Krueger u. a., immer stärkere Antriebe. Wirkte die erste in Verbin-

---

[72] Treffliche Arbeitsmittel: Lehrb. d. Relsgesch. (früher Chantepie de la Saussaye), [4]hrsg. v. E. Lehmann u. A. Bertholet 25; Relsgesch. Lesebuch, [2]hrsg. v. Bertholet 26 ff.; Textbuch z. Relsgesch., hrsg. v. Lehmann u. Haas, [2]22; Bilderatlas z. Relsgesch., hrsg. v. Haas seit 24.

dung mit der Psychopathologie und Psychotherapie mehr auf die Praxis, besonders auf die Seelsorge[73], so fanden die letzteren ihren Widerhall in der wissenschaftlichen Theologie. Jetzt erst kamen Wobbermin, Girgensohn und Beth zu voller Entwicklung ihrer früher begonnenen Arbeiten. Freilich die jüngeren Geschlechter gingen nur sparsam darauf ein[74]. Ein Sammelbecken schuf Beth seit 26 in der „Zeitschrift f. Religspsych.". – Die *Religionssoziologie* fand trotz M. Weber und Troeltsch nur durch J. Wach und Dunkmann einige Bearbeitung.

So blieb der Zusammenhang der Theologie mit der Religionswissenschaft, obschon nur auf Nebengeleisen gepflegt, doch erhalten[75]. Daher empfing auch die *Religionsphilosophie* immer neue Antriebe. Das war natürlich bei älteren Theologen wie Stange, Dunkmann, Otto, Wobbermin, Titius, W. Koppelmann, Wm. Bruhn, Wm. Thimme, Fch. K. Feigel; aber es brach sogar bei den Jüngeren mannigfach durch. Nicht nur ein von Troeltsch beeinflußter Theologe wie Bornhausen, sondern auch Tillich, der sich in „unterirdischer Arbeitsgemeinschaft" mit K. Barth wußte, gab ihr Raum in der Theologie. Beide versuchten, wie einst schon der Redner Schleiermacher, gleichzeitig von der Mitte (Jesus) und von der Grenze (Religion) her zu denken, und gestalteten dabei Theologien, die entweder selbst einen religionsphilosophischen Einschlag hatten oder in sachlich notwendigen organischen Zusammenhang mit der Religionsphilosophie gestellt wurden. Auch bei Hch. Scholz (Religionsphil., 21, ²22) und Brunstäd (Idee d. Rel. 22) liegen beide eng ineinander, und andere zeigten wenigstens starke religionsphilosophische Interessen; so Jelke (Religionsphil. 27), Heinzelmann, R. Hermann, K. Kesseler, Siegfried, Eisenhuth, Lambinet. Brunner bewies in „Relsphil. evangelischer Theol."

---

[73] Aus der Lit. vgl. etwa O. Pfister, A. Runestam, Joh. Neumann (der zugleich an die Ganzheitspsychologie anknüpft).

[74] Gelegentlich Koepp; stärker W. Gruehn, der Stählins „Archiv f. Relspsych." fortsetzte, auch C. Schneider, Schlink u. a.; vom Ausland her belebte, neben fortgehenden amerikanischen und französischen Einflüssen, z. B. der Norweger Eivind Berggrav das religionspsychologische Interesse (Der Durchbruch d. Rel. im menschl. Seelenleben 29).

[75] J. Wach, Religionswissenschaft 24; Hch. Frick, Vergleichende Relswiss. 28 (Göschen), sowie „Missions- und Relswiss. als theol. Disziplin", Deutsche Theologie I 28; G. Mensching, Vergleichende Relswiss. 38.

(25), daß sogar von der dialektischen Theologie aus Wege zu diesen Stoffen führen[76]. – Damit wurden noch keine organischen Beziehungen der Theologie zu der Welt der Religionen hergestellt, aber doch in der sich fester ummauernden Burg der Theologie Fenster und Türen auch nach dieser Seite der weltanschaulichen Arbeit offen gehalten.

d) *Rückblick.* – Die Entwicklung zwischen den Weltkriegen bietet nach all dem kein klares einheitliches Bild. Der neue Aufbruch der jungen Geschlechter hat zweifellos wie dem kirchlichen Leben so der Theologie als der Selbstbesinnung des evangelischen Glaubens neue Wogen frischen Lebens gebracht. Strenger als die Größten, die bisher im Rahmen des Neuprotestantismus diese Besinnung vorwärts trugen, hat er sie zu reinigen und neu zu begründen versucht. Wie ein Gewittersturm durchbrauste er das reich entwickelte Geäst der Theologie, zerbrach vieles Kranke und Dürre und half so das Gericht, das über die gesamte Kultur der Zeit erging, auch an der Theologie vollstrecken. Das schloß wichtige Verdienste ein: verstärkte Besinnung der Theologie auf ihre kirchliche Aufgabe, verstärkte Beziehung auf den Lebensmittelpunkt, auf Verantwortung und Entscheidung, verstärkte Aktualisierung der biblischen und reformatorischen Urkunden, verstärkte Feinfühligkeit gegenüber dem Eindringen rein kultureller oder fremdreligiöser Motive. Damit schienen die Hauptgefahren gebannt zu sein, die über dem vorigen Abschnitt lagen: die der Bedrohung durch Historismus, Psychologismus, Ethizismus, Religionsphilosophie. Zwar bewährte sich die historische Theologie wiederum, gestützt auf die von ihrem Stoff ausgehenden Notwendigkeiten und die Feinheit ihrer Methoden, als Trägerin der wissenschaftlichen Kontinuität. Die systematische Theologie dagegen wurde mit aller Stärke in die Revolution hineingerissen und stellte sich mit voller Ursprünglichkeit den Fragen der Zeit. Sie erreichte daher auch – trotz der Gefahr der Selbstisolierung – Beachtung und Gespräch. Ihre Grenze lag bisweilen in dem vorschnellen Rekurs auf prophetische Verkündigung unter Verzicht auf gedankliche Erörterung. Bezeichnend und bedeutungsvoll ist in diesem Zusammenhang ihre ursprüngliche Nähe zur praktischen Theologie, die so noch nie bestanden hatte. Fast alle praktischen Theologen dieses Zeitraums pflegten einen systematischen Zug, viele gingen ganz zur systematischen Theologie über oder verbanden beide

---

[76] Vgl. den Überblick von Leisegang (oben Nr. 1 b, S. 391).

Disziplinen. Sie hoben ihr Fachgebiet auf die Höhe grundsätzlicher Besinnung, so daß Schleiermachers Programm von der praktischen Theologie als „Krone" in Erfüllung zu gehen schien[77].

---

[77] Vgl. W. Jannasch, A. D. Müller, W. Stählin, M. Doerne, W. Trillhaas, P. Schempp, H. Gollwitzer, W. Kreck, M. Mezger, R. Müller-Schwefe, M. Fischer, W. Hahn. Der Systematiker *P. Brunner* gab eine tiefdringende, heftig umstrittene Theologie des Gottesdienstes (Leiturgia I 54).

VI. DIE THEOLOGISCHE ENTWICKLUNG SEIT DEM ZWEITEN WELTKRIEG

1. Die Lage

Bedeutete schon der erste Weltkrieg einen Umbruch, so galt das für den zweiten mit ganz anderer Wucht, da er eindeutig von der nationalsozialistischen Regierung Deutschlands vorbereitet, ins Werk gesetzt, grausam geführt und schließlich verloren worden war, wobei sie den Kampf aller politischen und militärischen Vernunft zum Trotz als Amoklauf in rücksichtsloser Behauptung der Macht bis zur Erschöpfung fortgesetzt, Juden ausgerottet, andere Völker dezimiert und zu Untermenschen erklärt, zuletzt das eigene der Sinnlosigkeit preisgegeben hatte. Ein völliger Zusammenbruch, möglicherweise das Ende einer selbständigen politischen, vielleicht auch geistigen Existenz blieb als Ergebnis des mehr als fünfjährigen harten Ringens zurück, dazu die Zerstörung der meisten Städte, der industriellen Anlagen, der Verkehrsverbindungen, vieler Universitätsgebäude und Bibliotheken. Hungersnot und Männermangel, der durch die große Zahl von Kriegstoten und Kriegsgefangenen eingetreten war, machten jeden Aufbau schwer. Das Land war in Besatzungszonen aufgeteilt, und bald strömten Scharen von Flüchtlingen aus den verlorenen Gebieten ein, die eingegliedert werden mußten, häufig genug ältere Menschen, deren Fähigkeit und Kraft zum Neuanfang begrenzt waren. Die Vision eines Rückfalls in Barbarei, auf alle Fälle eines Rückschritts um mindestens ein Jahrhundert stieg auf. Dazu kam der Verlust der moralischen Ehre überhaupt: War nicht das deutsche Verbrechen an der Menschheit, an der abendländischen Wertordnung, die auf der prinzipiell und allgemein anerkannten Humanität ruhte, wie sie sich seit dem 18. Jahrhundert herausgebildet hatte, so ungeheuer, daß das deutsche Volk aus der Gemeinschaft der Völker ausscheiden mußte? Ein Abscheu vor allem, was deutsch hieß, breitete sich aus, nicht nur in den Ländern, die unter die nationalsozialistische Eroberung gefallen waren. Schweizerische Denker wie der Psychoanalytiker Carl Gustav Jung und der Physiognomiker Max Picard urteilten, daß

Abgründe vorkulturellen Seelentums wieder hochgekommen waren; das radikale Böse hatte Gegenwart erlangt[1].

Das war eine Lage, für die mindestens in der neuzeitlichen Geschichte jede Analogie fehlte[2] – zugleich eine einzigartige Aufforderung an die Theologie und an die Kirche, eine treffende Bestimmung der Situation aus echter Ergriffenheit und eine entscheidende Hilfe zu ihrer Überwindung zu geben[3]. Beide, Theologie und Kirche, waren über ihren Auftrag hinaus auch geschichtlich, d. h. politisch wenigstens partiell dazu legitimiert, weil sie – wenn auch unzureichend – in der Bewegung der Bekennenden Kirche einen beharrlichen und zunehmend klaren Widerstand gegen die nationalsozialistische Ideo-

[1] Von Carl Gustav Jung muß im Grunde sein gesamtes Werk (seit 1935) herangezogen werden. Er nahm den Nationalsozialismus als Bestätigung für seine Theorie vom kollektiven Unbewußten (zuerst: Die Beziehung zwischen dem Ich und dem Unbewußten 1935), von Max Picard vor allem: Hitler in uns selbst 1945 u. ö. Vgl. zum Ganzen Karl Barth, Eine Schweizer Stimme 1938–1945, 1945. Weitere theologische Deutungsversuche: Walter Künneth, Der große Abfall. Eine geschichtstheologische Untersuchung der Begegnung zwischen Nationalsozialismus und Christentum 1947. Hans Schmidt: Apokalyptisches Wetterleuchten 1948. Unter den nichttheologischen sind besonders wichtig: Friedrich Meinecke, Die deutsche Katastrophe 1945, [2]1946. Alfred Weber, Abschied von der bisherigen Geschichte 1946. Der literarische Niederschlag war durch die Bedingungen der Zeit unverhältnismäßig gering gegenüber der tatsächlichen breiten mündlichen Erörterung.

[2] Auch die Französische Revolution war das nur in begrenztem Umfang. Ihre Grausamkeit, vor allem in der année de la terreur 1793, erstickte keineswegs alle Sympathien für sie, zumal das Ringen widerstreitender Kräfte sichtbar war und eine Selbstkorrektur erfolgte. Der Sturz Napoleons in den Befreiungskriegen hatte keine moralische Ächtung einer Nation im Gefolge, und der Imperator selbst besaß höhere sittliche Qualitäten. Karl Barth zog zur theologischen Interpretation der deutschen Katastrophe 1945 Jes. 14,3–23 heran, a. a. O. (s. A. 1), S. 348.

[3] Dies wurde bereits 1945 in konkret zugespitzter Weise deutlich, als sich auf britischem Boden ein Meinungsstreit darüber erhob, ob Martin Luther, der offenbar als einer der größten und tiefsten Deutschen betrachtet wurde, die geistige Verantwortung für Adolf Hitler zuzuschreiben sei. Gegen den Verleger Norman Wiener, der dies behauptete, wandte sich der führende methodistische Reformationshistoriker und Lutherkenner Gordon Rupp, Martin Luther – Hitler's Cause or Cure? 1945. Vgl. zu dieser Frage auch die sehr durchdachte scharfe Lutherkritik Karl Barths, a. a. O. (s. A. 1), S. 113: „Es leidet aber das deutsche Volk an der Erbschaft des größten christlichen Deutschen: an dem Irrtum Luthers hinsichtlich des Verhältnisses von Gesetz und Evangelium, von weltlicher und geistlicher Ordnung und Macht, durch den sein natür-

logie und ihr Eindringen in das Christentum wie in die Gesellschaft geleistet hatten. So ergriffen sie jetzt als ihr erstes, entscheidendes Thema die allgemeine Schuld und die Aufforderung zur Buße. Im Wort der Berliner Bekenntnissynode vom 31. Juli 1945, im Wort der Kirchenkonferenz der Evangelischen Kirche in Deutschland zu Treysa (südlich Kassel) vom 31. August 1945 und weithin hörbar in der Stuttgarter Erklärung vom 19. Oktober 1945 anläßlich des Besuchs, den der Ökumenische Rat der Kirchen der Evangelischen Kirche in Deutschland abstattete, legte die evangelische Christenheit in Deutschland ein entsprechendes Bekenntnis ab: „Wir klagen uns an, daß wir nicht mutiger bekannt, nicht treuer gebetet, nicht fröhlicher geglaubt und nicht brennender geliebt haben." Zugleich verpflichtete sie sich: „Wir hoffen zu dem Gott der Gnade und Barmherzigkeit, daß er unsere Kirchen als sein Werkzeug brauchen und ihnen Vollmacht geben wird, sein Wort zu verkündigen und seinem Wort Gehorsam zu schaffen bei uns selbst und bei unserm ganzen Volk... Wir hoffen zu Gott, daß durch den gemeinsamen Dienst der Kirchen dem Geist der Gewalt und der Vergeltung, der heute von neuem mächtig werden will, in aller Welt gesteuert werde und der Geist des Friedens und der Liebe zur Herrschaft komme, in dem allein die gequälte Menschheit Genesung finden kann[4]."

2. Die Gestaltung der Theologie

a) Allgemeine Züge

Durch die tiefe und fordernde Gewalt der Situation gerieten die systematische Theologie, namentlich die Dogmatik, unter dem Eindruck der Selbstbekundung des souveränen Herrn der Geschichte und die praktische Theologie mit ihren Aufgaben der Verkündigung und der Seelsorge in den Vordergrund. Das verlieh dem Ansatz und der Gesamtschau Karl Barths neue Gegenwärtigkeit, zumal sie den Rück-

---

liches Heidentum nicht sowohl begrenzt und beschränkt als vielmehr ideologisch verklärt, bestätigt und bestärkt worden ist. Alle Völker haben solche Erbschaften aus dem Heidentum und aus gewissen ihr Heidentum bestärkenden christlichen Irrtümern. Der Hitlerismus ist der gegenwärtige böse Traum des erst in der lutherischen Form christianisierten deutschen Heiden."

[4] Günter Heidtmann (Hrsg.), Hat die Kirche geschwiegen? Das öffentliche Wort der Evangelischen Kirche aus den Jahren 1945–1954. 1954, S. 20.

halt für den Kirchenkampf gegen den Nationalsozialismus gebildet hatten. Daneben verlangte die bittere Notwendigkeit des Unterrichts die Bereitstellung der elementaren und klassischen Lehrbücher, wobei häufig genug auf ältere, in vielem überholte Werke zurückgegriffen werden mußte und ebenso häufig eine Abhängigkeit vom Wort des einzelnen Lehrers eintrat – Erscheinungen, die den normalen Fortschritt aus der Sache und ihrer Problematik heraus zu lähmen geeignet waren.

Auf dem ersten deutschen Theologentag (März 1950 in Marburg/Lahn) wurde ebenso beklagt, daß Karl Barth selbst fehlte wie die Gefahr gesehen, daß ein fachgelehrtes Spezialistentum die Zukunft der Theologie bestimmen und der Zufall erhaltener Bibliotheken eine ausschlaggebende Rolle spielen könnte. Zugleich aber zeigten die beiden Hauptvorträge, der systematisch-theologische und dogmengeschichtliche von Werner Elert über die theopaschitische Formel und der neutestamentlich-hermeneutische von Rudolf Bultmann über die typologische Exegese, die zentralen Themen der künftigen Entwicklung an: den Gottesbegriff in seiner Verbindung mit der Christologie und das Schriftverständnis, die Frage des Kanons, seiner Bestandteile und ihrer Korrespondenz, anders gesagt: das Verhältnis von historischer und theologischer Bibelbetrachtung. Beide stellten die Kontinuität zur Vergangenheit her und öffneten den Horizont für die Zukunft. Die von den äußeren Umständen und den technischen Arbeitsbedingungen drohende Verstümmelung wurde überwunden. Es gelang – zu einem wesentlichen Teil durch die großzügige und selbstlose Hilfe der Oekumene –, aus dem Neuanfang keinen Rückfall werden zu lassen, sondern im wesentlichen organisch vorwärtszukommen, das theologische Gespräch sachgerecht und problemhaltig in Gang zu bringen, die früher erreichte Stufe aufzunehmen, ihre Erkenntnisse einzubauen oder auch durch Orientierungswechsel in Frage zu stellen und so durch die Antithese weiterzuführen. Der früh (in Marburg 1950) auftauchende Plan, das Handwörterbuch „Die Religion in Geschichte und Gegenwart" (RGG) in dritter Auflage herauszubringen, ließ sich erst später (1957–1962 (Registerband 1965)) verwirklichen, der größere, die Realenzyklopädie für protestantische Theologie und Kirche, für den schon in Marburg 1950 eine Minderheit eintrat, wurde erst 1968 gefaßt.

Die Gegenbewegung zur theozentrischen Grundhaltung, die zunächst durch die Lage eine Bekräftigung erfahren hatte, ließ nicht allzu lange auf sich warten. Sie entwickelte sich aus der hermeneuti-

schen Fragestellung, die Rudolf Bultmann in dem knappen Aufsatz
„Neues Testament und Mythologie" (zuerst in einem Vortrag vor
der Gesellschaft für Evangelische Theologie in Alpirsbach (Schwarz-
wald) 1940) angeschlagen hatte[5]. In den Bereich der systematischen
Theologie, d. h. als methodischer und inhaltlicher Gesamtentwurf
verstanden und aufgenommen wurde sie vor allem von Gerhard
Ebeling, der der 1950 wiederbegründeten Zeitschrift für Theologie
und Kirche mit dieser Thematik das Gepräge gab[6]. Ihr Gewicht
wurde dadurch verstärkt, daß dieser Denker, der vorher (1942)
Luthers Hermeneutik (für seine Evangelienauslegung) mit eindringender Begriffsschärfe analysiert hatte, zunehmende und führende Bedeutung als einer der besten Kenner der reformatorischen und spät-
scholastischen Theologie gewann. Durch ihn und durch den Neutestamentler Ernst Fuchs wurde die Hermeneutik wieder zu einem
prinzipiellen, im Grunde dogmatischen Fach der Theologie erhoben,
das seine Methodik allgemein verpflichtend machte[7]. Beide legten
in der weiteren Ausbildung ihres Gedankenkonzepts besonderes
Gewicht auf die Sprache im grundsätzlichen, philosophischen Sinne.
So wurden die Forderungen der „pneumatischen" Exegese Girgensohns auf der Linie Oetingers und Johann Tobias Becks und die der
„theologischen" Exegese, die die dialektischen Theologen erhoben
hatten, in abgewandelter Form eingelöst.

b) Die biblischen Wissenschaften

Sinngemäß kam der Orientierungswechsel zunächst den beiden
biblischen Fächern zugute und da wieder an erster Stelle dem Neuen
Testament[8]. Die Bedeutungsschwere der Wende wird durch die Tatsache illustriert, daß im gleichen Jahre mit Bultmanns Aufsatz „NT
und Mythologie" (Beiträge zur Ev. Theol. 7, 1941) Ethelbert Stauffer

---

[5] Rudolf Bultmann, Offenbarung und Heilsgeschehen (Beitr. z. Ev. Theologie 7), 1941, S. 27–69. Der schärfste Widerspruch kam von Friedrich
Brunstäd Ges. Aufs. u. kl. Schriften 1957, S. 217–230.

[6] Vgl. auch seinen programmatischen Eröffnungsaufsatz für die neue Folge
der ZThK: Die Bedeutung der hist. krit. Methode für die Theologie 1950.

[7] Vgl. bes. Ernst Fuchs, Hermeneutik 1954 u. ö., Marburger Hermeneutik
1968. Ges. Aufs. I–III 1962–1965.

[8] Als Hauptvertreter (außer den im vorigen Kapitel bereits Genannten)
seien erwähnt: 11 W. Bieder; 13 Ed. Schweizer, Chr. Maurer, F. Lang;
14 Ph. Vielhauer; 15 H. Conzelmann; 16 H. Bietenhard; 17 O. Betz; 18

durch einen neuartigen, selbständig gedachten Aufriß (Die Theologie des NTs) mit ungewöhnlich reichem archäologischen Belegmaterial eine starke Wirkung erzielte. Hier war das NT als christozentrische Geschichtstheologie verständlich gemacht, seine religionsgeschichtliche Voraussetzung daher – unter Verwerfung gnostischer Analogien - im AT und besonders in der spätjüdischen Apokalyptik aufgesucht und im ganzen mit einer metaphysisch-objektivistischen Geschichtsanschauung gearbeitet. Bultmann hingegen befragte umgekehrt die neutestamentlichen Texte scharf auf ihren nachvollziehbaren Glaubensgehalt unter existentialphilosophischen Kategorien. Indem er den durchgängig mythologischen Charakter der neutestamentlichen Aussagen aufwies und an seinen religionsgeschichtlichen Ort stellte, nahm er scheinbar den älteren theologischen Liberalismus wieder auf, unterschied sich aber von ihm grundsätzlich durch die Forderung der „existentialen" Interpretation des Mythos im Gegensatz zu der früher subjektivistisch geübten Auswahl und Verwerfung. Damit eröffnete er eine neue Epoche der theologischen Bewältigung des NTs, die sich in einer ausgedehnten und heftigen Diskussion des Problemkreises „Kerygma und Mythos" niederschlug (bisher 6 Bde)[9]. In den Jahren 1948–54 trat er mit einer eindringenden Gesamtdarstellung unter den Leitbegriffen Wort, Geschichte und Selbstverständnis der menschlichen Existenz hervor. Darin war einerseits mit der historisch-kritischen und religionsgeschichtlichen Betrachtungsweise insofern Ernst gemacht, als Jesus – wie zuerst bei Wellhausen – konsequent als letzter in die Reihe der alttestamentlichen Propheten eingeordnet wurde. Anderseits verschaffte sich die theologische Neuorientierung darin gültigen Ausdruck, daß zum Ausgangspunkt der Theologie des

R. Morgenthaler; 19 W. Marxsen; 22 H. Hegermann; 23 E. Bammel, U. Luck, W. Schmithals, W. Thiele, M. Weise; 24 E. Lohse; 25 K.-G. Eckart, E. Kamlah, Ch. Haufe; 26 H. Baltensweiler, F. Hahn, M. Hengel, H. Köster, E. Linnemann, R. Mayer; 27 S. Schulz, H. Thyen; 28 E. Brandenburger, G. Klein, W. Schrage, U. Wilckens; 29 C. H. Hunzinger, K. Niederwimmer, H.-M. Schenke, H. F. Weiß; 30 A. Strobel; 31 H. D. Betz, Chr. Burchard; 32 P. Stuhlmacher; 34 J. Becker, H.-W. Kuhn; 35 O. Böcher, E. Güttgemanns; 39 D. Lührmann; außerdem: H. Balz, G. Baumbach, E. Gräßer, T. Holtz, L. Schottroff, J. Roloff, G. Schunack, H. Stegemann, A. Suhl, K. Wengst.

[9] Gegnerische Schriften: W. Wiesner, Anthropologische oder theologische Schriftauslegung? Ev. Theol. 50; E. Kinder (Hrsg.) Zur Entmythologisierung. Ein Wort lutherischer Theologie 52; P. Althaus, Das sog. Kerygma und der historische Jesus 58; H. Diem, Was ist schriftgemäß? 58.

NTs das urchristliche Kerygma genommen wurde – das „Wort", wie es die Urgemeinde bewahrte und weitergab und wie es dann vor allem Paulus durch Reflexion theologisierte. Oscar Cullmann (Christus und die Zeit. Die urchristliche Zeit- und Geschichtsauffassung 1945 ³1962; Heil als Geschichte 1965 ²1967) entwickelte eine modernisierte Fassung der „Heilsgeschichte", indem er das zeitlich-geschichtliche Moment nicht nur als „Ereignis", sondern auch als Kontinuum (vgl. das „Schriftganze" bei Hofmann) zum zentralen Element des NTs erhob, sowohl für das Selbstverständnis der urchristlichen Schriftsteller als auch – objektiv – für die Menschwerdung und Offenbarung Gottes in Jesus Christus. Gleichzeitig bemühte er sich, die alte Kategorie des „Prophetischen", die den Kern der Inspirationslehre bildete, durch Aufnahme des religionsgeschichtlich historisch feststellbaren Anspruchs der Autoren zur Geltung zu bringen[10]. Eine Gesamtdarbietung der Theologie des Neuen Testaments gaben zuletzt (1967) Hans Conzelmann, der durch seine geschichtstheologische Analyse des lukanischen Geschichtswerks (Die Mitte der Zeit 1954, ⁵1964) einen nachhaltigen Eindruck hervorgerufen hatte, und Werner Georg Kümmel (1969). Conzelmann, der gleichzeitig eine Geschichte des Urchristentums herausbrachte, legte den Nachdruck auf die historisch-konkreten Sachverhalte in ihrer theologischen Relevanz und verstand das als Korrektiv zu der als Grundlage anerkannten Darstellung Bultmanns. Kümmels Werk mit dem bezeichnenden Untertitel „Theologie des Neuen Testaments nach ihren Hauptzeugen" wirkte demgegenüber als selbständiges Korreferat von anderer Grundposition aus.

Er und Erich Fascher verliehen der Einleitungswissenschaft neue Akzente (Jülicher-Fascher, Einleitung ins Neue Testament, ⁷1931; Fascher, Textgeschichte als hermeneutisches Problem 1953; Kümmel: völlige Neubearbeitung von Feine-Behm, Einleitung ins Neue Testament, ¹²1963, ¹⁶1969), Fascher pflegte außerdem den religionsgeschichtlichen Gesichtspunkt (Sokrates und Christus 1959; Vom Anfang der Welt und vom Ursprung des Menschengeschlechts 1961). Eine sehr schlicht gehaltene „Einleitung" als Literaturgeschichte bot Willi Marxsen

[10] Vgl. K. G. Steck, Die Idee der Heilsgeschichte 1959, 43 ff. Vgl. die monographischen Arbeiten, z. B. von Schniewind, G. Stählin, W. Brandt, Joh. Schneider, H. Kittel, W. Gutbrod, Käsemann, E. K. Dietrich, R. Asting, H. Hanse, H. Seesemann, F. W. Eltester u. a. Festschrift f. Cullmann, OIKONOMIA, Heilsgeschehen als Thema der Theologie. O. Cullmann zum 65. Geb. hrsg. v. F. Christ 1967.

(1963 u. ö.), der auch dem Kanonsverständnis seine Aufmerksamkeit schenkte (Das Neue Testament als Buch der Kirche 1965 u. ö.). Eine neutestamentliche Zeitgeschichte schrieb Bo Reicke 1965 u. ö. Die Umwelt des Neuen Testaments schilderten der britische Methodist Kingsley Barrett (dtsch. 1959), sodann in Verbindung mit Johannes Leipoldt, seinem Lehrer, Walter Grundmann (1967). Eine einseitige rein hellenistische Herleitung des Frühchristentums versuchte Carl Schneider (Geistesgeschichte des antiken Christentums 1954), wie es vor ihm als Dilettant der Romanist Eduard Wechßler (Hellas im Evangelium 1937) getan hatte.

Die Einzeluntersuchungen und die Kommentare gingen auf allen Gebieten weiter. Sie galten ebenso sehr der religionsgeschichtlichen Umwelt, für die nach dem rabbinischen Judentum und dem Mandäertum nunmehr die Gnosis (nach Bultmann vor allem Walter Schmithals) und die neuentdeckten Qumranfunde (1947–1956) essenischer Herkunft wichtig wurden (Herbert Braun, Claus-Hunno Hunzinger, Karl Georg Kuhn, Hartmut Stegemann; Vorspiel: Damaskusschrift (Leonhard Rost)), wie der Literarkritik, der Überlieferungsgeschichte, der Analyse wichtiger exegetischer Stücke und Zusammenhänge (vor allem Ernst Käsemann, Werner G. Kümmel) und der Begriffsgeschichte. Die Formgeschichte weitete sich immer mehr aus und drang zu inhaltlichen Entscheidungen vor (etwa bei Ulrich Wilckens). Die bedeutungsgeschichtlichen Untersuchungen (Gustav Stählin, Otto Michel, Gerhard Delling, Eduard Lohse, Herbert Braun, Konrad Weiß, Friedrich Lang, Christian Maurer u. a.) fanden ihren Niederschlag im monumentalen Theologischen Wörterbuch zum Neuen Testament, das nach dem Tode des Begründers Gerhard Kittel (1948) von Gerhard Friedrich herausgegeben wurde. Neuerdings (1969) lenkte Erhardt Güttgemanns die Aufmerksamkeit auf sprachlogische Gesichtspunkte für die exegetischen Probleme. In der Schule Bultmanns wurde besonders durch das Gespräch zwischen Ernst Fuchs, Ernst Käsemann und Günther Bornkamm der historische Jesus als Forderung des Glaubens mit Hilfe der existentialphilosophischen Kategorie der Geschichtlichkeit zur Geltung gebracht. Käsemanns zentral theologisch gerichteter Blick galt fast allen wesentlichen Zügen des Neuen Testaments, den Sätzen heiligen Rechts, dem Gebet, den theologischen Verschiedenheiten als Vorboten der späteren christlichen Konfessionen, den Anfängen christlicher Theologie, wobei er die sachlichen Gegensätze mit urchristlicher Schärfe herausarbeitete und die Entfernung des 2. Petrusbriefes aus dem Kanon forderte, da hier ein hellenistisches Substanzdenken das Wort führt. Eberhard Jüngel faßte das alte Problem „Jesus und Paulus" in selbständiger Nachfolge von Ernst Fuchs eigenwillig an. Peter Stuhlmacher untersuchte zentrale Phänomene der paulinischen Theologie neuartig, die Gerechtigkeit Gottes (1965) und das Evangelium (1968), Erhardt Güttgemanns die paulinische Leidenstheologie, vor allem aufgrund von Kol. 1, 24 (1964), Ulrich Luz stellte das Geschichtsverständnis des Paulus zusammenfassend dar (1968), Otto Böcher die urchristliche Dämonenabwehr (1968), Hartwig Thyen die Sündenvergebung (1970). Weitere Themen waren die Christologie (Marxsen), die Kindertaufe (Streit zwischen Joachim Jeremias und Kurt Aland), das Abendmahl, der Apostelbegriff (Eduard Lohse, Walter Schmithals), die urchristliche Mission (Ferdinand Hahn), das Verhältnis zwischen Christentum und Judentum (K. H. Rengstorf, L. Goppelt, Eduard Schweizer u. a.) und das Kirchenverständnis (Nils A. Dahl, Das Volk Gottes 1941; Albrecht Oepke, Das neue Gottesvolk 1950; Eduard Schweizer, Heinrich Schlier, Erich Fascher, Günther Bornkamm, Wolfgang Trilling).

Günther Bornkamm bot nacheinander abgewogene Gesamtwürdigungen von Jesus (1956) und Paulus (1969), die durch ihre Knappheit stark wirkten. Er stellte die Grundprobleme: Geschichtsfeststellung und Glaubensaussage, Fortführung oder Verleugnung Jesu durch Paulus scharf heraus und gab behutsame Antworten unter Ernstnahme der Quellen mit dem Primat der Glaubenszeugnisse. Einseitiger waren die Bücher über Jesus von Ethelbert Stauffer (1957), Walter Grundmann (1957) und Herbert Braun (1968). Eduard Schweizer stellte Jesus im Zeugnis des Neuen Testaments dar (1968). Eine Monographie über Petrus legte – überraschenderweise zum ersten Male seit Jahrhunderten – Oscar Cullmann vor (1952) und widmete die Hälfte des Buches der Auslegungsgeschichte des Wortes vom Felsen, auf dem die Kirche erbaut wird (Mt 16, 18). Martin Hengel stellte die Begegnung von Judentum und Hellenismus (1969) dar, nachdem er die Zeloten (1961) gewürdigt hatte. Ferdinand Hahn untersuchte die christologischen Hoheitstitel Jesu (1963). Im ganzen zeichnet sich die Tendenz deutlich ab, dem eigentlich Historischen im Ablauf wie in der Situation innerhalb der theologischen Interpretation sein Recht zu gewähren.

Ähnlich verhält es sich im Alten Testament[11]. Nur in der Schule Bultmanns wurde der enge Zusammenhang zwischen beiden Welten

---

[11] Als Hauptvertreter (abgesehen von den bereits im vorigen Kapitel Genannten) seien genannt: 09 H.-J. Stoebe, C. Westermann, R. Meyer; 10

bestritten und die Antithese zwischen „Gesetz" und „Evangelium" nach dem Vorbild von Schleiermacher und Harnack – nicht von Luther, auf den man sich zu Unrecht berufen würde, – strapaziert[12]. Dabei wurde übersehen, daß die Überwindung des Alten Testaments durch das Neue mit alttestamentlichen Kategorien, insbesondere mit der juridischen Denkweise und Sprache vor sich ging, namentlich in der paulinischen Rechtfertigungslehre und Stellungnahme zum Gesetz. In den alttestamentlichen Untersuchungen trat nach der eindeutigen Abkehr von der gewaltsamen Christologisierung, wie sie sich im Gefolge der Theologie Karl Barths unter fragwürdiger Auswertung seiner Positionen sowie der historisch unanfechtbaren Ergebnisse Albrecht Alts bei Wilhelm Vischer, Hans Hellbardt und Dietrich Bonhoeffer herausgebildet hatte, keineswegs eine Abdichtung gegen das Neue ein, wenn auch Forscher, die beide Welten umspannten wie zuletzt Ludwig Köhler (1880–1956), nicht mehr vorkamen. Das Neue Testament blieb als Gesichtspunkt gegenwärtig (vgl. Hans Walter Wolff, Jesaja 53 im Urchristentum 1942, [3]1952)[13], wenngleich die kritische Distanz gehalten wurde. Der Ausschlag des Pendels nach der Gegenseite, zur Isolierung und Suffizienz des Alten Testaments und zur restlosen Einordnung in die altorientalische Welt, fand nicht statt[14]. Infolgedessen erhielt die typologische Exegese als „Methode" höherer Ordnung (v. Rad, Eichrodt) und die Beziehungskategorie von Verheißung und Erfüllung (v. Rad, Zimmerli, Hans Walter Wolff) als stärker inhaltlich gefülltes „Schema" höherer Ordnung neues Gewicht und erfuhr eine zunehmend verfeinerte Anwendung. In der Nachfolge von Albrecht Alt vermochten Martin Noth (1902–1968), Gerhard von

---

V. Maag, F. Maass, O. Plöger, J. J. Stamm, H. Wildberger; 11 M.-L. Henry, M. Wittenberg, H. W. Wolff; 12 A. Kuschke; 15 G. Fohrer; 17 F. Hesse, Chr. Barth; 18 H.-J. Kraus; 20 G. Wallis, K.-H. Bernhardt; 21 E. Kutsch; 22 R. Hentschke; 24 A. Gunneweg, O. Kaiser, E. Oßwald, R. Rendtorff; 25 R. Hanhart; 26 S. Hermann, K. Koch, G. Sauer; 27 K.-D. Schunck; 28 K. Baltzer, L. Delekat; 29 W. Beyerlin, H. Gese, H. Graf Reventlov; 30 H. Donner, L. Perlitt; 31 D. Michel, W. Schottroff; 32 R. Smend; 33 H.-J. Hermisson, G. Ch. Macholz, H. P. Rüger; 34 H. Seebass; 35 W. H. Schmidt, O. H. Steck; 37 H. H. Schmid; 39 J. Jeremias; außerdem: E. Jansen, M. Metzger, H. P. Müller, H. D. Preuß, G. Schmidt, H. Schmidt, J. M. Schmidt, S. Wagner, G. Wanke, H. J. Zobel.

[12] Außer Bultmann vor allem Käsemann, Braun, Marxsen.

[13] Vgl. außerdem: C. Westermann, Das AT und Jesus Christus, 68; F. Hesse, Das AT als Buch der Kirche, 66.

[14] Jedoch bezeugte das reiche Schrifttum Georg Fohrers eine deutliche Tendenz in dieser Richtung.

Rad (1901–1971) und Walther Zimmerli meisterhaft, wenn auch individuell verschieden, den literarkritischen, historischen und theologischen Aspekt in gegenseitiger Befruchtung miteinander zu verbinden. Sie ergänzten sich gegenseitig. Gerhard von Rad stellte in seiner wegweisenden Theologie des Alten Testaments (I 1957, II 1960) eine Theologie der geschichtlichen und eine der prophetischen Überlieferungen dar und machte klar, daß sich nur durch historisch treue Erfassung der Geschichtsabläufe, der Institutionen mit ihren verschiedenen Traditionen der entscheidende Gehalt erschließt[15]. In solcher Weise arbeitete vor allem Hans Walter Wolff weiter. Als wichtige Stimme trat die posthume Theologie des Alten Testaments von Otto Procksch (1950) hinzu. Martin Noth konnte unter selbständiger Auswertung des auf den Spuren Alts und Rudolf Kittels Geleisteten die Geschichte Israels (1950 u. ö.) in der für die gegenwärtige Erkenntnis gültigen Gestalt erzählen. Otto Eißfeldt verfaßte die klassische Einleitung ins Alte Testament (1934, ³1964), die sämtliche Gesichtspunkte und Einzelforschungen gerecht und überlegen aufnahm, insbesondere auch den grundsätzlichen Streit zwischen „israelitischer Literaturgeschichte" und „Einleitung ins Alte Testament" sachgemäß mit der Tendenz zur Literaturgeschichte erörterte. Ludwig Köhler schuf das maßgebende Lexikon zum Alten Testament (1953) und förderte die Archäologie (Der hebräische Mensch 1953) wesentlich, der sich sonst Kurt Galling (Biblisches Reallexikon 1937 u. ö.), der Herausgeber der dritten Auflage des Handwörterbuchs „Die Religion in Geschichte und Gegenwart" (RGG³), und Arnulf Kuschke widmeten.

Die alttestamentliche Wissenschaft bot im 20. Jahrhundert das eindrucksvolle Beispiel für das organische Zusammenwachsen sehr verschiedenartiger Forschungsmethoden. Es war von besonderer Bedeutung, daß zwischen ihren maßgebenden Trägern das hermeneutische Gespräch mit voller Kraft wiedererwachte[16], ohne daß dadurch Schulentrennung im exklusiven Sinne entstand, obwohl etwa Georg Fohrer die Fortführung der religionsgeschichtlichen Orientierung

---

[15] Aufschlußreich ist die Verschmelzung der Vätergottheiten und Jahwes mit dem gemeinsemitischen Schöpfergott El, wodurch der allgemeine Schöpfungsglaube mit dem Heilsglauben, der die Berufung Israels zum Gegenstand hatte, diesem zugeordnet – vielleicht untergeordnet – wurde (v. Rad, Theologie d. AT I, 1957, S. 140–146).

[16] Bes. Ev. Theologie 1952, 1953, 1954; außer den Genannten noch Friedrich Baumgärtel, Verheißung. Zur Frage des evangelischen Verständnisses des

gegen die geschichtstheologische Eichrodts, von Rads, Noths, Zimmerlis und Hans Walter Wolffs zum Leitgesichtspunkt seiner Gesamtdarstellung machte (nach zahlreichen wichtigen Vorarbeiten: Geschichte der israelitischen Religion 1969). Im übrigen erhielten grundlegende Tatbestände und Begriffe wie Gottesvolk und Gottesherrschaft (durch H. J. Kraus), Sünde (durch Knierim), Bund (in der Nachfolge von Eichrodt und Begrich durch Perlitt), Friede, Heil (schalom) (durch Westermann und den katholischen Theologen Heinrich Groß), der heilige Krieg (durch v. Rad) Monographien. Andere Themen wie das Kommen (durch Ernst Jenni) wurden in Angriff genommen. Ebenso schritten die Kommentarwerke rüstig fort. Ihre Zahl wuchs auf drei Reihen an (Altes Testament deutsch, hg. v. Volkmar Herntrich und Artur Weiser seit 1949, Kommentar zum Alten Testament (KAT), begründet von Ernst Sellin, fortgeführt von Johannes Herrmann mit Wilhelm Rudolph, Karl Elliger und Franz Hesse seit (1949) 1963, Biblischer Kommentar zum Alten Testament, hg. v. Martin Noth und Hans Walter Wolff seit 1960). Die beiden biblischen Fächer wurden für mindestens zwei Jahrzehnte Kern der Theologie und strahlten durch ihre Fragestellungen und Leistungen in hohem Maße in die Oekumene und in den römischen Katholizismus aus, so daß ein reger Austausch stattfand. Der Gefahr einer Atomisierung, die die minutiöse Analyse der Texte barg, wirkte die konsequent durchgehaltene theologische Betrachtungsweise entgegen.

c) Kirchen- und Dogmengeschichte

Die Kirchen- und Dogmengeschichte, ihrer Aufgabe und ihrer Natur nach auf Kontinuität gerichtet, suchte sobald als möglich den Anschluß an die bisherige Forschung zu gewinnen und das vor 1945 Begonnene fortzusetzen[17]. In einem Punkte wirkte sich die gesamttheologische Orientierung unmittelbar aus: Die Grundsatzproblematik wurde jetzt energischer erörtert und sogleich von Gerhard Ebeling dahin entschieden, daß die gesamte Entwicklung unter den Leit-

Alten Testaments 1952; Walter Zimmerli, Das Alte Testament als Anrede 1955; Claus Westermann (Hrsg.), Probleme alttestamentlicher Hermeneutik 1960; von neutestamentlicher Seite Werner Georg Kümmel, Verheißung und Erfüllung 1945 u. ö.

[17] Ihre Hauptvertreter (nach Geburtsjahrgängen), abgesehen von den im vorigen Kapitel bereits Genannten: 03 Kupisch; 04 Beyreuther, Dreß, A. Hamel, R. Stupperich; 05 Opitz; 06 Kettler; 07 Benz, Guggisberg, Göbell, Lau, Meinhold, H. Steitz; 08 Heyer, Karpp; 09 C. Andresen, G.

gesichtspunkt zu bringen sei: Kirchengeschichte als Auslegung der heiligen Schrift (1948). Demgegenüber wollte sie Walter Delius als Geschichte der Kirche im strengen Sinne verstanden wissen und den Kirchenbegriff an die Spitze stellen, ähnlich wie Karl Holl dem Gottesbegriff diese Rolle zuerteilt hatte. Martin Schmidt schlug vor, sie als Geschichte der Verkündigung, die der Auslegung vorausgeht, und als Gestaltgewinn der Verkündigung zu fassen, womit der missionsgeschichtliche Blickpunkt des Nordamerikaners Kenneth Scott Latourette (A History of the Expansion of Christianity, 7 Bde., 1937–45) und die geschichtsphilosophische Korrelation von Forderung und Antwort (challenge and response) des britischen Historikers Arnold J. Toynbee (A Study of History, 10 Bde., 1934–54) Aufnahme fanden. Gleichzeitig wurde mit der Verkündigung des Wortes das Gegensatzpaar von Gesetz und Evangelium als grundlegendes Interpretament in die kirchengeschichtliche Betrachtung und Urteilsbildung eingebracht[18].

Hätte sich Ebeling durchgesetzt, so wäre ein einheitliches Gesamtkonzept unter Führung der biblischen Theologie, wie es dem Grundsatz der Reformation entsprach, entstanden. Damit hätte die Theologie seit Schleiermachers konstruktivem Entwurf von 1810 (Kurze Darstellung des theologischen Studiums) mit dem Ursprung der philosophischen und dem Gipfel der praktischen Theologie zum ersten Male wieder ein voll durchdachtes Gebäude als Heimstätte

Moldaenke, M. Schmidt; 11 W. Göbell, W. Zeller; 14 W. Schneemelcher, R. Lorenz; 15 K. Aland, E. Kähler; 16 K. Onasch, E. Reichert, K. Wessel; 17 F. v. Lilienfeld; 19 M. A. Schmidt; 20 M. Geiger, P. Kawerau, H. Liebing; 21 H.-W. Müller-Krumwiede, I. Ludolphy; 23 K. Beyschlag, F. Büsser, R. Müller-Streisand, A. Sprengler-Ruppenthal; 24 G. Haendler; 25 G. Kretschmar, M. Tetz; 26 J. F. G. Goeters, W. H. Neuser, J. Staedtke; 27 M. Elze, C. D. G. Müller, U. Wickert; 28 L. Abramowski, P. Hauptmann, M. Jacobs, B. Lohse, G. Maron, A. Raddatz; 29 G. Müller, J. Rogge, E. Pältz, S. Räder, R. Schwarz, W. Werbeck; 30 H.-D. Altendorf, G. Müller, H. A. Oberman, K. Schäferdiek, J. Wallmann; 31 G. A. Benrath, B. Moeller, H. Vorländer; 32 M. Brecht, F. W. Kantzenbach; 33 K.-V. Selge, G. Ruhbach, G. Wießner; 34 A. Schindler; 35 M. Kroeger; 37 R. Staats; 38 E. Mühlenberg; außerdem: D. Döpmann, H. Ehrhart-Jahn, M. Greschat, K. Hammer, L. Hein, K. Meier, F.-H. Philipp, G. Richter, A. M. Ritter, H. Thümmel.

18 Walter Delius, Kirchengeschichte – Geschichte der Kirche Jesu Christi, 1948 (Der Anfang, Schriftenreihe der Kirchl. Hochschule Berlin 8); Martin Schmidt, Ursprung, Gehalt und Reichweite der Kirchengeschichte nach evangelischem Verständnis, 1963 (Mainzer Universitätsreden 23).

erhalten. Doch das geschah nicht. Die grundsätzliche theologische Haltung und Stimmung wirkte sich für die Kirchengeschichte dahin aus, daß sich zwei Gebiete als Schwerpunkte herausbildeten: die Alte Kirche und die Reformation. Das Mittelalter wurde nahezu restlos der römisch-katholischen und der profanhistorischen Forschung überlassen, die Neuzeit der Liebhaberei des einzelnen Forschers. In der frühen Kirchengeschichte erlangte Hans Frhr. von Campenhausen die unbestrittene Führung, nicht zuletzt dadurch, daß seine Forschung mit der Fragestellung und den zentralen Daten beim Neuen Testament selbst einsetzte, d. h. der Autorität Jesu selbst das entscheidende Gewicht beimaß. In zahlreichen Einzeluntersuchungen und weiterführenden Rezensionen förderte er die Erkenntnis an nahezu jedem wesentlichen Punkte und faßte den Ertrag in den beiden großen problemhaltigen Werken „Kirchliches Amt und geistliche Vollmacht in den ersten drei Jahrhunderten" (1953 ²1963) und „Die Entstehung der christlichen Bibel" (1968) unter vollständiger Aufnahme der weitverzweigten internationalen und interkonfessionellen Forschung zusammen. Nächst ihm widmete Hermann Dörries, der als einer der letzten die gesamte Kirchengeschichte umspannte, der Alten Kirche große Monographien, die Konstantin (Das Selbstzeugnis Kaiser Konstantins 1954, Konstantin der Große 1958 ²1968)[19], Symeon von Mesopotamien (Makarios) und den Frühformen des Mönchtums (1941) sowie der Lehre vom heiligen Geiste (Basilius) (1956) galten. Das vierte Jahrhundert der Kirchengeschichte trat in allen seinen Bereichen: Kirchenpolitik, Theologie und Bildung, Mönchtum als eine große Epoche durch sie in helles Licht. Die Geschichte des Taufgottesdienstes stellte Georg Kretschmar mustergültig dar (1966 Leiturgia V). Kurt Aland, der Schüler Lietzmanns, der aus der nächsten Generation in seinen Forschungen ein weitgespanntes Panorama bot, pflegte außer der Textgeschichte des Neuen Testaments die Erhellung wichtiger umstrittener Fragen wie der römischen Petrustradition, der Kindertaufe, der Glaubenshaltung und Politik Konstantins, wobei er die bedeutungsvolle Feststellung machte, daß im Zeitalter des ersten christlichen Kaisers der Abbau des Herrscherkults vor sich ging, sowie des Montanismus (bes. Kirchengesch. Entwürfe 1958). Überall suchte

---

[19] Heinrich Kraft bewertete in seiner Erforschung von Konstantins religiöser Entwicklung (1955) im Unterschied zum Hauptstrom der bisherige Forschung K. Laktanz als Quelle höher als Euseb und gelangte dadurch zu abweichender Auffassung.

er durch genaue Quelleninterpretation zu gesicherten Ergebnissen zu gelangen und erhielt so in einem primär theologisch gerichteten Zeitalter das unveräußerliche Recht der positivistischen Fragestellung. Zusammengefaßt wurde die überaus fruchtbare Einzelarbeit in gehaltvoller, souveräner Weise unter dem Leitgesichtspunkt einer Kirchentypologie (frühkatholische, altkatholische, reichskatholische, römisch-katholische, byzantinisch-orthodoxe Kirche) von Carl Andresen: Die Kirchen der alten Christenheit 1971 (Die Religionen der Menschheit 29, 1/2).

Im ganzen lassen sich zwei Hauptströmungen in der Forschung wahrnehmen: die Vermehrung der technischen, meist lexikalischen Hilfsmittel, die durch die verfeinerte Methode über die Materialsammlung hinaus rasch und zunehmend theologisches Gewicht gewinnen[20], und die inzwischen fast selbstverständliche Vorherrschaft der dogmatisch-dogmengeschichtlichen Betrachtungsweise bereits in der Themenwahl. Die großen grundsätzlichen Entwürfe zur Dogmengeschichte von Werner Elert (Abendmahl und Kirchengemeinschaft in der Alten Kirche 1954, Der Ausgang der altkirchlichen Christologie 1957) und Alfred Adam (Lehrbuch der Dogmengeschichte I: Die Zeit der Alten Kirche 1965 II: Das Mittelalter 1969) zeigten völlig verschiedene Ausgangspositionen und Zielsetzungen. Elert gab der Inkarnation die zentrale Stellung. Er kämpfte für eine voluntaristische, auf Vorgänge, nicht Zustände und Seinsverhältnisse gerichtete Interpretation der christologischen Gedankenbildung, auch auf der monophysitischen Linie, und erblickte demgemäß im Streit zwischen Monotheleten und Dyotheleten wie in dem Durchhalten der theopaschitischen Formel die Wiederaufnahme des neutestamentlichen Christusbildes. Mit solchen Akzenten bereitete er die umfassende Widerlegung der Grundauffassung vor, die – als Folge von Ritschl – bei Harnack, etwas weniger bei Loofs, den Klassikern der vorausgehenden Generation für die Dogmengeschichte, geherrscht hatte. Am Abschluß sollte die Theologie Luthers als die – wenn auch nicht in allen Punkten – legitime Fortsetzung der morgenländischen Christologie erscheinen, womit die abendländische, von Tertullian geschaffene Zweinaturenlehre als Fehlentwicklung erwiesen wäre und

---

[20] Hierher gehören die Lexika: Reallexikon für Antike und Christentum (RAC) begr. von Theodor Klauser (kath.) seit 1950, Lexikon der Alten Welt (LAW) von Carl Andresen, Hartmut Erbse, Olof Gigon u. a. seit 1965.

auch die scholastische Theologie nicht mehr als Vorbereitung auf die Reformation gelten könnte. Adams Sicht setzte damit ein, daß er das in jüdischen Kategorien gedachte und formulierte Vollmachts-bewußtsein Jesu – das auch von Campenhausen seinen Darlegungen als Urdatum zugrunde legte – zum Ausgangspunkt für die Dogmen-entwicklung machte. In der geschichtlichen Darstellung arbeitete er die bestimmende Rolle des ägyptischen Christentums, insbesondere des Manichäismus, heraus. Auch Augustin suchte er im Entschei-denden von da aus zu begreifen. Walther Völker unternahm es, in einer Reihe von frömmigkeitsgeschichtlichen Monographien die bibli-sche Grundorientierung der im Zwielicht von neuplatonischer Mystik und Christentum stehenden Theologen Clemens Alexandrinus (1952), Origenes (1931), Gregor von Nyssa (1955), Dionysios Areopagita (1958), Maximus Confessor (1964), Johannes Klimakos (1967) zu erweisen (dazwischen auch Philon 1938). Der Grundsatzproblematik und Epochenkennzeichnung gingen Wilhelm Schneemelcher, Bernhard Lohse und Martin Elze nach.

Im einzelnen würdigte Carl Andresen Kelsos umfassend als eigene philosophische Potenz unter Auswertung aller seiner Bildungs-elemente. Dadurch machte er schärfer und reicher als bisher den philosophischen Kampf der Spätantike gegen das junge Christentum sichtbar. Der Altkirchenhistoriker und juristische Romanist Arnold Ehrhardt stellte geistvoll und eigenwillig die politische Metaphysik von Solon bis Augustin dar (I–III 1959–67). An den größten Kirchen-vater des Abendlandes wurde eine besondere Energie gewandt, wobei die präzise Erfassung seiner theologischen Hauptbegriffe (fruitio Dei durch Rudolf Lorenz, Trinität unter dem Blickwinkel des Ver-hältnisses von Wort und Analogie durch Alfred Schindler) ebenso-sehr erstrebt und geleistet wurde wie seine Gesamterscheinung im Blickfeld stand (Hans v. Campenhausen, Walther v. Loewenich).

Im Mittelalter wurden die Waldenser (durch Kurt-Victor Selge) und Franz v. Assisi (durch Karlmann Beyschlag) zum Gegenstand gewählt, außerdem John Wyclif (durch Gustav Adolf Benrath und Martin Schmidt). Im Zusammenhang mit der Reformationsgeschichte wurden wesentliche Aufgaben für das späte Mittelalter (Passions-mystik durch Martin Elze), vor allem aber für die Spätscholastik angefaßt, für die Hermeneutik von Gerhard Ebeling. Eine eindrin-gende Gesamtdarstellung von Gabriel Biel gab Heiko A. Oberman mit dem an den Kulturhistoriker Johan Huizinga angelehnten Titel „Der Herbst der mittelalterlichen Theologie" (1964 urspr. englisch).

Die von Kurt Dietrich Schmidt zurückgelassene Geschichte der Germanenmission fand keine Fortsetzung, da auch das Thema nicht mehr genügende Gegenwartsbeziehung besaß.

In der Reformationsgeschichte blieb trotz einem halben Jahrhundert intensiver Einzelforschung Luther als Theologe im Zentrum, und die Tatsache, daß seit Joseph Lortz (Die Reformation in Deutschland I 1939, II 1940) die römisch-katholische Theologie intensiv und ihn von innen verstehend mit ihm umging, verstärkte dies (zuletzt umfassend unter systematischem Gesichtspunkt: Otto Hermann Pesch O. P., Theologie der Rechtfertigung bei Luther und Thomas von Aquin 1967). In diesem Zusammenhang entstanden auch evangelische Arbeiten über Thomas von Aquino (Rudolf Vorster über das Freiheitsverständnis, Ulrich Kühn über das Verständnis der Liebe). Unter den sachlichen Themen zu Luthers Theologie fehlt inzwischen keines mehr, und doch sind viele wie etwa die Christologie, Gesetz und Evangelium, Kirche, Schöpfung, Welt, zwei Reiche, Geschichte in wertvollen Einzelstudien, jedoch noch nicht in umfassenden und abschließenden Monographien dargestellt. Die Lehre von den beiden Reichen, die Franz Lau 1932 sichtbar gemacht und 1952 im Umriß gezeichnet hatte, geriet auch aus zeitgeschichtlichen Motiven in den Vordergrund, weil man vor allem auf den Spuren Karl Barths in ihr die Ursache für die politische Passivität des Luthertums durch die Jahrhunderte erblickte. Sie wurde dabei fast ausschließlich sozialethisch, nicht – wie sie Luther konzipiert hatte – geschichtstheologisch betrachtet (Hauptautoren: Hermann und Harald Diem, Ernst Wolf, Gustav Törnvall, Gustaf Wingren, Hans-Robert Gerstenkorn, Heinrich Bornkamm, Gottfried Forck). Eine Vorgeschichte der Zwei-Reiche-Lehre gab Ulrich Duchrow (Christenheit und Weltverantwortung 1969). Ein wichtiger neuer Einsatz war die Hermeneutik des Reformators. Gerhard Ebeling untersuchte an seiner Evangelienauslegung seine Prinzipien und Methoden streng begrifflich und entwickelte dafür ein systematisches Gerüst (1943), während Walther von Loewenich in der parallelen Darstellung genauer an den Texten selbst blieb (1963). In unmittelbarer Weise würdigte Heinrich Bornkamm seine Auslegung und Anwendung des Alten Testaments nach ihrer Wirklichkeitsnähe und theologischen Gesamtschau (1948). Gesamtdarstellungen von Luthers Theologie hinterließen Paul Althaus (1967), Rudolf Hermann (1967) und Friedrich Gogarten (1967). Sie waren zuvor in einer Fülle von Einzelstudien vorbereitet und durch sie unterbaut worden. Unter der Erörterung von Einzelproblemen ragten die folgenden hervor: die Lehre vom verborgenen Gott (Hellmut Bandt (1958)), die Lehre vom heiligen Geist (Regin Prenter (1944, deutsch 1954)), die Zusammengehörigkeit von Lehre und Kirche (Karl Gerhard Steck (1960)), die Theologie des Gottesdienstes (Vilmos Vajta (1957)), die Eschatologie (Ulrich Asendorf (1965)).

In der kritischen Fortführung Karl Holls, wobei die entscheidenden Erkenntnisse festgehalten wurden, traten Heinrich Bornkamm und Hanns Rückert an die Spitze, während Ernst Wolf in tiefdringenden Einzelstudien eine Gesamtschau begründete, die im Gegensatz dazu wesentliche Gesichtspunkte von Karl Barth aufnahm oder überraschend bestätigte (Peregrinatio I 1953, II 1966). Luthers Theologie von Friedrich Gogarten (1967) zeigte jedoch mehr die eigene Theologie des Verfassers. Ernst Wolf war der erste, der die neue Sicht des Rechts in der Theologie Luthers durch den Kirchenjuristen Johannes Heckel (Lex charitatis 1955) aufnahm. Hier war behauptet, daß der Reformator seiner Theologie ein voll durchdachtes und ausgebildetes geistliches Recht biblischer Prägung – fast ein System – zugrunde legte. Diese These rief durch ihren tendenziell dogmatischen Charakter heftigen Meinungsstreit hervor, in den naturgemäß die Lehre von den beiden Reichen hineingezogen wurde. Ein weiteres intensiv erörtertes Problem war die Frage nach dem Zeitpunkt von Luthers reformatorischer Entdeckung, den vor allem Ernst Bizer (Fides ex auditu 1957), außerdem Kurt Aland (Der Weg zur Reformation 1965), vielleicht auch Peter Meinhold erst ins Jahr 1518 setzen wollten. Sie traten damit in Widerspruch zu dem Ansatz, der sich aus der betont reformatorischen Beurteilung von Luthers frühen Vorlesungen durch Karl Holl und seine Schule ergeben und von Erich Vogelsang ausdrücklich auf die Arbeit an der ersten Psalmenvorlesung (1512/13) festgelegt worden war. Heinrich Bornkamm übernahm als Lutherbiograph die Widerlegung der Spätdatierung. Eine ausgedehnte Erörterung fand der Thesenanschlag nach seiner Historizität. Dahinter stand die sachliche Frage, ob Luther mit ihm aus dem Gehorsam gegen die kirchliche Obrigkeit herausgetreten war (Erwin Iserloh, Hans Volz, Kurt Aland, Heinrich Bornkamm, Franz Lau).

Im Zusammenhang mit der intensiven und extensiven Bemühung um Luther, aber auch um Zwingli wurde der linke Flügel der Reformation von Thomas Müntzer bis zu Menno Simons Gegenstand neuer Untersuchungen, für die Frühzeit vor allem durch Fritz Blanke. Die

Verbindung zur Reichsgeschichte stellten vor allem Bernd Möller, Gerhard Müller und Stephan Skalweit her. Aber auch die zweite Generation der Reformatoren (Johannes Agricola und Jakob Strauß) fand Beachtung (durch Joachim Rogge). Melanchthon, der infolge seiner Vieldeutigkeit klassische Gegenstand von Dissertationen, wurde häufig behandelt, zusammenfassend von Peter Meinhold, Ernst Bizer und Wilhelm Maurer. In die Zwingli-Forschung wurden mehr systematisch-theologische Gesichtspunkte eingebracht als früher (vor allem durch Gottfried Locher). Calvin hingegen fand weniger deutsche, dafür mehr französische, schweizerische, niederländische, englische und amerikanische Bearbeitung[21].

Der lutherischen Orthodoxie widmete sich Johannes Wallmann, der auch den Pietismus Speners von ihr aus zu deuten unternahm und in seiner biographischen Würdigung (1970) sicheren Grund dafür legte. Valentin Ernst Löscher wurde von Martin Greschat (Zwischen Tradition und neuem Anfang 1971) gewürdigt. Den Pietismus bearbeiteten sonst Kurt Aland, Erich Beyreuther, Heinz Renkewitz, Erhard Peschke, Martin Schmidt, Winfried Zeller, Horst Weigelt, wobei Peschke und Schmidt auf die geschlossene theologische Konzeption Wert legten, die ihm den Rang einer eigenständigen Größe verschaffte. Auch wurde 1964 eine historische Kommission zur Erforschung des Pietismus ins Leben gerufen. Von profanhistorischer Seite arbeiteten hier Carl Hinrichs, Klaus Deppermann und Peter Baumgart mit. Die Forschung an Zinzendorf ging weiter, wenngleich nicht in der Breite wie in der Zeit vor dem zweiten Weltkrieg[22]. Der bedeutendsten Gestalt im oekumenischen Wirkungsbereich des Pietismus John Wesley, widmete Martin Schmidt eine Biographie (I 1953, II 1966).

Die eigentliche Neuzeit wurde thematisch und grundsätzlich in der Auseinandersetzung mit Ernst Troeltsch und Friedrich Gogarten (Verhängnis und Hoffnung der Neuzeit 1954) von Martin Schmidt erörtert. Aufklärung und Erweckung fanden eingehende Behandlung durch Wolfgang Philipp und Max Geiger, die Christentumsgesellschaft

---

[21] Vgl. bes. E. David Willis, Calvin's Catholic Christology 1966; Heiko A. Oberman, Die Extra-Dimension in der Theologie Calvins in „Geist und Geschichte der Reformation" (= Festschrift f. Hanns Rückert) 1966, S. 323 bis 356. Dieter Schellong, Calvin als Ausleger der synoptischen Evangelien 1968.

[22] Bemerkenswert ist es, daß erstmals eine große Biographie Zinzendorfs von einem Forscher geboten wurde, der nicht der Brüdergemeine angehörte: Erich Beyreuther 3 Bde. 1957–61.

in Basel durch Ernst Stähelin, der überhaupt in seinen Studien die kirchengeschichtliche oekumenische Potenz Basels eindrucksvoll sichtbar machte. Unter den führenden Aufklärungstheologen erhielt Johann Joachim Spalding durch Joseph Schollmeier eine Monographie (1967). Der Erweckungsbewegung gingen Martin Schmidt, Erich Beyreuther, Fritz Blanke, Ernst Stähelin, Friedrich Wilhelm Kantzenbach nach. Kantzenbach stellte auch das Neuluthertum in seinen Typen dar. Der deutsche Idealismus trat zurück, hingegen fand Schleiermacher vor allem unter systematisch-theologischem Aspekt neue Beachtung (Werner Schultz, Felix Flückiger, Martin Schmidt, Paul Seifert, Johannes Hertel, Friedrich Beißer, Erwin Quapp). Waren schon dabei im Grunde systematische, aus der gegenwärtigen Urteilsbildung stammende Gesichtspunkte leitend, so galt das in erhöhtem Maße von Sören Kierkegaard, der seit der dialektischen Theologie zu einem Lieblingsgegenstand der Interpretation aufgerückt war. In der Zeit nach dem zweiten Weltkrieg schuf Emanuel Hirsch in rastlosem Fleiß eine vorbildliche Übertragung seiner Hauptwerke ins Deutsche. In seinen Spuren arbeitete Hayo Gerdes weiter, Frank-Eberhard Wilde lieferte eine genaue Untersuchung seines Hauptbegriffes „Existenz". Auch kirchenrechtsgeschichtliche Themen wurden überraschend lebendig (Alfred Adam über die Nassauische Union (1949), Walter Göbell über die rheinisch-westfälische Kirchenordnung von 1835 (I 1948, II 1954), Ernst Benz über das Bischofsamt und die apostolische Sukzession im Protestantismus (1953)). Das bedeutendste Ereignis, der Kirchenkampf unter dem Nationalsozialismus und gegen seine Ideologie wie Kirchenpolitik wurde seit 1949 zu einem eigenen wichtigen Thema, begründet von Kurt Dietrich Schmidt und Ernst Wolf, fortgeführt aus der jüngeren Generation durch Georg Kretschmar und Klaus Scholder. Ein neues Thema, die Entchristlichung im 19. Jahrhundert, regte Martin Schmidt an. An der Beurteilung Luthers wies Heinrich Bornkamm den geistigen Wandel der Neuzeit schlaglichtartig auf.

Eine Folge der ökumenischen Situation war es, daß in ganz anderer Weise über die deutschen Grenzen hinaus Austausch und Anregung betätigt wurden. Daraus ergaben sich auch größere Sammelwerke wie die Geschichte der oekumenischen Bewegung seit 1517 (engl. 1953, deutsch 1957/58) und Kirche und Synagoge (1968 bis 70), eine Gesamtdarstellung der christlich-jüdischen Beziehungen, zuletzt eine ökumenische Kirchengeschichte unter der Leitung von Raymund Kottje (kath.) und Bernd Möller (seit 1971).

Überblickt man das alles, so enthüllt sich ein zunächst sehr buntes Bild. Trotz der prinzipiellen Abneigung und der vielfach betonten Abkehr von der bisherigen Geschichte drang der antihistorische Affekt, ein Ergebnis des totalen Zusammenbruchs von 1945, nicht durch. Nicht nur auf zahlreichen Einzelgebieten, wie im Vorstehenden gezeigt, ging die Arbeit emsig weiter, sondern auch durch die fast stets angewandte systematisch-theologische Betrachtungsweise gewann die Geschichte wieder an Wert und praktischer Beachtung. Durch die oekumenischen Begegnungen wurde ganz von selbst die Klarheit über die eigene Tradition und ihre Überprüfung nötig; die nicht-theologischen Faktoren der Kirchengeschichte gewannen zeitweise ein größeres Gewicht, da man sie für die konfessionelle Zerrissenheit der Christenheit verantwortlich machte. Das forderte ihre genaue und sachgerechte Untersuchung, und in diesem Geschäft bildete sich aus der konkreten Arbeit ein neuer Sinn für Geschichte. Hinsichtlich der grundsätzlichen Besinnung gelang es vorläufig nicht, über die im Gefolge der theologischen Erneuerung seit 1917 gefundenen Erkenntnisse wesentlich hinaus zu gelangen – abgesehen von dem anspruchsvollen Entwurf einer Universalgeschichte auf christlicher Grundlage durch Wolfhart Pannenberg[23].

d) Systematische und praktische Theologie

In diesen beiden Gebieten war sowohl die Fortführung als auch die grundsätzliche Veränderung der Situation und der Fragestellung zunehmend spürbar, so daß sich kein klares, sondern ein verworrenes Bild bietet und verschiedenartige, gegeneinander gerichtete, teilweise beziehungslose Bestrebungen das Vierteljahrhundert seit 1945 beherrschen[24]. Zunächst schien es, als sollte der Ertrag des Kirchenkampfes

---

[23] Vgl. Ignace Berten, Geschichte – Offenbarung – Glaube. Eine Einführung in die Theologie Wolfhart Pannenbergs, 1970. – *Wolfhart Pannenberg:* geb. 1928; Prof. in Wuppertal, Mainz, München. Die Prädestinationslehre des Duns Skotus, 54; Offenbarung als Geschichte (Hrsg.) 61 [4]70; Was ist der Mensch? Die Anthropologie der Gegenwart im Lichte der Theologie, 62 [3]68; Grundzüge der Christologie, 64 [3]69; Grundfragen der syst. Theol. (Aufs. u. Vorträge), 67; K. Müller – W. P., Erwägungen zu einer Theologie der Natur, 70.

[24] Die Hauptvertreter der systematischen Theologie (nach Geburtsjahrgängen): 08 H. Gollwitzer, P. Jacobs, W. Kreck, H. Kruska, O. H. Nebe, K. G. Steck, H. Thielicke; 09 H. Graß; 10 E. Kinder, A. Rich; 11 W. Dantine, W. Andersen, H. Köhler, G. W. Locher, C. H. Ratschow, H. H.

gegen die nationalsozialistische Ideologie und damit die Theologie
Karl Barths die theologische und kirchliche Zukunft in Deutschland,
vielleicht in der gesamten evangelischen Christenheit bestimmen.
Denn war nicht der Widerstand gegen die politische Weltanschauung
und Praxis mit ihrem Totalitätsanspruch stellvertretend für das
Christentum im zwanzigsten Jahrhundert auf deutschem Boden geleistet worden und hatte er nicht trotz allem Ungenügen weltweite
Anerkenntnis gefunden? War nicht Karl Barth zum christlichen Theologen überhaupt aufgestiegen, wie vor allem die Weltkirchenkonferenz
von Amsterdam 1948 mit der Gründung des Weltkirchenrats erwies
und die nachfolgende Annäherung der römisch-katholischen Theologie an seine Problemstellungen fortlaufend bestätigte? Seine Umkehrung des Verhältnisses zwischen Gesetz und Evangelium setzte
sich weithin durch, so daß der grundlegende Leitgesichtspunkt von
der Vorbildlichkeit der Glaubenswirklichkeit für die irdische Wirk-

Schrey, H. H. Wolf; 12 G. Ebeling; 13 E. Buess, L. Fremgen; 14 W. Joest;
15 U. Mann, W. Philipp; 16 F. Flückiger, W. Schweitzer, P. Wrzecioko;
17 H. Bandt; 18 H. Beintker, H. E. Tödt; 21 W. Kasch; 22 U. Neuen-
schwander; 23 K. Lüthi; 24 A. Peters; 25 W. Lohff, H. Müller, H. J. Rot-
hert; 26 H. G. Fritzsche, J. Moltmann, H. P. Schmidt; 27 G. Horning,
E. Wölfel; 28 H. Dembowski, H. Geißer, H. Gerdes, W.-D. Marsch, W.
Pannenberg; 29 H. G. Geyer, F. Mildenberger, H. Ott, D. Ritschl; 30
J. Baur; 31 H. J. Birkner, Th. Mahlmann, T. Rendtorff, R. Schäfer; 33
H. Fischer, H. G. Pöhlmann; 34 F. Beißer, M. Honecker, E. Jüngel, G.
Schnurr; 35 U. Duchrow, G. Sauter; außerdem: E. A. Amberg, H. M. Barth,
H. Beuchert, U. Browarzik, T. Koch, E. Lessing, H. Montz, K. D. Nören-
berg, H. Ringeling, R. Röhricht, D. Schellong, H.-W. Schütte, H. Schulze,
R. Slenczka, G. Gaßmann, Ch. Frey.
Für das Gebiet der Sozialethik u. Religionsphilosophie sind außerdem
noch zu nennen: 1900 H.-D. Wendland; 04 W. Anz; 06 E. Steinbach, L.
Richter; 12 D. v. Oppen; 13 G. Picht; 22 H. Weber; 24 W. Müller-Lauter;
33 Th. Strohm; 34 S. Keil; außerdem: E. Amelung.
Die Hauptvertreter der praktischen Theologie (nach Geburtsjahrgängen):
86 E. Jenssen; 90 O. Haendler, A. D. Müller; 93 W. Birnbaum; 98 P. Bloth,
J. Schweizer; 99 F. Haufe, G. Holtz; 1900 M. Doerne, W. Uhsadel; 01
W. Schütz, H. Urner; 02 E. Hertzsch, G. Hoffmann, H. Kittel; 03 J. Kon-
rad; 04 J. Dürr; 05 K. Frör, W. Nagel; 09 A. Niebergall, F. Zerbst; 10
G. Harbsmeier, H. W. Surkau; 11 M. Mezger; 12 G. Krause, H. Wagner;
13 B. Klaus; 14 H. R. Müller-Schwefe; 17 W. Neidhart; 22 E. Hübner;
23 P. Philippi; 27 H. H. Jenssen, G. Otto, D. Rössler, J. Scharfenberg,
J. Schreiber; 28 W. Eisinger, K.-E. Nipkow; 29 F. Merkel; 31 H. Schröer;
außerdem: H. Angermeyer, H. E. Bahr, Ch. Bäumler, R. Droß, H. J. Fraas,
K. Grzegorzewski, J. Henbach, W. Jetter, E. R. Kiesow, W. Krusche, U.
Nembach, M. Seitz, R. Volp, E. Winkler, F. Wintzer.

lichkeit (analogia fidei statt analogia entis nach Röm. 12, 6) für
die Anthropologie und die Sozialethik ungeahnte Wirkungen aus-
übte: Der neue Mensch nach dem Urbild Jesu Christi als des vollkommenen Menschen wurde Richtmaß für das Verständnis des Menschen überhaupt, die Kirche als Christengemeinde für die weltliche
Ordnung der Bürgergemeinde. Infolgedessen rückten die beiden Be-
reiche Anthropologie und Sozialethik mit neuem Akzent unter den
Gesichtspunkt der Hoffnung anstatt der Verlorenheit und Versklavung an die Sünde und das Verderben. Das schuf eine entscheidende
Wandlung. Theologie der Humanität, Theologie der Hoffnung, Theo-
logie der Revolution als sinnvoller, zukunftsträchtiger Veränderung der
Gesellschaft mit Aussicht auf überzeugenden, nachhaltigen Erfolg bilde-
ten sich im Anschluß hieran kräftig aus, am stärksten vertreten von
Jürgen Moltmann[25] unter betonter Anknüpfung an den Philosophen
Ernst Bloch (* 1885), der in seinem dreibändigen Werke „Das Prinzip
Hoffnung" (1954/55 u. ö.) (vorher schon 1918: Vom Geist der
Utopie) Karl Marx und den Marxismus im Gegensatz zur erstarrten
Parteiauslegung im Sinne der schöpferischen Utopie interpretierte.
Auf römisch-katholischer Seite ging Johann Baptist Metz, der Schüler
des führenden Dogmatikers Karl Rahner, ähnliche Bahnen (Zur
Theologie der Welt 1968). Systematische und praktische Theologie
waren seit dem Uransatz von Karl Barth im „Römerbrief" (1918),
der von der aktuellen Predigtaufgabe aus seinen Ausgang der Interpretation genommen hatte, in eine organische Verbindung getreten.
Diese steigerte sich jetzt zur Identität, wie es bereits Barths unmittelbare Schüler Hermann Diem, Helmut Gollwitzer, Walter Kreck,

---

[25] Jürgen Moltmann: geb 1926; Prof. in Wuppertal, Bonn, Tübingen, bes.
Theologie der Hoffnung 64 [8]69 u. Diskussion über die „Theologie der
Hoffnung", 67. – Außer ihm beteiligten sich an der Thematik „Theologie
der Revolution" namentlich Heinz Eduard Tödt (geb. 1917, Prof. in
Heidelberg) und Trutz Rendtorff (geb. 1931, Prof. in München); vgl. von
beiden, Theologie der Revolution. Analysen und Materialien, 1968 (Ed.
Suhrk. 258); vgl. außerdem: Kirchen als Träger der Revolution, hrsg. v.
H. J. Benedict u. H. E. Bahr; T. Rendtorff – K. G. Steck, Protestantismus
u. Revolution; Diskussion zur „Theol. d. Revolution", 69; K. Hoffmann,
Theologie d. Revol. Geschichtl. Wurzeln u. bibl. Begründung, 71; Wolfgang Sucker, Erich Grässer, Martin Schmidt, Peter Lengsfeld, Klaus-Mar-
tin Beckmann u. a. in „Im Lichte der Reformation" (Jahrb. d. Ev.
Bundes XII (1969). Vgl. a. zum Ganzen Yorick Spiegel, Theologie der
bürgerlichen Gesellschaft. Sozialphilosophie und Glaubslehre bei F.
Schleiermacher 1968.

Martin Fischer und Rudolf Bultmanns Schüler Götz Harbsmeier verwirklicht hatten. Von der Neuorientierung aus empfing das Thema des „Reiches Gottes" einen starken Auftrieb; Gestalten wie die beiden Blumhardt und Hermann Kutter wurden erneut lebendig (durch Gerhard Sauter, Ernst Steinbach, Gotthold Müller, den modernen Klassiker der Wiederbringungslehre, Hermann Kutter jr.; vgl. auch die Festschrift für Ernst Staehelin-Basel, Gottesreich und Menschenreich 1969, der in dem 7bändigen Quellenwerk „Die Verkündigung des Reiches Gottes" (1951–1965) die gesamte Kirchengeschichte unter diesen Gesichtspunkt gebracht und ein „Andachtsbuch höherer Ordnung" (G. Müller in der Festschrift 1969, S. 559) geschaffen hatte.) Auch eine Neuaufnahme Richard Rothes bahnte sich an; hatte er doch mit der größten Entschiedenheit die Aufhebung der Kirche, die nur ein zeitweiliger Umweg sei, durch das Reich Gottes ausgesprochen und – wenn auch eingeschränkt – an Albrecht Ritschl weitergegeben.

Diese Spätphase von Karl Barths Einfluß berührte sich eigentümlich mit den Absichten Paul Tillichs, besonders aus seinen Anfängen, als er – damals polemisch – gegen den Begründer der „dialektischen Theologie" eine Theologie der Kultur, besonders auch eine theologische Begründung und Legitimierung für symbolkräftige soziale Institutionen als Hilfe für den Menschen in seinem konkreten Lebenskampf, gefordert hatte (vor allem „Religiöse Verwirklichung" 1930). Sein Einfluß nahm ebenfalls seit dem Ende des zweiten Weltkrieges und seiner Wiedereinbürgerung in die deutschsprachige Welt fortlaufend zu, zumal sein System sich geschlossen darstellte (Systematische Theologie I–III (urspr. englisch seit 1952) dtsch. 1955–66) und der Nachdruck auf dem „Neuen Sein" und dem Reiche Gottes deutlich erkennbar war. Die Vermutung, die in Barths Frühzeit vor dem deutschen Kirchenkampf wiederholt geäußert worden war, es werde sich aus seinem prinzipiellen, abstrakten, hegelisch-kierkegaardischen Ansatz eine neue spekulative Theologie entwickeln, hatte sich somit nicht erfüllt. Sowohl der Zwang der Zeitereignisse als auch die innertheologische Gesprächsabfolge hatten die entgegengesetzte Wendung zur Konkretion, zur unmittelbar kirchlichen Verantwortung mit sich gebracht. Theologie und kirchliches Gemeindebewußtsein gingen eine echte fruchtbare Verbindung ein, so daß die Aufgabe, Theologie für die Gemeinde darzustellen, immer wieder angegriffen wurde.

Die von Barth und Tillich ins Werk gesetzte Wendung zur Welt stellte unter den anderen dialektischen Theologen nach dem zweiten Weltkriege auch Emil Brunner mit seinem sozialethisch-juristischen Buche „Gerechtigkeit" (1943 u. ö.) eindrucksvoll dar, in welchem er nicht die abstrakte naturrechtliche Gleichheit, sondern den konkreten Ausgleich als Ziel aufrichtete. An diesen Ansatz schloß sich umfassend Helmut Thielicke mit seiner Ethik an (Theologische Ethik I–III, 1951–64 I, ³65, II, 1 ³65, II, 2 ²66, II, ²68), die zwar nicht ein christliches Naturrecht, wie es nach 1945 leidenschaftlich gefordert wurde, proklamierte, aber den Tatbestand der Verletzung der gottgewollten Urordnung zum theologischen Datum erhob und unter diesem Gesichtspunkt die gesamte Lebenswirklichkeit darstellte wie beurteilte. Friedrich Gogarten, der vor 1945 der stärkste Ethiker der dialektischen Theologie gewesen war, stellte jedoch sein Alterswerk einerseits unter die systematisch-theologische Interpretation von Rudolf Bultmanns Existenzbegriff und existentialer Interpretation, anderseits unter eine dogmatische Gesamtschau, schließlich unter die prinzipielle Deutung der Neuzeit in der abendländischen Menschheitsgeschichte, wobei die Autonomie, die „mündige Welt" als legitimes Ergebnis der Rechtfertigung des Sünders durch Gottes Gnade in Jesus Christus erschien. Reformation und Neuzeit wurden so – gegen Troeltsch, von dem er einst ausgegangen war – sachlich einander zugeordnet (vor allem: Die Verkündigung Jesu Christi 1948; Verhängnis und Hoffnung der Neuzeit 1953). Der hoffnungsvollste Schüler Karl Barths, Dietrich Bonhoeffer (1906–45), wurde durch seine Hinrichtung im Konzentrationslager Flossenbürg in der Oberpfalz der systematischen Theologie vorzeitig entrissen. Von seinem nachgelassenen Werke, das in Ansätzen und Andeutungen stärkste innere Bewegtheit in Richtung auf christliche Verantwortung für das Ganze der Welt und der menschlichen Wirklichkeit zeigte, gingen trotzdem nachhaltige Wirkungen aus, sowohl für die Ethik als christlich-menschliches Gesamtverhalten in Gehorsam als Widerstand gegen Unrecht wie als Ergebung in ein von Gott verordnetes Scheitern, als auch für die Dogmatik und Homiletik mit der Forderung nach Überwindung der Religion und einer nichtreligiösen Verkündigung in einer durch und durch weltlichen Sprache, als schließlich in der Grundansicht der „mündigen Welt". Vielleicht hat kein Theologe außer Karl Barth ein derartiges Echo gefunden (Ges. Schriften 4 Bde. 1957; Biographie von Eberhard Bethge 1966). Abweichend von der durch den späten Barth bestimmten Schau des Verhältnisses von Kirche und Welt im Sinne der Zuordnung, der christlichen Hilfe, zugespitzt: der Stellvertretung, entwarf die betont evangelisch-lutherische Theologie ihre Sicht. Für sie galt, zuerst und in betonter Weise bei Werner Elert (Zwischen Gnade und Ungnade; Abwandlungen des Themas Gesetz und Evangelium 1948; Das christliche Ethos 1949 ²1961), die Verschiedenheit zwischen Gesetz und Evangelium und ihr zufolge die Geschiedenheit der beiden Reiche Gottes, als Maßstab (außer Elert Paul Althaus und besonders Walter Künneth, Politik zwischen Dämon und Gott 1954; vgl. a. Martin Honecker, Konzept einer sozialethischen Theorie 1971). Hier ergab sich durch den Sündengedanken als Leitgesichtspunkt für die Wirklichkeit, das paulinische Verhalten von 1. Kor. 7 („haben, als hätte man nicht") als angemessene grundsätzliche und praktische Einstellung. Die Gegensätze wurden an diesem Punkte vielfach sehr scharf.

Aus dem Thema „Kirche und irdische Wirklichkeit", das zunehmend an Gewicht gewann, erwuchs der neue Methodenstreit zwischen historisch-kritischer und empirisch-kritischer (d. h. soziologisch orientierter praktischer) Theologie[26].

Das Thema „Kirche und irdische Wirklichkeit" wurde jedoch nicht nur im Sinne ethischer Zuordnung und sozialethischer Bewältigung erörtert, sondern auch nach seiner prinzipiellen Voraussetzung im erkenntnistheoretischen Verstande, d. h. der Zuordnung von Gottes Wirklichkeit und irdischer Wirklichkeit. Hier wurde vor allem Carl Heinz Ratschow mit einem modernisierten, an Nicolaus Cusanus und Leibniz bereicherten Aristotelismus tätig und gewann der altlutherischen Orthodoxie neues Verständnis ab. Bezeichnenderweise war er von einer alttestamentlichen Untersuchung des Seins und Werdens ausgegangen. Gegenüber seiner entscheidend dynamischen, individualisierenden Schau der Wirklichkeit war Wolfhart Pannenberg, der die mittelalterliche Scholastik selbständig aufnahm und interpretierte, stärker an Seinskategorien und an der Einheit der Wirklichkeit interessiert. Solche Betrachtungen machten ein umfassendes Weltverständnis möglich, wie es zwei Generationen zuvor Karl Heim am stärksten gepflegt hatte, und führten zur zunehmenden Beschäftigung mit dem jesuitischen philosophischen Ethnologen und Biologen Pierre Teilhard de Chardin (1881–1955), der den Monotheismus entwicklungsgeschichtlich deutete. Nicht unmittelbar damit hing zusammen, daß

---

[26] Vgl. Gerhard Sauter, Vor einem neuen Methodenstreit in der Theologie? 1970.

der Gottesbegriff selbst zum Thema der Theologie erhoben wurde. Eine „Theologie nach dem Tode Gottes", eine verständnisvolle Haltung zum philosophischen und politisch-militanten Atheismus schien denkbar, wurde jedenfalls Diskussionsgegenstand auf breiter Basis. Nordamerikanisch-soziologische Einflüsse waren daran stark beteiligt und verbanden sich mit sozialethischem bis revolutionär-praktischem Verpflichtungsbewußtsein gegenüber unterdrückten Völkern und Gesellschaftsgruppen in der Heimat und überall auf der Erde. Der stärkste Exponent für eine „Theologie nach dem Tode Gottes" wurde Dorothe Sölle (*1929)[27]. Das aufregende Schlagwort unterstützte die publizistische Wirkung bedeutend, und das erfolgreichste publizistische Organ im kirchlichen Bereich, die „Evangelischen Kommentare" (seit 1968) stellten sich weitgehend in den Dienst der hier ausgesprochenen und angesprochenen Problematik und ihrer Verknüpfung mit christlicher Sozialethik.

Eine Tatsache setzt den Betrachter dieses ganzen Problemkreises „Kirche bzw. christlicher Glaube und irdische Wirklichkeit" in Erstaunen: Es wurde keine Monographie zu dem Thema „Schöpfung" vorgelegt. Offenbar war dies eine Nachwirkung der Theologie der Schöpfungsordnungen, wodurch sich damals führende Theologen im Sinne einer Parteinahme für den Nationalsozialismus als legitimen Ausdruck der Schöpfungswirklichkeit kompromittiert hatten (Althaus, Gogarten an der Spitze). Eine selbständige Neuinterpretation des ersten Glaubensartikels wagte niemand, nur Edmund Schlink wies mit seiner Abhandlung über die Verborgenheit Gottes als des Schöpfers nach der lutherischen Lehre (1950) in diese Richtung. Bezeichnenderweise erschien auch keine Darlegung dieser Problematik für Luther, wo sie sich gebieterisch aufdrängte[28].

Neben der Verhältnisbestimmung dieser beiden Größen, die zunehmend an Gewicht und Leidenschaft gewann, beschäftigte die systematische Theologie die hermeneutische Frage als Konsequenz aus Rudolf Bultmanns Forderung der existentialen Interpretation für

---

[27] Dorothee Sölle, Stellvertretung. Ein Kapitel Theologie nach dem „Tode Gottes", 65 [670]; außerdem: Atheistisch an Gott glauben [1.269]; G. Koch, Die Zukunft des toten Gottes, 68; H. Gollwitzer, Von der Stellvertretung Gottes. Chr. Glaube in d. Erfahrung der Verborgenheit Gottes. Zum Gespräch m. D. Sölle, 67 [268]; O. Reidinger, Gottes Tod u. Hegels Auferstehung. Antw. an D. Sölle, 69.

[28] Das meiste dafür bietet Heinrich Bornkamm in „Luther und das Alte Testament" (1948).

das Neue Testament. Es war Gerhard Ebeling (*1912, Prof. in Tübingen und Zürich), der die hierin beschlossenen systematisch-theologischen Fragen zum Inhalt seines theologischen Lebenswerkes erhob. Ausgegangen war er von der eminent systematisch-prinzipiellen hermeneutischen Analyse, die er Luthers Evangelienauslegung gewidmet hatte (1942), und von der Forderung, die Kirchengeschichte als Auslegungsgeschichte der heiligen Schrift zu treiben (1947). Von da aus war er zu einer dogmatischen Gesamtschau in überaus zahlreichen Einzelarbeiten fortgeschritten, immer im engsten Zusammenhang mit der Interpretation Luthers. Diese eindringende Arbeit, die sich zu einem großen Teil in der von ihm geleiteten „Zeitschrift für Theologie und Kirche" (seit 1950) niederschlug, führte zu einer prinzipiellen Kritik von Karl Barths theozentrischer Position zugunsten einer zentral anthropologischen „existentialen" Orientierung, wobei nicht der Mensch an sich, sondern der glaubende Mensch im Sinne Luthers den Angelpunkt bildete. Ebeling nahm die Forderung des Glaubensbekenntnisses von Chalkedon (451), daß Jesus Christus wesenseins mit uns, den Menschen, sein müsse, betont auf und setzte gelegentlich „Jesus" und „den Glauben" gleich, der damit zur Anwesenheit des Erlösers im Menschen wurde. Im ganzen näherte sich seine Grundeinstellung derjenigen von Wilhelm Herrmann unter Aufnahme der inzwischen erzielten, vor allem exegetischen Fortschritte. Die anthropologische Orientierung hatte eine neue Bereitschaft zur Folge, den durch die dialektische Theologie geächteten Schleiermacher erneut ernst zu nehmen, weiterhin den Pietismus und auch die Aufklärung. Diese Bewegung befindet sich mitten im Vollzug, von einem Ergebnis kann noch keineswegs die Rede sein. Einen Eindruck vermittelt die Vorlesungsreihe „Das Wesen des christlichen Glaubens" (1959), die man Harnacks „Wesen des Christentums" (1900) an die Seite setzen kann – ein lehrreiches Gegenbild nach zwei Generationen.

Auch hier ist eine Gesamtschau der irdischen Wirklichkeit entscheidend im Spiele. Sie läßt sich sachgemäß am besten in das Thema „Geschichte und Geschichtlichkeit" fassen. Der Mensch und die Welt werden als durch und durch geschichtliche, wandelbare, sich situationsgemäß verhaltende Wesen begriffen. Von da aus legt sich eine Situationsethik nahe, wie überhaupt der ethische Aspekt in einer umfassenden Weise herrscht, die an Schleiermachers Christliche Sitte, an Richard Rothes Ethik und an Ernst Troeltschs Sozialethisierung des Christentums erinnert. Unter den an Bultmann angelehnten Neutestamentlern drückt das mit besonderer Entschiedenheit Herbert

Braun aus. Gerhard Ebeling selbst griff Julius Kaftans „Philosophie des Protestantismus" (1917) auf.

Bultmanns Themenstellung hatte zur Folge, daß neutestamentliche wie reformatorische Exegese Hand in Hand arbeiteten oder zusammenwuchsen. Dies zeigte außer Ernst Fuchs vor allem Hans Graß in der systematischen Theologie, der als Schüler von Paul Althaus vom reformatorischen Abendmahlsverständnis ausging und im folgenden eine theologische Behandlung der Osterberichte vorlegte (Ostergeschehen und Osterberichte 1956 ²1962).

Gesamtdarstellungen der Dogmatik und Ethik gaben außer Paul Althaus Helmut Thielicke (Dogmatik I 1968: Beziehungen der Theologie zu den Denkformen der Neuzeit, Ethik s. o.) und Wolfgang Trillhaas (Dogmatik 1962 ²67, Ethik 1959 ³70) unter kritischer Berücksichtigung der Soziologie, der Dogmatik in Fortführung der liberalen Tradition Fritz Buri (1956). Peter Brunner (*1900, Prof. in Heidelberg) und Edmund Schlink (*1903) spitzten das dogmatische Denken, dem Schlink besondere Untersuchungen widmete, zur Doxologie zu. Beide arbeiteten die gedankliche Grundstruktur heraus, wobei Brunner stärker konstruktiv vorging. Schlink wurde als Dogmatiker führende Gestalt in der ökumenischen Bewegung (Der kommende Christus und die kirchlichen Traditionen 1961)[29]. – Wolfhart Pannenberg, sein selbständiger Schüler, ging auf eine neue theologische Wirklichkeitslehre aus, die in Fortsetzung von Oetinger und Hegel eine Art philosophia sacra sein müßte. In den „Grundzügen der Christologie" (1964) wertete er die form- und traditionsgeschichtliche Erforschung des Neuen Testaments als Ausgangspunkt für eine anspruchsvolle Theologie der Vernunft oder eschatologische Ontologie aus, die zwar nicht ewige, unveränderliche Wahrheiten und Strukturen ans Licht bringen, aber die Christologie im Zusammenhang der Menschheitsgeschichte und Denkentwicklung nicht nur als Mitte

---

[29] Vgl. German Schwenzer (kath.), Die großen Taten Gottes und die Kirche. Zur Ekklesiologie Edmund Schlinks. 1970.

Die zunehmende Bedeutung der Oikumene schlug sich darin nieder, daß das Fach Missionswissenschaft zu Ökumenik erweitert und die „Dritte Welt" der Jungen Kirchen, die aus der europäischen und nordamerikanischen Mission erwuchsen, darin besonders betont wurde. Hauptvertreter dieser Wissenschaft (nach Geburtsjahrgängen): 1896 G. Rosenkranz; 1899–1959 W. Freytag; 1901 A. Lehmann; 03 G. Vicedom; 04 J. Dürr; 07 J. Winterhager; 08 W. Holsten; 15 H.-W. Gensichen; 20 W. Kohler; 25 H. J. Margull; 29 P. Beyerhaus; sonst: S. C. Neill (1900), H. Bürkle.

(Tillich), sondern als geheimen Ursprung und als treibende Kraft erweisen sollte. Danach würde eine Theorie der christologischen Tradition, zu der die „Grundzüge" ein Vorspiel darstellten, das innere Geheimnis der Geschichte erhellen. – Wilfried Joest, der ursprünglich die neutestamentliche Paränese in ihrer Thematik von Gesetz und Freiheit mit der reformatorischen Auffassung Luthers zu diesem Thema verglichen (1951) und dadurch einen wesentlichen Beitrag zum Verständnis des Gesetzes geleistet hatte, setzte diese Linie nicht fort, sondern wandte sich der Personalität Gottes zu (1969), ähnlich wie es Reinhard Slenczka für die Christologie tat (1967). Wenzel Lohff setzte sich eingehend mit der Religionskritik von Karl Jaspers auseinander (Glaube und Freiheit 1957), um auf philosophische Fragestellungen dogmatische Antworten zu finden, die die Fragestellung berichtigten. Eberhard Jüngel beschritt spekulative Wege von der Inkarnation aus (Gottes Sein ist im Werden 1964 ²1967). So bahnten sich in verschiedener Weise neue Gespräche zwischen Theologie und Philosophie an.

Ein neues Feld wurde der systematischen Theologie im Gefolge von Karl Barth in der Wissenschaft vom Kirchenrecht erschlossen. Hier wirkte im Verein mit Juristen wie Rudolf Smend in erster Linie Ernst Wolf, der von der Kirchengeschichte zur Dogmatik übergegangen war (Naturrecht oder Christusrecht. Todesstrafe 1960 (Unterwegs 11), Zeitsch. f. evg. Kirchenrecht (seit 1951), Ordnung und Freiheit 1962), sodann Hermann Diem und Uvo-Andreas Wolf. Das umfassende juristische Werk von Johannes Heckel zu Luthers Rechtslehre, Lex Charitatis 1955 bildete neben den Schriften von Erik Wolf einen bedeutenden Ansatzpunkt.

Die enge Verschwisterung zwischen systematischer und praktischer Theologie diente einerseits der Apologetik, die angesichts der neuerwachten Weltanschauungskämpfe Aussicht auf ein Wiederaufleben hat, anderseits der Vertiefung der kirchlichen Praxis. In der eigentlichen praktischen Theologie wurde die theologisch betriebene Exegese des Alten und Neuen Testaments in Gestalt der neu aufgekommenen Literaturgattung der Predigtmeditationen (Martin Doerne, Martin Fischer u. a. (Göttinger Pr.), grundsätzlich: Johannes Wolff, Henning Schröer), die Interpretation wegweisender Literaturwerke (Martin Doerne) als Bereicherung der Homiletik gepflegt, die Katechetik und Religionspädagogik ausgebaut (Gerd Otto, Ingo Baldermann, Eta Linnemann u. a.), wobei der biblische Unterricht vorherrschte – eine Folge der dialektischen Theologie, anderseits die Grundsatzfrage energisch gestellt (Martin Doerne, Reinhard Droß). Eine umfassende systematische, historische und praktische Jugendseelsorge legte Werner Jentsch vor (1963–66), der Schüler Martin Doernes. Überhaupt erhielt die Seelsorge, nicht zuletzt durch enge Berührung mit der Psychoanalyse und Psychotherapie neues Gewicht (Rudolf Affemann, Joachim Scharfenberg, kritisch dazu und theologisch: Manfred Seitz). Die vernachlässigten Kasualien wurden durch Manfred Mezger theologisch gewürdigt und ihrer Bestimmung zugeführt.

Im ganzen trieb die Problematik der theologischen Fragen selbst und die der kirchlichen Situation die Erörterung immer weiter. Hatte unmittelbar nach dem Ende des zweiten Weltkrieges der Primat der Theologie bis zur Gefahr einer Selbstgenügsamkeit das Wort gehabt, so erstarkten in der Folgezeit die Tendenzen, die ihrer Isolierung entgegenwirkten. Das Gespräch, das früher bevorzugt mit der Philosophie geführt worden war, weitete sich nach der Soziologie und Psychologie aus, ohne andere Gebiete auszusparen. Theobald Süß suchte die methodische Strenge von Husserls Phänomenologie fruchtbar zu machen. Ernst Fuchs und Gerhard Ebeling knüpften – wenn auch lose – an Heideggers Existenzphilosophie an, Fritz Buri und Ulrich Neuenschwander an diejenige von Karl Jaspers. Demgegenüber erhielt Wenzel Lohff die Selbständigkeit und Souveränität der Theologie aufrecht. Wenn der hermeneutische Fragenkreis allen modischen Zuspitzungen, die letztlich eine Preisgabe der theologischen Positionen an Soziologie und Psychologie, an politische Ideologie und Empirie in sich bargen, zum Trotz beherrschend blieb und das umfassend verstandene Thema der Sprache in den Vordergrund rückte, wenn so die Brücke von der exegetischen zur systematischen und praktischen Theologie geschlagen wurde, so bedeutet das die Krönung der bisherigen Arbeit und eine neue Verheißung für das theologische Denken als stellvertretende Besinnung auf das Menschsein des Menschen überhaupt. Da solches Menschsein nur als Menschwerdung angemessen verstanden werden kann, vermögen die aus der Geschichte und Geschichtlichkeit erwachsenen Erkenntnisse organisch einzutreten. Daß eine derartige Besinnung eine Besinnung vor Gott ist und den Menschen vor Gott stellt – im Ernstfall außerhalb seiner Selbsterkenntnis und seines Selbstgefühls: nos extra nos im strengen Sinne – macht ihren durch und durch missionarischen Charakter aus.

1. Der Gang der neuprotestantischen Theologie ist unbefriedigend für jeden, der eine fortlaufende Entwicklung zu einem happy end, etwa zu einem System von Erkenntnissen über Gott oder zur Nachzeichnung der göttlichen Weltgedanken, erwartet. Unser Verständnis der Theologie hat uns von vornherein gegen solche Erwartung gefeit. Darum befremdet es uns nicht, daß ihre Geschichte sich auch hier als ein von inneren Spannungen, von äußeren Einflüssen und vom Auftreten einseitig ausgerüsteter Menschen dramatisch bewegtes Leben erwiesen hat. Wechselvoll wogender Kampf ist ihr Schicksal.

Was dieses Leben außer seinem staunenswerten Reichtum am stärksten kennzeichnet, das ist der Durchgang durch immer neuen *Bruch* und immer neuen Ansatz.

2. Grundlegend ist die erste Revolution, die *idealistische* geblieben. In ihrer Weite und metaphysischen Begründung gesehen (S. 9 f., 21 f.), war sie die tiefste und umfassendste Wende der Zeiten; ihr waren die größten Vertreter und der vielseitigste Reichtum geschenkt. Wenn sie – am einheitlichsten immerhin bei Schleiermacher – gleichzeitig um vertieftes Verständnis des *„Objektiven"* und des *„Subjektiven"* im Glauben rang und im geschichtlichen Denken das rechte Verhältnis beider zu verwirklichen begann, so schieden die übrigen Revolutionen sich an dieser Aufgabe. Die restaurative, die Ritschlische, die dialektische Revolution wollten ähnlich wie die spekulative Linie des Deutschen Idealismus einseitig die Objektivität zur Herrschaft führen, während die der freien und der religionsgeschichtlichen Theologie auf der Bahn des Redners Schleiermacher die Tiefe des Subjektiven in der Religion zu enthüllen und von da aus Herders Entdeckung der lebendigen Geschichte fruchtbar zu machen versuchten. Um das *Geschichtsproblem* kreisten sie sämtlich, ohne es bisher wirklich klären zu können; die besten Dienste dafür leisteten neben dem normalen Gang der Forschung einzelne Träger der verschiedensten Revolutionen, vor allem Baur, Hofmann, Kähler, Herrmann, Troeltsch, Gogarten, Bultmann. Schon diese Tatsachen deuten an, daß der durch die idealistische Revolution heraufgeführte Abschnitt der theologischen Entwicklung sein Ende noch nicht erreicht hat. Auch die heutige Theologie

ringt wieder darum, noch tiefer zu erfassen, was die Geschichtlichkeit
des Lebens überhaupt, vollends was sie im Lichte und für das Verständnis der Offenbarung bedeutet; auch sie arbeitet weiter daran, zu
zeigen, daß unser Verhaftetsein an die Geschichte sowohl Freude an
ihrem Reichtum wie Demut gegenüber ihren Rätseln, sowohl Kritik
an ihren Erzeugnissen wie verantwortliche Tatbereitschaft in sich
schließt.

Dasselbe zeigt der Ausgang von jener Grundspannung, die zwischen
der *intensiven* und der *extensiven* Bewegung (S. 3 ff.) besteht. Die
idealistische Revolution suchte die innere Einheit beider mit aller Kraft
zu erkämpfen. Aber sie belastete diese Einheit mit einem stark immanentistischen Gott-Welt-Verhältnis, das die intensive Seite des Glaubens lähmen mußte. Weil es, von der Eindruckskraft moderner natürlicher Religion getragen, als dunkle Wolke die Entwicklung begleitete
und in der freien wie auch in der religionsgeschichtlichen Theologie
das kirchliche Gelände zu überschatten drohte, verfielen die restaurative und die dialektische Gegenrevolution von vornherein der Vereinseitigung des Intensiven, während die Ritschlische in der Aufrecht-
haltung der ethischen Extensität – ähnlich der spätere Gogarten –
eine Vermittlung versuchte.

Die Gewalt des Gegenschlags und die Zuspitzung des Kampfes war
darin mitbegründet, daß die ästhetische und die philosophische Vereinseitigung des Deutschen Idealismus das Wirklichkeitsbewußtsein der
neuen, durch Naturwissenschaft, wirtschaftlich-soziale und politische
Entwicklungen getragenen Zeit in die entgegengesetzte Einseitigkeit
einer naturalistischen Welt- und Lebensanschauung trieb (s. III 1).
Auch dies neue Wirklichkeitsbewußtsein, das allein „realistisch" zu
sein beanspruchte, ergriff den christlichen Glauben; repristinatorische
und neulutherische Kirchlichkeit verwob es tief mit ihren gut christlichen Gehalten. So blieb die theologische Entwicklung gerade da,
wo sie sich gegenüber ihrem idealistischen Einschlag zu verselbständigen strebte, in dem großen Zusammenhang der weltanschaulichen
Kämpfe.

3. Dabei fällt der wissenschaftlichen Selbstbesinnung des christlichen Glaubens wiederum auch die vernachlässigte Aufgabe zu, aus
dem Turm der bloßen kirchlichen Selbstbehauptung hinaus auf das
offene Schlachtfeld zu führen. Hier muß sie die Aufgaben zeigen, die
dem Glauben in seiner Begegnung mit dem Gott der Geschichte, in
der Beziehung des konkreten Schicksals auf den lebendigen Gott, in
der missionarischen Durchdringung des heutigen Lebens gestellt sind.

Vorbedingung ist die Offenheit der Besinnung für das, was die
Theologie in mehr denn 1 ½ Jahrhunderten erarbeitet hat. Wem sie
zuteil wird, der spürt trotz al[...], alles Durchgangs durch Sterben und Auferstehen, in ih[...]en auch etwas von *Fortschritt*. Am deutlichsten in [...] heologie. Überall da, wo
die menschliche Gestaltur[...] gsglaubens, wo das Wechselverhältnis zur allger[...] Entwicklung in Betracht
kommt, vollzog sich [...]onen, durch die Gegensätze
der Richtungen und [...] urch eine beständige Verfeinerung der Methode, [...] erbreiterung des Blickfelds, eine
beständige Vertief[...] se. Daher bildete die historische
Theologie die be[...] ssenschaftlichen Erziehung und die
festeste Verklar[...] Fortschritt der allgemeinen Wissenschaft. Allein [...] nd Betrachtungsweisen genügten nur
der menschli[...] te des Christentums; sie scheiterten da,
wo nach d[...] urch die Geschichte und nach der Offenbarung g[...] ste. Daher wurden sie durch immer neue
Bewegu[...] gt, oder in den Kampf der Gegensätze hin-
eingeri[...] ungen des Deutschen Idealismus, die Aufer-
stehu[...] nslehre, des Kirchentums und Dogmas, die
Wie[...] s biblisch-reformatorischen Offenbarungs- und
Glaubens[...] rflochten die historische Theologie in den Gesamtgang der [...]ogischen Selbstbesinnung und erhoben sie über die
drohende Gefahr der Auflösung in die allgemeine Welt- und Geistesgeschichte. Richtunggebend wurde also die systematische Selbstbesinnung. Sie war es, die im Explosionsgang der Revolutionen und in
der ruhigen neben ihnen geschehenden Arbeit gegenüber aller Säkularisierung und Sakralisierung, gegenüber den Einseitigkeiten der
extensiven wie der intensiven Glaubensbewegung, des bloßen Rück-
blicks (auf Bibel und Bekenntnisschriften) wie des bloßen Vorblicks
(auf neue Ziele) die Ganzheit des gottgeschenkten, Christus- und doch
auch Welt-bezogenen Glaubens, die Entbindung von Zukunftskraft
aus der Re-formation immer aufs Neue vertrat. Ein wirklicher Fortschritt geschah auch hier, vor allem in der wachsenden Klarheit über
die Grenzen der theologischen Möglichkeiten. Die Theologie hat sich,
so gern sie bis in unsere Zeit hinein sich selbst absolut setzt, im ganzen
doch als Menschenwerk erkannt, ist selbstkritischer geworden, daher
zurückhaltender und demütiger. Sie weiß, daß weder ihre Methoden
noch ihre Ergebnisse endgültig und ewig sind, daß sie selbst trotz ihrer
inneren Notwendigkeit doch immer nur Notbau ist und daher in

eschatologischer Haltung verharren muß. Damit teilt sie das Schicksal aller irdischen Geschichtlichkeit. Das Wissen darum, daß unser menschliches Dasein geschichtlich ist, gibt auch einer sich selbst verstehenden Wissenschaft geschichtliches Bewußtsein, d. h. freien Gehorsam gegenüber der Tatsache, daß wir sogar forschend und denkend zeitbefangen und dem Gesetz der Wandlung untertan sind. Lähmung oder Vergleichgültigung bedeutet dies Wissen für das theologische Denken so wenig wie für das christliche Handeln. Tatsächlich zeigte der Fortschritt zur schärferen Selbstbegrenzung zugleich auch einen Fortschritt zu schärferem positivem Erkennen. Das Auge des Glaubens ist offener geworden nach innen wie nach außen; es sieht das Saatgut wie das Ackerfeld des Glaubens klarer als ehedem, es sieht die Probleme deutlicher, die das Verhältnis des Menschen zu Gott und die Grenzsituation des Menschen in sich bergen. Hier fortzuarbeiten und so von immer reinerem Verständnis der Offenbarung her die Fragen zu beantworten, die das geschichtliche Leben beständig stellt, das ist der Anteil der Theologie an dem Beweis des Geistes und der Kraft, der dem lebendigen Glauben jeder neuen Zeit neu aufgegeben wird. Gerade damit wird sie helfen, die Weltverstrickung zu überwinden, die den Menschen in beidem, Weltseligkeit und Weltangst, um die rechte evangelische Gottbezogenheit seiner Welt-Gliedschaft betrügt.

4. Eine Frage aber erhebt sich: woher nimmt die Theologie nach den Rückschlägen und Brüchen, von denen sie betroffen wurde und immer wieder bedroht ist, die Kraft der Arbeit? Woher den Mut zu neuem Aufstieg? Die Antwort entspringt nicht aus ihrem eigenen Können, sondern aus dem Sachzusammenhang, in dem sie steht. Sofern sie die wissenschaftliche Selbstbesinnung des christlichen Glaubens ist, hat sie an der Sendungsgewißheit teil, die dem Glauben mitten in seinen vielen Niederlagen eine unüberwindliche Dynamik verleiht. Auch die Theologie weiß sich berufen und gefordert, weiß sich darum in Gericht und Gnade jeweils – ohne immanentistischen Einschlag – „unmittelbar zu Gott". Das ist ihre Kraft und das Rückgrat ihrer Selbständigkeit gegenüber den Anfechtungen, die sie in ununterbrochener Kette teils von außen, teils von einer sich selbst nicht verstehenden Christlichkeit erleidet. Theologie ist in ganz besonderem Sinne Wissenschaft aus Glauben. Sie hat es daher in jedem Augenblick der hier geschilderten Entwicklung erproben müssen, daß sie bei all ihrem Forschen und Denken Tat, Entscheidung, Wagnis ist. Das hat sie in zahllose Irrtümer verstrickt und ihr doch in unlöslicher Gottgebundenheit die Möglichkeit der Selbstkorrektur, der Rückwendung von

jedem Irrlicht zum Urlicht gelassen. Es hat ihr in aller Wirrnis und Wandlung jene Haltung geschenkt, die aus Dürers „Ritter, Tod und Teufel" leuchtet: theologia viatorum nicht in mystischer Kontemplation oder neutralem Zuschauertum, sondern in einer christlichen Ritterschaft des Geistes, die stets bereit ist zum Kampf und zum Dienst.

NAMENVERZEICHNIS

Die in Klammern angegebenen Stellen stehen in den Anmerkungen. Die jeweils wichtigsten Stellen sind kursiv gesetzt. – Die biblischen Namen sind weggelassen.